A
HISTORY
OF
MODERN
GERMANY
—— 1871 to Present ——

독일 현대사

1871년
독일제국 수립부터
현재까지

디트릭 올로
문수현 옮김

일러두기

1. 독자들의 이해를 돕기 위해 외국 인명, 지명, 단체명, 출판물 등에는 처음 나올 때 원어를 병기했다. 주요 개념이나 한글만으로 뜻을 짐작하기 어려운 경우에도 한자나 원어를 병기했다.
2. 외국 인명과 지명의 한글 표기는 국립국어원의 외래어 표기법을 따랐으나 일부는 국내에서 통용되는 표기를 따르거나 원어에 가깝게 표기했다.
3. 본문의 주는 모두 옮긴이 주이며, * 표시를 붙여 각주로 처리했다.
4. 원서에서 이탤릭으로 강조한 부분은 고딕체로 구분했다.

이 책에서 다루고 있는 역사의 많은 부분이 책의 제목과 배치되는 것처럼 보인다. 20세기 후반의 대부분 동안 독일은 한 나라가 아니라 두 나라, 즉 형식적으로 독일연방공화국인 서독과 독일민주공화국인 동독이었다. 얼핏 보기에 둘은 공통점이 별로 없어 보인다. 서독은 정치적, 문화적 다원주의와 완화된 자유기업의 가치를 표방하는 자유주의적 민주주의국가였다. 그에 비해 동독은 마르크스-레닌주의의 원칙들에 근거하여 형성된 사회를 만들어내려고 노력한 공산주의국가였다. 두 국가는 상호 대립적인 권력 집단으로 통합되었다. 서독은 미국의 친구이자 북대서양조약기구(나토)의 구성원이었고, 동독은 소비에트의 가장 중요한 유럽 측 동맹이자 이제는 존재하지 않는 바르샤바조약기구의 구성원이었다. 온건하게 말해 두 독일은 긴장 상태에 놓여 있었다.

그러나 역사에선 무엇도 영원하지 않다는 것을 보여주려는 듯 이 책이 출간되는 동안 두 독일은 재통일되었고, 통일은 20년 넘게 지속되고 있다. 동독과 서독이 재통일되는 것은 불가능해 보였다. 그러나 1989년과 1990년의 극적인 사건들이 긴박하고도 예측 불가능했던 동독 붕괴를 낳았다. 그로부터 몇 달 지나지 않아 공산주의 체제가 동독 권좌에서 물러났고, 증오의 대상이던 베를린장벽이 무너졌으며, 동독 사람들은 진정한 자유선거에서 서독과의 재통일을 선택했다.

아이러니하게도, 분단된 나라로서 두 독일 국가는 장기간의 정치적 안정, 경제적 번영, 이웃 국가들과의 평화 등 그들이 과거 통일된 나라였던 당시에 무망하게 추구했던 대부분의 것을 성취했다. 두 독일이라는 현실에서도 두 국가의 공통된 역사에 대한 관심이 증가했다는 것 역시 아이러니하다. 그 이유는 쉽게 알 수 있다. 국가의 분단은 1871년부터 1945년 2차대전 종전까지의 독일사 경로의 결과였기 때문이다. 거의 3/4세기 동안 독일 역사는 "독일 문제"와 동의어로 사용되었는데, 이는 독일이 근현대 유럽사에서 불안정하고 예측 불가능한 요소였음을 암시했다. 한 번의 혁명, 몇 차례의 쿠데타 시도, 4개의 헌법은 이 나라에 군주제적 전제주의부터 자유민주주의와 나치 전체주의에 이르는 정치체제를 안겨주었지만, 지속적인 안정은 가져다주지 못했다. 독일 경제는 정치적, 사회적인 대격변과 긴밀히 관련된 상황에서 호황과 불황의 시기를 번갈아가며 경험했다. 현대 독일은 두 차례나 경제적, 재정적 붕괴 직전에 이르렀다.

국내에서의 대격변은 결국 유럽과 세계의 나머지 지역에서 세력균형을 변화시키려는 독일 지도자들의 반복된 시도들과 결부되었다. 독일 지도자들은 전쟁에서의 승리를 통해 국가 통일을 달성한 후 국내의 안정, 경제적 번영, 외교상의 위신을 얻고자 반복적으로 국제적 침략을 감행했다. 이 패턴은 결국 자신의 엄청난 야심을 실현하고자 의도적으로 2차대전을 감행한 아돌프 히틀러에게서 절정에 이르렀다. 그 투쟁

끝에 폭격 맞은 도시, 수백만 명의 사상자와 노숙자, 승전국의 입맛에 따라 나뉜 분단국 등이 그 자만심의 결과를 보여주었다.

그러나 근현대 독일사는 프로이센–독일 전제주의, 나치 독재, 군사적 침략 그리고 홀로코스트 이상의 것이었다. 1871년의 국가 통일에서부터 1945년의 정치적 분단, 그리고 우리 시대에 이루어진 재통일에 이르기까지 독일이 걸어온 길을 보여주는 이 책은 이 사건들의 대안적인 측면 역시 보여주기 위해 노력했다. 빈번히 소실되기는 했을망정 좌파 급진주의뿐만 아니라 정치적, 문화적, 경제적 다원주의의 전통이 우파 권위주의와 공존했다. 2차대전 후 사회적 가치로서 서구 다원주의와 동구 마르크스주의가 놀랍게도 신속하고 공고하게 정착할 수 있었던 주요인은 이러한 요소들이 독일의 사회구조에서 지배적이지는 못했을망정 살아남고 인정받고자 오랫동안 투쟁했기 때문이다.

이 책은 전통적인 의미의 이야기식 역사가 아니다. "문제의식에 집중하고자" 많은 사건들이 생략되었다. 나는 국내 정책과 외교적인 관계의 변동성 및 예측 불가능성과 더불어 인상적인 성취를 낳았던 독일 사회의 동력에 집중하려고 노력했다.

5판부터는 〈주요 인물〉 꼭지에서 모든 계층을 망라해 많은 유명한 독일인의 생애를 담아내려고 했다. 이번 7판에서는 일부 인물들을 교체하고, 다른 인물들에 대한 추가 자료와 설명을 덧붙였다. 또 다른 큰 변화는 일러스트 부분이다. 5판의 캐리커처와 드로잉들에, 6판부터 도입한 당대의 사진들을 더했다. 또한 몇몇 사진을 바꾸고 새로운 사진들을 추가했다.

저술 과정에서 많은 동료와 친구로부터 받았던 도움들에 감사를 표하는 것은 아주 즐거운 의무이다. 베르너 T. 앙그레스, 제프리 디펜도프, 베르너 요흐만, 진 레븐틀, 데이빗 모건, 아놀드 오프너, 노먼 나이마크, 캐서린 엡스타인은 초고의 일부를 읽는 수고를 해주었다. 그들이 제공한 가치 있는 논평과 제안들에 인사를 하고 싶다. 1990년 이후의 독일을 보여주는 지도 하나를 제외하고 나머지 모든 지도를 그려준 보스턴대학 지리학과의 이라이자 매크레넌에게도 감사드린다. 그 한 장의 지도는 〈도이칠란트 마가진Deutschland Magazin〉의 호의로 책에 실을 수 있었다.

앞선 개정판들의 심사자들에게도 마음으로부터 우러난 감사를 표하고 싶다. 댄 화이트, 네이선 브룩스, 마틴 버거, 윌리엄 콤스, 데이비드 마이어, 로이드 리, 나라싱하 실, 루디 코샤, 리처드 브라이트먼, 데이비드 해캣, 데릭 헤이스팅스, 로널드 그래니에리, 조너선 위센이 그들이다. 또한 이 책은 자신들의 강의에서 앞선 개정판들을 사용하고 몇 가지 사실과 다른 내용과 불분명한 해석들을 알려줄 정도로 친절했던 여러 이름 모를 동료들의 논평들로부터 큰 도움을 받았다.

언제나처럼 내 아내 마리아는 7판을 내는 데도 적극적인 협력자이자 건설적인 비판자였다. 남은 오류는 물론 내 책임이다.

A HISTORY OF MODERN GERMANY | 차례 |

1장

건국세대
1871~1890년

19세기 초 결국 '독일'이 된 영토는 1871년 수립된 독일제국과도 달랐고, 오늘날 우리에게 친숙한 독일연방공화국과도 전혀 닮지 않았다. 19세기 대부분의 시기에 독일은 당대의 한 정치가가 말한 것처럼 "지리적 표현"에 불과했다. 독일은 국가 통일을 이룩한 유럽 강대국 중 막내였다. 유럽의 중심에 위치한 이 나라의 지리적 조건이 통일의 길에서 자산이기보다 장애였던 탓도 있었지만, 무엇보다도 정치적이고 외교적인 이유 때문에 그리된 것이었다.

독일의 지형은 독일인들에게 나라 안에서는 물론이거니와 북부, 동부, 서부의 국경에서도 어떠한 물리적인 장벽을 제공하지 않았다. 그로 인해 여행뿐 아니라 팽창과 침공도 쉽다는 것이 하나의 역사적 사실이었다. 오직 남쪽으로만 산맥이라고 말할 만한 것이 있을 뿐이다. 라인Rhein, 베저Weser, 엘베Elbe, 도나우Donau 등 평원을 가르는 4개의 주요한 강은 국내 교역을 용이하게 했으며, 국제무역로로 접근할 수 있게 해주었다. 라인, 베저, 엘베강은 대부분의 구간에서 배로 항해할 만했으며, 북해는 비어 있어서, 독일은 대서양 무역로로 접근하기도 용이했다. 그에 비해 도나우강은 상업적으로 별반 유용하지 않았다. 항해하기에 어려운 강이었고, 대서양도 아닌 지중해와 연결된 동유럽 수역의 흑해로 흘러들어가기 때문이다.

경제적 자원의 대차대조표도 이와 유사하게 뒤섞여 있었다. 일반적으로 독일 농지의 질은 동부 지역보다는 엘베강 서쪽 지역에서 훨씬 나았다. 전통적으로 엘베강 동쪽 지역은 대부분 집약경작보다는 조방경작 방식으로 재배했다. 그에 비해 강의 서쪽 지역에서는 낙농업과 채소 재배가 대종을 이루었다. 라인강과 모젤강의 급격한 경사지에서는 로마제국 이래 와인 제조 전통이 있었다.

근대 산업사회에 필요한 원료 중에서 독일에 풍부한 것은 석탄뿐이었다. 루르Ruhr계곡, 작센Sachsen과 슐레지엔Schlesien에서 이 석탄 자원은 거의 무한정으로 제공되었다. 하지만 철광석 매장량은 극히 적었고, 석유는 사실상 나지 않았다. 다른 금속광도 무시할 만한 정도였다.

통일 이전에 독일의 정치적, 헌정적 구조는 사실상 독립된 국가들의 느슨한 연합체였다. 1806년까지 독일은 300여 개의 크고 작은 국가들로 나뉘어 있었고, '독일 민족의 신성한 로마제국Heiliges Römisches Reich'(신성로마제국)이라는 허구적인 이름으로 조직되어 있었다. 하지만 나폴레옹의 서명으로 이 구조가 폐지되고, 독일 제후국의 국경 대부분은 재조정되었다. 빈Wien회의(1814~1815년)에서 강대국들은 오스트리아 총리 메테르니히Metternich 공의 주도하에 나폴레옹의 수정안에 가필했다. 그 결과 39개의 제후국과 자유도시로 구성된 독일연방Deutscher Bund이 등장했다. 이 그룹 가운데 다섯 국가만이 연방 일에 주요한 영향력을 행사했다. 바덴, 뷔르템베르크, 바이에른, 이렇게 세 개의 남부 국가와 연

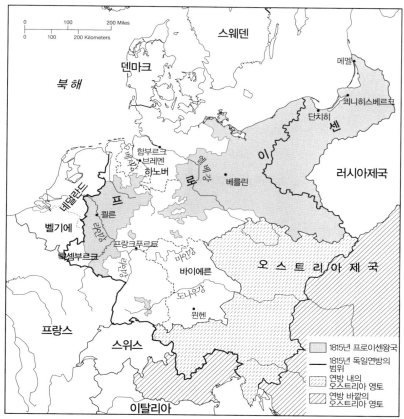

1816~1866년의 독일.

방에서 가장 큰 두 정치체인 프로이센과 오스트리아가 그 다섯 나라였
다. 특히 프로이센이 1815년 이후 독일 국가들의 영토 조정을 통해서
이익을 얻었다. 엘베강 동쪽의 기존 영토에 더해, 작센 일부 지역과 서
부 독일의 라인강 연안에 위치한 인구밀도가 높은 지역이 덧붙여졌다.
그 결과 오스트리아를 제외하고는 연방에서 가장 크고 부유하며 인구
가 많은 나라가 되었다.

　1848~1849년, 서유럽 대부분의 나라들과 마찬가지로 독일연방도

일련의 혁명적인 봉기로 뒤흔들렸다. 몇 달 동안 국가 통일과 자유 헌법의 꿈이 지척에 있는 듯 보였다. 모든 독일 국가에서 광범위한 대중 소요가 일어나자, 지도자들은 한 발 뒤로 물러나 선출 의회가 대의 정부와 자유기업이라는 자유주의 이상을 체현하는 새로운 헌법을 제정하도록 허락했다(소요의 정점에서 프로이센 왕 프리드리히 빌헬름 4세는 "프로이센이 독일로 흡수될 것"이라고 약속했지만, 머지않아 약속을 어겼다). 하지만 혁명은 결국 실패로 돌아갔고, 제후들과 그들의 동맹자들은 권좌로 복귀했다. 그들은 자유주의적인 헌법을 신속하게 '수정'해 권한을 행정부로 되돌렸다. 그런데 그 과정에서 북부 독일 국가들과 남부 독일 국가들 사이에 정치적 단층선이 생겨났다. 남부 국가들은 헌법에 자유주의적인 일련의 조항들을 남겼다. 그에 반해 프로이센이 주도하던 북부 국가들은 권위주의의 보루가 되었다.

　프로이센이 보수주의 진영의 선두 주자로서 스스로 부여한 역할에 만족스러워했음은 의심의 여지가 없다. 혁명적인 소요의 독성에 놀란 프로이센 왕과 지배 엘리트, 융커라고 알려진 토지 소유 귀족들은 독일에서 두 번째로 큰 나라인 프로이센에서 정치적 보수주의가 영구히 지배적일 수 있도록 보장하는 헌법을 제정하기로 결심했다.

　이러한 노력의 핵심 요소로 소위 '삼계급 선거권 제도Dreiklassenwahlrecht'라고 불리는 선거 조항을 꼽을 수 있다. 이 억압적인 조항은 1918년까지 효력을 유지했고, 프로이센의 정치적 후진성의 혐오스러운 상징이 되었다. 제도는 다음과 같은 방식으로 작동했다. 프로이센의 유권자, 즉 25세 이상 남성들은 각자가 지불하는 **직접세**의 규모에 따라 세 계급으로 나뉘었다. 직접세란 사실 재산세를 의미하는 것으로, 당시 프로이센은 소득세를 걷지 않았다. 한 선거구의 직접 세수 가운데 1/3을 납부하던 첫 번째 계급의 유권자들은, 그 수에 관계없이 선거구 의회 구성원

1848년 혁명. 1848년 3월 베를린에서 있었던 병사들과 민간인의 충돌에 대한 당대의 묘사이다 (출처: akg-images).

의 1/3을 선출하는 선거인단을 선택할 권리를 얻었다. 두 번째 계급은 해당 선거구에서 직접세의 그다음 1/3을 납부하는 사람들로 구성되었고, 마지막 계급은 세수의 나머지 1/3을 납부하는 유권자들과 직접세를 전혀 납부하지 않는 유권자들로 구성되었다.

그 결과는 극단적인 형태의 정치적 차별이었다. 극소수 유권자가 속한 첫 번째 계급, 그보다는 다소 많은 유권자들이 속한 두 번째 계급, 그리고 대다수 유권자들이 속한 세 번째 계급이 각각 동일한 의석수로 대표되었던 것이다. 이 제도는 실제로 그럴 의도를 갖고 있기도 했거니와, 농촌과 도시의 부유층에 유리하도록 정치권력을 극도로 왜곡하는 결과를 낳았다. 엘베강 동쪽 선거구 대다수에서 삼계급 선거권 제도는 지주가 첫 번째 계급, 교사와 목사가 두 번째 계급, 지주 휘하에 있던 다른 모든 소작인들이 세 번째 계급이 되어 투표하게 만들었다.

그 정치적인 결과로 향후 70년 동안, 불공정하게도 보수 후보들이 이점을 누렸다. 특히 프로이센 농촌 지역에서 보수파 후보는 첫 번째와 두 번째 계급 유권자들의 표를 손에 쥐었을 뿐만 아니라, 보수 후보를 지지하는 것 외에 별반 선택의 여지가 없었던 세 번째 계급 유권자들로부터도 지지를 받았다. 1918년까지 프로이센 선거에서 비밀투표는 없었고, 이 때문에 다수의 소작농들은 지주의 경제적 보복을 두려워한 나머지 프로이센 전제주의에 대항하는 자들에게 표를 던질 수 없었다. 이 제도의 장기적인 영향은 1913년 선거 이후에 나타난 결과들에 비추어 추정해볼 수 있다. 보수당은 17퍼센트의 대중 지지를 받았음에도 불구하고 거의 50퍼센트에 달하는 의회 의석을 점유했다. 반면 사회민주당 Sozialdemokratische Partei Deutschlands, SPD(이하 사민당)은 28퍼센트의 대중 지지를 기록했음에도 2퍼센트의 의석만을 확보했을 뿐이다.

1871년 독일 통일은 프로이센 총리 오토 폰 비스마르크Otto von Bismarck의 지휘를 받은 세 번에 걸친 단기전의 결과였다. 이쯤에서 1862년부터 1890년까지 독일 역사를 주도했던 한 남성에 대해 소개하는 것이 타당할 듯하다. 1815년에 태어난 비스마르크는, 비록 어머니는 브레멘 상인의 딸이었을 뿐이지만, 아버지는 포메른Pommern 지역에서 대대로 내려오는 융커 출신이었다. 그는 자신의 가문이 프로이센 왕실인 호엔촐레른Hohenzollern가보다도 유서 깊은 가문이라는 것을 자랑하곤 했다. 비스마르크는 전통적인 행정법 교육을 받았다. 그는 몇몇 자유주의적인 대학에서 공부했지만, 보수적이건 자유주의적이건 간에, 그의 대학 은사들 중 누군가가 그에게 중요한 영향을 미쳤다는 증거는 없다. 졸업 후 그는 프로이센 공무원이 되었다. 하지만 그 업무가 지나치게 지루하다고 생각하여 곧 그만두었다. 그 후 몇 년간 그는 아버지가 경영을 잘 못한 나머지 파산 직전에 몰려 있던 포메른의 영지를 경영했고, 이곳에서 1848년 혁명을 경험했다.

그는 혁명을 전적으로 거부했다. 언젠가 그는 베를린에 있는 '혁명적인 군중'을 진압하기 위해 그의 농민들에게 쇠스랑으로 무장할 것을 권한 적도 있었다. 따라서 혁명 이후 보수주의자들이 그를 주목할 만한 젊은이로 여겼던 것도 놀랄 일은 아니다. 1851년 그는 프랑크푸르트에 있던 독일국민의회Nationalversammlung에 보낼 프로이센 대표로 임명되었다. 그는 이 임무에 완전히 잘 들어맞는 사람처럼 보였다. 비스마르크는 보수주의적인 프로이센의 왕정복고를 전적으로 지지했다. 하지만 그렇다고 해도 독일연방의 리더로서 오스트리아가 다시 차지한 역할에 도전하는 것이 프로이센의 역할이라고 느끼지는 않았던 듯하다.

크림전쟁이 발발하기 전까지는 모든 것이 잘 흘러갔다. 그러나 오스트리아가 전쟁에서 합스부르크가의 이익에 부합할 뿐인 중재 역할을 지원하도록 독일연방의 군대를 동원하는 안을 국민의회에 제출하자, 비스마르크는 프로이센 정부가 오스트리아의 요구를 거절할 것을 강력하게 촉구했다. 그 당시에나 후일에나 그는 프로이센뿐만 아니라 오스트리아가 아닌 다른 독일연방 소속 국가들은 발칸반도에 전혀 이해관계가 없다고 주장했다. 비스마르크는 특히 프로이센에게 크림전쟁은 얻을 것이 없는 전쟁이라는 것을 알아차렸다. 이 전쟁에 개입할 경우 러시아뿐만 아니라 다른 서유럽 국가들과도 멀어질 것이었다. 비스마르크의 조언은 결국 먹혔는데, 이는 주로 베를린에 있던 왕의 조언자들이 러시아를 지지하기를 바라는 파와 영국, 프랑스와 동맹을 맺기를 원하는 자유주의자들로 완전히 나뉘어 있던 덕이었다. 이로 인한 교착상태가 발생하자, 아무것도 하지 말자는 비스마르크의 제안이 자연스러운 합의점으로 떠올랐던 것이다.

프로이센이 반대를 주도함에 따라, 독일연방의 군대는 실제로 동원되지 않았다. 그 결과 오스트리아의 영리한 시나리오는 완전히 실패로 돌아갔다. 크림전쟁 말기에, 오스트리아의 국제적인 지위는 전쟁 전보다 훨씬 나빠졌다. 러시아는 오스트리아의 배은망덕에 분노했다(러시아 황제 니콜라이 1세는 1849년 오스트리아가 헝가리 혁명을 분쇄할 수 있도록 러시아 군대를 보내주기도 했다). 마찬가지로 프랑스와 영국도 오스트리아가 제대로 행동에 나서지 않은 것에 분노했고, 이탈리아가 통일을 이루도록 사실상 도왔다. 그 과정에서 오스트리아는 북부 이탈리아에 있던 영토를 상실했다.

비스마르크가 정책적으로 완전한 승리를 경험한 것은 프랑크푸르트에서가 아니었다. 1859~1862년, 그는 주러 대사, 후일에는 주불 대사를 역임했다. 프랑스에 체류하는 동안 그는 총리로 와달라는 황제의 요청을 접했다. 비스마르크는 의회에 굴복하지도 않고 다른 혁명을 자극하지도 않은 채로 황제가 그토록 소망하던 군대 개혁을 완수할 수 있다고 장담하면서, 기꺼이 총리직을 맡았다. 실제로 그는 이 모든 조건들을 다 충족시켰으며, 몇 년 후 국가 통일의 초석을 닦음으로써 정치적 천재로 칭송받았다. 사실 총리의 혜안에 대한 평판은 별반 근거가 없는 것이었다. 총리 취임 당시 그가 프로이센의 헌정 위기를 해결하거나 국가 통일을 이루겠다는 장기적인 계획을 갖고 있지 않았다는 것은 분명한 사실이다.

국내 정치에 관한 한 새 총리는 그의 명령을 완수하도록 재조직된 프로이센 군대의 충성심에 의존했다. 1862년 10월 프로이센 입법부의 세입위원회에서 행한 유명한 연설에서 그는 "의회 연설이나 다수결로 작금의 엄청난 문제들이 결정되지 않으며—그것이 1848년과 1849년의 거대한 실수였다―중요한 것은 철과 피로 결정된다"고 설명한 바 있다. 대부분의 자유주의 성향의 의원들은 이에 대해 씩씩거렸지만, 무능한 야당이 의미 없는 토의와 확신 없는 무용한 표결로 입법부의 회기를 잡아먹는 동안, 비스마르크가 행정명령으로 프로이센을 다스릴 능력을 가졌다는 것은 그들 역시 인정했다.

슐레스비히―홀슈타인Schleswig-Holstein 문제가 다시 한 번 민족 감정을 자극했을 때, 양쪽 모두 길고 쓰라린 교착상태에 빠질 것으로 예견했는데, 여기에 새로운 요소가 하나 더 더해졌다. 본질적으로 이 북독일 제후령들에서 벌어진 사건은, 근대 민족주의의 원칙과 봉건 전통의 잔재를 결부시키는 것이 어렵다는 것을 보여주었다. 중세 후반기 이래로 슐레스비히와 홀슈타인 제후령은 덴마크 왕이 개인 영지로 다스려왔다. 1460년의 협약 역시 이 두 제후령이 '영원히 분할될 수 없다'고 전제하고 있다. 1815년 빈협약에서 강대국들은 슐레스비히가 독일연방 외부에 남는 반면 홀슈타인 제후령은 독일연방의 일부가 되어야 한다고 명시했다. 그러나 이 두 제후령은 여전히 덴마크 왕의 개인 영지였다. 덴마크의 일부가 아니었음에도 말이다. 1848년 덴마크의 자유주의적 민족주의자들은, 독일의 자유주의적 민족주의자들처럼 민족주의에 의해 고무된 상태에서, 북부 슐레스비히에 있는 상당수 덴마크계의 존재에 비추어볼 때 슐레스비히 제후령의 지위를 변화시키는 것이 타당하다고 주장했다. 덴마크 왕가의 개인 영지로 남기보다 덴마크로 편입되는 것이 타당하다는 것이었다. 독일의 민족주의자들은 중세의 협약에서 말한 분리 불가능성 조항과 인구의 압도적 다수가 독일인이라는 사실에 의거하여, 홀슈타인과 슐레스비히 모두 통일된 독일의 일부가 되어야 한다고 주장했다.

이 갈등은 전쟁으로 비화되었는데, 이 전쟁은 독일연방이 선전포고한 유일한 전쟁이기도 했다. 1848년 모든 정치 진영을 망라하여 독일 민족주의자들은 슐레스비히-홀슈타인 문제가 민족자결권의 도가니이며, 덴마크의 야심은 무력으로 좌절되어야 한다고 믿었다(냉소적인 사람들은 덴마크가 허약한 독일군에 질 유일한 적처럼 보인다고 지적하기도 했다. 1848년과 1849년 독일 해군은 허가장을 받은 몇몇 화물선으로 구성되어 있었을 뿐이다).

그러나 머지않아 덴마크와의 전쟁조차도 간단한 일이 아니라는 것이 드러났다. 강대국들—특히 프랑스, 러시아, 영국—이 끼어들었다. 영국의 경우에는, 1848년 혁명기 독일 자유주의자들에 동조하고 있었지만(빅토리아 여왕의 남편인 작센 코부르크 공작 알버트 공이 자유주의 이념의 열렬한 지지자였다), 슐레스비히-홀슈타인 지역에 대한 독일의 직접적인 통제력이 확대되는 것은 북해와 발트해 지역에서 세력 관계를 변화시키고, 그럼으로써 영국의 이해에도 영향을 미칠 소지가 있었다. 북부 지역에 대한 독일의 야심이 통일에 대한 영국의 동정을 자비로운 중립보다 못한 것으로 바꾼 것은 자유주의자들에게 별반 놀라운 일이 아니었을 것이다. 영국의 정치 지도자이자 후일의 총리인 디즈레일리^{Disraeli}는 "독일 민족성이라고 불리는 허무맹랑하고 위험한 난센스"에 대해 격분하며 말하기도 했다.

예상대로 1864년의 전쟁은 독일연방의 일방적인 승리로 끝났다. 덴마크는 금세 패배했고, 영국이 주도하던 강대국들은 슐레스비히-홀슈타인 지역에 대한 새로운 조정안을 마련했다. 덴마크 왕가는 슐레스비히-홀슈타인 지역을 완전히 잃었고, 오스트리아 황제와 프로이센 왕의 개인 재산이 되었다. 두 군주는 프로이센이 슐레스비히 북부 지역을 점령하고, 오스트리아가 홀슈타인을 차지하는 데 합의했다. 하지만 이 협약은 곧 문제를 일으켰다. 오스트리아 황제는 빈에서 1,000킬로미터나

떨어진 영토를 다스려야 하는 무거운 부담에서 벗어나고자 안달이었다. 반대로 프로이센은 협약 조건을 서둘러 바꾸려고 하지 않았다.

1864년부터 1866년까지 2년 동안 프로이센과 오스트리아는 스파링하기 좋은 링을 찾는 복싱 선수 같았다. 오스트리아는 독일국민의회에서 다수의 연방 개혁안을 지지했다. 그중에는 슐레스비히-홀슈타인에 새로운 국가를 세우고 의회 선거를 하는 안도 있었다. 또한 합스부르크 왕가는 남부 독일 국가들을 설득해 오스트리아의 보호관세 제도에 참여하도록 함으로써 프로이센을 고립시키려는 노력도 했다. 이는 1834년 이래로 오스트리아를 제외한 모든 독일 국가가 참여하고 있던 자유무역 협약인 '관세동맹zollverein'을 분쇄하려는, 속이 뻔히 들여다보이는 술책이었다(프로이센 주도하의 관세동맹은 오스트리아의 기대와는 달리 정반대 방향으로 나아가고 있었다. 프랑스와 관세동맹 국가들이 사실상 자유무역을 할 수 있도록 프랑스와 상업협정을 체결한 것이 그리 오래지 않은 1862년이었다). 한편 오스트리아와 프로이센 모두 독일 통일의 이상에 대해 표면적으로 동조하고 있기는 했다.

신경전과 외교전은 1866년 물리적 갈등으로 비화했다. 이번에도 역시 군사작전은 짧고 결정적이었다. 진전된 전술과 군사 개혁의 결과로 프로이센은 더 효율적인 군비와 철도 체계를 활용함으로써 북부 독일에 있던 오스트리아 동맹국들을 휩쓸고 난 후, 오늘날 체코의 사도바Sadová인 쾨니히그래츠Königgrätz에서 단 한 차례의 교전으로 오스트리아군을 무찔렀다. 그에 뒤이은 평화협정에서 프로이센은 마인강 북부 전역에서 헤게모니를 구축했고, 공공연히 오스트리아 편을 들었던 몇몇 국가들을 혼쭐냈다. 그 결과 하노버Hannover공국, 헤센Hessen의 일부, 프랑크푸르트 자유도시가 프로이센의 영토가 되었다. 이 신생 강국은 전쟁에서 프로이센 편을 들 정도로 혜안이 있던 몇몇 소규모 국가들과 북독일연방Norddeutscher Bund을 구성했다. 독일연방은 해체되고, 독일 남부의 중간 규모 국가들은 이제 전적으로 홀로 남았다. 오스트리아는 영토를 잃지는 않았지만, 프로이센이 슐레스비히와 홀슈타인을 병합하는 것을 감내해야 했고, 더 중요하게는 독일 문제를 다루는 데 있어 주도적인 위치를 상실했다.

북독일연방은 무엇보다도 두 가지 이유로 기억된다. 하나는 생겨난 지 5년도 되지 않아 독일제국으로 대체되었다는 것이고, 다른 하나는 프로이센 자유주의자들이 비스마르크와 프로이센의 융커들에게 완전히 항복했다는 것이다. 수년 동안 역사가들은 첫 번째 사실을 바탕으로 비스마르크가 북독일연방을 머지않은 미래에 통일독일에 의해 대체되어야 할 일시적인 정치체로 간주했다고 생각했다. 두 번째 사실은, 독일 자유주의자들이 줏대가 없었고, 프로이센 정치체제에서 의회를 강화하려는 의지를 갖지 않았음을 증명하는 것으로 보인다. 언뜻 보기에는 비스마르크가 1860년대에 있었던 갈등의 승자로 보인다. 비스마르크가 총리가 된 지 4년 후 프로이센은 대부분의 북부 독일 지역을 병합했던 반면, 프로이센의 자유주의자들은 프로이센 의회에서 소위 '면책예산Indemnity Bill'을 신속히 통과시켰다. 돌이켜보건대 1862년 이래로 행정명령에 의한 행정부 주도의 통치를 의회가 승인한 셈이었다.

실상은, 북독일연방이 단명한 정부 구조가 되기를 비스마르크가 의도했던 것도 아니고, 자유주의자들의 패배가 겉보기처럼 일방적인 것도 아니었다. 1866년에 비스마르크가 독일 통일에 특별히 관심이 없었다는 것을 기억해야만 한다. 비스마르크는 그가 보기에 독일과 유럽에서 프로이센의 합당한 위치라고 느꼈던 것을 확보하는 선에서 야심을 제한했다. 북독일연방은 이러한 시나리오에 훌륭하게 들어맞았다. 프로이센은 북부 독일 전역을 차지했고, 오스트리아는 독일 문제에서 주요한 역할을 담당하지 못하도록 실질적으로 배제되었으며, 남부 독일 국가들은 프로이센의 우세에 맞설 정도로 충분히 강하지 못했다. 결과적으로 북독일연방은 독일의 심장부에서 프로이센의 반혁명적 보수주의의 승리를 대변하고 있었다. 비스마르크와 그의 국왕으로서는 그들의 정책 결과에 만족할 만한 이유가 충분했다.

그것은 자유주의자들을 저버리는 것이었다. 정치적으로 그들은 패배했다. 1848년의 꿈은 오스트리아-프로이센 전쟁에서 사라지고, 1866년의 '면책예산'과 더불어 불명예스럽게 매장된 것인가? 어떤 의미에서는 그렇지만, 다른 관점으로 보면 개혁가들은 북독일연방의 수립과 더불어 그들의 장기적인 목표 가운데 상당 부분을 실현했다. 북독일연방이라는 새로운 정치체는 선출된 의회를 가졌고, 의회는 연방의 세금과 예산을 통제할 권력을 쥐고 있었다. 게다가 프로이센의 입법부와 달리 북독일연방의 의회는 남성 보통선거권에 의거해 선출되었는데, 이는 당시로서는 의회 대표를 선출하는 가장 민주적인 방식이었다. 의회의 권력이 실질적으로 작동하기보다 서류상으로 존재하는 면이 많았다는 것도 사실이긴 하다. 의회는 행정부에 대한 통제력이 없었다(북독일연방은 총리청이라는 행정기구 하나를 가졌을 뿐이었다. 이는 비스마르크가 이끌었다). 의회가 연방 예산을 통제하기는 했지만, 기껏해야 전체 공적 자금 지출 중 5퍼센트만이 이 예산에 포함되어 있었기에 큰 의미는 없었다. 실제적인 예산 권한은 각 연방 구성국과 지방 행정 당국에 있었고, 연방에서 가장 크고 지배적이던 프로이센 입법부는 여전히 삼계급 선거권 제도로 선출되고 있었다.

1866년에 자유주의자들은 무역과 경제정책 부문에서 성공을 얻고자 정치적인 목표를 희생시켰다. 북독일연방은 관세동맹의 장점과 독일연방 소속 국가들을 위한 단일 상법의 이점을 접목시켜, 은행 설립과 기업 운영을 용이하게 하고자 했다. 심지어 새로운 상법은 노동조합에 대한 독일연방의 오랜 금지를 없앰으로써 초기 노동자 조직까지 만족시켰다. 동시에 프로이센과 북독일연방의 지도자들은 자유무역정책을 굳건히 지지했다. 이 결정에서 중요한 것은 자유주의자이자 광적인 자유무역론자이던 루돌프 델브뤼크^{Rudolf Delbrück}를 북독일연방 행정부의 수장으로 지명한 사실이었다. 향후 10년 동안 델브뤼크는 독일 경제정책을 결정하는 중심적인 인물이다.

당시 북독일연방은 평등한 협약의 결과는 아니었지만 천재적인 절충안이었다. 비스마르크와 융커들은 북부 독일에서 프로이센의 헤게모니를 구축함으로써 정치적 자유주의와 의회주의에 대한 그들의 우세를 확고히 했다. 자유주의자들은 대체로 무력했지만 민주적으로 선출된 의회를 갖게 되었고, 이와 더불어 민족 통일이 가까이 있다는 환상도 가질 수 있었다. 그러나 무엇보다 북독일연방은 독일의 급속한 경제적 근대화를 향한 마지막 법적, 제도적 장애물을 제거했다.

국제적인 세력균형에서의 예상치 못한 변화가 북독일연방의 생명을 단축시켰다. 어떤 의미에서, 오스트리아—프로이센 전쟁으로 남겨진 어수선한 결과들로 인해 일련의 사건이 시작되었다. 당시 프랑스 황제 나폴레옹 3세는 외교적인 압력을 통해 오스트리아와 프로이센에 조정안을 부과하고자 했으나 프로이센의 신속한 승리로 인해 외교적으로 개입할 새도 없었다. 이후 4년 동안 프랑스 황제는 심각한 내정 문제에 시달리면서도, 해외에서의 외교적 승리를 명백히 함으로써 국내에서의 인기를 회복하고자 기를 썼다. 하지만 비스마르크는 룩셈부르크와 벨기에에서 나폴레옹이 가졌던 야심을 교묘하게 좌절시켰고, 이에 프랑스는 1870년까지 스페인 문제에서만 약간의 승리를 얻었을 뿐이다.

슐레스비히—홀슈타인 문제처럼 스페인 왕위 계승 문제도 강대국들에게는 개입을 위한 엄청난 기회였다. 일련의 군사 정권과 섭정이 스페인에 정치적 안정을 가져다줄 수 없음이 판명된 이후, 다양한 스페인 파벌의 지도자들은 새로운 통치자를 외국에서 찾을 수밖에 없다는 데 동의했다. 그들의 최종 선택은 호엔촐레른지그마링엔Hohenzollern-Sigmaringen의 레오폴트Leopold로, 그는 프로이센 왕가의 가톨릭 방계 자손이었다. 그는 프로이센 왕가의 직계가 아니었지만 국왕 빌헬름 1세의 조카였고, 따라서 프랑스가 호엔촐레른가의 제후가 스페인 왕위를 물려받을 가능성에 대해서 염려한 것은 당연한 일이었다. 나폴레옹은 공식적으로 레오폴트가 스페인 국왕이 되는 것에 반대했고, 제후 자신도 스페인 왕위의 후보자가 되지 않겠다고 선언했다. 나폴레옹과 비스마르크가 (국내 정치적인 이유로) 각각 프랑스와 독일의 여론을 자극하는 데 이 이슈를 활용하고자 했을 때 이미 이 위기는 해소된 상태였다. 비스마르크는 이 신경전과 공적 관계의 게임에서 훨씬 더 유능한 것으로 판명되었다. 프랑스는 자신들의 군대가 큰 전쟁을 수행할 준비가 전혀 되어 있지 않았음에도 불구하고 1870년 7월 북독일연방에 선전포고를 했다.

프랑스-프로이센 전쟁은 세 번에 걸친 '통일 전쟁' 중 가장 긴 것이었을 뿐만 아니라 가장 심대한 영향을 미쳤고, 많은 점에서 가장 불행한 결과를 가져왔다. 프랑스의 패배로 나폴레옹 3세가 퇴위했고, 프랑스 제3공화국이 수립되었다. 이 전쟁을 끝낸 프랑크푸르트협약의 조건에 따라 프랑스는 알자스와 로렌 지방을 잃었고, 승리한 독일에 엄청난 전쟁배상금을 지불해야 했다.

독일제국 건설은 프랑스-프로이센 전쟁에서의 승리와 직접적으로 연관되어 있다. 불행하게도, 독일이 통일된 방식은 이후 프랑스와 독일의 관계에서, 그리고 독일 민주주의의 발전에서 중요한 법적 쟁점이 되었다. 프랑스—프로이센 전쟁은 민족 전쟁이었다. 라인강 양측의 두 나라에서 민족적 열정은 극도의 흥분 상태로 달아올랐다. 프랑스가 북독일연방에 선전포고하자, 북독일연방의 구성원이 아니기 때문에 전쟁의 당사자가 아니었던 남부 독일 국가들에서도 여론이 들끓었고, 이는 즉시 프랑스에 선전포고하고 프로이센과 그 동맹 측에 가담하도록 압력을 가했다. 1840년대 프랑스와 독일 신문에 의해 고안된 용어인 '누대의 원수'라는 개념은 새로운 생명을 얻었다. 더 비극적인 일은, 독일 통일의 완수가 이웃 국가들에 대한 군사적인 승리라는 관념과 결부된 것이었다(프랑스—프로이센 전쟁에서 결정적인 교전일이었던 1870년 9월 5일 〔세당Sedan전투〕은 새로운 독일제국에서 국경일이 되었다). 독일제국 수립을 선포하는 행사를 1871년 1월 18일 베르사유궁 거울의 방에서 개최한 것은 독일의 군사적인 승리와 프랑스의 치욕을 가슴 아프게 상기시켜주는 계기가 되었다.

그러나 1871년 초 독일인들에게 미래에 대한 공포란 전혀 중요한 일이 아니었다. 표면적으로 중요한 일은 이 나라가 마침내 통일되었다는 것이었다. 나폴레옹 군대에 대한 초기 승리 이후 남부 독일 국가들도 독일 제2제국이라고 알려진 것을 구성하는 데 가담했다. 더 정확히 말하자면, 남부 국가의 지도자들은 프로이센 왕 및 그 동맹자들과 협의하여 독일제국이라는 이름을 가진 제후들의 연합체를 구성하고자 했다(비스마르크가 창조한 '제2제국'이라는 용어는 나폴레옹 1세가 1806년 해체한 독일 제1제국 혹은 신성로마제국의 역사적 계승자라는 것을 암시하기 위해 사용되었다). 1871년 제국과 1848년 프랑크푸르트에서 그려진 무언가와의 중요한 차이가 바로 여기에 있었다. 이 새로운 제국은 비스마르크와 제후들의 작품이었고, 독일인들은 독일제국 수립의 조건을 결정하는 데 작은 부분밖에 참여하지 못했던 것이다. 독일 제후들은 프로이센 왕

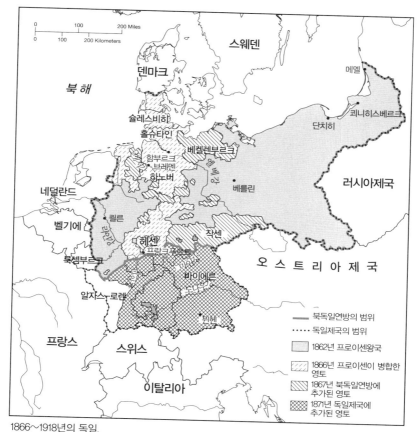

1866∼1918년의 독일.

과 그의 계승자들이 독일 황제의 지위를 계승해야 한다는 데 동의했다. 또한 1866년 프로이센이 획득한 영토도 건드리지 않았다. 남부 국가들은 프로이센이 북부 독일에서 가지는 정치적, 영토적 헤게모니에 도전하지 않았다. 정확히 말하자면, 새 제국은 프로이센 반혁명 세력의 궁극적인 승리를 나타내는 것이었다.

　당대 역사가들은 1871년에 있었던 사건의 중요성을 놀라울 정도로 다르게 해석했다. 대부분의 독일인들에게 제국 수립은 신의 섭리가 독일인과 독일 국가를 선택해서 특별한 은총을 부여했다는 증거였다. 프랑스에 대한 군사적 승리, 알자스−로렌의 병합, 약 50억 프랑(약 40억 마르크의 전쟁배상금)은 신이 독일인 편이라는 분명한 증거였다. 이를 강조하기 위해서란 듯, 독일의 승리와 통일을 기리는 행사가 쇼비니즘과 종교적 요소를 천박하게 결합하는 방식으로 대부분의 지역에서 이루어졌다. 심지어 자유주의자들도 부끄러운 줄 모르는 군국주의적 민족주의로 전향한 듯 보였다.

이후 역사가들은 통일이 1871년 전과 후에 독일을 괴롭히던 문제와 갈등에 대한 해결책이 아니었다는 점을 강조했다. 그들은 새 독일제국을 특징짓기 위해 '거친 물질만능주의와 천박한 무사안일주의' 혹은 '문화적 절망'이라는 문구를 사용하곤 했다. 최근의 저작들은 1871년부터 비스마르크가 은퇴한 1890년 사이의 독일을 심각한 질병에 괴롭힘을 당하는 '환자'로 보아야 한다고 주장한다. 이 두 상반된 관점의 이유를 파악하는 것은 어렵지 않다. 당대인들은 분기점이 된 과거를 되돌아보았고, 결과적으로 통일을 위대한 미래의 시작으로 보았다. 세월이 흐른 뒤 역사를 보는 이점을 누리는 후대의 역사가들은 제2제국의 문제점들을 이후 뒤따르는 재난의 전조로 해석했다.

대개의 건국세대들이 그랬듯이, 통일이 그 사회에 영향을 미치던 큰 딜레마들에 성공적으로 맞서는 마법의 열쇠를 제공하리라고 믿었던 것은 너무 순진한 일이었다. 정치적 통일이 경제적 어려움을 제거하지 못했던 것은 분명하다. 2년간의 경제 호황 이후 20년 동안, 독일제국은 경제지표에서 몇 번의 상승과 하락을 제외하고는 본질적으로 한 세대에 걸친 경기 불황을 경험했다.

따라서 건국세대가 현재에 환호하면서도, 그들의 미래에 대해 이상하리만치 불안해하는 것처럼 보였다는 것은 그리 놀랍지 않다. 이 시기에 사람들은 혁명과 무정부 상태에 대한 전적으로 비이성적인 공포로 가득 차 있었고, 프랑스인, 가톨릭교도, 사회주의자순으로 확인된 첩자들이 사회 전복을 기도한다고 믿었다. 지식인과 예술가들 사이에서는 인류의 미래에 대한 비관주의가 넘쳐났다. 신생 제국 초창기 독일 사회에서 가장 유명한 비판가임에 분명한 프리드리히 니체Friedrich Nietzsche는 자기 세대의 약점에 대해 신랄하게 써내려갔다. 잘못된 종교적 열정에서부터 독일 부르주아지의 자기만족적인 잘난 체까지 거의 모든 것이 비판의 대상이었다. 마찬가지로 리하르트 바그너Richard Wagner의 오페라들은 그 표면적인 민족주의에도 불구하고 신들의 황혼Götterdämmerung, 즉 신과 인간 세계의 파괴로 귀결되었다. 빈의 시인인 후고 폰 호프만슈탈Hugo von Hofmannsthal이 1860년대와 1870년대의 남성과 여성이 자기 세대인 20세기 초반 세대에 두 가지 유산, 즉 아름다운 가구와 극도로 예민한 신경을 남겼다고 썼을 때, 전적으로 경박하기만한 것은 아니었다.

　우울과 파멸이 즐거움과 승리를 대체하지 못했다는 점은 분명하다. 문제들이 실재했지만, 건국세대 역시 그것들을 순화하고 피하는 능력이 있었다. 즐겨 쓴 방법은 역사 속 영광을 기리는 것이었다. 전문 역사가들도 한몫했지만, 사실에 대한 실제적인 지식과 별로 관련이 없는 역사소설과 서사시도 넘쳐났다. 이집트 시대부터 최근의 통일 전쟁에 이르기까지 모든 상상할 수 있는 역사적 시기들을 매우 공상적으로 다루는 시장이 끝 모르게 존재하는 것처럼 보였다. 중세 게르만족의 삶과 모험에 대해서는 특별히 즐기는 독자들이 있었다. 이들 모두에게 공통적이었던 것은 '눈부신 민족적 자긍심'이었다. 1848년 혁명에서 중요한 역할을 담당했던 많은 민주주의자들이 이제는, 초기의 갈망이 프로이센 군대의 승리로 충족되었음을 독자들에게 알리는 역사소설을 썼다.

북독일연방에 대한 프랑스 만평가의 견해. 둔중한 비스마르크가 패배한 독일 국가들을 프로이센 주도의 통일을 위한 사다리의 가로대로 이용하고 있다(출처: akg-images).

그러나 민족적 통합이 독일인들 간에 있었던 초기의 갈등에 대한 허구적인 설명을 대체하는 동안, 독일 동부 지역에서는 독일인과 폴란드인의 민족 갈등이 수그러지지 않고 나타났다. 그곳에서 독일과 슬라브 문화의 행복한 통합은 허용되지 않았고, 독일 문명은 승리해야만 했다.

상상된 과거의 영광을 되살리고자 하는 욕망은 문학에만 국한되지 않았다. 유럽의 다른 이웃들처럼 독일의 건축가들 역시 산업혁명으로 야기된 기능적 변화들을 표현할 건축양식을 찾는 데 별 특별한 재주가 없었다. 독일 전역과 유럽의 다른 나라에서 건축가들은 유사 고딕 성당처럼 보이는 철도역을 세웠고, 르네상스 시대의 궁전과 흡사한 우체국을 지었다.

부조화의 건축과 역사소설은 현재의 문제를 부정하는 데 사실 크게 해로울 게 없는 방식이었다. 게르하르트 리터Gerhard Ritter가 "부르주아지의 군국주의화"라고 불렀던 현상의 결과는 그보다 훨씬 심각했다. 그는 독일 중간계급이 군대를 지나친 경외 속에서 바라본다는 점을 지적했다. 군대에 대한 감정적인 종속은 제복에 대한 과도한 존중 같은 외적 조짐 속에서만 표현된 것이 아니라, 군사적 행동 양식과 사고를 민간 조직과 활동들에 접목하는 데서 가장 잘 드러났다. 교사들은 훈련 담당 하사관들을 따르려 했고, 중년의 사업가들은 예비역 장교임을 자랑스럽게 내비쳤다. 결과적으로 부르주아지의 군국주의화란, 독일의 중간계급이 군대의 위치를 독일 사회의 최정상 자리에 놓는 데 동의했다는 것을 의미했다. 역사가 하인리히 폰 트라이치케Heinrich von Treitschke의 저서들은 이 군국주의화를 전형적으로 보여준다. 과거 자유주의자였던 트라이치케는 1879년 초 여러 권으로 된 19세기 독일사를 출간하는데, 최종적인 분석에서 군사력만이 국가의 운명을 결정한다고 주장했다.

독일의 장래에 더 재앙이 되었던 것은 근대성의 문제들을 피하는 또 다른 방식, 즉 반유대주의였다. 여기에서도 트라이치케는 하나의 전형을 보여주었다. 독일과 다른 유럽 지역의 여느 지식인처럼, 그는 근대 산업주의의 생경하고 부정적인 효과들이 모두 유대인의 사회적 영향 때문이라고 보았다. 건국세대의 반유대주의는 구스타프 프라이타크Gustav Freytag나 빌헬름 라베Wilhelm Raabe 같은 소설가들이 초기에 보인 감정들과 결부되지만, 새로운 반유대주의는 또한 고비노^{Gobineau} 백작의 저술을 통해 프랑스에서 처음으로 도입된 유사 인종주의 이론들에 심대하고도 불길하게 빚지고 있었다. 프라이타크와 라베의 소설에서 유대인들은 동화를 통해 인간성을 개선하기 시작한 최근의 이민자들로 묘사되었지만, 19세기 후반의 반유대주의는 유대적인 '사악함'을 유대인들의 민족 성향이라고 몰아붙였다. 이러한 저술가들에게 '유대인 문제'에 대한 유일한 해결책은 유대인의 법적 해방과 합법 이주라는 진보를 뒤엎는 것이었다. 그러나 한편으로 이 시점에서 독일의 반유대주의는 유럽에서 특이한 것도 아니었고, 특별히 만연했거나 치명적이지도 않았다는 사실을 지적할 필요가 있다.

불황이 지속되고 그와 결부된 사회문제가 점점 더 무시하기 어려울 정도가 되자, 1880년대 한동안 보다 실질적인 사고방식이 우세한 것처럼 보였다. 중간계급을 군대에 대한 감정적인 의존에서 해방하고, 그들로 하여금 자기 세대의 문제에 실제적으로 직면하도록 하려는 진지한 시도들이 있었다. 소설과 작곡에서 특히 부르주아의 형식과 가치들이 부각되었다. 에밀 졸라^{Emil Zola}와 다른 프랑스 작가들에게 크게 빚진 자연주의적이고 사실주의적인 스타일이 독일 문학에 자리 잡기 시작했다. 작가들은 과거에서 그들의 영웅을 찾기보다 걷잡을 수 없는 산업화와 도시의 빈민가, 비인간적인 노동조건으로 인한 삶의 파괴 등 자신들 시대의 문제점을 직시했다. 테오도어 폰타네^{Theodor Fontane} 같은 작가들은 제국의 수도에서 정신없이 흘러가고 요동치는 삶에 대해 탁월하고 감동적인 묘사로 공감을 불러일으켰다. 음악에서 요하네스 브람스^{Johannes Brahms}는 칙칙하고, 특히 부르주아적인 캐릭터가 두드러진 작품들을 작곡했다. 사실주의와 자연주의는 사회의 군국주의화에 대한 균형추의 역할을 하기도 했다. 자연주의 작가들은 그들 사회의 미래에 대해 낙관하는 한, 사회문제들에 대한 대답으로 군사력보다는 과학을 칭송했다.

하지만 불행하게도, 이후 좀 더 자세히 설명하겠지만 부르주아의 저항은, 만일 그것이 저항이라 불릴 수 있더라도, 독일 사회의 지배적인 분위기 속에서 어떠한 근본적인 변화도 낳지 못했다. 마르크스주의 혁명에 대한 공포가 대부분의 독일인들로 하여금 다시 한 번 군국주의와 민족주의의 감정적이고 정치적인 조합 속에서 피난처를 구하도록 했기 때문이다. 1880년대 말 무렵 독일 사회는 그들의 문제를 진정으로 직시하고 해결하는 데 있어, 20년 전보다 나아진 것이 전혀 없었다.

사회의 기본 구조: 경제적, 정치적 권력 구조

1871년 독일의 4,100만 거주자들은 농업 위주의 사회에서 산업과 제조업이 주도하는 사회로 변화하는 시대의 문턱에 살고 있었다. 독일제국이 건국되었을 때 노동력의 50퍼센트 정도는 여전히 농업 분야에 종사했다. 10년 후 대부분의 독일인들은 산업 혹은 제조업과 관련된 직종에서 일했다. 토지와 결부된 자산과 유동자산의 상대적 가치 변화는 고용 패턴의 변화를 동반했다. 적어도 농업 자산의 형태로 된 실질 재산은 상대적으로 가치를 잃은 반면, 유동자산과 산업적 자산은 더 중요해졌다.

향후 30년 동안 독일의 근대화는 자체 동력을 확보했다. 1907년까지 독일인 노동자들의 3/4이 산업에 고용되어 있었다. 그들 대부분이 블루칼라였지만, 산업 생산이 점차 첨단기술과 결부됨에 따라 화이트칼라의 수도 마찬가지로 급격히 증가했다. 1882년 2퍼센트 미만이던 화이트칼라가 1907년에 이르면 전체 독일 피고용인 중 6퍼센트 이상을 차지한다. 다른 말로 하자면, 한 세대 만에 독일 사회는 고도로 발전된 자본주의 사회의 특색을 띠었다.

산업화와 근대화는 도시화와 국내 이주를 동반했다. 독일인들은 지속적으로 동부에서 서부로 이동했고, 중부 독일과 루르 지역 및 라인강 인근 지역 산업 중심지의 인구를 부풀렸다. 그 이유를 아는 것은 어렵지 않다. 산업노동의 어려움이 무엇이건 간에 엘베강 동쪽 지역의 토지 없는 농민이 직면했던 암담한 미래보다는 나았기 때문이다(엘베강 동쪽 지역에서 독일 농장노동자들은 점차 폴란드의 이주노동자들로 대체되었다). 근대화는 독일 정치 정당의 범위에도 영향을 미쳤다. 전통적인 보수주의 정당과 자유주의 정당들에 더해 근대화 및 통일과 결부되는 조건과 문제를 다루기 위해 만들어진 새로운 조직들, 특히 산업노동자를 대변하는 그룹과 가톨릭 정당이 생겨났다.

독일 보수주의자들에게 근대화란 그들의 정치적 이상이 점차 시대와 맞지 않다는 사실에 직면하는 과정이기도 했다. 전통적으로, 독일에서 이러한 정치철학의 지배적인 형태인 프로이센 보수주의는 독일 민족주의보다 프로이센 특수주의를 선호했고, 산업보다 농업을 선호했으며, 개인의 자유보다 계급적으로 결정되는 책임들을 찬양했다. 또한 보수주의자들은 왕관, 제단, 군대의 통합에 기초한 정치적 권위주의가 대중 선거나 의회주의보다 우세해야 한다고 주장했다. 그런 점에서 1871년의 세계는 보수주의자의 이상에 거의 들어맞지 않았다. (확실히 프로이센이 주도한) 통일 제국은 경제적 자유주의를 표방했다. 이 당시 경제적 자유주의란 정부 통제를 거의 받지 않는 자유경제, 투자자에게 우호적인 세금 구조를 의미하는 것이었다. 통일 제국은 경제적 자유주의뿐만 아니라 국민 헌법을 표방했는데, 헌법은 남성 보통선거권에 의거한 연방의회의 하원(제국의회) 선거와 관련한 조항을 포함하고 있었다.

　새로운 환경의 영향하에서 보수주의자들은 두 그룹으로 나뉘었다. 독일보수당Deutschkonservative과 자유보수당Freie Konservative. 이 두 그룹은 1851년 프로이센에서 형성된 권위주의 체제를 불굴의 의지로 방어한다는 점에서는 동질적이었지만, 새로운 제국을 대하는 태도에서 차이를 보였다. 독일보수당은 근대화의 혁신에 의해 오염되지 않은 구래의 방식들을 지킬 필요가 있다고 강조했던 반면, 자유보수당은 독일 전역에서 프로이센 보수주의의 힘을 공고히 할 수단으로 국가 통일과 산업화를 지지했다.

　남성 보통선거권이라는 원칙하에서 보수주의자들은 결정적으로 불리했다. 물론 프로이센에서는 삼계급 선거권 제도를 유지함으로써 자신들의 지배적인 정치적 지위를 유지할 수 있었다. 전통적으로 보수주의자들이 선거에서 누리던 강점은 독일의 농촌 지역에 기반했다. 농민과 지주, 프로테스탄트 성직자, 작은 마을의 거주자들이 보수주의 유권자의 중핵을 이루었다. 그러나 독일이 점차 산업화됨에 따라 보수주의의 지지 근간이 자연적으로 소멸되고 있었다. 농촌 인구는 점차 감소했고, 대규모 도시들이 생겨나 많은 작은 도시들을 흡수했다. 그 결과 연방의회에서 보수주의 세력은 급격히 약해졌다. 1912년에 이르면 독일인 10명 중 1명만이 보수주의 정당에 표를 던졌다.

　자유주의자들도 분열되어 있었다. 그들은 앞서 언급한 1866년 면책 예산 문제로 분열되었다. 민족자유당Nationalliberale Partei, NLP이라고 명명된 우파 자유주의자들은 비스마르크가 1862년 프로이센 총리가 된 후 행한 일련의 고압적이고 헌법에 위배되는 행위들을 용서할 자세가 되어 있었다. 그들은 북독일연방을 주도하는 비스마르크의 책략을 전적으로 지지했고, 통일 이후에는 새로운 제국을 건설하는 데 독일보수당 및 총리와 긴밀하게 협조했다. 좌파 자유주의자들 혹은 독일진보당 Deutsche Fortschrittspartei은 의회에 대한 비스마르크의 경멸에 대해 우파 자유주의자들보다 덜 관대했다. 새로운 입법기관에서 그들은 의회의 권한을 증진할 것을 지속적으로 요구했다. 그럼에도 불구하고 사이가 틀어졌던 자유주의 형제들이 통일 이후에는 점점 더 가까워졌다. 우파 자유주의자들과 마찬가지로 독일진보당원들 역시 비스마르크 지휘하의 국가 통합을 열광적으로 지지했고, 다른 여타 문제들에 대해서도 유사한 관점을 견지했다. 1878년까지 양대 자유주의 정당은 자유무역, 반교권주의, 또한 강조하는 정도는 약간 달랐을망정 시민적 자유주의를 포함한 주요한 자유주의 이념에 헌신했다.

두 자유주의 정당은 다수의 동일한 유권자, 대개 중간계급의 다양한 분파에 호소했다. 민족자유당은 상층 부르주아, 특히 새로운 '산업계의 거물들' 사이에서 강세였다. 그에 비해 독일진보당은 전통적인 '미텔슈탄트Mittelstand'와 가족 농장 소유자 층에서 우세했다(미텔슈탄트는 번역하기 어려운 독일어 중 하나이다. 어떤 의미에서 이 단어는 중간계급을 의미했지만, '전통적인' 혹은 '오래된'이라는 수식어와 더불어 활용될 때 전문 직업인, 소규모 제조업자, 소매업자, 상인, 독립 장인 등 근대 산업화의 도래 이전에 존재했던 직업 그룹을 지칭했다). 둘 중 어느 정당도 노동자들의 지지를 얻지 못했지만, 독일진보당의 경우에는 자유주의가 산업 프롤레타리아들 사이에서 호소력이 부족하다는 사실을 가끔씩이나마 염려했다.

나중에 다시 설명하겠지만, 1870년대 후반 정부 정책의 초점은 자유무역에서 보호무역으로 선회했고, 그 결과 자유주의자들은 또다시 분열했다. 독일진보당이 새로운 방향을 전적으로 거부한 데 반해 민족자유당의 다수파는 정부의 180도 전향에 동조했다. 그러나 민족자유당 소수파는 관세를 신성한 자유주의 원칙에 대한 배반으로 간주하고 탈당했다. 다수의 민족자유당 지도자들은 종래에는 독일진보당과 통합하는 새로운 정치조직 몇 개를 이루기도 했다.

독일이 소독일 노선에 따라 통일되었을 때, 가톨릭은 이 나라에서 영원한 정치적 소수파가 되었을 뿐만 아니라, 자유주의와 마르크스주의 정당들에서 힘을 얻은 반교권주의와 반가톨릭주의의 조류에 직면했다(소독일이라는 용어와 대독일이라는 용어는 1848년 혁명 당시 독일 통일을 둘러싼 격렬하면서도 의미 없던 논쟁에서 비롯되었다. 소독일 노선의 옹호자들은 오스트리아-헝가리를 통일된 독일에서 배제할 것을 원했던 반면, 대독일 노선의 옹호자들은 오스트리아의 독일어권까지도 미래의 독일제국에 포함되어야 한다고 주장했다). 이에 대한 염려의 결과 중 하나로 1870년 중앙당 Zentrum이 창당되었다(이 이름은 이 당이 의회 좌석들 중 가운데를 차지했던 데서 유래되었다). 하노버가 프로이센에 병합되기 전 하노버공국 최후의 법무부 장관이던 **루트비히 빈트호스트**Ludwig Windthorst의 유능한 지도 아래, 중앙당은 독일 가톨릭교도의 정치적 목소리를 효과적으로 내는 세력으로 재빨리 자리를 굳혔다. 처음부터 이 당은 본질적으로 방어적인 입장을 취했다. 특히 교육과 교회 기구들을 위한 공공 재정 지원 분야에서 가톨릭 세력의 권리를 확보하는 것을 중요한 과제로 삼았다.

정치적 생명이 지속되던 거의 모든 구간에서 중앙당은 당원이나 지지자를 가톨릭교도로 한정했다. 중앙당은 산업노동자부터 대토지 소유자에 이르기까지 독일의 가톨릭교도들이 일군의 프로테스탄트와 반교권주의자에게 위협을 받고 있다고 보았다. 중앙당은 당 지도부가 '중앙 타워'라고 부르던 것에 전체 가톨릭 유권자들을 결집시키기를 희망했다. 때때로 당내에서 프로테스탄트와 가톨릭교도 모두에게 호소력이 있는 정치조직으로 변모할 것을 주장하는 목소리가 나타났던 것도 사실이지만, 그러한 제안들은 언제나 당 지도부에 의해 신속히 제압되었다. 중앙당은 가톨릭주의의 정치적 대변자였지만, 성직자들에 의해 조종되지는 않았다. 빈트호스트는 일찌감치 성직자와 중앙당이 협조 관계에 있지 종속 관계에 있지 않도록 했다. 중앙당은 줄곧 자체 정치 강령과 지도부를 지닌 가톨릭 속인 조직으로 남았다.

그러나 중앙당은 모든 가톨릭교도의 정당이 되지는 못했다. 중앙당에 투표한 가톨릭교도들은 평균적으로 50∼60퍼센트에 머물렀다. 중간계급과 상층계급, 농촌 지역에서 지지율이 가장 높았고, 산업노동자들의 지지율이 가장 낮았다. 이후에도 이 투표 비율은 놀랍게 고착되었고, 따라서 당의 지도자들은 대체로 모든 전국 단위 선거에서 동일한 의석수를 기대할 수 있었다.

안정이 중앙당의 첫째가는 특징이었다면, 사민당의 발전은 폭발적인 성장으로 특징지어진다. 사민당은 1863년에 창설된 범독일노동자협회 Allgemeiner Deutscher Arbeiterverein와 1869년에 만들어진 사회민주주의노동당 Sozialdemokratische Arbeiterpartei, SDAP이 1875년 통합하여 결성되었다. 비록 두 조직 모두 자신들이 초기 산업노동자들의 대표라고 보았지만, 원래 이 둘은 독일 사회 노동계급의 정치적 미래에 대해 완전히 다른 관점을 견지하고 있었다. 범독일노동자협회를 설립한 페르디난트 라살Ferdinand Lassalle은 사기업의 권력을 제한하기 위해 소독일 노선의 민족주의 및 국가 권력과의 협조를 지지했지만, 사회민주주의노동당은 협소한 민족주의를 거부하고 부르주아 국가를 자본가 지배의 하녀로 본 카를 마르크스Karl Marx를 추종했다(독일 사회주의자들은 어떤 형태의 민족주의도 자본주의 사회의 부르주아적 '상부구조'의 일부일 뿐이라고 보았다. 그 결과 그들은 소독일이건 대독일이건 국가 통일에 대해 반색하는 대열에 참여하기를 거부했다. 사회주의자들은 정치혁명만이 자본주의의 억압과 민족주의라는 망상에서 프롤레타리아를 해방시킬 수 있다고 보았다).

새로운 사민당에서 마르크스주의 지도자들과 그 이상이 곧 지배적인 위치를 점했다(라살은 그 사이 사랑 문제로 인한 결투에서 죽음을 당했다). 1875년 고타 창립총회에서, 사민당은 라살이 일찌감치 선포했던 원칙들에 가까이 다가갔다. 그러나 1891년에는 고타 강령Gothaer Programm과 비스마르크의 반사회주의자법(뒤에서 다시 논의할 것이다)에 대한 마르크스의 격렬한 비판의 영향으로, 사민당 공약은 마르크스주의 정통파의 교리를 따르게 되었다. 1891년 이후 당은 계급 갈등과 변증법적 유물론에 근거한 혁명 이데올로기에 경도되었다. 사민당은 노동과 자본의 이해관계는 양립 불가능하며, 19세기 사회경제 조직의 지배적인 형태인 자본주의는 결국 생산수단의 공동 소유가 사적인 자본주의 통제를 대신하게 될, 인간 사회의 궁극적이고 최고 형태인 사회주의(더 나아가 공산주의)로 대체될 것이라고 주장했다. 자본주의에서 사회주의로의 전환을 달성할 도구는 산업 프롤레타리아트에 의한 혁명 행위라고 보았다. 이 혁명을 준비하는 과정에서 노동자들은 정치적으로 사민당으로 조직되어야 하고, 경제적으로는 노동조합을 통해 조직되어야 했다. 이론적으로 두 노동자 조직은 서로 보완관계였다. 당이 프롤레타리아의 정치적 미래를 준비하는 것이라면, 노동조합은 현재 상태에서의 물적 조건의 개선을 가져와야 했다.

사민당은 특정 계급을 위한 조직이었다. 초기 지도자의 다수는 중간계급 지식인이었지만, 사민당은 산업 프롤레타리아트의 표와 지지를 얻는 것이 궁극적인 목표라고 선언했고, 여기서 놀라운 성공을 거두었다. 그러나 사민당 지지자가 독일의 블루칼라로만 국한되지는 않았다. 독일제국 시기에조차 중간계급 유권자의 상당수가 사민당에 표를 던졌다. 뿐만 아니라 선거 결과에 비추어볼 때, 당의 반교권주의적 입장에도 불구하고(마르크스주의자들은 조직화된 종교를 자본주의 상부구조의 일부라며 거부했다), 프로테스탄트와 가톨릭 산업노동자들 중 상당수가 중앙당이나 프로테스탄트 교회의 지지를 받던 보수주의 정당보다는 사민당을 지지했음이 분명했다.

가톨릭 노동자들과 프로테스탄트 중간계급이 공공연히 반교권주의와 혁명을 표방하는 정당을 지지했던 것은 사민당에 있어 점점 더 커져가는 문제가 무엇인지를 보여주었다. 창당 초기부터 사민당의 혁명적 수사는 개혁주의적인 태도와 대조를 이루었다. 사회주의자들의 호소력이 커질수록 정치혁명에 대한 약속 때문이 아니라 정치적, 사회적 개혁을 동시에 지지하고 있다는 점, 그리고 노동조합 운동과 긴밀한 유대를 맺고 있다는 점 때문에 이 당이 대중적 지지의 상당 부분을 얻고 있다는 것이 더 분명해졌다. 대부분의 노동조합이 의회를 통한 개혁과 임금 및 노동조건에서의 점진적이고 느린 개혁을 선호했기 때문에, 당의 혁명적 수사는 당원들의 일상으로부터 점점 더 멀어질 수밖에 없었다.

독일 유권자의 압도적 다수는 방금 언급한 네 그룹, 즉 보수주의, 자유주의, 가톨릭, 사회주의 중 하나를 지지했다. 건국세대의 20년 동안 가장 강력한 정당은 민족자유당과 중앙당이었다. 다양한 보수주의 정당에 대한 대중의 지지는 점차 감소했고, 독일진보당에 대한 지지는 요동치고 있었다. 가장 성공적인 스토리는 사민당의 것이었다. 비스마르크 시기 초기에 사민당은 제국의회에 한 명의 대표자를 보냈다. 비스마르크 총리가 퇴임할 때, 그 수는 35명으로 늘어나 있었다(제국의회의 전체 의원수는 약 400명이었다).

제국의 법적 구조는 역사가들이 '비스마르크 타협^{Bismarck Compromise}'이라고 불렀던 것을 제도화했다. 그것은 세 가지 근본적인 원칙을 체현했다. 먼저, 비스마르크 개인의 권력을 극대화하는 것이 첫 번째였다. 보수적인 전제주의적 정치 이상과 자유주의적인 경제적 수칙들을 결합하는 것이 두 번째였다. 세 번째는 두 번째 원칙에 대한 당연한 귀결로서, 비스마르크는 타협이 이루어지고 난 뒤 정치적으로 중요해진 그룹들, 무엇보다도 가톨릭과 사회주의자들의 정치적인 몫에 대한 요구를 '헌법에 위배되는' 요구라며 거부했다. 1871년 헌법은 주로 보수주의자와 자유주의자들에게 유리했다. 이 문서는 1871년 이후의 역동성에 대해서는 여지를 두지 않고, 1871년의 합의를 영원한 것으로 동결하고자 했다.

북독일연방 헌법을 모델로 한 1871년 헌법은 대체로 비스마르크가 썼고, 약간의 변화를 거쳐, 독일 제후들의 승인을 받았다. 종래에 의회가 이를 받아들인 것은 형식적인 일일 뿐이었다. 헌법 조항에 따라 독일제국은 프로이센 왕가의 기득권이 보장되는 가운데 제국 왕관이 세습되는 군주제 국가가 되었다. 프로이센 왕은 동시에 독일 황제였다. 남성 보통선거에 의거해서 선출된 제국의회Reichstag와 제국의 다양한 구성국 정부가 파견한 연방 참의원Bundesrat으로 구성된 양원제 의회가 있었다. 참의원은 프로이센이 주도했다. 연방 참의원을 주도하는 자리는 언제나 프로이센 정부 관료가 차지했고, 58석 중 17석을 차지한 프로이센은 가장 큰 대표단을 갖고 있었다(남성 보통선거권은 제국의회 선거에만 적용되었음을 주목하자. 각 구성국은 그들 자체의 선거법을 갖고 있었다).

대중이 선출한 의회의 권한은 대단히 제한적이었다. 각료의 책임 소재와 관련된 조항이 없었고, 그 결과 제국 총리와 그 내각은 의회가 아니라 황제를 만족시키는 데 주력했다. 게다가 모든 연방 입법은 제국의회뿐만 아니라, 프로이센 정부가 실제로 거부권을 행사하는 연방 참의원의 승인을 받아야 했다. 제국의회는 예산권을 가졌지만, 연방 예산은 북독일연방의 예산과 아주 흡사하게, 제국 내에서 전체적인 공적 재정 지출의 극히 일부만을 담당할 뿐이었다.

건국 당시, 제2제국은 맹아적인 형태의 행정부를 가지고 있었다. 원래는 제국 총리와 외무부 장관, 단 두 자리만 있을 뿐이었다. 비스마르크는 두 자리를 모두 겸했다. 1870년대 후반에 이르러서야 각료 수준의 관직들이 추가적으로 만들어졌다. 또한 연방 공무원은 거의 없었다. 연방 법안은 보통 연방 구성국 관료 기구들에 의해서 통제되었는데, 이는 사실상 프로이센의 관료 기구가 독일 대부분의 지역에서 제국 법을 시행하는 역할을 담당했음을 의미한다.

독일 헌법과 '비스마르크 타협'의 조항들은 사회정치적으로 동질적인 소수집단의 손에 중요한 의사 결정권을 쥐어주었다. 대략 20명이 1870~1890년의 모든 주요한 정치적 결정을 내렸다. 이 엘리트 그룹과 제국에서 주요 행정직을 차지하던 200명 정도의 관계자들은 본질적으로 유사한 사회적 배경을 갖고 있었다. 그들은 지주 귀족에 속했거나, 원래부터 귀족은 아니었더라도 커리어가 진행되는 동안 귀족 작위를 받은 사람들이었다. 그들은 거의 같은 교육제도를 경험했고, 같은 사교 그룹에 속했다.

'비스마르크 타협'의 조항들이 주로 프로이센 헌법 분쟁 동안 총리가 했던 경험들에 영향을 받았다는 것은 종종 언급된 바 있다. 1871년 헌법에서 군부의 위치만큼 이러한 사실이 분명한 경우는 없다. 평시에는 연방군도 없었고, 각 연방 구성국의 군대만이 있을 따름이었다(실제로, 바이에른과 뷔르템베르크를 제외하고 대부분 연방 구성국들의 무장 군대는 프로이센 군대로 통합되었다). 제국의회는 무장 군대의 어떤 부대이건 간에 장교단 구성이나 지휘부 구성에 영향력을 행사할 수 없었다. 일단 전쟁이 발발하면(19세기에 문명화된 국가들이 형식적인 선전포고 없이 싸우지 않는다는 것은 분명했다), 각 연방 구성국의 군대는 프로이센 왕인 황제의 지휘하에 연방으로 통합되는 구조였다.

의회가 예산권을 제외하고는 군사 업무에서 어떤 실질적인 발언권도 갖지 않았지만, 제국의 지도자들은 다수의 대중으로부터 이와 관련하여 어떠한 분노도 예상하지 않았다. 그들은 프랑스−프로이센 전쟁의 승리 이후에 여론이 군대에 특권을 부여하는 데 동의하리라고 기대했으며, 이 생각은 대체로 옳았다. 독일 군대, 특히 프로이센 군대는 전례 없는 수준의 명망과 지지를 얻었다. 1871년에 대부분의 독일인들은 아마도 "효과적인 군대는 붉은 유령과 검은 유령(국제적 마르크스주의와 가톨릭주의)에 맞서는 유일한 보호막이다. 당신이 군대를 망가뜨린다면 그것은 프로이센의 영광과 독일의 위대함에 대한 작별 인사다"라고 했던 프로이센 전쟁부 장관 폰 룬^{von Roon} 장군의 평가에 동의했을 것이다.

헌법은 한 국가의 정치적, 사회적 삶의 골격이다. 이상적으로 볼 때, 이 문서는 그것이 제정된 시대에 잘 들어맞아야 할 뿐만 아니라 더 중요하게는, 정치적 조건이 변화함에 따라 수정의 가능성도 허용해야 한다. 1871년 비스마르크헌법은 이 두 관점에서 모두 실패했다. 그것은 처음부터 단점이 많았고, 미래를 위한 유연성도 사실상 없었다. 두드러지는 단점은 비스마르크가 이를 무엇보다도 자신의 개인적 권력을 확보하기 위해 고안했다는 사실이다. 다른 말로 하자면 그 헌법은 정치적 생활이 발전되도록 고안된 것이 아니라, 한 개인이 권력을 유지하도록 고안되었다.

헌법에 문제가 있다는 것은 머지않아 분명해졌다. 먼저, 산업화로 인해 연방 차원에서 정부 구조를 확대 재편해야 할 필요성이 절실해졌다. 실제로, 1877년부터 1900년까지 세 가지 새로운 연방 각료직이 신설되었다. 내무부 장관, 법무부 장관, 재무부 장관이었다. 그러나 이 모두는 프로이센에서 비슷한 내각을 맡던 각료들에 의한 '인적 결합'을 통해서 주도되었기 때문에, 연방 관료제의 팽창에도 불구하고 연방 업무에서 각 구성국의 영향력이 감소되지는 않았다.

비스마르크는 또한 행정부 내의 군부와 민간 사이의 관계에 대해서도 염려했다. 비스마르크와 군부는 대개의 경우 주요한 정책 결정에 동의할 수 있었음에도, 총리는 군부가 권력을 확장하려는 야심을 가졌다고 보았고, 그 야심을 제한하려고 노력했다. 비록 다수의 저명한 장교들이 군부는 오직 황제에만 종속적인 채 총리와는 독립적으로 정책을 결정해야만 한다고 생각했지만, 비스마르크는 민간 행정부가 우위를 가져야 한다고 주장했다. 비스마르크는 총리가 모든 연방 군사정책에서 헌법이 보장하는 유일한 황제의 조력자로 남아야 한다고 주장하면서, 연방 전쟁부를 창설하려는 계획에 격렬히 반대했다.

그러나 군사적인 문제들에 대한 제국의회의 영향력을 축소하는 문제와 관련해서라면, 총리와 군부는 재빨리 힘을 합했다. 의회와 군부의 갈등은 제국이 수립된 직후 나타났다. 1874년 연방정부는 소위 영원永遠 법안Aternat을 도입했다. 이 조항에 따르면, 군대의 인원수가 그대로라는 가정하에, 군대가 연방에 대한 의무를 다할 수 있도록, 제국의회는 당대 수준의 재원을 군대에 영원히 보장하는 데 동의해야 할 터였다. 사실상 제국의회는 헌법이 보장한 군 예산에 대한 기초적인 통제권조차 포기하는 셈이 되었다. 1870년대 중반의 분별없던 시절에도, 제국의회의 다수는 그렇게까지 하는 것은 꺼려 했다. 정부는 결국 '7년법Septennat'으로 만족해야 했는데, 7년법은 영원토록이 아니라 1881년까지만 군부에 예산 자율권을 부여하는 것을 의미했다.

1874년의 갈등은 1871년 비스마르크헌법이 가지는 아마도 가장 큰 문제점을 상징적으로 보여준다. 이 헌법은, 앞서 언급한 것처럼, 독일의 정치적 생활에서 변화하는 역동성에 적응할 조항을 갖추고 있지 못했다. 비스마르크는 입법부가 정치적 의사 결정 과정에서 하나의 요소로서 무시될 수 있다고 보았기 때문에 민주적으로 선출된 의회에 동의했다. 그러나 비스마르크에게나 그의 반대자들에게나 머지않아 분명해진 것은 독일의 진화하는 정치적 생활에서 의회가 중요한 역할을 담당하게 되리라는 것이었다. 비스마르크는 자신이 제국의회를 선출하는 방식으로 남성 보통선거권에 합의했던 것이 '실수'였다는 것을 일찌감치 알아차렸고, 제3의 연방 입법기관을 만들도록 헌법을 개정하는 안을 지속적으로 고려했다. 그는 직종 대표와 전문가 집단의 구성원으로부터 선출된 대표체, 소위 경제의회를 만든다면, 대중이 선출한 제국의회 구성원보다는 좀 더 보수적인 모습을 보일 것이라고 생각했다.

민주적으로 선출된 의회의 힘을 약화시키려는 이러저러한 노력들이 실패했을 때, 비스마르크는 자신에게 유리한 방향으로 국내의 세력 관계에 영향을 미치기 위해 다른 수단들에 점점 더 의지했다. 그는 '비스마르크 타협'의 원 지지자들이 일련의 '제국의 적'에 맞서도록 인위적인 대립 구도를 창출했다.

문화투쟁

독일사에서 돈키호테적인 에피소드들 중의 하나가 '쿨투어캄프Kultur-kampf', 즉 '문화투쟁'이다. 격렬하고 불필요한 이 논쟁은 비스마르크와 (문화투쟁이라는 용어를 만들어낸) 자유주의자들로 하여금 의외의 동맹을 맺어 독일 가톨릭 소수자들의 종교적이고도 정치적인 지도부와 맞서도록 했다. 비스마르크와 자유주의자들은 '문화투쟁'에서 동맹 세력이 되었지만, 투쟁에 나서는 그들의 동기는 매우 달랐고, 그것은 논쟁이 진행되는 동안 주요한 역할을 담당했던 요소였다. 비스마르크에게 '문화투쟁'은 총리가 그의 '타협'에 대한 도전으로 보았던 것을 물리치기 위한 정치적 다툼이었다. 그러나 자유주의자들에게 '문화투쟁'은 19세기에 있었던 교회와 국가의 고전적 갈등으로, '진보, 과학, 합리성'이라는 자유주의의 이상이 '미신과 성직자들의 반동'이라는 어둠의 세력에 맞서는 것이었다.

비스마르크와 자유주의자들은 언제나 이 갈등이 가톨릭교회에 의해서 유발되었다고 주장했고, 어느 면에서는 그들이 옳았다. 19세기 후반 반교권주의적 근대주의의 조류가 확산되는 가운데, 연로한 교황 피우스 9세^{Pius IX}를 비롯한 교회 지도자들은 교리와 도덕의 영역에서 교회의 권위를 재정립하는 것이 필요하다고 느꼈다. 그 결과, 교회 지도자들은 그들이 속세의 오류와 유혹으로 간주했던 것들과 직면한 가톨릭교도들에게 교회가 더 효과적인 지침을 줄 수 있기를 희망했다. 이는 1870년 제1차 바티칸공의회에서 교황의 무오류성 교리의 선포를 이끌어낸 이유 중 하나였다. 이 교리에 따르면, '(성 베드로의 '의자로부터') 권위를 갖고^{ex cathedra}' 말할 때 신앙과 도덕의 문제와 관련한 교황의 결정은 모든 가톨릭교도에게 구속력이 있었다.

교리의 신학적 타당성은 공의회 전과 공의회 기간에 격렬히 논의되었고, 새로운 교리에 대한 반대자들 가운데 다수의 독일 주교들과 가톨릭 신학 교수들이 있었다. 그들은 부분적으로 신학적 토대에서 다수파 견해에 반대했지만, 교회 권위를 '교황 지상권론자^{Ultramontane}'(말 그대로 '산 너머', 즉 알프스 너머), 다른 말로 하자면 바티칸 관료의 손에 집중시켰다고 느꼈기 때문에라도 반대했다. 그러나 바티칸공의회가 결정을 내린 후, 거의 모든 독일 가톨릭 지도자들은 새로운 교리를 수용했다.

교황 무오류성 교리의 선포는 독일이 통일을 이루는 것과 같은 시점에서 행해졌고, 가톨릭 지도자들의 입장에서 보자면 프로테스탄트가 다수파가 되어 지배하는 독일이야말로 새로운 가톨릭 교리가 맞서서 싸우고자 의도했던 위험들 가운데 하나였다고 할 수도 있을 것이다. 마찬가지로 비스마르크와 자유주의자들은, 1870년 12월 가톨릭중앙당의 창당이 교황에게 새로운 통일독일에 맞서서 싸울 다른 무기를 쥐어주기 위해 계획된 것이었다고 확신했다. 사실, 교황 무오류성 교리, 독일 가톨릭 정치조직의 결성, 독일제국 통일 간에는 어떤 직접적인 연관도 없었다.

비스마르크와 자유주의자들은 무오류성 교리를 통해, 그리고 중앙당 지도자들과의 협력을 통해, 교황이 1871년 '비스마르크 타협'으로 구축된 정치적 세력균형을 해치려 한다고 주장했다. 결과적으로 그들은 독일 가톨릭 신자들, 혹은 적어도 중앙당을 지지하는 사람들이 제국의 이해관계에 반해서 활동하고 있다고 주장했다. 가톨릭 세력이 '제국의 적'이 되었다는 것이다. 가톨릭교도들이 다른 독일인들보다 국가 통일에 대해서 덜 열정적이었던 것도 아니었기 때문에, 비스마르크의 작품에 맞서는 가톨릭의 음모에 대한 증거를 찾아내기란 대단히 어렵다. 사실, 증거는 전혀 없었다. 1871년 가톨릭교도들이 이 나라에서 잠재적으로 사라지기 쉬운 소수를 이루고 있었던 것은 확실하다. 제국의 가톨릭은 세 인구 집단으로 구성되어 있었는데, 남부 독일과 슐레지엔 그리고 라인강 가에 거주하던 독일인, 엘베강 동쪽 지역과 서부 산업 지대에서 점점 수를 늘려가던 폴란드인, 통일 이후 알자스와 로렌의 프랑스인이 그들이다. 폴란드인과 프랑스인들이 독일제국에 속한 사실에 열광하지 않았던 것은 이해할 만한 일이며, 그들이 정치적이고 민족적인 목표들을 위해 종교를 활용할 것이라고 비스마르크가 전망했던 것을 전적으로 그르다고 볼 수도 없다. 그러나 독일 가톨릭교도들에 관한 한, 비스마르크의 걱정은 제국 총리로서보다는 프로이센인으로서의 염려인 셈이었다. 그는 중앙당의 지도자인 루트비히 빈트호스트를 전적으로 불신하고 싫어했다. 반대로 빈트호스트도 프로이센이 하노버를 합병한 것에 대한 비애를 감추지 않았다.

문제는 19세기 독일에서 교회와 국가의 결합이 공고해지면서 더욱 복잡해졌다. 교회와 국가의 분리는 이론상으로도 실제로도 존재하지 않았다. 공립학교들은 종교 노선에 따라 나뉘었다. 종교적 가르침은 필수 교육 과정의 일부였다. 신학 교수들은 다른 대학의 교원들과 마찬가지로 국가공무원이었다. 각 국가들, 엄밀히 말하면 제후들에게 성직 임명에 대한 발언권이 있었다. 마지막으로 프로테스탄트와 가톨릭교회 모두 세금과 공공 보조금의 지원을 받았다.

비스마르크의 분노는 중앙당을 향했다. 가상의 위험에 대한 그의 대답은 단순했다. 교황이 중앙당을 만들었으니, 그 당을 통제하고 그 당이 독일 가톨릭교도들을 정치적 압력 집단으로 조직하지 않도록 막는 것도 교황과 교회 권력자들에 달린 문제라는 것이었다(비스마르크와 자유주의자들이 염두에 두고 있었던 것은 중앙당을 해산하라는 교황의 명령이었다). 이러한 상황 인식은 전적으로 너무 순진한 생각이었다. 중앙당의 속성을 완전히 잘못 평가하고 있었던 것이다. 당은 교황은 말할 나위도 없고 독일인 주교들도 매우 제한적인 영향력만을 가질 뿐인 속인들의 풀뿌리 조직이었다. 결국 교황이 독일 정당을 통제하길 원했다고 하더라도, 그가 그렇게 할 수 있었을지는 의심스럽다. 무오류성 교리가 정치적인 이슈들을 포괄하지 못하기 때문에 더욱 그랬다.

비스마르크와 자유주의자들은 교황이 나서지 않는 것을 두고, 분쇄되어야만 할 저항으로 해석했다. 비스마르크는 자유주의자들이 가톨릭의 '저항'을 분쇄할 특별한 수단을 선택하도록 내버려두었다. 자유주의자들이 19세기 유럽의 전형적인 갈등이던 교회와 국가의 갈등에서 역시 전형적이라 할 입법이라는 병기고로 향했던 것도 놀라운 일은 아니었다. 교회의 관할권이라고 여겼던 영역을 두고, 이에 대한 세속 권력의 통제를 강화하려는 일련의 법을 제정하고자 했던 것이다. 대부분의 법안은 연방 구성국에서 이루어졌는데, 이는 독일 연방 체제하에서 교육과 교회의 문제가 연방이 아닌 연방 구성국 관할이었기 때문이다. 이러한 원칙에서 하나의 예외는 예수회 소속 외국인 회원을 전 독일에서 추방하려고 했던 1872년 법안이었다.

가장 큰 연방 구성국인 프로이센이 선두에 나섰다. 격렬한 반교권주의를 표방하는 교육부 장관 아달베르트 팔크Adalbert Falk의 주도하에, 프로이센 의회는 1873년 '5월법Maigesetz'으로 알려진 일련의 입법안을 마련했다. 공립학교에 속인 감찰관을 임명하고, 종교의식 없는 민간의 결혼을 의무화하며, 신학 대학과 수도회에 대한 정부의 감독을 제도화하는 것이었다. 이 법은 프로테스탄트 교회에도 마찬가지로 적용되었다는 점을 기억할 필요가 있다. 그러나 이 법들이 가톨릭에만 강제적으로 적용되는 경향도 분명 있었다.

교황청과 독일 가톨릭교도들의 저항은 강력했고, 비스마르크의 관점에서 보자면, 완전히 역효과를 낳은 일이었다. 교황 피우스 9세는 1875년 5월 그가 사망하기 전 마지막으로 행한 일 중 하나로 문화투쟁법에 포함되는 일련의 법령들은 무효이고, 가톨릭교도들은 이를 준수할 도덕적인 의무를 지지 않는다고 선언했다. 프로이센은 사제와 주교들을 그들의 교구와 주교 관할구에서 추방하여 많은 자리들이 비게 하는 것으로 대응했다. 결국 1878년 프로이센은 가톨릭교회에 대한 모든 재정적인 지원을 중단했다(교회세로부터 나오는 정기적인 수입은 남겨두었다). 모두 쓸데없는 짓이었다. 가톨릭교도들은 그들의 교회를 떠나지 않았고, 중앙당에 대한 그들의 지원을 멈추지도 않았다. 오히려 차별적인 입법으로 인해 속인, 정치조직, 성직자들 간의 유대만 긴밀해졌다. 이러한 양상을 잘 보여주는 것이 중앙당 지지자의 증가였다. 중앙당은 문화투쟁이 본격화되기 전인 1871년 제국의회에서 58석을 얻었을 뿐이지만, '5월법'이 발표된 지 2년 후인 1874년 선거에서는 그 수가 91석으로 증가했다. 중앙당은 약간의 변동이 있기는 했어도 제국 말기까지 이러한 수준을 유지했다.

1870년대가 끝나갈 무렵, 비스마르크와 교회 당국은 이 대립을 끝내는 것이 서로에게 이롭다는 결론을 내렸다. 전환점은 1878년 피우스 9세의 사망과 더불어 왔다. 이탈리아 자유주의자들과의 씁쓸한 개인적인 경험 때문에라도, 피우스 9세는 자유주의자들의 반교권주의가 가톨릭교회가 직면한 가장 큰 위험이라고 보았다. 그에 비해 그의 후임자인 레오 8세Leo VIII는 자유주의에는 별 관심이 없었고, 마르크스주의 조직의 등장으로 야기되는 도전에 대해 좀 더 우려했다. 그 결과 교황은 비스마르크 및 독일 자유주의자들과의 대립을 끝내고 교회의 방어력을 마르크스주의의 영향력을 차단하는 데 더 집중했다. 비스마르크도 마르크스주의의 조류가 고조되는 것에 우려했다. 게다가 프로테스탄트 교회들도 문화투쟁에 나선 자유주의자들의 노골적인 반교권주의에 점차 우려했다.

문화투쟁을 종식시키기 위한 독일제국 정부와 프로이센 정부, 교황청 간의 비밀 회담이 1876년부터 시작되었다. 3년 후 각 당사자들은 하나의 합의에 이르렀다. 예수회에 대한 금지령과 민간결혼법을 제외하고는 정부가 모든 반교권주의 관련 법들을 폐지하거나 더 이상 관철하지 않기로 합의한 것이다. 이는 명백히 독일 가톨릭교도들의 승리였지만, 총리 역시 만족스러워할 내용이었다. 교황청과의 협약 덕택에 비스마르크는 국내 반대자들에 밀린 것이 아니라, 교황 성하라는 외국 권력과 협의를 이루었다고 주장할 수 있었다. 형식상으로, '비스마르크 타협'은 온존했다. 독일 가톨릭교도들은 자유주의자들과 보수주의자들의 권력 독점을 분쇄할 수 없었던 것이다. 이런 연유로 문화투쟁은 길이 남을 쓰라린 유산을 남겼다. 비록 궁극적으로는 중앙당이 의회 내에서 정부를 지지하는 정당 중 하나가 되었지만, 독일 가톨릭교도들은 계속해서 다수인 프로테스탄트에 의해 받아들여지지 않은 이등시민이라고 느꼈다. 그리고 그들이 완전히 오판한 것도 아니었다. 1918년 말까지도 프로이센 공무원들의 개인 기록에는 "비록 가톨릭이지만, 그는 굉장히 괜찮은 동료다" 같은 평가들이 넘쳐났다. 1870년대 말 가톨릭교도들은 '제국의 적'이기를 멈추었지만, 그렇다고 제국의 친구가 되지도 못했다.

사회경제적 발전

1871년에서 1890년까지 독일 경제는 호경기와 불경기 사이에서 격렬하게 요동쳤다. 이 시기는 일단 짧은 '초호황'과 더불어 시작했다. 독일의 정치적 통일은 1850년대에 시작된 장기적인 상승 국면에서 비롯되었다. 이미 전망이 밝았던 상태에서 프랑스의 배상금과 함께 투자자본이 집중적으로 유입되었다. 프랑스는 2년 안에 전쟁 부채를 갚았고, 독일은 이 돈의 신속한 유입으로 경제 전 분야에 걸친 투기 열풍에 휩싸였다.

1872년 말 경기가 과열되었다는 것이 뚜렷해졌고, 1873년 중반 투기 거품이 터졌다. 수많은 은행과 기업이 도산했고, 실업률이 치솟았다. 이후 20년간 독일 경제는 약간의 호황과 불황을 제외하고, 1870

년대 초의 인상적인 성장률에 다시는 도달하지 못했다. 불황은 특히 1877~1878년 심각했다. 이 시기에 저점을 찍고 곧이어 약간 상승하면서 1880년대 중반 새로운 안정기에 도달했지만, 또다시 불황이 찾아와 1880년대 말 저점을 찍었다. 1890년대 중반에 이르러서야 경제지표가 1872년 수준으로 되돌아갈 수 있었다.

불균등한 경제지표에도 불구하고 독일 사회는 이후 10년 동안 경제적 근대화와 도시화를 향해 계속해서 나아갔다. 사망률은 감소했고, 인구 유출도 1880년대 초반 정점에 달한 후 눈에 띄게 감소했다. 1880년대 중반 경제가 짧은 상승 중 하나를 경험했을 때, 독일은 인구 순유입국이 되었다. 특히 이탈리아와 러시아령 폴란드 출신의 외국인 노동자들이 이 나라에 밀려들었다. 동시에 독일 동부 지역에서 산업화된 서부 지역으로 이주하는 사람들의 수가 전례 없는 수준에 도달했다.

직업 구성 역시 급속히 달라졌다. 인구가 꾸준히 증가했고, 농업 고용이 본질적으로 안정적이었음에도 산업에 고용된 사람들의 수가 거의 2배 증가했다. 산업화로 인해 수천 가지 새로운 직업이 생겨나고, 독일 경제의 근대화로 무수한 화이트칼라 직종과 숙련된 블루칼라 일자리가 만들어졌다.

마르크스주의 분석가들과 소상공인 협회들은 산업화가 진행됨에 따라 하나의 계급으로서 독립 장인과 소상인들이 사라지게 되리라고 상정했다. 노동조합의 프로파간다에 따르면 수천 명이 생계를 잃고, 산업 분야에서 임금노동자가 될 수밖에 없었다. 하지만 산업화가 독일 미텔슈탄트의 소멸을 의미하지는 않았다. 경제는 새로운 수공업 기술을 필요로 했고, 소상인들의 수는 실제로 증가했다. 동시에 정부 서비스의 기술 관련 분야에서도 일자리가 생겨났다. 점차 복잡해져가는 경제는 정부의 모든 수준에서 기술 관료들의 다변화를 요구했다(광산업과 건축법 감독관, 보건 감독관, 철도 공무원 같은).

독일 사회는 사회적이고 물리적인 변화의 한가운데 있었지만, 그 계급 관계는 고도로 계층화되었다. 독일인들은 사회적 지위와 소득에 따라 하층, 중층, 상층으로 나뉘었다. 19세기 후반에 다른 유럽의 산업화된 사회들과 마찬가지로 독일 사회도 매우 작은 규모의 상류층, 다소 큰 중간층, 상당한 규모의 하류층으로 특징지어졌다. 소득과 세금 구조는 부유한 자들과 빈곤한 자들의 생활수준에 엄청난 차이를 만들어냈다. 인구의 많은 비율이 생존선 아래에서 살아갔던 반면, 상위 중간층과 상류층은 손쉽게 사치재를 이용할 수 있었다. 그러나 대부분의 독일 사람들의 생활수준은, 엘베강 동쪽 지역 프롤레타리아들이라는 주목할 만한 경우를 제외하고는 지속적으로 나아졌다. 달리 말하면 빈부 격차는 상당히 컸지만 양측 모두 생활 조건은 나아지고 있었다.

1870년대의 몇 가지 전형적인 물가와 임금을 살펴보면 계층화의 실제가 잘 드러난다. 1876년 뮌헨 기계공은 연봉 270마르크를 받았으나 초등학교 교사의 연봉은 1,600마르크였고, 개업 변호사는 3만 4,000마르크를 벌었다. 생활수준의 격차는 주요 물가 패턴을 보면 좀 더 뚜렷하다. 일반적으로 기본 식료품은 매우 비쌌고, 특히 우리가 사치품으로 간주하는 것들과 비교할 때 더욱 그러했다. 빵 한 덩어리 가격이 36페니히였는데(100페니히가 1마르크였다), 이는 기계공일 경우 빵이라는 기본적인 생필품을 마련하기 위해 1/3일 정도를 일해야 한다는 의미였다. 1파운드의 버터는 1.1마르크, 기계공이 1과 1/3일 동안 일해야 하는 가격이었다(결과적으로 하층계급의 버터 소비량은 매우 적었다. 그들은 라드 기름을 통해서 일차적으로 지방을 섭취했다). 그에 반해 캐비어 1파운드는 1.5마르크였는데, 우리가 명백히 사치품이라고 간주하는 이 물품은 부유한 법률가의 예산에 약간의 손상을 의미했을 뿐이었다. 물가와 임금 패턴으로 보자면, 사회경제적 계층의 맨 끝에 위치한 사람들은 그들 소득의 거의 대부분을 생필품에 지출했고, 가처분소득은 거의 없었다. 반대로 부유층은 지출이 과하다고 느끼지 않으면서 다양한 사치품을 소비할 수 있었다. 이처럼 이 사회는 소득수준뿐만 아니라 돈과 소비를 대하는 태도에서도 엄청난 차이를 보였다.

다수의 진취적인 기업가들에게 1871~1873년의 호황은 상당한 재산을 축적할 기회를 제공했다. 이 두 해 동안 투자 행위의 수준은 자본 공급의 증가 측면에서 측정될 수 있다. 약간의 인플레이션 압력에도 불구하고 독일의 자본 공급은 거의 50퍼센트 이상 증가했던 것이다. 자본의 준비된 가용성은 경제 전반에 영향을 미치는 승수효과를 가져왔다. 고전 경제 이론에 따르면, 수출 지향적인 제조업 기업들과 같은 고성장 산업에 대한 직접 투자는 서비스 분야 및 원래 투자 목적과 특별히 관련되지 않는 생산품들에서도 마찬가지의 활동이 나타나도록 간접적으로 자극하기 마련이었다.

또한 경제 호황은 비스마르크와 자유주의자들의 오랜 협조 관계의 마지막 장을 의미하기도 했다. 비스마르크 시기 초반에도 여전히 자본가 계층에서는 고전적인 경제 자유주의 교의에 대한 광범위한 지지가 있었다. 독일제국 재무부의 루돌프 델브뤼크와 프로이센 내각에 있던 그의 자유주의 동맹자들의 지도하에, 제국정부와 프로이센 정부는 자유무역정책과 시장에 대한 국가 간섭을 최소화하는 정책을 지속했다. 자유무역은 수출 지향적인 독일 기업에 분명 유리했다. 이 기업들은 화학, 직물, 초창기 전기 산업 분야 등을 망라했다. 경제 호황기에 농업계도 자유무역을 선호했다. 1870년대 초반에 독일은 영국에 상당한 양의 농산물을 수출하고 있었다. 미국과 러시아로부터의 경쟁은 아직 주요한 요소가 아니었다. 게다가 철제품의 무관세 수입으로 농기구 가격이 낮게 유지되고 있었다.

독일 경제의 근대화를 가속화한 것에 더해, 1871~1873년의 초호황은 독일 은행과 자본투자 체계에도 심대한 변화를 유발했다. 통일 이전에 독일 은행 공동체는 다수의 민간 지방 은행이 주를 이루었다. 하지만 엄청난 투자자본을 활용할 수 있게 되자 근대적 형태의 독일 은행이 가능해졌다. 소위 유니버셜 은행*들이 전국에 지점을 설립했고, 당좌예금과 저축 업무부터 주식과 채권, 뮤추얼 펀드에 이르는 모든 금융거래 업무를 다루었다. 게다가 제국정부가 프랑스 배상금을 주로 베를린에 위치한 금융기관들을 통해서 내보냈기 때문에(후에 살펴보겠지만 그 돈의 대부분은 비스마르크의 개인적인 친구인 은행가 게어존 블라이히뢰더Gerson Bleichröder의 손을 통해서 흘러나갔다) 제국 수도의 은행들이 독일 경제에서 지배적인 위치를 차지했다. 1870년대 말경 베를린은 제국의 정치적인 수도이자 금융의 중심지였다.

1873년 위기는 독일 은행 체계의 중앙집중화 경향을 가속화했다. 그해 가을, 빈 주식시장의 폭락은 독일의 많은 금융기관에 어려움을 야기했다. 그러나 그보다 훨씬 심각했던 것은 뉴욕에 있던 제이쿡Jay Cooke은행의 도산이었다. 많은 독일 민간 은행이 뉴욕의 채권을 가지고 있었다. 그 후 몇 년 지나지 않아 많은 민간 은행이 문을 닫았을 때, 4개의 주요 유니버셜 은행이 독일의 은행과 투자 공동체에서 지배적인 세력으로 부각되었다. 바로 도이체방크Deutsche Bank, 드레스드너방크Dresdner Bank, 다름슈태터방크Darmstädter Bank(이 은행은 산업무역은행으로도 알려져 있다. 코메르츠방크Commerzbank의 전신), 디스콘토게젤샤프트Disconto-Gesellschaft이다. 이는 새로운 시대를 상징하는 것으로, 도이체방크와 다

---

* 은행 업무와 증권 업무를 겸하는 은행을 말한다.

름슈태터방크는 1871년 이전에는 존재하지도 않았다.

1870년대 중반까지 위기는 경제의 모든 부문에 영향을 미쳤다. 경제 불황의 전반적인 영향은 임금과 물가의 급작스러운 삭감과 하락에 의해 측정될 수 있을 것이다. 1873~1878년, 임금은 50~70퍼센트 삭감되었고, 물가는 50~60퍼센트 하락했다. 동시에 부분적으로는 생산 과정에서의 기술 진보로 상품 생산이 그에 비례해 감소하지 않았고, 그에 따라 재고품의 지속적인 축적으로 회복 시점이 늦춰지고 있었다. 이러한 현상, 즉 엄청난 분량의 재고품은 1870년대 후반기에 독일 경제정책의 중심축 중 하나이던 자유무역 제도에 대한 열정적인 논의를 유발했다.

이 위기는 경제 전반을 불황에 빠뜨렸지만, 일부 분야는 분명 다른 분야보다 더 큰 어려움을 겪었다. 특별히 어려움을 겪었던 분야들로는 농업, 철강, 직물업을 들 수 있다. 우리가 살펴보았듯 경기 불황 전 독일 농업계는 정부의 자유무역정책을 지지했다. 그러나 1875~1876년 국제 곡물 가격의 폭락으로 상황은 급변했다. 미국 농업이 남북전쟁의 참화를 극복하고 전 세계적으로 생산이 증가하여 농산물 가격이 떨어지면서, 국제시장에서 고가로 거래되던 독일 농산물의 경쟁력을 거의 앗아갔다. 설상가상으로, 독일의 도시화는 영국이 40년 전에 그랬던 것처럼 곡물 수입을 강요했고, 자유무역정책 아래에서 저가의 식량이 제한 없이 독일로 수입되도록 했다. 독일의 농업은 국내시장에서조차 도태될 것을 우려했다. 이에 1870년대 중반에 이르면 독일 농민은 보호관세를 요구한다.

농업은 사실 독일의 전통적인 경제정책에서 거대한 변화를 요구하는 일련의 경제 이익집단 가운데 세 번째 고리였다. 보호무역을 요구했던 첫 번째 경제 분야는 철강 산업이었다. 경제 불황에 들어섰을 때, 독일의 철강 생산품은 점차 외국과의 경쟁을 이겨낼 수 없었다. 중공업 분야는 '독일철강협회Verband Deutscher Eisen und Stahlindustrieller'라는 로비 조직을 구성했는데, 이 조직은 공식적, 비공식적으로 활동하며 보호관세를 요구했다. 그 논거는 부분적으로 전략적인 것이었고(활발한 중공업이 없을 경우 전시에 독일은 잠재적인 적으로부터의 수입품에 의지하게 된다는 것이었다), 부분적으로 경제적이고 사회적인 것이었다. 중공업 분야의 대변인들은 보호관세 없이는 노동자들에게 최저생활 임금을 지불할 수 없다고 주장했다.

보호무역주의를 요구하는 또 다른 경제 분야는 직물업이었다. 이들이 참여하면서 보호무역주의 전선은 비단 구성원 수가 늘었을 뿐만 아니라 지역적으로도 다각화되었다. 중공업과 농업 분야의 로비를 지지하는 사람들은 대체로 프로이센 출신들이었던 반면, 제국 직물업 분야는 남부와 중부 독일에 위치해 있었다. 직물 제조업자들은 시설들이 기술적으로 낙후되었을 뿐만 아니라 업종이 집중화되지 못해 영국과 미국의 값싼 수입품과 경쟁할 수가 없었다. 중공업 분야의 동료들과 마찬가지로 직물 제조업자들은 외국과의 과도한 경쟁으로 노동자들에게 더 많은 임금을 줄 수 없다고 주장했다. 로비 과정에서 서로 협조하기 위해 직물업과 철강 제조업자들은 1876년 '독일산업가중앙협회Zentral-verband Deutscher Industrieller'라는 또 하나의 좀 더 큰 로비 조직을 만들었다.

1878년에 이르면 보호무역론자들은 수출 지향 산업들로부터의 격렬한 반대를 극복하기에 충분한 지원 세력들을 동원했다. 함부르크와 브레멘 같은 독일의 주요 해항과 프로이센 상무부였다(특히 상무부는 북독일연방 시절부터 언제나 열렬한 자유무역론자들로 가득 차 있었다). 1870년대 말까지 독일은 점점 더 늘어나고 있던 자유무역 노선을 포기한 유럽 국가들 리스트에 이름을 올렸다. 독일제국은 철강과 직물에 대해서는

장기 불황기(1873~1893년)에 수천 명의 독일인이 신대륙에서 부를 얻고자 독일을 떠났다. 1874년 〈하퍼스위클리〉에 실린 이 삽화는 뉴욕으로 떠나고자 함부르크에서 증기선에 오르는 이민자들을 보여준다(출처: 〈하퍼스위클리〉, 1874년 11월 7일, 916~917쪽, Library of Congress Prints and Photographs Division 〈LC-USZ62-100310〉).

비교적 낮은 관세를, 농산품에 대해서는 다소 높은 관세를 도입했다.

보호무역주의로의 전환은 경제정책 분야를 훨씬 넘어서는 파문을 야기했다. 관세 도입 결정은 정치적 방향의 심대한 재조정을 낳았다. 한 분석가는 이를 두고 "제국의 재수립에 준하는 것"이라고 부르기도 했다. 이는 '비스마르크 타협'의 틀 내에서 권력의 중심이 엄청나게 이동하도록 했다. 비스마르크는 이제 자유주의 정당들과 함께 일하기보다 보수당, 민족자유당, 그리고 그보다 정도는 약하지만 중앙당과 동맹을 구성했다. 이는 보호관세를 요구했던 다수의 지주와 산업가들이 보수당, 민족자유당, 중앙당 진영과 정치적으로 결부되어 있었기 때문에 가능한 일이었다. 1878~1879년 경제정책에서의 변화는 이후 10년간 경제적, 정치적 우선순위를 결정했다. 관세 결정은 주로 대규모 농업에 이해관계를 두고 있던 융커들과 중공업을 지배하던 산업계 거부들의 동맹을 용이하게 했다. 총리 역시 다수의 유명한 자유주의 관료들을 좀 더 보수적인 관료들로 대체했다. 비스마르크 시대 후반기에 독일은 산업계의 이해관계를 보수주의 반혁명 세력의 기본적인 권력 구조에 동화하는 쪽으로 나아갔다. 이 새로운 정치경제적 동질화 과정에서 배제된 유일한 중요 세력은 독일이 점차 산업화되어감에 비례하여, 수적으로나 조직력으로나 세를 확장하고 있던 노동계였다. 이 문제를 다루기 위해 비스마르크와 그의 새로운 파트너들은 다시 한 번 '제국의 적'이라는 개념을 활용했다.

사회입법과 반사회주의자법

사회정책과 노동정책은 독일의 근대화 과정에서 지속적으로 나타나던 비정상적인 양상의 다른 예였다. 1880년대 독일제국은 모든 형태의 사회입법의 모델이 될 것을 제도화하기 시작했다. 그러나 동시에 이 사회입법으로부터 이익을 얻을 가능성이 가장 높았던 사람들을 대변하는 정치적 조직들을 억압하려는 전면적인 시도를 감행했다. 사실 어느 정도는 정치적 억압과 사회적 배려가 같은 이데올로기적 근원에서 유래했다. 많은 종교적, 정치적 지도자들이 급격한 산업화가 야기한 사회적 결과들에 크게 놀랐지만, 비스마르크와 마찬가지로 그들 역시 산업 노동자들이 상당한 정치적, 경제적 힘을 가질 경우 독일제국의 안정성이 위협받을 거라고 염려했다. 관세 논쟁이 진행되는 동안 정치적 책략도 변수가 되었다. 보호관세를 지지하는 산업가들 중 적어도 일부는 그들의 피고용인들에게 유리한 사회입법들을 지지함으로써, 관세 법안이라는 그들의 일차적인 목표에 대한 노동계와 사회개혁가의 지지를 얻을 수 있으리라고 느꼈다. 사용자들의 관점에서 보자면, 보호관세에 대한 노동계의 지지는 그 정치적 목표의 일부가 자유무역인 마르크스주의 사민당의 조직화 노력을 약화시킬 것이었다.

노동자들의 극심한 고통을 완화하면서 동시에 정치권력을 획득하려는 그들의 노력을 억압하려는 이중의 노력으로부터 이상한 동맹관계가 등장했다. 진정한 사회개혁가 중 일부는 정치적 반유대주의자이기도 했다. 후일 궁정 목사가 된 프로테스탄트 목사 아돌프 스퇴커Adolf Stöcker의 경우가 특히 그랬다. 독일보수당과 긴밀한 관계를 맺고 있던 스퇴커는 걷잡을 수 없는 산업주의의 과잉과 마르크스주의 이념이 주로 유대인 탓이라고 확신했다. 그는 사회개혁을 통해 노동자들이 마르크스주의를 지지하는 데서 벗어나 보수주의와 프로테스탄트 교회에 이끌리기를 바랐다. 하지만 다른 반마르크스주의자들은 사회개혁에 별반 관심이 없었고, 경찰력과 사법부를 활용하여 노동자들의 경제적, 정치적 조직을 파괴할 길을 찾아내는 데 집중했다.

제국 건국 이후 첫 10년간 독일 지도자들 사이에서 엄청난 우려를 자아냈던 그룹인 노동자들은 결과적으로 독일의 사회적, 정치적 생활에서 별반 중요하지 않은 역할을 담당했을 뿐이다. 1871~1873년의 호황이 노동운동의 성장뿐만 아니라 투쟁성을 자극했던 것은 분명하다. 그러나 제국 수립 6년 후, 사민당 지지자가 10만 명에서 49만 3,000명으로 증가했지만, 당이 제국의회에서 확보했던 12석은 독일 정치에서 사민당을 중요한 세력으로 만들어주지 못했다. 사회주의 노동조합도 마찬가지였다. 1875년 약 500만 명의 산업노동자 중 2만 5,000명 정도만이 마르크스주의 조직과 연계된 노조로 조직되어 있었다. 1877~1878년 그 수는 4만 7,000명으로 증가했지만, 1880년대에 어려움을 겪으며 급감했다. 1870년대 초반 경제 호황의 시기에도 노동쟁의 활동이 1,000명 이상의 노동자를 동원하는 경우는 거의 없었다. 보다 높은 임금과 나은 노동조건을 획득하기 위한 파업이 증가했을 뿐이다. 그마저도 경제 불황의 도래와 더불어 파업의 물결은 곧 사그라들었다. 그럼에도 정부와 전통적인 가부장적 태도를 지닌 많은 사용자들 사이에서는 전투적인 노동운동에 대한 기억이 떠나질 않았다.

그때 비스마르크와 그의 동맹자들에게 마르크스주의란 맹아적인 형태일망정 세 개의 전선에서 실제적인 위협을 의미했다. 먼저, 사회주의자들이 개인적 테러를 행하거나 암살에 나서지 않겠다고 단호히 거부하고 있었음에도 불구하고, 마르크스주의는 궁극적으로 자본주의 전복에서 집단적인 폭력을 배제하지 않는 이데올로기를 가진 운동이었다. 사민당은 1875년 강령에서 모든 '합법적인 수단'을 활용하여 자본주의를 전복하기 위해 노력하겠다고 선언한 바 있다. 두 번째로 사민당은 자본주의에 맞서는 투쟁에서 모든 프롤레타리아트가 단결할 필요가 있다고 선언한 가운데, 다른 나라 노동자 조직과의 연계를 자랑스럽게 유지하고 있었다. 바로 그 때문에, 독일 정부 지도자들은 모든 사회주의 사상가를 하나로 묶는 경향이 있었다. 사회주의 사상가들은 국제 테러 음모의 일환으로 유럽 사회의 정치경제적 기본 구조를 파괴할 뿐만 아니라 마르크스주의적이고 무정부주의적인 혁명을 선동한다는 것이었다. 마지막으로, 비스마르크는 통일 과정에서 독일 사회주의자들이 '대독일주의 노선'을 표방했던 점을 용서한 적이 없었다. 독일에서 가장 유명한 두 사회주의 지도자인 빌헬름 리프크네히트Wilhelm Liebknecht와 아우구스트 베벨August Bebel은 비스마르크의 군국주의적 통일에 격렬히 반대했고, 대신 프로이센 권위주의에 의해 주도되지 않는 통일독일을 선호했다.

1875년까지 독일 사회주의와 제국의 지도자들은 충돌의 길을 걷고 있었다. 비스마르크는 사회주의와 사회주의적인 이상이 장교단과 공무원층에 침투하는 것을 체계적으로 막을 수 있도록 하는 행정적인 억압 프로그램에 착수했다(물론 공무원층에는 공립학교 교사와 대학교수가 포함되어 있었다). 사회주의 캠페인 연설에 널리 활용된 상투적 표현에 따르면, 이 시기에 사민당원은 독일 정부 건물에서 야간 경비원도 될 수 없었다. 비스마르크는 독일 사민당을 완전히 금지할 것도 진지하게 고려했다. 1878년 봄에 정부는 실제로 그와 같은 법안을 제국의회에 제안했으나(대부분의 정당이 제국 전역에서 조직되었기 때문에, 정당에 대한 법안은 연방 차원에서 제안되어야 했다), 통과되지는 못했다. 자유주의자들과 중앙당 모두 그처럼 노골적인 정치 억압의 시도에 대해서는 지지하기를 거부했다.

처벌을 하고자 하는 정부의 욕망과 헌정적인 자유를 지키고자 하는 의회의 관심은 황제를 암살하려 했던 두 차례의 시도가 저울추를 정부에 유리한 방향으로 돌릴 때까지 몇 달간 불안정한 균형을 이루었다. 그때까지 매우 추앙받고 인기 있는 인물이었던 78세 황제의 목숨을 노렸다가 실패한 암살 기도는 1878년 5월 11일에 있었다. 군주가 다치지는 않았지만, 격렬한 분노의 외침이 터져나왔다. 정부 측 검사조차 암살 기도와 어떤 조직화된 정치 집단 간의 연계를 찾아내지 못했음에도 불구하고, 비스마르크가 즉각 사회주의자들을 범죄자로 지목했던 것이다.

불행하게도, 몇 달 지나지 않아 있었던 두 번째 암살 기도는 거의 성공적이었다. 이번에는 무정부주의 성향의 내과의사 노빌링Nobiling 박사가 베를린 공원을 무개마차로 달리던 황제를 저격했고, 황제는 심한 부상을 입었다. 노빌링이 정신적으로 불안정했다는 것은 분명했다. 사실

프로이센 내무부 장관은 이 의사가 법정에 서기보다는 정신이상 범죄자들을 위한 수용소에 보내져야 한다고 제안했다. 그러나 비스마르크는 노빌링이 사회주의자 모임에 한 번 참석한 것을 두고, 암살 기도가 사민당이 통제하는 테러리스트 작전의 일환이라는 증거라며 연관설을 고집했다. 정부는 의회를 해산하고 새로운 선거를 요구했다. 지난 제국의회가 불과 1년 전에 선출되었기에, 총리의 희망 사항이 결국 심하게 부상을 입은 황제에 대한 유권자의 동정심을 통해 정부의 억압적인 목표에 우호적인 세력을 의회 다수파로 만드는 것이라는 게 분명해졌다.

비스마르크는 독일 유권자들의 심리를 정확히 판단하고 있었다. 거의 대중의 히스테리에 가까운 짧은 선거운동 기간 이후, 유권자들은 사회주의자들이 독일 사회의 안정에 위협이라는 비스마르크의 주장에 동조하는 자들로 가득 찬 제국의회를 선출했다. 새로운 제국의회는 반사회주의자법을 통과시켰다. 사회주의 정당 및 그와 연관된 조직들의 해산을 명령할 수 있는 법이었다. 또한 경찰의 판단만으로 사회주의 교의를 지지하는 인쇄물이나 모임을 금지할 수 있었다. 이를 어기거나 경찰이 '사회주의 범죄자'로 의심하는 경우에는 누구에게든 범죄를 저지른 도시에 거주하지 못하도록 할 수 있는 '내부 추방'뿐 아니라 징역형과 벌금을 부과할 수 있었다. 이 법안에는 제국의회조차 승인하기를 거부한 내용도 일부 있었다. 비스마르크는 의회가 사회주의자 의원들을 추방하고, 향후 선거에서 유권자들이 사민당 후보에게 표를 던지지 못하도록 하기를 원했다. 하지만 제국의회 다수는 구성원을 선택할 의회의 근본적인 권리가 경각에 달려 있다고 느끼고, 법안의 그 부분은 부결했다. 그러나 이 법안의 나머지는 통과되었는데, 원래는 3년간 유효하도록 되어 있었다. 하지만 이 법안에 찬성했던 제국의회 다수파의 수가 계속해서 줄었음에도 1890년대까지 주기적으로 갱신되었다.

단기적으로 비스마르크는 엄청난 정치적 승리를 거두었다. 1878년 대중의 여론은 온전히 그의 편이었다. 동시에 반사회주의자법은 독일 사회에서 가장 빨리 성장하던 한 분파를 정치적으로 추방했다. 비스마르크의 남은 총리 임기 동안 사민당은 지역 경찰 관료들에 의해 지속적으로 괴롭힘을 당해야만 하는 불법 조직이 되었다. 하지만 문화투쟁의 경우에서와 마찬가지로 억압이 조직의 와해를 낳지는 못했다. 반대로 사회주의자법의 효력이 지속되는 동안, 사민당 세력은 지속적으로 성장했다. 1877년 제국의회에서 12명이던 의원 수는 억압적인 법안이 명문화된 지 12년 후 35명으로 늘어났다.

사회주의자들에게 1878년 반사회주의자법의 효과는 역설적이었다. 반사회주의자법은 한편으로 노동계급의 해방은 제국의 지배 엘리트들과의 협조를 통해서는 결코 쟁취할 수 없고 체제의 완전한 전복을 통해서만 가능하다고 주장하던 이들에게 그 증거를 제시한 셈이었다. 그러나 동시에 이 법은 사민당으로 하여금 그들의 정치활동을 의회 선거에 집중하도록 유도했는데, 이는 선거운동에 참여하는 것과 선출되는 것이 법이 금지하지 않는 유일한 정치적 선동의 형식이었기 때문이다.

비록 정치적인 억압이 개혁에 선행했다고는 하지만, 사회개혁 법안은 반사회주의자법의 당연한 귀결이었다. 독일은 1880년대 초에 정부가 지원하는 사회개혁에 착수했다. 국가의 도움이 필요하다는 데는 의심의 여지가 없었다. 불황이 절정에 달했고, 특히 산업노동자들에게 어려운 시대였다. 사회적 개입에 대한 프로테스탄트와 가톨릭 성직자들의 요구가 증가했다. 아돌프 스퇴커는 기독사회당Die Christlich-Soziale Partei, CSP을 조직하여 그의 주장에 조직력을 부여하고자 했고, 가톨릭교회 측에서는 마인츠의 대주교인 엠마누엘 폰 케텔러Emmanuel von Ketteler가 포괄적인 사회적 복음 프로그램을 개발했다. 그런데 비스마르크와 관련되는 한, 가톨릭 사상이 중요치 않은 요소일 수는 없었다. '문화투쟁'이 시들해져가고 있을 무렵, 사회개혁에 대한 가톨릭의 교리에 입 발린 소리나마 했던 것은 분명 중앙당과의 관계 회복에 도움이 되었다.

　사회개혁 법안에 대한 정부 관심이 최초로 표출된 것은 1881년으로, 황제가 한 연설에서 관련 내용이 일부 나왔다. 군주는 산업노동자들의 고통에 대한 염려를 표명했고, 사회입법의 원칙에 대한 지지를 표했다. 동시에 비스마르크의 전략에 따라 황제는 사회개혁이 효과적인 반사회주의 전략임을 강조했다. 노동자들이 그들의 복지에 대한 정부의 관심을 인정하고, 혁명에 대한 마르크스주의 교리로부터 등을 돌리게 되리라는 것이었다. 정치적 기회주의 혹은 진정한 사회적 관심 등의 다양한 이유로, 사회개혁에 대한 황제의 주도는 제국의회에서 폭넓은 환영을 받았다. 최종 표결에서 독일보수당, 사민당(이 법안은 사민당을 정치적으로 파괴하려는 목표를 갖고 있었다), 진보당만이 정부 안에 반대했다. 심지어 자유보수당도 이 조치에 찬성했다.

　1883~1889년에 정부는 세 가지 주요한 개혁 법안을 내놓았다. 결국 이 법안들은 자신의 잘못이 아닌 경기변동으로 피해를 입은 사람들을 구제하기 위해 고안된 '사회적 안전망'의 시발점이 되었다. 첫 번째 법안은 국민건강보험제도의 개시를 알렸다. 고용인과 피고용인 모두가 납입하는 방식으로 포괄적인 건강 보호 시스템의 서막이 만들어졌다. 1년 후인 1884년의 국민산재보험법Unfallversicherung은 산재 노동자들에게 도움을 주었다. 마지막으로 1889년 최고의 업적인 독일 사회보장제도가 만들어졌다. 이 법 조항에 따르면 초기에는 상대적으로 소수의 노동자만이 65세 퇴직 연령에 도달했을 때 매우 적은 금액의 연금을 보장받았다.

　반사회주의자법과 사회개혁 법안은 함께 작용하도록 고안되었고, 정

반사회주의자법과 관련된 영국 잡지 〈펀치〉의 1878년 9월 호 만평. 비스마르크가 사회주의를 상자 속으로 욱여넣으려고 노력하고 있다(출처: akg-images).

부가 기대했던 것과 같은 방식은 아니었지만, 어떤 면에서는 실제로 함께 작용했다. 사회입법은 독일의 프롤레타리아트를 설득하여 마르크스주의를 버리도록 하는 원래의 목표는 이루지 못했다. 12년 전 49만 3,000명이던 사민당 지지자는 1890년 140만 명으로 증가했다. 이러한 증가세가 인상적일 수밖에 없었던 것은 이러한 변화가 반사회주의자법이 점점 더 엄격하게 집행되던 시기에 나타났기 때문이다. 노동조합을 억압하는 캠페인은 소위 푸트카머 시대라고 불리던 1886년 정점에 달했다. 비스마르크 재임 후기의 반동적인 체제를 상징하던, 뼛속까지 보수적인 프로이센 내무부 장관 로베르트 폰 푸트카머Robert von Puttkamer는 비록 실패했지만, 행정명령으로 노동자들의 파업권을 없애려고 시도하기도 했다.

그러나 사회입법은 보다 미묘한 방식으로 독일제국 사회에 대한 노동자들의 관점에 영향을 미쳤다. 사민당과 관련 노동조합의 모든 구성원이 반사회주의자법을 물리치고자 노력했지만, 사회개혁은 이와는 다른 반응을 불러일으켰다. 특히 1880년대 말경에 일부 사민당 지도자와 더 많은 노동조합 지도자들은 정치혁명의 희망에 전적으로 의지하는 것보다 자본주의 체제 내부의 개혁적 변화들을 통해 노동자들의 운명을 개선하는 게 가능하다는 것을 증명했다고 주장했다. 비스마르크는 사회주의자들에 대한 억압적인 조치를 도입할 때 이 법안이 마르크스주의 '문제'에 대한 해결책이 될 것이라며 환호했다. 어떤 의미에서는 그 반대였다. 반사회주의자법이 아니라 개혁 법안이 독일 마르크스주의 운동의 본질을 변화시켰던 것이다.

외교관계

비록 독일의 국내적 안정성의 설계자로서 비스마르크의 평판이 점차 손상되기는 했지만, 1871년 이후 외교정책 분야에서 철혈 재상 비스마르크의 명성은 전혀 약화되지 않았다. 그는 40년 동안 평화를 유지했던 유럽 강대국들 간의 세력균형을 거의 혼자서 만들어낸 정치가로서의 평판을 보유하고 있었다. 사실, 국제관계와 관련해 우리가 사용하는 용어들은 비스마르크가 만들어낸 단어와 개념들로 가득 차 있다. '현실정치Realpolitik', '정직한 중재자honest broker' 같은 개념들이 우리 언어에 일상적으로 등장했고, 다수의 현대 정치가들도 의식적으로 철혈 재상의 정책을 모델로 하여 그들의 정책을 만들었다. 강대국들 간의 장기적인 평화를 위한 토대를 놓는 데 비스마르크가 성공했던 것은 더욱 주목할 만한 일이다. 당시 유럽의 의사 결정자들에게는 양차 대전의 경험도 없었고, 핵무기 대참사에 관한 섬찟한 전망도 없었기에, 분쟁을 군사행동으로 해결하려는 생각이 결코 혐오스러운 것은 아니었기 때문이다.

이 시기 독일의 외교관계에 대해 더 자세히 논하기 전에 비스마르크의 외교정책에서 우선순위 문제가 논의될 필요가 있다. 총리의 외교정책 목표는 제국의 지정학적 위치에 의해 결정되었는가, 혹은 일차적으로 국내에서 전제주의를 유지하기 위해 독일 외교관계의 조정이 기획되었는가? 비스마르크 자신과 1945년 이전에 저술했던 대부분의 독일 역사가들은 '외정 우위Primat der Aussenpolitik' 테제를 지지하는 경향이 있었다. 그 내용은 다음과 같다. 복수에 대한 프랑스의 갈망에 맞서, 독일제국은 거대한 대규모 군사 설비를 유지하고 프랑스의 외교적 고립을 유지하는 것 외에 다른 선택지가 없었다. 동시에 지속적인 외국의 위협으로 독일은 주요한 국내 정치적 개혁에 착수할 수가 없었다. 내정 개혁에 착수했다가 국내의 안정성이 위협받고 제국의 임전 태세가 약화될 수 있었기 때문이다.

1918년 제국 붕괴 이후 에카르트 케르Eckart Kehr가 주도한 일군의 젊은 역사학자들은 자신의 대외정책이 독일의 지정학적 위치로 인해 결정되었다는 비스마르크 주장에 의문을 제기했다. 그들은 이러한 주장이 비스마르크와 그의 지지자들이 독일 여론을 호도하고자 의도적으로 꾸며낸 신화라고 주장했다. 이 새로운 학파는 '내정 우위Primat der Innenpolitik'가 독일의 외교정책을 결정했다고 주장했다. 독일 내부에서 권위적인 정치체제를 유지하고 민주화를 막기 위해 비스마르크가 프랑스로부터의 군사적 위협을 발명해냈고, 신생 독일제국으로 하여금 유럽 강대국들 중 가장 반동적인 내정 체계를 지닌 국가였던 오스트리아 및 러시아와 동맹을 맺도록 했다는 것이다. 2차대전이 끝날 무렵, 한스 울리히 벨러Hans Ulrich Wehler 같은 새로운 세대의 역사가들은 (1차대전 이후 완전히 무시되고 나치에 의해 억압받았던) 케르와 다른 이들의 저작을 재발견하고, 새로운 문서들로 그 주장을 뒷받침했다.

대부분의 현대 역사가들은 '내정 우위' 학파의 입장 상당 부분을 받아들인다. 중부 유럽에 있는 독일의 독특한 지리적 위치가 그 국제관계를 처리하는 데 심대한 파급효과를 낳았으리라는 것은 의심의 여지가 없다. 그러나 독일의 외교정책이 국내에서 권위주의 체제를 유지하는 데 도움이 되도록 고안되었으며, 앞으로 보게 되겠지만, 비스마르크의 외교적 동맹 변화가 종종 국내 정치적 파트너 관계의 변화를 반영했다는 점도 사실이다.

비스마르크는 그의 지도력하에서 독일의 외교정책이 간단하고 변함없는 일련의 원칙들에 근거한다는 입장을 지치지 않고 밝혔다. 먼저, 독일은 1871년 획득한 것 이상의 영토적 야심이 없다고 했다. 제국은 '만족스러운' 국가라는 것이었다. 두 번째로 1871년의 군사적인 승리가 중부 유럽에서 헤게모니를 행사할 권리를 독일에 안겨주었다고 했다. 말하자면, 중부 유럽 평원에서 두 번째 강대국은 인정하지 않겠다는 것이었다. 세 번째로 비스마르크는 (매우 잘못되게도) 보수주의적이고 군주제적인 체제가 민주적이고 공화정적인 국가들보다 국제관계에서 본질적으로 더 안정적인 요소라고 평가했다. 결과적으로 그는 프랑스를 강대국들 중 가장 불안정하고 변덕스러운 나라로 고립시키면서 독일, 오스트리아—헝가리, 러시아라는 세 보수주의 제국 간의 동맹을 만들어 내고자 노력했다. '민주주의란 불안정'이라는 그의 원칙에 대한 유일한 예외는 영국으로, 총리는 영국을 국제적인 세력 관계에서 항구적인 안정성의 요소로 받아들였다. 비스마르크의 세 축은 그로 하여금 다음과 같은 결론에 이르도록 했다. 대륙에서 권위주의를 유지하기 위해서는 오스트리아, 러시아와 협조해야만 하며, 프랑스를 고립시키기 위해 영국과 협조해야 한다. 또한 대륙에서 가장 안정적이고 만족스러우며 강력한 국가인 독일은 강대국들 간의 분쟁을 중재하고 그들 사이에 평화를 유지하는 '정직한 중개자'의 역할을 담당할 자격이 있는 유일한 나라이다.

비스마르크의 이러한 가설들은 근본적인 결함을 안고 있었다. 총리는 1871년 국제적인 세력균형을 재조정한 것이 영속될 수 있는 본질적으로 정적이고 영원한 일련의 관계들을 만들어냈다고 확신했다. 그는 독일과 다른 강대국들의 국내적 압력으로 인해 강대국들 사이의 균형이 계속 변화하리라는 것을 인식하지 않으려고 했다.

유럽의 세력균형을 안정화하기 위해 비스마르크가 선택한 동맹관계는 그의 가정이 오류임을 보여주었다. 비스마르크는 오스트리아와 러시아를 가장 믿음직한 파트너라고 여겼지만 이 두 나라는 내정이 매우 혼란스러운 상태였고, 결과적으로 안정의 보루가 되기는커녕 내정적 어려움으로 호전적이고 위험한 외교정책을 추구했다. 비스마르크에게 있어서, 오스트리아와 러시아가 서로 희생해야만 대외정책적 목표를 이룰 수 있다는 것은 특히 불행한 일이었다. 이는 두 나라가 1871년 이후 세력균형을 안정화하려는 비스마르크와 협조하기보다는, 대체로 그의 지원을 받아 세력균형을 자신들에게 유리하게 변화시키고자 노력했다는 의미였다.

비스마르크가 서유럽의 중요한 동맹국으로 영국을 선택한 것은 큰 행운이었다. 영국은 1871년 이후 국제적인 세력균형을 안정화하는 데 진심으로 관심을 기울였을 뿐만 아니라 국내 긴장이 상대적으로 적었기 때문에 대외정책을 처리하는 데 유난히도 안정적이고 예측 가능했다. 그 결과 영국과 독일의 관계는, 비스마르크가 국내적인 압력에 대응하느라 냉각되어버리기 이전인 1880년대 초까지 대체로 순조로웠다. 앞서 살폈듯이 비스마르크는 국내 정치에서 보수주의자들과 동맹을 맺기 위해 관세에 대한 그들의 요구를 받아들였다. 게다가 총리는 식민지 소유에 대한 요구에도 관심을 기울였는데, 이는 주로 민족자유당이 내세운 요구였다. 이는 불가피하게도 미래의 세계 정치에서 제국의 역할과 관련하여 영국으로부터 많은 의구심을 샀다. 독일이 중부 유럽의 강자로서 기능하는 데 만족할 것인가, 해외 팽창에 나서고 유럽 이외 지역의 문제들에서 영국의 라이벌이 될 것인가? 총리는 제국주의의 문제점들을 인식하고 있었고, 식민지 사업에 뛰어드는 것을 꺼렸다. 그럼에도 순수하게 내정적인 이유로 독일제국은 1884년 식민제국으로서의 불행한 이력을 시작했다.

1884년의 결정은 19세기 후반기에 점증하던 국내 정치와 대외정책의 맞물림을 상징했다. 1878년 이후 독일 국내 정치의 변화는 점차 독일제국의 대외정책에 영향을 미쳤다. 확실히 그보다 전에도, 문화투쟁 및 자유주의자들과 비스마르크의 결탁은 오스트리아와 일정한 긴장 관계를 연출했다. 다문화 제국인 오스트리아는 국내적 안정을 위한 축의 하나로 가톨릭교회에 전통적으로 의지했기 때문이다. 문화투쟁의 종식으로 호엔촐레른가와 합스부르크가 사이의 관계도 개선되었다. 비스마르크가 보호관세 원칙을 받아들임에 따라 상황은 좀 더 개선되었는데,

이는 오스트리아-헝가리 제국은 언제나 자유무역정책에 반대해왔기 때문이다. 그러나 농산품 관세에 대한 비스마르크의 지지는 러시아-독일 관계에 심대한 파급효과를 가져왔다. 1879년 이후 러시아 곡물은 점차 독일 시장에서 배제되었다. 이에 분노한 러시아는 즉시 보수적인 제국들 외에도 잠재적 동맹 세력이 있다는 사실을 비스마르크에게 알렸다. 바로 프랑스였다.

비스마르크가 오스트리아와 러시아 간의 경쟁 관계의 심각성을 인지하지 못했고, 또한 1871년 비스마르크 타협의 국내적인 조건을 유지하기로 결정함에 따라 불안정성과 비일관성이라는 요소로부터 결코 자유롭지 못한 대외정책이 탄생했다. 그러나 총리의 전략적인 실수들은 일련의 다자간 동맹과 양자 협약을 이끌어내는 그의 전략적 유능함으로 상쇄되었다. 사실 장기적으로 이러한 전략적인 유능함은 현실정치 전문가, 유럽 세력균형의 지배적인 행위자로서 그의 평판을 유지시켜주었다.

비스마르크의 동맹 체제 구성은, 충분히 논리적이게도, 총리가 1871년 이후 세력균형의 기반이 되길 희망했던 것과 더불어 시작되었다. 그것은 세 보수적인 제국의 우호 협력 조약들이었다. 제국 수립 2년 후 오스트리아, 독일, 러시아의 지배자들은 삼제동맹Three Emperors' Alliance을 체결했다. 이는 외교관계를 처리하는 데 군주제적인 원칙들이 살아남을 수 있다는 비스마르크의 신념의 발현이었다. 동맹은 군주 개인들의 인격적인 협약이라는 것이었다.

남동유럽의 미래를 둘러싸고 오스트리아와 러시아의 화해할 수 없는 차이들이 머지않아 동맹관계를 대립과 불신으로 전환시켜버렸다. 러시아는 발칸반도에 있는 슬라브 국가들이 오스만제국에 맞서 영토적, 정치적 야심을 실현할 수 있도록 지원했던 반면, 오스트리아는 범슬라브

주의가 합스부르크제국의 안정성에 대한 위협이라고 보았다. 독일은 남동유럽 지역에 직접적인 이해관계 없이 중립적인 위치에 있었지만 (비스마르크는 발칸반도는 포메른 병사의 뼈를 묻을 가치가 없는 곳이라고 반복해서 말했다), 만성적이고 점차 고조되던 오스트리아와 러시아의 긴장으로 인해 1871년 이후 유럽 내 세력균형의 중재자라는, 제국이 스스로 부여했던 역할을 하는 데 점점 더 어려움을 느꼈다.

이는 비스마르크가 "전쟁이 머지않았다"고 할 정도의 위기였던 1875년 초에 분명해졌다. 그가 언급한 잠재적인 전쟁은 프랑스와 독일의 전쟁으로, 러시아는 적어도 외교적으로는 프랑스 편에 서도록 되어 있었다. 실제로 비스마르크는 이 시기 유럽의 외교적, 군사적 재편의 위험들에 대해 대단히 과장했다. 비스마르크의 멜로드라마적 폭발의 계기는 삼제동맹에 대한 러시아의 좌절이었다. 이 협약에 엄숙하게 서명한 지 불과 2년 만에, 러시아 외무부 장관은 차르와 프랑스의 관계 개선이 불가능하지 않다고 공식적으로 말하는 정도까지 나아갔다. 비록 구체적인 협약들이 곧바로 이러한 구상에 뒤따르지는 않았지만, 비스마르크의 신경은 극도로 날카로워졌다. 보수주의 제국들의 장기적인 협조에 기초한 새로운 세력균형을 창출하겠다는 그의 모색은 명백히 실패로 돌아간 셈이었다.

세 황제의 관계는 발칸반도에서 실제로 교전이 발발하자 더 나빠졌다. 1875~1878년 불가리아는 오스만제국과 전쟁에 돌입했다. 이 시기 러시아는 불가리아를 공공연히 지원한 반면, 오스트리아와 영국은 외교적으로 터키를 지원했다. 비스마르크는 자신이 선택한 정직한 중개인으로서의 역할을 수행할 완벽한 기회를 가졌다. 하지만 독일은 다시 한 번 중간에 낀 모호한 상태에 빠졌다. 1878년 여름 총리는 모든 이해당사자들을 베를린회의Berliner Kongress에 초대했다. 총리는 자신의 지도력으로 이 국제회의가 터키−불가리아의 갈등을 조정하고, 남동부 유럽에 새롭고 안정적인 질서를 만들 수 있기를 희망했다. 그러나 그는 정직한 중개인 역할을 하는 것이 매우 어렵다는 것을 알게 되었다. 오스트리아와 러시아는 대부분의 이슈에서 너무 큰 입장차를 보였고, 특히 러시아는 비스마르크가 스스로 선언한 '정직한 중재자'로서의 소임을 다하지 않는다고 느꼈다.

자신의 행동이 삼제동맹의 원래 약속을 깨뜨리는 데 중요한 역할을 했다는 것을 인정하지 않은 채, 베를린회의 이후 비스마르크는 러시아와 오스트리아의 줄타기를 끝내는 대신, 독일과 오스트리아의 긴밀한 관계를 형성하는 일에 착수했다. 그 결과 1879년 이국동맹Doppelbündnis 이 체결되었다. 이 협약에서 독일은 러시아가 오스트리아를 공격한다면 외교적, 군사적으로 합스부르크 왕가를 돕겠다고 약속했다.

이국동맹은 방어 조약이었지만—오스트리아가 공격에 나설 경우 독일은 오스트리아에 대해 우호적인 중립을 지킬 의무만 있을 뿐이었다—독일에서 전반적으로 인기가 없었다. 이국동맹에 대한 보수주의자들의 남은 반대를 극복하기 위해(그들 중 다수는 보호관세를 원했고, 러시아와 독일의 특별한 관계가 유지되기를 원했다), 오스트리아와의 협약은 서로에게 유리한 보호관세 제도를 보장하는 것을 내용으로 하는 오스트리아−독일의 새로운 무역협정에 의해 보완되었다.

3년 후 이국동맹은 이탈리아를 포함하는 것으로 확대되었다. 이 삼국동맹에서 비스마르크의 목표는 이탈리아인들을 설득하여 아프리카에서 그들의 제국주의적인 목표를 추구하도록 하는 것이었다. 당시 남동부 유럽에서 이탈리아의 목표는 오스트리아에 맞서는 것이었는데, 독일은 이탈리아가 남동부 유럽에서 정치적, 영토적 요구를 하기보다는 프랑스와 충돌할 가능성이 있는 아프리카에 집중하기를 바랐다.

비스마르크가 이국동맹과 삼국동맹이 제공하기를 희망했던 영구히 안정적인 효과는 5년도 지속되지 못했다. 이탈리아는 삼국동맹에서 불안한 파트너로 남았고, 아드리아해에 대한 야심을 포기하지 않았다. 보다 중요하게는 독일의 국내 정치 상황이 영국과 전통적으로 맺어온 우호 관계를 방해했다. 산업가 및 융커들과 새로 동반자 관계를 맺자, 비스마르크는 영국을 상업적, 제국주의적 라이벌로 바라볼 수밖에 없었다. 1880년대 말경, 제국은 다시 한 번 동맹을 조정할 필요를 느꼈다. 한 번도 겸손한 적이 없었던 비스마르크는 1887년 러시아와 새로운 협약 체결에 나섰다. 러시아와의 재보장조약Reinsurance Treaty은 총리 스스로는 천재적인 한 방으로 여겼지만, 그의 비판자들은 이를 면밀히 계산된 속임수와 표리부동에 지나지 않는다고 여겼다.

프랑스의 위기는 재보장조약에 즉각적인 자극이 되었다. 1887년 보수주의자이며, 복수를 외치던 군사 지도자인 불랑제Boulanger 장군은 프랑스공화국의 대통령이 될 것처럼 보였다. 독일 정부는 군비를 증강할 권한을 요청했고, 이를 획득했다. 독일제국은 알자스에서 군사훈련을 했는데, 이는 프랑스가 독일의 임전 태세에 경계심을 가지도록 하기 위함이었다. 예민한 신경을 가진 사람들에게 전쟁은 다시 임박해 있는 것 같았다. 독일이 1887년 가장 원하지 않았던 일이 러시아와 프랑스의 화해였다는 것은 이해할 만한 일이다. 재보장조약은 그와 같은 가능성을 차단하기 위한 절박한 노력이었다.

19세기 유럽 대부분의 동맹에서 전형적이었던 것처럼 재보장조약 역시 비밀 조약으로서, 동맹의 조건은 일반 대중에게도, 의회 의원에게도 공개되지 않았다. 재보장조약을 유발했던 일련의 사건들은 러시아 고위 외교관 표트르 슈발로프Pyotr Shuvalov 백작의 주도로 시작되었는데, 그는 러시아와 독일의 공식 협약을 갱신할 것을 제안했다. 독일은 이국동맹의 특정 조건하에서 이미 오스트리아에 묶여 있었기 때문에, 비스마르크는 프랑스가 독일을 '정당한 이유 없이' 공격할 경우 러시아가 우호적 중립을 지킬 것을 비밀리에 약속하는 조항을 제안했다. 그 대가로 독일은 '1급 비밀' 조항에서 차르 정부가 다르다넬스Dardanelles와 보스포러스Bosporus 해협의 지위를 변화시킬 행동에 나설 경우—이는 지중해 동쪽 끝에서 러시아의 군사적 존재감이 높아지는 것을 의미한다—우호적인 중립을 지킬 것을 약속했다.

얼핏 보기에 비스마르크는 외교계를 구워삶는 데 성공한 것으로 보였다. 독일은 프랑스가 공격할 경우 우호적인 중립을 지킬 것이라는 약속을 러시아로부터 얻어냈다. 동시에 이국동맹의 조건하에서 오스트리아와 독일의 관계 역시 유효한 채로 남았는데, 재보장조약은 해협 지역에서 러시아의 활동에 대해서 논할 뿐, 오스트리아를 공격할 경우를 다루지 않았기 때문이다. 세 동부 유럽 국가들 간에 모든 것이 잘되고 있다는 인상은 1년 후 다시 한 번 확인되었다. 오스트리아, 러시아, 독일의 황제는 또 다른 협약인 두 번째 삼제동맹에서 공통의 관심사에 관해 서로 협의하겠다는 약속을 갱신했다.

사실 재보장조약은 공허한 승리였고, 새로운 삼제동맹은 국제관계를 처리하는 데에 국가수반들 사이의 개인적 합의가 가지는 한계를 보여주었다. 장기적으로 재보장조약은 별 의미가 없었다. 독일은 발칸전쟁 시기에 러시아와 오스트리아 양자의 목표를 동시에 지지하는 데 나설 수 없었기 때문이다. 러시아가 해협에서 움직일 때 독일제국이 중립을 지키겠다는 약속은 적어도 남동부 유럽에서 러시아의 야심을 중단시키려는 오스트리아의 노력을 돕겠다는 약속에 위배되는 것이었다. 콘스탄티노플을 향한 러시아의 움직임이 영국의 격렬한 반대를 낳고, 그 결과로 영국이 이국동맹의 파트너들에게 더 가까이 다가가게 될 것이기

오토 폰 비스마르크 만년의 초상. 프로이센 장교복을 입고 있다(출처: National Archives and Records Administration).

때문에, 재보장조약의 '1급 비밀' 조항이 실제로는 합스부르크가의 이익에 보탬이 될 거라고, 비스마르크가 나서서 오스트리아인들에게 설명했지만 별 설득력이 없었다.

이 설명이 보여주는 것처럼, 어떤 의미에서 비스마르크는 자신의 외교 전략이 가지는 치명적인 단점을 인지하고 있었다. 동부와 중부 유럽에서 보수주의 제국들이 단지 그들의 권위주의 체제로 인해 화합할 수 있는 이해관계를 가졌다고 보는 비스마르크의 가정은 완전히 틀렸다. 재보장조약이 체결된 지 2년 만에, 비스마르크의 동맹 체제 전체는 심각한 혼란에 빠졌다. 독일의 새로운 황제인 빌헬름 2세는 1890년 갱신 시점이 다가왔을 때 재보장조약의 연장을 거부했다. 이에 따라 러시아와 독일의 관계는 악화되었다. 그보다 중요한 사실은 이 새로운 군주가 그의 할아버지와는 달리 독일의 역할을 제국주의 세력으로 확대하고자 굳게 마음먹었고, 그로 인해 독일제국이 영국과 외교적으로 충돌하는 길에 놓였다는 점이다. 1890년까지 독일의 외교정책은 교차로에 서 있었다. 제국의 동맹 체제는 국제적인 세력 관계를 안정시키기는커녕 심각한 압력과 약점을 안고 있었고, 독일 스스로 선택했던 정직한 중재자의 역할은 그 신뢰도를 많이 상실했다.

시대의 종언과 비스마르크 해임

제국이 베르사유궁에서 행해진 예식과 군대 행사들 가운데서 탄생한 지 20년 후, 건국세대는 긍지를 가지고 과거를 돌아보았고, 미래에 대한 자신감도 갖고 있었다. 호전되는 경제지표들은 장기 불황이 끝나고 있음을 보여주었다. 1890년대 독일 경제는 새로운 발전 단계에 도달했다. 이제는 주요한 자본 수출국이 된 것이다. 국내 정치는 안정에 도달한 것처럼 보였고, 비스마르크 타협을 뒤엎을 혁명적 봉기의 실제적인 위협은 없어 보였다. 대외 관계에서도 삼제동맹을 부활시킨 비스마르크의 성공은 독일의 지속적인 패권적 위치를 명백히 보장해주는 것처럼 보였다.

그럼에도 불구하고 모든 것이 잘 굴러가고 있지 않다는 느낌이 지배적이었다. 불안감은 여러 징후로 나타났다. 브람스Brahms와 부르크너Bruckner의 우울한 작품들은 하늘하늘한 느낌의 동시대 빈 오페레타의 인기로도 몰아낼 수 없었던 미래에 대한 불안감을 반영했다. 문학에서는 세기 전환기에 독일 자연주의와 사실주의가 일시적으로 번성했다. 대표적인 것이 1895년 출간된 테오도어 폰타네의 소설 《에피 브리스트Effi Briest》였다. 이야기는 단 한 번 순진하고 무분별한 일탈을 저지른 후 사회적 편견의 무게와 공감의 부재로 짓이겨진 한 젊은 귀족 여인의 비극적인 죽음에 관한 것이었다. 독일 사회 전반이 그러했듯이 소설은 출구 없이 갇혀 있는 느낌을 물씬 풍기고 있다. 이러한 느낌은 정치적 반유대주의의 급부상으로 표현되었다. 단명한 반유대주의 정당은 근대화의 해악과 독일 유대인의 해방 및 그 영향력을 결부시킴으로써 악명과 동시에 일정한 인기를 얻었다.

상층의 의사 결정에서 근대화에 대한 관심은 다른 형태를 띠었다. 1890년대 말까지 비스마르크 타협의 조건들이 심대하게 수정될 필요가 있다는 것이 분명해졌다. 반사회주의자법은 혁명적 마르크스주의의 망령을 추방하지 못했다. 반대로 경제가 회복되자 새로운 구성원들이 사민당과 노조로 몰려들었다. 의회는 점차 헌법이 보장하는 권력을 실제로 갖고 있지 않다는 사실을 받아들이려 하지 않았고, 국가의 업무를 관장하는 데 더 큰 발언권을 요구했다.

지금 우리는 명백한 긴장에 대한 대응으로 비스마르크가 1871년의 타협을 재조정하는 것에 대해 고려했다는 사실을 알고 있다. 그가 '헌정적 비상사태'에 대한 원칙을 들먹이고자 했다는 증거들이 있다. '비상사태'에 대한 해결책으로 그는 군사 쿠데타 혹은 좀 더 개연성이 높앴던, 1871년 제국 수립을 낳았던 제후들의 협약을 재조정하는 것에 대해 고려했다. 후자의 시나리오는 각 연방 구성국의 정부 지도자들이 1871년 헌법이라는 묵은 합의를 깨고, 의회와 협의하지 않은 채 새로운 협정을 만들어내도록 하는 결정을 포함하고 있었다. 비스마르크가 생각하기에 새로운 헌법은 제국의회의 권력은 크게 축소하는 반면 총리의 권위는 증대시켜야 했다.

100년이 흐른 지금도, 이와 같은 헌법 수정 계획들이 어느 정도 진지했는지를 말하기란 어렵다. 비스마르크는 허위 정보를 흘리는 기술의 달인이었다. 그의 집무실에서 흘러나오는 정보 대부분은 정보를 주기보다는 오해를 낳도록 계획된 경우가 더 많았다. 결국 그것은 중요치 않았다. 총리의 모든 작전은 무화되었는데, 이는 원래 비스마르크가 그의 권력의 핵심에 포함시켰던 1871년 헌법의 어떤 특징, 즉 황제와 총리의 특별한 관계에 관한 것 때문이었다. 비스마르크는 1862년 프로이센 총리가 되었을 때, 자신을 '빌헬름 1세의 충실한 하인'이라고 여겼다. 그러한 관계는 그의 남은 생애 동안 변하지 않았다. 그의 무덤에도 같은 구절을 새겨넣었다. 그러나 1888년의 한 죽음이 이 특별한 관계에 종지부를 찍었다. 빌헬름 1세가 3월에 91세의 고령으로 사망한 것이다. 그의 뒤를 당시 57세이던 아들 프리드리히 3세^{Friedrich III}가 이었다. 그러나 왕좌에 올랐을 때, 프리드리히 3세는 이미 후두암으로 죽어가고 있었다. 그는 6월에 사망했고, 29세였던 그의 아들 빌헬름 2세^{Wilhelm II}가 프리드리히 3세의 뒤를 이었다. 이로써 1888년은 세 명의 황제가 통치한 해가 되었다. 그리고 빌헬름 2세는 독일의 마지막 황제가 되었다.

프리드리히 3세는 황태자 시절 자유주의와 정치적 근대화의 옹호자로서 명성을 누렸고, 영국 빅토리아 여왕의 딸이기도 한 황태자비 빅토리아는 더더욱 그러했다. 수년 동안 비스마르크는 프리드리히가 왕위

DROPPING THE PILOT.

"수로 안내인이 배를 떠나고 있다." 모든 시대를 통틀어 가장 유명한 만평 가운데 하나로, 빌헬름 2세가 비스마르크를 해임한 것에 대한 1890년 3월 29일자 〈펀치〉 논평이다(출처: 19th era/Alamy).

를 잇는 것을 우려하면서 살았다. 총리의 염려는 근거 없는 것으로 판명되었는데, 극도로 인기 없던 프로이센 내무부 장관 푸트카머를 해임한 것을 제외하면 프리드리히 3세는 그의 짧은 재위 기간에 어떤 인적 쇄신도, 정책 쇄신도 하지 않았기 때문이다.

그의 아들인 빌헬름 2세의 경우는 완전히 달랐다. 새로운 황제는 국가의 머리처럼 보일 뿐만 아니라 실제로 머리 역할을 하려고 결심한, 에너지가 넘치고 거만하고 충동적인 남자였다. 황제가 되고 몇 달 지나지 않아 그는 두 가지 근본적인 정책 이슈를 결정할 필요와 기회에 동시에 직면했다. 하나는 재보장조약의 갱신 문제였고, 다른 하나는 반사회주의자법을 연장하는 것과 관련 있었다. 두 경우 모두 빌헬름 2세는 결정을 내리는 것에 주저하지 않았고, 두 번 모두 비스마르크의 결정과는 정반대되는 것이었다.

제국 외무부의 많은 전문가들과 마찬가지로 빌헬름 2세는 재보장조약에 서명하면서 독일이 이국동맹하에서 오스트리아에 대한 의무와 관련하여 난처한 입장에 빠졌다고 확신했다. 그 결과 비스마르크의 충고와 달리 1890년 재보장조약이 만기에 달했을 때 황제는 이 조약이 갱신되어서는 안 된다고 결정했다.

연로한 총리와 젊은 황제의 두 번째 갈등은 반사회주의자법의 미래와 관련하여 야기되었다. 1890년은 이 억압적인 법안이 세 번째로 갱신되어야 하는 시점이었다. 여기서 비스마르크는 1878년 입안된 법의 단순한 연장만이 아니라, '헌정적 비상사태' 계획과 같은 선상에서, 정치적 박해로부터의 전통적인 면책특권에 대한 분명한 공격이 될 나사들을 더 조이기를 제안했다. 정부가 제국의회에 제출한 법안에 따르면, 경찰은 제국의회의 모든 사회주의자 의원을 일반 범죄자처럼 체포해도 좋았다. 총리는 이 법안 전부가 의회의 지지를 획득하기란 불가능하다는 것을 잘 알고 있었다. 대다수의 의원들은 반사회주의자법을 완화된 형태로 연장하기를 원했지만, 제국의회 구성원들의 권리를 무력화하는 데는 동의하지 않을 것이었다. 돌이켜보면, 이 법안이 의회에서 부결되도록 한 것은 비스마르크 책략의 일환이었던 것처럼 보인다. 그는 분명 반사회주의자법이 부결된 후 제국의회를 해산하고 새로운 선거를 실시할 계획을 갖고 있었다. 예상대로 선거가 또 다른 반정부적인 의원들로 과반수를 만들어낼 경우 헌정적 비상상태를 선포할 수 있고, 제국의회는 영구히 정회될 수 있었다.

황제는 자신의 이름을 걸고 그처럼 인위적으로 고안된 헌정적 위기와 함께하고자 하지 않았다. 그는 약화된 형태의 반사회주의자법에 대한 지지를 얻어내기 위해 의회 다수파와 협상하는 것을 선호했다. 비스마르크는 자신과 빌헬름의 갈등을 의지의 대립으로 전환시켰다. 그는 황제가 반사회주의자법에 대해 강경한 태도를 취하는 데 동의하지 않는다면 사퇴하겠다고 위협했다(사실, 사퇴 위협은 총리에게 전혀 새로운 일이 아니었다. 그는 재임 기간 내내 사퇴하겠다고 압력을 가해 많은 경우 원하는 결과들을 얻었다). 젊은 황제는 실질적인 관련 이슈에 대해 비스마르크와 다른 입장이었을 뿐만 아니라, 총리에게 할 테면 해보라는 입장이었다. 이 위대한 노인의 감독에서 벗어나려고 굳게 결심하고 있었던 그는 총리의 사퇴 제안을 즉각 수용했다. 독일사에 기록된 비스마르크의 장기 지배는 1890년 3월 갑작스럽게 끝이 났다.

루트비히 빈트호스트Ludwig Windhorst
(1812~1891년)

본질적으로 국외자이던 루트비히 빈트호스트는 그의 긴 생애 동안 많은 유명 인들의 살에 박힌 가시가 되었다. 그는 물론 문화투쟁 기간 동안 가톨릭 야당 의 지도자로 가장 잘 알려져 있지만, 그의 신실한 가톨릭주의도 후일 그가 교 황과 충돌하는 것을 막지 못했다.

빈트호스트는 태어난 순간부터 시대와 불화했다. 그는 압도적인 프로테스 탄트 지역이었으며 현재도 그러한 하노버의 가톨릭 중간계급 가정에서 태어났 다. 빈트호스트는 (비스마르크도 학위를 받은) 괴팅겐대학에서 행정법을 공부했 고, 한동안 하노버 공무원의 전형적인 길을 걸었다. 그는 의회와 행정부 모두 에서 활동했다. 1849년 하노버 의회의 구성원이었지만, 즉시 행정부로 옮겨갔 다. 1851~1854년, 그리고 1862~1865년 그는 법무부 장관으로 재직하면서, 하노버 내각의 첫 번째 가톨릭교도 장관이 되었다. 빈트호스트는 열렬하지만 보수적인 배타주의자의 정치색을 가지고 있었다. 긴 생애 동안 그는 하노버 왕 의 충실한 신민이고자 했다.

1866년 빈트호스트의 생애와 이력이 급작스럽게 변화했다. 오스트리아–프 로이센 전쟁 기간에 하노버는 오스트리아와 동맹을 맺었고, 그 전쟁의 결과로 프로이센에 병합되었다. 빈트호스트는 이를 침략 행위라고 여겨 프로이센과 특히 비스마르크를 결코 용서하지 않았다. 그는 폐위된 왕의 재정 문제를 둘러 싸고 프로이센 정부와 하노버 왕가 간에 열렸던 회담에서 왕의 법률 자문으로 활동했다.

독일 통일로 빈트호스트는 프로이센에 대한 새로운 분노로 가득 차게 되었 다. 그는 통일된 제국을 프로테스탄트 다수파와 프로테스탄트 왕가의 지배를 받는 프로이센화된 독일이라고 간주했다. 소수의 독일 가톨릭의 권리를 지키겠다고 확고히 결심한 빈트호스트는 1870년 중앙당 창립자 가운데 한 명이 되었다. 곧 그는 명실공히 지도자가 되었고, 남은 생애 동안 매우 뛰어난 수단과 강력한 의지로 당을 운영했다. 빈트호스트는 중앙당이 독일 가톨릭, 그리고 어느 종파이건 불만을 가진 반프로이센적인 사회 성원들의 정치적인 안식처가 되기를 희망했지만, 당을 '(가톨릭) 종탑에서' 빼낼 수는 없었다. 그는 프로테스탄트 공동체의 성원들도 포용하자고 중앙당의 다른 가톨릭 지도자들을 설득했지만 실패했고, 2차대전 후까지 당은 거의 전적으로 가톨릭적 기구로 남았다.

1870년대에 빈트호스트와 그의 당은 비스마르크와 프로이센, 연방정부와 격렬하게 반목했다. 빈트호스트는 중앙당이 독일 가톨릭의 정당한 권리를 위한 대변인이라고 생각했던 반면, 제국 총리는 중앙당이 새롭게 통일된 제국과 그 헌정 체제를 파괴하려는 노력을 진두지휘하고 있다고 확신했다. 그 결과 문화투쟁 시기에 비스마르크는 빈트호스트와 그의 동료들을 거듭 '제국의 적'이라고 몰아붙였다.

문화투쟁의 결과는 독일 가톨릭의 명백한 승리였다. 하지만 빈트호스트는 교황 레오 13세가 중앙당이 독일 국내 정치에서 정치적 승리를 맛보게 하기보다는 교황과 독일제국의 외교적 협정을 통해 문화투쟁을 종식시키는 편을 택했다는 데 실망했다. 교황은 교황대로 빈트호스트가 중앙당이 성직자와 교황으로부터의 명령에 독립적이려고 분투했다는 데 분노했다.

문화투쟁 동안 빈트호스트는 그에게 열린 유일한 장인 제국의회에서 비스마르크와 총리의 자유주의 동맹 세력에 맞서 싸웠다. '작은 전하'(그의 작은 체구에서 유래한 별명)는 논쟁 과정에서 의회의 매우 숙련된 전략가이자 연설가가 되었고, 친구와 적 모두의 존경을 받았다.

문화투쟁은 종식되었지만 빈트호스트와 교황의 충돌은 끝나지 않았다. 그는 레오 13세의 반동적인 정책들에 계속 반대했다. 1878년 중앙당은 교황청의 강력한 압박에도 반사회주의자법 표결에 찬성하기를 거부했다. 당은 이 법이 소수자에 적대적인 정치적 행보의 위험한 선례가 되어 향후 독일 가톨릭에 불리하게 작용할 거라고 주장했다.

말년에 빈트호스트는 자신이 이룬 많은 의회적, 정치적 성공을 회고할 수 있었다. 그에게는 독일 가톨릭교도들이 프로이센의 맹공격에 맞서 굳건히 버티도록 독려했던 능력과 의정 활동 외에는 별다른 무기가 없었지만 비스마르크에 맞서, 그리고 총리가 활용할 수 있었던 엄청난 무기들에 맞서 성공적으로 저항했다. 그러나 하노버를 독일제국 내에서 별도의 주Land로 복원하려던 빈트호스트의 또 다른 오랜 숙원사업은 실패했다. 그것은 2차대전 종전 이후에나 가능해진다.*

빈트호스트, 즉 과거 '제국의 적'에게 국장國葬의 명예가 부여되었던 것은 아이러니하다.

게어존 블라이히뢰더Gerson Bleichröder
(1822~1893년)

블라이히뢰더에게 종종 부여되는 '비스마르크의 은행가'라는 명칭은 타당하긴 하지만, 이 복합적인 인물을 전적으로 옳게 평가하지는 못한다. 많은 점에서 블라이히뢰더는 독일 사회의 전통주의에서 근대로의 이행을 상징한다. 은행가라는 직업이 점차 합자금융기관들로 대체되던 시기에 성공적인 개인 은행가이던 그는 교우들이 적어도 표면적으로 기독교 사회에 동화되는 것을 택하던 시기에 신실한 유대교 신자로 남았다. 그는 개인 재정가의 역할과 공적 외교관의 역할을 동시에 수행했는데, 이는 로스차일드Rothschild에서 정점에 이르는 19세기 은행가들의 전통이었다. 그러나 자신의 재정적, 정치적 목표를 이루기 위해 홍보 방법을 활용했다는 점에서는 전적으로 근대적이기도 했다.

개인 은행가 가문 출신인 블라이히뢰더가 조상들의 행적을 따라가리라는 것에는 의문의 여지가 없었다. 1855년 그는 부친으로부터 블라이히뢰더은행 경영권을 물려받았다. 1859년까지 그는 비스마르크의 개인 투자 포트폴리오를 관리했고, 이 포메른 출신 융커는 프로이센 총리가 되었을 때 프로이센 의회가 예산 통과를 거부하는 동안 정부 활동을 재정적으로 뒷받침하기 위해 블라이히뢰더에 의존했다. 블라이히뢰더는 '통일 전쟁'의 자금을 댔다. 그것이 그의 은행의 기득권을 유지하는 데 도움이 되었을 뿐만 아니라, 정치적 견해 대부분을 비스마르크와 공유했기 때문이다. 그의 걸출한 고객인 비스마르크처럼 블

---

* 2차대전 종전 직후 독일은 프로이센의 하부 지역이던 하노버를 분리해 독립된 주로 만들었다.

라이히뢰더도 민주적 제도와 의회 통치를 불신하던 정치적 보수주의자였다.

제국 건국 후, 비스마르크와 이 은행가의 공생 관계는 더 긴밀해졌다. 블라이히뢰더는 독일 통일에 뒤이은 경제적 호황기를 충분히 이용했다. 프랑스 배상금의 상당 부분이 그의 은행을 통해 투자되었다. 프랑스와 영국의 로스차일드 가문이 그랬던 것처럼, 비스마르크는 많은 준외교적 과업들에 블라이히뢰더를 활용했다. 여기서 이 은행가는 제국과 프로이센 정부의 목소리로 활약했다. 그는 공적 직위를 갖고 있지 않기 때문에 필요할 경우 비스마르크는 '관련 사실 부인' 카드를 활용할 수 있었다.

블라이히뢰더와 관련된 이 임무들은 그의 가문의 평판을 높여주었고, 그의 은행뿐 아니라 당연히 비스마르크의 개인적 포트폴리오를 이롭게 할 수익성 높은 투자 기회를 발견하는 데도 도움이 되었다(내부자 거래라는 개념이 아직 나오지 않았다는 점에 주의하자. 정치가들은 공공 재정과 개인 재정을 결부시키곤 했다).

당연히 블라이히뢰더와 그의 고위직 후원자는 엄청난 재산을 축적했고, 적어도 블라이히뢰더는 이를 칭송할 만한 정치적 목표를 달성하는 데 이용했다. 이 은행가는 독일의 반유대주의 등장에 침묵하고 조용히 그의 신앙생활을 이어나갔지만, 무대 뒤에서는 동유럽, 특히 루마니아와 러시아 등 동유럽 유대인들의 조건을 개선하는 데 자신의 금융권 영향력을 활용하려고 노력했다.

비스마르크와 블라이히뢰더의 개인적 관계는 복합적이고 모순에 찬 것이었다. 그들이 서로 교류했고 상호 엄청난 존경을 갖고 있었다는 것은 분명하다. 하지만 친한 친구는 결코 아니었다. 프로이센 융커와 유대인 은행가의 세계는 간단히 말해 너무 멀리 떨어져 있었다.

2장

빌헬름 제국
1890~1914년

1890년 비스마르크가 해임되고 1914년 1차대전이 발발하기까지의 시기는 역사가들에게 상충되고 모순적인 일련의 이미지들을 보여준다. 독일은 빌헬름 2세가 자국에 필요하다고 했던 '양지에 있는 자리'를 마련했다. 그러나 이 나라가 (그 양지에) '도착'했음에도 빌헬름 제국 시기의 독일은 분열된 사회였다. 경제는 급격한 변화를 겪었고, 정치는 표면적으로 안정된 권위적인 분위기가 무대 뒤 의사 결정 과정에서 일어나는 동요와 마비를 감추었다. 독일의 외교정책은 변덕스러웠다. 안정적인 동맹을 위한 수년에 걸친 인내심 있는 협상들이 황제나 다른 지도자들의 충동적이고 냉정한 행동으로 부정되었다.

빌헬름 제국 시기 독일 사회에 내재한 모순들은 아마도 문화와 가치의 영역에서 가장 두드러졌을 것이다. 사회에 만연한 군국주의는 그 정점에 도달해 있었다. 황제에 이끌려 독일인들은 귀족에서부터 하층 중간계급에 이르기까지 군복에 열광했고, 장교들의 습성을 흉내 내기를 즐겼다. 동시에 옷과 태도에 대한 이런 빅토리아적 번드르르함은, 간편한 의복을 입고 하이킹 클럽에 참여하며 삶의 낭만적 단순성을 갈망하는 수천 명의 독일 청년들에게 도전받았다.

역사가들은 일반적으로 독일의 문제가 압축적인 근대화 현상과 관련 있다는 점에 동의한다. 빌헬름 제국 시기에 독일은 매우 급격한 경제 변화와 기술 발전을 경험했다. 1890년에 독일인 절반 정도는 여전히 농업에 종사하고 있었다. 1890년대가 끝날 무렵, 불황도 지나가고 전례 없는 산업 호황이 시작되었다. 1914년에는 독일 노동력의 1/3만이 농지에서 일했다. 산업 분야에서의 경제적 기회에 이끌려 인구는 지속적으로 서부로, 농촌에서 도시 지역으로 향했다. 1870~1914년 200만 명의 독일인이 엘베강 동쪽의 농촌 지역에서 베를린과 서부 독일의 도심지에 정착하기 위해 이주했다.

직업과 지역의 변화와 더불어 정치 참여에 대한 요구가 더욱 확대된 것은 놀라운 일이 아니다. 그러나 이 지점에서 옛 지배 계급과 그들의 지지자들은 주저했다. 그들은 경제 분야에서 근대화를 추진하는 정책들을 수행했지만, 정치에서의 근대화는 거부했다. 황제는 많은 점에서 이러한 태도를 전형적으로 보여주었다. 빌헬름 2세는 산업노동자들의 사회적 문제에 대해 진심으로 염려했지만, 노동자들이 참정권을 더 요구했을 때는 그들을 "인간의 이름값을 하지 못하는 군중"이라고 불렀다.

예술과 문학 역시 시대의 모순을 반영했다. 공식 예술―국가의 사회 및 정치 지도자들과 학계가 승인한 예술 양식―은 속물적인 그림과 군대 영웅에 대한 과장된 도상을 선호했다. 그러나 점점 더 많은 화가와 조각가들이 프랑스 동료들의 예를 따라, 공식적으로 승인된 양식에서 '탈퇴'했다. 새로운 세대의 예술가들은 유사 사실주의나 감상적인 낭만주의 대신 표현주의와 인상주의를 선호했다. 마찬가지로 빌헬름 제국 시기의 건축도 건물 바깥의 가장 어울리지 않는 장소들에 스투코(치장벽토) 조각품을 두는 장식적인 스타일로 특징지어졌다. 실내 장식도 과장된 가구와 소품들이 특징이었다. 그러나 여기에서도 혁명의 조짐이 있었다. '유겐트슈틸Jugendstil'로 알려진 독일적 형식의 장식미술은 점차 도시의 풍광을 간결한 형식과 우아한 선으로 뒤덮었다.

문학의 발전도 마찬가지 길을 따라갔다. 영웅 소설과 익살극, 가벼운 시사 풍자극이 이를 환영하는 독자와 관객을 만났지만, 빌헬름 제국기의 사회를 매우 비판적으로 바라보는 사려 깊은 작품들 역시 인기를 끌었다. 게르하르트 하웁트만Gerhart Hauptmann의 사회적 사실주의 연극은 만석인 관객들 앞에서 상연되었고, 19세기 중간계급들의 속물성을 효과적이고도 깊이 있게 비판한 토마스 만Thomas Mann의 초기 소설도 거의 하룻밤 새에 베스트셀러가 되었다. 독일의 식자층 대부분은 프리드리히 니체Friedrich Nietzsche에게서 모든 경우에 활용 가능한 손쉬운 인용구를 얻었지만, 그 기저에 흐르는 이 철학자의 매서운 문화 비판적 메시지를 실제로 이해한 사람은 극소수였다.

빌헬름 제국 시기는 모순, 갈등, 혁신, 급격한 변화의 시기였다. 많은 독일인이 1890~1914년에 그들의 사회가 교차로에 있다는 것을 인지했지만, 대부분의 독일인은 근대화와 전통주의라는 양방향 모두를 원하고 있었다.

정당, 로비 단체, 애국 단체

빌헬름 제국 시기에 가장 처절했던 논쟁들은 정치 개혁 및 정치적 재구조화와 관련 있었다. 선거판의 세력이 인지할 수 있는 정도로 변화함에 따라 보수주의, 자유주의, 가톨릭 세력 그리고 사민주의, 이렇게 4개의 주요한 의회 그룹 사이에서 치열한 내적 자기 탐구가 시작되었다. 일반적으로 말해 독일이 좀 더 도시화되고 산업화해감에 따라 유권자들의 충성심은 정치적 스펙트럼의 왼쪽으로 이동했다. 가장 타격을 입은 쪽은 보수주의자들이었다. 두 개의 보수정당이 전통적인 기반이던 엘베강 동쪽 지역에서 여전히 지배적이었고, 프로이센의 삼계급 선거권 제도 덕분에 제국 내에서 가장 큰 국가를 완전히 쥐고 흔들 수 있었지만, 제국의회 선거에서는 연이어 패배했다. 1912년까지(1차대전 전 최후의 전국 선거가 있던 해였다) 보수주의자들은 전체 국민 중 10퍼센트의 지지를 얻을 정도로 세력이 축소되었다. 독일보수당은 제국의회에서 45석을 차지했을 뿐이고(1890년에는 73석이었다), 좀 더 온건한 사촌인 자유보수당은 20석에서 14석을 가진 정당으로 축소되었다.

대중의 지지가 줄어드는 것을 멈추려 노력했지만, 불행하게도 보수주의 지도자들은 그들의 정치 프로그램의 비타협성과 캠페인의 선동적인 측면만을 늘렸다. 스퇴커의 기독교 사회주의 운동과 1890년대 초에 혜성처럼 등장한 반유대주의 정당 무리와의 경쟁에서 이기려고 노력하는 가운데, 1892년 독일보수당은 티볼리 강령^{Tivoli Programm}이라는 새로운 선언문을 채택했다. 이 강령에서 독일보수당은 반유대주의를 받아들이면서, 의회주의와 사회민주주의는 독일의 국가 이익이나 정치적 성격과 양립 불가능하다며 거부했다.

어떤 의미에서 보수주의자들의 작전은 성공적이었다. 반유대주의 정당들은 생겨나자마자 곧장 사라졌다. 반유대주의 정당은 2.9퍼센트의 지지를 얻어 16명의 대표를 제국의회에 보냈던 1893년 선거에서 정점에 도달했다. 10년 후, 1880년대와 1890년대의 장기 불황이 명을 다하자 반유대주의 정당들은 연방의회에서 세 명의 대표를 가졌을 뿐이었

프로이센의 삼계급 선거권 제도에 대한 신랄한 논평. 유권자가 던진 표의 무게는 그의 부에 따라 결정되었다(출처: akg–images/Interfoto/Sammlung Rauch).

다. 그러나 반유대주의 정당들의 사망은 반유대주의의 몰락을 나타내는 것이 아니라, 반유대주의가 좀 더 효과적인 다른 형태의 조직으로 전파되었음을 의미했다. 그럼에도 불구하고 보수주의자들의 선동적인 전략으로도 선거에서 이 당의 몰락을 막을 수는 없었다.

자유주의 역시 정치적 쇠퇴로 어려움을 겪고 있었다. 두 자유주의 정당인 중도우파 성향의 민족자유당과 중도좌파인 진보당은 1890년 선거에서 118석을 확보했지만, 1912년 선거에서는 87석으로 축소되었다. 진보당은 불균형적인 쇠퇴를 경험했던 반면, 민족자유당은 전체 유권자 중 10퍼센트의 지지를 지속적으로 유지했다. 제국의회에서 민족자유당 단독으로 152석을 얻었던 1874년의 평온한 나날을 생각하면 엄청난 차이지만 말이다. 민족자유당은 현 상태를 유지해야 할지, 권위적인 현 상태에 대한 가능한 대안을 제공함으로써 선거에서 지지표를 늘려야 할지를 두고 분열했다. 그들은 이 딜레마를 해소할 수 없었다. 대신 내부의 강경한 두 분파는 점차 각자의 길을 찾아갔다.

민족자유당 소속의 제국의회 의원들과 프로이센 의회 의원들 간의 분열은 점차 커져갔다. 모든 민족자유당원들은 식민주의나 대*해군주의 같은 민족주의적 기치를 열광적으로 지지했다. 해군협회Flottenverein* 처럼 정부가 후원하는 광신적 애국주의 시도들에서도 민족자유당은 중추적 역할을 담당했다. 그러나 국내 정책에서는 서로 의견이 달랐다. 프로이센에서 민족자유당은 보수주의자들과 연대를 지속하면서 프로이센 선거제도의 변화를 거부하고 있었다. 그러나 제국의회에서 새로운 세대의 민족자유당 지도자들은 당이 권위주의 체제에 명운을 거는 것에 점차 회의했다. 미래에 당대표가 될 작센 출신의 젊은 법률가 구스타프 슈트레제만Gustav Stresemann을 비롯한 제국의회 의원 그룹은 1900년 청년자유주의그룹을 결성하고 당 지도부에 반동적인 보수주의자들과 맺고 있던 유대 관계를 청산하라고 촉구했다.

진보당은 일련의 당 분열로 혼란스러웠다. 통일된 진보당은 1910년까지 나타나지 못했고, 그 시점에서 내부의 공격으로 좌파 자유주의자들의 힘은 상당 부분 약화되었다. 게다가 진보당은 독일 정치의 미래와 관련하여 분열되어 있었다. 그들 대부분은 의회 권력이 증가하는 것과 프로이센 선거제도의 상당한 변화를 지지했고, 일부는 사민당을 금기시하던 장벽까지 기꺼이 없애고자 했다. 1912년 선거에서 몇몇 진보당 조직들은 사민당과 선거동맹을 맺어 진보당과 사민당 후보가 결선투표에서 서로 맞서지 않기로 했다(독일 선거법상 지역 선거에서 과반수를 획득하지 못할 경우 득표 1, 2등 후보가 결선투표에 나서도록 되어 있었다).

그러나 진보당에는 다른 면모도 있었다. 좌파 자유주의자들 역시 제국주의와 극우 민족주의적 심성에 사로잡혀 있었다. 민족자유당과 마

---

* 독일 전함 건조를 후원하던 민간단체.

찬가지로 진보당도 해군력 증강과 제국주의적 팽창을 열렬히 지지했다. 사민당을 독일의 정치 지형에 포함시키고자 노력했던 유명한 지도자 프리드리히 나우만Friedrich Naumann 역시 남동부 유럽에서 독일의 영향권을 확보할 필요가 있다고 선동하는 데 열심이었다.

가톨릭중앙당과 사민당은 정치적 성공 스토리를 보여주었다. 빌헬름 제국 시기 내내 모든 전국 선거에서 중앙당은 14~16퍼센트의 지지를 얻어 제국의회에서 100석이라는(전체의 20퍼센트) 견고한 블록을 형성했고, 그 결과 의회에서 다뤄지는 많은 이슈에서 중앙당의 표가 결정적인 경우가 많았다. 게다가 가톨릭 지도자들은 원외 조직들을 활용하여 유권자들 사이에서 여론을 조직했다. 1890년 창설된 거대한 속인 조직인 '가톨릭 독일을 위한 국민연맹Volksverein für das katholische Deutschland'은 교육과 교회 자율성 문제에 가톨릭 여론을 동원했다. 동시에 가톨릭 노동조합 운동도 확대되어 주로 서부 독일의 광산 및 금속 노동자들 사이에서 지지를 얻어냈다.

그러나 가톨릭 진영 내부에서 모든 것이 조화롭기만 한 것은 아니었다. 인구구조의 변화는 프로테스탄트보다도 가톨릭에 더 많은 영향을 미쳤고, 잠재적인 전체 가톨릭 유권자들 중 중앙당의 몫은 가톨릭교도들이 농촌에서 도시로 이주함에 따라 줄어들었다. 그 결과 중앙당의 사회적, 정치적 목표에 대한 논의가 강화되었다. 당의 전국적 지도자들은 제국의 프로테스탄트 권위주의 기득권 세력들이 점차 중앙당을 받아들인 것에 자부심을 느꼈고, 대체로 제국주의와 군국주의를 지지했다. 그러나 소수이긴 하지만 점점 더 많은 사람들이 '정부 주도주의governmentalism'의 대가가 너무 비싸다고 느꼈다. 점점 더 많은 수의 당내 좌파가 당을 떠났고, 그 결과 당이 선거에서 약화되었기 때문이다. 마티아스 에르츠베르거Matthias Erzberger(1903년 선거에서 처음 선출되었을 때 그는 28세였고, 제국의회 최연소 의원이었다)와 나중에 총리가 되는 요제프 비르트Joseph Wirth 같은 당의 몇몇 청년 지도자들은 적극적으로 사회 활동에 나서고, 독일의 권위적인 정치체제에 대한 개혁에 착수할 것을 중앙당에 촉구했다.

독일 사회의 급격한 변화는 다른 당내 논란들에 대한 토의도 이끌어 냈다. 독일 가톨릭교도를 위해 정치적 목소리를 내기로 한 결정은 불가피하게도 중앙당으로 하여금 독일 정당들 사이에서 영원한 소수자 지위에 머무르게 했다. 새로운 문화투쟁의 위험이 크지 않았던 가운데, 몇몇 당 지도자들은 중앙당이 '(가톨릭) 종탑을 떠나' 가톨릭과 프로테스탄트 유권자 모두에게 매력적인 정당이 되어야 한다고 주장했다. 그러나 중앙당 전국 지도부는 그러한 경로가 지나치게 위험하다며 단호하게 거부했다.

부르주아 정당들이 인기가 감소하거나 정체되는 것에 염려하고 있던 반면, 사민당은 승리에 승리를 거듭했다. 1890년 사민당은 35명의 대표를 제국의회에 보냈다. 22년 후 의회 구성원의 거의 1/4에 달하는 110명이 사민당원이었다. 이 숫자조차 독일 유권자들 사이에서 당의 인기를 완전히 드러내 보여주지는 못한다. 1912년에 유권자 3명 중 1명꼴로 사민당을 지지했지만, 1871년 이래로 선거구Districts의 경계를 재조정하는 데 실패하고 부르주아 정당들로 하여금 사민당에 맞서 그들의 힘을 결집할 수 있도록 했던 결선투표제의 요건으로 인해 사민당은 그에 상응하는 의석을 확보하지 못하고 있었던 것이다.

사민당의 문제는 투표함에서 성공하지 못했기 때문이 아니라, 당의 이데올로기적, 전략적 방향의 미래와 관련하여 내적인 분열이 가속화되고 있었던 데 있다. 1895년경에 이르면 마르크스와 엥겔스가 모두 사망하고, 따라서 당은 사상적 조상의 지도 없이 갈 길을 찾아야만 했다. 불황의 끝과 반사회주의자법의 시효 소멸은 사민당에 모순적인 결과를 가져왔다. 한편으로 사민당 유권자와 당원 수, 사회주의 노동조합의 힘은 점차 강해졌다. 동시에 1897년 이후의 호황기는 자본주의의 몰락이 임박하지 않았다는 사실을 분명히 보여주었다. 사민당은 본질적으로 발전한 자본주의 시대에 대중의 힘을 어떻게 이용할 것인지를 결정해야 했다.

자본주의와 당의 관계에 대한 투쟁은 결국 독일 마르크스주의가 사민당과 공산당으로 나뉘도록 했지만, 이러한 전개 과정은 아직 몇 년 후의 일이다. 마르크스주의 예언을 19세기 말의 실제적인 조건에 맞도록 적응시킬 필요에 대한 논란은 1898년 《사회주의의 가설과 사민주의의 임무Die Voraussetzung des Sozialismus und Aufgabe der Sozialdemokratie》라는 얇은 저서가 출간됨으로써 특별한 의도 없이 시작되었다. 저자는 전직 은행원이자 사민당 신문 편집인이던 48세의 에두아르트 베른슈타인Eduard Bernstein이었다. 엥겔스의 지적 재산의 집행인 중 한 사람이던 그는 마르크스주의를 쇄신하고자 했지만, 그 과정에서 계급투쟁과 변증법적 유물론 같은 이미 수용된 마르크스주의 개념들에 몇 가지 완전히 새로운 해석을 덧붙였다. 그럼에도 베른슈타인은 사회주의가 결국 인간 사회 발전의 최고 형태로서 종국에는 자본주의를 대체하리라는 믿음을 버린 적은 없다.

베른슈타인 논의의 요지는 사회주의로 가는 길은 혁명적이기보다는 점진적이리라는 것이었다. 그에 따라 사민당은 자본주의 맥락 안에서 노동자의 운명을 개선하기 위해 노력해야 하며, 증오를 받는 체제가 요절하기를 기대해서는 안 된다고 주장했다. 노동조합은 임금 인상과 노동조건 개선을 요구해야 하고, 당은 더 큰 정치적 민주주의를 낳을 개혁을 위해 일해야 했다. 이러한 목표를 위해 베른슈타인은 프롤레타리아트의 선거권을 활용하고 보다 개혁적인 부르주아 분파들과 결탁함으로써 의회주의의 전략적 가능성을 이용하도록 사민당에 촉구했다.

급격히 세를 불리던 사회주의 노동조합의 지도자들이 특히 베른슈타인의 분석을 환영했는데, 이는 그가 임금 인상과 노동시간 단축 등을 위한 노동계의 투쟁의 중요성을 강조했기 때문이다. 그러나 베른슈타인의 제안은 결국 '수정주의'로 명명되며 격렬한 반대를 불러일으켰다. 명민한 작가이자 수년 동안 사민당 당 관료 교육기관에서 가장 인기 있는 교사였던 **로자 룩셈부르크**Rosa Luxemburg가 주도하던 좌파 사회주의자들은 거의 모든 쟁점에서 베른슈타인과 불화했다. 룩셈부르크와 그 일파는 자본주의의 정점인 제국주의의 도래는 자본주의가 최후의 단계에 도달했음을 보여주며, 사민당원들은 프롤레타리아트로 하여금 자본주의와 공생하도록 할 것이 아니라 임박한 혁명을 위해 준비하도록 해야 한다고 주장했다. 빵과 버터의 이슈에 집중하기보다(이 문제들이 비록 단기적으로는 중요하겠지만) 노동조합은 총파업을 계획하고, 이를 통해 노동자들이 혁명의 역량을 획득하도록 해야 한다는 것이었다.

이러한 논의들의 논리적 결론은 수정주의자와 반수정주의자들의 불화로 당이 분열되는 것이었다. 그러나 양측 모두가 이를 피하고 싶어했으므로, 대부분의 사회주의 활동가들은 당의 세 번째 분파 주위에 결집했다. 중도파라고 불리던 이 그룹에는 사민당의 주요 이론가이던 카를 카우츠키Karl Kautsky뿐만 아니라 사민당에서 가장 연장자이면서 가장 존경받던 지도자 아우구스트 베벨이 있었다(카우츠키는 당의 공식 강령인 에르푸르트 강령Erfurter Programm의 이론적인 부분을 썼다. 베른슈타인은 당의 일상적인 전술에 대해 썼다. 그 결과 강령은 마르크스주의 혁명 수사학과 자본주의 맥락 내에서 개혁을 위한 전략적인 제안들 간의 모순적인 혼합물이 되었다). 중도파는 자본주의의 미래에 대한 예측 때문에 당이 가장 긴박한 당면 문제들을 다루는 데 나서지 못해서는 안 된다고 주장했다. 정치와 경제, 양 전선에서 사민당의 주장들을 내세울 강력한 노동계급의 조직을 형성할 필요가 그것이었다. 따라서 당 조직 자체가 주요 목표가 되었다.

수정주의자와 반대파의 이데올로기적 갈등은 1905년 전당대회에서 공식적인 갈등으로 비화했다. 좌파 급진주의자들은 총파업의 정치적 효용성에 대한 개념을 지지하도록 당이 공식적으로 나서자는 결의안을 제안했다. 그 제안은 (전통적으로 대규모 대표단을 사민당 전당대회에 보냈던) 노동조합이 반대했기 때문에 부결됐다. 1차대전까지 당의 공식적인 (그리고 모순적인) 강령은 1891년의 에르푸르트 강령이었다.

당의 반경 바깥에서 여론을 조직해내려는 노력은 특히 빌헬름 2세 통치기에 중요했다. 1890년대는 대중 로비의 시기로 묘사하면 잘 들어맞을 것이다. 사민당을 제외하면, 선거운동 시기를 제외하고 대개 휴면 상태에 있던 정당들의 효과에 만족하지 못한 중간계급의 경제적, 사회적 이익집단들이 자신들의 입장을 대변할 로비 조직을 만들었다.

원외 이익집단들이 독일 정치 발전에 끼친 영향은 평가하기 어렵다. 몇몇 역사가들은 지주동맹Bund der Landwirte과 해군협회 같은 단체들이 굉장히 중요한 시점에 독일의 정치적 근대화가 더 진행되는 것을 가로막는 데 결정적이었다고 주장한다. 다른 분석가들은 민족주의 조직들의 인기와 영향력을 과대평가하는 것에 대해 경고하면서, 해군협회 같은 가장 성공적인 민족주의 조직보다도 사민당에 훨씬 많은 독일인들이 가담했다고 지적한다. 보통 진실은 그 사이 어딘가에 있다. 원외 조직들은 정부 정책의 양상을 결정하지 않았지만 관세, 제국주의, 대해군주의 같은 몇몇 감정과 결부된 이슈들과 관련하여 중간계급과 상층계급의 여론을 조직화해냈다. 게다가 로비 그룹들은 정치적 근대화를 지연

아우구스트 베벨. 독일 사민당 정치가로 1840년 2월 22일 쾰른도이츠에서 출생했고, 1913년 8월 13일 스위스 파수크에서 사망했다. '거친 아우구스트'(제국의회에서 연설하고 있는 사민당의 불같은 지도자 아우구스트 베벨). G. 브란트의 만평(출처: 〈클라더라다치〉, 1903년, akg-images).

시키는 데 기여했는데, 중요한 로비 그룹들 모두가 프로이센−독일 전제주의를 선호했기 때문이다.

성공적인 원외 대중 동원 시도의 원형은 지주동맹이었다. 1893년 창설된 지주동맹은 카프리비Caprivi 정권의 자유주의적 농업 관세 정책에 맞서 효과적인 대중매체 홍보 캠페인에 나섰다. 지주동맹은 엘베강 동쪽 지주들이 창설하고 주도했지만, 보호관세에 대한 호소력으로 독일의 전체 농민들로부터 즉각적인 반응을 끌어냈고, 그 결과 급작스럽게 거대한 조직으로 성장했다. 1914년까지 30만 명의 회원이 있었다. 이 조직은 공식적으로는 초당파적이었지만 보수정당의 지도자들과 긴밀한 유대를 유지했다(정치적 입장의 관점에서 볼 때 놀라운 일은 아니다). 또한 그들의 지지자 중 일부를 정부 요직에 진입시키는 데 성공했다.

지주동맹은 다른 경제적 이해집단인 독일산업가중앙협회Centralverband deutscher Industrieller와도 연합했다. 불황이 끝난 이후에도 중공업이 경제의 정체된 부분으로 남는 것이 분명해지자, 독일 중공업 지도자들 역시 제국의 자유무역정책에 계속해서 반대했고, 외국으로부터의 수입에 대한 영원한 보호 조치를 고집했다. 빌헬름 제국 시기 말까지 보수적인 농업인들과 중공업 지도자들의 협력 관계는 소위 "철과 호밀의 결합"으로 잘 알려진 것처럼 공고하게 형성되었다.

지주동맹이 로비를 지배하던 농업과는 달리 독일 산업계는 단일한 목소리를 내지 못했다. 급속히 성장하는 전기, 화학, 은행업계의 경우 외국과의 경쟁에 대해 두려워할 필요가 없었다. 반대로 그들은 수출을 용이하게 하는 자유무역정책으로부터 이익을 얻었다. 게다가 그들은 다수의 숙련 노동자를 고용해야 하는 산업에서 주요한 비용 요소인 임금과 더불어 소비자 가격을 높일 농업 관세에 대해 반대했다. 성장 지향적이던 이들 산업계는 정체된 농업계와 중공업 분야가 불균형적으로 거대한 정치권력을 보유하도록 허용하던 권위주의 체제를 수정하자는 정치적 입장을 보였다. 1909년 독일 주요 은행의 대표자들은 전기와 화학 산업 분야 지도자들과 더불어 지주동맹의 라이벌이 되는 한자동맹Hansabund을 결성했다. 지주동맹이나 독일산업가중앙협회와는 달리 한자동맹은 상대적으로 자유무역정책을 지지했고, 프로이센의 삼계급 선거권 제도의 수정을 요구했다. 한자동맹의 몇몇 지도자들은 사민당의 온건 분파들을 독일의 사회정치적 체계에 포함시키고자 조심스레 노력하기도 했다.

정치와 경제의 가장 공격적인 결합은 1차대전 발발 전 10년 사이에 있었다. 1904년 사회주의 노동조합의 구성원이 점증하고 사민당이 선거에서 성공하는 데 놀란 지주동맹, 독일산업가중앙협회, 소상공인협회Mittelstandsvereinigung는 '반사민주의전국협회Reichsverband gegen die Sozialdemokratie'라는 조직을 만들어 홍보 활동을 시작했다. 또 9년 후에는 같은 그룹이 생산자계층카르텔Kartell der schaffenden Stände이라는 새로운 부르주아 통합 정치조직을 만들기 위해 노력했다. 카르텔의 프로그램은 제국의회의 권력을 축소하고 노동조합 활동에 제한을 가하는 요구를 담고 있었다. 또한 노동권법right-to-work law을 요구했는데, 이는 전국적인 단체협상을 금지하는 법의 후속 조치로서 새로운 형태의 반사회주의 조치였다.

상공인들의 로비 활동 대부분은 독일 노동조합의 세력이 강해지면서 생겨난 것으로, 시장에서의 세력 변화에 대한 반응이었다. 호황기에 조직적 노동 세력은 구성원 측면에서나 투지 측면에서나 급격히 향상되었다. 1890~1914년에 독일 노동조합 구성원은 전체적으로 볼 때 35만 7,000명에서 250만 명으로 증가했다. 가장 크게 세를 불린 것은 사회주의 노동운동 세력이었다. 24년 동안 거의 7배 증가했다. 1890년 27만 8,000명에서 1914년엔 210만 명으로 증가한 것이다. 사회주의 노동조합은 그들의 조직 구조 역시도 능률화했다. 1890년 그들은 일반위원회Generalkommission라는 보다 새로운 통합 조직을 결성했다. 이는 그때까지 거의 자치적이던 다양한 형태의 직인 조합들 간의 조직과 협력을 향상하기 위해 고안되었다. 가톨릭과 자유주의 노동운동 세력들은 이 위원회에 가입하지 않았지만, 그렇다고 해서 사용자들이 그로 인해 크게 위안을 얻지는 못했다. 파업 시기의 많은 쓰라린 경험들이 보여주듯이, 노동운동 세 날개의 모든 노동자들은 사용자로부터 양보를 얻어내기 위해 빈번히 협력했다.

다양한 비즈니스 로비 그룹들은 많은 정치적, 경제적 이슈에서 서로 입장이 달랐지만, 독일의 제국주의적 야심을 지지한다는 점에서는 합심한 상태였다. 앞으로 살펴보겠지만, 제국의 권위적인 지도자들은 식민지를 얻고 해군력을 확충하는 데 대한 광범위한 열광을 열심히 활용하여, 정치적, 헌정적 변화에 대한 요구를 중화하고, 정부 정책에 대한 공동의 지지 전선을 창출하고자 했다.

제국주의에 대한 열광은 대개의 경우 빌헬름 제국 시기 가장 영향력 있던 초超경제적 로비 그룹인 식민협회Kolonialverein와 특히 해군협회의 성공에서 비롯되었다. 1897년 설립된 해군협회는 참으로 '근대적인' 로비 단체였다. 전통적인 군국주의가 프로이센 군대에 열광했다면, 해군협회는 프로이센 중심이 아니라 전체 독일을 중심으로 하는 군사력의 한 분야를 위해 로비했다. 또한 해군협회는 특히 몇 가지 빌헬름 제국적인 가치들을 표방했다. 이 단체는 '양지에 있는 자리'에 대한 독일의 갈망을 공공연히 찬양했다. 주요한 제국주의적, 산업적 강국으로서 독일제국은 해외무역과 식민지를 보호하기 위해 강한 해군력을 필요로 한다는 것이었다. 해군을 찬양하는 것은 급속한 산업화와도 잘 들어맞았다. 해군이 독일 기술과 산업의 우월성을 전형적으로 보여주기 때문이었다.

해군협회를 설립하고자 하는 동인은 정부로부터 나왔다. 처음부터 이 조직의 숨은 동력은 국가해군청 수장이던 알프레트 폰 티르피츠Alfred von Tirpitz였다. 그는 해군이야말로 1871년 이후 슬프게도 사그라들던 애국적 감성을 재점화할 불꽃이라고 확신했다. 해군에 대한 열광은 정부 정책을 지지하도록 하고, 티르피츠가 주기적으로 의회에 제출해온 해군력 증강안을 제국의회가 통과시키도록 견인할 압력을 만들어낼 것이었다. 제독은 근대사회에서 군산복합체가 가지는 중요성을 인지한 최초의 사람들 중 하나였다. 해군협회는 개인 회원과 기업 회원을 모두 추구했지만, 주로 기업의 기부를 통해 재정 지원을 얻었다.

일단 설립되자 조직은 빠르게 성공을 거두었다. 몇 년 안에 10만 명이상의 회원을 갖게 되었다. 해군협회는 공식적인 후원을 통해 많은 공동체에서 사회 활동 및 단체 활동의 일부가 되었다. 많은 지역 지부에서 상급 학교 교사들이 총무로 봉사했다. 협회는 해군 장교들이 멀리 떨어진 장소들을 다니며 대중 강연을 하는 것에서부터 편파적인 교재들을 공립학교에 제공하는 것에 이르는 야심 찬 홍보 프로그램을 운영했다.

해군협회가 민족주의 선동이라는 기름진 밭을 가는 유일한 원외 조직은 아니었다. 범게르만협회Alldeutscher Verein는 무대 뒤에서 영향력이 있었다. 범게르만협회를 주도하던 인물은 프로이센 법무부의 전 관료였던 하인리히 클라스Heinrich Class였다. 1912년 그는 필명을 사용하여 '내가 황제라면'이라는 도발적인 제목의 팸플릿을 발행했는데, 이 글에서 그는 국내 정치에서는 민주주의와 '유대인의 영향력'을 축소하고, 대외적으로는 독일의 국력을 신장할 것을 빌헬름 2세에게 요구했다. 범게르만협회는 제국이 해외 영토를 더 공격적으로 획득해야 한다고 주장했고, 아울러 오스트리아─헝가리 제국의 독일어권을 병합하기를 원했다. 그러나 그와 같은 대중적 활동이 범게르만협회의 주요한 활동은 아니었다. 클라스는 제국 산업계, 군부, 정치 지도자들의 관점에 영향을 미치기 위해 비밀리에 활동할 것을 강조했다. 하지만 그는 자신의 설득력을 과대평가하는 경향이 있었고, 범게르만협회 프로그램은 결코 독일 정부의 정책이 되지 못했다. 비록 황제의 개인적인 참모들과 보수당 지도자들뿐만 아니라 황제 자신도 거친 반유대주의를 포함하고 있는 범게르만협회의 기본 프로그램에 동조하고 있었지만 말이다.

정치적 이슈와 인물들

빌헬름 제국 시기의 정치는 여타의 근대사회와 마찬가지로 조직과 이슈와 개인들의 산물이었다. 제국과 프로이센 내각의 구성원들, 프로이센 작전참모장들, 각 연방 구성국 정부의 주도적인 행정가들과 황제의 몇몇 개인적인 고문들이 제국에서 의사 결정권을 가진 과두 체제를 구성하고 있었다. 그것은 아주 작은 그룹이었다. 또한 정치적으로나 사회적으로 매우 동질적인 그룹으로서 가문이나 교육 배경을 공유하고 있었다. 제국에서 거의 모든 주도적인 남성들이, 비록 극소수만이 엄밀한 의미에서 융커였지만, 귀족의 칭호를 가지고 있었다. 대개의 경우 총리들과 참모장들, 그리고 내각 관료들은 엘베강 서쪽이나 심지어 독일 바깥에 뿌리를 두고 있었다. 불행하게도 하나의 집단으로서 독일 지도자들의 과두제는 농경사회의 유산, 협소한 사회적 시야, 전통적인 교육, 보수적인 정치관으로 인해 나라를 20세기로 인도할 자질을 갖추지 못하고 있었다.

호칭상으로나 상징적으로나 이 소규모 의사 결정권자 그룹의 지도자는 그 시대에 자신의 이름을 부여한 빌헬름 2세였다. 그가 살던 시대와 마찬가지로 그 역시 대조의 완벽한 예였다. 왼팔을 쓸 수 없는 육체적 장애를 안고 태어난 그는 기대 이상의 성공을 거둔 사람으로서, 나약함, 거만함, 편협함, 매력, 기민함, 자제력 결여를 동시에 개인적 특성으로 가진 인물이었다. 그는 지속적인 강화 기제가 필요한 사람이었다. 비스마르크는 빌헬름을 일컬어 "생애 내내 매일 생일 파티를 원하는" 사람이라고 했다.

황제는 자신의 견해에 확신하지 못하고 대중이나 동료들의 승인에 안달했으면서도, 스스로 정치나 인기에 대한 고려에 구애받지 않고 자신의 길을 가는 지도자라고 주장했다. 그가 친구와 협조자로서 정직한 조언자보다 아첨꾼을 선택했다는 것은 전혀 놀랍지 않은 일이다. 낭만적이고 감수성 있는 귀족인 필리프 추 오일렌부르크Philipp zu Eulenburg 백작, 썩 좋지 않은 장군이던 알프레트 폰 발더제^{Alfred von Waldersee}, 카를 페르디난트 폰 슈툼할베르크^{Carl Ferdinand von Stumm-Halberg} 남작이 그들이다. 하지만 황제에게는 다른 면도 있었다. 황제의 오랜 친구들 중에는 성공적인 해운회사 함부르크–아메리카 라인^{Hamburg-America Line}의 유대인 사장이던, 의심할 바 없이 진실한 성격의 알베르트 발린^{Albert Ballin}도 있었다.

비스마르크가 만든 헌법의 조건에 따라 황제는 세 층으로 구성된 행정을 총괄했다. 군사와 민사 업무를 관장하는 추밀원 외에도 제국 총리와 장관을 임명했고, 프로이센 왕으로서 프로이센 총리와 프로이센 내각의 다른 각료들을 임명했다(1892~1894년을 제외하고 빌헬름 제국의 총리들은 프로이센 총리를 겸했다). 헌법상으로 이와 같은 관직의 임명은 의회의 승인을 받지 않았다. 비록 제국의 내각과 프로이센 내각이 예산 승인을 위해 각각의 입법부를 상대하긴 했지만 말이다. 실제로 행정부의 파트너로서 제국의회의 역할은 빌헬름 시기 내내 확대되었다. 제국 행정부는 엄청난 공적 반대에 굴복하여 의회에 동조하는 걸 원치 않았기 때문에, 대개의 주요한 이슈들과 관련하여 의회 내 동맹 세력을 얻기 위해 열심히 노력했다.

그러나 '의회 권위주의' 체계라는 구속 안에서 잘 활동할 수 있는 정부 지도자를 찾는 것이 쉬운 일은 아니었다. 제국의회 수장으로서 총리들은 점차 좌파로 기울어가는 제국의회와 화합하기를 요구받았다. 하지만 그들은 프로이센 총리로서 프로이센 의회의 보수파 다수와도 좋은 관계를 유지해야 했다. 이러한 분열로도 어려움이 충분치 않았다면, 그들은 황제의 과대망상적 자아를 지속적으로 보살펴야 했다. 사실 이런 일들을 상당 기간 해낼 수 있는 사람은 거의 없었다. 결국 이러한 모순적 요구들로 인해 빌헬름 제국 시기 내내 총리들은 상대적으로 단명할 수밖에 없었다.

1890~1894년의 총리는 레오 폰 카프리비Leo von Caprivi로, 직업군인이던 그는 정치적 재능을 타고났음을 보여주어 모두를 놀라게 했다. 임명되던 당시 59세였던 카프리비는 전임자에 비하면 사실상 젊은이나 다름없었다. 그러나 그의 경제정책은 보수주의 반대파와 충돌했고, 4년 후 75세의 바이에른 귀족 클로트비히 추 호엔로에실링스퓌르스트Chlodwig zu Hohenlohe-Schillingsfürst가 그 뒤를 이었다. 그는 고령으로 인해 직무의 부담을 감당해내기가 매우 어려웠다. 게다가 호엔로에는 제국이나 프로이센 문제들에 문외한이었다. 경력 대부분의 시기에 그는 바이에른 정치에 몰두해 있었고, 베를린으로 오기 전에는 알자스-로렌 주지사였다. 원래 황제와 그의 참모 필리프 추 오일렌부르크는 새로운 총리를 자신들이 카프리비의 이상적 후계자로 여기던 베른하르트 폰 뷜로Bernhard von Bülow를 임명하기 전의 이행기 지도자로서 생각했다. 하지만 호엔로에 시기는 예상했던 것보다 오래갔는데, 이는 주로 총리가 사임하기를 거부했고, 황제도 노골적인 해고가 야기할지도 모르는 정치적 위기에 직면하기를 원하지 않았기 때문이다.

1900년, 빌헬름 2세가 "베른하르트가 도착했고, 나는 모든 것이 잘되고 있다는 것을 안다"고 공표했다. 사실 오랫동안 모든 것이 별로 좋지 않았다. 새로운 총리인 베른하르트 폰 뷜로는 51세였고, 자기 인생의 황금기에 있었다. 그는 매력적인 태도와 외국어 능력, 아첨하는 언사로 빌헬름 황제를 구워삶는 데 특별한 재능이 있었다. 그러나 그는 직업 이력의 전부를 독일 외무부에서 보냈고, 의회나 국내 정치를 다룬 경험이 없었다. 1906년 뷜로가 제국 식민부의 몇몇 스캔들에 대한 의회 조사를 막을 수 없음이 판명 났을 때, 황제와 총신의 관계는 악화되었고, 3년 후 뷜로가 세제 개혁안에 대한 제국의회의 승인을 얻지 못했을 때,

빌헬름 2세가 프로이센 군대의 통수권자로서 포즈를 취하고 있다. 1912년 사진(출처: Library of Congress).

황제는 총리를 해고할 더없이 좋은 기회로 이를 활용했다.

뷜로의 후임자로 황제가 선택한 인물은 유능하지만 색깔이 뚜렷하지 않은 프로이센 관료 테오발트 폰 베트만홀베크Theobald von Bethmann-Hollweg였다. 이 새로운 총리는 프로이센 공무원 사회에서 직업 경력의 대부분을 보내다가, 1906년 내무부 장관으로 승진했다. 그는 뷜로와 달리 유능한 행정 관료였고, 국내 정치 문제들과도 친숙했다. 하지만 외교 무대 경험은 없었는데, 이는 국제적 긴장이 고조되던 시점에서 치명적 약점이었다.

빌헬름 제국 시기 군부의 중요성을 감안해서, 프로이센 군대의 수장은 엄청난 영향력과 권력을 누렸다. 여기서도 빌헬름 제국 동안의 현실이 비스마르크 시대의 실상과 선명한 차이를 보였다. 빌헬름 2세는 1888년 황제가 되었을 때, 1860년대 프로이센의 헌정 위기 이래로 참모총장이던 헬무트 폰 몰트케Helmuth von Moltke 장군을 59세의 알프레트 폰 발더제 장군으로 바꾸었다. 두 사람의 차이는 컸다. 연령과 복무 기간의 측면에서만 그런 것이 아니었다. 영민하던 몰트케와 달리 발더제는 여러모로 썩 좋지 않은 재능을 가졌을 뿐이었다. 몰트케가 뚱하고 냉담했다면 발더제는 정치적 음모를 즐기고 그의 베를린 자택에서 사치스러운 파티를 주관하기를 즐겼다(이런 파티는 프로이센 장교의 박봉으로는 불가능했지만, 발더제는 미국인 상속녀와 결혼하는 선견지명이 있었다).

불행하게도 발더제는 이러한 사회적 능력으로도 군사적 능력 부족을 만회할 수 없었다. 2년 동안 임무를 담당한 후, 그는 계속해서 황제의 측근 중 하나로 남기는 했지만, 경질되었다. 발더제의 후임은 몰트케와 판박이였다. 알프레트 폰 슐리펜Alfred von Schlieffen 장군은 1892년 59세였는데, 오랜 기간의 참모 경력을 가진 탁월한 전략가였다. 발더제와 달리 그는 정치와 군대가 뒤섞여서는 안 된다고 여겼는데, 좀 더 정확히 말해 정치적 고려란 언제나 군사작전과 계획에 종속되어야 한다고 보았다.

슐리펜은 1906년 은퇴했고, 황제는 의심할 나위 없이 역사가 반복되길 바라면서, 또 다른 몰트케를 다음 참모총장으로 선택했다. 좀 더 젊은 헬무트 폰 몰트케(그는 임명 당시 58세였다)는 같은 이름을 가진 '위대한' 몰트케의 조카였다. 하지만 불행하게도 그는 삼촌의 재능은 물려받지 못했다. 평범한 재능의 몰트케는 1차대전 시기에 지도력을 시험받았을 때 완전히 패배했다. 그는 전쟁이 발발한 지 1년 만에 사임했다.

빌헬름 제국 시기 전반을 관통했던 것은 여러 특수한 정치적 논쟁거리였고, 그 모두는 하나의 근본적인 문제와 관련되어 있었다. 그것은 제국이 전통적인 농경사회에서 산업과 도시적인 생활양식이 지배하는 사회로 이행할 때 정치권력을 재분배하는 문제였다. 확실히, 그 문제가 무신경하게 언급되는 경우는 거의 없었다. 대신 권력의 근본적인 문제에 대한 논의는 정치철학과 가치들에 대한 고결한 논의로 등장하는 경향이 있었다.

먼저 '연방의 문제' 혹은 더 정확히 말해, 제국과 그 안의 가장 큰 나라인 프로이센의 관계가 있었다. 20년 전, 비스마르크는 프로이센에 의해 지배되는 통일 제국을 만들었고, 프로이센은 엘베강 동쪽 융커들의 정치적 무대가 되었다. 하지만 1890년까지 융커들은 뚜렷하게 경제적 몰락과 정치적 고립을 향해가고 있었다. 이 그룹이 프로이센을 계속해서 지배해야 할 것인가, 만일 그렇다면 프로이센은 제국 관련 일들에 대한 헤게모니를 계속 행사해야 할 것인가? 이 정당한 질문에 대한 융커들의 대답은 온전히 '예스'였지만, 그로 인해 이 문제가 해결되지는 않았다.

제국 내 각 구성국과 제국의 지배권을 둘러싼 갈등에서 프로이센 지도층에게 정치적 자산이 없지는 않았다. 황제는 제국의 과거와 미래의 위대함에 프로이센의 전제주의가 핵심적이라는 그들의 주장에 동의했다. 프로이센 왕으로서 빌헬름은 다수의 프로이센 핵심 직책들에 잘 알려진 보수주의자들을 임명했다. 1894~1895년에 내무부 장관이었던 에른스트 폰 쾰러Ernst von Köller는 프로이센 공무원들에 대한 반동적인 인사정책과 사회주의자들에 적대적인 법률을 부활시키려고 노력한 탓에 증오의 대상이었다. 이와 마찬가지로 필리프 추 오일렌부르크의 사촌이자 1892~1894년에 총리를 지낸 보토 추 오일렌부르크Botho zu Eulenburg는 프로이센에서 보수주의자들의 권력 독점을 유지하고자 했다. 구체적으로 그는 가톨릭중앙당과 보다 협력을 강화하려는 노력들을 독단적으로 사보타주했다. 프로이센 농업부는 사실상 지주동맹의 지부가 되었다. 1890년대 거의 대부분의 기간 동안 장관이던 에른스트 폰 하머슈타인록스텐Ernst von Hammerstein-Loxten 남작은 그의 후계자이던 쇼르레머리저Schorlemer-Lieser 남작과 마찬가지로 내각에 임명되기 전에 지주동맹에서 적극적으로 활동한 인물이었다. 독일산업가중앙협회 역시 프로이센 내각 테이블에서 어떻게든 자신들의 목소리가 들릴 수 있도록 노력했다. 무역부 장관이던 루트비히 브레펠트Ludwig Brefeld는 산업가들의 로비 그룹과 긴밀한 관계를 가진 인물이었다.

그러나 프로이센 내정 문제는 연방 이슈의 한 측면에 불과할 뿐이었다. 제국과 프로이센의 상호작용도 중요했다. 자신만의 길을 가겠다는 빌헬름의 허풍에도 불구하고 그는 프로이센을 제국의회의 정치적 압력으로부터 분리할 수도, 장기적으로 프로이센의 전제적인 방식을 제국 전역에 관철할 수도 없다는 사실을 잘 알고 있었다. 가령, 프로이센의 반사회주의자법 개정을 위한 쾰러의 계획은 제국의회에서 통과될 가능성이 거의 없다는 사실이 분명해졌을 때 보류되었다. 독일의 정치적 스펙트럼의 축이 향후 24년간 점점 더 좌경화되자, 프로이센은 정치적으로 점점 더 고립되었고, 프로이센의 지배층과 나머지 구성국 사이의 관계도 점점 더 경직되었다. 불행하게도, 이러한 양상은 프로이센의 정치 지도자들로 하여금 어떤 희생을 치르고라도 프로이센에 대한 자신들의 통제를 유지하겠다는 결심을 굳히게 했다.

여러 이슈들이 제국과 프로이센의 관계와 결부되었지만, 1890년 이후 정치적 논쟁은 변화하는 프로이센-독일의 권위주의에 대한 열쇠로서 대체로 프로이센 선거권 제도 개혁에 집중되었다. 타당한 일이었다. 삼계급 선거권 제도는 융커와 그들의 동맹자들로 하여금 제국의회에서 3/5 정도의 정치적 통제권을 가능하게 했다. 제국의회에서는 이미 적용되는 남성 보통선거권의 원칙이 프로이센에서도 관철된다면 프로이센에서 보수주의자들의 지배는 종식될 터였다. 선거 이슈를 둘러싼 양극화는 1900년까지 사실상 완성되었다. 독일진보당과 사민당, 일부 민족자유당과 중앙당 지도자들은 프로이센에서 큰 변화를 요구하고 나섰다.

반면 지주동맹과 중공업의 대변자들뿐만 아니라 보수당과 대부분의 민족자유당, 그리고 대다수 프로이센 중앙당의 지도자들은 프로이센 선거제도가 변화하지 않은 채로 유지되어야 한다고 주장했다. 실제로, 그들은 진짜 문제는 전국 선거에서 실행되고 있는 남성 보통선거제라고 주장했다. 그들은 재산 제한 요건이 모든 연방 구성국의 선거와 연방 선거의 투표권을 위한 요건이 되어야 하거나, 비스마르크가 시도해보고자 했던 계획인 경제적인 이익집단들에 의해 선출되는 대표자들로 구성되는 의회가 제국의회를 대신해야 한다고 주장했다. 황제와 그의 조언자들은 대체로 정치적 근대화의 시계가 되돌려질 수 없다는 사실을 인식하기는 했다. 그들은 프로이센 보수주의자들의 비타협적인 태

도와 다른 대다수 독일인들의 변화에 대한 요구 사이에서 조심스럽게
―지나치게 조심스럽게―자신들의 길을 가기 위해 노력했다.

프로이센 총리였던 뷜로와 베트만홀베크는 선거법 개혁안을 프로이
센 의회에 상정했다. 이 제안서들은 삼계급 선거권의 폐지를 구상하고
있지 않았지만, 표심과 1851년에 만들어진 제도를 통해 실제 선출된
의회 대표자 사이의 비대칭 중 가장 심각한 일부를 완화할 것이었다.
그러나 이러한 시도들조차 모두 실패로 돌아갔다. 1918년까지 보수당
과 대부분의 민족자유당, 그리고 프로이센 입법부의 중앙당 대표들은
선거법 개혁을 실현할 모든 종류의 노력을 지속적으로 부결했다. 빌헬
름 자신은 프로이센 보수주의자들을 상대로 자신의 의사를 관철하는
데 왕으로서의 권력을 활용하고자 하지 않았다. 그 결과 프로이센에서
정치적으로 지배적인 집단들과 독일 전체 여론의 간극은 점점 더 벌어
졌다. 1914년까지 독일을 통일한 프로이센은 점차 자신의 창조물인 독
일제국으로부터 고립되기에 이르렀다.

또 다른 문제는 연방정부의 제안들과 관련하여 제국의회의 지원을
얻을 필요성이었다. 이 목표를 달성하기 위한 두 가지 방법이 있었다.
정부가 통과시키기를 원하는 개별 법안들을 위해 '부동층 다수'와 공조
하거나, 정부의 기본적인 정책 목표에 동조하여 행정부를 지지하는 정
당들과 장기적인 동맹관계를 만들어내기 위해 노력하는 것이었다. 제
국 내각의 관점에서 볼 경우, 행정부와 입법부의 관계에서 장기적인 안
정성을 약속하는 것이었기에, 후자가 확실히 선호할 만한 방식이었다.
그러나 이 길에는 중요한 난관이 도사리고 있었다. 사민당과 중앙당 좌
파가 점점 힘을 얻어감에 따라, 권위주의적인 현 상태를 하나의 정치철
학으로 지지하는 의원 블록의 규모가 점점 줄고 있다는 점이었다.

그럼에도, 제국정부는 제국의회에서 행정부를 지지하는 '정당들의

카르텔'을 형성하고자 노력했다. 그러나 그러한 정치적인 카르텔의 구성원을 둘러싸고 주요한 견해차가 나타났다. '결집정책Sammlungspolitik'이라 불리는 특수한 형태의 카르텔의 추진력은 1890년부터 1901년까지 프로이센 재무부 장관을 지낸 요하네스 폰 미크벨Johannes von Miquel에게서 나왔다. 민족자유당에서 보수당으로 전향한 미크벨은 1878년 이후 비스마르크 통치의 파트너였던 보수당과 민족자유당의 동맹 부활을 계속해서 지지했다. 결합이 보호관세, 제국주의, 대해군주의를 지지하고, 프로이센 개혁에 대해 격렬하게 반대할 것이라 기대할 수 있기 때문이었다.

그러나 미크벨의 시나리오는 중요한 결함을 내포하고 있었다. 보수당—민족자유당 동맹은 제국의회에서 소수파—그 당시 힘을 잃어가던 분파—를 대변할 뿐이었다. 이러한 이유로 카프리비 같은 기민한 정치가들은 중앙당, 한 걸음 더 나아가 바라기로는 진보당까지 포함하지 않는 한, 미크벨의 결집정책을 거부했다. 그러한 동맹은 여전히 제국주의는 지지했으나, 보수주의 의제에 속하는 다른 이슈들은 반대했다. 진보당은 보호관세에 반대했고, 헌정 개혁을 요구했다. 중앙당은 정부가 가톨릭이나 사회주의자들을 탄압하는 법을 재제정할 것을 고집하는 한 카르텔에 참여하기를 거부했다.

카프리비는 진보당과 중앙당과의 협력을 위해 비싼 대가를 지불할 의향이 있었지만, 보수주의자들은 그렇지 않다. 1892년 총리가 중앙당을 향한 우호적인 몸짓으로 공립 초등학교들에 대한 교회의 통제를 복원하고자 했을 때, 보수주의자들은 동부 독일의 '민족성 갈등Nationality struggle'과 관련하여 이 법안이 가지게 될 함의에 맞서 저항했다. 초등학교에 대한 교회의 통제는 압도적으로 폴란드 인구 비율이 높은 엘베강 동쪽 지역에서 폴란드 가톨릭 사제들이 프로이센의 공립학교를 담당함을 의미했다. 이 논쟁은 정치적으로 생명력 있는 카르텔을 '결집시키는 것'이 가지는 어려움을 입증했다. 학교 법안에 대한 보수주의자들의 반대는 카프리비가 프로이센 총리직에서 물러나기로 결심한 주요한 요소가 되었다.

호엔로에와 그의 후임자들은 1878년 동맹을 부활시키는 것이 불가능함을 인지하고 있었다. 점차 제국정부는 제국의회에서 지지의 중심축으로서 중앙당에 의지했다. 그 결과, 제국 내각은 제국주의 정책에서 압도적인 지지를, 보호관세 문제에 대해 일정한 지지를 기대할 수 있었지만, 입헌 시계를 뒤로 돌리려는 계획에 대한 지지는 기대할 수 없다. 오히려 중앙당 좌파 세력이 점차 증가하고 있다는 것이 1906년과 1908년에 드러나는데, 가톨릭 세력이 정부의 권력 남용에 대한 제국의회 청문회를 밀어붙여 제국 행정부를 몹시 당황하게 한 것이다. 게리맨더링과 매스컴 총동원 작전을 통해 1907년 선거에서 1878년 카르텔을 복원하려 했던 뷜로의 분노에 찬 시도는 장기적인 효과를 갖지 못했다.

베트만홀베크는 전임자의 실수로부터 교훈을 얻었다. 그는 의회 수준에서 보수당-민족자유당 동맹을 포기했고, 대신 모든 부르주아 정당들의 동맹을 구성하고자 노력했다. 그러나 이 동맹은 스스로 분열하는 집이기도 했다. 부르주아 그룹이 완벽하게 동의할 수 있는 문제는 강력한 방위와 제국주의적 적극성에 대한 필요뿐이었다. 대부분의 국내적 쟁점들에 대해 진보당, 보수당, 중앙당 일부의 견해는 자주 판이하게 달랐다.

1914년까지 '카르텔을 결집하려는' 시도는 대개 실패했다. 더 정확하게는, 방위와 제국주의 문제에 대해서만 성공적이었다. 그것은 빌헬름 제국 외교에서 국내 정치의 우위로 알려진 것의 본질이었다. 제국의 글로벌 정책 수행은 대개 제국의 국내 권위주의에 대한 지지를 유지하기

베른하르트 폰 뷜로 경(1849~1929년). 막스 리버만의 1917년 작(출처: 함부르크 쿤스트할레, 독일 © DACS/The Bridgeman Art Library International).

위한 의사 결정자들의 노력이었다. 황제와 과두 지배층은 좌파에 정치적으로 개방적인 태도를 취하는 데 동의하지 않았고, 총리들은 국내 안정을 유지하기 위한 토대로서 적극적이고 공세적인 외교정책을 활용하는 것 외에 선택지가 없다고 느꼈다.

안정적인 동맹을 구성하는 길을 가로막는 장애물 중 하나는 사회개혁과 사민주의자들에 대한 새로운 억압을 연결시키려는 노력이었다. 왕좌에 오른 지 얼마 지나지 않아, 스스로를 근대적이나 가부장적인 통치자로 생각한 빌헬름 2세는 그가 사회정책에서 신항로Neuer Kurs라고 부른 것에 착수했다. 이 표어 아래 정부는 국가 중재 재판소, 공장 안전 점검 및 여성과 아동의 최대 노동시간을 통제하는 법률 개선안을 제안했다(제국의회는 이를 통과시켰다).

신항로정책은 정치적 목표도 갖고 있었다. 그의 조부처럼, 빌헬름은 노동자들의 생활 개선을 통해 그들이 사민당에 대한 지지를 버릴 수 있기를 기대했다. 산업노동자들이 호의로 매수될 수 없다는 것이 다시금 분명해졌을 때, 황제는 제국 내각으로 하여금 제국의회에 일련의 국가 전복 활동 방지 법안을 제출할 것을 명령했다. 하지만 이는 부질없는 시도였다. 제국의회의 다수는 1899년 정부가 최종적으로 이러한 탐색을 포기할 때까지, 이 모든 제안을 부결했다.

전복 활동 방지 법안과 관련해 제국의회 다수파의 방해를 받자, 오일렌부르크를 비롯한 빌헬름의 조언자 중 일부는 제국의회 헌법을 강제적으로 개정하여 의회를 통제할 더 강력한 권한을 황제에게 부여하는 안을 만지작거렸다. 빌헬름은 그러한 시나리오에 우쭐해했지만, 어떤 보나파르트적 쿠데타도 정치적으로 실행할 수 없다는 점 역시 인지하고 있었다. 절대 다수의 대중 여론이 제국 헌법을 개정하는 데 반대할 뿐 아니라, 연방 구성국의 통치자들 가운데 황제의 지지 세력조차 이에 반대하는 상황이었다.

급변하는 사회에서 예상되는 것처럼, 세제 개혁은 국내 논쟁에서 또 다른 주요 쟁점이었다. 다른 많은 산업화 과정의 국가들처럼 독일도 사적 부와 공적 빈곤의 문제를 안고 있었다. 1차대전 전의 프로이센 세수 대부분이 국영철도 수익에서 창출되는 가운데, 연방 구성국의 운영은 재산세와 국영기업으로부터의 수입으로 지탱되었다. 그에 반해 연방정부와 지자체는 점차 증가하는 그들의 과업을 재정적으로 뒷받침하기에 합당한 세수 기반이 없었다. 연방정부에 특정된 세금은 관세 수입, 소비세 일부, 수익자 부담금뿐이었다. 지자체의 상황은 더욱 열악했다. 1890년대 내내 급속히 팽창하는 도심지들을 위한 하수도, 도로, 대중교통 체계의 건설 비용은 지방의 상업 활동에 부과하는 지자체 차원의 전통적인 세금 수입을 훨씬 능가했다. 그 결과 제국의회와 지자체에는 예산 기근이 있었던 반면, 연방 구성국 정부들은 대규모 흑자 예산을 누렸다. 1871년 이래, 연방 구성국 정부들은 참의원에 속한 그들의 대표자들을 통해 제국에 대한 격년 지원금을 의결했다. 연방정부가 그 하부 조직들(연방 구성국 정부들)에 2년마다 모자를 손에 들고 겸손한 태도를 취해야 했던 기이함은 차치하더라도, 소위 '등록세^{Matricularbeiträge'}*는 지자체 도시들에 어떠한 위안도 안겨주지 못했다.

1890년까지 독일의 세금 체계가 정비되어야 한다고 주장하는 사람은 정부 안팎의 극소수였지만, 그것이 무엇이건 제안된 개혁안들의 재정적, 정치적 함의는 격렬한 논쟁을 야기했다. 프로이센은 가장 자유를 구속하는 선거제도를 갖고 있었지만, 다른 많은 연방 구성국도 유권자의 정치적 비중을 그들이 부담하는 세금과 연동하는 선거법을 갖고 있었다. 결국, 세금의 형태와 세액의 주요한 변화는 유권자의 계급 할당에 변화를 가져왔고, 정치적 세력균형에 변화를 불러올 수밖에 없었다.

레오 폰 카프리비의 세제 개혁안은 지자체 문제에 집중되어 있었다. 정부의 개혁안에 따르면, 도시들은 10만 마르크 이상의 연 소득에서 최대 4퍼센트 정도에 달하는 누진소득세를 통해 이익을 얻었다. 카프리비는 또한 그의 세제 개혁안의 일부로 프로이센에서 선거 계급으로 유권자들을 분리하는 것은 지역^{District} 차원이 아니라 그보다 작은 지구^{Precint} 차원에서 이루어져야 한다고 주장했다. 이러한 계획하에, 빈곤 지구의 상대적으로 부유한 유권자들은 세 번째 계급이 아니라 첫 두 계급 중 하나로 범주화될 수 있었다. 그와 달리 부유한 구역의 중간 소득 유권자들은 세 번째 계급으로 범주화될 수 있었다.**

프로이센 보수주의자들이 카프리비 개혁안의 정치적 함의에 대해 반

---

* 연방 구성국들이 경제력이 아니라 인구 비례에 따라 연방정부에 내던 재정 지원금.
** 그 결과 독일 총리는 세 번째 계급에 속하게 되었다. 총리 관저가 부유층 구역에 속했기 때문이다.

대하고 나섰던 것은 놀라운 일이 아니다. 그 결과, 세제 개혁이 결국 채택되었음에도 프로이센 선거제도에는 어떠한 변화도 일어나지 않았다. 유권자들을 계급 구분해서 할당하는 것은 여전히 지역 차원에서 이루어졌고, 표심과 프로이센 의회의 정치적 대표 간의 점증하는 불일치를 낳았다.

1897년 이후 호황기에 정부 수입은 호엔로에가 총리로 재임하던 시기 내내 원활했지만, 뷜로 시기엔 다시금 재정난에 봉착했다. 문제는 제국 차원에 있었다. 해군력 강화 비용과 연방 사회복지 비용 증가로 제국의 공공 부채는 1907년까지 50억 마르크에 달했다. 금액과 무관하게 부채를 공공 재정에 대한 손실로 간주하던 시대였음을 감안할 때, 이는 무시될 수 없는 문제였다.

세제 개혁이 뷜로의 깨지기 쉬운 지지자 '블록'의 응집력을 위태롭게 했기 때문에, 총리는 이 문제를 가능한 한 다루지 않을 수 있도록 최대한 기다렸다. 그러나 1908년에 이르면 연방 예산의 균형을 맞추기 위해 향후 수십 년간 매년 5억 마르크가 추가적으로 필요하다는 것이 분명해졌다. 뷜로는 부족분을 메우기 위해 증가 일로에 있던 등록세로부터 3억 마르크, 새로운 소비세와 간접세 형태로 추가 1억 마르크, 새로운 제국 상속세 수익으로부터 1억 마르크 등 증세안을 의회에 제출했다. 1909년 6월 24일 제국의회는 세 안건 중 앞의 두 안건은 통과시켰지만, 보수당과 가톨릭중앙당이 힘을 모은 상속세 제안은 부결시켰다(빌헬름이 뷜로를 해임하는 데 활용했던 게 이 무산된 법안이었다).

세금과 긴밀하게 결부된 독일 내정의 또 다른 지속적인 이슈는 관세였다. 카프리비가 취임했을 때, 농산품 가격은 수년 동안 오르고 있었고, 총리는 가격 안정성에 대한 기대가 독일의 관세 구조에 반영되어야 한다고 느꼈다. 당시 대부분의 독일 농민들도 동의했다. 그 결과 그들은 카프리비 정부가 1890년에서 1892년 사이에 주요한 국제 교역 당사자들과 협상한 일련의 12년 교역 조약들에 대해 최소한의 반대만 했을 뿐이었다. 이 협약들은 농산물과 공산품 수입에 대해 낮은 관세를 부과했다.

제국의 농민들도, 카프리비도 1893년 국제 농산품 시장의 붕괴를 예견하지 못했다. 새롭게 지주동맹으로 조직된 독일 농민들은 이제 미국과 러시아의 값싼 수입 농산품들로부터 자국 농산물을 보호하기 위해 카프리비 조약들을 재협상하라고 강력히 요청했다. (특히 카프리비 협약들의 조건이 지속적으로 급속하게 성장하는 수출산업에 이로웠기 때문에) 농민들은 제국의 관세를 올리는 데 실패했지만, 수출 보조금 형태로 지원을 받았다. 그럼에도 불구하고, 지주들의 불만은 1년이 채 지나지 않아 카프리비가 사임을 강요당하는 데 결정적인 역할을 했다.

관세 문제는 카프리비 협약이 종료되던 시기의 뷜로 행정부에서 다시금 부각되었다. 1902년 독일의 관세 상황은 극도로 복잡해졌다. 비율상 제국 부의 점점 더 많은 부분이 독일의 제조업, 특히 화학과 전기 제품 수출에서 나왔다. 동시에 국가 경제에서 농업의 중요성은 점차 감소했다. 국가 차원에서 보자면, 독일의 농민을 보호하지만 해외에서 독일의 수출 흐름을 저해하는 관세는 경제적으로 무의미한 것이었다. 그러나 언제나 그렇듯 정치적인 차원이 존재했다. 우리가 보았다시피, 독일의 농업 공동체는 프로이센-독일 권위주의의 뼈대인 엘베강 동쪽 지주들에 의해 좌우되었다.

아주 분명한 딜레마에 직면해서 뷜로는 얼버무렸다. 총리는 수출이 독일 경제의 생명선이라는 것을 잘 인식했지만, 농업 로비 세력을 달래야 한다는 것도 느끼고 있었다. 결국 뷜로 정부가 협상한 새로운 관세 협약들은 농산품과 공산품 수입에 좀 더 인상된 관세율을 제시했지만,

그 세율이 지나치게 높아져 교역 상대국이 점점 더 늘고 있는 제국의 공산품 수출에 맞서 보복 조치를 할 정도로 높아지지는 않도록 했다. 농업계는 자신들이 원하는 모든 관세 보호 장치를 얻기보다, 낮은 이율의 대출과 늘어난 수출 보조금에 일시적으로 매수당했다.

세금과 관세는 경쟁하던 경제적 이해관계들과 관련되었다. 그에 비해 행정부의 특권 문제 및 제국 해군과 프로이센 육군의 수장으로서 황제의 역할을 둘러싼 정부와 제국의회의 반복적인 갈등은 제국 헌법의 발전이라는 보다 근본적인 문제와 관련되었다.

언뜻 보기에, 행정부의 특권을 둘러싼 갈등은 겉보기에 난해한 항목들과 빈번히 관련되었다. 하나는 군사재판에 대한 프로이센 법규들이었다. 전통적으로 프로이센과 다른 연방 구성국의 군사 체제는 군사재판을 비밀리에 실시하여 피고인들이 출석할 수도, 기소 내용에 대응할 수도 없었다. 1896년, 대부분의 연방 구성국이 군법 체계를 바꾸어 피고인들이 자신의 재판에 출석할 권리를 부여했다. 그러나 프로이센은 이러한 흐름에서 뒤떨어졌고, 황제는 이 법령 개혁 문제를 행정부 특권의 주요 이슈로 삼았다. 그는 조상들에게 프로이센의 군사재판 체제를 지속할 의무를 지고 있다고 과장되게 선언했다. 그러나 제국의회 다수로부터의 반대에 직면해 빌헬름과 그의 군사 조력자들이 양보해야 했던 사실은 독일 정치에서 세력균형이 변화하고 있음을 보여주었다. 1차대전 전까지 프로이센 역시 군사재판과 관련해서 개혁된 법령을 갖게 되었다.

정부의 자금력과 관련된 행정부 특권 문제 하나가 1906년 부각되었다. 이 회계연도에 제국정부는 남서아프리카(오늘날의 나미비아)에 있는 독일 식민지의 저항운동을 진압하느라 발생한 예상치 못한 비용을 감당하기 위해 2,400만 마르크의 추가 예산 책정을 제국의회에 요청했다. 중앙당의 젊고 에너지 넘치는 의원이던 마티아스 에르츠베르거가 촉구한 대로, 의회는 예산 책정을 허가하기 전에 독일 식민 행정 당국의 권력 남용과 관련된 청문회를 개최할 것을 의결했다. 황제는 강력히 반발하면서, 이러한 조치는 육군 수장으로서 황제의 권력에 대한 개입이라고 주장했으나, 제국의회는 물러서지 않았다. 실제로 청문회는 독일의 식민 행정 당국을 매우 당황스럽게 만드는 사건이었다. 에르츠베르거와 그의 동료들은 독일의 아프리카 식민 행정부에 부패의 늪이 있음을 밝혀냈다.

만일 군대가 자체의 법을 가져야 한다는 주장이 국가 전체의 분위기에서 점차 벗어나는 일임을 보여주는 추가적인 증거가 황제에게 필요했다면, 1913년 알자스의 차버른Zabern 마을에서 있었던 민군 관계를 둘러싼 유명한 사건이 이 증거를 제시했다. 지역 요새의 사령관이던 한 대령은 민간 당국자들에게 의논하지 않은 채 프랑스 시위대를 향해 무력을 사용하도록 명령했다. 다수의 시위대가 불법적으로 체포되었고, 일부는 학대를 받고 부상을 입었다. 이때 역시 황태자인 빌헬름이 여론에 불을 붙였다. 그는 차버른의 대령에게 공식적인 전보를 보내서 그의 강압적인 행동을 칭찬했지만, 이후의 논의에서 제국의회 다수는 군부의 (그리고 간접적으로는 황태자의) 고압적인 태도에 저항했다.

황태자가 정책을 형성하는 과정에 개인적으로 개입하여 반복적으로 헌정 위기를 유발한 유일한 황족이었던 것은 아니다. 황제 역시 논쟁의 중심에 서 있었다. 가장 유명한 일은 1908년 '〈데일리 텔레그라프Daily Telegraph〉 사건'이었다. 빌헬름은 영국과 독일의 관계 개선에 개인적으로 참여하려는 잘못된 시도에 가담했다. 그는 런던 신문인 〈데일리 텔레그라프〉의 베를린 특파원과 가진 인터뷰에서 영국과 남아프리카 보어인들 간의 전쟁 동안 자신은 확고하게 영국 편에 섰다고—대다수 독일인이 이 전쟁에서 보어인이 약자이고, 영국이 약자를 괴롭히는 입장에 있다고 본다는 것을 황제 스스로 잘 알고 있었음에도 불구하고—말했다. 이 내용이 발행된 후, 〈데일리 텔레그라프〉 인터뷰는 제국의회에서 논쟁을 야기했고, 이 논쟁에서 황제의 '개인적인 통치'는 모든 세력으로부터 공격을 받았다. 보수당을 비롯해 모든 정치 집단이 황제가 미래에 좀 더 신중할 것을 주문했다. 의회의 아우성은 빌헬름이 빌로에게 보내는 공개서한을 통해 헌법에 규정된 조력자들과 의논하지 않은 채로 개인적인 정책 결정을 하는 것을 향후 삼가겠다고 약속할 때까지 잦아들지 않았다.

황제 가문의 행동은 독일이 1차대전 전야에 처했던 심대한 헌정적, 정치적 위기의 원인이라기보다는 징후에 불과했다. 국내 정치 상황에 대해 통찰력을 갖고 있던 베트만홀베트 총리는 국가의 정치적 양극화가 의회주의와 민주화를 향한 더 의미 있는 개혁을 통해서만 완화될 수 있음을 인식했다. 애국주의의 북을 치는 것으로는 장기적으로 보수당과 민족자유당의 득표율이 낮아지는 것을 막을 수 없었다.

경제발전

빌헬름 시기의 경제생활에서 주요한 쟁점은 산업화의 가속화와 지속적인 번영이었다. 1901~1902년과 1908~1909년의 짧은 시기를 제외하면, 독일인 대부분에게 좋은 시대였다. 물론 많은 사람들에게 삶은 험난했고 빈부 격차가 줄어들지 않았지만, 높은 인플레이션의 압박이 부재한 가운데 대다수 독일인들의 생활수준은 두드러지게 향상됐다.

번영은 지속적인 산업화의 부산물이었다. 산업과 제조업 분야에 고용된 인구가 지속적으로 증가한 반면 농업 노동력은 감소했다. 이러한 변화와 맞물려서 국내총생산에서 농업의 기여분은 1885~1889년 37퍼센트에서 빌헬름 제국 말기에는 25퍼센트로 하락했다.

당대의 관찰자들은 자본주의가 독일인 삶의 모든 측면에 침투해가고 있다고 인식했다. 경제학자 베르너 좀바르트Werner Sombart는 그가 1903년 창간한 사회과학 분야 새 잡지의 목표를 "자본주의의 문화적 중요성을 역사적이고 이론적으로 분석하는 것"이라고 설명했다. 고도자본주의High capitalism는 또한 관리 자본주의를 의미했다. 특히 산업 분야의 경제는 이제 대개 본질적으로 전문 경영인들에 의해 통제되었다. 경제사가인 한스 예거Hans Jäger는 빌헬름 제국 시기 경영인들의 '집단 프로필'을 제시했다. 비록 출신은 미천했지만, 그들은 자신들의 성취를 자랑스러워했고, 도덕, 품위, 점잖음, 권위의 전통에 완전히 만족했다. 강한 개성을 가진 그들은 스스로를 배려심 많은 재계 지도자이자 아버지, 남편이라고 생각했지만, 복종하는 피고용인과 부인, 자녀들을 기대했다. 과거에 구스타프 프라이타크와 빌헬름 라베Wilhelm Raabe 같은 소설가들에 의해 칭송받은 교양시민층Bildungsbürgertum(잘 교육받은 시민)의 이상은 그들에게 별로 매력이 없었다. 그들의 관심은 대개 비즈니스로 한정되었다. 스스로 생각하기에 이 경영인들은 비정치적이었다. '당연하게도' 그들은 '민족주의자'였고, '애국자'였으며, '반마르크스주의자'였지만, 정치 자체는 그들의 비즈니스에 영향을 미치는 한에서만 관심을 가질 뿐이라고 주장했다.

이 전문 경영인들은 독일에서 전형적인 대기업, 즉 유한책임회사의 경영자들이었다. 독일 대기업이 발행하던 공채증서들이 은행 소유 포트폴리오의 일부로 간주되었기 때문에, 주요 은행들과 산업 기업들 간에 긴밀한 관계가 존재했다. 그러나 독일의 고도자본주의의 또 다른 특징은 산업 카르텔과 트러스트가 증가하고 있다는 사실이었다. 다양한 분야, 특히 철강 분야의 회사들은 가격을 안정화하고 이익을 극대화하기 위해 수직적(원료에서 최종 산물까지 생산 과정을 통제하는), 그리고 수평적(마케팅과 가격 협정) 트러스트를 구축하고 있었다. 국가의 정치 지도자들은 이를 사실상 격려했다. 빌헬름 제국 시기에 반트러스트법은 없었다. 마지막으로, 전기와 화학 산업 분야는 상품 개발에서 과학 연구의 방식을 선도했다. 대기업은 대체로, 특히 새로운 생산품을 디자인하고 제조업 기술을 개선하기 위한 목적으로 산하 과학 연구소를 설립했다.

산업화와 생활수준의 개선은 인구 증가와 이동성을 촉진했다. 독일 인구는 1890년 4,800만 명이었으나, 20년 후 6,000만 명을 약간 상회했다. 하지만 흥미롭게도 인구는 증가했으나 출산율은 감소했다. 인구 증가는 주로 위생과 의료 서비스의 개선, 1880년대 도입된 복지정책의 결과로 평균수명이 늘어난 데서 비롯됐다. 이민은 감소했으나, 국내 인구 이동은 감소하지 않았다. 주요한 이주 패턴은 여전히 동에서 서로의 이주로, 서부 독일 도시들의 인구 밀집 문제와 엘베강 동쪽 지역의 값싼 노동력 감소라는 문제를 야기했다.

국내 이주는 독일의 전국적 철도 네트워크의 완성으로 보다 용이해졌다. 1879년 프로이센과 인접 연방 구성국에서 활동하던 다수의 민간 회사들은 프로이센-헤센 국영철도Preußisch-hessische Staatseisenbahnen로 합병되었다. 새로운 체제는 바이에른과 뷔르템베르크 지역을 제외한 전체 독일에서 활용되었다. 이 두 남부 연방 구성국은 독자적인 철도 체계를 갖고 있었다. 경제적이고 전략적인 이유로 프로이센-헤센 국영철도회사는 급속히 동서를 연결하는 데 집중했다. 본선은 서부 독일의 산업 지역과 엘베강 동쪽의 농업 지역뿐만 아니라 로테르담, 브레멘, 함부르크 등 항구도시를 연결했다. 이 노선들은 군용열차를 프랑스와 벨기에 국경으로부터 동부 프로이센과 슐레지엔으로 빠르게 이동시킬 수도 있었고, 이로써 양대 전선 전쟁이라는 제국의 악몽이 현실이 될 경우 군대의 신속한 이동을 가능케 할 수 있었다.

모든 독일인이 철도의 발전을 열정적으로 지원한 데 반해 운하 건설은 격렬한 논쟁을 불러왔다. 1850년대 이래로 경제학자와 산업가들은 철도를 보완하고 석탄과 곡물처럼 부피가 큰 상품의 운송을 더 채산성 있게 하고자 운하 네트워크의 건설을 지지했다. 제안된 체계의 핵심은 중부독일운하Mittellandkanal였는데, 이는 라인란트와 베스트팔렌 산업 지역과 브레멘, 함부르크 같은 항구들을 연결하고자 고안된 운하였다. 이 프로젝트는 교통 전문가들과 황제의 열광적인 지지를 받았지만, 제국이 붕괴한 지 한참 지나고 나서야 완성되었다. 프로이센 의회를 지배하던 엘베강 동쪽 지주들은 운하 네트워크가 그들의 경제적 미래를 촉진하기보다 위태롭게 할 것으로 보았다. 그들은 특히 중부독일운하가 항구에서 서부 독일의 소비자들에 이르는 선적 비용을 상당히 감소시킴으로써 외국산 수입 곡물과의 경쟁이 심화될 거라고 보았다. 게다가 그들은 수천 명의 농업 노동자들이 융커의 농장보다는 운하 건설 작업을 선호할 것이기 때문에 엘베강 동쪽 지역의 노동력 부족 문제도 심화시킬 거라고 보았다.

지주들은 중부독일운하의 건설을 가까스로 늦출 수 있었지만, 그들의 노력이 독일 산업의 급속한 팽창을 심각하게 방해하지는 않았다. 빌헬름 제국 말기가 되면, 오늘날에도 여전히 분명하게 자리한 독일의 산업적 패턴이 확립되었다. 중공업은 라인-루르 언덕을 따라 집중되었다. 에센, 듀이스부르크, 함, 뒤셀도르프 같은 도시들이 주요 대도시가 되었다. 크루프Krupp, 튀센Thyssen, 구테호프눙스휘테Gutehoffnungshütte 같은 회사들은 잘 알려진 이름이 되었다. 그 폭발적인 성장이 일차적으로 콜타르Coal Tar와 아닐린Aniline 염료에 기반하고 있던, 급속히 팽창하던 화학 산업 분야는 마인Main강 변을 따라 남쪽에 정착했다. 이 분야 경제는 회흐스트Hoechst, 바이엘Bayer, 바스프BASF 등 현재까지도 산업 분야의 거인인 회사들에 의해 이미 주도되고 있었다. 중부 독일의 풍부한 갈탄 매장량은 직물, 기계 제조, 건축 분야의 중소 규모 제조업 회사들이 집중화되는 토대가 되었다. 이보다 약간 늦게 할레Halle와 메르제부르크Merseburg 주변 지역이 페트롤륨 제품을 정제하고 시멘트를 제조하는 주요 센터로 발전했다.

독일 경제에서 또 다른 성장 분야이던 전기 산업은 베를린에 근간을 두고 있었다. 이 분야 역시 주로 지멘스와 아에게Allgemeine Elektrizitäts-Gesellschaft, AEG 등 대규모 회사에 의해 주도되었다. 함부르크와 브레멘 같은 항구도시들에서 커피, 코코아, 담배 같은 수입 원료들의 가공 기업들이 설립되었다. 독일은 상당한 규모의 상선대도 건설했다. 원래 함부르크에 자리한 함부르크-아메리카 라인Hamburg-American Line과 브레멘의 북독일로이트Norddeutscher Lloyd 같은 거대 기업의 주된 비즈니스는 이민자들을 미국으로 실어 나르는 것이었지만, 이민 감소와 이에 상응하는 독일 수출량 증가로 인해, 대신 세계적 규모의 해운과 승객 서비스를 강조하게 되었다.

독일의 폭발적인 경제를 가장 잘 보여주는 상징은 무역량이었다. 1889년부터 1910년 사이 제국의 수출량은 81퍼센트 증가했고, 금전적으로 따지면 연간 8억 2,500만 마르크에서 15억 마르크로 증가했다. 인상적인 수출 통계와 함께 주로 원자재와 농산물 형태로 이루어진 독일의 수입량도 급증했다. 고도자본주의의 또 다른 특징인 독일의 해외 투자량 증대도 수지균형에 중요했다. 1910년까지 독일은 더 이상 자본 수입국이 아니었고 상당한 자본투자국이 되었다. 독일 회사와 은행들은 350억 마르크를 해외에 투자했고, 매년 18억 마르크의 수익을 얻었다.

국내 투자와 해외투자로 인해 재계에서 은행의 역할이 강화되었음은 물론이다. 네 개 'D' 은행(Discontobank, Deutsche Bank, Dresdner Bank, Darmstädter Bank)의 손에 재정 권력이 집중되는 양상이 지속되었다. 1차대전 전야에 이들은 전체 독일 회사 주식의 65퍼센트를 주무르고 있었다. 이 은행들은 독일 해외투자의 주요한 통로도 되었다. 이미 앞서 보았던 것처럼, 전통적으로 독일의 '풀 서비스' 은행은 중개소^{brokerage house}로 활동했고, 20세기 초에 이르면 독일의 주식시장은 본질적으로 은행이 통제하는 포트폴리오의 주식을 사고파는 메커니즘이었다. 개인투자자는 주식시장에서 작은 역할만 담당했을 뿐이다.

1차대전 이전 몇 년 동안 사업가들이 잘해나갔다는 데에는 의심의 여지가 없다. 기본적으로 규제되지 않은 시장은 확장과 이익을 위한 전례 없는 기회를 제공했다. 그럼에도 불구하고, 비즈니스맨들은 복지국가가 확대되는 것에 대해 격렬하게 불평했다. 그들은 이를 국가가 부당하게 자유기업 체제에 개입하는 것—고용안전법 위반을 보고하는 정부 감독관에서 노령연금에 이르기까지—으로 보고 사회정책^{Sozialpolitik} 개념 전체를 공격했다.

고도자본주의에서의 노동조건은 불분명했다. 1차대전 종전 전에, 제 잇속을 차리는 보수주의 역사 서술은 노동자를 점차 번성하는 가운데 자신들의 삶에 만족하는 존재로 묘사했다. 행복에 대한 그들의 감각이 사회주의 선동가들의 활동에 의해서 어지럽혀질 뿐이라는 것이었다. 하지만 1920년대, 그리고 2차대전 이후 특히, 독일 노동자들의 실제 생활 조건들에 대한 경험적인 연구에 집중했던 수정주의 학파들은 빈번히 경제적 착취와 사회적 처참함이라는 황량한 그림을 그려냈다. 주당 노동시간은 길었고(1914년 57시간이 평균이었다), 임금은 오늘날의 척도로 보면 낮았다. 1959년 임금인 5,675마르크와 비교할 때, 1913년 연평균 임금은 (인플레이션 시기를 보정하면) 1,163마르크였다. 도시 슬럼에서의 어둡고 침침한 주거 조건과 빈약한 영양 상태로 말미암아 폐렴과 구루병이 확산되었다. 경범죄, 알코올중독, 가정 폭력 같은 사회문제들이 만연한 상태였다.

그러나 그림의 또 다른 측면도 존재했다. 노동계는 빌헬름 시기의 활황으로 이익을 얻고 있었다. 독일 노동자들 대부분의 실질임금은 상당한 정도 지속적으로 증대되었다. 1913년 1,163마르크의 연평균 임금은 1890년 711마르크에서 61퍼센트 증가한 것이었다. 노동조합 구성원 수가 증가하자, 노동자들의 투지와 단체협상력의 영향을 받는 산업노동자의 수도 증가했다. 노동조합 가입자 수는 1913년 200만 명으로 전체 산업노동력의 18.5퍼센트에 달했다(2009년 미국의 조직노동자 비율은 12.3퍼센트였다). 당시 산업 프롤레타리아트의 생활 조건은, 비록 대개의 경우 여전히 가혹하고 처참했지만, 1914년이 빌헬름 초기보다 현저하게 나은 것도 사실이었다.

현대 역사가들은 이 시기에 대해 대기업과 조직노동 세력의 성장에만 관심을 집중해왔지만, 경제발전에 대한 당대의 논의들은 제3요소인 중간계급의 미래에 대해 더 우려했다. 실제로, 이 사회계층은 당시 두 개의 구분되는 그룹이던 구중산층과 신중산층으로 구성되어 있었고, 신중산층은 구중산층보다 훨씬 더 빨리 증가하고 있었다. 그러나 중간계급 주인공들은 거의 전적으로 구'중간신분'에 집중되어 있었다. 이들은 독립적인 수공업 장인, 전문 직업인, 소매상, 아파트 실주택 소유자들—실제로는 모든 부문의 소상공인—로, 대기업과 거대 노동 세력의 성장에 의해 위협받고 있다고 생각했다.

구중간층의 구성원들은 농업 세력, 산업가들과 마찬가지로 자신들의 이익을 위해 로비 단체를 결성했다. 그러나 중간계급의 홍보 노력은 독일의 소상인과 수공업자들의 미래 번영을 보장하기 위해 가장 좋은 방법이 무엇일지에 대해 이 집단이 합의하지 못하는 상황으로 인해 심대한 난관에 봉착했다. 거대 기업 성장에 대한 길드적 제한과 법적 제한이라는 유토피아적 과거를 갈망하던 사람들이 있었다. 또 다른 사람들은 시계를 되돌리는 것이 무용하다는 것을 인정했다. 그들은 산업화가 대기업뿐만 아니라 소규모 비즈니스에도 새로운 기회들을 제공하리라는 점에서 중간계급의 미래가 산업가들과 같은 편에 놓여 있다고 주장했다(여담이지만 두 번째 집단이 옳았다. 독립 수공업 장인과 소상인들의 수는 1890년대보다 1914년에 훨씬 많았다). 합의에 도달하지 못하는 가운데, 구중간층의 대변인들은 그들이 합의할 수 있는 하나의 적인 사민주의자들에게 원한을 집중시켰다. 그들은 피고용인들의 조합화가 노동비용을 올려 다수의 소규모 상인들을 파산하게 만들 거라고 확신하는 가운데, (노조에 가입하지 않아도 직장을 유지할 수 있는) 노동권법과 반사민주의전국협회Reichsverband gegen die Sozialdemokratie의 목표들을 지지했다. 1차대전 전야에 중간계급 로비 단체들은 확고하게 정치적 우익과 결탁되어 있었다.

빌헬름 제국 시기의 전반적인 번영에도 불구하고 경제에는 눈에 띄는 약점이 있었다. 농업 일반, 특히 엘베강 동쪽의 농업이었다. 엘베강 동쪽의 구조적 문제들의 전면적인 양상은 1차대전 이후까지 명백하게 드러나지 않았지만, 주의 깊은 관찰자들은 이 위기가 나타나기 한참 전 구조적 농업 위기의 징후를 알아차렸다. 일찍이 19세기 산업가 지멘스Siemens는 엘베강 농업의 엄청난 부채 부담을 미래에 대한 심각한 담보대출이라고 지적했다. 문제의 원인을 확인하기란 어렵지 않았다. 높은 농산물 가격이 지속되리라는 기대 속에서, 엘베강 동쪽의 지주들은 엄청난 돈을 차입하여 기계류를 구매하고 땅 투기를 하는 데 사용했다. 그러나 우리가 보았던 것처럼, 1893년 초에 국제시장에서 농산물 가격은 폭락했다. 독일 농산품은 세계시장에서 밀렸을 뿐만 아니라 국내시장에서도 싼값에 팔렸다(가령 미국 농산물의 독일 수입은 1890년 4억 600만 톤에서 1906년 12억 톤으로 급증했다).

지주들은 그들의 문제가 하나의 구조적 위기라는 것을 인지하려 하지 않았다. 대신 그들은 이 문제가 불공정한 경쟁의 일환이라고 보았다. 결과적으로 엘베강 동부의 농업이 자초한 문제는 빌헬름 제국 시기에 그다지 심각하게 다루어지지 못했고, 융커들의 경제력 토대는 늘어만 가는 부채의 무게로 몇 년 안에 붕괴되었다.

전체적으로 볼 때, 1890년부터 1914년 사이 독일 경제는 고도자본주의 단계에 접어들었다. 급격한 산업화는 팽창과 이윤을 위한 기회를 의미했고, 노동계급의 어려움에도 산업화와 결부된 모든 이들의 생활수준이 향상되었다. 소멸해가고 있다는 중간계급의 두려움은 다분히 과장된 것이었다. 소규모 비즈니스는 산업화의 공급자이자 파생상품으로서 번성했다. 실제로 가장 취약했던 유일한 분야는 엘베강 동쪽의 농업 세력들로, 이들은 경제 분야에서 점점 영향력을 상실했다. 그럼에도 농업 분야는 그들의 의회 대변인들이 행사하는 정치적 영향력 덕분에 과분한 영향력을 유지했다.

문학, 예술 그리고 사회

근대화의 긴장과 압박은 이 시기의 문화적이고 사회적인 삶도 특징짓고 있었다. 빌헬름 시기 독일은 겹치기도 하지만 구분되는 두 가지 정신 상태를 보여주었다. '기득권', 말하자면 공유되는 가치와 예술 형태에 공식적 혹은 사회적인 인정을 부여하는 남성들은—독일은 이 시기 다른 모든 서구 사회와 마찬가지로 남성에 의해 주도되었다—자신들의 성취에 대해 자랑스러워했고, 확고한 가치관을 갖고 있었다. 이 그룹의 사회정치적 지도자들은 엄격한 교육제도를 통해 그들이 미래 세대들에게 전달하고자 했던 가르침의 지혜에 대해 별 의문을 갖지 않았다. 사실, 기득권 비판자들은 체제의 경화증과 오만함의 상징으로 고등학교 교사들Oberlehrer을 공격하는 데 집중하고 있었다. 후일 마를레네 디트리히Marlene Dietrich가 주연한 영화 〈푸른 천사Der Blaue Engel〉의 토대가 된 하인리히 만의 소설 《운라트 교수Professor Unrat》야말로 그러한 묘사 중 가장 유명하다 할 것이다.

달히고 정태적인 당대의 기성 문화는 감상벽, 군국주의, 나르시시즘, (대개 괴테와 실러를 중심으로 하는) 문학 영웅 숭배, 그리고 바그너와 니체 메시지의 천박한 버전을 무비판적으로 수용하는 양상이 지배적이었다. 우리가 앞서 살펴본 것처럼, 유사 군국주의가 빌헬름 제국에서 사회적 생활 전반을 지배했다. 고등학교 교사들은 1870년 세당Sedan전투를 기리는 날인 매년 9월 5일 교실에서 그들의 훈장들을 뽐냈고, 부르주아 남성성은 예비군 장교직을 획득했을 때 '드디어 도래했다'.

기성 문화 규칙의 대부분은 모순적이고 역설적이었다. 대부분의 독일인들은 기독교의 종교적 메시지에 대한 신앙을 잃어버렸다. 과학기술적 지식의 확실성이, 이전까지 당연한 것으로 여겨지던 신의 진리를 대신했다. 이와 동시에 기득권 세력은 교회가 사회의 도덕적 결정권자로 남아야 한다고 주장했다. 결과적으로, 주요한 종교 기구들은 점차 기득권의 가치와 동일시되었다. 따라서 그들은 종교 기구이기보다 사회적이고 문화적인 기구가 되었다.

빌헬름 제국의 문화 기득권층은 출세론자이자 부르주아였고, 귀족이었다. 이들은 적어도 두 가지 다른 문화적이고 사회적인 가치들에 의해 문제제기를 받고 적대시되었는데, 그중 하나는 기득권층 내부에서 제기된 것이었고, 다른 하나는 그들의 계급적 영역 밖에서 제기되었다. 물론 사민주의 조직들은 기득권층의 규범들을 자본주의적 데카당스의 파생물이라고 자랑스럽게 거부했다. 그들은 빌헬름 시기의 공식적인 문화와 계급 의식적인 '프롤레타리아' 문화를 대비시키곤 했는데, 이는 항상 실제이기보다는 잠재적인 것에 불과했다. 돌이켜보면, 빌헬름 제국 사회에서 사회주의 노동자들은 사회적, 문화적으로 고립되었음에도, 기득권층의 가치 체계를 상당히 받아들인 상태였다.

공식적인 문화에 대한 보다 심대한 도전은 계급 갈등이 아니라 빌헬름 제국 시기 부르주아 계층 내부의 세대 갈등에서 왔다. 젊은 세대에 의한 기득권 비판이 학교와 가족에 집중되었다는 점은 놀랍지 않다. 종국에 청년운동으로 조직된 움직임은 특히 학교 커리큘럼의 엄격성, 가족 내 가부장적인 지배, 성욕과 육체적 자유에 대한 억압, 그리고 더 일반적으로는 비판자들이 사회의 '물질만능주의'라고 부른 것에 반대했다. 청년운동 소설에서 선호되는 인간형은 사회적 압력의 결과로 완전히 물질만능주의자가 되어버린 젊은 이상주의 영웅이었다.

청년운동은 단선적이거나, 엄격하게 짜인 조직이었던 적이 없었다. 하나의 운동으로 불렸던 움직임은 원래 지배적인 사회적 가치에 대한 막연한 불만족에 다름 아니었다. 그들을 조직하고자 했던 이들조차 전국적 차원에서 아주 느슨하게 조율된 수많은 소규모 그룹들에서 그렇게 했다.

빌헬름 제국 시기 청년의 저항은 베를린 외곽 슈판다우^{Spandau} 출신의 대학생이던 카를 피셔Karl Fischer의 노력과 더불어 순진하게 시작되었다. 그는 자신이 독일 교육제도의 치명적인 영향으로 인식한 것에 대한 해독제를 제시하자고 마음먹었다. 1901년 그는 반더포겔Wandervögel('철새'라는 단어지만, 여기서는 '배낭 멘 도보여행자들'을 뜻한다)이라고 명명한 조직을 만들었다. 동년배들과 서로 교류하고, 베를린을 둘러싼 브란덴부르크Mark Brandenburg 지역 시골에서 주말 야영 여행을 하는 형태로 육체 활동을 도모하는 것이 목표였다. 처음부터 반더포겔은 물질만능주의와 권위주의에 반대하는 가치들을 설파하고 실천했다. 도보여행에서 그들은 편안한 복장과 자연식, 젊은이 특유의 평등을 강조하는 비공식적 라이프스타일을 강조했다. 반더포겔은 호칭에서도 존칭보다는 평칭을 강조했다.

반더포겔은 독일 전역에서 급속히 확산되었다. 수년 내 제국 전역에서 수백 개에 달하는 지역 조직이 생겨났다. 피셔의 이상을 훨씬 넘어서서, 《기타리스트 한슬Die Zupfgeigenhansl》이라는 노래 모음집이 1908년 발표됨으로써 운동의 성장—우연히 독일 민중 전통에 대한 관심에 불을 지피는 데 심대하게 기여했다—을 촉진했다. 민요들의 편집을 주도하고 조정했던 것은 카를 피셔의 친구인 한스 브로이어Hans Breuer였다. 이 노래들은 도보여행을 위한 실용적인 목적으로 만들어졌지만, 10대와 대학생들 사이에서 유행하던 래그타임 재즈와 폴카의 센티멘털하고 따분한 곡들의 인기를 줄여보고자 하는 의도도 있었다. 《기타리스트 한슬》은 즉시 베스트셀러가 되었다. 초판 발간 후 7년 동안 26쇄를 찍었다.

반더포겔은 실제 청년운동의 일부이면서 동시에 선구자였다. 그러나 후발 조직들이 선발 조직보다도 훨씬 더 폭넓은 목표를 갖고 있었다. 청년운동은 (16세에서 35세 사이로 정의된) '청년'을 조직해 빌헬름 제국 시기 기득권층의 기본 가치들을 변화시키고자 했다. 하지만 불행하게도 청년운동의 이상들도 모순이나 위험스러운 편견으로부터 자유롭지 못했다. 운동은 물질만능주의를 거부하면서도 민족주의를 최고의 이상주의로 받아들였다. 모두는 아니지만 다수의 청년조직이 반유대주의를 지지했고, 유대인들을 물질만능주의의 체현으로 간주했다. 물질만능주의에 대한 거부는 마르크스주의와 마르크스주의자들에 대한 거부도 포함했고, 그 결과 부르주아 청년단체와 프롤레타리아 청년단체들의 간극은 점점 더 커졌다. 청년운동은 그들 계층 내부에서 민주주의와 평등을 강조했지만, 의회민주주의를 두고 하나의 이상주의적인 목표가 없는 이익단체의 정치라고 보았다. 운동 내 다수는 빌헬름 제국에 만연한 군국주의적 가치에 대해 매우 비판적이었지만, 그들의 '이상주의적일망정' 강력했던 민족주의로 말미암아 빌헬름 시기의 민족주의, 군국주의의 기만적 언사에 영향을 받을 수밖에 없었다.

헤센주 호어 마이스너Hoher Meissner의 산꼭대기에서 열린 전국적 페스티벌에 수천 명이 운집한 1913년 10월 청년운동의 조직적 가시성은 그 정점에 달했다. 이 독일 민족의 날 행사는 같은 시기에 엄청난 규모로 행해진 공식적이고 군국주의적이던 라이프치히전투 100주년 기념식과 대조되도록 평화적이고 자발적인 측면을 의도적으로 강조했다(라이프치히전투는 워털루전투에서 끝난 나폴레옹의 일련의 좌절이 시작된 서막 격의 전투였다). 그러나 호어 마이스너 페스티벌 역시 청년 저항의 한계를 노출했다. 산 정상까지의 트랙을 만든 이들은 압도적으로 남성, 중간계급 그리고 프로테스탄트였다. 청년운동은 빌헬름 제국 독일에서 계급과 종교 간 분열에 대해서는 전혀 답하지 못했다. 게다가 운동의 미래 비전은 과거를 이상화하고 유토피아적으로 바라본 관점이었다. 즉 시대의 고색창연함과 더불어 아름다워진 낭만적 독일이 그것이었다. 결국 호어 마이스너에서 평화에 대한 사랑을 선언했던 수천 명 가운데 많은 이들이 1년도 채 지나지 않아 전쟁터로 달려나갔던 것은 쓰디쓴 아이러니였다.

청년 저항의 이상은 근대적 의미에서 대중매체가 예술, 문학, 정보 전달의 일반적인 수단이 되었던 사회에서 급속히 확산되었다. 신문과 잡지들이 지속적으로 늘어나는 경향이 가속화되었다. 포토저널리즘의 도래로 도움을 받은 신문을 제외한다면, 중간계급과 상류층의 여가시간이 늘어남에 따라 특정한 집단을 목표로 하는 생산물들, 특히 여성잡지들이 뛰어난 성공을 거두었다.

기득권층의 가치에 대한 광범위한 공격과 같은 선상에서, 정치적 풍자와 폭로 잡지들의 황금기가 도래했다. 출판업자 토마스 테오도어 하이네Thomas Theodore Heine가 편집하고 뮌헨에서 발간된 주간지 〈짐플리치시무스Simplizissimus〉는 가장 발행 부수가 많았던 풍자 잡지 중 하나였다. 어떤 권위 있는 인물이나 기구도 이들의 통렬하고 영리한 삽화를 비켜가지 못했다. 막시밀리안 하르덴Maximilian Harden의 〈주쿤프트Zukunft〉는 탐사 저널리즘의 특징과 타블로이드의 선정주의를 결부시킨 폭로 잡지였다. 하르덴의 모험은 판매 부수를 증가시켰을 뿐만 아니라 명예훼손과 불경죄로 다수의 편집인이 단기 투옥되는 결과를 낳았다. 가장 유명한 사건은 황제의 친구인 필리프 추 오일렌부르크를 동성애 혐의로 고발한 일련의 기고문이 1906년 출간되었을 때 일어났다(이 시기 동성애는 법적인 성년들 사이에서 일어났다 하더라도 형사 범죄였다). 오일렌부르크는 명예훼손으로 고소했으나 이 재판의 결과가 나오기 전에 사망했다. 마찬가지로 중요했으나 그보다 덜 야단스러웠던 것은 식자층을 겨냥한 사설, 문학비평, 소설 잡지들이었다. 그중 특히 유명했던 잡지는 교육받은 가톨릭교도 사이에서 가장 인기가 있었던 〈호흐란트Hochland〉와 프로테스탄트 식자층 사이에서 같은 역할을 수행하던 〈도이체 룬트

샤우^{Deutsche Rundschau}〉였다.

고급문학과 대중문학 모두 번성했다. 이 시대는 소설의 전성기였다. 1890년 1,731종이 출판되었고, 1909년에 그 수는 4,297종에 달해서 148퍼센트 증가했다. 확실히 이 출판물들 대부분은 독일에서 통속문학 ^{Trivialliteratur}이라고 불렸지만, 순수문학과 통속문학 모두 그 주제에서 기득권층의 가치와 개혁주의 세력 사이의 갈등을 반영했다. 비록 이국적인 식민지를 배경으로 한 외국 여행과 모험 소설들이 더 잘 팔리기는 했지만, 지역에 중점을 둔 스토리들도 인기 있었다. 전자의 소설들이 해군협회의 프로파간다와 잘 맞아떨어졌던 것은 우연이 아니다. 기술력이 증가하는 시대에 기대될 법하게, 준비된 독자들은 공상과학 소설뿐 아니라 신비주의적이고 초자연적인 소설 역시 환영했다. 통속소설 대부분은 오늘날 '근대적 로맨스'의 선구자들이었다. 대부분 여성 작가들이 집필했던 이 책들은 먼저 여성잡지에 연재되었다. 가장 인기 있었던 것은 마리 폰 에브너에셴바흐^{Marie von Ebner-Eschenbach}가 귀족의 사회생활을 묘사한 소설이었다. 한편 가장 인기 있던 통속소설가는 카를 마이^{Karl May}였다.

그러나 작가와 극작가들은 무엇보다도 도시와 도시의 문제, 약동하는 삶을 작품의 중심에 놓았다. 실제로 1910년까지 문학비평가들은 대도시적인 주제들이 독일 문학을 독식할 위험에 대해 항상 걱정했다. 대부분의 소설들은 도시적 삶에 대한 숭배보다는 도시의 건강하지 못한 영향력에 경고를 보냈다. 테오도어 폰타네 같은 몇몇 작가들은 비판적 일망정 사랑스러운 디테일 가운데에서 베를린이라는 도시 생활의 전체성을 묘사했지만, 다수의 다른 작가들은 매춘, 부랑아, 다른 도시적 조건의 희생자들로 작품을 가득 채웠다. 이 시기 독일 소설가들 중에서 가장 유명한 작가 중 하나였던 하인리히 만^{Heinrich Mann}은 산업과 돈이 사회에 가지는 비인간적 효과에 대해 통렬한 풍자를 써내려갔다. 덜 거슬리지만 그렇다고 더 낙관적이지도 않은 방식으로 전통적인 부르주의적 가치의 미래에 대해 집필했던 사람은 그의 동생 토마스 만이었다. 작가가 26세 때이던 1901년 출간된 그의 소설 《부덴브로크가의 사람들 Buddenbrooks》은 즉시 베스트셀러가 되었고, 중요한 문학적 자질을 가진 사람으로서 토마스 만의 입지를 굳혔다. 이 소설은 전통적인 독일 중간계급, 그들의 가족 중심적이며 인본주의적인 가치에 대한 찬양이면서, 동시에 피할 길 없는 그들의 가치의 몰락에 대한 이야기였다. 뤼벡 Lübeck시에서 보낸 자신의 성장기 경험을 활용하여, 만은 1830년대부터 20세기 초반까지 한 북독일 가족의 역사를 추적했다. 소설 끝 무렵 독자는, 부덴브로크가의 남은 구성원은 아닐지라도, 프라이타크가 찬양한 오래된 부르주아의 가치가 자기소외와 산업화, 날뛰는 물질만능주의의 도전을 넘어서지 못하리라는 것을 깨닫는다. 희곡작가 중에는 게르하르트 하웁트만이 독보적이었다. 〈직조공Die Weber〉 같은 일련의 희곡에서 그는 자연주의적인 방식을 활용하여 산업주의와 물질주의를 따르는 인간의 비극을 묘사했다.

몇몇 작가의 반기득권적인 입장을 특히 잘 보여주었던 것은 군대에서의 성적 억압과 비인간화라는 두 가지 다른 주제였다. 프랑크 베데킨트Frank Wedekind는 '학생 비극'에 특화된 작가 그룹 중에서 가장 잘 알려진 인물이었다. 학생 주인공들이 성에 눈뜬 것을 사회가 인정하기를 거부함에 따라 죽음에 이르는 이야기들을 다뤘다. 기득권의 가치에 대한 작가들의 비판은 독일 군사훈련의 잔인성과 분별없음, 프로이센 장교단의 오만함을 다룬 작품들에서 유사하게 드러났다.

출판 매체와 달리 그림, 조각, 건축은 전통적으로 대중의 관심을 받지 못했다. 아마도 바로 이러한 이유 때문에, 예술에서 신구 가치의 투쟁은 조용히 이루어지기보다, 통제되었을망정 뜨거운 논란으로 분출되었다. 빌헬름 시기 '공식' 예술, 즉 개인과 정부의 제작 의뢰를 받았던 스타일은 영웅적, 감성적 리얼리즘이었다. 농담조로 말하면, 이것은 취향 없는 시대의 취향이었다. 이는 분명 아마추어 화가이기도 했던 황제 빌헬름 2세의 취향이었다.

그러나 '공식' 예술은 다수의 젊은 화가와 조각가에 의해 점점 더 거부되고 있었다. 점차 프랑스 인상주의, 약간 늦게는 표현주의가 독일 화가들에게 영향을 미쳤다. 1894년 뮌헨에서 일군의 화가들이 공식적으로 인가받은 연례 쇼에서 어떤 작품들이 선정되어야 하는지에 대한 예술 아카데미의 결정을 받아들이기를 거부했다. 그들은 아카데미에서 '분리 독립'했고, 기각된 자신들의 작품을 스스로 전시할 것을 결의했다. 몇 년 후 유사한 저항이 베를린 예술계에서 나타났다. 심미적인 청년과 연대기적인 청년성이 동시에 공존할 필요는 없음을 증명하기 위해서라는 듯이, 베를린의 분리파secessionist는 독일 화가들의 우두머리이던 50세의 막스 리버만Max Liebermann이 이끌었다.

분리파는 독일 예술에서 표현주의와 인상주의의 승리를 일구어냈다. 얼마 후 '반항아' 막스 리버만은 전통주의자들이 지배적이던 예술 학부가 있는 베를린대학에서 명예박사 학위를 받았다. 새로운 미학은 스타일과 주제 양쪽에 근본적인 변화를 가져왔다. 감상벽 혹은 유사 사실주의를 위한 공간은 없었다. 인상주의 화가들은 도시와 시골의 부르주아 생활에서 자연과 풍경에서의 빛의 움직임을 주제로 삼았다. 특히 전투 장면과 관습적인 초상화는 배제했다. 한편 게르하르트 마주어Gerhart Masur가 지적했던 것처럼 "사회적 저항의 흔적을 전혀 띠지 않은" 인상주의와 달리 드레스덴의 '다리파Die Die Brücke'와 뮌헨의 '청기사Der blaue Reiter' 같은 일군의 화가들이 주도하던 독일의 표현주의는 생의 이면을 묘사하거나 의도적으로 기성의 도덕 질서 어기기를 즐겼다.

건축에서 '분리'는 훨씬 더 이루기 어려운 과제였다. 건축 과제를 재정적으로 뒷받침할 재원은 그림 한 장을 완성하는 데 필요한 것보다 훨씬 컸고, 대개의 주요한 건물은 빌헬름 시기의 공식적인 스타일, 즉 필요 없는 장식에 더해진 육중한 웅장함을 인정하는 사람들이 의뢰하는 것이었다. 베를린의 거리는 인상적이었지만, 수도의 위엄에 대한 갈망을 반영하는 파사드와 더불어 억압적이었다. 전체적인 결과는 만족스럽지 않았다. 빈의 링슈트라세^{Ringstraße}와 달리 베를린은 유기적인 전체를 이루어내지 못했다. 대신 각각의 주요한 신축 프로젝트들이 그 자체로서 인상적이고자 했다.

그러나 팽배했던 번성함은 건축 호황을 낳았고, 도처에 새로운 비전이 분명하게 나타났다. 심지어 수도에 주요한 박물관들을 유치한 일군의 베를린 건물인 박물관섬^{Museumsinsel}처럼 '공식' 건축조차 만족스러운 신고전적 효과를 달성했다. 1890년대 말경 더 중요했던 것은 유겐트슈틸이 건축과 인테리어 디자인 모두에 파고든 것이다. 우아함과 기능성을 결합한 담백하고 깔끔한 건물들이 독일 도시들에서 그 모습을 드러냈다. 시각예술 분야에서 그러했듯이 건축에서도 모더니즘의 시대가 도래했다.

빌헬름 제국 시기의 사회적 발전과 문화적 발전 사이에는 놀라운 유사성이 있었다. 문화적으로도 신구가 서로 경쟁했다. 예술, 문학, 사회적인 삶에서 개방성, 즉자성, 자유로운 표현이라는 새로운 가치들이 프로이센-독일 전제주의의 엄격성 및 유사 영웅주의와 경쟁하면서 공존했다. 1914년까지 이 경쟁의 결과는 아직 정해지지 않았지만 새롭고 젊은 흐름이 점차 우위를 점한 것은 분명했다.

외교관계

1913년 말, 베트만홀베크 총리의 친구이자 조언자이던 쿠르트 리즐러 Kurt Riezler는 "우리 시대의 전쟁 위험은 약한 정부가 강한 민족주의 운동과 직면하고 있는 나라들에서 가장 크다"고 말했다. 이러한 논평을 하면서 독일보다는 오스트리아와 러시아를 생각하고 있던 리즐러는 독일의 외교적 딜레마를 묘사하는 데 있어서도 정확했다. 불행하게도, 제국의 의사 결정권자들은 리즐러의 거울에 자신들을 비추어보지 않았다. 전체주의 체제에 대한 지지가 감소하고 있다는 사실을 알고 있던 제국의 지도자들은 국내 상황을 안정화하기 위해 호전적인 외정을 지지하면서 대중 여론을 단결시키고자 했다. 그들은 독일이 국내적으로 안정적이지 못하다는 것을 알고 있었지만, 제국이 국제적인 세력균형을 조작해내기에 유리한 조건에 있다고 확신했다. 그들은 이러한 낙관적인 평가에 대해 모두 오류로 판명된 많은 이유를 제시했다.

나폴레옹전쟁 말기 이래로 세력균형에서 영국의 입장이 핵심적이라는 것이 유럽 외교정책의 공리였다. 19세기 내내 크림전쟁을 제외하고 영국은 대륙에서의 전쟁에 말려들지 않았고, '영광스러운 고립'을 유지했다. 그러나 고립이 영국에 별반 생산적이지 않고, 해양 제국을 유지하기 위해 한두 개의 대륙 국가와 동맹을 체결할 필요가 있다는 신호가 점차 분명해지고 있었다. 이 때문에 독일 지도자들, 특히 1897년 이래 10년 이상 외교정책을 주도하던 뷜로 같은 인물은 영국은 러시아, 프랑스와 라이벌 관계이기 때문에 독일과의 동맹 외에는 다른 선택지가 없다고 확신했다. 그들은 제국이 종래 고객의 입장에서 영국을 받아들이는 것에 대해 높은 대가를 받아낼 수 있을 것이라고 주장했다. 전략적인 자신감이 독일의 외교적 망상에 더해졌다. 제국의 군부 지도자들은 슐리펜 계획Schlieffen Plan으로 알려진 전략 개념이 러시아 및 프랑스와 있을 어떠한 군사적 갈등에서도 승리할 확실한 방법을 제시하고 있다고 확신했다. 게다가 양면전 같은 비스마르크의 악몽은 과거보다 훨씬 덜 위협적인 것처럼 보였다. 1904~1905년의 러일전쟁은 러시아의 군사적 약점을 보여주었고, 1905년 혁명은 그 국내적 불안정성을 드러냈다.

비록 신빙성의 요소가 있음을 인정한다 하더라도 이러한 추론은 모두 틀렸다. 영국이 독일과의 동맹에 대한 갈망을 갖고 있었고, 러시아 제국이 비틀거리는 거인이긴 했지만, 제국의 의사 결정권자들이 했던 추론은 근본적인 오류를 안고 있었다. 영국에게 외교적 파트너로서 독일의 바람직한 위상은 이미 만족한 제국이라는 비스마르크적 입장이 지속될 것인지에 달려 있었다. 그러나 이러한 가정은 빌헬름 제국 지도자들의 제국주의적 야심과는 정면으로 배치되는 것이었다. 결국 세력 균형 속에서 독일의 역할은 극단적으로 변화하고 있었다. 외무부 장관은 독일의 지구적 야심이 독일의 외교적 위상을 신부 입장에서 구애자 입장으로 바꾸어놓았다며 이러한 상황을 잘 표현했다. 비극적이게도, 빌헬름 제국의 지도자들은 제국의 변화하는 상황들을 제대로 인지하지 못했다. 1차대전 발발 전 10년 동안 독일의 외교정책은 점점 더 변덕스러워졌고, 종래에는 강대국의 협조 체제에서 사실상 고립되고 말았다.

독일 문제의 핵심은 강대국으로서 자신의 역할을 유럽 대륙으로 한정 짓기를 꺼렸다는 점이었다. 결과적으로, 그 결정은 제국의 지도자들이 진보적인 헌정 개혁을 막으려 노력하는 가운데 제국으로서의 정신을 기르고자 했던 것과 결부되었다. 제국주의와 대해군주의는 독일의 발명품은 아니었다. 기실 해군주의의 가장 유명한 설교자는 미국인 앨프리드 세이어 머핸Alfred Thayer Mahan 제독이었다. 1895년 출간된《해양력이 역사에 미치는 영향The Influence of Sea Power on History》의 파급력은 머핸의 역사적 사고력이 의심스러운 것만큼이나 심대했다. 해군 장교 출신의 역사학자 머핸은 해군력에 토대를 둔 문명들이 육군에 토대를 둔 문명보다 우월했음을 역사가 입증했다고 주장했다. 결과적으로 머핸은 영국과 미국의 영광스러운 미래를 예견한 반면 러시아 같은 국가의 미래에 대해서는 비관적이었다.

(다른 서구 사회들과 마찬가지로) 독일의 공적 지도자들과 민간 지도자들 사이에서 대해군주의와 제국주의는 다른 인기 있던 이론, 즉 사회다윈주의와 공존했다. 이는 본질적으로 찰스 다윈의 진화론의 속화이자 왜곡이었다. 다윈은 무작위 선택을 통해 자연이 적자생존을 결정한다고 했던 반면, 사회다윈주의자들은 국가 및 개인들끼리의 갈등을, '가장 적합한 자'로서 생존하도록 국가와 개인들을 돕는 의도적인 결정이 필요하다는 논리와 결부시켰다. 독일과 관련시켜보자면, 제국주의와 대해군주의, 사회다윈주의와 결부된 아이디어들은 독일 지도자들로 하여금 독일제국이 단순히 대륙의 패권국으로서가 아니라 지구 전역의 승자로서 사명을 지니고 있다고 믿게 했다. 국가들 중 '적자' 사이에서 입지를 확보하기 위해, 독일은 해군력과 해외 식민지를 필요로 했다.

어떤 의미에서 독일의 전 세계적 야심은 1896년 1월 18일 황제의 연설에서 공식적으로 선포되었다. 독일에서 전통적으로 애국주의적 열정의 정점이던 제국 수립을 기리는 연설에서, 빌헬름 2세는 유럽과 세계 다른 지역의 운명을 결정하는 것과 관련되는 경우, 자신의 영도하에 있는 독일제국의 입장이 중시되어야 한다고 주장했다. 독일은 영국, 프랑스와 마찬가지로 식민지를 획득하기 위해 노력했다.

독일의 세계정책의 가시적인 결과들은 그 희망과는 아주 동떨어져 있었다. 제국이 1차대전 종전 시기에 모든 식민지를 빼앗기기 전, 독일 깃발은 태평양의 몇몇 섬(마셜제도Marshal Islands와 비스마르크군도Bismarck Archipelago)과 중국 해안에서 멀리 떨어진 자우저우만Kiaochow 등에서 나부끼고 있었다. 아프리카의 경우에는 카메룬과 토고, 남서아프리카와 (현재 탄자니아인) 동아프리카 지역이 제국의 통치를 받았다. 독일 식민지들은 전략적인 중요성이 별로 없었고, 독일인 정착자들에게도 그다지 매력적이지 않았다. 경제적 자산이기는커녕, 이들 지역의 식민 행정 당국은 독일 재무부에 지속적으로 보조금을 요구했다. 제국주의 국가들의 세계적 클럽에서 독일제국은 준회원 자격 이상의 것을 얻지 못했다. 서구 제국주의는 계속해서 영국과 프랑스에 의해 주도되었고, 1898년 이후에는 미국도 이에 가담했다.

그러나 국내 정치적 측면에서 식민지는 여전히 주요한 자산이었다. 독일 무역의 점차적 증대와 더불어 식민지들은 제국의 군사정책을 크게 바꾸는 것을 정당화하는 데 이용되었다. 1897년 제국의 해군 장관이던 알프레트 폰 티르피츠는 '억지함대Risikoflotte'라고 불리던 것을 건설할 필요가 있음을 역설했다. 그때까지 독일의 보잘것없는 해군력은 몇몇 해안 방어용 선박으로만 구성되어 있었지만, 티르피츠는 강대국으로서 제국의 역할을 위해 어떤 해상 강국(이는 본질적으로 영국이었다)도 공격할 엄두가 나지 않을 함대를 구축해야 한다고 주장했다. 황제의 후원을 받았던 제독은 구체적으로 제국의회가 해안 방어를 위해 50척의 구축함과 19척의 '전함'을 건조할 기금을 책정해야 한다고 주장했다. 전함 범주에는 전투함과 지원선까지 포함되었다. 이 건조 계획은 향후 25년에 걸친 것으로, 정부에 따르면 어떤 추가 지출도 불필요했다. 함대를 구축하는 데, 독일 경제의 지속적인 성장(1897년은 불황의 종점이 되었다)으로 획득되는 세수만으로 충분했다.

해군력이 제국 재무부의 추가적인 부담 없이 구축될 수 있으리라는 망상은 불과 3년간 지속되었을 뿐이지만, 해군협회가 전폭적으로 지지했던 티르피츠의 제안들은 대개의 중간계급 사이에서 열렬한 반응을 불러왔다. 대해군주의 지지자들은 1900년 증대한 건함 프로그램 제안에 대해 대중이 지속적으로 열광하리라고 충분히 확신했다. 영국이 최근 프랑스를 외교적으로 패배시킨 것(1898년 프랑스는 아프리카에서 영국에 패배하여 이집트와 수단에 대한 영국 통제의 길을 열어주었다)과 미서전쟁에서 미국의 승리가 해군력의 결정적 중요성을 보여주었다고 주장하면서, 티르피츠와 정부는 독일 전함을 40척으로 늘려 억지함대를 강화할 것을 제안했다. 해군 지도자들도 이제는 지속적인 경제성장만으로 늘어가는 건함 비용을 감당할 수 있다고 주장하지 않았다. 대신 함대는 채권, 즉 제국의 부채를 증가시킴으로써 재정적으로 뒷받침되었다. 지출은 이제 독일의 미래에 대한 투자로 묘사되었다. 함대가 독일의 상선대와 증가하는 해외무역을 보호할 수 있으리라는 것이 그 이유였다.

6년 이내에 영국 해군에 의해 탄생한 드레드노트^{Dreadnought}급의 새로운 전함이 과거의 모든 해군력 증강 계획을 낡은 것으로 만들어버렸다. 변화하는 조건 속에서 독일의 억지함대를 지속하는 데 들어가는 엄청난 부담에도 제국 지도자들과 제국의회 의원 다수는 영국의 '도전'에 맞서기로 결정했다. 그 결정은 영국의 해군력 우위를 줄이지는 못했지만, 독일의 국가 부채를 심대하게 늘렸다. 더 중요하게는, 해군을 위한 늘어나는 재정적 부담으로 건함 프로그램이 국내적 세력균형을 유지하는 데 점점 더 중요한 요소가 되었다. "헌법을 포함하여 독일에 있는 모든 것은 오로지 하나의 목표를 갖는다. 그것은 해군의 필요에 복무하는 일이다"라는 티르피츠 부관 중 한 명의 판단에 동의하는 정치가들이 발견되는 한, 제국의 지도자들은 국제적인 결과와 무관하게 국내 정치적 상황을 안정시키기 위해 대해군주의를 활용하려는 유혹을 느꼈다.

우연하게도, 대중 여론과 제국의회가 육군력 증강에 대해 훨씬 더 비판적이었던 것은 대해군주의에 대한 감정적 신화를 보여준다. 카프리비 정부가 평시 군대를 8만 4,000명까지 늘리려고 했을 때, 이는 인구 증가 비율에 상응하는 증가율이었음에도 제국의회는 5만 9,000명 이상을 위한 예산 책정을 표결하기를 거부했다. 프랑스 육군력의 실질적 증대에 직면한 1913년에 이르러서야 독일 육군은 상당한 정도로 늘어났다.

　건함 프로그램은 (그리고 그에 뒤따르는 수사는 더욱더) 독일의 외교관계에서 조화를 지속적으로 깨뜨리는 불협화음의 배경음을 제공했다. 앞서 언급한 것처럼, 독일은 영국과 우호적인 관계를 원했다. 불행하게도 독일제국은 섬나라가 지불할 수 없는 외교적 대가를 영국에 요구하고 있었다. 독일인들은 주요 강국으로서 자신들을 인정할 것을 주장했을 뿐만 아니라, 중부와 남동 유럽에서 헤게모니를 획득하려는 오스트리아-독일의 야심에 대한 영국의 지원을 얻는 것을 영독 협약의 전제로 고집했다.

　독일과 영국의 협상은 1898년 시작되었고, 간헐적으로 1912년까지 지속되었다. 때로 교섭자들은 합의에 이른 것처럼 보였지만, 종래 양측 모두 실패를 인정했다. 가장 어려운 점은 다른 강대국들끼리의 일련의 동맹과 협약이 세력균형에서 주요한 변화를 가져와 독일이 원래 가졌던 강자로서의 위치를 허물었던 반면, 독일제국은 고집스럽게 강자의 위치에서 움직이기를 고집한 것이었다.

　부분적으로는 재보장조약을 갱신하는 데 실패한 것에 대한 반작용으로, 1894년 프랑스와 러시아는 상호 방어동맹을 체결했다. 비생산적인 영독 협상에 좌절한 영국 역시 궁극적으로는 다른 곳에서 동맹을 구했다. 그 결과 일본(1902년), 프랑스(1904년), 러시아(1907년)와 일련의 협약을 체결했다. 1910년경 독일은 외교적으로 거의 고립되어 있었다.

점점 심화되는 국내문제에 시달리던 한 나라, 오스트리아—헝가리만이 확고한 동맹으로 간주될 수 있었다. 1882년 삼국동맹의 세 번째 파트너인 이탈리아는 프랑스에 더 가까워져갔고, 오스트리아—독일 진영에서는 멀어졌다.

독일에 맞서 외교적으로 정리된 강대국들의 전선에 직면해서, 1904년 이후 독일의 외교정책은 점차 변덕스럽고 필사적이 되었다. 영불과 영러의 유대를 약화하려고 지속적으로 노력하는 가운데, 독일제국은 1905년부터 1913년 사이에 '유럽의 환자'인 오스만제국이 붕괴하는 가운데 나타나는 권력 공백으로부터 주기적으로 발생하던 외교적 위기를 이용하려고 했다.

1905년 제1차 모로코 위기가 프랑스와 독일 사이에서 의지를 시험하기 위한 양상으로 시작되었지만, 삽시간에 영국과 독일의 위기로도 변화되었다. 모로코에서 경제적 이익을 오랫동안 추구해온 프랑스는 19세기 말에 이르러 이 지역에 공식적인 보호령을 만들기 위해 움직였다. 허약한 모로코 술탄의 자결주의에서 자신들의 이해관계를 갑작스레 발견한 독일은 프랑스의 일방적인 움직임에 제동을 걸면서 모로코의 미래를 결정하기 위해 국제 회담을 요구했다. 다른 강대국들도 동의했지만, 회담은 독일의 외교적 패배를 보여주었다. 오스트리아를 제외하고 모든 강대국이 프랑스를 지지했다. 독일제국의 입장은 빌헬름 2세의 호사가적 노력으로도 도움을 받지 못했다. 그는 개인적으로 러시아 황제 니콜라이 2세와 동맹 조약을 체결함으로써 프랑스와 러시아의 유대를 약화시키려고 노력했지만 실패했다.

초기의 차질에도 6년 후 열린 제2차 모로코 회의에서 독일은 또다시 국제적 개입을 강요하고자 했다. 이번에는 제국정부가 모로코의 운명에 대한 독일제국의 관심을 강조하기 위해 아가디르Agadir 항구에 해

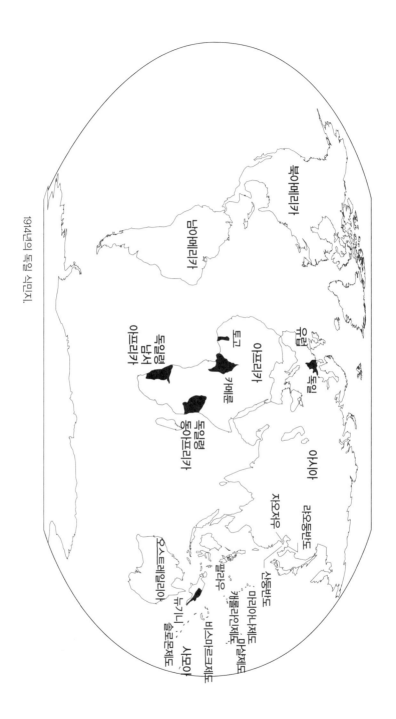

1914년의 독일 식민지.

군 함정을 파견하기도 했다. 이는 빌헬름 황제의 또 다른 외교적 실패가 되었다. 두 번째 회담에서 독일과 오스트리아-헝가리 제국은 체면을 구기지 않을 수 있도록 아프리카 카메룬의 일부를 할양받지만, 다시금 고립되었다.

그러는 사이 강대국 협력 체제를 통한 위기관리 노력의 초점이 유럽 동남부로 옮겨갔다. 1908년 러시아와 오스트리아는 보스니아와 헤르체고비나 지역에 대한 터키의 명목뿐인 통제를 종식시키기로 합의했고(현재 보스니아 헤르체고비나 공화국은 이전 유고슬라비아Yugoslavia였던 지역의 후속 국가 중 하나이다), 오스트리아는 영토를 병합했다. 협상에서 러시아가 얻은 상은 콘스탄티노플해협을 통해 해군 함정이 지나갈 권리를 보다 폭넓게 확보한 것이었지만, 영국은 해협 상황이 변하는 것에 동의하기를 거부했다.

3년 후, 터키-이탈리아 전쟁Turkish-Italian War은 오스만제국의 최종적인 사망을 암시하는 것처럼 보였다. 터키는 북아프리카(리비아)에서 더 많은 영토를 잃었을 뿐만 아니라, 군사적 약점으로 말미암아 유럽 대륙의 남은 영토들에 대한 통제도 의문시되고 있었다. 이는 독일에 매우 중요한 일이었는데, 당시 오스만제국에 점점 더 투자를 한(특히 베를린에서 바그다드를 연결하는 철도 계획과 관련해서 그러했다) 독일은 오스만제국의 영토적 통일성을 유지하는 데 사활을 걸고 있었다. 반면, 발칸반도에 있는 터키의 이웃들은 오스만제국을 유지하는 데 하등 관심이 없었다. 1912~1913년에 있었던 소위 발칸전쟁은 처음에는 그리스, 세르비아, 불가리아, 루마니아, 몬테네그로가 터키와 싸웠고, 나중에는 서로 맞서 싸웠다. 러시아와 오스트리아는 경쟁적인 동맹 체제를 배후에서 조종하려고 노력했다.

강대국들의 세력균형이란 이름으로 활동하면서, 독일 대사 리히노프스키^{Lichnovsky} 왕자를 비롯한 런던 주재 강대국 대사들은 영국의 외무부 장관인 그레이^{Grey} 경의 주도하에 모였다. 외교관들은 마침내 발칸반도에서 일시적인 평화를 회복했지만, 1차대전 전야 독일의 외교적 위상은 위태로운 채로 남았다. 대체로 강대국 협조 체제에서 고립된 채, 독일은 실패한 노력들의 폐허와 지속적인 망상을 제외하고는 세계 정치에서의 야심과 관련해 별로 보여준 것이 없었다.

1차대전 전야의 독일

빌헬름 2세는 1913년 재위 25주년을 맞이했다. 이 행사는 기대 이상으로 성대하게 치러졌고, 많은 측면에서 지도자의 특성과 나라의 분위기를 정확히 반영했다. 독일인의 생활수준은 높아지고 있었고, 경제는 성장하고 팽창했다. 독일인들은 자국의 기술적, 과학적 성취에 대한 자부심을 갖고 있었다. 비폭력적인 정치적 근대화로의 길도 열려 있는 것으로 보였다. 1912년 선거는 증가하는 양극화보다는 수렴을 선호하는 세력들의 힘을 입증하는 것으로 보였다. 극단적인 좌우파는 유권자들 사이에서 세력을 잃었고, 대부분의 독일인들이 분명하게 온건 중도와 좌파를 지지했다. 우파 쪽으로는 보수주의가 하나의 항구적이고 작은 소수파가 되었다. 좌파 쪽으로는 (스스로 부과한 것이건 외부에서 부여한 것이건) 사회주의자들에 대한 배척이 약화되었다. 당내에서 오랜 기간 금기시되던 것을 깨뜨렸던, 일부 남부 주에서 '부르주아' 정부들에 의해 제안된 예산들을 지지한 사민당의 표결은 사민당의 수정주의자들에게 중요한 승리를 의미했다.

그러나 그림의 다른 측면도 존재했다. 낙관주의, 자부심, 합의는 비관주의, 고립, 양극화와 나란히 존재했다. 19세기 후반은 과학, 합리주의, 물질만능주의의 궁극적인 승리를 보여주었지만, 무언가 근본적인 것을 상실해가고 있다는 느낌 또한 증대했다. 우리가 보았던 것처럼 빌헬름 제국 시기 기득권층의 물질만능주의에 대한 대응은 때때로 근대성과 자기 선언적 이상주의를 이루기 위한 모반의 형태를 띠었다. 그러나 비관주의와 운명주의에 대한 지각일 경우가 더 많았다.

사회정치적인 수렴의 신호들 역시 명확하지는 않았다. 1913년까지 빌헬름 황제와 그의 조언자들이 제국 차원에서 일어나던 정치적 전제주의의 붕괴를 멈추기 위해 위로부터의 쿠데타를 실시할 것을 포기한 것은 사실이었다. 동시에, 프로이센에서 삼계급 선거제도를 개혁하기 위한 노력이 실패한 것은 독일에서 정치적 근대화에 맞서는 세력들이 그들이 가진 프로이센 요새를 강화하고 있다는 것을 보여주었다. 독일에서 완전한 근대화로의 길은 분명 평탄하지 않았다.

국제적인 상황도 모순적인 지표들을 제시했다. 대차대조표상의 긍정적인 면은 1913년 말까지 세력균형을 회복한 것이었다. 비록 강대국들끼리의 차이점이 존재했지만, 발칸전쟁 당시 당사자들에게 부과된 강화조약들과 중동 지역에서 경제적인 영향력에 대한 영독의 합의는 강대국들의 협조 체제가 1차대전 직전에도 여전히 잘 작동했음을 보여준다. 1906년 독일과 다른 유럽 국가들에서는 전쟁이 불가능하고, 강대국들 사이의 영구적인 평화가 불가피함을 보여주는 책들이 홍수처럼 쏟아져나왔다.

그러나 다시금, 반대의 경향도 있었다. 국제적인 갈등과 위기들은 분명 지난 10년 동안 증가하는 추세였고, '생각할 수 없는 것', 즉 강대국들의 군사적 충돌이 점차 논의되었다. 프로이센 육군 참모총장 헬무트 폰 몰트케는 군비 책정에 대한 논의에서 "영원한 평화는 백일몽이고,

만족스러운 것도 전혀 아니"라고 논평했다.

그의 정서는 많은 독일인과 다른 유럽인들에 의해 공유되었다. 그리고 이들은 전쟁이 물질만능주의와 퇴폐의 종말을 약속한다고 확신했다. 많은 평화주의자의 문학이 출간되었던 1912년, 퇴역 장군인 프리드리히 폰 베른하르디Friedrich von Bernhardi는 《독일과 다음 전쟁Deutschland und der nächste Krieg》이라는 예언적 제목의 베스트셀러를 출간했다. 이 책에서 그는 물질주의와 이기주의의 세기를 종식하고 영웅주의와 자기희생의 새로운 시대가 도래할 것이라는 이유로, 군사적 갈등은 불가피할 뿐만 아니라 유익한 것이라고 묘사했다.

아마도 가장 중요한 점은 독일에서 몇몇 집단이 독일의 정치적 근대화를 종식시킬 방안으로 전쟁을 희구했다는 징후였다. 1913년 경영자단체 기관지인 〈도이체 아르바이트게베르자이퉁Deutsche Arbeitgeberzeitung〉의 편집인은 전쟁이 "[우리의] 질병에 대한 치료책"일 것이라고 결론지었다. 제국의 책임 있는 지도자들이 이를 추구하는 적극적인 정책을 펴지 않았음은 분명한 사실이나, 예상치 못했던 한 테러리스트가 갈등을 억누를 것인지 고조시킬 것인지 선택하라고 그들 앞에 제시했을 때, 그들은 긴장 고조를 선택했다. 그들의 결정은 주로 군사적이고 외교적인 고려들에 의해 고무되었지만, 독일 지도자들은 전쟁이 적어도 한동안은 곧 붕괴될 전체주의 체제에 대한 지지로 국가 전체를 묶어낼 수 있으리라는 것을 모르지 않았다.

에두아르트 베른슈타인^{Eduard Bernstein}
(1850~1932년)

베른슈타인은 1873년 마르크스가 사망한 이후 유럽인들의 경제적 삶에 마르크스주의를 적용하고자 노력한 사민당 지도자들 가운데 가장 영향력이 크면서도 가장 많이 비난받은 사람 중 한 명이었다. 유대인 자동차 엔지니어의 아들로 태어난 베른슈타인은 견습 은행원으로 사회생활을 시작했다가 머지않아 독립했다. 22세에 사민당에 가입한 그는 공식 교육을 별로 받지 못했다. 하지만 당 지도자들은 그를 당의 주요 신문인 〈조치알데모크라트^{Sozialdemokrat}〉의 편집인으로 임명했다. 1878년 반사회주의자법이 통과된 후 독일에서 사민당 신문의 발행은 금지되었고, 베른슈타인은 1878~1890년의 대부분을 처음에는 취리히에서, 나중에는 런던에서 보냈다. 이제는 신문이 외국에서 독일로 밀반입되어야 하는 상황이었지만, 그는 여전히 〈조치알데모크라트〉의 편집인이었다.

베른슈타인은 런던에 있을 때 프리드리히 엥겔스를 만났고, 엥겔스로부터 마르크스–엥겔스 저작 유산의 집행인들 중 한 명이 되어달라는 요청을 받았다. 엥겔스와의 교류가 그를 정통 마르크스주의 결정론자가 되도록 이끌었을지 모르나, 이와 반대되는 영향력도 있었다. 베른슈타인은 한편으로 영국 페이비언협회^{English Fabian Society}와도 접촉하고 있었던 것이다. 페이비언협회는 세기 전환기 영국에 내재한 자본주의의 문제점들에 대해 몹시 염려하여 영국 산업노동자들의 환경을 개선하기로 결심했던 조지 버나드 쇼^{George Bernard Shaw} 같은 지식인과 작가들의 단체였다. 이들은 계급 갈등과 폭력 혁명을 통해서만 이런 개선이 가능하다는 마르크스주의를 거부했다. 대신 비폭력적 개혁을 지지했다. 영국에서의 체류 이후 베른슈타인 역시 자본주의 발전에 대한 마르크스의 많은 가정이 틀렸다고 결론 내렸다. 예컨대 자본주의가 정점에 도달할 때

산업노동자들의 생활이 점점 더 빈곤해지리라는 것은 사실이 아니었다. 페이비언주의자들과 마찬가지로 베른슈타인은 한 나라가 완전한 정치적 민주주의를 이룬다면 자본주의는 폭력적 봉기 없이도 개선되고 변화할 수 있으리라고 확신했다.

독일에 돌아온 베른슈타인은 1905년 사민당원들 사이에서 센세이션을 일으킨 얇은 책자 하나를 출간했다. 《사회주의의 가설과 사민주의의 임무》에서, 베른슈타인은 세기 전환기 서구의 산업화된 국가들에서 자본주의는 마르크스가 예상했던 것보다 훨씬 더 복잡한 현상이라고 주장했다. 그는 인간의 지배적인 경제적, 사회적 가치 체계로서 사회주의가 궁극적으로 자본주의를 대체하리라는 신념을 결코 버리지 않았지만, 사회주의를 달성하는 수단, 그리고 사회주의 사회의 궁극적인 목표에 대해서는 의구심을 가졌다. 베른슈타인에게 자본주의는 단일한 실체가 아니라 다양한 이익집단의 총체였고, 그들 중 일부는 다소간 '진보적'이었다. '진보적' 자본가들은 사회개혁을 받아들일 것이고, '반동적'인 자본가들은 받아들이지 않을 터였다. 베른슈타인은 사회주의 활동을 두고, 프롤레타리아 독재를 구축하는 방식이기보다는 일차적으로 윤리적인 명령이라고도 주장했다.

베른슈타인은 '진보적' 자본가 세력들과 공조하면 자본주의가 사회주의로 대체되기 이전이라도 산업노동자들의 생활에서 상당한 진보를 이룰 수 있다고 주장했다. 이 목표를 이루게 할 수단은 폭력 혁명이 아니라 완전한 민주주의를 구현할 정치체제였다. 결과적으로 그는 사민당의 일차적인 임무는 폭력 혁명을 위해 프롤레타리아트를 준비시키는 것이 아니라 사회주의적 개혁, 그리고 궁극적으로는 사회주의 자체에 표를 던짐으로써 정치적 민주주의를 위해 노력하게 하는 것이라고 주장했다.

마르크스주의 서클에서 베른슈타인의 책(그리고 그의 이후의 저작들)에 대한 반응은, 적어도 표면적으로는 압도적으로 부정적이었다. 러시아 볼셰비키당 지도자인 블라디미르 레닌은 베른슈타인이 사회주의자의 가치를 배반하고 있다고 비판했다. 레닌에게는 '베른슈타인'과 '수정주의'가 혁명보다는 개혁을 지지하는 누군가에게 던져질 묘비명이었다. 독일에서 로자 룩셈부르크는 이데올로기적인 면에서 베른슈타인의 주적이었다. 그녀는 자신의 당 동료인 베른슈타인이 자본주의가 표결로 권좌에서 내몰리는 것을 허용할 것이라고 주장할 만큼 터무니없이 순진하다고 격렬히 비판했다. 사민당 전당대회에 참여한 대표단은 프롤레타리아 혁명의 필요성을 재확인하는 결의안들을 의례적으로 통과시키곤 했다.

베른슈타인의 아이디어는 보기보다는 훨씬 영향력이 있었다. 독일 노동조합들은 자신들이 빵과 버터 이슈에 국한되는 단체협상에 나설 것을 허용해주는 이 이론을 지지했다. 사민당도 이론적으로는 베른슈타인주의를 거부했지만 실제로는 혁명을 준비하기보다 독일에 민주주의를 정착시키는 데 힘쓰는 정책을 추구했다.

완전히 다른 이유에서이기는 했지만, 1차대전 때 베른슈타인과 룩셈부르크는 아이러니하게도 모두 독일독립사회민주당Unabhängige Sozialdemokratische Partei Deutschlands, USPD(이하 독립사민당)에 가담했다. 룩셈부르크에게 독립사민당은 독일 마르크스주의의 혁명적 측면을 대표했던 반면, 평생 평화주의자였던 베른슈타인은 전쟁의 즉각적인 종식을 주장하는 독립사민당의 주장에 동의했다. 1차대전 정전협정 이후 베른슈타인은 1919년 사민당에 재입당했고, 타계할 때까지 적극적인 구성원으로 남았다. 1902~1928년 그는 매우 충실한 입법자는 아니었지만, 제국의회 의원이었다. 그는 주로 저술과 연설로 활약했다.

1920년대에 베른슈타인의 아이디어는 사민당에서 잠시나마 수용되는 듯 보였다. 비록 1921년 괴를리츠Görlitz 강령에는 베른슈타인의 이름이 전혀 언급되어 있지 않지만, 그는 강령에 담긴 아이디어의 많은 부분을 담당했다. 그러나 강령에 담긴 수정주의에 대한 지지는 짧은 서막에 불과했다. 당의 다음 성명인 1925년의 하이델베르크 강령은, 비록 그 열정적인 수사가 사민당의 일상적 개혁 정치에 맞지 않음에도 불구하고, 정통파 마르크스주의의 막강한 세력을 다시금 보여주었다. 베른슈타인의 아이디어는 2차대전이 끝난 후에야 비로소 독일과 서구의 사민주의 정당에 의해 인정받고 수용되었다. 베른슈타인주의는 사민당의 1959년 바트 고데스베르크Bad Godesberg 강령에 수용되었고, 그의 아이디어들은 이제 모든 서구 사민주의 정당의 이데올로기적 토대의 일부가 되었다.

로자 룩셈부르크^{Rosa Luxemburg}
(1870~1919년)

___

로자 룩셈부르크는 글자 그대로 신념을 위해 죽은 마르크스주의자다. 정치활동가이기도 했던 그녀는 존경받은 동시에 비난받았다. 하지만 칭송의 대부분은 사후에 이루어졌고, 공격의 대부분은 생존 시 이루어졌다.

그녀는 러시아가 점령하고 있던 폴란드의 자모시치^{Zamość}라는 작은 도시에서 목재 상인이던 랍비의 딸로 태어났다. 그녀의 가족이 바르샤바로 이주한 후 그녀는 러시아 제2여자 김나지움^{Gymnasium}을 다녔고, 거기에서 그녀의 탁월한 지성과 그에 맞먹을 정도의 반골 기질을 보였다. 몇 차례 학교 당국에 맞선 후 그녀는 1889년 강제로 폴란드를 떠나게 되었고, 취리히로 이주해서 대학 공부를 시작했다. 그곳에서 그녀는 비스마르크의 반사회주의자법 때문에 스위스로 망명한 다수의 독일 사민주의자들과 금세 접촉하게 되었다.

1898년 룩셈부르크는 베를린으로 이주하여 사망할 때까지 사민당의 정강에 헌신했다. 그녀는 전당대회에서 선출된 극소수의 여성 가운데 한명이었고, 사회주의 인터내셔널 대회에 수시로 대표로 파견되었다. 당을 위한 그녀의 노력은 당직자를 위한 사민당 교육기관에서 주로 이루어졌다. 당시에 교사상 같은 게 있었다면 그녀가 매년 수상했을 것이다. 후일 그녀의 정적들조차 그녀가 매우 총명하고 열정적인 교사였다고 회고했다.

베를린으로 옮긴 지 10년 후, 로자 룩셈부르크와 에두아르트 베른슈타인은 지적 대결을 벌이기 시작했다. 룩셈부르크는 수정주의자들이 사회주의 운동과 노동계급의 눈을 가려 프롤레타리아 혁명의 준비를 막고 있다고 확신했기 때문에 베른슈타인의 수정주의를 거세게 반대했다. 베른슈타인과 달리, 룩셈부르크는 자본주의가 외양은 견고해 보여도 이미 최후의 단계에 있다고 주장했다. 그녀의 유명한 표현에 따르면, 제국주의는 "자본주의의 최고이자 마지막 단계"였다. 자본주의가 이미 자체적인 모순의 무게 때문에 흔들리고 있었으므로, 궁극적인 혁명보다 빵과 버터의 문제에 집중하는 것은 이미 생존 연한이 지난 자본주의의 사망을 지연하는 데 불과했다. 룩셈부르크는 당과 노동조합이 노동자들을 조직해서 그들이 손에 쥔 무기들—특히 파업—을 이용하여 프롤레타리아 혁명을 벌이고 프롤레타리아 독재를 건설해야 한다고 주장했다.

제국주의에 대한 룩셈부르크의 분석은 러시아에 있던 블라디미르 레닌의 사고와 유사했지만, 그녀와 볼셰비키 지도자 레닌이 매우 날카롭게 대립하던 한 가지 쟁점이 있었다. 룩셈부르크는 프롤레타리아 내부의 민주주의를 열렬히 믿었다. 즉 사민당과 노조운동에서 다른 관점들을 표현하는 데 자유로워야 할 뿐만 아니라 자유롭게 지도자들을 선출해야 한다고 믿었다. 룩셈부르크는 소규모의 전문 혁명가 그룹이 프롤레타리아의 이름으로 행동한다는 레닌의 '전위 이론'을 완전히 거부했다.

로자 룩셈부르크는 1차대전 발발이 오래전부터 예견된 자본주의 국가들의 파국을 알리는 내전으로, 이 증오받는 체제의 종말을 암시한다고 보았다. (레닌을 포함한) 다른 좌파 사회주의자들과 마찬가지로 그녀는 모든 노동자에게 사보타주, 파업, 폭동 등 가능한 모든 수단을 동원하여 자국의 전쟁 수행 노력에 반대하라고 장려한 치머발트Zimmerwald 운동을 지지했다. 그는 전쟁 수행 노력을 지지하려는 사민당의 결정을 격렬히 비판했고, 독일 노동자들에게 공개적으로 군복무를 거부하고 무기 제조에 대해 사보타주할 것을 촉구했다. 그 결과 그녀는 선동 혐의로 재판을 받았고, 전시의 대부분을 감옥에서 보냈다. 예상되었던 것처럼 그녀는 독립사민당이 창당되자마자 가입했다. 또한 극단적 좌익인 스파르타쿠스단Spartakusbund의 적극적인 구성원이 되었다.

1918년 10월 감옥에서 풀려난 그녀는 즉시 다수사민당Mehrheitssozialde-mokratische Partei Deutschlands, MSPD에 대항하는 선전 활동을 재개했다. 그녀는 인민대표평의회를 창설하는 데 반대했고, 임시정부에 참여하기로 한 독립사민당의 결정에 격렬히 저항했다. 그녀는 프롤레타리아 독재를 이끌 첫 번째 걸음인 노동자-병사평의회의 손에 모든 권력이 주어져야 한다고 요구했다.

1918년 12월 말, 카를 리프크네히트Karl Liebknecht와 함께 룩셈부르크는 독일 공산당Kommunistische Partei Deutschlands 창립 멤버 중 한 명이 되었다. 당 기관지 〈로테 파네Rote Fahne〉의 편집위원으로서 그녀는 임시정부에 맞서 지속적인 저주를 뿜어냈지만, 1919년 1월 이 정부를 전복시키기 위해 제2혁명에 나서기로 한 공산당의 결정에는 반대했다. 룩셈부르크는 당이 성공적인 혁명을 위해 필요한 재원도 인력도 갖고 있지 않다고 주장했다(독일공산당 창당대회에서 이 문제에 대해 논의하던 중 그녀는 "동지들, 당신들은 다소 너무 가볍게 혁명을 수행하는 이 사업에 나서고 있소"라고 외쳤다). 하지만 자신의 민주적인 소신에 충실하게 그녀는 다수결을 받아들였고, 성공하지 못하고 아마추어적 시도가 될 것이 뻔한 결정을 충실하게 지지했다.

그녀는 자신의 전 생애를 신념에 바쳤다. 룩셈부르크와 리프크네히트는 정부가 좌파 모반자들에 맞서 싸우도록 승인해준 극단적인 우파 자경단 가운데 하나에 체포되었다. 소위 스파르타쿠스 주간에 벌어진 일이었다. 두 공산주의 지도자는 살해되기 전에 심하게 맞았다. 그들의 시신은 베를린의 란트베어운하Landwehrkanal에 던져졌다.

마를레네 디트리히Marlene Dietrich
(1901~1992년)

여배우이자 가수이며, 하나의 미디어 현상이기도 했던 마리 막달레네 디트리히Marie Magdalene Dietrich는 1901년 12월 베를린에서 태어났다. 그녀의 가족은 안정된 중산층이었다. 1911년 사망한 아버지는 베를린 경찰의 경위였다. 디트리히는 엘리트 김나지움인 아우구스테 빅토리아Auguste Victoria소녀학교(빌헬름 2세의 부인 아우구스테 빅토리아의 이름을 딴 학교)에 갔고, 거기서 음악 분야에 종사하려는 생각을 키워나갔다. 그러나 바이올린 연주자가 되고자 했던 그녀의 야심은 손목 부상으로 꺾이고 말았다. 대신 그녀는 무대와 영화라는 새로운 매체로 눈을 돌렸다.

1920년대 중반 그녀는 연극과 다수의 영화에 등장했다. 요제프 폰 슈테른베르크Josef von Sternberg 감독이 그녀를 〈푸른천사〉에서 롤라롤라Lola Lola 역할로 캐스팅했을 때인 1929년이 전환점이 되었다. 하인리히 만의 소설에 기초한 이 영화에서 디트리히는 당대의 가장 유명한 독일 배우들 중 한 명이던 에밀 야닝스Emil Jannings가 연기한 존경할 만한 교장의 삶과 이력을 모두 파괴하는 매혹적인 팜므 파탈을 연기했다.

〈푸른천사〉는 디트리히의 독일 경력의 끝이자 미국에서의 성공의 서막이었다. 그녀의 멘토이던 요제프 폰 슈테른베르크가 할리우드로 옮겨가서 그녀를 초청했다. 그녀는 초청에 응했고, 1930~1935년 이 팀은 파라마운트픽처스Paramount Pictures에서 여러 편의 뛰어난 영화들을 만들었다.

나치가 권력을 쥐었을 때, 요제프 괴벨스 선전부 장관은 디트리히의 스타 파워를 인정했고, 그녀에게 독일로 돌아오라고 설득했으나 디트리히는 이를 거절했다. 디트리히는 나치와 그들의 반유대주의정책을 경멸했다. 그녀는 할리우드에 머물렀고, 1939년 미국 시민이 되었다. 2차대전 때 그녀는 연합국의 전쟁 수행 노력을 다양한 방식으로 지원했다. 미군 병사들을 위한 라이브 쇼에서 공연했고, 연합국을 위한 전시채권 발행을 위해 나선 첫 번째 미디어 스타들 가운데 한 명이기도 했다. 1947년 디트리히는 전시의 공로를 인정받아 대통령이 수여하는 자유의 메달Medal of Freedom을 수상했다.

종전 후 디트리히는 카바레 연기자, 순회공연 가수, 녹음 예술가 등으로 거듭났다. 그녀의 음악 매니저이던 버트 배커랙Burt Bacharach이 그녀의 깊고 섹시한 알토 음색을 잘 살렸기 때문에, 디트리히는 이러한 시도들에서 큰 성공을 거두었다. 디트리히는 1960년 순회공연을 위해 독일에 돌아왔고, 전시의 활동으로 일부 비판이 있기는 했지만, 그녀의 콘서트는 전회 매진되었다. 그녀는 빌리 브란트를 비롯한 서독의 정치 지도자들로부터도 환대를 받았다. 디트리히의 예술 경력은 그녀가 오스트레일리아의 시드니에서 공연하던 중 다리가 부러진 1965년 끝났다. 4년 후 그녀는 자서전인 《내 삶만을 보라Nehmt nur mein Leben》를 출간했다.

그녀는 말년의 11년간을 파리의 아파트에서 자리보전을 한 채로 사실상 은둔자로서 살았다. 소수의 정기적 방문자 가운데 한 명은 딸인 배우 마리아 리바Maria Riva였다. 1992년 5월 디트리히는 90세에 사망했다. 미국에서의 오랜 시간과 이후 파리에서 보낸 세월에도 불구하고 태어난 곳이자 초기에 성공을 경험한 베를린과의 감정적 유대를 잃지 않았다. 그녀는 베를린에 묻히기를 원했고, 베를린 쇠네베르크Berlin-Schöneberg 묘지의 어머니 가까이에 묻혔다.

디트리히의 예술적, 문화적 자산의 다수—10만 통에 달하는 편지 등—는 베를린에 있다. 이것은 베를린 영화박물관Deutscher Kinemathek의 핵심 소장 자료이다. 그녀가 태어난 도시는 1998년 한 광장에 그녀의 이름을 붙이고, 2002년에는 그녀를 명예시민으로 위촉함으로써 예우했다. 1997년 독일은 그녀를 기리는 우표를 발행하기도 했다.

카를 마이^{Karl May}
(1842~1912년)

───

카를 마이만큼 건국세대와 빌헬름 시대 대중의 문화적 이상을 체현한 사람은 없다. 1842년 태어난 그는 까다롭고 논쟁적인 인물이었을 뿐만 아니라 생산적인 소설가이자 에세이스트였다. 그가 곧바로 문학적인 성공을 이룬 것은 아니었다. 그는 다양한 경범죄로 초년인 1865~1874년을 감옥에서 보냈다.

작가는 1874년까지 그의 참된 소명을 찾지 못했지만, 그것을 찾고 나서는 19세기 후반과 20세기 독일에서 문학적 인기를 얻을 법한 모든 뜨거운 쟁점을 다루었다. 팽창하는 삽화 잡지 시장—그가 사망하기 전 100여 개에 달했다—을 활용하여, 마이는 이 매체에 연재소설과 단편들을 기고했다. 그 픽션의 장소와 인물들은 매우 다양했지만, 그의 가장 인기 있는 이야기들은 모험 소설들로, 그 배경은 오리엔트, 특히 미국의 '거친 서부' 같은 이국적인 장소였다.

실험문학^{Trialliteratur} 장르에 마이가 가장 지속적으로 기고한 작품은 허구의 아파치족^{Apache} 추장인 빈네토우^{Winnetou}와 그의 독일 친구이자 협력자인 늙은 샤터한트^{Old Shatterhand}의 모험이었다(마이처럼, 그의 허구 영웅도 작센 출신이었다). 이 이야기들에서 빈네토우는 고상한 야만인이었고, 늙은 샤터한트는 탐욕스럽거나 불성실하지 않은 예외적인 백인이었다.

당대의 많은 작가들과 마찬가지로 마이도 멀리 떨어진 지역들을 실제 경험에 근거해 묘사하지 않았다. 미국 서부에 관해서라면, 그는 지도, 가이드북, 여행기, 제임스 쿠퍼^{James Fenimore Cooper}의 소설과 같은 초기의 허구적 양식들, 그중에서도 자기 자신의 활발한 상상력에 의존했다. 1908년, 그는 결국 미국을 방문했지만, 뉴욕주 버팔로보다 더 서쪽으로 가지는 않았다.

마이는 매우 근대적인 자수성가형 인물이었다. 오늘날 작가들의 북콘서트처럼 마이는 그의 책을 홍보하기 위해 광범위한 강연 여행을 계속했다. 그는 또한 늙은 샤터한트와 그의 오리엔트적 상대인 카라 벤 냄시^{Kara ben Nemsi}(독일인 카를)의 옷을 입고 사진 촬영을 했다. 사진들은 우편엽서에 담겨 수천 장이 팔렸다.

나중에 마이는 점차 신비주의와 평화주의를 지향했다. 그의 작품들은 인간을 악에서 선으로 끌어올리는 주제에 대한 알레고리로 가득한 텍스트가 되었다. 1912년 사망하기 일주일 전 빈에서 있었던 그의 강연이 전형적인 경우로,

그 제목은 "고상한 인간의 영역을 향하여"였다. 1차대전 발발 때까지 살지 않았던 것이 그에게는 다행이었을 것이다.

이 작가가 꾸준한 인기를 누린 것은 특히 미국 서부를 배경으로 하는 그의 모험 소설 덕분이었다. 독일, 오스트리아, 스위스—독일의 성장한 소년 세대는 빈네토우와 늙은 샤터한트를 읽고, 그들의 모험을 바탕으로 카우보이와 인디언 놀이를 하면서 자랐다(지금도 여전히 그렇다). 히틀러도 그의 광팬이었고, 알베르트 아인슈타인Albert Einstein도 그랬다.

사망한 지 한참 지난 후에도 마이는 (계속해서 재출간되고 있는) 책과 영화, 여름 축제들 속에서 살아남았다. 1912~1968년, 세계적 스타들이 늙은 샤터한트와 빈네토우를 연기한 가운데 그의 이야기들에 근거한 23편의 영화가 만들어졌다. 미국의 렉스 바커Lex Barker는 몇몇 영화에서 늙은 샤터한트를 연기했고, 프랑스 스타 피에르 브리스Pierre Brice는 빈네토우를 연기했다.

오늘날 마이의 이야기를 연극으로 재연하는 데 집중하는 세 개의 여름 축제가 있다. 중요한 둘 가운데 하나는 슐레스비히홀슈타인의 바트 제게베르크Bad Segeberg에서, 다른 하나는 노르트라인베스트팔렌Nordrhein-Westfalen주의 렌네슈타트엘스페Lennestadt-Elspe에서 열린다. 렌네슈타트엘스페 축제에서 피에르 브리스는 10년간 빈네토우를 연기했다. 독일 통일 이후 마이 이야기들의 세 번째 야외 상연 기회가 마이가 그의 생애 대부분을 살았던 라데보일Radebeul 마을에서 가까운 작센의 라텐Rathen에 만들어졌다. 그는 그곳의 빌라에서 사망했는데, 적절하게도 이 빌라는 '늙은 샤터한트'라고 이름 붙여졌다.

3장

1차대전
1914~1918년

1차대전만큼 인간사의 경로를 심대하게 바꾼 사건도 드물다. 직접적으로든 간접적으로든, 적개심은 대부분의 유럽인과 미국인뿐만 아니라 모든 독일인에게 영향을 미쳤다. 1918년 11월 전쟁이 끝났을 때, 독일과 유럽에 있던 구질서의 대부분이 사라졌다. 러시아에서 일어난 두 차례의 혁명은 차르의 지배를 종식시켰고, 오스트리아−헝가리 제국은 몇 개의 신생 민족국가로 분리되었다. 독일에서는 프로이센−독일 전제주의가 전복되었으며, 이 나라는 강대국으로서의 지위를 잃었다. 빌헬름 2세는 퇴위하고 네덜란드로 망명했다. 그는 1941년 사망할 때까지 거기서 살았으며, 다시는 독일을 방문하지 못했다.

　전쟁이 입힌 인명 피해는 충격적이었다. 1차대전은 최초의 총력전이었다. 점차 진화된 (그리고 파괴적인) 무기들과 기계화된 전쟁은 전선에서 인명을 손상시켰을 뿐만 아니라 '국내 전선'에서도 전례 없는 경제적, 인적 자원의 동원을 필요로 했다. 그 결과 엄청난 수의 사망자가 발생했으며, 심각한 사회적 파국을 몰고 왔다. 독일은 600만 명이 사망하고, 부상당하고, 실종되었다. 이에 더해 75만 명이 전쟁으로 말미암은 영양 부족과 질병으로 사망한 것으로 추산된다.

전쟁 발발

1차대전이 끝났을 때 대서양 양쪽의 정치가와 학자들은 이 전쟁을 촉발시키는 역할을 한 사건 전개나 인물에 대해 탐구하기 시작했고, 이 작업은 현재까지도 이어지고 있다. 전쟁을 종식한 평화협정에서 독일은 이 전쟁을 유발한 책임을 인정하도록 강요받았으나 1920년대 내내 대부분의 독일인들—그리고 동맹국 측 학자들 다수—은 독일 정부는 전쟁 발발에 미미한 책임만 있을 뿐이라는 '수정주의'적 관점을 지지했다.

유럽이 2차대전에 뛰어들면서 누가 전쟁에 대해 책임이 있는가에 대한 관심은 약화되었다(2차대전의 전화를 유발한 책임이 나치에 있다는 것에는 의문의 여지가 없다). 그러나 1961년 독일의 역사가 프리츠 피셔Fritz Fischer가 방대한 분량의 새로운 연구 결과를 출간하자 1차대전을 둘러싼 논쟁이 다시 촉발되었다. 《1차대전 시 독일의 목표Germany's Aims in the First World War》(독일어 제목인 '세계 패권의 추구Der Griff nach der Weltmacht'가 저자의 명제를 더 잘 표현하고 있다)에서 피셔는 독일의 군사, 산업, 정치 지도자들이 의도적으로 이 나라를 전쟁으로 몰아갔으며, 국내적으로 전제주의 권력을 유지하고, 국제적으로는 독일의 패권을 확장하기 위해서였다고 주장했다.

피셔의 명제 중 적어도 일부는 수십 년간의 논쟁을 견뎌내고 살아남았다. 우리가 앞으로 보게 될 것처럼, 독일 지도자들은 결코 그들의 의사에 반하여 전쟁으로 끌려 들어간 것이 아니었다. 오히려 그들은 전쟁이 국내 정치적으로나 대외정책의 측면에서 기회가 될 거라고 보았다. 그러나 독일이 실제로 전쟁에 책임이 있느냐에 대해서는 의문의 여지가 있다. 피셔는 제국정부와 프로이센 장교단이 의도적으로 1914년 전쟁에 착수하여, 이미 오래전에 세워진 목표들을 달성하려고 했다고 주장했다. 그러나 이와 관련된 증거는 희박하다. 균형 잡힌 시각으로 말하자면, 독일의 정치적, 군사적 지도자들의 죄는 전쟁을 도발하려는 음모를 꾸민 것보다는 적대감으로 표출된 위기 동안 그들의 결정들이 낳을 결과를 인지하지 못했다는 데 있다.

1914년 6월 28일 오스트리아-헝가리 제국의 후계자인 프란츠 페르디난트 대공은 오스트리아가 6년 전 공식 합병한 보스니아 헤르체고비나를 공식 방문했다. 대공 부부의 그날 일정에는 육군 연대 사열과 수도인 사라예보의 시장이 주최하는 환영 만찬이 포함되어 있었다. 대공 부부가 시청을 떠날 때, 무개차에 앉아 있던 이들은 젊은 보스니아계 세르비아인 가브릴로 프린치프Gavriolo Prinsip에 의해 암살되었다.

이 테러 행위가 촉발한 결과를 예측한 사람은 거의 없었지만, 결국이 사건은 1차대전을 촉발시킨 일련의 사건의 시작점이 되었다. 정치적 암살은 19세기 후반과 20세기 초 유럽에서 유감스럽게도 매우 일상적이었다. 1881년 알렉산드르 2세Alexandre II는 러시아 테러리스트들이 그의 마차에 집어넣은 폭탄 때문에 사망했다. 1898년에는 프란츠 페르디난트의 숙모인 황후 엘리자베트가 이탈리아 아나키스트에 의해 암살되었다. 프린치프와 여섯 명의 공범의 동기는 그때나 지금이나 잘 알려져 있다. 젊은 학생이자 자칭 지식인인 암살자와 그의 동료 음모가들은 '청년보스니아Young Bosnia'라고 불린 한 조직에 속했다. 이 그룹이 선포한 목표는 보스니아 헤르체고비나를 오스트리아의 통치로부터 해방시켜,

세르비아나 다른 남부 슬라브 국가들과 함께 새롭고 보다 큰 나라인 유고슬라비아의 일부가 되도록 하는 것이었다.

암살은 강대국들, 특히 오스트리아가 자신들의 사활과 결부된 이익이 위협받고 있다고 보면서 비극이기보다는 위기가 되었다. 오스트리아 당국은 프린치프와 그의 공범들에 대한 신문을 통해(모든 공범은 오스트리아 경찰에 금세 체포되었다) 청년보스니아가 오도된 청년들의 클럽 이상의 것이라고 확신했다. 오스트리아 관료들은 테러리스트들이 세르비아의 비밀 테러리스트 한 명과 정치조직인 '흑수단Black Hand'을 통해 무기와 여권, 안전한 도주로를 제공받았다는 사실을 알게 되었다. 흑수단의 지도자가 세르비아의 작전참모본부 정보과 수장이던 드라구틴 디미트리예비치Dragutin Dimitrijević 대령이라는 것은 널리 알려져 있었다. 오스트리아 당국은 (잘못되게도) 그 정보를 근거로 세르비아 정부는 분명 프린치프의 계획을 알았으며, 암살은 국가 원조를 받은 테러리즘의 사례라고 추론했다.

오스트리아-헝가리는 충격과 무고함을 주장하는 세르비아의 항변을 믿으려 하지 않았다. 합스부르크 정부는 반격에 나서기로 확고히 결심했다. 유일한 문제는 어떻게, 더 정확히는 보복이 외교적 조치여야 하는지 혹은 군사적 조치의 형태로 이루어져야 하는지일 뿐이었다. 1914년 이전 몇 년 동안 오스트리아-헝가리 정부의 소위 호전파는 세르비아에 대한 방어적 군사작전을 옹호해왔다. 오스트리아-헝가리의 참모본부 수장인 백작 프란츠 콘라트 폰 회첸도르프Franz Conrad von Hötzendorff 장군이 주도하던 이 그룹은 세르비아가 오스트리아-헝가리 제국을 무너뜨리려고 한다고 확신했을 뿐만 아니라 이를 위해 노력하는 가운데 러시아의 도구 역할을 한다고 확신했다. 결과적으로 회첸도르프와 그의 동맹 세력은 오스트리아가 세르비아를 군사적으로 굴복시켜야만 러시아와 세르비아가 오스트리아—헝가리 제국의 정치적, 영토적 통일성을 훼손하려는 시도를 그칠 것이라고 확신했다.

대공 암살 전까지 회첸도르프와 그의 지지자들은 헝가리 총리 티차Tizsa 백작이 주도하는 '평화파'에 의해 제지당하던 상황이었다. 이 그룹은 회첸도르프의 공세적인 군사전략에 대해 오스트리아—러시아의 충돌 위험성이 있다는 말로 맞서왔다. 사라예보 암살 이후 '호전파'와 '평화파'는 그들의 논지를 전보다 강력히 제시했다. 티차와 '평화파'는 군사행동이 오스트리아를 고립시킬 것이라며 군사작전에 계속해서 반대했다. 군사작전을 지지한 회첸도르프는 오스트리아가 베를린에 외교사절을 보내 독일의 지지를 얻을 것을 제안했다.

7월 3일 오스트리아는 독일을 끌어들이기로 결정했다. 이틀 후, 고위급 대표단이 베를린으로 가서 오스트리아가 무엇을 결정하건 간에 세르비아를 '혼내주는 데' 필요한 독일의 지원을 요청했다. 오스트리아는 독일에 제안할 때, 그들이 염두에 두고 있는 것이 무엇이었는지를—군사활동이 완전히 배제되지는 않았지만—분명히 하지 않았다. 빌헬름 2세는 오스트리아 대표단 단장이던 호요스Hoyos 백작을 친히 만났고, 황제와 그의 정부는 그것이 무엇이건 간에 오스트리아의 모든 조치를 지원하겠다고 장담했다. 빌헬름 2세는 총리나 참모총장과 협의하지 않은채 오스트리아에 백지수표를 발행했다(베트만홀베크 총리는 추후에 정보를 접했다. 다음 날 그는 오스트리아 대사와의 대담에서 빌헬름 황제의 견해를 부연했다).

빌헬름 황제가 '백지수표'에 서명하기로 명백히 성급하고 불필요한 결정을 했던 데에는 많은 이유가 있었다. 황제는 충동적인 사람이었고, 즉각적이고 '본능적으로 옳은' 결정을 내리는 자신의 능력에 대해 과도한 자부심을 갖고 있었다. 또한 독일이 유일하게 남은 동맹국 편에 서리라는 데 의심의 여지가 없어야 한다고 느꼈다. 세력균형에 대한 고려도 그의 결정에 영향을 미쳤다. 앞서 언급되었듯이 오스트리아도, 독일도 러시아가 중부와 남동 유럽에서 오스트리아와 독일의 위상을 위협하는 것을 허용할 수 없다고 확고히 결심한 상태였다. 마지막으로, 국내 정치에 대한 함의도 있었다. 지지를 약속했을 때, 세계 전쟁을 고려하지 않았다는 점은 분명하지만, 그는 제한된 작전 무대에서의 군사적 승리가 자신과 프로이센-독일 전제주의 중심으로 국민을 단결시킬 것이라고 느꼈다.

빌헬름의 백지수표는 오스트리아의 '호전파'가 세르비아에 맞서는 '방어적' 군사 공격을 감행하는 것을 가능케 했다. 7월 7일, 오스트리아는 남부 유럽의 이웃에게 외교적 치욕을 안기는 것보다는 군사적 치욕을 안기기로 결심했다. 확실히, 이 결정은 이후 2주간 (독일을 포함하여) 다른 강대국들에게 비밀에 부쳐졌다. 7월 23일 오스트리아가 세르비아에 최후통첩을 보낼 때에야 비로소 사라예보의 비극이 전면적인 국제 위기가 되었다. 비록 오스트리아의 최후통첩에 대한 세르비아의 대응이 순응의 한 본보기였음에도 불구하고(세르비아는 오스트리아가 제시한 10개 요구 사항 중 단 한 가지를 거부했을 뿐이다), 빈 정부는 세르비아의 대답이 만족스럽지 않다고 판단했고, 7월 28일 오스트리아-헝가리는 세르비아에 선전포고했다.

오스트리아의 움직임은 유럽의 거의 모든 이에게 충격이었다. 빌헬름 2세는 일찍이 빈 정부가 오스트리아의 최후통첩에 대한 세르비아의 납작 엎드린 대답에 만족할 것이라는 의견을 피력한 바 있었다. 선전포고는 위기의 차원을 완전히 변화시켰다. 오스트리아가 만일 세르비아를 물리친다면 발칸반도의 세력균형이 심대하게 달라질 것이고, 이는 러시아가 받아들일 수 없는 일이었다. 세르비아에 대한 오스트리아의 선전

"A Chain of Friendship" — "If Austria attacks Serbia, Russia will fall upon Austria, Germany upon Russia, and France and England upon Germany." (*The Brooklyn Eagle*, 1914. Professor Oron J. Hale provided the cartoon.)

1914년 동맹의 상호 얽힘. 카툰은 "오스트리아가 세르비아를 공격하면, 러시아가 오스트리아를, 독일이 러시아를, 프랑스와 영국이 독일을 공격할 것"이라며, 이러한 상황을 "우정의 고리"라고 표현했다(출처: Courtesy of Library of Congress).

포고에 대응하여, 러시아는 오스트리아 접경 지역 부대에 경계령을 발동했다. 오스트리아-러시아의 대립은 이제 프랑스-러시아 동맹 조건 하에서 프랑스로 하여금 부대를 동원하도록 했다. 독일 역시 오스트리아와의 이국동맹 조건에 따라 부대를 동원했다. 독일제국의 군부 지도자들에게 당혹감을 안겨주었던 것은 위기의 이 측면, 즉 동원 시간표였다. 7월 말, 1875년의 전쟁 위협 이래 가장 위험한 국제적 위기가 될 것이 분명한 이 사태를 완화하고자 (대개는 영국에 의해) 급박하게 이루어진 최후의 외교적 노력이 진행되는 가운데, 독일군 참모총장 몰트케는 회첸도르프에게 전보를 보내 군사 준비를 지연하기 위한 모든 정치적, 외교적 노력들을 무시하고 즉시 전면적 동원에 나설 것을 요청했다.

세르비아에 선전포고하려는 오스트리아의 결정과 급격히 커져가는 위기를 막아내고자 하는 정치적, 외교적 노력을 건너뛰는 몰트케의 경솔한 행동은 강대국들의 결전을 불가피하게 만들었다. 합스부르크 왕가의 비극으로 시작되어 외교적 위기로 전화되었던 것은 이제 머지않아 모든 강대국이 뒤얽힌, 나폴레옹전쟁 이후 최초의 군사 대립으로 전화되었다.

군사적 전개

군사전략가들이 과거 전투에서 얻은 교훈에 근거해 미래 전투를 위한 전략을 세우는 경향이 있다는 것은 역사가들 사이에서 당연한 사실로 통한다. 1차대전 시기 독일이 취한 전략 역시 이 패턴에 여실히 부합한다. 1870~1871년 보불전쟁에서 매우 성공적이었던 계획을 적용한 것이다.

지상전과 관련해 독일은 원래 슐리펜 계획으로 불리는 단 하나의 작전 계획을 가졌다. 그 창시자인 1890년대 프로이센 장군 알프레트 폰 슐리펜의 이름을 딴 이 계획은 독일이 서부에서 프랑스, 동부에서 러시아군을 동시에 맞닥뜨려 군사작전을 행해야 하는 이중 전선 상태에 돌입하는 것을 가장 최악의 경우로 상정해 고안되었다. 부적합한 수송 체계의 제한을 받는 러시아군이 전선에 부대를 동원하는 데 독일군이나 서유럽 강대국들의 경우보다 훨씬 오래 걸리리라는 것은 잘 알려져 있었다. 그 결과 슐리펜의 계획은 프랑스에 대한 대규모의 즉각적인 공격전을 감행하여 선전포고한 지 6주 이내에 독일의 서부 접경국인 프랑스를 물리치는 것을 상정했다. 일단 이런 식으로 프랑스가 전쟁에서 배제된다면, 독일군은 병력 대부분을 동부전선으로 적시에 이동시켜, 러시아군이 동부 프로이센 국경에 가까이 다가올 때 움직임이 느린 러시아 병사들과 맞닥뜨려 패배시킬 수 있을 터였다.

슐리펜 계획은, 앞으로 보게 되듯이, 실제로는 철저히 실패했음에도 불구하고 여전히 매우 대담하고 명석한 군사 개념으로 여겨지고 있다. 최근의 수정주의 연구에 따르면, 슐리펜 계획은 '슐리펜'의 작전이 실패한 것으로 간주되어 부당하게 폄훼되어왔다. 이 새로운 학설의 주창자인 테렌스 주버Terence Zuber는 프로이센군 수뇌부가 전쟁이 끝난 후 독일군 패배의 책임을 전직(그리고 편리하게도 고인이 된) 장군인 슐리펜에게 지우기 위해 이 계획이 고안되었다고 주장한다. 슐리펜 자신은 그의 후임자들보다 훨씬 더 조심스러웠으며, 매우 제한적으로만 반격에 나서는 방어적인 전략을 선호했다는 것이다.

그 계획을 누가 고안했건 간에 1914년 독일 군부의 전략가들은 조직 구성이나, 군대 배치의 속도상으로나 독일이 가진 장점을 활용하여 러시아의 수적 우위를 상쇄하고, 프랑스의 방어 전략가들에게 선수를 칠 수 있도록 공세적인 전략을 펴보자고 결심한 상태였다. 프랑스 군사전략가들은 그들대로 동부 국경의 방어력을 강화하는 것이 1871년의 교훈이라고 해석했다. 그 결과 1871년 이후 프랑스군은 독일의 전통적인 침략 루트에 일련의 요새를 구축하여 1871년에 매우 성공적이었던 독일의 작전이 재연되는 것을 효과적으로 막아내고자 했다. 독일의 전략가들은 프랑스 방어선을 우회하기 위해 대안적인 침투로를 고안해냈다. 프랑스군과 직접 맞닥뜨리는 대신 독일 육군은 벨기에를 통과해 진군하고자 했다. 그러면 측면에서 공격을 받는 프랑스 육군은 주된 병력을 원래의 방어 위치에서 퇴각할 것이고, 이로 인해 독일군이 프랑스 요새들을 넘어서는 것이 가능해질 터였다. 그러나 전략가들의 군사적 이점은 치명적인 정치적 약점이기도 했다. 벨기에를 관통해서 분별 없이 행군하려고 할 때, 독일의 군부 지도자들은 벨기에의 중립성을 짓밟는 것이 가져올 정치적, 외교적 반향보다는 군사적 고려가 우선시되어야 한다는 입장이었다. 1839년 이래로 벨기에의 중립성은 통일 이전 프로이센과 통일 후 독일을 포함한 모든 강대국이 보장해온 바였다.

선전포고는 독일의 공세적인 전략이 즉각적으로 실현되도록 했다. 3주 안에 200만 명의 독일군이 전선에 투입되었다. 독일의 지상군은 8개 부대로 나뉘었다. 군대 동원 이후 그중 7개 부대가 프랑스와 벨기에를 향해서 진군했고, 동부 국경은 1개 부대가 지켰다. 독일군은 슐리펜 계획에 따라 벨기에 국경을 넘었으나, 기대했던 것과 달리 벨기에는 무사통과하게 해달라는 독일제국의 요청을 거부했다. 대신 벨기에인들은 강력히 저항했고, 실제로 독일군의 진군을 며칠간 막아냈다. 물론 벨기에가 독일군의 군사적 맞수가 될 수 없다는 사실은 분명했다. 8월 말 독일군은 벨기에에서 북부 프랑스로 진군해서 거기에 주둔해 있던 프랑스와 영국군에 심대한 타격을 가했다.

그러나 독일의 전략은 곧 여러 어려움에 빠졌다. 프랑스군은 재편에 성공했고, 마른Marne전투(1914년 9월)에서 진군을 멈춘 독일군은 종전까지 그 자리에 머물렀다. 즉각적인 진군으로 계획되었던 서부전선의 전쟁은 소모전이 되었다. 이후 3년 반 동안 방어 작전이 공세적인 기습 공격보다 훨씬 효과적이었다. 1914년 말, 북쪽으로는 영국해협부터 남쪽으로는 스위스 국경까지 뻗은 정교한 참호의 체계가, 무인지대에 의해 구분된 채로, 서부전선의 전략적인 풍경을 지배했다. 병사들의 입장에서 보자면 전쟁은 오랜 시간 지루함과 더러움, 질병, 그리고 양측의 수십만 명이 참여하는 주기적 공격이 간간히 끼어드는 것이었다. 하지만 1918년 중반까지 이러한 노력은 대체로 헛된 일이었다. 고정 사격 기관총을 포함한 무기 기술의 주요한 혁신은 특히 방어자들도 많은 사상자를 낼 수 있게 했다. 공격하는 경우에는 이에 필적할 만한 무기를 1918년 초까지도 갖지 못하다가, 전차가 대규모로 투입되면서 비로소 공격하는 측에 유리하도록 국면의 전환이 이루어졌다. 전투는 상식적인 인간애의 순간에만 드물게 중단되었다. 그 드문 사건이 1914년 12월에 일어났는데, 이때 서부전선의 한 구역에서 독일군과 연합군이 중간 지대에서 만나 크리스마스를 함께 축하했다.

전쟁 발발 두 달 안에 두 전선 대결 구도에서 승리하려던 독일의 작전은 실패로 돌아갔다(황제의 장자인 빌헬름 황태자는 1914년 11월 사적으로 독일군이 이길 수 없으리라는 것을 인정했다). 서부전선에서 차질이 생겼던 것은 러시아군이 동부전선에 예기치 않게 일찍 도착한 탓이었다. 마른전투 시기 독일군은 6만 명에 달하는 두 개 군단을 서부전선에서 동부전선으로 보내, 동부 프로이센 국경 지역에 놀랍도록 빨리 도착한 러시아군에 맞서도록 해야 했다. 동부전선 사령관인 막시밀리안 폰 프리트비츠Maximilian von Prittwitz 장군의 전략적인 실수가 상황을 더욱 악화시켰다. 거의 자포자기 상태에서 8월 중순 동부전선 부대의 지휘권이 프리트비츠에서 파울 폰 힌덴부르크Paul von Hindenburg 장군에게 넘어갔다. 새로운 지휘관은 이제 에리히 루덴도르프Erich Ludendorff를 그의 참모장으로 앉혔다.

동부전선의 지휘권을 쥔 힌덴부르크는 오래된 융커 가문의 자손이었고, 당시 67세의 고령이었다. 힌덴부르크보다 15세가량 젊은 루덴도르프는 별 인기도 없고, 신망도 없는 인물이었다. 그는 귀족 가문 출신도 아니고, 프로이센 장교단의 전통적인 훈련 코스인 경비연대 가운데 어느 곳에서도 복무하지 않았다. 사실 루덴도르프는 군대에서 가장 이름 없는 분야 중 하나이나 그의 능력에 가장 잘 맞는 병참부대에서 주로 이력을 쌓아왔다. 루덴도르프의 주된 장기는 조직과 계획이었다. 두 남자는 탄넨베르크Tannenberg전투에서 그들의 군사적인 역량을 즉각 보여주었다. 매우 잘 실행된 협공작전을 통해 침략하는 러시아군을 포위했다. 뒤이은 전투에서 러시아군은 12만 명 이상의 사망자를 내고, 130마일 이상 러시아 영토로 퇴각했다. 힌덴부르크와 루덴도르프는 즉각 영웅이 되었다. 빌헬름 2세는 그들을 '보탄Wotan과 지크프리트Siegfried' 팀이라고 명명했다.

아이러니하게도 동부전선에서 심각한 문제로 출발했던 것이 탄넨베르크 승리 이후, 독일군의 군사적 딜레마에 대한 부분적 해결책이 되었다. 서부전선이 참호전으로 교착상태에 빠졌던 반면, 동부전선은 대규모 공격 기회를 제공했고, 이미지와 홍보 국면에서 볼 때, 이는 낙관적인 언론 보도로 이어졌다. 탄넨베르크전투에서의 승리는 훨씬 더 중요한 마른전투의 패배를 가려주었다.

힌덴부르크와 루덴도르프가 스타로 떠오른 반면 마른전투의 패배는 헬무트 폰 몰트케의 군사적 이력에 마침표가 되었다. 1914년 가을 그는 참모총장 자리에서 사임했다. 몰트케의 후임이 된 이는 프로이센의 전쟁부 장관 에리히 폰 팔켄하인Erich von Falkenhayn이었다. 육군최고사령부Oberste Heeresleitung, OHL의 새로운 수장은 정부의 홍보 부서가 제시하는 낙관적인 언론 보도에도 불구하고, 전체적인 상황이 전혀 좋지 않다는 것을 잘 알고 있었다. 서부전선에서의 소모전은 엄청난 사상자를 낳고 있었다. 영국이 전쟁 초반부터 실행한 해상봉쇄 조치 때문에 필요한 물품들이 독일에 도달하지 못하고 있었다. 마지막으로 나폴레옹이 1세기 전에 알아차렸던 것처럼 러시아 평원에 대한 대규모 작전을 수행한다고 해서 그것이 러시아의 패배를 의미하지는 않았다.

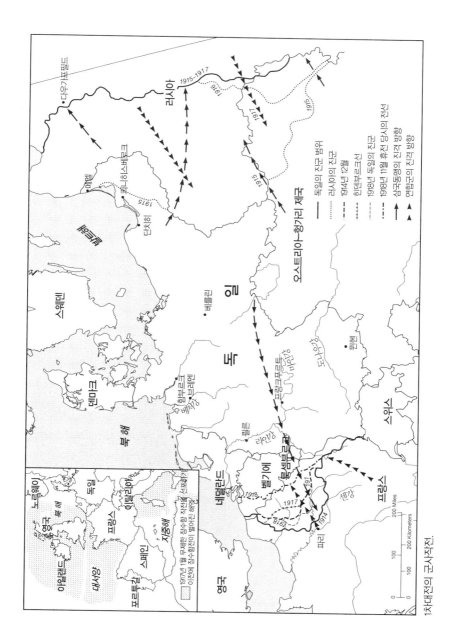

1차대전의 군사작전.

교착상태에 대한 해결책으로, 팔켄하인은 베르됭^{Verdun} 전략으로 알려진 것을 지지했다. 특히 육군최고사령부의 새로운 수장은 베르됭에 있는 프랑스 핵심 요새 포위를 제안했다. 그는 두 가지 결과 중 하나를 기대했다. 독일군이 요새를 장악해 결정적으로 프랑스 방어선을 약화시키거나, 요새를 압박해오는 독일군에 대항하기 위해 프랑스군이 그 지역에 방어 인력을 계속 배치해 이들이 독일 포병부대 엄호사격의 희생자가 되는 것이었다. 이 계획은 서류상으로는 훌륭했다. 하지만 팔켄하인은 1916년 초에 독일제국이 프랑스 요새에 끊임없이 지속적인 압력을 가해 자신의 베르됭 전략을 성공적으로 만들어줄 정도로 충분한 군사 자원을 갖고 있지 않다는 사실을 간과하고 있었다.

그러는 동안 독일의 전체적인 전략 상황은 지속적으로 악화되었다. 1915년 봄 이탈리아군이 연합국 측에서 참전하기로 결정했던 것은 오스트리아–독일군이 담당하던 남부전선에 추가적인 부담을 지웠다. 영국의 해상봉쇄도 점차 독일에 심대한 반향을 불러일으켰다. 1916년 6월 초 러시아의 공세작전이 비록 제어되기는 했지만, 초기에는 성공적으로 수행되었다. 베르됭 요새에 대한 공격은 1916년 2월 시작되었다. 전쟁의 남은 기간 동안 이 지역은 지속적인 전투지가 되었다. 확실히 프랑스 장군들은 여하한 경우에라도 베르됭을 방어할 것을 결심하고 있었고(결국 독일군은 이 요새를 장악하지 못했다), 프랑스군은 결과적으로 엄청난 사상자를 냈지만, 독일군 역시 손실이 결코 적지 않았다.

몰트케와 마찬가지로 팔켄하인 역시 승리한 작전을 만들어내지 못했고, 1916년 8월 황제는 그를 육군최고사령부의 수장 자리에서 해임했다. 그의 뒤를 이은 이들은 독일인 대부분에게 승리를 상징하는 두 지도자 힌덴부르크와 루덴도르프였다. 1916년 6월 초 러시아군의 공세는 결국 좌절되기는 했으나 초반에는 승리를 거두었다. 1916년 7월 독일인들은 솜Somme전투에 보충병을 보내야만 했다. 연합국은 이곳에서 공격전을 감행하여 양측에서 수천 명에 달하는 사상자를 냈다. 솜전투는 겨울의 추위와 진흙으로 군사작전이 불가능해진 11월까지 지속되었다.

베르됭 전략의 실패와 거의 동시에 독일 해군이 교착상태에 빠지면서 상황은 더욱 악화되었다. 전략적인 측면에서 보면, 1차대전에서 독일 해군의 주된 책임은 영국의 봉쇄 작전을 물리치거나 적어도 완화하는 것이었다. 이 목표를 달성하기 위해 독일 해군은 대양함대와 새로운 타입의 무기인 잠수함에 의존했다.

영국군은 해상봉쇄를 감행하면서 모든 종류의 수입품이 독일에 도달하는 것을 완전히 막아내고자 했다. 초기에 독일은 봉쇄에 대해 상대적으로 별로 신경 쓰지 않았다. 군사 지도자들은 영국 해군의 조치가 효과를 발휘하기 전에 전쟁이 끝나리라 기대했다. 그러나 전쟁이 장기전이 되어감에 따라 독일의 전투력은 점차 영국의 우월한 해군력의 영향을 받았다.

영국의 수상함대와 교전하려는 독일의 단 한 번의 노력은 1916년 5월 영국과 독일 함대가 덴마크 해안 밖에서 거의 우연히 충돌했을 때 이루어졌다. 결과는 독일의 전술적 승리, 전략적 패배였다. 영국은 14척의 선박을 잃었고, 6,100명의 희생자를 낳았다. 독일은 5척의 선박과 2,500명을 잃었다. 이 수치는 전략적인 측면에서 의미 있는 숫자가 아니었다. 5월 16일 어둠이 다가왔을 때, 독일의 남은 대양함대가 항구로 회항함으로써, 영국의 해상 헤게모니를 (그리고 봉쇄의 효율성도) 전혀 건드리지 못한 채 남겨두게 되었다.

영국의 해상봉쇄를 무찌르고 영국을 차단하려는 독일의 노력은 이제 본질적으로 영국 선박을 잠수함으로 공격하여 역봉쇄를 가하려는 노력으로 축소되었다. 그러나 이러한 노력은 머지않아 외교적인 문제, 특히 미국과의 갈등을 야기했다. 봉쇄를 가하는 것과 관련된 원칙들은 어떤 강대국도 잠수함을 해군 무기의 일부로 보유하고 있지 않던 1856년의 국제협정에 의해 규정되었다. 1856년 원칙에 따르면, 봉쇄를 뚫고 출입하려는 것으로 의심되는 선박은 '경고사격'으로 멈추게 한 뒤, 화물 검열을 통해 전시 물자 밀수를 하고 있는지 밝히고, 마지막으로 선원들을 구하기 위한 물자 공급이 이루어질 때까지 격침시켜서는 안 되었다. 1차대전의 잠수함들은 이러한 종류의 의례에 매우 적합하지 않았다. 초기 잠수함들은 무척 작았고, 그 선체는 해군 포격이나 화물선 갑판의 기관총 공격에 쉽사리 관통될 수 있었다. 해군 무기로서 잠수함은 경고 없이 은밀하게 어뢰 공격을 하는 경우에만 효과적이었다.

독일 정부는 1856년 봉쇄 원칙들이 20세기 전투에 부합하지 않는다고 주장했다. 독일제국은 영국 본토를 둘러싼 역봉쇄를 선언하고, 금지된 영역에서 독일의 잠수함이 봉쇄를 어기는 것으로 의심되는 선박을 경고 없이 침몰시킬 권리를 갖는다고 공표했다. 미국—지금껏 전쟁에서 중립으로 남아 있었을 뿐만 아니라 영국의 주요한 무역 파트너였다—은 독일이 전통적인 봉쇄의 원칙을 무시하겠다고 선언한 데 대해 격렬히 비판했다. 이 문제를 둘러싼 두 강대국 사이의 대립은 반복적으로 표면화되었다. 가장 유명한 사건은 독일 잠수함이 1915년 4월 아일랜드 해안에서 루시태니어Lusitania호를 격침한 일이었다. 이 선박은 뉴욕과 리버풀 구간을 정기적으로 왕복하던 여객선으로, 영국 소유였다. 이 배는 미국인을 포함한 1,900명의 승객과 영국 육군을 위한 군수품을 수송하는 특별한 항해 중이었다. 독일은 배에서 발견된 군수품을 가리키며 격침을 정당화했던 반면, 미국은 이 공격으로 인한 무고한 인명 피해에 대해 항의했다.

전쟁 초반 2년간, 독일의 잠수함 작전은 '제한적'이었다. 이는 말하자면 독일인들이 중립국, 특히 미국 선박을 공격하는 것을 피하기 위해 노력했다는 의미이다. 그러나 1916년 후반, 베르됭 전략의 실패가 분명해졌을 때, 제국의 군사 지도자들은 전세를 되돌리기 위해 더 강화된 잠수함 작전이라는 지푸라기를 잡는 쪽으로 선회했다. 1917년 1월 독일 정부는 육군최고사령부의 압박에 굴복했고, 무제한 잠수함 작전을 선언했다. 독일제국은 영국해협을 둘러싼 바다는 전쟁 지역이라고 선포했다. 적국이건 중립국이건, 이 지역에서 발견되는 모든 선박을 밀수품을 싣고 있는 것으로 간주하고 사전 경고 없이 공격하겠다는 것이었다. 정부는 이 새로운 정책이 미국으로 하여금 연합국 편에서 전쟁에 참여하게 할 것이 분명하다는 사실을 알았지만, 독일 군사전략가들은 이러한 위험을 대응 가능한 것으로 보았다. 그들의 견해에 따르면, 무제한 잠수함 작전은 미국이 전쟁에 효과적으로 기여하기 전에 영국을 항복시키는 데 성공할 터였다.

원래 전쟁 계획과 베르됭 전략이 그러했던 것처럼, '전부를 건' 독일의 세 번째 시도 역시 실패로 돌아갔다. 독일의 잠수함이 영국으로 향하던 다수의 여객선을 침몰시켰던 것은 분명하나, 무제한 잠수함 작전은 영국 경제를 위협하거나 1917년 4월 6일 미국이 독일에 선전포고를 한 뒤 미국 부대와 물자가 유럽에 도착하는 것을 막아내는 데는 별반 기여하지 못했다. 전쟁의 마지막 해에 미국은 인적, 물적 자원을 투입해서 연합국의 전쟁 수행 노력에 상당한 도움을 주었다.

1917년 말까지 서부전선에서 독일의 군사적 상황은 3년 전보다 나아진 것이 없었다. 국내 상황은 훨씬 열악했다. 사기가 꺾여가고 있다는 징후가 독일 사회 전 계층에서 분명해지고 있었다. 게다가 독일의 유일한 중요 동맹국이던 오스트리아가 다음 해 겨울까지 버티지 못하리라는 것이 분명해졌다.

독일이 서부전선에서 전세를 주도할 수 없다는 것을 인지한 가운데, 육군최고사령부는 점차 동부전선에서 군사적 상황을 반전시키는 것에 희망을 걸었다. 1916년 겨울, 오스트리아와 독일의 군대는 러시아의 주요한 발칸 동맹국인 루마니아에 치명적인 패배를 안겨주었다. 전선에서의 일련의 패배와 1917년에 있었던 두 차례의 혁명 때문에 러시아는 1차대전에서 발을 뺐다. 블라디미르 레닌(육군최고사령부는 그에게 스위스에서 러시아로 갈 수 있는 운송 수단을 제공했다)과 볼셰비키는 1917년 11월 권력을 장악했다. 그들은 어떤 대가를 치러서라도 독일, 오스트리아와 강화조약을 체결하여 러시아의 혁명을 지키고, 이를 유럽 전역에 수출하기 위한 준비를 하고자 했다. 그 결과 브레스트—리톱스크Brest-Litovsk조약(1918년 3월)이 체결되었는데, 이는 독일과 오스트리아가 동부와 남동 유럽에 대한 그들의 영구적인 통제권을 확보하고자 고안해낸 명백히 일방적인 조약이었다.

육군최고사령부는 동부전선에서의 승리로 독일이 1918년 봄 서부전선에서 새롭고 결정적인 군사적 공세를 단행할 수 있을 것으로 기대했다. 힌덴부르크와 루덴도르프는 그러한 공세에는 인적, 물적 측면에서 매우 큰 희생이 따른다고—'사전에 계산된' 희생자 수는 60만 명이었다—인정했지만, 최종적인 군사적 승리로 연합국이 독일이 제안한 조건하에서 평화에 동의하게 될 것이라고 주장했다. 제국의 군사 지도자들은 이 공세 작전이 전쟁을 끝내는 데 실패한다면, 독일은 연합국의 역공을 이겨낼 재원을 더 이상 갖지 못한다는 것을 알고 있었다.

1918년 3월 봄공세가 시작되었다. 며칠간 독일은 인상적인 영토 획득을 이루어냈지만, 머지않아 물자와 병력 부족으로 어떤 전략적인 목표에 도달하기 전에 전진 속도가 늦춰졌다. 반대로 연합국은 재정비를 하고 역공에 착수했다. 7월 독일의 방어선은 4마일 정도 뚫렸다. 이 돌파구는 종전의 시작이었다. 8월 8일 솜 전선에서 또 한 번의 다른 연합국 측 공세로 다수의 독일 부대가 공포 속에서 패퇴했다. 힌덴부르크와 루덴도르프는 제국의 군사 자원이 이제는 독일 영토에서 연합국의 침공을 저지하는 데 불충분하다는 결론에 이르렀다. 그들은 9월 29일 황제에게 가능한 한 빨리 종전 협상을 시작할 것을 권유했다. 그 효과는 11월 11일에 나타났다.

군사사가들은 1차대전의 모든 교전국이 행한 전략적인 결정, 인력 배치, 상실한 기회들의 세부 항목에 대해 끝없이 논의해왔다. 그러나 그들은 최종적인 결과가 1914년 9월에 이미 예견될 수 있었다는 점에 대해 일반적으로 동의한다. 마른전투 패배 이후, 시간은 연합국의 편이었다. 상대적으로 약한 오스트리아, 불가리아, 터키와 더불어 독일은 자신에 맞서는 강대국들을 패배시킬 인적 혹은 경제적 자원을 충분히 확보할 수 없었다. 지구적 권력 균형에 도전하려던 빌헬름 제국의 노력은 군사적 참사로 끝날 것이 예견되어 있었다.

국내 정치: 개혁, 억압, 혁명

독일의 전시 지도자들은 전쟁을 통해서 국내적 분쟁이 종식될 것으로 기대했고, 한동안 그들의 기대는 충족되었다. 1914년 8월 4일 황제가 전쟁 기간 동안 '성안의 평화Burgfrieden'가 국내의 갈등과 정치적 분열을 종식시킬 것이라고 선언했을 때, 그의 백성들 대다수는 참된 민족 단합의 전망을 열광적으로 환영했다. 전쟁 초기 제국의 정치, 군사 지도자들 뒤에 정렬하며 대부분의 독일인들은 독일이 호전적인 침략국들에 맞서 정당하고 합법적인 전쟁을 수행하고 있다고 확신했다.

8월의 분위기―전선으로 가는 길에 꽃을 달고 활기차게 노래하는 병사들과 옆면에 "파리로"라고 새겨진 열차들로 요약되는―는 두 가지 전제에 근거를 두고 있었다. 하나는 전쟁이 짧고 승리하리라는 것, 다른 하나는 제국의 지도자들이 국내 정치 개혁을 제도화하는 데 헌신하리라는 것이었다. 어떤 전제도 충족되지 않았다. 전쟁이 질질 늘어지고―승리는 말할 나위 없고―평화 협상의 가능성이 점차 멀어지고 있을 때, 정치적 이견들은 다시 등장했을 뿐만 아니라 정치를 지배했다.

전시 독일에서 정치는 4대 주요 집단 사이의 상호작용과 관련 있었다. 먼저 황제가 이끄는 제국과 프로이센 행정부가 있었다. 1914년 제국과 프로이센 내각은 1909년 이후 총리였던 베트만홀베크에 의해 주도되었다. 두 번째로, 전쟁 수행 노력을 재정 지원할 예산의 필요성으로 말미암아 정부가 돈을 빌릴 권한을 갖기 위해 빈번히 의회로 향했을 때, 제국의회는 점점 더 중요한 역할을 맡았다. 독일 군부 지도자들은 독일의 정치적 상호작용 과정에서 세 번째 집단을 형성했다. 마지막으로 국내와 전선에서의 어려움이 점차 나라를 양분했을 때, 새로운 의회 밖 압력집단들이 정치적 스펙트럼의 좌우 양측에서 등장했다.

베트만홀베크는 그가 '대각선 정치'라고 부른 것을 추구하기 위해 국가의 통일성을 유지하고자 했다. 총리는 전쟁이 국내 정치에서 현 상태를 유지하고 해외에서 제국의 권한을 증가시키기 위해 지속되어야 한다고 주장하는 보수주의자들과, 국가적 차원의 전쟁을 지속하는 것은 국민에 대해 더 많은 책임을 지는 정치적 구조로의 의미 있는 변화를 요구한다고 주장하는 '개혁가들' 사이에 '대각선으로' 놓인 어떤 경로를 지향함을 의미했다. 베트만홀베크는 상당한 역량으로 조정 활동을 거의 3년간 지속했지만 종래 고립되었고, 어떤 세력으로부터도 도움을 받지 못해 실패를 인정해야만 했다.

전시 정치는 세 가지 주요 이슈에 집중되었다. 먼저 '전시 채권' 문제로, 전쟁을 재정 지원할 채권을 발행할 권한을 정부에 부여함을 의미했다. 두 번째 이슈는 프로이센의 선거제도를 바꾸고 제국과 프로이센 내각이 의회에 대해 책임을 지는 제도를 도입하는 헌정 개혁과 관련되었다. 마지막으로 독일의 전쟁 목표를 구체화하는 일은 점차 분열적인 이슈가 되었다.

전시 채권에 투표하는 것은 특히 사민주의자들에게 트라우마적인 경험이었다. 1914년 8월 4일까지 제국의회에서 사민당은 국방 예산 책정에 표결하지 않았다. 감정적인 대책 회의 이후, 사민당 소속 제국의회 의원들은 분열되었고, 78 대 14로 전시 채권을 지지했다. 단합의 외관을 보존하기 위해 사민당은 전시 채권 발행에 만장일치로 투표했다. 당이 이렇게 했던 것은 제국이 방어 전쟁을 하고 있을 뿐만 아니라 사회주의자들이 가장 증오하는 대상이며 정치적 억압의 상징인 차르 체제의 러시아를 포함해 제국의 적들이 승리할 경우 유럽에서 사회주의의 미래에 차질이 빚어질 것이라는 확고한 믿음을 가졌기 때문이다.

그러나 1914년 8월에조차 다수의 사민당 의원들은 순수하게 방어 전쟁을 목표로 한다는 정부의 항변을 의심했다. 전쟁이 질질 늘어지고, 독일적 권위주의의 성격이 본질적으로 달라지지 않았을 때, 다수의 반대자들이 생겨났다. 당내 점증하던 소수파들은 추가적인 전시 채권 발행에 반대하거나 적어도 전시 채권을 위한 향후 표결의 대가로 즉각적이고도 구체적인 정치 개혁을 요구하고 나섰다. 1914년 12월, 당의 좌파 지도자이던 카를 리프크네히트Karl Liebknecht가 당론을 깨고 군사 예산 책정에 대한 정부의 새로운 요구에 반대표를 던졌을 때 당내 분열이 세상에 알려졌다.

1915년이 지나는 동안 당내 분열의 징후는 점점 더 가시화되었다.

연말에는 사민당 제국의회 의원 20명이 전시 채권 발행에 반대표를 던졌다. 정부는 1916년 로자 룩셈부르크를 선동죄로, 리프크네히트를 반역죄로 체포함으로써 사민당의 갈등과 균열을 격화시켰다. 스스로를 혁명노동전위대Revolutionäre Obleute라고 부르던 일군의 좌파 노동운동 지도자들이 전면에 서는 가운데 5만 5,000명이 베를린에서 리프크네히트의 군사재판 회부에 반대하는 행진을 했다(그러는 사이 이 사민당 지도자는 징집되었기 때문에 면책특권을 상실했다).

반대자들은 1917년 독립사회민주당(독립사민당)이라는 별개의 정당을 창당했다. 독립사민당의 창당이 모정당의 존재를 위태롭게 하지 않았던 것은 분명하다. 대부분의 사민당 활동가들, 특히 사회주의 노동자 조합의 기층 회원들은 사민당에 충성을 보였다. 독립사민당의 조직세는 특정 지역—주목할 만한 곳은 베를린과 함부르크, 브레멘 주위의 항구도시들, 작센, 그리고 라인-루르 지역의 일부였다—으로 국한되었다. 독립사민당은 엄청난 이데올로기적 다양성으로 인해 고심했다. 로자 룩셈부르크와 그의 오랜 정적인 베른슈타인이 모두 당원이었다. 그들은 전쟁을 지속하는 데 반대한다는 점으로만 연대할 뿐이었다. 마지막으로 독립사민당은 매우 느슨한 조직이었다. 다수의 독립사민당 지도자들은 그들이 보기에 과도한 사민당의 중앙집권화와 관료화에 대해 오랫동안 반대해왔다. 결과적으로 독립사민당은 다양한 당내 조직들이 엄청난 정도로 조직적 자율성을 가질 수 있도록 허용했다.

그중 가장 중요했던 것이 혁명노동전위대와 스파르타쿠스단이었다. 1916년 초에 설립되고 로자 룩셈부르크와 리프크네히트가 주도한 스파르타쿠스단은 독일이 혁명 전 단계에 돌입했다고 주장하며 노동자들이 폭력 혁명을 위한 적극적인 준비를 해야 한다고 촉구했다. 그러나 사회주의혁명이 비폭력적인 방식으로 이루어지기를 희망하던 다수의 독립사민당 지도자들은 이러한 입장을 받아들이지 않았다.

사민당과 독립사민당이 완전히 동의하고 있던 하나의 정치적 개혁은 프로이센 선거제도에 대한 즉각적 개선이었다. 이 문제는 또한 베트만홀베크의 대각선 정치의 성공을 위해서도 가장 중요한 시련의 장이었다. 프로이센 보수주의자들이 이 제도의 유지를 권위주의의 핵심으로 간주하고 있었던 것과 마찬가지로, 개혁가들에게 프로이센 선거제도의 변화는 정치적 근대화를 위한 리트머스 시험을 의미했다. 총리는 이러한 양립 불가능한 요구들 사이에서 조심스럽고 느린 행로를 따라갔지만, 그의 노력은 수포로 돌아갔다. 베트만홀베크 측에서 보자면, 황제가 부활절 공식 메시지를 통해 전후에 있을 제국의회 선거와 관련하여 1917년에 남성 보통선거권에 보다 가깝게 프로이센 선거제도를 변화시키자고 제안할 때까지, 엄청난 설득이 필요했다. 그러나 부활절 메시지는 너무 늦게 왔다. 오랜 기간 지연되면서 개혁가들 사이에서 베트만홀베크의 신용도는 거의 바닥이 되었다. 게다가 황제의 공식적인 언명도 프로이센 보수주의자들과 그 동맹 세력들의 비타협적인 태도에 영향을 미치지 못했다. 그들은 계속해서 프로이센 의회에서 모든 종류의 개혁안을 막아내기 위해 노력했다.

프로이센 선거제도 개혁 이슈가 오랫동안 정치적 논의를 지배해온 데 비해 내각의 책임 문제는 전쟁의 경험과 더불어 나타난 문제였다. 1914년 이전에는 오직 사민당원과 약간의 유보적인 태도의 진보당만이 제국의회가 공식적으로 제국정부에 책임을 물을 수 있게 제국 헌법을 개혁하는 것을 지지했다. 그러나 정부가 전쟁을 수행하는 것에 대한 불만족이 증대하고 제국 지도자들의 궁극적인 전쟁 목표에 대한 불신이 깊어감에 따라, 다른 정당들에서도 행정부를 입법부가 통제해야 한다는 요구가 확산되었다. 1917년 초, 중앙당, 사민당 우파, 진보당의 원내 지도자들은 초당적위원회Interfraktioneller Ausschuss를 만들어 국가적인 정책 결정을 하는 데 제국의회 다수가 더 큰 역할을 담당하는 것을 황제와 제국 행정부가 인정하도록 압력을 가하고자 했다. 민족자유당도 그들의 동료들을 따라 초당적위원회에 참여했고, 그 결과 그해 말에 이르면 보수주의자들과 독립사민당만 고립된 채로 남았다. 보수주의자들은 비스마르크헌법에 대한 어떠한 자유화도 반대했고, 독립사민당은 개혁이 총체적으로 쓸어버려야 할 자본주의 체제를 영속화할 것이라고 확신했다.

전쟁 목표 이슈는 전선과 국내 양측에서 급격하게 사기가 사그라들면서 점점 더 중요해졌다. 전쟁이 지속되었을 때, 제국의회 개혁가 집단들은 평화 협상의 조건을 마련하는 데 의회가 발언권을 얻어야 한다고 주장했다. 모든 교전국에서 전쟁 목표에 대한 논의는 두 가지 정치적 고려들과 관련되었다. 하나는 각 국가의 지도자들이 세력균형 속에서 스스로 결정한 공간을 보장하는 데 필요하다고 느끼는 경제적이고 영토적인 이익을 결정하는 문제였다. 전쟁 목표를 공식화하는 과정의 이러한 측면은 여러 교전국의 주요한 경제적, 정치적, 군사적 이해집단들 사이의 주고받기를 의미했다. 게다가 이 문제의 대중 심리적 측면이라는 두 번째 고려가 있었다. 이는 한편으로 희생과 어려움, 다른 한편으로 희생에 대한 '배상' 사이의 관계에 대한 것이었다. 더 많은 박탈을 국내에서 견뎌야 했을 경우, 이러한 희생들이 종전 시에 더 많은 구체적인 영토적이고 경제적인 획득에 의해 배상받아야만 한다는 것은 공리와 같은 것이었다. 산업가 알프레트 폰 크루프Alfred von Krupp는 1915년 7월 말 황제의 추밀원 수장에게 보낸 편지에서 이 간단한 관점을 잘 표현한 바 있다. "독일은 우리 아들과 형제들이 흘린 피를 보람 있게 할 상을 받아야만 합니다."

그러나 크루프 자신도 인정했던 것처럼 그 목표는 '평화 조건이 우리 적들에게 명령될' 경우에만 획득될 수 있었다. 독일이 관련되는 한, 이 나라의 희생과 결부되는 강화조약을 위한 요구의 아킬레스건이 여기에 있었다. 곤궁이 지속될 때, 새로운 항목들이 전쟁 목표의 리스트에 덧붙여졌지만, 희생과 전쟁 목표 간의 이러한 동일시는 평화 협상을 점점 더 멀어지게 만들었다. 명백한 군사적 승리만이 악순환을 끊을 수 있었지만, 점점 더 많은 정부 지도자들이 사적으로 인정했던 것처럼, 군사적으로 이기는 전투의 가능성은 점점 더 줄어들고 있었다.

그러나 제국의 지도자들은 달성될 수 없고 생산적이지도 않은 전쟁 목표들의 긴 목록을 고집스레 쌓아올렸다. 그 목록은 실제로 독일의 전략적 위상을 개선하기 위해 군부가 바라는 대로 영토를 변경하는 것과 더불어 국제 교역에서 경쟁력을 개선하면서도 수입 원료들에 대한 독일의 의존도를 줄이려는 산업가들의 요구들을 섞어놓은 것이었다.

서부에서 군부는 영국해협의 해군기지를 포함해, 벨기에에 대한 통제권을 유지하고자 했다. 게다가 장군들은 가령 베르됭 지역의 일련의 요새들이 독일 손에 떨어질 수 있도록 독일-프랑스 국경을 '조정'할 것을 요구했다. 산업가들은 엄청난 철강 생산 지대를 만들어내기 위해 석탄을 생산하는 루르 지역과 철이 풍부한 프랑스의 롱위-브리에Longwy-Brie를 합치기를 원했다. 동부에서 독일인들은 러시아가 폴란드와 발트해에 소유한 영토에 특히 관심이 많았다. 폴란드는 러시아로부터 독립하고, 독일 혹은 오스트리아와 결부되었다. 1916년 11월 독일은 실제로 '독립한' 폴란드왕국을 건국했으나, 이 공허한 제스처는 누구도 속이지 못했다. 이 나라는 독일의 점령과 통제 아래 있었다. 러시아의 발트해 지역—현재의 리투아니아, 라트비아, 에스토니아—의 경우, 이들 지역을 러시아로부터 분리해서 자치적인 지역으로 제국과 결합하는 것이 독일의 전쟁 목표였다. 남동유럽에서는 군사 지도자들이 평소와 달리 겸손했지만(이는 물론 오스트리아-헝가리가 일차적인 전략적 목표로 삼은 지역이었다), 산업가와 외교관들은 발칸반도와 오스만제국에서 독일의 경제적 헤게모니를 요구했다.

비록 전시 검열로 인해 대중에게는 대체로 감추어졌지만 전쟁 목표 문제는 제국의 전시 지도자들 중 '온건파'와 '극단주의자'들 사이에서 엄청난 갈등을 낳았다. 독일의 적국 입장에서 보자면, 양측 모두 유럽 대륙에서 독일의 영속적인 헤게모니를 구축하고자 했다는 점에서 별 차이가 없지만, 이 각양각색의 관점은 독일 국내 정치의 향후 전개에 중요한 함의를 갖고 있었다.

육군최고사령부의 지도자들을 비롯한 극단주의자들은 연합국에 '승자의 평화'를 부과하는 것이 독일제국의 군사적 목표를 획득하는 길일 뿐만 아니라, 가까운 장래에 국내에서 권위주의를 유지하게 할 것이라고 전망했다. 반면 온건파들은 국내 개혁과 영토적이고 경제적인 전쟁 목표를 연결하고자 했다. 그러한 연결을 통해서만 국내적 통일을 유지하고, 전쟁을 계속하는 데 필요한 사기를 고취시킬 것이라는 게 그들의 추론이었다. 온건파들은, 특히 독일의 군사적 위치가 악화되어감에 따라, 벨기에와 폴란드의 미래 같은 이슈들에 대해 점점 더 융통성 있는 태도를 지지했다.

가차 없이 지속되는 전쟁을 배경으로 강화조약에서 독일이 내걸 조건을 둘러싼 논쟁―검열에 의해 허가를 받은 매우 축약된 형태일지라도―은 점차 국가를 양극화시켰다. 1915년 6월 좌파 사회주의자들은 즉각적이고 무조건적인 평화 협상을 지지했으나, 500명의 대학교수와 성직자들을 포함한 1,347명의 '명망가'들은 독일이 강화조약에 합의하기 전에 '엄청난 배상'뿐만 아니라 '벨기에에 대한 정치적, 군사적, 경제적 통제권'을 보장받아야 한다고 주장했다.

1916년 8월 이후 육군최고사령부의 지도자들은 최대치 전쟁 목표를 지지하도록 베트만홀베크와 황제를 압박했다. 하지만 총리는 조기의 군사적 돌파구에 대한 힌덴부르크와 루덴도르프의 예측을 신뢰하지 말라고 경고했다. 군부는 러시아에서 일어난 2월혁명이 동부전선에서 전세 전환의 가능성을 상당히 높여주었던 1917년 봄이 되어서야 '승자의 평화'를 위한 조건을 받아들이도록, 그리고 당연하게도, 베트만홀베크에 대한 지지를 철회하도록 황제를 설득하는 데 성공했다.

1917년 여름 베트만홀베크의 사임을 둘러싼 상황은, 인지되지는 못했으나, 중요한 헌정적 위기를 낳았다. 물론 공식적으로 총리는 황제가 원하는 대로 해주고 있었으나, 실제 정치적 측면에서 그는 전시 채권을 위한 향후의 표결을 위해서만이라도 제국의회 다수의 지지를 필요로 했다. 헌정상의 세력균형에 대한 육군최고사령부의 개입은 총리의 입지가 가지는 정치적 위상을 완벽히 무시하는 것이었다. 이슈는 베트만홀베크를 지지하느냐라기보다는—이 시기에 그는 어디에도 별로 친구가 없었다—불운한 베트만홀베크의 후임자를 선택하는 과정에서 제국의회를 무시하고 있다는 점이었다.

군부 지도자들은 티르피츠 제독이나 전 총리인 뷜로를 생각했으나 황제는 둘 다 거부했다. 그러자 힌덴부르크와 루덴도르프는 게오르크 미하엘리스^{Georg Michaelis}(그때까지 그는 프로이센 농업부의 차관보였다)를 새 총리로 고집했다. 미하엘리스는 적절한 선택이 아니었다. 그는 전국적 차원의 정치를 경험한 적이 없었다. 총리직에 걸맞은 그의 유일한 자질은 육군최고사령부의 신뢰와 프로이센에서 식량 배급 체계를 능숙하게 다룬 행정관이라는 평판뿐이었다. 그의 정치 경험 부족은 보채는 제국의회를 다루는 데 심각한 결함이었다.

힌덴부르크와 루덴도르프는 민간의 전쟁 수행 노력이 전쟁 발발 후 첫 2년보다도 더욱 효과적으로 동원될 경우에만 그들의 목표에 도달할 수 있다고 확신했다. 이 목표를 위해 그들은 이미 애국부역법 Vaterländisches Hilfsdienstgesetz을 제안한 바 있었고, 제국의회는 1916년 7월 이를 통과시켰다. 이 법에 따라 정부는 초정부적 조정 기구인 전쟁사무국을 통해 포괄적인 권한을 위임받아 자유로운 노조운동을 제한했을 뿐만 아니라 임금, 생산 수준, 가격을 통제했다. 노조의 교섭권은 이 법으로 인해 현저하게 축소되었다. 하지만 의회와 정당을 무시하고 경제적 이익집단을 직접 다루려는 육군최고사령부의 시도로 인해 노조 집행부는 법에 따라 임금 규모, 노동자의 이동성, 노동조건을 결정하는 다양한 지역위원회의 당연직 위원이 되었다. 군부 지도자들은 이러한 경제적 이익의 대가로 노조가 정치적 개혁 요구를 더 이상 지지하지 않기를 바랐다.

육군최고사령부는 경제에 개입하는 정도로 만족하지 않았다. 힌덴부르크와 루덴도르프는 육군최고사령부의 정치적 목표와 평화 조건에 대한 우호적인 여론을 만들어내고자 했다. 이러한 선전 활동의 주요한 도구는 독일조국당Deutscher Vaterlandspartei으로, 1917년 9월 육군최고사령부의 축사와 더불어 창당되었다. 독일의 군소 영지 제후 중 한 명인 메클렌베르크 공작 요한 알브레히트Johann Albrecht와 과거 대중 선동의 달인이던 티르피츠 제독이 주도하는 가운데, 조국당은 의회에서의 야심은 갖지 않았다. 이 당의 유일한 목표는 독일의 적대국들에게 '힌덴부르크 평화안'을 부과하고 국내에서 빌헬름 제국의 권위주의를 유지하기 위해 로비하는 것뿐이었다. '힌덴부르크 평화안'이라는 명칭은 정치의 정상적인 헌정적 채널을 회피하려는 또 다른 노력을 보여주었다. 육군최고사령부는 공공연히 연로한 원수에 대한 개인숭배를 조장했다. 전쟁 후반 2년간, 독일의 선전선동 기구는 점차 전쟁 수행 노력 자체를 힌덴부르크 개인으로 의인화했고, 그를 평화의 보장자로 묘사했다. "그가 직무를 잘 수행하도록 돕자"라는 문구와 함께 그의 친절하고 덕망 있는 얼굴이 수천 장의 포스터와 수백만 장의 엽서에 인쇄되었다.

의회 밖 활동이 권위주의와 '힌덴부르크 평화안'의 지지자들로만 한정되지는 않았다. 실제로, 전쟁에 대한 피로감이 증대하고 있다는 사인을 무시하려는 육군최고사령부와 정치적 우파의 고심 어린 노력들은 극좌 조직의 활동을 용이하게 만들었다. 베르됭전투가 일어나던 1916년 중반에 첫 번째 정치 파업이 발생했다. 1917년과 1918년 노조 지도자들의 반대에도 불구하고 정치 파업의 물결─주로 독립사민당, 혁명노동전위대, 스파르타쿠스단에 의해 조직되었으며, 러시아의 혁명 성공에 고무되었다─이 사회 전체를 뒤덮었다. 국가의 양극화에 대한 가장 극적인 증거는 1918년 1월 베를린에서 있었던 군수공장 노동자들의 대규모 파업이었다. 자신들의 노조 지도자를 무시한 채 12만 명의 노동자들은 며칠 동안에 걸친 파업을 통해 평화를 요구했고, 프로이센 삼계급 선거권 제도를 즉각 철폐하라고 주장했다.

거리 상황에 대한 통제권을 잃을지도 모른다는 것을 인지한 제국의회 지도자들은 국내 여론의 양극화를 보여주는 징후의 증가에 주목했다. 가톨릭중앙당의 에너지 넘치는 젊은 의원인 마티아스 에르츠베르거와 사민당, 중앙당, 진보당은 1917년 7월 제국의회에 공동 결의안을 발의해서, 무배상과 무병합을 골자로 하는 즉각적인 평화 협상을 요구했다. 이 안은 쉽사리 통과되었다.

이 안은 비록 너무 순진하고 실현 불가능한 안이었지만(이 시점에 연합국 측은 전쟁 이전의 상태로 돌아가려는 의도가 전혀 없었다), 이러한 노력은 보수주의자들의 고립과 새로운 총리의 무능력을 보여주었던 반면 개혁적인 정당들 사이의 협력을 입증했다. 의회에서의 취임 연설에서 평화 결의에 대한 논쟁을 언급했던 미하엘리스는 정치적인 역량이 부족하다는 증거를 충분히 보여주고 있었다. 힌덴부르크 평화안을 온건한 조건으로 간주했던 그는 분명 대체적인 독일 여론과 거리가 멀었고, "내가 해석하는 한에서"(그가 황태자에게 설명한 바에 따르면 이는 평화 결의가 정부로 하여금 무엇이건 원하는 토대 위에서 평화를 체결하는 것을 가능케 한다는 의미였다) 평화 결의를 지지한다는 그의 서툰 노력은 그가 전반적으로 실없는 사람임을 강조할 뿐이었다.

제국의회에서 미하엘리스의 초기 행보는 총리로서 그의 이력이 조기에 끝나게 하는 데 많은 기여를 했다. 취임 후 3개월이 채 지나지 않아, 심지어 육군최고사령부조차 그의 무능력을 인정해야만 했다. 그의 후임인 게오르크 폰 헤르틀링Georg von Hertling 백작은 78세의 바이에른 출신 보수주의자였다(미하엘리스의 재앙으로부터 교훈을 얻은 황제는 헤르틀링을 지명하기 전에 몇몇 제국의회 지도자들에게 의사를 타진해보았다). 헤르틀링은 가톨릭 신자였고, 초기에는 중앙당의 주요한 인물이었기 때문에, 그의 지명은 최소한 행정부와 의회 내 개혁가들의 지도 그룹들 간에 보다 긴밀한 관계가 가능할 것임을 간접적으로나마 보장하고 있었다. 게다가 헤르틀링의 지명은 교착상태에 빠진 프로이센의 정치적 상황에 변동을 유발했다. 남부 독일인인 헤르틀링은 프로이센 이슈들에 익숙하지 않았고, 명목상으로는 그가 프로이센 총리였지만 1917년 10월 이후로 프로이센 내각의 실제적인 수반은 부총리인 로베르트 프리트베르크Robert Friedberg였다. 프리트베르크는 행정부에 들어가기 전, 프로이센 의회의 민족자유당 원내 지도자였다.

헤르틀링은 독일의 정치적 합의가 붕괴하고 있다는 증거가 산처럼 나타나던 시기에 취임했다. 앞서 언급된 징후들 외에도 정치적 반유대주의가 확산되고 있었고, 육군최고사령부는 이처럼 치명적인 형태의 감상주의를 적어도 간접적으로 부추기고 있었다. 1916년 군부에 따르면, 육군최고사령부는 전선보다는 후방 부대에 불균형적으로 많은 유대인들이 복무하는 것에 대한 불만들에 대응하고자 조사에 착수했고, 결과를 공표할 경우 반유대적 감정이 확산되리라는 이유를 들어 그 결과를 신속하게 공표하기를 거부했다. 말할 나위 없이 이러한 발표는 더 많은 소문과 빈정거림을 야기했을 뿐이었다(베르너 앙그레스^{Werner Angress}가 보여준 바에 따르면 유대인과 비유대인들 사이에 어떠한 심대한 차이도 없다는 것이 실제 조사 결과였다).

그때 헤르틀링은 국내 개혁을 위한 시간이 다가왔음을 알았다. 개혁가들의 대변인들은 새로운 총리가 프로이센 선거제도의 개혁을 완수하지 않는다면 매우 적대적인 의회와 직면할 것임을 분명히 했다. 물론 황제는 1917년 그의 부활절 메시지에서 이를 보장한 바 있지만, 지금껏 어떤 구체적인 조치도 뒤따르지 않은 상태였다. 헤르틀링과 프리트베르크는 제국의회 지도자들에게 상당한 정도로 수정한 선거제도 법안이 프로이센 의회에 발의될 것이라고 약속했다.

헤르틀링과 프리트베르크는 약속을 지켰지만, 프로이센 의회의 대다수는 즉시 이 법안을 부결시켰다. 강경파 그룹은 보수주의자, 2/3 정도의 민족자유당(그들의 과거 지도자의 계획을 거부한 셈이었다), 상당수의 중앙당 의원이었다. 프로이센 의회에서 이 문제는 종전까지 남아 독일 정치에서 곪아터진 상처요, 개혁가들의 지속적인 실패의 흔적으로 남았다.

수구 세력과 개혁가들의 최종적인 갈등은 동부전선에서 있었던 독일 군부의 승리로 인해 뒤로 미루어졌다. 러시아와 루마니아의 패배로 군부와 산업가 계층의 이해 당사자들은 브레스트리톱스크조약을 통해 자신들의 전시 목표의 최대치를 실현하는 것이 가능해졌다. 오스트리아-독일이 강요한 이 조약에 따라, 러시아는 5,000만 명의 인구를 가진 약 100만 평방킬로미터의 영토를 잃었다. 게다가 러시아는 석탄 광산의 90퍼센트, 농토의 1/3, 그리고 알려진 거의 모든 유전을 빼앗겼다. 독일과 오스트리아-헝가리는 그들의 경제적이고 군사적인 헤게모니를 쾨니히스베르크^{Koenigsberg}와 크라쿠프^{Kraków}에서 키예프^{Kiev}로 동진시킬 수 있었다. 브레스트리톱스크조약은 대부분의 독일인들을 최후까지 쇼비니즘의 깃발 뒤로 몰아넣었다. 제국의회에서 독립사민당은 이 협정에 반대했고, 다수사민당도 표결에 참여하지 않았지만, 진보당과 중앙당을 포함한 모든 부르주아 정당은 이 협약을 지지했다.

브레스트리톱스크조약은 제국의 정치 지도자와 군부 지도자들로 하여금 전선에서의 승리가 국내 개혁에 대한 요구들을 약화시키는 가장 효과적인 수단을 제공한다고 믿게 했다. 하지만 불행하게도, 동부전선에서의 승리가 서부전선에서의 성공적인 공세로 이어지지는 않았다. 1918년 봄과 여름에 있었던 루덴도르프 공세의 실패는 독일의 군사적 패배뿐만 아니라 보수주의자들의 국내 정치 전략의 붕괴를 낳았다.

8월 중순, 황제는 처음으로 제국이 전쟁을 끝내야 한다는 것을 사적으로 인정했다. 10월 초, 이제 공황 상태에 빠진 루덴도르프는 그의 군사보좌관이던 폰 뎀 부셰^{Von dem Bussche} 대령을 급파하여 제국의회 지도자들에게 48시간 이내에 정전협정에 착수해야 한다고 알렸다. 이 뉴스는 의회 전체를 충격의 도가니에 빠뜨렸다. 정치 지도자 대부분은 군사적 상황이 실제로 얼마나 엄중한지에 대해 전혀 모르고 있었다. 군부 지도자들은 그들대로 패배를 인정하는 책임을 지려고 하지 않았다. 그 결과, 군부 지도자들은 그때까지 그들이 저항해왔던 하나의 조치를 고집했다. 전쟁을 종식하고 독일의 미래를 결정하는 과업이 제국의회 지도자들, 더 정확히는 의회 내 개혁 세력 지도자들의 손에 있어야 한다고 주장했던 것이다.

반대로 개혁가들은 새롭게 얻은 그들의 권력을 종전 협상에 착수하는 데만이 아니라 그들이 1914년 이전부터 주장해온 국내 개혁을 완수하는 데 활용했다. 그 결과는 독일을 권위주의에서 영국과 같은 의회 군주제로 전환하는 일련의 헌정 개혁이었다. 물론 이 제안들은 독일 정치에서 새로운 것이 아니었으나 육군최고사령부의 요청에 따라 그 제안들을 성급하게 완수하고, 또 그것들이 군사적 패배에 대한 인정과 동일시되었던 것은 우연이 아니었다. 게다가 결과물을 내놓느라 서두르는 가운데, 개혁가들은 많은 헌정적인 문제들을 미해결 상태로 남겨두었다. 예를 들어, 10월의 개혁들은 제국-프로이센 이중주의를 제거하지 못했다. 게다가 황제가 의회의 내각 개혁에 동의하며 제국의 선거권과 프로이센 선거제도가 같은 선상에 놓일 수 있도록 노력하겠다고 개혁 정당들에 약속했음에도, 프로이센 의회가 이 개혁 법안을 지속적으로 거부할 경우 황제가 어떤 조치를 취할지에 대한 언급은 없었다. 이와 유사하게, 제국의회가 군부에 대한 전시 통제권을 획득했던 반면, 평시 의회와 군부의 관계는 불분명한 채로 남았다(평시에 전국 무장 병력은 연방 구성국 군대로서의 지위로 회귀하며, 이는 대체로 프로이센 군대가 된다는 의미임을 상기하자). 그럼에도 불구하고, 개혁가들은 서류상으로는 제국을 입헌군주제로 바꾸는 데 성공했다.

몇몇 주요한 인적 변화도 새로운 시대의 도래를 상징했다. 10월 말, 루덴도르프가 사임했다. 그는 이전 전쟁국 수장인 빌헬름 그뢰너Wilhelm Groener 장군으로 대체되었다. 루덴도르프에게는 놀랍게도, 힌덴부르크는 그를 따라 사임하지 않은 채 육군최고사령부의 수장으로 남았다. 헤르틀링은 총리직과 프로이센 총리직을 내려놓았다. 그는 정치적으로 온건한 귀족인 바덴 공작의 사촌 막스 폰 바덴Max von Baden으로 대체되었다. 진보당 지도자들과 긴밀한 관계였던 새로운 총리는 제국의회 다수당들로부터 완전한 신임을 얻기 전에는 취임하지 않겠다는 입장이었다. 게다가 그는 다수사민당을 포함하여 모든 개혁주의 정당의 대표들이 그의 내각에 참여해야 한다고 주장했다.

대부분의 독일인들에게 10월 개혁이 그들이 요구하는 정치적 변화를 실현하고 있다는 점에 대해서는 의문의 여지가 없었다. 독일 정치체제의 민주화를 환영하는 개혁주의 정당의 대변자들에 의해 제국 전역에서 집회들이 조직되었다. 우파 보수주의자들과 급진 좌파들만이 헌정 개혁을 거부했다.

정치적 민주주의로의 질서 있는 전환에 대한 희망들은 황제 측에서 황망한 행동을 함으로써 사라졌다. 빌헬름 황제와 육군최고사령부 지도자들은 공황에 빠진 가운데 10월 개혁에 동의했다. 황제는 제국의 수장으로서의 새로운 역할을 받아들이느냐와 그가 이미 승인한 개혁을 저지하기 위해 '몇몇 근위부대'의 수반으로서 베를린으로 행군하느냐 사이에서 흔들리고 있었다. 결국 그의 권위주의적이고 비이성적인 성향이 승리했다. 황제는 10월 29일 헌정적 변화가 완수되는지를 감독하고 프로이센 의회를 통한 선거권 개혁을 주도하던 바덴 정부와 협력하는 대신, 급히 베를린을 떠나 벨기에의 휴양지인 스파Spa에 있던 육군최고사령부 본부로 향했다. 군사적으로 볼 때 이는 불필요한 행동이었다. 이는 빌헬름 2세가 민주적 정치가들이 아니라 '그의' 장성들과 자신을 동일시하고 있음을 증명하는 충동적인 행동이었다. 그의 베를린 탈출과 더불어 그가 구체제의 가장 권위적인 세력들과 연대하고 있었던 사실은 프로이센-독일의 권위주의 체제 전체가 일주일 만에 붕괴했을 때 황제 역시 일소되어야 할 대상이라는 것을 확인해주었다.

전쟁과 사회

독일은 그 적들과 마찬가지로 20세기 세계대전에 놀라울 만큼 준비되지 않은 채로 들어섰다. 1차대전은 전선에서 군대의 군사적 역량보다는 국가의 경제적, 사회적 재원이 전승에 훨씬 더 결정적이었던 최초의 '총력전'이었다. 독일의 군사전략가들은 일반적인 참모 능력으로는 유명했지만, 전쟁 시 발생할 만일의 사태를 예측하는 데 있어서 강대국끼리의 소모적 전투가 지니는 경제적, 사회적 측면에서의 함의는 완벽히 외면했다. 독일의 모든 군사 계획은 단기전을 기대하는 가운데 한두 개의 결정적인 전투에 의해 결과가 좌우될 것을 전제하고 있었다.

국내 전선에서 독일인의 생활과 관련하여 이 시나리오에서 가장 중요하게 외면당한 요소들은 영국의 봉쇄가 가져온 누적된 소모적 결과, 전쟁의 첫 2년 동안 전시경제를 관리하는 메커니즘의 부재, 그리고 인플레이션의 압박이었다.

봉쇄와 점증하는 군부의 요구로 인해 즉시 경제의 만성적 결핍이 야기되었다. 전시에는 늘 군부의 요구가 먼저였던 탓에, 공급 감소와 물가 상승으로 인한 주요 희생자는 민간 소비자일 수밖에 없었다.

결핍의 경제는 사회적 합의에 압력을 가했지만, 국내 전선의 사기를 꺾어버리는 데 그보다 더 중요했던 것은 독일 사회의 다양한 분야에 불균등하게 가해진 압박이었다. 일부 집단은 특히 심각한 타격을 입었고, 다른 집단은 적어도 상대적으로 이러한 상황에서 실제로는 이익을 얻었다. 방위와 관련된 경제 분야가 가장 그랬던 것은 이해할 만하다. 군부는 비용 계산보다도 생산이 더욱 중요하다고 결정했으며, 전시 물자의 제조업자들은 본질적으로 그들이 원하는 가격이 무엇이건 이를 부과할 수 있었다. 이는 이 분야 경제에 엄청난 이익을 가져다주었을 뿐만 아니라(초과 이익을 걷어낼 의미 있는 과세도 없었다), 방위산업 분야의 노동계 역시 간접적으로 이익을 얻었다. 전쟁 초 3년 동안 제조업자들은 부가가치가 높은 군부 계약을 따내기 위한 필사적인 노력의 일환으로 숙련공을 고용하기 위해 경쟁자보다 높은 임금을 불러댔다.

반면, 주로 민간 시장을 겨냥한 경제 분야는 극심한 어려움을 견뎌야 했다. 농업은 엄격한 가격 통제를 받아야 하던 최초의 경제 분야 중 하나였다. 소비자들을 도시에서 떠나지 않도록 하기 위해서 정부는 전쟁 초기에 기본적인 식료품의 가격이 시장 조건과 관계없이 낮게 책정되도록 결정했다. 일정 부분 정당하게도 농민들은 정부가 책정한 가격이 원가보다 심각하게 낮다고 주장했다. 비료, 사료, 농기구는 (설령 가능하다 하더라도) 전전戰前 가격보다 현저하게 높은 가격대에서만 구입할 수 있었다. 그 결과는 도처에 자리한 식료품 암시장이었는데, 이는 아이러니하게도 부분적으로는 가격과 무관하게 전시 물자 생산을 촉진하려는 계획에 의해 부추겨지기도 했다. 방위산업의 구매 대리인들은 고용 인센티브나 부가 혜택의 형태로 그들 노동자들에게 추가적인 공급품들을 제공하기 위해, 농산물에 부풀려진 가격을 암시장에서 지불했다. 그러한 관행은 반대로 농장노동의 감소를 가져왔다. 농민들은 전시 산업 분야에서 지불되는 높은 임금 탓에 많은 농업 노동자들이 그곳에서 직업을 구하고자 한다고 지속적으로 불평했다.

소비재 제조업자들은 두 가지 방식으로 피해를 보았다. 먼저 그들은 점차 원자재를 구할 수 없게 되었다. 공개 시장에서 방위산업들과 경쟁을 할 수 없거나, 중앙 집중화된 배급 대행들이 생겨난 후 그들의 요구에는 전쟁 물자 제조업자들보다도 훨씬 낮은 우선순위가 두어졌다. 게다가 도시 지역에서 사기를 유지하려는 의도를 가진 정부가 소비재에 대한 낮은 가격을 가능한 한 유지하고자 했기 때문에, 소비재 제조업자들로서는 방위산업들에 의해 제공되는 임금을 지급할 수가 없었다. 사상자가 늘어감에 따라 노동문제는 점점 더 악화되었고, 군부는 징집 가능한 독일 남성 예비군들에게 점점 더 관심을 갖게 되었다. 비록 전시 산업 분야 노동력들의 경우 병역 면제를 받는 경우가 흔했지만, 민간 물품 제조업 분야에서 병역 면제를 신청할 경우에는 대체로 기각되었다. 식량산업 분야에서 그러했듯이, 소비재 분야 암시장의 번창은 이러한 조건의 피할 수 없는 결과였다.

마지막으로, 서비스 분야와 은퇴자 분야의 경제가 있었다. 공무원(독일의 모든 단계의 학교 교사를 포함했다), 직업군인, 고령의 연금 생활자, 대부분의 화이트칼라들은 결핍 경제에서 이익을 얻으려는 노력들에서 협상력을 거의 갖지 못했다. 대개 고정되거나 심지어 감소하는 소득으로 살아가는 가운데(상급 공무원들은 실제로 상당한 임금 삭감을 당해야 했다), 그들은 대체로 암시장 경제에서 배제되었다. 대부분의 독일인들에게 당시 후방의 전쟁은 식량 부족과 열악한 건강 조건, 주기적으로 수리할 필요를 드러내는 주거, 그리고 일반적인 삶의 질의 악화를 의미했다.

식료품은 의심할 여지 없이 가장 큰 문제였다. 전쟁 이전 독일은 커피, 코코아, 차 같은 물품뿐만 아니라 엄청난 양의 곡물, 동물 사료, 고기, 유제품을 포함한 농업 생산품을 수입했다. 수입품의 대부분은 특히 미국, 캐나다, 오스트레일리아, 라틴아메리카 같은 해외 지역에서 왔다. 하지만 전쟁이 선포되자, 독일과 이들 지역과의 무역은 사실상 중단되었다. 영국의 봉쇄는 해외 상품들이 독일제국에 도달하는 것을 효과적으로 차단했다. 또한 독일은 1914년 이전까지 엄청난 양의 러시아 곡물과 육류를 수입해왔지만 전쟁은 이 교역에도 지장을 주었다. 전시 대부분, 독일은 네덜란드와 스칸디나비아 국가들(이 국가들은 중립으로 남았다)로부터만 농산품을 수입할 수 있었다. 하지만 여기에도 영국은 수출 수준을 낮추도록 지속적인 압박을 가했다.

화학자 프리츠 하버Fritz Haber의 인공 질산염 발견이 비료 부족을 완화해주었지만, 독일 농민들이 사라진 수입품들을 대신할 수 있으리라는 망상은 머지않아 부서졌다. 봉쇄의 결과는 거의 즉각적으로 느껴졌다. 1914년 10월 곡물 부족에 직면해서, 정부는 '전시 빵' 굽기를 감독하고 나섰는데, 이는 80퍼센트의 밀가루와 20퍼센트의 녹말가루로 만들어진 제품이었다. 이는 머지않아 전역에 확산된 '대용Ersatz 경제'의 시작을 의미했다(대용이라는 용어는 1차대전 동안 영국과 독일 모두에서 활용되었다). 1917년 여름까지, 837개의 육류 없는 소시지와 편육 대용품에 대한 특허가 출원되었다.

식량 상황은 전쟁이 경과함에 따라 점점 더 심각해졌다. 대체로 맛이 없을 뿐인 대용 식품보다 훨씬 심각했던 문제는 식료품 부족 현상이 실제로 악화되던 사실이었다. 이 결핍으로 1916~1917년 소위 '순무의 겨울'을 겪는데, 독일의 오랜 주식이던 곡물과 감자가 심각한 공급 부족 상태에 빠진다. 유일하게 이용 가능하고 상대적으로 풍족했던 대체물은 순무, 더 정확하게는 황색 뿌리 순무였는데, 이것이 배급되었다.* 1917년 1월과 2월 베를린에 사는 성인 남성을 위한 공식적 주당 배급은 2~6파운드의 순무(혹은 가능하다면 2파운드의 빵), 2온스 미만의 버터, 1온스의 마가린으로 구성되었다. 추수기에 이른 그해 8월에는 주당 할당 몫이 5파운드의 감자, 1/2파운드의 고기, 3/4파운드의 설탕으로 늘어났을 뿐이다.

결핍 경제는 국가의 젠더 관계도 상당한 정도로 변모시켰다. 여성들이 (전선에 보내진 남성들을 대신하면서) 산업과 서비스업 분야 모두에서

---

* 당시 순무는 유럽에서 동물에게 먹이는 사료 작물에 해당했다.

힌덴부르크를 둘러싼 개인숭배의 한 예. 전시 채권 구매를 촉진하는 포스터는 그의 초상과 더불어 "시대는 어렵지만, 승리는 보장되어 있다"라는 제목이 달려 있다(출처: Paul Bruno/Library of Congress Prints and Photographs Division〈LC-USZC4-11806〉).

노동시장에 진입하여, 가정에 묶이고 아버지나 남성의 명령에 복종하는 여성성에 대한 빅토리아적 이미지를 근본적으로 변화시켰다. 점차 여성들은 유급으로 고용되었을 뿐만 아니라 가정의 주수입원이 되었다. 게다가 가정 바깥에 많은 여성들이 존재한다는 익숙하지 않은 현실은 성 도덕을 변모시켰고, 성병 발생을 증가시켰다.

그러나 다수의 여성들에게 해방이란 다소간 추상적인 축복으로 남았다. 식품 부족은 폐렴, 구루병, 이질, 장티푸스 등 영양 부족과 결부된 각종 질병을 야기했다. 동시에 주거와 수송 시설은 정비가 지체된 탓에 점점 더 악화되었던 반면, 집세는 이를 통제하려는 정부의 노력에도 불구하고 집주인들이 인플레이션과 발맞추고자 노력하는 가운데 천정부지로 치솟았다.

어려움의 실상은 국내 전선의 조건에 대한 정부의 낙관적이고 단순한 프로파간다와 매우 대조적이었다. 공식적인 논평들은 모든 종류의 대용 물품들을 창의적으로 생산해내는 독일의 발명 정신을 찬양하고 있었다. 정부의 프로파간다에 따르면, 1917년 2월('순무의 겨울' 절정기) 다양한 결핍들은 공중보건에 어떠한 주목할 만한 영향도 미치지 못했다. 그러나 사람들은 더 잘 알았다. 1917년까지 사회 빈곤층이 보인 (독일 정부 보고서에 나온 용어를 활용하자면) '열정의 결핍'은 절망과 저항으로 전환되었다. 전선에 있는 병사들에게 편지를 보낼 때 후방의 어려움을 곱씹지 말라는 공식적인 경고도 별 효과를 발휘하지 못했다. 파업이 증가하고 있었던 사실은 경제적, 정치적 조건들에 대한 불만족이 증폭되고 있음을 보여주는 징후였다.

그러나 모든 독일인이 열정에서 소외로, 이어서 절망과 혁명으로 직진해가지는 않았다. 좀 더 진실에 가까운 그림은 사회의 점증하는 양극화를 보여주었다. 전쟁이 지속되는 거의 전 기간에 전쟁은 필요하며, 심지어 도덕을 향상시키는 일이라고 계속해서 믿었던 사람들이 많았고, 특히 상류층과 중간계급들에 많았다. 파업과 식량 배급에 대한 불평이 환멸을 보여주었다면, 대개의 전시문학들은 '전쟁 지지'였다. 한 전후문학 비평가가 말했던 것처럼 대개의 장르는 "주제의 위대함에 상응하는 가치를 갖지 못했다". 병사들의 유머와 음란함으로 가득 찬 책들은 고상한 정신을 가진 장교들이(이 소설들에서 영웅들은 거의 변함없이 장교들이었다) 러시아, 프랑스, 벨기에, 그리고 영국 야만인들의 맹공격에 맞서 사심 없이 조국과 서구 문명을 지키고자 싸운다는 식의 흑백의 세계를 제시했다.

통속문학의 수준을 넘어 두 가지 주제가 전시문학을 지배했다. 하나는 전선 체험의 신화, 즉 전선에 있었던 경험이었다. 에른스트 윙거^{Ernst Jünger}가 《강철 폭풍 속에서^{In Stahlgewittern}》(1920년)에서 그랬듯이, 참전 용사들은 후일 독특한 병사의 형상을 창조하기 위해 그들의 전시 경험을 활용했다. 이 그림 속에서 전쟁은 사회 각층의 민간인들을 평상시 일상의 염려로부터 동떨어져 서 있을 뿐만 아니라 어떤 의미에서는 이를 초월해 있는 새로운 인간으로 재창조했다. 전선 경험, 특히 에른스트 폰 잘로몬^{Ernst von Salomon}이 후일 "전쟁의 도취감"이라 부른 것은 병사들을 옛 사회로부터 떼어내어 새로운 혁명적 도덕성과 이데올로기의 전령으로 만들었다.

또 다른 주제는 문명 충돌이었다. 윙거가 학살과 정복에서 더 큰 의미를 찾았다고 고백한 유일한 지식인이었던 것은 아니다. 1915년 6월 '명사들 선언'은 많은 기득권 지식인들이 육군최고사령부의 '승자의 평화'라는 목표를 지지했음을 보여준다. 전쟁 전 빌헬름 제국 사회를 매우 비판하던 자연주의적 희곡작가 게르하르트 하웁트만은 프랑스의 작가 로맹 롤랑^{Romain Rolland}에게 보내는 공개서한에서 벨기에 침략을 포함하여 전시 독일의 역할을 옹호했다. 독일 지식인의 쇼비니즘을 보여주는 가장 유명한 사례는 1918년 출간된 토마스 만의 《한 비정치적 인간의 고찰^{Betrachtungen eines Unpolitischen}》일 것이다. 이 에세이에서 《부덴부로크가의 사람들》을 쓴 베스트셀러 작가 만은 영국과 프랑스 부르주아의 물질주의적 '문명'과 독일 시민층의 '문화'라는 이상을 노여워하며 대비했다. 서구 문명이 협소한 물질만능주의적 관점을 지닌 인간을 양산해 냈던 반면, 독일의 문화는 교육받고 이상주의적인 세계 시민을 창출해 냈다는 것이다.

지식인들에게도 1917년은 일종의 분기점이었다. 많은 사람들에게 환멸의 감정이 찾아들었다. 가장 전형적인 예는 발터 플렉스Walter Flex의 《두 세계 사이의 방랑자Wanderer zwischen beiden Welten》로, 이 책은 1920년 대 청년 문화의 주요 작품이 되었다. 1918년 말에 출간된 이 소설은 작 가가 전사한 전우에게 바치는 추도의 글이었다. 감수성이 예민한 한 남 자가 전쟁의 공포에 반응하는 과정을 가슴 시리도록 묘사했다. 전시 쇼 비니즘의 가치를 훨씬 더 극단적으로 거부한 것은, 일종의 문화적 허 무주의인 다다Dada 운동이었다. 1916년 여름 취리히 카페에서 시작된 (창립식은 1917년 베를린에서 재연되었다) 다다 운동은 그것이 고무한 예 술적 산물들로 인해 중요하다기보다는 그 철학의 반기득권적 감성으로 더 중요했다. "다다는 무를 의미한다. 그것은 어떠한 의미도 갖지 않는 중요한 무이다. 우리는 무를 가지고 세계를 변화시키기를 원하며, 무를 가지고 시와 그림을 바꾸고, 전쟁을 종식시키기를 원한다."

일정 기간 동안 제국 지도자들은 대체로 전쟁과 사회를 별개로 간주 하는 것처럼 보였다. 프로이센 전쟁부는 베를린의 대형 전기 제조 회사 인 아에게AEG의 간부들을 통해 전쟁 초 전쟁조달부Kriegsrohstoffabteilung를 창설했다. 아에게 대표이던 발터 라테나우Walther Rathenau가 그 부서의 장 이 되었다. 새로운 부서는 희소한 원자재의 사용을 감독하고 통제할 권 한을 가졌다. 그러나 전쟁 발발 첫 2년 동안 이 목표를 제외한다면, 독 일 정부는 프로파간다 기구를 구성하고 식량 배급을 제도화하는 것 이 외에 전시경제를 조정하고 관리하는 데 거의 노력을 기울이지 않았다. 이 상황은 팔켄하인의 베르됭 패배 때까지 달라지지 않았다. 이제 급속히 확대되는 전시 경영 관료제가 만들어졌다. 섬유에서 신발 끈에 이르는 모든 것을 다루는 엄청난 수의 할당위원회가 엄청난 분량의 서류들을 만들어냈지만, 이는 점점 더 부족해지는 공급을 분배하는 데 어떤 형평성을 보장하고자 하는, 대체로 무망한 노력일 뿐이었다.

국내 전선에서 재원을 동원하는 새로운 단계는 소위 힌덴부르크 프로그램과 더불어 왔다. 힌덴부르크와 루덴도르프가 육군최고사령부의 지휘권을 갖게 된 1916년 8월, 그들은 1917년 봄까지 소형 무기 생산은 100퍼센트, 포탄과 기관총은 300퍼센트 증가를 요구했다. 완전히 비현실적으로 보였던 이 목표는 산업 생산에 대한 전면적인 통제와 수천 명의 여성들로 하여금 산업 전선에 참여하도록 설득하는 것을 포함해, 독일 노동력을 전면적으로 동원할 것을 요구했다. 육군최고사령부는 아니라 할지라도, 베트만홀베크는 힌덴부르크 프로그램이 그리는 것과 같은 제조업 우선순위의 엄청난 변화가 허약하기 짝이 없는 사회적, 정치적 합의를 심각하게 침해할 거라는 것을 알고 있었다. 동원 노력이 독재적인 결정이 아니라 합의에 의한 결정이라는 인상을 주고자, 정부는 전쟁국Kriegsamt의 창설을 제안했다. 그뢰너 장군이 지휘하는 가운데 경제적 동원을 전반적으로 담당하던 전쟁국은 전쟁 수행 노력이 군부, 정부 관료, 노사 대표의 합작 벤처라는 인상을 주는 데 특히 유용했다.

전시경제의 합의적 경영은 1917년 8월 대각선 정치와 더불어 희생양이 되었다. 베트만홀베크처럼 그뢰너도 해고되었다. 전쟁국은 대체로 해체되었고, 그 기능들은 소위 부사령관들의 전반적인 관리 아래 탈중앙집권화되었다. 독일의 군구軍區들에서 예비군 사령관들, 대개 고령이나 장애로 인해 전선 지휘에 적합하지 않은 장교들이었던 그들은 국내 전선의 사기 문제에 특히 둔감했다. 그들은 파업과 시위가 벌어지면 파업 지도부를 징집해 전선으로 보내버리는 방식으로 답했다. 이에 따라 군부와 노조 지도자들을 비롯한 개혁 세력의 관계는 점차 악화되었다. 종전 때까지 대부분의 독일인들에게 군부란 전쟁 피로감에 대한 유일한 대응이 억압일 뿐이던 부사령관으로 상징되었다.

독일이 완벽하게 동원된 전시경제를 다루는 메커니즘을 발전시키려 노력했음에도 불구하고, 전쟁을 재정적으로 뒷받침하는 문제는 거의 전적으로 무시되었다. 이는 패전 후 수년 동안 이 나라를 지속적으로 괴롭혔다. 물리적 파괴와 죽음의 공포에 더해, 1차대전은 모든 교전국에게 전혀 예기치 못한 재정적 부담을 안겼다. 독일의 경우, 전쟁 수행 비용은 전쟁 초기 매일 약 3,600만 마르크에서 전쟁 말에 이르면 1억 3,600만 마르크에 달했다. 독일의 국가 부채는 1914년에도 이미 상당한 정도였기 때문에, 정부는 전쟁을 재정적으로 뒷받침할 예비비가 없었다.

그러나 정부 지출은 세금과 채권이라는 두 가지 방식으로만 충족될 수 있다. 아이러니하게도 결핍 경제의 특징인 상품에 대한 화폐 과잉이 세금 인상을 경제적으로 합리적인 정책으로 만들었음에도 불구하고 세금은 특히 전시에 인기가 없었다. 모든 교전국이 전시 채권과 다른 형태의 채권에 의지해 그들 전비의 상당 부분을 마련했지만, 독일은 전비의 거의 전부를 채권으로 뒷받침하고자 했다. 그 이유 중 하나는 이 비용을 패퇴한 적들로부터 금세 메울 수 있으리라는 근거 없는 자신감 때문이었다(1870~1871년 보불전쟁 이후 수십 억 마르크에 달했던 프랑스의 배상금 사례가 쉽게 상기되곤 했다). 또한 당시 정부는 전쟁 초기의 채권 발행이 열광적으로 받아들여졌던 데 고무되어 있었다. 1914년 8월과 10월에 있었던 첫 번째 채권 발행에 120만 명에 달하는 독일인이 총 45억 마르크를 청약했다. 뒤이은 채권 발행은 덜 성공적이었지만, 정부 채권은 양질이고 이자와 더불어 돌아올 것이라는 기대가 강했다.

채권 발행의 성공과 승리에 대한 기대는 정부로 하여금 실재 재원에 대해 별반 고려하지 않게 만들었다. 힌덴부르크 프로그램의 비용은 특히 놀라운 것이었다. 앞서 언급했던 것처럼 군부는 엄청나게 부풀려진 가격을 지불하고, 고용주들로 하여금 높은 임금을 지불하여 필요한 전쟁 물자를 확보하도록 허용하는 데 주저함이 없었다. 자주 환기되나 자주 위반된 전쟁 전 신조인 균형예산은 환상이 되었고, 독일의 공공 재정은 본질적으로 이상한 나라의 엘리스의 세계에서 작동했다. 1918년 초 임금과 가격을 인하하려는 일부 시도가 있었지만, 인플레이션은 멈출 수 없는 자체 동력을 갖게 되었다. 전쟁 말기, 마르크는 1914년의 절반 정도에 해당하는 가치를 가질 뿐이었다. 이는 퇴임 후 평생의 저축과 전시 채권의 수익금으로 생활할 것을 기대했던 다수의 중간계급에게 특히 심각한 문제였다. 1차대전에 대한 독일의 재정적 뒷받침은 당시 전적으로 실패한 상황이었다. 막대한 채무는 국가에 엄청난 부담을 안겨주었고, 마르크화의 가치를 침식함으로써 독일의 모든 세대 노년기의 재정적 안정성에 대한 희망을 박살냈다.

결론

1918년 11월 독일제국의 새로운 지도자들은 엄청난 파괴와 절망, 불확실성이라는 유산을 상속받았다. 군대는 160만 명의 전사자를 포함해 600만 명에 달하는 사상자를 기록했다. 국내에서는 영양실조로 인한 질병이 사망률을 극심하게 높였다. 독일은 지쳐버린 국민, 낡아빠진 산업 시설, 어마어마한 국가 부채와 더불어 평화를 맞이했다(교전국 전체를 통틀어 1차대전의 총비용은 1914년 기준으로 1조 마르크(약 2,380억 달러)였고, 그중 독일의 몫은 1,750억 마르크(약 420억 달러)였다).

이 '물적' 결과는 독일의 미래에 심각한 회의를 갖게 했지만, 어떤 의미에서 이보다 더 불길했던 것은 이 전쟁의 덜 가시적인 사회적, 정치적 결과들이었다. 적어도 세 가지 면에서 1차대전은 전쟁 전에 잠재적으로 존재하던 국가적 합의의 주요 측면을 박살냈다.

먼저, 지속되는 번영과 사회적 상승에 대한 암시였다. 전쟁은 후일 1차대전 이전 수년에 부여된 명칭인 '황금시대'의 영광을 가능케 한 지속적인 고도성장을 급작스럽게 꺾어버렸다. 전쟁이 진행되는 동안 전반적인 생활수준이 급격하게 하락했을 뿐만 아니라, 전쟁 부담을 인구의 다양한 부분에 매우 불균등하게 배분했다.

독일이 보다 위대한 정치적 근대화를 향해 나아간다는 환상 역시 꺾였다. 황제의 '성안의 평화'와 1917년의 부활절 메시지, 베트만홀베크의 '대각선 정치'는 모두 제국의 정치, 군사 지도자들이 협력하여 프로이센-독일의 권위주의를 개혁하리라는 기대를 불러일으켰다. 육군최고사령부의 '조용한 독재', 황제의 단견, 보수주의자들의 비타협적 태도는 그 희망을 박살냈다. 10월 개혁들의 법제화는 해외에서의 군사적 승리를 통해 국내의 권위주의를 유지하려던 그들의 도박이 실패했다고 육군최고사령부와 황제가 잠시 인정했을 때에야 비로소 나타날 수 있었다. 1918년의 헌정적 변화는 국가적 합의로부터가 아닌 구체제의 파산으로부터 왔다.

마지막으로 세 번째 부서진 합의는 희생과 배상의 상관관계에 대한 약속이었다. 모든 교전국 거주자와 마찬가지로 독일인도 (군사적 상황에 대한 육군최고사령부의 지속적으로 낙관적인 프로파간다에 고무되어) 다가오는 평화가 전시의 희생을 '보람 있게' 만들 것이라고 완전히 확신했다.

국가적 합의의 일부는 브레스트리톱스크조약에 대한 논의가 진행되던 1918년 봄까지 유지되었다. 그 거품 역시 몇 달 후에는 꺼졌다. 반응은 분노와 불신, 소외였다.

1918년 11월 독일은 지치고 깊이 양극화된 채로, 새로운 국가적 합의를 필요로 하던 나라였다. 그 새로운 합의의 요소가 무엇이 되어야 할지는 대체로 불분명했다. 독일은 평화에 대한 갈망과 제국의 영토적이고 정치적인 단일성을 유지하려는 그들의 결심 가운데에서만 잠시 단합되었다.

에리히 루덴도르프Erich Ludendorff
(1865~1937년)

―

에리히 루덴도르프는 거의 태어나던 순간부터 군사적 이력을 위해 운명 지어졌다고 말할 수 있다. 그는 현재는 폴란드의 일부인 서부 프로이센에서 육군 장교의 아들로 태어났다. 10세 때, 그는 전통적으로 직업장교가 되는 첫 번째 길인 프로이센 사관학교에 입학했다. 이 초기 단계에서도 루덴도르프의 교사들은 그의 날카로운 지력과 조직력을 언급했다. 그는 특히 군사사와 작전에서 좋은 성적을 거두었다.

그러나 그에게는 '폰von'이 없다는 문제가 있었다. 그는 프로이센 귀족 가문 출신이 아니었고, 그로 인해 기병대처럼 육군의 가장 명예로운 부분은 그에게 닫혀 있었다. 그럼에도 불구하고 그는 기술력을 인정받아 1894년 참모본부에 배치되었다. 1904년경 그는 참모본부의 병력 전개 부서를 이끌었다.

한편 루덴도르프의 이력은 주로 장교 임명과 관련되어 있는데, 그는 1차대전에서 잠시 전투에 참가하기도 했다. 그는 여단장으로 벨기에의 리에주Liège 공격을 주도했다. 이 공적으로 프로이센 최고 무공훈장인 푸르 르 메리트Pour le Mérite를 수여받았다. 그 직후, 루덴도르프는 힌덴부르크 장군의 참모로 합류하도록 동부전선에 보내졌다. 이로써 육군최고사령부, 그리고 전쟁 후반부에는 독일 정부를 주도할 두 사람의 오랜 친교가 시작된다. 우선, 그들은 탄넨베르크전투에서 놀라운 승리를 거두며 황제와 독일인 대부분의 찬사를 얻었다. 탄넨베르크에서 루덴도르프는 병참과 보급에서 탁월한 능력을 보여주었고, 1916년 8월 그는 독일군의 병참감Quartermaster general으로 임명되었다.

루덴도르프는 정치와 군사가 섞이는 데 반대하지 않았고, 좀 더 정확하게 말하자면 정치가 언제나 군대의 필요에 종속되어야 한다고 주장했다. 그는 독일의 민간인 지도자들이 전쟁 초기에 이 원칙을 받아들이려 하지 않는다고 보앉기 때문에, 베트만홀베크 총리를 해임해야 한다고 힌덴부르크와 함께 강하게 요구했다. 1916년 그들은 이 목표를 달성하는 데 성공했지만, 군부 통치가 육군최고사령부가 약속했던 것과 같은 '승자의 평화'를 보장해주지는 못했다.

1916년 이후, 루덴도르프와 힌덴부르크는 무기력한 황제와 민간 정부 지도자들이 그들의 길을 가로막을 의사를 보이지 않자 모 아니면 도 격인 군사작전을 감행했고, 러시아제국을 패배시키는 데는 성공했지만 서부전선에서는 패배했다. 1918년 10월 루덴도르프는 전쟁에서 패했다고 인정했다. 그는 장교단에서 사임하고 스웨덴으로 도주했다.

그는 강화조약 직후 귀국했고, 즉시 다양한 우익 극단주의 조직들과 음모들을 손보는 데 착수했다. 루덴도르프는 바이마르공화국을 격렬하게 증오했고, 민주적 헌법을 파괴하려는 모든 음모를 좋아했다. 그는 카프 폭동Kapp Putsch을 지지했고, 맥주홀 폭동에서 히틀러에 가담했다. 루덴도르프는 실패한 쿠데타 이후 히틀러 곁에서 재판을 받았지만, 관대하고 동정심 많은 판사는 그를 무죄 방면했다.

1925년 히틀러의 설득으로 대통령 선거에 나섰다가 참패한 루덴도르프는 그 후 정치활동에서는 거의 은퇴하고, 1925년 자신이 창설했으며 루덴도르프 운동으로 더 잘 알려진 탄넨베르크동맹Tannenbergbund에 헌신했다. 이 그룹의 명목상 수장은 루덴도르프였지만 이 정치-종교 분파—회원 수가 수천 명을 넘어선 적은 없었다—의 브레인은 그의 두 번째 부인이던 마틸데Mathilde였다. 루덴도르프 운동은, 그들이 주장하는 대로라면, 1차대전 때 독일의 패배를 획책했으며 이제는 전 독일인종을 파괴하기 위해 노력하고 있는 삼각 음모를 폭로하기 위해 끊임없이 노력했다. 그들은 유대인, 가톨릭, 프리메이슨이었다.

히틀러의 권력 장악은 루덴도르프에게 달콤 쌉싸름한 경험이었다. 한편으로 그는 바이마르공화국의 해체와 나치의 반유대주의 조치를 열렬히 환영했지만, 다른 한편으로 나치가 루덴도르프 운동의 반가톨릭적 저주를 별반 활용하지 않는다는 것을 발견했다. 독일 가톨릭과 교황청의 우호적 태도를 얻어내길 갈망했던 나치 정권은 탄넨베르크동맹의 출판물을 즉시 제한했고, 나치의 통제를 받은 언론은 루덴도르프의 견해와 활동을 보도하는 것을 금지당했다. 설령 초대를 받았다 하더라도 참석했을지 의문이기는 하지만, 1934년 루덴도르프가 힌덴부르크의 장례식에 초대받지 못했다는 것은 루덴도르프를 공적인 영역에서 몰아내고자 한 나치의 캠페인을 잘 보여준다. 두 사람은 오래전에 철천 지원수가 되었다. 루덴도르프는 1918년 10월 자신이 군부에서 사임할 때 힌덴부르크가 자신을 뒤따르려고 하지 않았던 데에 늘 분노했고, 그가 공화국 대통령직을 맡았던 것을 용서하지 않았다.

아이러니하게도 나치는 루덴도르프가 생존했을 때는 인정하지 않았던 명예와 존경을 사후에 부여했다. 1937년 12월 이 전직 장군은 사망했고, 히틀러는 즉시 그를 위해 매우 공들인 나치 장례를 치를 것을 명령했다.

발터 라테나우 Walther Rathenau
(1867~1922년)

발터 라테나우는 홀로코스트 전에 독일 유대인의 승리와 비극을 경험했다. 그는 참된 르네상스형 인간이었다. 심오한 사상가이자 신비주의자였을 뿐만 아니라 성공적인 산업가이자 탁월한 전시 행정가였다. 때로 그는 동료 유대인들, 특히 그가 보기에 자신의 시대를 뒤덮은 반유대주의 전반에 책임이 있던 시오니스트들에 대해 매우 비판적이던 유대인이었다. 그러나 그는 결국 그를 암살한 우파 극단주의의 증오를 산 유대인이기도 했다.

라테나우는 1867년에 태어났다. 그의 아버지는 전기 제품과 전기공학 제품의 주요 제조업체인 아에게를 창업했다. 1899년 라테나우는 아에게 이사회에 참여했고, 1915년 아버지가 사망하자 대표이사가 되었다. 라테나우의 주도 아래 아에게는 독일에서 가장 중요한 전기회사가 되었고, 여러 가지 점에서 미국의 제너럴일렉트릭General Electric Company과 비견되었다.

열렬한 애국자이던 라테나우는 1차대전 동안 다양한 방식으로 전쟁 수행 노력을 지원했는데, 특히 전쟁부의 물자 조달 부서를 이끄는 중요한 역할을 담당했다. 이 부서는 독일의 부족한 자원을 가장 효율적인 방식으로 배당하는 임무를 맡았다.

종전 후 라테나우는 정계에서 활동했다. 그는 자유주의적인 성향의 독일민주당Deutsche Demokratische Partei, DDP에 입당했고, 1921년 요제프 비르트 내각에서 재건부 장관으로 재임했다. 내각 구성원으로서 그는 실패한 '완수정책'의 주요 입안자였다. 그는 독일이 진정성 있는 배상금 지불 노력을 보여주기를 원했지만, 한편으로 연합국이 부과한 지불 요구가 젊은 공화국에 부당하고 불가능한 짐을 지웠다는 것 역시 잘 알고 있었다.

1922년 라테나우의 가까운 친구이던 비르트는 라테나우에게 독일 외무부 장관으로 일해달라고 요청했다. 새로운 직무를 맡은 그는 서구 열강들과 더 나은 관계를 맺기 위해 끊임없이 노력했지만, 그의 짧은 재임 기간에 가장 두드러졌던 것은 바이마르공화국과 소비에트의 관계를 개선하려는 노력이었다. 1922년 봄, 라테나우와 소비에트 외무인민위원인 게오르기 치체린^{Georgy Chicherin}은 라폴로^{Rapollo}(제노바의 외곽 도시)에서 라폴로조약에 합의한다. 이 조약으로 독일과 소비에트는 상호 외교적 인정 및 채무 면제에 동의했다.

에르빈 케른^{Erwin Kern}과 헤르만 피셔^{Hermann Fischer}라는 두 극단적 우익의 병든 정신에 따르면, 유대인의 국제적 음모의 명백한 증거가 여기에 있었다. 독일 유대인 라테나우와 러시아 유대인 치체린이 독일과 유럽을 유대인의 통제하에 두고자 협약을 맺었다는 것이다. 1922년 6월, 두 사람은 베를린에서 무개차를 타고 있던 라테나우를 살해했다.

이 암살은 이 외무부 장관에 대한 엄청난 대중적 공감의 물결을 불러일으켰다. 또한 독일 의회 역사에서 가장 극적이고 감동적인 연설 가운데 하나를 낳았다. 살해된 친구를 위한 추도사에서 비르트 총리는 제국의회의 오른편을 가리키며, "저기에 적이 있다. 적은 우파 가운데 있다"고 선언했다. 비르트는 독일민족국민당^{Deutschnationale Volkspartei, DNVP}의 지속적인 반유대주의가 라테나우 사망을 낳은 증오의 씨를 뿌렸다고—타당하게도—확신했다.

암살은 한 가지 긍정적인 결과도 낳았다. 자생적인 테러의 물결에 충격받은 제국의회는 공화국수호법^{Republikschutzgesetz}을 통과시켰고, 이로써 바이에른을 제외한 독일의 모든 주에서 정치적 범죄를 처벌하기 위한 중요하고도 성공적인 노력에 나설 수 있게 되었다.

4장

혁명, 인플레이션 그리고 폭동
1918~1923년

1차대전을 종식시킨 정전협정은 1918년 11월 11일 발표되었다. 비록 소수가 앞으로 다가올 산더미 같은 문제들에 대해서 인지하고 있었지만, 대부분의 독일인은 평화를 환영했다. 하지만 경제가 복구되지 못하고, 사회적으로나 정치적으로 양극화되었으며, 국제적인 세력균형 속에서 자리를 확보하지 못하면서 독일은 1차대전 직후 정치, 경제적으로 벼랑 끝에 섰다.

혁명

황제가 베를린을 빠져나갔던 것이 개혁가들의 신뢰를 얼마나 무너뜨렸는지는 이미 살펴보았다. 대부분의 독일인은 10월 개혁 이후 주요 정당 지도자들이 황제나 그의 오랜 측근과 더불어 새로운 입헌군주제를 실시할 수 있을 것으로 보았다. 그러나 이것이 망상으로 드러났을 때, 거의 모든 독일인에게서 10월에 느꼈던 만족감은 순식간에 사라졌고, 11월 들어서면서부터는 기존의 권위와 제도들에 대한 불신이 팽배해졌다. 특히 장병과 해병들 사이에서 그런 현상이 두드러졌다. 11월 초, 러시아의 경우와 마찬가지로 독일의 육군과 해군은 독일판 소비에트, 병사평의회를 조직했다(평의회Rat는 러시아 소비에트가 초기에 그랬던 것처럼 어떤 정치 이데올로기가 아니라 하나의 제도를 지칭할 뿐이었다). 대부분의 평의회는 하급 군인들의 즉각적인 관심사들을 다루었다. 식량 배급, 자의적인 규율과 명령 체계의 종식, 장교단이 종전에 임박해서 아무 소용없는 자살 임무에 군대를 보내지 못하도록 하는 것 등이었다.

이러한 평의회 중 최초의 평의회는 발트해에 면한 항구도시 킬Kiel에 있는 독일 해군 함대의 본부에서 11월 4일 결성되었다. 전쟁 내내 해군 함정에 대한 불만이 만연해 있었다. 수병들은 엄격한 규율, 장교와 사병의 식량 배급이나 생활 여건이 현저히 다른 것에 대해 분노했다. 1917년에 이미 대규모 폭동이 있었고, 해군본부는 이 폭동을 잔혹하게 진압했다. 봉기에 가담한 12명이 사형선고를 받았고, 둘은 실제로 처형되었다.

1918년 11월 초 킬에서 일어난 일련의 사건은 이러한 배경에서 이해되어야만 한다. 정전협정이 시간문제일 뿐이라는 것은 모두가 알고 있는 사실이었다. 동시에 해군 지도부가 '해군의 명예'를 위해 영국 해군에 맞설 최후의 공격에 함대를 보낼 거라는 점 역시 공공연한 비밀이었다. 해군 수뇌부가 몇몇 부대로 하여금 '일상적인 훈련 임무'를 위해서 출항 준비를 할 것을 명령했을 때, 여러 함정에 있던 석탄 화부들은 자신들이 이 자살 공격에 보내질 것이라 생각하고 명령을 거부했다. 킬의 조선소 및 항만 노동자들 역시 저항하는 수병을 지지하며 파업에 나섰다. 킬의 노동자들은 수병과 더불어 평의회를 구성할 자신들의 대표를 선출했다.

파업과 봉기에 대한 폭넓은 지지를 목도한 킬 시장과 발트해 해군기지의 제독은 노동자−병사평의회에 협조하는 데 동의했다. 또한 수병과 노동자들의 요구에 따라 사민당의 군대와 식민지 문제 대변인이던 제국의회 의원 구스타프 노스케Gustav Noske와 독립사민당의 대표 후고 하제Hugo Haase도 11월 5일 킬에 도착했다. 상황을 신속히 장악했던 것은 노스케였다. 노동자−병사평의회의 대표로 선출된 노스케는 군대와 행정부의 민간인 고위직을 설득하여 평의회의 권위를 공식적으로 인정하도록 했다. 그 결과 이원 정부라는 별난 체제가 만들어졌다. 군부 지도자들의 명령과 민간 당국의 규정들은 노동자−병사평의회 대표가 승인하고 서명했을 때만 효과를 발휘할 수 있었다. 놀랍게도 이 두 명령 체계는 합리적으로 잘 작동한 듯 보인다. 해군 지도부는 원래 계획했던 자살 출항을 포기했고, 평의회는 약탈이 일어나지 않게 협조했으며, 함대 내에 적어도 약간의 규율을 회복시켰다.

킬에서 최초로 나타난 이원 체계는 독일 전역에서 혁명적 권위를 제도화하기 위한 모델이 되었다. 킬에 대한 뉴스가 신속히 확산되면서 수병들은 이를 기회로 그들의 함대를 떠나 고향으로 돌아갔다. 이후 며칠 동안 서부와 중부 독일의 도시 지역에서 노동자−병사평의회가 우후죽순 나타났다. 여기서도 평의회는 정규 행정 조직을 대신하기보다는, 평의회의 전반적인 감독하에 기존의 민간과 군 행정 당국이 계속 작동할 수 있도록 했다.

평의회가 독일 전역에서 법과 질서를 지키도록 하는 동안, 바이에른 지역에서는 좀 더 과격한 사건들이 줄을 이었다. 11월 초, 확실한 좌파인 바이에른 독립사민당 의장 쿠르트 아이스너Kurt Eisner는 바이에른에서 정치적 권위주의를 무너뜨릴 조건이 성숙했다고 판단했다. 11월 7일 아이스너는 뮌헨에서 열린 반전 봉기를 바이에른 군주제 철폐를 요구하는 대중 집회로 전환하는 데 성공했다. 바이에른 왕은 자신의 왕좌를 신속히 포기했다. 아이스너는 '바이에른 자유주Freistaat Bayern' 수립을 선언했고, 노동자−병사평의회의 협조 아래 바이에른의 사민당과 독립사민당 지도자들이 제헌의회가 열릴 때까지 바이에른 자유주를 통제하게 했다.

1,000년 이상 바이에른을 지배해온 비텔스바흐Wittelsbach 왕조의 몰락은 독일 전역에 엄청난 정치적 충격파를 보냈고, 노동자−병사평의회들은 독일 어느 지역에서건 구체제가 국민적인 지지 없이는 유지될 수 없음을 깨달았다. 이어진 이틀 동안 황제이자 프로이센 왕인 빌헬름 2세를 제외한 모든 지역의 제후들이 새로운 임시정부와 노동자−병사평의회에 그들의 업무를 넘겼다. 독일 혁명은 대체로 무혈이었으며, 매우 온건한 형태의 봉기였다. 제후들은 물리적 손상을 입지 않았다. 오히려 몇몇 제후는 지난 기간에 그들이 연방 구성국에서 행한 봉사에 대해 노동자−병사평의회로부터 공식적인 감사 인사를 받기도 했다. 또한 혁명가들은 독일의 연방 구조를 무너뜨릴 시도도 하지 않았다. 사실 많은 연방 구성국들에서 혁명을 자극한 요소 가운데 하나가 베를린 중앙정부의 전시 감독 체제를 피하고자 하는 갈망이었음에도 말이다.

주목할 만한 것은 11월 첫 주 내내 제국의 수도가 표면상 고요한 섬으로 남았다는 점이다. 11월 8일까지도 베를린은 매우 고요했고, 공공서비스와 통신이 정상적으로 작동했다. 주식시장도 잘 작동했다. 혁명 지도에서 백지로 남아 있던 베를린의 지위는 11월 9일 갑자기 변화했다. 이 춥고 비 오는 토요일에 수천 명의 베를린 노동자들이 즉각적인 휴전과 독일제국의 황제이자 프로이센 왕인 빌헬름 2세의 퇴위를 요구하는 시위를 벌였다. 이틀 전 뮌헨에서 그랬던 것처럼 저항은 없었다. 오히려 병사들과 경찰은 기꺼이 시위 행렬과 조화를 이루었다.

제국 총리인 막스 폰 바덴과 그의 정부는 빌헬름 2세를 설득해 그의 아들 중 한 명에게 양위하도록 했지만, 황제는 망설이다가 때를 놓쳤다. 총리는 수천 명의 시위가 그의 집무실 창에 거의 도달한 것을 보고 스스로 조치를 취해야만 한다고 느꼈다. 그는 두 가지 결정을 내렸는데, 하나는 그저 상징적인 것이고 다른 하나는 헌정상 심대한 파급효과를 가지는 것이었다. 그는 독단으로 황제의 퇴위를 공표했다(빌헬름 2세는 실제로 몇 시간 후 제국 황제의 지위를 내려놓았다. 하지만 프로이센 왕으로서는 11월 28일까지 공식적으로 퇴위하지 않았다). 동시에 사민당 지도자인 프리드리히 에베르트Friedrich Ebert에게 자신의 뒤를 이어 제국 총리가 되어줄 것을 요청했다.

물론 바덴 총리는 그의 후임자를 지명할 법적인 권한을 갖고 있지 않았다. 10월 개혁 이후 그 권한은 제국의회에 부여되었다. 하지만 11월 9일 의회는 회기 중에 있지 않았다. 바덴은 시위대들이 법적인 완결성을 감상할 기분이 아니라는 것을 명확히 알고 있었다. 베를린의 사민당 구역은 전통적으로 당 좌파에 의해 주도되었고, 사민당과 독립사민당이 분리된 이후부터 베를린은 독립사민당의 거점 중 하나였다. 실제로 베를린 프롤레타리아트 중 중심적인 분파들은 극좌파 혁명노동전위대 운동에 동조하고 있었다. 이런 이유로 사민당 지도자들은 바덴 총리의 제안을 받자마자 독립사민당에 새로운 제국에서 다수사민당과 독립사민당이 권력과 각종 직위를 동등하게 나누자고 제안했다.

다수사민당의 제안은 독립사민당으로선 전혀 기대 밖의 것으로, 이로 인해 진퇴양난에 빠졌다. 카를 리프크네히트와 로자 룩셈부르크 같은 당내 급진 좌파들은 우파 사회주의자들과 공조하는 것에 대해 전적으로 반대했다. 그에 반해 다수의 독립사민당원들은 정부의 하부구조가 완전히 붕괴해서 대중이 굶주리고, 내란이 발생하거나 자의적인 폭력이 만연하는 등의 혁명 이후 러시아 상황이 독일에서 재연될까 우려했다. 게다가 독일 마르크스주의자들에게는 제국의 국가 통일성을 유지하는 데 나서는 것 역시 과소평가할 수 없는 목표였다. 사민당 동료들과 마찬가지로 다수의 독립사민당원들은 동프로이센 지역의 한 지역당원이 말한 것처럼 "뼛속 깊이 독일인"이었다.

이런 이유로 독립사민당 지도부는 다수사민당의 제안을 받아들여 새로운 전국적 임시정부를 구성하는 데 찬성했고, 인민대표평의회Rat der Volksbeauftragten를 소집했다. 평의회는 6인으로 구성되었고, 사회주의 정당의 전국 지도자인 에베르트와 하제가 위원장 직무를 맡았다. 나머지 4명은 베를린의 혁명노동전위대 지도자인 에밀 바스Emil Barth와 독립사민당의 온건파 지도자인 빌헬름 디트만Wilhelm Dittmann, 헌정 문제에 관한 사민당 전문가 중 한 명인 오토 란스베르크Otto Landsberg, 제국의회 내 사민당 지도자인 필리프 샤이데만Philipp Scheidemann이었다. 막스 폰 바덴을 제외하고는 구내각의 장관 모두 유임되었다. 그들은 평의회의 '전문 보좌관'으로 활동했다.

임시정부는 즉각적인 정책 결정뿐만 아니라 장기적인 정책 결정도 내려야 했다. 두 사회주의 그룹은 전쟁을 종식할 정전협정을 체결하는 것이 가장 긴박한 문제임에 동의했지만, 다른 문제들에 대해서는 현저한 입장 차를 보였다. 예컨대 독립사민당원들은 광업, 은행업, 보험, 일부 철강업 등의 분야를 국유화하는 문제를 중시했다. 다수사민당에서는 특정 분야가 국유화되기 위해서는 먼저 경제가 회복되어야 한다는 입장이었다.

당 지도자들이 국가의 미래에 대해 논쟁하는 가운데 베를린 혁명은 자체 동력을 갖고 진행되었다. 11월 9일 오후 2시경 제국의회 사민당 그룹의 지도자인 필리프 샤이데만은 '민중이 승리했음'을 선언하고, '독일공화국'이 공식적으로 건국되었음을 선포했다. 하지만 샤이데만은 이러한 선언을 할 만한 헌법상 권한을 갖고 있지 않았다. 두 시간 후 베를린의 다른 구역에서 인민대표평의회가 아니라 '노동자―병사평의회가 모든 법적, 행정적, 사법적 권력을 가지는' '독일사회주의공화국'의 건국을 선포한 카를 리프크네히트도 권한이 없기는 마찬가지였다.

다음 날 베를린의 노동자―병사평의회들은 리프크네히트가 자신들에게 부여한 역할을 맡기를 거부했다. 베를린 각 구역 노동자―병사평의회의 선출 대표자들이 모인 회의에서는 인민대표평의회를 신임하기로 결의했다. 또한 스파르타쿠스단이 후원하는 움직임, 즉 노동자―병사평의회가 베를린의 경찰력과 군사력에 대한 직접 명령권을 갖도록 하는 것도 거부했다(스파르타쿠스단은 페트로그라드Petrograd 소비에트가 채택한 군사명령 1호를 모델로 한 것이었다). 이들 대표단은 인민대표평의회가 경제의 '국유화'를 수행하고, 사회를 '민주화'하기 위한 즉각적인 조치를 취할 것을 요구했다.

11월 10일 베를린에서 있었던 결정과 더불어 독일 혁명의 첫 번째 국면이 끝나고, 혁명적 기운이 어느 정도였는지 평가하는 것이 가능해졌다. 표면적으로는 심대한 변화가 있었던 것으로 보였다. 수세기 동안 독일 전역을 다스려온 왕조가 일거에 사라졌다. 중앙정부나 지방정부의 새로운 지도자들은 사회주의자들이었다. 때로 그들은 좌파 진보주의자나 가톨릭과 결탁했다. 그리고 적어도 이론상으로는 노동자―병사평의회라는 완전히 새로운 기구가 공공 정책에 대한 최종 결정권자가 되었다.

그러나 많은 것이 전과 같은 상태로 남았다. 과거의 공무원 조직은 잔존했다. 새로운 권력자들은 사적 소유를 보호하고, 약탈과 자의적인 징발을 막기 위해 애썼다. 무장 세력들은 선출된 병사평의회가 있었음에도 구장교단의 명령 체계 아래 남았다. 국유화와 민주화 같은 용어들이 정치적 어휘가 되었지만 구체적인 개혁을 실행하기 위한 조치는 거의 없었다. 본질적인 것은 1918년 11월 초의 봉기들이 전쟁 전의 헌정 구조를 붕괴시켰다는 점이었다. 이제 독일은 러시아의 볼셰비키 혁명을 따르는 것에서부터 서구 스타일의 다원주의 사회를 건설하는 데 이르기까지 다양한 방향으로 움직일 수 있었지만, 제국이 어떤 길을 택할지는 아직 완전히 모호한 상태였다.

이론상 중요한 결정을 내리는 것은 제헌의회 몫이었다. 그러나 실제로는 11월 하반기에 있었던 일련의 전략적인 조정과 합의들로 인해 가능한 미래 결정들의 범위는 현저히 제한되었다. 먼저 새로운 지도자들은 공무원들의 '지당한 권리들'을 존중하는 데 동의했고, 그 결과 구제국 관료들의 대규모 숙청은 사실상 불가능했다.

11월 중순에는, 노동조합과 사용자 단체의 대표들이 중앙노동공동체Zentrale Arbeitsgemeinschaft, ZAG를 조직해서 대부분의 산업노동자들에게 적용될 전국적 차원의 단체협약을 체결했다. 노동계에서는 8시간 노동, 고임금, 귀환할 참전 용사들이 연공서열을 인정받아 재고용되도록 보장하는 것 등의 주요한 양보를 얻어냈다. 그러나 이 단체협약을 통해서 노동계와 경영계의 승인 없이 경제의 구조를 심대하게 변화시킬 정부 계획안을 실현하는 것은 불가능한 일이 되었다.

두 번째 합의 역시 첫 번째 합의만큼이나 지대한 영향을 미칠 결과를 품고 있었다. 인민대표평의회와 육군최고사령부의 전략적 협조와 관련된 것이었다. 11월 10일, 루덴도르프의 후계자인 그뢰너 장군은 프리드리히 에베르트와 접촉해서 한 가지 제안을 했다. 장교단이 '정치적'

(즉 의회적) 개입을 받지 않도록 해주고, 병사평의회의 활동을 제한해주면 그 대가로 육군최고사령부는 인민대표평의회가 국내 질서를 유지하는 것을 돕고, 전선 병력의 동원 해제를 관리한다는 것이었다. 에베르트는 인민대표평의회 동료들과 협의하지 않고 '에베르트-그뢰너 협약Ebert-Groener-Pact'으로 알려진 것에 동의했다.

대부분의 역사가들은 그뢰너의 제안을 받아들인 에베르트의 결정을 맹비난해왔다. 군부의 자신감과 위신이 과거 100년 이래 가장 낮은 상황에서, 군대가 '국가 안의 국가'로서 독자성을 유지할 수 있도록 허용한 것은 비생산적이고 불필요했다는 것이다. 지금 돌이켜보면, 이러한 논의들은 충분히 설득력 있다고 생각하기 쉽다. 그러나 에베르트는 수많은 단기적인 문제점에 주목하고 있었다. 하나는 전선 병력의 동원 해제 문제였다. 그는 정전협정의 일부로 연합군이 독일군으로 하여금 2주 이내에 프랑스와 벨기에 땅을 떠나도록 요구하리라는 것을 알았다. 이는 전쟁에 지치고, 피폐했으며 깊이 상처 입은 200만 명의 병사들이 제국으로 돌아온다는 것을 의미했다. 에베르트는 그처럼 많은 사람들이 질서 있게 이동하는 것은 군대 장교단의 협조 없이는 불가능하다고 보았다. 그리고 이는 사실이기도 했다. 독일의 후퇴는 같은 해 초에 있었던 러시아군의 동원 해제 과정에서 빈번했던 약탈과 착취 없이 이루어질 수 있었다.

에베르트의 두 번째 고려 사항은 국내적 안정, 특히 베를린에서의 안정을 유지하는 것이었다. 그뢰너가 제안했을 때, 인민대표평의회는 수도 안에서 정부를 보호할 수 있는 신뢰할 만한 군사력이 존재하지 않는다는 것을 이미 알고 있었다. 베를린의 정규 경찰력은 마비 상태였고, 새롭게 스스로 임명된 경찰 수장은 스파르타쿠스단에 동조하는 인물이었다. 수도 베를린에는 스스로 조직된 민병 조직이 다수 있었지만, 이들 모두는 어떤 실제적인 도전에 직면할 때마다 사라지는 경향이 있었다. 그뢰너가 신뢰할 만한 일부 부대를 베를린에 보내겠다고 한 것은 무척 솔깃한 제안이었다. 에베르트는 육군최고사령부의 '신뢰할 만한' 세력이 다른 여타 세력들과 마찬가지로 신뢰할 수 없는 것으로 드러날 거라는 점은 알지 못했다.

미래를 위한 정치적 결정의 자유가 현저히 사라져버린 세 번째 영역은 제국의 연방 구조였다. 수년 동안 사민당은 강한 중앙정부와 약한 주정부로 구성된 '일원화된' 제국 구조를 요구해왔다. 사실상 사회주의자들은 군소 주들을 완전히 없애야 한다고 주장했다. 그러나 일단 권력을 갖자 사회주의자들로 구성된 주정부들은 주정부의 권한을 강력하게 지지했다. 독일의 지방분권주의는 혁명을 거치고도 살아남았다.

그러는 가운데 인민대표평의회는 활동을 시작했다. 인민대표평의회 구성원과 각 정당 내부에서 가장 먼저 드러난 불협화음 가운데 하나는 제헌의회 의원을 선출할 날짜를 잡는 일이었다. 사민당은 전략적이고 이데올로기적인 이유로 조기 선거를 주장했다. 사민당은 평화와 민주주의에 감사하되 과거 체제하에서 있었던 부조리의 기억이 선명할 때 사회주의 정당들 가운데 하나에 투표할 가능성이 높다고 보았다. 반면 독립사민당은 '교육' 기간이 필요하고, 유권자들이 새로운 질서를 승인할지 결정하기 전에 특히 군대와 공무원 조직을 민주화하기 위한 조치들이 취해질 필요가 있다고 주장했다.

인민대표평의회의 구성원들은 선거 날짜와 관련된 최종적인 결정을 노동자-병사평의회들의 전국위원회에 맡기는 데 동의했다. 1918년 12월 중순 베를린에서 있었던 회의에서 전국위원회가 내린 결정은 독립사민당에 엄청난 실망을 안겨주었다. 절대 다수의 대표들이 사민당의 입장을 지지했던 것이다. 게다가 인민대표평의회의 사민당 멤버들은 2월 초를 주장했지만, 전국위원회는 1919년 1월 19일로 선거일을 결정했다.

물론 노동자-병사평의회들의 전국위원회가 인민대표평의회 내 사민당 우파의 입장을 단순히 추종했던 것은 아니다. 그들은 정부가 육군 최고사령부와 맺은 관계를 신랄히 비판했고, 장교단의 자율성을 제한하고 병사평의회의 활동 범위를 확대하도록 고안된 소위 함부르크 결의Hamburger Punkte로 불리는 일련의 결의 사항을 채택했다. 또한 중앙노동공동체가 동의했던 단체협약을 받아들였지만, 국유화위원회를 결성하도록 했으며, 위원회가 독일 경제의 주요한 분야들을 국유화하는 것이 타당한지를 조사하도록 했다.

그럼에도 불구하고 선거 날짜와 관련된 위원회의 결정은 독립사민당과 다수사민당의 전략적 제휴의 토대를 무너뜨렸다. 임시정부 내 독립사민당 멤버들은 그해 말 사퇴했다. 그리고 세 명의 새로운 사민당 지도자가 충원되었다. 그러나 좌파 사회주의자들(독립사민당)은 여전히 근본적인 딜레마에 봉착해 있었다. 제헌의회 구성에 대해 고려하는 동안 자신들의 관심사에 대해서 좀 더 따졌어야 했는지, 혁명을 좀 더 진전시키기 위해 노력했어야 했는지가 불분명했다. 대부분의 독립사민당원들은 전자의 방향이 옳다고 생각했으나, 당의 과격 분파들은 '제2의 혁명'을 준비하기로 결정했다.

1918년 12월 30일 독일공산당 창립대회가 베를린에서 열렸다. 스파르타쿠스단 지도자인 로자 룩셈부르크와 카를 리프크네히트의 반대에도 대표단 다수는 제헌의회 선거를 보이콧하고 볼셰비키 스타일의 혁명에 착수하기로 결정했다. 하지만 급진파에 의한 1월 5일부터 12일까지의 '스파르타쿠스 주간'은 부적절한 것이었고, 혁명 시도 역시 측은하고 아마추어적인 것일 뿐이었다. 대부분의 봉기는 베를린에서 일어났으며, 수천 명의 무장한 사람들이 53개의 거추장스러운 실행위원회의 지도를 받아 인민대표평의회를 전복하려고 했다. 물론 성공 가능성은 없었다. 봉기는 신속하고 잔혹하게 정규군과 정부의 재정 지원을 받은 자원병 그룹에 의해 진압되었다. 이들 모두는 인민대표평의회의 새로운 구성원인 구스타프 노스케의 명목상 지휘를 받았다(소위 의용군 Freikorps으로 불리는 자경단은 1920년대 초반의 반혁명 봉기에서 주요한 역할을 담당했다). '제2혁명'의 유일한 유산이라면 독일 중간계급 사이에 '마르크스주의'에 대한 지울 수 없는 분노가 각인되었다는 것과 다수사민당원들과 그들의 과거 동료들 사이의 관계가 대단히 악화되었다는 것이다. 좌파 사회주의 세력들이 사민당이 의용군의 잔혹성을 묵인했다고 비난한 것도 무리가 아니었다. 이들 의용군 중 한 그룹이 결국 룩셈부르크와 리프크네히트를 살해했다.

바이마르헌법

제헌의회 의원 선거가 인민대표평의회가 정한 원칙에 따라 열렸다(전국 제헌의회 선거에 더해 프로이센을 비롯한 많은 연방주에서도 주의회 선거가 열렸다). 이 선거에서 20세 이상 모든 독일인들에게 보통, 평등 선거권이 부여되었다. 처음으로 남성뿐 아니라 여성도 선거권을 갖게 되었다.

   참으로 민주적인 선거제도의 도입은 어떤 정당도 프로이센의 삼계급 선거권 제도가 보장해주던 정치권력의 불균등한 몫을 기대할 수 없다는 것을 의미했다. 부르주아 정당들은 특히 국민의 정당으로서의 새로운 이미지를 제시하느라 바빴다. 사실 '국민'이라는 단어(독일어 Volk)는 대부분의 중간계급 정당들 이름에 갑작스럽게 포함되었다.

민주주의는 보수주의자들에게 특별히 어려운 도전이었다. 독재적인 지배 그룹으로서 그들의 역할은 갑작스럽게 끝이 났다. 보수주의자들은 새로운 도전에 용감하게 나섰다. 1918년 11월, 전전 운동의 새로운 분파는 독일민족국민당이라는 새로운 조직을 만들었다. 이 새로운 당은 비록 옛 보수적인 명사들에 계속 주도되었지만 화이트칼라, 전문직, 사업가까지도 유권자로 포함할 수 있도록 노력했다. 아울러 이 당은 북부 프로테스탄트 지역에서 여전히 강세였지만, 독일 전역으로 그 지역적 기반을 넓혀나갔다.

1919년 독일민족국민당은 유권자들에게 진보적인 보수주의라는 이미지를 제시했다. 당은 자유로운 기업 활동, 사적 소유 보호, 기독교 윤리라는 전통적인 부르주아적 가치를 내세웠다. '마르크스주의적인 집산주의' 실험을 거부했을 뿐만 아니라 전통적인 반유대주의 또한 잠재웠다. 그러나 새로운 시대에 대한 독일민족국민당의 개방성은 오래가지 못했다. 1년도 안 돼 당은 공화국, 민주주의, 의회주의, 유대인을 거부했고, 호엔촐레른가의 지배로 돌아갈 것을 요구했다.

제국 시기의 민족자유당은 1918~1919년의 대격변 이후 독일국민당Deutsche Volkspartei, DVP으로 변신했다. 그러나 1919년 1월에 이 당은 그 전신인 민족자유당의 그림자에 불과했다. 독일 대부분의 지역에서 실제 조직을 갖추지 못했고, 당의 새로운 대표이던 구스타프 슈트레제만Gustav Stresemann의 소수 추종자들이 당원일 뿐이었다. 그 결과, 독일국민당은 1919년 어려운 선거전을 맞았다. 특히 독일민족국민당과 차별화하는 데 어려움을 겪었다. 이 새로운 당은 도시 상층과 중간계급들을 일차적인 지지자로 삼았고, 산업가와 기업 간부들 사이에서 강력한 지지를 얻었다.

독일국민당은 1920년 놀랍게 컴백한다. 진보당Progressive의 비효율성과 1920년 3월에 있었던 반혁명적 혼란을 지지하고 나선 독일민족국민당에 대한 실망 탓에, 중간계급 유권자들이 슈트레제만의 당을 지지한 것이다. 공화주의적인 형태의 정부와 타협하는 것을 거부한 보수주의자들과는 달리, 특히 슈트레제만을 비롯한 독일국민당의 지도자들은 절충주의적인 입장을 채택했다. 그들은 '실용적인 공화주의자들'이 되었다. 이는 그들이 마음으로는 왕당파일지라도, 단기적으로는 공화국이 독일의 합법적인 헌정 형태임을 받아들여야 한다는 정치적 이성의 명령을 받아들였다는 의미였다.

짧은 시기 동안 옛 진보당은 가장 큰 부르주아 정당이었다. 진보당은 민주주의에 대한 그들의 지지를 당명에 포함시킨 유일한 정당이었다. 이들은 독일민주당Deutsche Demokratische Partei, DDP이 되었다. 독일민주당은 산업가와 전문직, 화이트칼라와 농부들을 아우르는 넓은 계층의 중간계급 독일인의 지지를 얻고자 했다. 1919년 선거 캠페인에서 독일민주당은 사민당의 신뢰를 얻으면서도 사회주의자들의 급진적인 경향을 제어할 수 있는 정당으로 자리매김했다.

독일민주당의 정치적인 영광은 갑작스럽게 나타났던 것만큼이나 갑작스레 사라졌다. 이 당은 초기 대중의 지지를 효과적인 조직으로 전환하는 데 무능했다. 존경받던 당 지도자 프리드리히 나우만Friedrich Naumann의 죽음 이후에는 방향성도 없고, 응집력 있는 강령도 갖지 못했다. 1919년 봄 이후 실망한 유권자와 당원 대다수는 독일민주당을 떠나 독일국민당으로 향했다.

중앙당은 적응할 필요가 별로 없었다. 당은 잠시 새로운 당명을 실험했지만(1919년 기독교국민당Christliche Volkspartei, CVP으로 선거에 참여했다), 이 가톨릭 당은 유행을 따르고자 했던 노력을 빠르게 버리고 옛 이름으로 회귀했다. 전전 우파 가톨릭 지도자들 중 핵심은 당의 포퓰리스트 좌파

계보에 자리를 내어주었다. 새로운 지도자들은 기꺼이 민주주의를 독일 헌정 체제의 토대로 받아들였다. 그들은 당이 산업노동자들에게 관심을 가지고 있음을 강조했고, 사회복지 프로그램을 개선했다. 동시에 당은 가톨릭의 이해관계를 지키는 것, 특히나 공교육과 공무원 임용에서 가톨릭의 이해를 지키는 데 소홀하지 않았다.

전시 채무와 다른 이슈들에 대한 논란은 이미 약화된 독일 사민주의자들의 통일성을 더욱 망가뜨렸다. 1922년까지 분리되었을 뿐만 아니라 대체로 적대적인 세 개의 사회주의 조직이 독일 산업 프롤레타리아 계급의 지지를 얻기 위해 경쟁했다. 이 세 조직은 모두 현재 자본주의를 미래 사회주의로 전환할 청사진으로서 마르크스주의에 영향받고 있다고 고백했다. 정치민주주의와 경제민주주의의 완성을 독일 산업노동자들의 이해관계를 보호하는 데 필수불가결한 (그리고 충분한) 도구라고 간주했던 우파 지도자들이 사민당을 주도했다. 당은 노동자-병사평의회의 미래에 대해 애매모호한 입장이었다. 사민당은 노동자들의 경제적 이해를 대변하는 역할에는 동의했지만, 입법부나 행정부를 통해 그것을 제도화하는 것은 거부했다.

독립사민주의자, 즉 독립사민당은 투표함만으로 사회주의와 참된 민주주의에 이를 수 있다는 사민당의 전망을 순진하고 마르크스주의 원칙에 배치되는 것으로 간주했다. 이 비판에는 확실히 중요한 무언가가 있었고, 다수사민주의자들의 실수를 피하고 볼셰비키의 잔혹성을 피하도록 하는 독립사민당의 '제3의 길'에 대한 전망은 최근 들어 역사가들로부터 많은 지지를 얻었다.

독립사민당은 자본주의자들이 경제와 공공 행정에 대한 '전망 좋은 고지'를 점하는 한, 투표함에서 사회주의자들의 인기는 의미가 없다고 주장했다. 이러한 이유로, 좌파 사민주의자들은 자본주의에서 사회주의로의 전환에 필요한 구조적인 변화를 독일 사회에서 완수하기 위한 프롤레타리아적 통제의 수단으로서 노동자−병사평의회를 유지하고자 했다.

1919년 후반과 1920년 초반, 다수의 독일 노동자들이 프롤레타리아 민주주의에 대한 독립사민당의 전망을 공유하는 것처럼 보였다. 독립사민당은 1920년 카프 폭동을 낳은 반혁명적 활동들에 뒤이어 당원수와 득표수에서 엄청난 폭발을 경험했다. 하지만 당을 위해서는 불행하게도, 이는 이미 해체되기 시작한 하나의 정치체가 잠시 극적으로 건강성을 회복하는 듯한 착시 현상일 뿐이었다. 1920년 겨울, 당은 러시아의 지배를 받는 제3인터내셔널에 참여하는 문제를 둘러싸고 분열했다. 대부분의 독립파 지도자들은 코민테른 가입을 선호하지 않았지만, 상당수의 당원들은 이를 지지했다. 그 결과 독립사민당의 기층 당원들 다수가 공산당에 참여했다. 독립사민당에 남은 세력들은 결국 1922년 사민당에 다시 참여했다.

공산당은 세 마르크스주의 그룹 가운데 가장 과격했다. 공산주의자들은 러시아의 볼셰비키 혁명(과 이 사건들에서 볼셰비키 당의 역할)을 모든 미래 프롤레타리아 혁명의 기본 모델로 간주했다는 점에서 마르크스−레닌주의에 충실했다. 그들은 부르주아적 의미에서 민주주의를 단호하게 거부했고(공산당 창립대회에서 한 대표는 10명의 프롤레타리아의 주먹은 1만 명의 투표보다 가치 있다고 선언했다), 프롤레타리아의 전위로서 공산당을 통해 실행되는 프롤레타리아 독재의 필요성을 선언했다. 공산당은 독립사민당이 해체됨으로써 참된 대중 정당이 될 수 있었던 1920년 가을까지 대체로 파벌주의적인 분파로 남았다.

1919년 1월 19일 선거는 전쟁 이전에 선명했던 한 경향, 즉 개혁주의 그룹의 증가세가 지속됨을 보여주었고, 투표율은 여전히 높았다.

1912년 마지막 제국의회 선거 참여율은 85퍼센트, 1919년에는 83퍼센트였다. 사민주의자들의 몫은 1912년 34.8퍼센트에서 1919년 45.5퍼센트로 치솟았다(1919년 선거에서 사민당은 37.9퍼센트, 독립사민당은 7.6퍼센트였다). 물론 공산당은 참여하지 않았다. 독일민주당은 가장 강력한 부르주아 정당이 되었다. 1912년 선거에서 진보당으로 7.7퍼센트의 지지를 얻었던 민주당은 1919년 18.5퍼센트를 얻었다. 가톨릭 세력의 선거 참여가 증가하는 데서 수혜를 입었던 중앙당 역시 1912년 16.4퍼센트에서 1919년 19.7퍼센트로 지지율을 약간 높였다. 독일국민당의 외피를 입은 민족자유주의는 4.4퍼센트의 지지를 얻었을 뿐이다. 마지막으로 보수주의자들의 핵심 지지층은 전쟁 전의 상태로 남았고, 그 결과 대략 10퍼센트의 득표율을 기록했다. 1912년 전체 보수정당의 지지가 9.2퍼센트였는데, 1919년 독일민족국민당이 약간 나은 10.3퍼센트의 지지를 기록한 것이다. 1919년 선거에서 가장 놀라웠던 것은 유권자들이 개혁주의적인 정당들에 보여준 신뢰였다. 사민당, 중앙당, 독일민주당은 1919년 선거에서 도합 76퍼센트의 지지를 얻었고, 이는 1912년 그들이 얻었던 58.9퍼센트보다 현저히 높은 수치였다.

독일의 새로운 헌법을 마련한 국민의회Nationalversammlung는 베를린이 아니라 튀링겐Thüringen주의 별반 눈에 띄지 않지만 유명한 소도시인 바이마르에서 열렸다. 부분적으로는 상징적인 이유에서였다. 18세기와 19세기 초, 바이마르는 독일에서 가장 위대한 문인인 괴테의 거주지였다. 게다가 수도 베를린은 '스파르타쿠스 주간'의 충격을 여전히 겪고 있었고, 의원들의 안전이 침해받을 수도 있었다.

국민의회는 이중 과업을 안고 있었다. 즉 임시 제국의회이자 제헌의회였다. 국민의회가 내린 최초의 결정은 11월 혁명 이후 일어난 정치적인 변화를 합법화하고, 임시변통의 인민대표평의회와 노동자-병사평의회의 남은 부분을 대통령과 내각으로 대체하는 것이었다. 프리드리히 에베르트는 국민의회의 압도적인 지지로 대통령이 되었다. 다수사민주의자 필리프 샤이데만은 사민당, 중앙당, 독일민주당의 장관들로 구성된 연립 내각의 총리가 되었다.

그러나 국민의회의 주요한 임무는 무엇보다도 새로운 헌법을 만드는 것이었다. 특히 두 가지 이슈가 길고도 열정적인 토론을 유발했다. 하나는 제국의 미래 정치체제의 성격과, 다른 하나는 독일의 연방 구조 수정과 관련되었다. 1918년 12월 인민대표평의회는 유명한 헌법학자이자 독일민주당 의원인 후고 프로이스Hugo Preuss에게 헌법 초안을 작성하도록 했다. 이 두 기본적인 문제에 대한 프로이스의 입장에 대해서는 의심할 나위가 없었다. 그의 초안은 프랑스와 영국 헌법 모델에 따른 완전한 의회민주주의를 그려내고 있었다. 보통선거권과 비례대표제가 유권자들의 입장을 충실히 반영하는 전국 차원의 의회와 각 연방주 의회 구성을 가능케 했다. 행정부는 투표를 통해 선출된 의회의 통제를 받게 되어 있었다. 내각은 전국 차원 의회의 지지를 받는 한에서만 유지될 수 있었다. 국민의회는 프로이스 헌법의 이 부분을 수용했다. 프로이스의 초안에서 전국 차원 입법부의 제2부인 참의원Reichsrat은 투표로 구성되지 않았다. 1919년 이전과 마찬가지로 이들 의원은 연방주 정부들에 의해 지명되었다.

후일, 바이마르헌법은 대통령이 갖는 특별한 위상 때문에 매우 비난받았다. 프로이스가 그리고 있었던 것은 당의 갈등보다 상위에 서고, 전체 국민을 대표하는 본질적으로 상징적인 인물이었다. 이러한 이유로 그는 국민투표로 선출되는 대통령을 제안했다. 대통령의 7년 임기는 그가 매 4년마다 선출될 의회 구성원들보다 직위에 오래 머무르도록 하기 위해 고안되었다. 프로이스의 초안에서 대통령의 권한은 독일 총리를 지명하는 선에 머물러 있었지만, 국민의회는 더 나아가 헌법 48조를 추가했다. 그 결과 대통령은 국가 비상사태를 선포하고, 의회 동의 없이 제한된 시간 동안 독일 혹은 특정 연방주를 다스릴 수 있었다. 국민의회 구성원들이 48조를 헌법에 포함시킬 때는 '스파르타쿠스 주간' 같은 대격변을 염두에 두고 있었다. 그러나 이후에 이 조항은 그것이 강화하고자 했던 민주주의 체제의 근간을 위태롭게 하는 데 사용되었다.

프로이스의 초안은 독일 연방 구조의 포괄적인 수정도 제안했다. 연방정부의 권력을 강화하기 위해, 그는 프로이센이라는 초강력 연방주를 몇 개의 주로 분할할 것을 제안했다. 하지만 국민의회 대표자들은 프로이스의 아이디어에 별반 동조하지 않았다. 결국 프로이센은 고스란히 남을 수 있었다. 사실 중부 독일에 있던 세 개의 군소 제후령을 합병하여 튀링겐주를 만든 것을 제외하고, 바이마르 시기 15년 동안 연방주들에서 의미 있는 영토적인 변화는 없었다.

그러나 연방정부와 주정부 간의 세력균형은 연방에 유리한 방향으로 변화했다. 새로운 헌법은 무장 병력인 국가방위군Reichswehr에 대한 통제권을 중앙정부에 부여했고, 연방 사법부의 역할을 확대했다. 무엇보다도 더 이상 연방정부의 일상 업무를 수행하기 위해 주정부들에 의지하지 않아도 좋았다. 샤이데만 내각의 재정부 장관이던 마티아스 에르츠베르거의 주도하에 국민의회는 전전 세수 할당 방식을 바꾸기로 결의했다. 개인소득세와 법인세를 비롯해 대부분의 직접세는 연방정부에 배당하고, 각 주정부들에는 재산세와 몇몇 간접세를 배정했다. 에르츠베르거의 개혁은 등록세를 통해 연방주가 연방정부를 지원하는 체계를 뒤집었다. 반대로 바이마르헌법에 의해 연방정부가 소득세의 일부를 주정부들에 보내게 되었다.

바이마르헌법은 빌헬름 제국기 독일 개혁 세력들의 사고를 반영했다. 그것은 혁명적인 것은 아니었다. 대신, 바이마르 개혁주의가 스스로 부여한 제한 조건들을 고려한다면, 모두에게 무엇인가를 제공했다. 사민당 우파는 오랫동안 완전한 민주적 선거제도를 요구했고, 그 목표는 비례대표에 대한 헌법 조항을 통해 실현되었다. 민주주의자들은 헌법이 행정부에 대한 의회의 통제, 시민권과 개인 재산권에 대한 보호를 강조하고 있다는 점에서 만족스러워했다. 마지막으로 가톨릭 세력은 가톨릭교회가 공적인 영역에서 제도화된 역할을 지속적으로 수행할 수 있도록, 또한 소속 종교에 따라 공립학교를 분할하는 체제를 사실상 유지하도록 보장하는 조항을 첨가할 수 있었다.

동시에, 헌법 제정은 미래에 있을 여러 갈등의 시발점이기도 했다. 1871년 비스마르크헌법과 마찬가지로 국민의회가 작성한 헌법도 전국적인 정치적 합의를 도출해내지 못했다. 바이마르헌법이 1919년 선거에서 독일인 4명 중 3명의 지지를 얻었다는 것은 사실이다. 그러나 나머지 1/4이 정치적으로 '배제'된 것도 사실이다. 이들은 신구 우파, 민족자유주의자, 좌파 사회주의자, 공산주의자로, 헌법의 특정한 조항들을 반대했을 뿐만 아니라, 여러 상호 모순되는 이유로 바이마르공화국의 구성이 유효하지 않다고 주장했다.

표면적으로 메울 수 없는 새로운 '내부자'와 '외부자'의 틈은 본질적으로 상징적인 이슈들에 대한 의회 논의에서 격렬한 논쟁을 부르기도 했다. 가장 깊이 감정적인 앙금을 남긴 이슈는 국가의 색깔을 선택하는 문제였다. 보수주의자들은 독일의 과거 영광을 상징하는 흑, 백, 적의 옛 제국주의 색채를 유지하기를 원했다. 그러나 사회주의자, 민주주의자, 중앙당 일부 분파에게 흑, 백, 적은 프로이센 전제주의의 통치를 의미했다. 이들은 1848년 혁명기 국가 통합과 정치적 자유를 의미하던 흑, 적, 황을 선호했다. 급진 좌파는 양자 모두를 거부하고, 사회주의 붉은 기에 대한 충성을 맹세했다. 국민의회는 결국 (선박과 군대라는 주요한 예외를 두고) 흑, 적, 황을 공화국의 색깔로 선택했지만, 깃발 논란은 바이마르 시기 내내 독일의 정치 생활에 암운을 드리웠다. 정치적 우파는 국가의 색인 '흑, 적, 황'을 거부하고, 옛 제국의 깃발을 앞세워 행진했다.

깃발 이슈는 공화국이 소외되고 있다는 보다 깊은 문제를 상징하고 있었다. 건국 당시부터 사회의 몇몇 주요 집단들은 새로운 체제가 자신들의 특권적인 지위와 제국의 영광을 종식시켰다고 보았다. 장교단, 고위 공무원, 산업가, 사법부 일부, 그리고 소위 교양시민층이라 불린 교육받은 중간계급 가운데 상당수가 그들이었다. 돌이켜보건대 공화국의 정치 지도자들이 대개 이 '거부자'들을 영향력 있는 위치에 내버려두었던 것은 엄청난 실수였다. 옛 체제에 그러했듯이 옛 장교단과 지도자들이 새로운 체제에도 충성을 바치고, 시간이 지남에 따라 참된 공화주의자들이 될 것으로 생각했던 것이다. 그러나 이러한 결정은 두 가지 점에서 실수였다. 칭찬할 만한 몇몇 예외를 제외하고 향후 몇 년간 이 구세력들은 공화국을 위해 모여들기보다는 새로운 질서를 위태롭게 하는데 그들이 차지한 핵심적인 지위를 활용했다. 한편 민주주의에 대한 이들 적대 세력을 권좌에서 몰아내는 데 실패함으로써 두 번째 소외 문제가 나타났다. 공화국은 제국의 권위주의 체제를 뒤엎는 데 큰 힘이 되었던 좌파 세력의 지지 대부분을 삽시간에 잃어버렸던 것이다.

베르사유조약

국민의회가 직면한 가장 주요한 의제 중 하나가 연합국이 1919년 5월 독일에 제시한 평화 조건을 받아들일지 거부할지의 문제였다. 이 논란은 독일 여론을 양극화시켰을 뿐만 아니라 미래에 쓰디쓴 결과를 남겼다. 승전한 '연합국'과 독일의 강화조약은 조인 장소였던 베르사유궁 거울의 방 이름을 따서 베르사유조약으로 알려졌다. 연합국은 의도적으로 이 장소를 선택했다. 독일제국은 1871년 최초의 승리를 축하한 곳에서 최후의 치욕을 겪어야 했다. 독일과 오스트리아가 러시아에 부과했던 브레스트리톱스크조약의 경우와 마찬가지로 베르사유조약도 일방적인 조약이었다. 그것은 유럽과 세계에서 새로운 세력균형에 대한 승자의 시선을 체화하고 있었다.

최종 조건들은 주요 승전국 대표, 특히 영국의 데이비드 로이드 조지David Lloyd George 총리, 프랑스의 조르주 클레망소Georges Clemenceau 총리, 미국의 우드로 윌슨Woodrow Wilson 대통령이 결정했을 뿐 연합국과 그 적대국들 사이에서는 논의되지 않았다. 윌슨 대통령은 1919년 2월 미국으로 돌아갔고, 이후부터는 클레망소와 로이드 조지, 그리고 그들의 조력자들에 의해 대부분의 일이 결정되었다. 5월에는 완성된 초안을 독일에 보내 검토하게 했다. 샤이데만 정부는 장황한 답변으로 문서에 적힌 거의 모든 조항에 대해 거부 의사를 밝혔으나, 연합국은 거의 모든 독일의 반대 제안을 거부하고, 6월에는 독일 정부에 두 가지 선택지만을 남겨두었다. 연합국의 조건을 받아들이거나 그것을 거부하고 새로운 전쟁의 위협을 무릅쓰라는 것이었다.

조약의 초안이 독일 정부에 넘겨졌을 때, 그 조건의 가혹함에 대한 충격과 배신감이 독일 여론을 들끓게 했다. 샤이데만 총리가 그의 경력 내내 따라다닐 문구, 즉 "이러한 조약에 서명하는 손은 썩어 문드러지리라"라는 말과 함께 협약을 거부했을 때, 그는 독일 국민 전체를 대변했다. 다른 정치가들의 입장은 더욱 강경했다. 프로이센 총리였던 사민당 출신의 오토 브라운Otto Braun은, 100년 전 나폴레옹에 패배한 프로이센이 그랬던 것처럼, 엘베강 동부 지역의 보루에서 군사적으로 저항하고자 했다. 그러나 그러한 정치적 요식행위는 완전히 비현실적인 것이었다. 정부가 독일의 군사 지도자들에게서 들었던 대로, 독일은 연합국의 침공에 저항할 어떠한 군사 재원도 갖고 있지 않았고, 따라서 협약을 받아들이는 것 외에 선택지가 없었다. 보수주의자들은 독일의 패배와 뒤이은 모욕적인 협약을 1918년 11월의 정치적 격변 탓으로 돌렸다. 육군최고사령부가 군사적 패배를 인정하고, 독일이 정전협정을 요청했던 사실은 완전히 망각한 채, 보수주의자와 그 동맹 세력들은 갑작스럽게 1918년 11월 혁명을 통해 '등 뒤에서 칼로 찌르기' 전까지 독일 군대가 '승리하고' 있었다고 주장했다.

조약 조건에 대한 독일인들의 충격과 실망은, 주로 연합국이 융커와 그 조력자들에 의해 지배되던 독일이 아니라 민주적인 독일에 좀 더 관대하게 대하리라는 망상적인 믿음에 기인한 것이었다. 그러나 독일의 적들은 완전히 다른 입장을 갖고 있었다. 공화국 정부의 몇몇 명사들이 최근까지도 독일의 최대 전쟁 목표의 강고한 지지자들이었다는 사실을 완전히 제쳐둔다 할지라도, 연합국 측에서 본 협약의 근본적인 목표는 독일의 정치체제 변동과 무관했다. 연합국의 공공연한 목표는 전 지구적인 세력균형의 변화를 꾀해 독일의 어떠한 호전적인 행위도 근절하고, 독일(과 그들의 전시 우호국들)로부터 충분한 전쟁 배상을 받아내어 연합국의 전비를 벌충하는 것이었다. 또한 연합국은 베르사유조약이 국가 관계에서 새로운 도덕 관념과 정의 관념을 창출해야 한다고 주장했다.

강화조약을 수용할지 거부할지를 둘러싼 불협화음은 신생 공화국 첫 번째 내각의 위기로 이어졌다. 이 이슈에 대해 가망 없는 정도로 교착 상태에 빠진 독일민주당은 정부에서 탈퇴했고, 샤이데만은 총리에서 사임했다. 새로운 내각은 사민당과 중앙당 각료로 구성되었고, 사민당 노조 지도자인 구스타프 바우어Gustav Bauer의 지휘를 받았다. 결국 국민 의회 다수는 조약을 수용했다. 하지만 아주 근소한 차이로 가능했고, 분노와 비참함이 의사당을 뒤덮었다.

베르사유조약에서, 유럽의 세력균형에서 독일의 역할을 변화시키려 는 목표는 주로 독일의 영토와 인구를 축소시키고, 군사력에 제한을 가 함으로써 실현되었다. 독일은 전전 영토와 인구의 1/10을 잃었다. 비 록 모든 경우에 그랬던 것은 아니지만, 조약이 명령한 영토 변화의 대 부분은 문제가 되는 지역 주민들이 독일에 남을지 이웃 국가의 시민이 될지를 표결에 붙임으로써 야기되었다. 과거 오데르Oder강 동쪽 프로이 센 지역들은 신생 폴란드공화국에 포함되었다. 알자스-로렌이 프랑스 로, 보다 더 작은 영토와 인구를 덴마크와 벨기에로 넘겨주는 방식으 로 국경이 변경되었다. 영토 변경이 주로 거주자들의 희망에 따른 것이 었다 할지라도, 이 새로운 국경들은 때로 사법권이 겹치는 기묘한 패치 워크 상태를 만들어냈다. 예를 들어 독일에 남기로 결정한 동프로이센 지역은 소위 폴란드 회랑Polish Corridor으로 불리는 거대한 폴란드 영토 로 인해 독일의 나머지 지역으로부터 분리되었다. 독일은 식민지도 잃 었다. 이 식민지들은 형식상 국제연맹에 넘겨졌지만, 실제로는 연맹의 '명령Mandates'에 따라 개개 연합국의 행정 지도를 받았다.

명목상으로는 전 세계적인 군비 축소의 서막이었으나(새로운 도덕시 대의 신호로서) 실제로는 독일의 군사력을 축소하기 위해, 조약은 독일의 군사력에 양적으로나 질적으로 심대한 제한을 두었다. 독일군은 10만 명으로 축소되었다(전전 독일군은 75만 명에 달했다). 게다가 독일은 보편적인 징병제를 지속할 수 없었고, 항공기, 잠수함, 1만 톤 이상의 해군 전함을 건조하거나, 공격적인 지상군 무기를 소유하는 것을 금지 당했다. 본질적으로 베르사유조약의 군사 부문은 독일이 국내 질서를 유지하는 데는 충분하지만 연합군의 상대가 되지는 못할 정도의 군대 만을 허용하도록 고안되었다. 또한 조약은 연합국의 군대로 하여금 라인강 좌안 지역을 15년간 점령할 수 있도록 했다.

조약의 경제 부문은 전체 조항 중 가장 논란이 많은 부분이었다. 연합국은 그들이 전쟁에 지불한 것으로 추정되는 1,505억 달러(1914년 기준. 2010년의 가치로 환산하면 3조 2,500억 3,245만 달러)라는 충격적인 금액 중 적어도 일부를 독일이 배상하기를 원했다. 조약은 금액을 특정하지는 않았다. 독일은 조약을 받아들이면서 아직 특정되지 않은 금액의 약속어음에 사인하는 데 동의했다. 다른 경제적 조건들은 연합국의 사업이 독일에 비해 경쟁 우위를 가질 수 있도록 고안되었다. 예컨대 독일은 1925년까지 연합국으로부터의 수입에 관세를 부과할 수 없었다. 그러나 독일의 와인에는 '샴페인'이라는 라벨을 붙이지 못한다거나 배상 없이 독일의 특허나 상표들을 연합국 사용자들에게 넘기도록 하는 등 소소한 괴롭힘의 형태들이 있었다.

베르사유조약과 독일의 전시 동맹국들을 대상으로 하는 쌍둥이 조약들에서 가장 혁신적인 면은 향후 국제관계에서 도덕성을 엄격하게 강조하고 있다는 점이었다. 여기서 중심적인 원칙은 미국 대통령 우드로 윌슨이 제시했다. 그는 민족자결의 원칙이 과거 유럽에 전쟁을 낳은 민족 갈등 중 태반을 제거할 수 있으리라고 보았다. 이에 부수적으로 윌슨은 그가 영구적인 국제 의회의 일종으로 꿈꾸던 국제연맹 구상이 강화조약들의 근본적인 내용이 되어야 한다고 주장했다.

민족자결주의가 구래의 여러 악을 바로잡았다는 것은 의심할 나위가 없다. 이로써 체코슬로바키아가 수립되고, 유고슬라비아를 통해 남슬라브인들의 연합체가 만들어졌을 뿐만 아니라, 150년간 분할되어 타국의 지배를 받던 폴란드가 독립할 수 있었다. 그러나 불행하게도 베르사유조약의 윤리적인 가치들 역시 때로는 과거의 권력 정치와 매우 큰 유사성을 보였다. 오스트리아는 전략적인 이유로 민족자결주의 원칙이 적용되지 않았다. 합스부르크제국의 독일어권 인구는 신생 독일 공화국에 합류하기를 희망했지만, 연합국은 이 주민 투표 결과를 무시했다. 독일의 입장에서 보자면 국제연맹조차 승자 동맹의 일부였다. 독일은 1926년까지 구성원이 되지 못했다(미국도 연맹에 가입하지 않았지만, 이 경우에는 스스로 부여한 고립이 원인이지 축출 탓이 아니었다).

독일인들의 입장에서는 국제관계의 윤리와 관련하여 연합국이 표방한 관심을 조약의 경제 조항들과 결부시키려는 노력이 특히 위선적인 것처럼 보였다. 베르사유조약의 경제 부문은 1920년대 내내 조약과 관련한 논의를 지배한 매우 짧은 항목인 231조 다음에 있었다. 오스트리아, 헝가리와의 강화조약에서도 그 일부가 된 이 항목에서 독일과 다른 중부 유럽 동맹국들은 연합국의 배상 요구에 대한 도덕적인 권리를 인정했는데, 이는 중부 유럽 동맹국들만이 1차대전 발발에 전적으로 책임이 있었기 때문이다. 231조는 '전쟁 유책 조항'이었다.

1919년 이래로 베르사유조약은 중요한 역사학적 이슈가 되었다. 231조의 정당성에 대한 논의는 독일이 마지못해 협약에 서명한 1919년 6월 직후부터 시작되었고, 엄청난 규모의 출판 산업을 창출했다. 많은 학자들은 '수정주의적인' 역사를 써서, 제국과 그 파트너들만이 전쟁 발발에 책임이 있는 것은 아니라고 주장했다. 1919년 출간된 존 메이

1차대전 후의 독일.

너드 케인스John Maynard Keynes의 《평화의 경제적 결과》는 조약의 경제적인 조건들을 맹렬히 비난했다. 이 영국 경제학자에 따르면, 독일을 극도의 어려움에 빠뜨린 강화조약의 조건은 전후 유럽 번영의 토대를 망가뜨린 셈이었다. 1930년대 대공황과 히틀러의 득세는 이 논의에 충분한 근거를 제시하는 것처럼 보였다.

그러나 히틀러에 대한 유화정책의 재앙적인 결과와 2차대전의 경험은 초기 수정주의자들의 신뢰도를 상당 부분 떨어뜨렸다. 조약을 둘러싼 논쟁은 1970년대에 새로운 세대의 학자들에 의해 재점화되었다. 프리츠 피셔의 뒤를 따르는 일군의 '후기 수정주의자'들은 히틀러의 전쟁 목표와 육군최고사령부의 전쟁 목표 사이에 유기적인 연계가 있다고 주장했다. 다른 학자들은 이 주제를 받아들여 베르사유조약이 불가능한 조건을 부과했던 것은 아니라고 주장했다. 이 학자들은 독일이 재정적인 의무 조건들을 채울 수 없었다는 주장은 독일의 의무를 피하기 위해 다양한 종류의 속임수를 활용하는 데 아주 천재적이었던 정치 지도자들에 의해 고안된 연막일 뿐이라고 보았다. 이 관점에 따르면 1차대전의 진정한 승자는 프랑스나 영국이 아니라 히틀러와 나치였다. 연합국의 관용적인 태도는 이후 전체주의 체제의 등장을 가능케 했다.

베르사유조약에 대한 균형 잡힌 평가는 이 이슈가 논의되어야 할 조건에 대한 동의 없이는 어렵다. 한편으로 조약이 유럽 안에서 세력균형을 영구히 변화시키는 데 실패했다는 것은 사실이다. 결국 독일이 우뚝 서고 말았다. 다른 한편으로 조약의 조건들은, 민주적인 공화국이 국제사회의 구성원이 되는 길을 어렵게 만들어버림으로써, 공화국의 적들이 나서는 데 도움을 주었다. 배상 조건의 가혹함에 대한 오랜 논의에 관해서라면, 이 이슈를 그것이 가지는 정치적인 함의로부터 분리해내는 것은 불가능하다. 독일이 연합국이 요구한 금액을 지불할 능력을 가졌다는 점은 분명하다. 그러나 거기에는 두 가지 어려움이 도사리고 있었다. 정치적으로 전후 경제 재건에 따르는 심대한 문제들로 이미 고통받고 있는 국가에서 배상이라는 추가적인 부담을 정당화하는 것은 바이마르공화국의 연이어 들어선 정부로서는 불가능한 일이었다. 게다가 선량한 다수의 공화주의 지도자들을 비롯해 대부분의 독일인들은 배상의 첫 번째 목표가 독일로 하여금 실제 배상금을 지불하도록 하는 것이 아니라 독일의 정치적, 영토적 통일성을 파괴하기 위한 서막으로서 독일 경제를 파괴하고자 하는 것이라고 보았다. 이 논의는 배상금 부담 뒤에 감춰진 추가적인 비용들로 인해 신빙성을 띠는 것처럼 보였다. 코 난 피셔Conan Fischer가 지적했던 바와 같이, 예컨대 전쟁 배상에 따르는 100금마르크Gold Mark 결제 때마다 독일은 현재의 금융 제도들이 부과하는 '거래 수수료'와 비교할 만한 '결제금clearing payment' 명목으로 74금마르크를 추가적으로 내도록 되어 있었다. 그리고 이 금액은 배상액에 포함되지 않았다. 따라서 독일이 강화 조건을 피하려 노력한 것은 그다지 놀라운 일이 아니었다.

경제적, 사회적 문제

4년에 걸친 전쟁은 독일의 사회구조를 심각하게 망가뜨렸고, 경제에 많은 장단기적인 문제를 안겨주었다. 우연히 독일을 방문한 경우에라도 영양실조, 교통과 생산 설비의 파괴, 공공 도덕의 전반적인 쇠퇴를 알아차리지 못하기란 어려웠다. 강화조약에 서명한 것으로 물자 부족과 암시장 활동이 종식되지는 않았다. 전투가 끝난 지 수주가 흘렀어도, 연합국과 독일이 금화나 경화硬貨*의 유입에 필요한 비용을 지불할 능력이 있는지를 둘러싸고 논쟁을 계속했기 때문에, 연합국은 여전히 독일을 봉쇄하고 있었다. 봉쇄로 인한 교착상태는 결국 해제되었지만 강화조약의 조건들 자체가 독일의 경제적인 어려움을 가중시켰다. 독일은 엄청난 수의 트럭과 생산 기계, 철도 차량들을 연합국에 넘겨 프랑스와 벨기에의 황폐화된 지역들이 재건될 수 있도록 도와야 했다. 마

---

* 달러처럼 국제적으로 널리 통용되는 통화. 금이나 다른 나라 화폐로 바꿀 수 있다.

찬가지로 상당수의 독일 선박이 영국에 넘겨졌다.

그러나 독일의 모든 문제가 연합국 탓일 수는 없다. 전쟁의 종언은 이 나라 노동자들에게 새로운 호전성을 부여했다. 전시경제로부터 이익을 얻지 못한 분파들은 이를 만회하고자 했다. 전전에도 이미 낮았던 생활수준이 전시에 급격히 더 나빠진 철도 노동자들이 특히 호전성을 보였다. 자신들의 강력한 협상력을 잘 파악하고 있던 철도 노동자들과 다른 공공 부문 노동자들은 1918~1919년 겨울 즉각적인 임금 인상을 요구하면서, 조직된 형태이건 아니건 일련의 파업을 일으켰다.

아무리 정당화될 수 있을지라도, 높은 임금 역시 인플레이션을 극심하게 했다. 정치적 우파가 향후 주장했던 것과는 달리, 혁명이 독일의 인플레이션을 야기하지는 않았다. 독일제국 정부는 거의 전적으로 채권에 의지해서 전쟁을 수행했다. 전쟁이 끝날 무렵, 독일의 마르크화 가치는 1914년 7월의 4.2달러에서 1919년 1월 8.9달러로 떨어졌다. 1918년 국채 이자는 1913년의 전체 연방 예산보다 높았다. 결국 마르크화의 가치 하락은 저축과 연금 가치를 떨어뜨렸다. 하지만 대부분의 독일인들은 한동안 그 결과를 주로 수입품 비용의 증가와 사회 서비스 비용의 증대에서 느꼈다. 확실히, 완전하게 작동하는 세계경제에서라면 수입품 가격의 상승은 독일 수출품의 경쟁력 신장으로 상쇄될 수 있었다. 그러나 물리적인 충돌이 끝난 지 수년 동안 국제무역에서 정상적인 패턴이 나타나지 않았고, 그러는 사이 독일은 원자재와 농산품을 수입하느라, 그리고 높은 임금과 참전 군인 수당을 지불하느라 점점 더 많은 비용을 지출했다.

독일 경제의 문제점들은 실재했지만, 무엇이 그 문제를 야기하는지에 대한 논의는 대부분 실재하지 않았다. 전후 독일의 의사 결정자들은 장기적인 구조적 변화의 결과와 독일이 겪는 각종 어려움에 원인을 제공한 자신들의 잘못된 정책들을 무시하는 경향이 있었다. 대신 그들은 이 모든 일을 강화조약의 결과로 돌렸다. 이러한 논의는 상실한 영토의 대부분이 수년간 만성적인 경제적 어려움을 겪은 엘베강 동부 지역의 빈한한 농업 지대라는 사실을 도외시했다. 마찬가지로 잃어버린 인구 태반도 숙련된 산업노동자가 아니라 미숙련 농장노동자들이었다. 감정적이고 민족주의적인 논의를 도외시하면, 연합국은 의도치 않게 독일인들이 전전에 겪었던 문제점들의 일부를 제거해준 셈이었다. 그리고 이는 해외 식민지들의 경우에 특히 그러했다. 식민지 상실에 대해 서술하는 극우 민족주의자들도 전쟁 이전에 식민지 행정부가 제국 예산에서 지속적인 보조금을 요구했다는 사실을 감출 수는 없었다. 경제적으로 보면, 전전 철광석 산출의 75퍼센트를 잃었고, 슐레지엔과 알자스−로렌, 자르 지역의 석탄 채굴량의 상당 부분을 잃었다는 점이 강화조약이 야기한 가장 심각한 결과였다.

독일의 경제 지도자와 정치 지도자들은 베르사유조약을 한껏 경멸했지만, 강화조약과 대체로 무관한 경제적, 사회적 변화의 조짐 대부분에 대해서는 외면했다. 전쟁과 혁명은 사회 여러 집단의 상대적인 부와 신분에 심대한 변화를 야기했다. 1918년에 이르면, 1914년에 높은 사회적 지위와 상대적으로 안정적인 경제적 위상을 점하던 그룹들—장교, 고위 공무원, 교사, 전문직, 도시의 토지 소유자, 연금 생활자—이 어려움을 겪었던 반면, 다른 그룹들은 이익을 얻었다. 블루칼라와 화이트칼라, 많은 대규모 산업가들이 후자에 속했다. 중앙노동공동체^{ZAG} 규정에 따라 대부분의 산업노동자와 화이트칼라, 엔지니어, 소위 신중산층은 이제 임금 인상, 참전 용사에 대한 재취업 우선 보장, 8시간 노동 같은 장기적인 요구들을 보장한 단체협약의 수혜자가 되었다. 게다가 중앙노동공동체와 바이마르헌법, 그리고 최종적으로는 1920년 직장평의회법Betriebsrätegesetz이 노동자 참여를 경영 관련 결정으로까지 확대시켰다. 20인 이상 피고용인을 둔 모든 회사에 의무가 된 직장평의회를 통해서 노동자들은 고용, 해고, 임금 결정뿐만 아니라 생산 과정의 안전과 효율성에 영향을 미치는 결정들에도 목소리를 낼 수 있었다. 적어도 서류상으로 독일의 사업가들은 '장원의 영주'로서 가지던 그들의 전통적인 권리의 상당 부분을 잃어버렸다.

동시에 산업가들에게는 그에 상응하는 배상도 있었다. 민간 카르텔과 트러스트 합의라는 경향은 수그러들지 않았다. 실질적 경쟁의 부재로 산업가들은 노동비용 인상에 가격 인상의 형태로 맞설 수 있었다. 많은 산업가들이 인플레이션에 대해서도 그다지 염려하지 않았다. 마르크화의 가치가 떨어지면서 원래 비용의 극히 일부 액수로 전전 부채를 갚을 수 있었다. 특히 대기업일수록 흔히 독일 외부에 경화 자산을 갖고 있었고, 이를 통해서 마르크화로 수입 원자재 비용을 지불하지 않을 수 있었다.

농민과 도시의 토지 소유주들에게 전쟁과 혁명은 매우 복합적인 그림을 제공했다. 원래 대농大農과 주택 소유자들은 인플레이션의 수혜자였다. 수세대 만에 처음으로 엘베강 동부의 토지와 많은 아파트형 주택 소유자들이 부채 없는 상태가 되었고, 그들의 대출금은 인플레이션으로 사라졌다. 그럼에도 불구하고 두 그룹은 여전히 불평할 이유가 있다고 느꼈다. 농민과 주택 소유자들은 도시 소비자들을 이롭게 할 정부의 조치들이 불공평하다며 몹시 불평했다. 농민들은 농산품에 대한 가격 통제에 반대했고, 집주인들은 집세 통제에 비판적이었다.

상대적인 사회적 위상의 변화로 경제가 전반적으로 심각한 위기에 빠져 있다는 사실을 가리지는 못했다. 가장 주요한 지표인 산업 생산이 1913년을 지수 100으로 할 때, 1918년 56, 1919년 37이었다. 기업,

노동 그리고 정치가들 모두 어떤 조치가 내려져야 한다고 보았다. 문제에 대한 명백한 해답은 평시 경제로의 성공적 이행과 세계경제 질서의 회복이었다. 또한 경제 인프라를 재구축하기 위해 엄청난 규모의 투자 자본 투입이 필요하다는 데 대해서도 광범위한 합의가 있었다. 독일 투자자와 외국 투자자들로부터 자본을 끌어오기 위해서는 화폐 안정성이 필요했고, 그것은 인플레이션을 완화하고 정치적 안정성을 구축한다는 것을 의미했다. 마지막으로, 엘베강 동부 농업 분야의 구체적인 문제점은 전쟁이 시작되기 전보다도 해결에 더 근접해 있지 못한 상태였다.

회복의 길목에 있는 이정표들을 확인하는 것이 방해가 되는 실제적이고 정치적인 장애물들을 넘어서는 것보다 훨씬 쉬운 일이다. 사실, 다수의 정치적으로 현명한 결정들이 경제적으로는 비생산적인 결과들을 낳았다. 참전 병사들에게 그들의 옛 직장을 즉각 돌려준 것은 잠재적으로 대단히 불안정하던 사회문제를 해소했지만 고용주들에게 불필요한 노동력을 떠안겼고, 필요한 지리적 이동과 직군 이동을 막는 결과를 가져왔다. 즉각적인 전후의 임금 조정과 관련해서도 비슷한 비판이 제기될 수 있었다. 철도 노동자 같은 공공 분야 노동자들의 임금 인상은 가뜩이나 통제 불가능에 가까운 정부 예산을 부풀렸다. 1925년 회계연도까지 연방정부, 주정부, 지방정부에서 모든 수준의 정부 예산은 매년 적자였고, 적자 폭도 증가했다. 고질적인 적자는 독일 경제가 투자자본을 늘리는 역량을 악화시키는 결과를 가져왔다. 정부 차입은 투자 금액을 놓고 민간 분야와 경쟁했을 뿐만 아니라, 적자가 인플레이션을 더욱 부추겨서 종래는 정치적 불안을 가중시키고, 뒤이어 특히 외국인 투자를 저해하는 결과를 낳았다.

독일인들은 두 가지 방식으로 전후 딜레마를 다루고자 노력했다. 하나는 즉각적인 효과를 낳지는 않았지만 시간의 시험을 통과했고, 다른 하나는 매우 파국적인 장단기 결과만을 낳았다. 장기적으로 유용했던 해결책은 새로운 세수 체계를 포함하고 있었다. 우리가 보았던 것처럼 국민의회는 매우 절실했던 독일의 세금과 세수 할당 체계의 재구성을 수용했다. 과세의 대부분을 재산세와 소비세에서 개인소득세와 법인세로 옮김으로써, 1919년의 국가재정법은 보다 합리적이고 덜 억압적인 과세 체계를 만들어냈다. 하지만 불행하게도, 과세 체계의 이 같은 변화가 이 빈한한 나라로부터 뽑아낼 세수 총액을 별반 증가시키지는 못했다. 자본에 대한 절박한 필요를 고려할 때, 미국 연방준비제도Federal Reserve System의 독일판인 라이히스방크(독일 중앙은행)는 매우 재앙적인 조치를 취했다. 라이히스방크는 엄청난 양의 화폐 발행을 허용했다. 이 결정이 낳을 명백한 인플레이션 효과를 인지하면서도 경제가 회복된다면 완화되리라는 희망을 가졌던 것이다. 1919~1921년 통용되던 화폐는 매년 전년 대비 50퍼센트씩 증가했다.

무수하고 복합적인 이유로 경제 회복은 나타나지 않았다. 확실히 독일의 경제적 불안정성이 그 주요 요소였다. 게다가 전통적인 교역 패턴을 회복하기도 어려웠다. 미국 같은 몇몇 파트너와 경쟁자들은 국제시장에서 독일의 부재로 이익을 보고 있었다. 아주 일반적으로 볼 때, 독일의 무역 파트너들은 관세 법안을 통해서 국내시장을 방어하고 있었고, 독일은 근시안적으로 대규모 덤핑 관행에 참여함으로써 의도치 않게 그와 같은 보복 조치를 장려하는 꼴이었다. 물론 마르크화의 가치가 낮았기 때문에, 독일의 수출품은 상대적으로 쌌지만, 이러한 장점은 독일 경제가 매우 의존하고 있던 원자재와 식료품 비용이 급격히 인상됨으로써 상쇄되고도 남았다. 독일의 경제적 어려움은 전후 가장 강한 통화이던 달러에 대한 마르크화의 약세로 쉽게 측정될 수 있다. 1919년 1월에서 1922년 10월까지 마르크화의 가치는 달러당 8.9마르크에서

4,500마르크로 떨어졌다.

독일인들은 확실히 문제를 인지했지만, 1923년 가을까지 대체로 이 문제를 무시했다. 주요한 이유는 인플레이션과 경제적 난국의 희생양으로 배상이라는 요인을 손쉽게 지목할 수 있었기 때문이다. 기본적으로 연합국은 독일에 부과된 배상이 단순한 재정적 거래가 되어, 전후 비용의 일부를 현금과 상품의 형태로 승자들에게 배상하기를 기대했다. 그러나 실제로 상황은 훨씬 더 복잡했다. 먼저 연합국 사이에서 어떠한 피해를 배상받아야 하는지를 둘러싸고 합의가 이루어지지 않았다. 전시에 황폐해진 프랑스, 벨기에 지역의 복구와, 잠수함 작전으로 가라앉은 영국 선박의 손실을 배상해야 한다는 점에 대해서는 동의했다. 그와 같은 배상은 아주 제한적이고 전통적인 것이었다. 그러나 연합국 가운데는 보다 넓은 범위에서 배상이 이루어져야 한다고 주장하는 경우도 있었다. 예컨대 독일이 연합국 참전 용사들의 연금을 지불해야 한다는 것이었다.

그 경우 독일의 배상과 연합국끼리의 전시 채무 문제가 연결되었다. 후자의 문제는 두 가지 주요한 의미가 있었다. 전쟁 이전과 전쟁 기간 동안, 프랑스는 (그보다 덜한 정도로 영국도) 러시아제국에 엄청난 대부를 한 상태였다. 볼셰비키가 권력을 쥐었을 때, 이 금액은 악성 채무가 되었다. 새로운 러시아 정부는 이 부채에 대한 책임을 떠안기를 거부했다. 한편 유럽 연합국은 러시아에 돈을 빌려주었던 반면, 미국에는 엄청난 채무를 지고 있었다. 미국 정부와 은행들은 이 부채를 이자와 더불어 갚기를 요구하고 있었다. 그러나 유럽 연합국은 매우 어려운 상황에 처해 있었다. 러시아 대부금이 사라지게 되었을 때, 독일의 전쟁 배상은 연합국 경제를 부흥시키고, 미국에 대한 채무를 갚을 수 있도록 해줄 유일한 자금원이었다.

1921년 4월 연합국은 독일에 1,320억 금마르크(1914년 조건으로 314억 달러)짜리 청구서를 제시했고, 현금과 상품의 형태로 수년에 걸쳐 갚도록 했다. 처음 독일은 이 금액이 너무 크고 명백히 부당하다며 거부했다. 독일 노동계, 산업계, 정부 지도자들 사이에서 독일의 국민총생산이 1,320억 금마르크를 추가적으로 갚을 만큼 크지 않다는 데, 거의 완전한 합의가 이루어져 있었다. 그러나 이후의 정부 위기와 프랑스군의 뒤스부르크 점령 이후 독일 정부는 연합국의 요구를 따르는 데 동의했다.

연합국은 궁핍에 대한 독일의 아우성에 별반 동정심을 보이지 않았다. 독일 정부는 가난할지 모르지만 독일인들은 훨씬 더 부유하다는 명백한 증거가 있었다. 말하자면, 연합국은 독일 정부가 민간의 손에 남아 있는 엄청난 재산에 과세하는 데 충분히 적극적이지 않다는 입장이었다. 특히 프랑스는 독일인들이 그들의 자원을 절약해서 군사력을 회복하고자 한다는 의혹을 버리지 않았다. 연합국 통제팀들은 독일 전역에 준군사 비밀 조직이 있고, 그들이 비밀 무기를 가지고 정규군 장교의 훈련을 받고 있다고 보고했다(그러나 연합국 장교들은 이와 같은 활동들이 외국의 적을 향하기보다 독일 민주 정부를 무너뜨리기 위한 준비의 일환이라는 점을 간과하는 경향이 있었다).

비록 연합국이 배상 문제와 관련하여 독일을 향해 단합된 태도를 보이기는 했지만, 독일에서 빚을 회수하기에 가장 좋은 길이 무엇일지에 대해서는 입장이 갈렸다. 일반적으로 벨기에, 프랑스, 이탈리아는 매파를 이루었던 반면, 영국은 좀 더 비둘기적인 태도를 취했다. 영국이 좀 다른 태도를 보였던 것은 독일의 빈곤함을 더 믿었기 때문이 아니라, 국제무역이 회복되기를 바랐기 때문이다. 영국은 점차 독일 경제의 회복 없이는 유럽이 전쟁 이전의 호황으로 돌아갈 가능성이 없다는 사실을 깨달았다. 당연하게도, 독일인들은 영국이 다른 연합국과 의견을 달리한다는 사실을 알았고, 따라서 영국이 이 논의를 '중재'해주리라는 비현실적인 희망을 품었다.

독일인들은 적어도 부분적으로는 다른 대안이 없었기 때문에 영국이라는 지푸라기를 잡고자 했다. 사실, 소수의 초강경파 몽상적 전략가들만이 배상 의무를 거부하는 시나리오를 그렸을 뿐, 책임 있는 지도자들은 그 경우 독일이 급속히 해체되리라는 것을 인지하고 있었다. 배상 문제에 대한 진정성을 보이기 위해 독일 정부는 '이행정책Erfüllungspolitik'이라고 불린 태도를 취했다. 이 전략은 두 남자의 머리에서 나왔다. 1921년 5월부터 1922년 11월까지 총리로 재임한 중앙당 좌파 지도자 요제프 비르트와 그의 내각에서 재건부 장관을 담당한(후일 외무부 장관) 발터 라테나우였다.

라테나우와 비르트의 입장에서 보자면 이행정책은 단순한 눈가림이 아니었다. 이 지도자들은 독일이 일정 기간 동안 배상을 지속할 만한 자원을 갖고 있지 않다고 확신했다. 재건부 장관 라테나우는 현금 지불 대신, 전화를 입은 프랑스 지역에 독일 노동자들을 보내 건설하게 하는 등 대안적인 형태의 배상으로 전환할 수 있도록 프랑스와 일련의 협정을 맺는 데 앞장섰다. 이행정책은 매우 신중하고 위험한 도박이었다. 그 지지자들은 독일이 정직하고 헌신적으로 배상 의무를 수행하려는 최선의 의도로도 배상 체계가 작동하지 않는다는 것을, 연합국 측이 납득할 수 있기를 바랐다.

이행정책은 성공하지 못했다. 독일에서 인플레이션은 그 기세를 누그러뜨리지 않았다. 마르크화는 1922년 10월 달러당 4,500마르크에서 1923년 1월 1만 8,000마르크로 하락했다. 부분적으로 외교적인 고립을 피하기 위해, 독일은 소비에트 러시아와 우호조약을 맺었다. 1922

년 4월의 라팔로조약Treaty of Rapallo은 상호 부채 탕감 조항을 포함했다. 프랑스가 보기에 이는 연합국에 대한 독일의 의무를 벗어나기 위한 선례를 만들고자 하는 노력의 일환이었다. 이행정책을 지속하는 데 그보다 파국적이었던 것은 1922년 6월 라테나우가 극우 테러리스트에 의해 암살된 사건이었다.

배상을 둘러싼 갈등은 1923년 루르 위기로 정점에 달했다. 독일국민당의 우파와 밀접한 관련을 맺고 있었으며, 전전에 미국과 영국 해운업 분야에 광범위한 커넥션을 갖고 있던 가톨릭 해운업자 빌헬름 쿠노Wilhelm Cuno가 비르트의 후임이 되었다. 1922년 12월 독일인들은 다시한 번 배상금 지불을 유예했다(쟁점은 전신주 수송 문제였다). 보수주의자 레몽 푸앵카레Raymond Poincaré가 수반이던 프랑스의 중도우파 정권은 독일의 의도를 의심했고, 프랑스, 벨기에, 이탈리아, 영국 대표단으로 구성되어 배상 일정을 점검하던 배상위원회에 독일이 조약상의 채무를 불이행했음을 선언하라고 요구했다. 3 대 1로(영국 대표는 반대표를 던졌다) 위원회는 독일이 채무를 불이행했음을 선언했고, 프랑스와 벨기에가 보복 조치에 나설 수 있도록 권한을 부여했다. 1월 초 프랑스와 벨기에는 소규모 군대의 엄호하에 일군의 엔지니어들을 루르 지역의 미점령지역으로 보내 그 지역 석탄 광산업 활동을 감시하도록 했다. 그들의 목표는 명백히 프랑스와 벨기에 몫으로 할당된 석탄이 실제로 수송되도록 보장하는 것이었다.

여러 국가의 의지들을 시험하는 데는 희비극적인 요소가 있었다. 먼저, 연합국의 엔지니어들이(공장및광산통제위원회Mission interalliée de contrôle des usines et des mines라는 이름의 대표단) 현장에 도착할 때까지, 감시할 내용은 거의 없었다. 독일인들은 배상위원회의 표결을 예상하고 독일 석탄 신디케이트 기록들을 프랑스와 벨기에군이 루르에 들이닥치기 며칠 전에센에서 함부르크로 옮긴 상태였다. 독일인들은 프랑스의 목표가 루르 지역을 독일에서 떼어내고, 종국에는 독일의 통일을 망가뜨리는 것이라고 확신했다. 푸앵카레와 프랑스 정부 입장에서 보자면 이것은 사실이 아니었지만, 독일인들이 프랑스와 벨기에의 의도를 오해함으로써 파괴적인 과잉 행동이 유발되었다. 연합국의 진주를 막아설 역량이 없다는 것을 알고 있던 독일 정부는 소극적인 저항 정책을 폈다. 독일과 프로이센 정부의 전폭적인 지지 아래 루르 지역의 정치, 경제 지도자들이 점령된 지역 주민들을 설득해 총파업에 나서도록 한 것이다. 1월부터 9월 사이에 그해의 열흘간 채굴량보다도 적은 석탄이 채굴되었다.

소극적인 저항은 점령군들에게 많은 어려움을 안겨주었지만, 점령군들이 겪은 어려움은 독일인들이 스스로 감내해야 했던 것에 비하면 부차적인 것이었다. 쿠노 정부는 독일 산업계의 심장부 주민들에게 연방 차원에서 현금으로 보조금을 지불했다. 결과적으로 소극적인 저항은 무차별적인 화폐 발행을 통해 재원적 뒷받침을 받고 있었다. 결국 통제 불가능한 인플레이션의 수문이 열렸다. 1923년 1월 초부터 11월 15일 인플레이션이 최종적으로 잡히기까지 미국 달러 대비 마르크화 환율은 전례 없는 수준이던 1만 8,000마르크에서 천문학적 수준인 4조 2,000억 마르크까지 치솟았다. 국가가 지지한 꼴이 된 인플레이션의 사회경제적 결과는 막대하고도 파국적이었다. 과세(와 정부 예산)는 돈이 매 시간 그 가치를 잃어감에 따라 의미 없는 것이 되었다. 더 나빴던 것은 경제활동이 물물교환 수준으로 떨어지는 사이 한평생 쌓은 저축이 하룻밤 사이 사라져버렸다는 사실이다.

소극적인 저항은 불평등한 자원을 갖고 하는 극도로 위험성이 높은 치킨 게임이었다. 쿠노 정부는 일단 소극적인 저항으로 독일의 단호함을 보이면 프랑스와 벨기에가 루르에서 행했던 자신들의 작전이 실패로 돌아갔다는 사실을 인지하고 배상 문제에 대한 협상을 재개하리라는 전제에서, 도박을 감행했다. 그리고 만일 프랑스가 고집스러운 태도를 보인다면, 영국이 프랑스인들에게 그들의 태도가 우스꽝스럽다고 지적할 것이라고 생각했다. 프랑스와 벨기에는 9개월 동안 조금도 약화되지 않았다. 영국이 매파들을 비판하기는 했지만, 그렇다고 전시 동맹국들을 버리고 독일을 지지할 수는 없는 일이었다. 그러는 사이 독일의 상황은 점점 더 절박해졌다. 인플레이션과 정치적 리더십의 부재로 머지않아 나라가 혼란 속으로 빠져들게 되리라는 것이 분명했다.

9월 23일 독일은 포기를 선언했다. 쿠노 내각은 사임했고, 슈트레제만이 주도하고 독일국민당, 독일민주당, 사민당과 중앙당으로 구성된 새로운 '대연정'이 구성되면서 소극적인 저항의 종식을 선언했다. 동시에 정부는 독일 전역에 국가비상사태를 선포함으로써 독일의 외교적 항복이 낳은 정치경제적 결과에 맞서고자 했다. 전임 정부들과 달리 이 내각은 성공했다. 이전부터 제시되던 아이디어들에 기초해서 슈트레제만 정권은 렌텐방크^Rentenbank(모기지 은행)를 설립했다. 이 새 기관은 돈의 효력을 가지는 채권인 렌텐마르크^Rentenmark를 발행했다. 이 채권은 렌텐방크에 할당된 독일의 농업과 산업 자산에 대한 융자금으로 지탱되었다. 어떤 의미에서 이것은 심리적 트릭이었다. 그와 같은 '융자금'의 압류란 비현실적이었기 때문이다. 그러나 인플레이션의 문제점이 그렇게도 분명했기 때문에, 이 새로운 화폐가 벌거벗은 임금님이라는 사실을 누구도 지적하고 나서지 않았다. 1923년 11월 15일(아이러니하게도 이날은 옛 마르크화가 달러당 4조 2,000억 마르크로 저점에 도달한 날이었다) 새로운 렌텐마르크는 공식적으로 구마르크화를 대신했고, 달러당 4.2마르크라는 전쟁 전 가치에 고정되었다.

종전 4년 후 독일인들은 실패한 회복 정책의 결과들에 대해 조사했

1923년 초인플레이션의 재앙적 결과. 한 주부가 부엌 화덕에서 무가치한 지폐들로 불을 지피고 있다(출처: Library of Congress).

다. 전쟁으로 야기된 문제점들이 고삐 풀린 인플레이션으로 더욱 복잡해졌다. 심각한 사회적 혼란과 정치적 양극화는 서로 인과의 꼬리를 물고 악순환하고 있었다. 1923년 가을, 화폐를 안정시킨 것처럼 보인 기적은 기껏해야 거의 10년간 분수에 맞지 않은 살림을 하던 독일 경제를 되살리기 위한 첫걸음에 불과했다.

반혁명

바이마르공화국의 첫 4년은 극단적으로 불안정한 시기로서 광범위한 정치적 폭력으로 특징지어졌다. 좌우 양극단이 모두 정치적인 폭력에 가담했지만, 우파의 활동은 바이마르공화국에 더 심대한 위험이 되었다. 주기적인 우파 측 정치 소요의 일차적인 이유는 독일 사회의 많은 개인과 집단들이 민주적이고 의회적인 새 헌정 체제를 받아들이려 하지 않는다는 점이었다. 그들은 1918년 혁명을 무산시키려는 '반혁명'적인 운동의 일부가 되었다. 1918년의 정치적인 격변이 혁명이라는 이름에 부합하지 않는다는 사실은 그들에게 별로 중요하지 않았다. 반혁명분자들은 신비화된 과거를 되돌이키거나 유토피아적인 미래를 가져오기 위해 현존하는 가상의 악에 맞서 봉기했다.

반혁명주의자들의 정신세계에는 특징적인 요소들이 있었다. 1차대전에서 싸웠던 이들 가운데 많은 사람들이 평화라는 현실이 전쟁 시의 약속에 미치지 못한다는 인식을 갖고 있었다. 전투의 경험은 그들에게 진보, 인간사의 합리성, 시민적인 안위와 안전의 타당성에 대한 신념을 앗아갔다. 그들 중 지식인들은, 1921년 출간된 에카르트 폰 지도Eckart von Sydow의 《퇴폐의 문화Die Kultur der Dekadenz》 결론부에서 제시된, 퇴폐와 혼란의 시기란 동시에 고조된 창의성의 시기이기도 하다는 것에 동의했다.

물론 반혁명가들 가운데서 형이상학자들은 상대적으로 드물었다. 대부분은 지식인이라 할지라도 보다 일상적인 이유에서 가담했다. 개인적인 명예와 용기의 세계가 노동조합 지도자, 무기상인, 그리고 규율 없이 수로 밀어붙이는 군중으로 대체되었다는 불만이, 특히 젊은 장교단 사이에서 읽혔다. 공화국이 조국에 대한 그들의 봉사와 희생에 상응하는 평시의 위상을 제공하지 못하고 있다는 분노로도 읽힐 수 있었다.

아이러니하게도 공화국 정부가 의회민주주의를 전복하려는 반혁명주의자들의 노력에 적합한 조직적 형식을 제공하고 있었다. 1918년 말, 그리고 다음 해까지도 공화국과 연방 내각은 의용군으로 불리는 민병대 조직을 인가하고, 재정적으로 지원했다. 의용군은 1919년 1월의 '제2혁명'과 폴란드의 동쪽 국경 잠식이라는 상황에 대응하기 위해 불충분한 정규군 병력을 보완하고자 일시적인 조치로서 마련되었고, 수백 명에서 8,000명 사이를 오갔다. 지도자들은 대부분 옛 군대의 중상급 장교였다. 결국 이 호전적인 세력은 200개의 의용대로 조직된 28만 명에 이르렀다. 전투 요원들은 연령대나 사회적 신분에서 매우 유사했다. 중간계급과 상층계급이 압도적이었고, 고등학생과 대학생, 장교 후보생, 지주의 자녀가 많았다. 블루칼라는 눈에 띄게 적었다.

불행하게도 많은 자원병, 특히 일부 그룹의 지도자들은 자신들의 정치적, 군사적 활동을 단기적인 임시 봉사로 한정하는 데 만족하지 않았다. 다양한 정도의 성실성과 정교함을 갖춘 일부는—3만 명 정도로 추산된다—전시 경험과 '볼셰비즘에서 독일을 구한' 성공이 자신들을 의식의 더 높은 단계, 즉 정치 군인의 그것으로 고양시켰다고 믿었다. 의용군 지도자들의 산문은 종종 혼란스러웠지만, 두 개의 주요한 모티브가 있었다. 정치적 타협, 사회적 성공, 안위에 대한 시민적인 추구를 경멸하는 것과 에른스트 폰 잘로몬이 표현한 대로 "타인 지향적 총체성의 미래 세기"를 창출하기 위한 행동을 요구하는 것이었다.

이들 정치화된 군인들의 일부는 독일 파시즘의 맹아적인 형태에 매료되었다. 특히 바이에른 지역에서 다수의 원原민족적인völkisch 정치조직들이 우후죽순처럼 생겨났다(원민족적이라는 단어의 번역은 언제나 일정한 문제를 내포한다. 글자 그대로 보면 '사람' 혹은 '민족'이라는 의미지만, 정치적인 의미로 보면 스스로를 민족적이라고 보는 사람들은 쇼비니즘, 인종주의, 반유대주의 같은 의미를 담아서 이 단어를 활용했다). 비록 그중 한 그룹인 나치당이 결국 그 라이벌들을 모두 제거했지만, 원래 나치당은 1919년 초 뮌헨에서 활동하던 40여 개의 원민족적인 반혁명 조직 중 하나에 불과했다. 게다가 이 다양한 집단들은 서로 잘 구분되지도 않았다. 모두가 본질적으로 안티의 총합인 이데올로기를 표방했다. 즉 그들은 모두 비민주적이고, 반마르크스주의적이며, 반의회주의에, 반유대주의자들이었다. 반유대주의라는 마지막 프로그램의 특징은 독일의 패전뿐만 아니라 이후의 혁명과 다른 모든 좌파 혁명들에 유대인들의 국제적인 음모가 도사리고 있다는 파시스트들의 신념이 반영된 결과였다.

의용군 가운데 일군의 정치적인 군인과 아직은 광기에 물들지 않은 파시스트 그룹이 독일을 4년에 걸쳐 끝나지 않을 혁명적인 혼란 속으로 던져넣을 정도로 강하지는 않았을 것이다. 이러한 상황이 가능했던 것은 이들이 주류의 보수적인 정치 세력들과 정규군 일부로부터 지원을 얻어낼 수 있었기 때문이다. 이 지원은 다양한 형태로 이루어졌다. 신문기사로, 조직망으로, 재정적으로, 특히 국가방위군은 무기와 훈련의 형태로 이루어졌다. 동조자들은 반혁명주의자들의 목표를 (언제나 그 수단을 지지했던 것은 아니지만) 지지했다. 그들 역시 의회민주주의를 재앙이라고 보았기 때문이다. 게다가 이들은 독일이 볼셰비키 혁명의 항상적인 위협 아래 놓여 있다고 확신했다.

아이러니하게도, 공산주의자들의 활동은 비이성적인 이들의 두려움에 신빙성을 부여해주었다. 우리는 1919년 1월 스파르타쿠스단 혁명 노동전위대가 제2혁명을 일으키려 했다는 것을 살펴본 바 있다. 몇 주 후, 쿠르트 아이스너가 극우적인 툴레협회Thule Gesellschaft에 의해 살해되면서 바이에른 지역은 혼란 속으로 빠져들었다. 궁극적인 결과는 바이에른에 두 개의 사회주의 공화국이 나타난 것인데, 하나는 뮌헨의 아나키스트들에 의해, 다른 하나는 공산주의자들에 의해 주도되었다. 전자는 1주일, 후자는 2주일간 지속되다가 의용군과 정규군에 유혈 진압되었지만 이 짧은 경험은 바이에른의 다수 중산층에게 강렬한 인상을 남겼다.

공산주의자의 위협은 1919년 이후에도 감소하지 않은 것처럼 보였다. 1920년 봄 좌파 사회주의자들과 공산주의자들은 '루르 적군Rote Ruhrarmee'을 조직했다. 다시금 엄청난 잔혹성과 더불어 정규군과 의용군이 봉기를 진압했다. 1921년 봄 공산주의자들은 더 빈번히 정치적인 폭력 행위를 시도했다. 혁명은 이제 독일 정부의 할레—메르제부르크Halle-Merseburg 지역에 본거지를 두었다. 이번에는 프로이센의 정규 경찰력만으로 질서를 회복할 수 있었다.

1923년 루르 위기는 볼셰비키들에게 아직도 더 많은 기회를 제공하는 것처럼 보였다. 공산주의자들은 중부 독일의 작센과 튀링겐 지역에서 사민당과의 연정에 참여함으로써 정치활동의 거점을 확보했다. 그리고 엄청난 경제적인 문제들이 블루칼라 사이에서 극좌파들의 호소력을 높이고 있었다. 1923년 가을 작센과 튀링겐주는 국가방위군의 지원을 받은 한 연방특별관에게 인계되었다.* 1923년 10월 함부르크시에서 다른 폭력 봉기가 유발되었으나 이 역시도 충분히 준비되지 않은 국지적인 일로 남았다. 경찰이 신속히 질서를 회복했던 것이다.

우파 세력들이 반혁명을 지지하도록 한 더 강력한 촉매제는 베르사유조약에 대한 신화와 현실이었다. 강화조약은 우파의 정치적 신화에서 아주 중요한 요소였다. 그 대변인들은 조약이 부당할 뿐만 아니라 독일의 민주 정부가 그처럼 엄청난 조약에 동의함으로써 반역죄를 지었다고 끝없이 주장했다. 의용군 또한 조약에 동의할 경우 1920년 4월까지 연방정부가 이 단체를 해산시켜야 했기 때문에 반대했다. 자경단 그룹들 중 적어도 일부는 그들의 준군사적인 이력을 끝내느니 공화국 정부를 전복하겠다는 입장을 확고히 하고 있었다.

정치화된 의용군은 베르사유조약, 민주주의, 조직 해산에 맞선다는 점에서 일치단결했다. 우파가 공화국에 가한 최초의 진지한 위협은 1920년 4월 해산 마감 날짜가 다가오기 직전에 일어난 카프–뤼트비츠 폭동(폭동은 쿠데타로 번역될 수 있었다) 때 이루어졌다. 이 에피소드는 이 드라마에 참여한 두 주요 활동가인 베를린 지역 국가방위군 사령관 발터 폰 뤼트비츠Walter von Lüttwitz 장군과 동프로이센 농업부 공무원이자 좌절한 정치가 볼프강 카프Wolfgang Kapp의 이름을 따 지어졌다. 뤼트비츠는 군사독재가 독일의 모든 문제를 해결하리라고 본 매우 단순한 장교였고, 카프는 거대한 계획을 세우고 암호 만들기를 즐겨했던 일종의 전문 음모가였다. 두 사람과 그들이 접촉했던 독일민족국민당과 독일국민당의 정치가들은 실제로 폭동을 수행하기 위해 의용군 중에서

---

* 러시아 10월 혁명에 비유해 '독일의 10월Deutsche Oktober'로 불리는 이 위기는 공산당이 작센과 튀링겐주의 합법적인 권한을 장악하면서 시작되었다. 작센에 주둔한 국가방위군의 지원하에 연방정부가 파견한 특별관Reichskommisar이 권력을 장악하면서 상황이 종료되었다.

도 가장 정치화된 분파였던 에르하르트 여단Ehrhardt Brigade에 의존하고 있었다.

사령관이자 전직 해군 장성 헤르만 에르하르트Hermann Ehrhardt의 이름을 딴 이 조직은 수도에서 20킬로미터 정도밖에 떨어져 있지 않은 주요 육군기지 되베리츠Döberitz에 주둔하고 있었다. 에르하르트 여단은 정치적으로 명백히 극우적이고 원민족주의적인 아이디어에 공감했다. 1920년 3월 13일 이른 아침에 이 여단과 뤼트비츠 휘하의 정규군 일부가 베를린을 장악했다. 경찰도 국가방위군도 저항하지 않았다. 육군 지도부는 '열중쉬어' 자세로 있겠다고 선언했다. 처음에 쿠데타는 즉각적인 성공을 거두었다. 장관들은 즉시 수도를 떠났다. 카프는 스스로를 독일 총리로, 뤼트비츠를 국방부 장관으로 임명했다.

그러나 머지않아 카프-뤼트비츠 폭동은 극우 음모 가담자들이 그들의 라이벌인 극좌파만큼이나 아마추어일 뿐이라는 사실을 보여주었다. 카프와 뤼트비츠의 지배는 혼돈과 무능으로 특징지어졌고, 공화국을 지지하는 사람들도 손 놓고 있지 않았다. 에르하르트 여단이 베를린으로 진군한 지 얼마 지나지 않아 3대 노동 관련 단체들이 주도한 총파업으로 베를린의 여러 시설이 문을 닫았고, 여행은 거의 불가능해졌다. 공화국과 프로이센 공무원들은 음모 가담자들의 명령을 이행하지 않았다. 5일 후 폭동은 붕괴했고, 쿠데타 지도자들은 보다 우호적인 환경으로 망명했다. 정부는 신속히 전복되었던 것과 거의 같은 속도로 회복되었다. 몇몇 새로운 얼굴을 제외하고, 바이마르공화국 연정 참여 정당(사민당, 독일민주당, 중앙당) 출신 각료들이 다시 자리로 복귀했다.

신속하게 붕괴했지만, 카프 폭동은 독일 반혁명 세력들의 미래 진로에 매우 중요한 영향을 미쳤다. 비록 북독일에서 쿠데타가 실패했지만, 바이에른에서는 유사한 시도가 성공을 거두었다. 뮌헨 지구 국가방위군 사령관인 아르놀트 폰 묄Arnold von Möhl은 바이에른에서 민주적으로 선출된 정부를 물러나게 했다. 그 대신 군대가 선택한 최고책임자인 구스타프 폰 카르Gustav von Kahr가 그 자리에 들어섰다. 새로운 바이에른 지도자는 바이에른 왕정을 복고하는 것을 주요한 정치적 목표로 삼은 오랜 가톨릭 보수주의자였다. 그는 독일 공화국의 존재 자체가 이러한 계획을 실현하는 데 방해가 된다고 보고 있었기 때문에(바이마르헌법은 모든 연방주에서 공화국 형태의 정부를 보장했다), 비록 그 이유는 상이할망정 민주주의를 전복해야 한다는 점에서는 생각이 같은 반혁명 세력들을 동맹 파트너로 환영했다. 주 최고책임자의 통치하에 바이에른은 극우 탈주자들이 사법 처리를 피할 수 있도록 피난처를 제공했다(예를 들어 에르하르트는 폭동 이후 공개적으로 뮌헨에 거주했다). 게다가 카르 정권은 신출내기 나치당을 포함하여 바이에른의 무수한 토착 극우 그룹들의 활동을 환영했다.

폭동이 민주주의를 흔들기 위해 극우 세력들이 사용한 유일한 수단은 아니었다. 반혁명적 우파들은 테러라는 개인적 행위에 의지하기도 했다. 전 재무부 장관 마티아스 에르츠베르거와 발터 라테나우는 극우파와 분명한 연계를 가진 암살자들에 의해 살해되었다. 그러나 인기 있던 유대인 외무부 장관 발터 라테나우는 1922년 6월 중앙정부로 하여금 효과적인 대책을 세우도록 했다. 라테나우의 친구 비르트 총리는 암살 직후 나타난 우파 테러리스트들에 대한 혐오감을 이용해서, 연방의회로 하여금 공화국수호법을 통과시키도록 했다. 반공화국적인 활동에 참여하는 것을 범죄시하고, 특별연방법원을 설치해서 새로운 헌정 질서를 위태롭게 하는 자들을 재판하는 것이 그 내용이었다.

불행하게도 이러한 입법 조치는 바이에른 지역에서의 반혁명적인 활동을 축소하는 데 큰 기여를 하지 못했다. 카르 정권은 공화국수호법이 바이에른주의 법률에 위배되고, 1919년 좌파 혁명가들을 재판하기 위해 만들어진 주 자체의 인민법원과 새로운 연방법원의 활동이 어떠한 경우에라도 중복되어서는 안 된다고 주장했다. 루르 위기가 부상하면서, 연방정부는 바이에른주의 권리를 둘러싼 싸움에 참여하기를 꺼렸다. 그 결과 실제적인 의미에서 바이에른은 우파 반혁명 그룹들과 그들의 음모에 대해 말할 수 없이 우호적인 환경으로 남게 되었다.

극우파는 루르 위기를 자신들의 주장에 유리한 사건이라고 판단하고 환영했다. 소극적인 저항의 시기 동안 반혁명 세력들은 서부 독일 지역에서 점령군들과 극소수인 친프랑스계 분리주의 조직에 맞서는 사보타주에 적극적이었다. 그러나 무엇보다도 그들은 소극적인 저항의 종식이 그들로 하여금 공화국 정부에 맞서 움직이는 것을 가능케 할 것으로 기대했다. 민주적인 지도자들이 외국군에 굴복했고 독일을 임박한 공산주의 혁명으로부터 구해내는 데 실패했다는 것을 주장하기에 용이해졌기 때문이라는 것이었다.

그들의 기대는 충족되지 않았다. 극우파가 기대한 것과 반대로, 슈트레제만 내각은 신속하게 국가비상사태를 선포함으로써 독일 대부분의 지역에서 법과 질서를 수호했다. 포고령에 따라 비상사태를 관리하는 책임은 국가방위군과 각 주의 민간 당국에 맡겨졌다. 1920년에 취했던 태도와는 달리 1923년 국가방위군은―적어도 바이에른 이외의 주들에서는―바이마르헌법에 적극 충성했다.

이러한 국면은 바이에른의 음모 가담자들이 보기에 환영할 만한 뉴스는 아니었다. 그들은 1923년 봄과 여름 내내 공화국을 전복하려고 적극적으로 노력했다. 무수한 원민족적 정당들이 엄청난 선전선동을 통해 민주적인 공화국 정부에 맞서는 여론을 동원했다. 동시에 준군사 조직들은 구성원들을 훈련과 야외 기동에 참여시켰다. 그들이 바랐던 것은

루르 위기 동안 소극적인 저항을 촉구하는 포스터. 한 건장한 독일 노동자가 프랑스 병사들을 무시하고 있다. "아니, 너희들은 나에게 강요하지 못할 것이다"라고 씌어 있다(출처: akg–images).

봉기의 조짐이 나타날 때 다양한 준군사 조직과 국가방위군 부대, 그리고 바이에른 정부가 협조하여 반혁명적 세력들이 베를린으로 행진하는 것이었다. 서류상으로, 전체적인 작전은 베니토 무솔리니Benito Mussolini가 한 해 전 성공적으로 행했던 로마 진군을 모델로 하고 있었다.

계획된 바이에른 폭동의 정치적 측면은 처음으로 대중의 관심을 나치 지도자 히틀러에게 집중시켰다. 이 소규모 원민족주의 그룹의 대표는 1889년 4월 20일 오스트리아의 국경도시 브라우나우Braunau에서 태어났다. 10대에 고아가 된 그는 예술가가 되고자 하는 야심을 가졌지만 학교 성적이 신통치 않았고, 결국 빈과 뮌헨에서 떠돌았다. 그는 1914년 독일군에 자원입대했고, 바이에른 연대에서 어느 정도 우수한 면을 보이며 복무했다. 이 미래의 나치 지도자는 1918년 일병으로 제대했지만, 군무원으로 남았다. 자신들의 병사가 좌파 정치판으로부터 영향을 받지 않도록 '면역력을 기르고자' 몇몇 장교들이 조직한 정치 세뇌 프로그램에서 강의하는 것이 그의 임무였다.

군대 선전선동가로서의 임무 외에도, 히틀러는 뮌헨에 있는 다양한 원민족주의 그룹의 활동에 대해 보고하고 군대의 비밀 자금을 지원받아도 좋을 사람들을 군대의 상급자에게 추천하는 임무를 맡았다. 히틀러는 뮌헨의 원민족주의 세력들을 관찰하는 과정에서 독일노동자당Deutsche Arbeiterpartei, DAP이라고 불리던, 1919년 봄 뮌헨의 공구 제작자에 의해 만들어진 소규모 그룹과 친분을 맺었다. 히틀러는 당에 가입했고, 머지않아 당의 선전선동 담당, 그리고 주요 연설가가 되었다. 당은 1920년 국가사회주의독일노동자당Nationalsozialistische Deutsche Arbeiterpartei, NSDAP(이하 나치당)으로 개명했고, 히틀러는 1921년 7월 실질적인 지도자가 되었다. 비록 군대 관련 업무를 중단했지만, 이 나치 지도자는 바이에른 군부와 매우 우호적인 관계를 지속해갔다.

부정할 수 없는 수사적 재능 덕택에 히틀러는 금세 뮌헨의 원민족주의 세력 가운데 우뚝 섰고, 바이에른의 반혁명 지도자들은 그를 발탁해서 계획된 폭동을 위한 정치적이고 선동적인 준비를 하는 데 협력하도록 했다. 1923년 11월 초에는 이 계획을 위한 준비가 다 갖추어진 것처럼 보였다. 그러나 마지막 순간에 바이에른 반혁명주의자들의 보수적 동맹자들이 지지를 철회했는데, 야망을 갖고 있던 국가방위군 사령관인 한스 폰 제크트Hans von Seeckt 장군이 이번에는 국가방위군이 폭동 가담자들에 협조하는 것을 허용하지 않겠다는 의사를 내비쳤기 때문이다. 루덴도르프와 뮌헨 주둔 국가방위군 핵심 부대의 전직 사령관인 에른스트 룀Ernst Röhm 대령을 비롯한 히틀러와 그의 동료들은 배신감을 느꼈고, 이를 카르와 군대 내 그의 동료들의 비겁함으로 간주했다. 히틀러는 보수주의자의 협력 없는 '전국적 혁명'을 일으키겠다고 결심했다. 하지만 여전히 그는 폭동파들에 대한 인기가 입증되고, 그에 따라 바이에른 최고지도자와 국가방위군이 그 시류에 편승하기를 희망했다.

그 노력은 실패했다. 예견된 폭동을 미루기로 한 결정을 설명하기 위해 카르가 뮌헨의 맥주홀에서 조직한 모임을, 히틀러와 나치당의 준군사 조직인 돌격대Sturmabteilung, SA는 문자 그대로 들이받았다. 카르와 바이에른 국가방위군 사령관인 오토 폰 로소Otto von Lossow(그는 1922년 후반에 폰 묄의 후임이 되었다)는 잠시 히틀러에 가담하는 데 동의했다가 몇 시간 후 마음을 바꿨다. 게다가 뮌헨의 사건에 대해 전해들은 제크트는 로소의 체포를 명했다. 히틀러와 루덴도르프는 1923년 11월 9일 아침 뮌헨 거리를 가로지르는 수천 명의 시위대를 이끌었다. 반혁명 세력이 대중적인 지지를 얻고 있음을 국가방위군에게 보이기 위한 이 마지막 노력은 실패로 돌아갔고, 신경질적인 경찰관이 쏜 한 발의 총성은 공포를 유발하고 대중을 해산시켰다. 루덴도르프는 즉시 체포되었

의용군 광고. 병사는 표현주의 양식으로 그려졌고, "조국을 보호하라, 의용군에 가입하라"라
는 문구가 씌어 있다(출처: Julius E. F. Gipkens/Library of Congress Prints and Photographs
Division 〈LC–USZC4–11607〉).

다. 히틀러(그는 이 아수라장에서 찰과상을 입었다)를 비롯한 다른 음모 가
담자들은 도망쳤지만, 결국 체포되어 반역죄로 바이에른 국민재판소에
회부되었다. 판사들은 관대했다. 피고들의 '애국적인 동기'를 인정하여
극도로 미미한 처벌을 내렸을 뿐이다. 루덴도르프는 무죄 방면되었고,
히틀러는 단지 5년만 복역하면 되었다. 하지만 그마저도 란데스베르크
Landesberg 숲에 있는 아주 편한 아파트에서 9개월 동안 복역한 후, 이 나
치 지도자는 가석방되었다.

이후 히틀러의 '맥주홀 폭동'은 나치 신화에서 아주 큰 부분을 차지했
다. 하지만 실제로는 카프 폭동과 마찬가지로 참패에 불과했다. 반혁
명이 왜 실패했을까? 명백한 하나의 이유는 반혁명분자들이 무능했던

탓이다. 카프-뤼트비츠 쿠데타는 잘못 조직되었고, 히틀러-루덴도르프 폭동은 원래의 계획이 작동하지 않음이 분명해진 후에 즉석에서 대충 만들어진 대안이었다. 게다가 공화국은 몇몇 강력한 지지자를 얻었다. 1920년에는 노동조합의 충성심이 결정적이었지만, 1923년에는 그들이 나설 필요도 없었다. 그러나 무엇보다 중요했던 것은 군대와 공무원 조직의 많은 주류 보수주의자의 태도였다. 그들은 민주주의의 종식을 바랐지만 정부에 맞서 무기를 들고 내란의 위기에 빠져들지를 선택받았을 때 주저했다. 1923년 그러한 변화에 대해 개의치 않았던 히틀러는 보수주의 기성세력들의 변덕스러움에 대해 매우 달변으로 비판했다. 그에게 그 경험은 매우 씁쓸한 일이었지만 한편으론 그로부터 많은 것을 배웠다.

외교관계

1차대전에서 제국의 패배는 국제적 세력균형에서 결정적 역할을 하고자 했던 독일의 꿈을 종식시켰을 뿐만 아니라 1871년 이후 독일이 중부 유럽에서 유지해온 헤게모니적 지위 역시 앗아갔다. 머지않아 독일은 국제관계 질서에서 파트너가 되기보다는 대상이 될 것이었다.

정전협정에 조인하고 강화조약이 발표되기까지 몇 달간 독일의 외교정책은 본질적으로 국경 지대에서의 불만을 누그러뜨리고, 새로운 독일이 처한 어려움과 그 목표에 대한 해외의 동정심을 끌어내는 데 국한되었다. 그 노력이 성공하지 못했던 것은 아니다. 다양한 분리주의와 자치주의 운동은 대중적 지지를 받지 못했고, 머지않아 연합국 역시 독일을 해체하려고 하지 않는다는 점이 분명해졌다. 실제로 에스토니아,

리투아니아, 라트비아 등 발트해 연안 지역과 폴란드 북부 지역에서, 의용군과 정규군 부대가 때로는 연합국의 암묵적인 동의를 얻어 한동안 활약하기도 했다. 그들의 표면적인 목표는 볼셰비키가 이 지역에 침투하는 것을 막는 것이었지만, 독일 정부와 연합국 모두 폴란드 세력의 성장을 걱정하고 있다는 점 역시 공공연한 비밀이었다.

앞서 살폈던 바와 같이, 베르사유조약에 의한 영토 축소는 보기보다 그렇게 큰 손실은 아니었다. 알자스─로렌을 상실했지만, 연합국은 폴란드가 오데르나이세강(현재 독일과 폴란드의 국경)까지 서부 국경을 확대하는 것을 허용하지 않았다. 또한 새로운 라인 동맹이 구성되지도 않았다. 게다가 다양한 인구가 뒤섞인 지역들에서 행해진 여러 주민 투표도 독일에 만족스러운 것이었다. 동프로이센 대부분, 상당한 정도의 슐레지엔, 슐레스비히 대부분이 독일에 남는 것을 택했다. 사실 두 가지 주목할 만한 예외를 제외하고, 1918년 이후 독일의 국경은 관련된 주민들의 참된 희망을 반영했다고 얘기할 수 있다.

예외는 슐레지엔과 오스트리아였다. 연합국은 경제적인 이유로 주민 투표 결과를 부분적으로 거스르면서까지 석탄이 풍부한 상부 슐레지엔의 상당 지역을 폴란드에 넘기도록 했다. 오스트리아의 경우에는, 주민들이 압도적으로 독일 공화국을 지지했음에도 연합국은 독일과 오스트리아의 연합을 금지했다. 독일과 오스트리아를 포함하는 독일은 남동부 유럽의 새로운 세력균형을 위태롭게 하리라고 보았기 때문이다.

독일이 마지못해 강화조약에 조인하기로 동의한 후, 유럽 세력의 역학관계에서 독일과 프랑스의 역할은 1871년 상황에서 180도 달라졌다. 중부 유럽에서 새로운 헤게모니 세력으로 등장한 프랑스로서는, 독일을 외교적으로 고립시키는 것이 이로웠다. 향후 몇 년에 걸쳐 프랑스는 새롭게 독립한 동유럽 및 남동유럽 국가들과 프랑스 사이에 '완충지

맥주홀 폭동에 실패한 히틀러가 란스베르크 감옥의 편안해 보이는 공간에서 생각에 잠긴 채 밖을 내다보고 있다. 그가 수인복이 아니라 평상복을 입을 수 있었다는 점에 주목하라(출처: Library of Congress).

대'Cordon sanitaire'라는 이름의 복잡한 동맹 체계를 세웠다. 폴란드, 루마니아, 체코, 유고슬라비아 같은 국가들의 영토적, 정치적 통합이 독일 및 독일과 동맹한 세력에 의해 위협을 받을 경우, 이들 국가를 돕는 의무를 프랑스에 지운 것이었다. 남은 조항들은 합스부르크제국의 부활과 러독 관계 개선의 가능성에 맞서는 내용이었다.

독일은 프랑스가 1871년 그랬던 것과 아주 유사하게 베르사유조약이 부과한 외교적인 고립에서 벗어나고자 노력했다. 그러한 목표를 달성하는 데는 현실적으로 두 가지 길이 있을 뿐이었다. 연합국 가운데 하나 혹은 그 이상과 강화조약을 맺는 것이 하나였고, 다른 하나는 국제관계에서 다른 떠돌이인 소비에트와 협약을 맺는 것이었다. 두 시나리오는 상당한 위험성을 안고 있었다. 서구와의 협약은 독일이 더 이상 강대국이 아니라는 사실을 인정하지 않는 경우라면, 특히 프랑스가 독일을 국가들의 공동체에 다시 받아들이지 않을 것이고, 반대로 굴욕적으로 서구와 협약이 체결된다면 반혁명적인 우파에 추가적인 자극을 줄 우려가 있었다. 또한 소비에트와의 강화조약은 그 공식 목표가 전 세계적 혁명 확산인 세력과의 동맹관계를 의미했다.

연합국에 대한 공화국 초기의 외교정책은 별반 성공적이지 않았다. 프랑스는 독일의 의도에 대해 깊이 불신했다. 1922년 4월 제노바에서 열린 국제회의에는 미국과 소비에트를 비롯한 독일의 과거 적대국과 독일이 참여했는데, 배상 문제와 연합국 간의 전쟁 채무 문제의 상관관계를 둘러싼 교착상태를 타개하는 데 실패했다. 우리가 보았던 것처럼, 1923년 루르 위기는 독일의 엄청난 경제적, 외교적 패배였다. 영국과 프랑스의 분열을 조장하려던 독일의 노력은 실패했다. 영국은 확고히 프랑스 편에 남았다.

언뜻 보기에 러시아와 독일의 관계가 더 전망 있어 보였다. 그러나 그 결과는 별로 인상적이지 않았다. 먼저 두 강대국은 국제적인 왕따로 서로를 동정하는 것 외에 별로 제공할 것이 없었다. 러시아 내전은 그 나라의 경제를 붕괴 직전의 상태에 놓았고, 따라서 무역 파트너로서의 역할은 보잘것없었다. 독일 정부는 지속적으로 소비에트 러시아와 독일 공산주의자들의 긴밀한 관계에 대해 의혹을 품었다. 그럼에도 불구하고 서방 연합국과 강화조약을 체결하는 데 실패함에 따라 누적된 실망감으로 1922년 독일은 러시아 카드를 집어들었다. 이러한 움직임은 새롭고 대담한 시도라기보다는 반작용에 불과한 조치였다. 양국 간 관계를 정상화하자는 러시아의 제안은 상당 기간 있어왔다. 결국 소비에트 외무인민위원인 게오르기 치체린^{Georgi Chicherin}은 제노바회의에 가는 도중 베를린에 들러 협약의 초안을 내밀었다. 배상 회의가 실패한 후, 비르트 정부는 공화국 대통령인 에베르트의 전폭적인 지지 아래, 라테나우로 하여금 러독 협약 초안에 서명하도록 했다.

그 결과 체결된 라팔로조약은 원래 제시된 것보다 훨씬 많은 것을 내포했다. 이 협정은 비밀 조약을 포함하지 않았고, 공포된 조건들은 무해한 것이었다. 독일과 러시아는 서로 외교적으로 인정했고, 상호 부채 탕감에 동의했으며, 정상적인 상거래 관계를 재개했다. 이 조건들은 중요했지만, 유럽 내 세력 관계를 변화시키지는 않았다. 라팔로조약의 외교적인 효과는 오히려 그 협약이 담고 있다고 소문난 내용과 관련 있었다. 그것은 주로 폴란드를 대상으로 하는 비밀 군사협력을 둘러싼 소문이었다. 만일 러시아와 독일이 그처럼 협조를 할 경우 베르사유 체제의 존치 가능성과 안전선에 명백하게 영향을 줄 수 있을 터였다. 사실 라팔로조약은 그와 같은 조항들을 담고 있지 않았지만, 서구 연합국, 특히 프랑스의 관점에서 보자면 라팔로조약은 독일이 1차대전 패배의 결과를 벗어나기 위해 지속적으로 노력하고 있다는 증거였다(그렇지만 프랑스의 불신이 완전히 부당하기만 한 것은 아니었다. 라팔로조약 이전에도 적군과 국가방위군은 상호 협조하는 데 동의했고, 국가방위군은 1920년대 내내 독일과 러시아의 결탁 관계를 활용해서 베르사유조약 조건상 금지된 군사 장비를 개발했다. 독일은 러시아의 군사시설을 활용하기도 했다).

모든 것을 감안할 때, 러시아와의 협약은 독일에 이익보다는 불이익을 안겨주었다. 의심할 여지 없이 이 협약은 독일의 외교정책 목표에 대한 프랑스의 불신을 증폭시켰다. 자신의 힘을 증명하고 싶은 프랑스의 욕망은 1923년 초 루르 지역 점령을 결정하게 하는 데 하나의 요소가 되었다. 국내적으로 보자면, 독일의 반혁명적 우파는 라팔로조약을 유대인의 국제적인 음모가 작동하는 증거라고 보았다. 이 신화는 라테나우가 라팔로조약에 서명하고 두 달 후 암살당하는 데 기여했다.

공화국 첫 5년간의 외교정책 성적은 그다지 인상적이지 않다. 약소국으로서의 새로운 위상에 현실적으로 직면하기 위한 노력들에도 불구하고 이후의 독일 정부들은 독일을 국제관계에 재통합시킬 수 없었다. 궁핍하고 힘없는 소비에트 러시아와 맺었던 대체로 상징적인 것에 불과한 협약은 이 일차적인 목표를 달성하는 데 결코 대안이 될 수 없었다.

결론

첫 5년을 회고해볼 시점인 1923년 말 독일인들 가운데 지난 몇 년에 대해 긍정적으로 생각하고 미래에 대해 자신감이 넘치는 사람은 거의 없었다. 정치적으로 이 시기는 내적 갈등으로 점철되었다. 부분적으로 이러한 혼돈의 결과로 공화국은 많은 독일인들에게 별로 평가받지 못했다. 1919년 선거는 개혁적인 정당들―사민당, 독일민주당, 중앙당 등

―의 힘을 보여주는 것처럼 보였지만 이 지지는 신속하게 사라졌다. 1920년 6월 독일 의회 선거는, 우파 사민당 원내 대변인인 파울 뢰베Paul Löbe가 말한 것처럼, 바이마르공화국이 민주주의자 없는 민주주의로 운명 지워졌다는 증거였다. 1920년의 대결은 우파 세력들―주로 독일민족국민당, 독일국민당―과 반의회주의적인 좌파 그룹―독립사민당과 공산당―에게 큰 승리를 안겨주었다. 하지만 사실 이 결과는 다소 기만적인 것이었다. 카프 폭동의 충격은 독일국민당으로 하여금 비타협적인 정당 리스트에서 빠지게 했다. 1923년 우파 자유주의자들은 독일민주당, 사민당, 중앙당에 합류하여 대연정을 만들어냄으로써 루르 지역에서 소극적인 저항을 종식시켰다. 좌파 쪽에서는 독립사민당이 해체되었지만, 당의 해체가 의회민주주의의 대의를 강화해주지는 않았다. 대부분의 독립사민당원들은 공산당에 가담했다. 원민족주의 세력들은 히틀러―루덴도르프 폭동의 실패로 후퇴를 경험했지만, 독일민족국민당은 강경한 반민주주의 정당으로 남아, 그 인기가 사그라들기는커녕 상승했다.

　물론 독일의 정치적 상황은 경제문제와 결부되어 있었다. 독일은 전쟁이 끝났을 때, 엄청난 내외적 채무에 시달리고 있었다. 또한 고삐 풀린 인플레이션을 통제할 힘을 점차 잃어갔다. 1923년 말 독일은 화폐를 안정화하기는 했지만, 잘 알려진 모든 구조적인 문제들은 여전히 해법을 찾아야 하는 상황이었다.

　동시에 5년 동안, 비록 공화국에 대한 열정적인 지지자를 확보하지는 못했지만, 의회민주주의에 대한 대안들 역시 대부분의 독일인들로부터 거부당했다. '제2의 혁명'을 일으키려는 좌파 극단주의자들의 지속된 노력들은 처참하게 실패했고, 카프―뤼트비츠 폭동과 루덴도르프―히틀러 폭동 같은 극우파의 반혁명적인 시도 역시 마찬가지였다.

국제관계에서 베르사유 체제의 결과들을 받아들이지 않으려는 독일의 모든 노력은 실패로 돌아갔다. 배상 문제에 대한 지지부진은 프랑스로 하여금 여러 독일 도시를 점령하는 형태의 '생산적 보장'을 이끌어냈다. 라팔로조약은 루르 지역을 점령하려는 프랑스의 결정을 이끌어내는 데 하나의 요소였다. 우리가 보았던 것처럼 이러한 위기는 경제적 몰락과 독일의 외교적 굴욕을 낳았다.

당시 미래를 위한 주요 임무는 두 가지였다. 공화국 외에 다른 실행 가능한 대안은 없다는 인식을 의회민주주의에 대한 적극적인 지지로 바꾸어내는 것과 새로운 독일에 대한 국외의 인정을 이끌어내는 것이었다. 첫 번째 목표에 도달하기 위해서는 지속적인 경제 부흥과 국민의 의식 변화가 필요했다. 빌헬름 시기의 전제주의가 전쟁 이전에 그랬던 것처럼, 서구 다원주의의 이상들이 독일 지식인들에 의해 수용되어야 했고, 독일 교양시민층에 침투해야만 했다. 외교관계의 경우, 독일은 국제 공동체 내에서 회원 자격을 획득해야만 했다. 그러나 이는 이류 국가로서 독일의 위상을 받아들여야 함을 의미했다. 1923년 말, 이 두 가지 혹은 둘 중 한 가지 목표를 실현할 전망은 별로 없어 보였다.

프리드리히 에베르트^{Friedrich Ebert}

(1871~1925년)

로자 룩셈부르크와 프리드리히 에베르트는 오랫동안 같은 당의 구성원이기는 했지만 이들만큼 현저하게 대비되는 인물을 상상하기는 어렵다. 한 사람은 두 뇌가 명석한 지식인으로 마르크스주의 이데올로기의 빈틈들에 대한 논쟁에서 탁월했고, 다른 한 명은 당 관료이자 제국의회 의원으로서 변증법적 유물론 이론들에 대해서는 별 관심이 없었다.

프리드리히 에베르트는 하이델베르크에서 재단사의 아들로 태어났다. 공식 교육은 8학년으로 끝났고, 그는 가죽과 안장 제조를 배웠다. 그러나 그는 일찌 감치 사회주의 노조운동에 몸담았고, 1891년 브레멘으로 이주하여 술집을 운영했다. 19세기 말, 독일 대도시들의 노동계급 거주 지역에 위치한 술집들은 노동자들이 증가하고 있던 독일의 사회입법의 세부 사항들에 대한 조언을 얻을 수 있는 장소이자 친목 장소였다. 다른 많은 술집 주인들처럼 에베르트는 자신의 손님들이 사회입법으로부터 가능한 한 많이 얻어낼 수 있도록 돕는 과정에서 스스로 깨우쳐 전문가가 되었다. 구체적으로 이런 표현이 쓰인 것은 아니지만, 그는 베른슈타인식 개혁주의를 실행한 셈이었다.

에베르트는 노동계급 운동에서 존경받는 인물이 되었다. 그는 노조의 여러 직책을 맡았고, 1891~1905년 브레멘에 체류하는 동안 시의회 기구인 뷔르거 샤프트^{Bürgerschaft}의 선출직 구성원으로 일했다. 결국 에베르트의 조직력은 사민당 중앙 지도자들의 관심을 끌었다. 1905년 그는 베를린으로 가 사민당 중앙당에서 상근 당직자로 일하기 시작했고, 1913년에는 당수로 선출되었다.

독일의 전쟁 수행 노력이 러시아 전제주의의 압박에 맞서는 정당한 방어전으로 간주되는 가운데, 에베르트는 1차대전이 발발했을 당시 전시 채권을 발행하려는 정부의 요청에 찬성 표결을 한 당의 주류파를 이끌었다(로자 룩셈부르크는 물론 그 결정에 격렬히 반대했다). 러시아의 팽창주의에 대한 우려 외에, 그가 독일의 권위주의 체제를 지지한 것은 두 가지 동기에서였다. 그는 진정한 독일의 애국자였고(말년에 자신의 애국주의가 의문시될 때마다, 그는 전쟁 때 작전에서 살해된 자신의 자녀 둘을 언급하며 "나는 두 아들을 이 나라에 바쳤다"고 읍소했다), 사민당이 전쟁 수행 노력을 기꺼이 지지한 것에 대한 대가로 황제와 그의 정부가 독일에서 참된 민주주의를 이룰 개혁을 제도화할 것을 희망했다. 특히 이는 연방과 주 정부 차원에서 내각 책임을 의미했고, 프로이센에서 삼계급 선거권 제도를 철폐하고 보통선거를 도입하는 것을 의미했다(사민당의 모든 분파들은 오랫동안 여성참정권을 요구했다).

육군최고사령부와 황제가 의미 있는 개혁을 실시하기를 꺼린다는 증거가 쌓였을 때, 사민당의 좌파 분파는 에베르트가 제시한 경로를 포기하고 독립사민당을 창당했다. 그럼에도 에베르트는 제국의회의 진보 세력들이 독일을 평화롭게 민주주의로 이끌 수 있다는 굳건한 신념을 견지했다. 1918년 가을 제국이 몰락했을 때, 에베르트는 매우 어려운 상황 속에서도 급진주의자들을 견제하고 법과 질서를 유지하기 위해 열심히 노력했다. 그는 제국의 해체를 두려워했고, 독일이 러시아 같은 운명을 맞거나 공산주의 통치에 굴복해서는 안 된다고 확신했다. 이러한 이유로 에베르트는 망설이지 않고 인민대표평의회의 공동 의장직을 수락했고, 독립사민당 총재 후고 하제에게 자신과 함께 공동 의장을 맡자고 설득하는 데 최선을 다했다.

인민대표평의회 공동 의장으로서 에베르트는 가장 운명적이고 논쟁적인 결정 가운데 하나를 내렸다. 소위 에베르트-그뢰너 협약으로, 이는 힌덴부르크의 후임으로 육군최고사령부의 수장이 된 빌헬름 그뢰너 장군과 에베르트의 사실상 구두 협약이었다. 이에 따르면 육군최고사령부는 인민대표평의회가 베를린에서 법과 질서를 유지하는 것을 돕기 위해 정부에 충성하는 부대를 파견하도록 되어 있었다. 그 대가로 에베르트는 군대의 자율권을 존중하는 데 동의했는데, 이는 인민대표평의회가 장교단 임명을 통제할 수 없다는 것을 의미했다. 이 협약은 민간 정부보다는 군부에 훨씬 이로운 것이었다. 그뢰너가 보낸 군대를 신뢰할 수 없다는 것이 금세 드러났지만, 협약은 미래 공화국의 주요한 문제가 된 국가 안의 국가로서 군대의 지위에 필요한 장이 되었다.

에베르트는 새 독일이 참된 정치적 민주주의를 이루기를 바랐다. 그래서 그와 인민대표평의회는 좌파 자유주의자인 후고 프로이스를 설득해 새로운 독일 헌법 초안을 작성하도록 했다. 프로이스는 프롤레타리아 독재에 대한 어떠한 계획도 거부하면서 미국, 프랑스, 영국의 입헌적 실제들을 바이마르헌법에 결부하려고 노력했다.

1919년 2월 제헌의회는 에베르트를 공화국의 임시 대통령으로 선출했고, 1922년 그는 그 직위의 정상적 임기에 착수했다. 그의 재임 기간은 만족스럽지 못했다. 좌우 양측의 극단주의 세력들이 빈번히 헌정 체제 전복을 기도한 극단적인 불안정의 시기였다. 에베르트는 헌법 48조의 비상 권력을 반복해서 행사했다. 그 결과 모든 세력으로부터 비난이 쏟아졌다. 공산주의자들은 그들이 추구하던 볼셰비키식 혁명의 길을 에베르트가 가로막았다며 그를 용서하지 않았고, 로자 룩셈부르크와 카를 리프크네히트의 죽음에 그가 책임이 있다고 여겼다. 극우파들은 "등 뒤에서 군대에 칼을 꽂은" 혁명을 주도한 배신자라고 그를 비난했다.

양쪽의 비난은 모두 사실이 아니지만 에베르트는 이러한 혐의들, 특히 극우로부터의 비판에서 자신을 방어할 필요가 있다고 느꼈다. 그는 비판자들이 가한 명예훼손에 맞서 일련의 소송을 제기함으로써 오명을 씻으려고 했다. 이는 대체로 무용했고, 전략적으로도 역효과를 낳았다. 이 소송들은 그의 적들이 공개 법정에서 민주적 좌파나 중도파보다 극우에 훨씬 더 동조적인 판사를 앞에 두고 그의 혐의를 계속해서 반복할 수 있게 해주었다.

에베르트는 그의 영원한 법정 다툼 가운데 하나가 한창 지속되던 1925년 사망했다. 그는 맹장염을 앓고 있었지만, 일부 법정 문서들을 모으느라 수술을 미루고 있었다. 그 결과 그는 맹장 파열을 겪었고, 불과 54세에 사망했다.

5장

빛 좋은 개살구 바이마르공화국
1924~1930년

1924년의 화폐 안정화와 1930년 3월의 마지막 독일 의회의 내각 사퇴 사이의 6년은 바이마르공화국의 '황금기'였다. 많은 당대인들이, 당시를 현재에 대한 새로운 낙관주의의 시기이자 미래를 위한 희망의 시기라고 보았다. 정치에서 반민주주의적 극단주의 세력은 약화되는 듯 보였고, 경제의 몇몇 분야는 진정한 회복의 징후를 보였다. 로카르노조약 Treaty of Locarno을 받아들여 1919년에 그어진 서부 국경들의 정통성을 인정함으로써 독일과 프랑스 사이에도 선린 우호의 시기가 시작되는 듯했다. 국제연맹에 가입하고, 유엔 안전보장이사회에 해당하는 국제연맹 10개국 위원회에 상임 회원국으로 받아들여졌던 것은 적어도 서류상으로는 독일이 국제사회에서 더 이상 배척당하지 않음을 의미했다. 마지막으로 '황금기'는 독일의 문화와 예술 분야에서 놀라운 생산성과 탁월함을 드러냈던 시기와 밀접하게 연관되어 있었다.

안정과 번영의 명백한 회귀가 1918~1919년에 새로운 질서를 가져왔던 사람들 사이에서 만족감을 자아냈던 것은 이해할 만하다. 비록 공화국이 위기에서 위기로 치닫던 지난 5년 동안 수세에 몰려 있기는 했지만, 이제 그들은 자신들의 업적에 대해 순진한 자부심을 갖게 되었다. 1918년 혁명 10년 후에 쓴 책에서 1918년을 설명하는 가운데, 사민당 지도자이자 독일 총리인 헤르만 뮐러^{Hermann Müller}는 그의 독자들이 민주주의의 축복을 당연한 것으로 여기는 것에 대해 우려를 표명했다. 뮐러는 다른 것에 대해 염려를 표했어야 했다. 그의 《1918~1928년, 10년간의 독일사》가 출간된 지 2년 후 독일에서 의회민주주의는 더이상 작동하지 않았다. 의회가 아니라 대통령이 총리를 임명하고 해임했다. 몇 개월 후 나치―민주주의에 대한 불공대천의 원수이나 그때까지는 무수한 정치적 농담의 대상일 뿐이던―는 연방의회에서 2인자가되었다.

불행하게도, 바이마르공화국 황금기에는 다른 측면도 존재했다. 표면적인 화려함의 대부분은 빛 좋은 개살구였다. 정치적으로 극단주의자들의 힘이 약화되기는 했으나 일시적인 소강상태였을 뿐이다. 더욱이 극단주의자들이 의석수를 거의 갖지 못했을 때조차도 온건파들은 앞을 가로막는 문제들에 직면했을 때 의회민주주의를 지탱했을지도 모르는 영속적이고 전국적인 공화주의적 합의를 이루어내지 못했다. 다가오는 경제적 재앙들 역시 황금기에 그림자를 드리우고 있었다. 독일의 경제는 덤으로 주어진 시간을 살고 있었고, 짧은 번영의 시기는 만성적이고 구조적인 어려움과 서서히 진행되는 경기 침체의 흔적들을 감추고 있었다.

국제관계에서 프랑스와 관계 개선을 추구하는 '로카르노 정신'도 그림의 한 면일 뿐이었다. 극우 정당과 준군사 조직들은 독불 협력을 환영하기는커녕 그들이 독일의 '누대의 원수'라고 불렀던 프랑스에 대한 증오를 지속적으로 조장했다. 독일 국가방위군은 그들대로 소비에트 적군과의 비밀 협력을 강화함으로써 베르사유조약의 재무장 금지 조항들을 피해가기 위해 지속적으로 노력하고 있었다. 바이마르 문화 또한 소외의 문화였다. 독일의 지식인과 예술가들은 다양한 매체에서 탁월한 모습을 보였지만, 그들의 재능을 공화국과 그 가치를 지탱하는 데 활용하는 경우는 거의 없었다.

본질적으로 황금기는 더 나쁜 새 위기들이 닥치기 직전의 짧은 휴지기였다. 우리가 보게 되듯 낙관주의 시기는 대공황과 이 예상치 못한 재앙이 낳은 경제적, 정치적, 사회적 결과들을 제대로 다루지 못한 독일의 무능으로 갑작스레 중단되었다.

이루기 어려운 합의

바이마르 중반기의 정치는 표면적으로 수많은 모순적 흐름들로 특징지어졌다. 정치 스펙트럼의 중심이 전국 단위 선거에서는 우파로 기울었으나, 주요 연방주의 입법부와 행정부는 유권자들이 좌파적인 성향을 더 선호하는 것처럼 보였다. 또한 극우가 의회에서 가지는 영향력은 사실상 무의미할 정도로 감소했지만 준군사적이고 의회 외부에서 활동하는 우익 집단은 지속적으로 번성했다.

1920년 6월 이후 처음으로 연방의회 선거가 1924년 5월 열렸다. 예상대로 선거 결과는 독일의 경제적 곤궁에서 비롯된 시민들의 정치적 반발을 반영했다. 온건 중도파인 사민당, 독일민주당, 중앙당, 독일국민당 등은 큰 실패를 겪었던 반면 극단주의자들은 승리했다. 공산당은 370만 표를 얻었고, 나치는 정부를 전복하려는 시도로 인해 그들의 지도자가 유죄판결을 받았음에도 거의 200만 표를 얻어 32명의 대표를 연방의회에 보냈다.

그러나 새로운 화폐를 성공적으로 도입함으로써, 극단주의자들이 선거에서 얻은 세는 급속히 약화되었다. 5월에 선출된 의회가 안정적인 정부를 구성할 수 없었던 탓에 유권자들은 12월에 다시 선거를 치렀다. 이번에 유권자들은 연방의회와 프로이센 의회를 동시에 선출했다. 새로운 결과는 의회민주주의 지지자들에게 훨씬 더 만족스러운 것이었다. 나치와 공산주의자들은 각각 100만 표를 잃었다.

1925년 봄 새로운 대통령이 선출되어야 했다. 1925년 2월 말 공화국의 최초 지도자였던 프리드리히 에베르트가 사망했기 때문이다. 바이마르공화국의 헌법에 따라, 1차 투표에서 당선되려면 유권자 중 과반수를 확보해야 했다. 그러나 분열된 정치적 상황을 고려할 때, 이러한 결과가 나타나는 것은 매우 가능성이 낮은 일이었고, 이러한 이유로 헌법은 결선투표를 허용하고 있었다. 결선투표 시에는 최다 득표로도 대통령이 선출될 수 있었다. 게다가 선택의 자유를 가능한 한 폭넓게 보장하려는 잘못된 시도에서 헌법 입안자들은 결선투표에 참여하는 후보자들을 1차 투표에 참여한 사람으로 한정하지도 않았다. 정당은 얼마든지 결선투표에서 새로운 후보를 내세울 수 있었다.

3월에 열린 1차 투표에서 어떤 후보도 과반을 획득하지 못했다는 것은 놀라운 일이 아니다. 결선투표에서 사민당, 독일민주당, 중앙당은 중앙당의 의장인 빌헬름 마르크스Wilhelm Marx를 공동의 대통령 후보로 추천했다. 1차 투표에서 공산주의자들은 그들의 당대표인 에른스트 텔만Ernst Thälmann을 후보자로 내세웠고, 나치당의 후보는 에리히 루덴도르프였다. 결선투표에서 공산당은 친공화국적인 후보의 지지를 거부했다. 텔만은 결선투표 경쟁에 남았고, 그렇게 함으로써 의심할 여지 없이 빌헬름 마르크스의 패배를 도왔다. 루덴도르프는 1차 투표에서 형편없는 결과를 보여준 후(그는 2,700만 표 중 20만 표를 획득했다), 결선투표에 나서지 않았다. 독일국민당과 독일민족국민당은 결선투표에서 그들의 활기 없는 후보(뒤스부르크 시장이던 카를 야레스^{Karl Jarres})를 다시금 지명할 것으로 예상되었지만, 마지막 순간 야레스 대신 1차대전의 영웅 파울 폰 힌덴부르크로 선회했다. 보수적인 융커이자 스스로도 인정한 군주주의자인 76세의 퇴역 육군 원수는 선거운동을 전혀 하지 않았음에도 선거에서 근소한 차이로 승리했다.

육군 원수의 당선과 더불어 반혁명 세력들이 1920년 3월에 폭력으로 달성하려다 실패했던 것, 즉 시계를 1914년으로 돌이키는 일을 평화적으로 달성했다는 우려가 일부 있었다. 그를 대통령으로 천거했던 사람들 중 다수는, 일단 선출되면 힌덴부르크가 당연히 군사 쿠데타와 군주제로의 회귀, 혹은 그 모두를 위한 길을 닦을 것이라고 생각했다. 그러나 힌덴부르크는 공화주의 헌법에 진심으로 맹세했고, 1930년 헌정 위기 때까지 헌법에 부합하는 방식으로 그의 직무를 수행했다. 더욱이, 독일민족국민당의 전국 지도자들도 얼마간 공화국과 타협했다. 향후 몇 년간, 보수주의 지도자들은 다수의 중도우파 연립정권에서 장관직을 맡았다.

정치 스펙트럼상으로 중도파들 사이의 안정성은 극단주의자들의 분열 및 다툼과 대조를 이루었다. 다른 유럽 공산주의 정당들과 마찬가지로 독일공산당 역시 1924년 레닌 사망에 뒤이은 러시아 볼셰비키 지도자들끼리의 권력 다툼에 심대하게 영향을 받았다. 극좌파, 중도파, 우파 분파들은 코민테른과 궁극적으로는 스탈린^{Joseph Stalin}의 지령에 따라 아찔한 속도로 서로를 숙청했다. 당원들의 이탈이 가속화됐다. 외관상의 안정성은 독일공산당의 스탈린화가 완성된 1920년대 말까지 회복되지 못했다. 그러는 동안 독일공산당은 공화국의 안정성에 어떤 심각한 위협도 되지 못했다.

나치와 다른 원민족적 그룹들 역시 조직적 어려움을 경험하고 있었다. 히틀러가 투옥된 이래 대부분의 나치당 구성원들은 정치를 떠났던 반면, 남은 활동가들은 많은 앙숙 종파들로 해체되거나 다른 원민족적 그룹들에 가담했다. 히틀러 자신은 감옥 안에서 이런 양상들을 통제하고자 잠시 노력했지만, 곧 무용함을 깨닫고 자서전인 《나의 투쟁Mein Kampf》의 첫 권을 저술하는 데 집중했다.

이 나치 지도자는 1925년 2월 가석방으로 풀려나자 즉시 해체된 당을 재건하는 작업에 착수했다. 히틀러는 근본적으로 새로운 정당을 창당해야 했다. 1925년 이후 몇 년 동안 그의 1차적 목표는 당의 크기가 아니라 당에 대한 독점이었다. 나치당은 소규모이며, 심지어 크게 중요하지 않은 집단이었지만, 히틀러의 정당임에 분명했다. 나치당이 점차 지명도를 쌓아가면서 '히틀러 운동'은 다른 원민족적 그룹들과 공식적 연대 관계를 맺지 않았고, 히틀러는 당원이나 돌격대(당의 준군사적 조직)가 다른 정치적 혹은 준군사적 그룹의 회원 자격을 동시에 갖는 것을 허용하지 않았다(중복 가입은 원민족주의적 분파들 사이에서는 흔한 일이었다). 히틀러는 루덴도르프의 정치적 자멸로도 이익을 얻었다. 1925년 대통령 선거에서 무기력한 행보를 보인 이후 이 장군은 정치적 망각 속으로 사라졌다.

히틀러가 정치적 영역을 성공적으로 지켜냈고 나치당이 많은 라이벌 원민족주의 그룹을 흡수했음에도, 황금기 동안 나치당은 정치적 비주류 그룹으로 남았다. 1925년 이후 나치당은 독일 북부 도시 지역에 조직 활동을 집중했지만, 1928년 5월 연방의회 선거에서는 특히 이 지역에서 취약했다.

하인리히 힘러. 1925년 히틀러는 그를 여전히 매우 작은 조직이던 바이에른 지역 친위대의 수장
으로 임명했다(출처: National Archives and Records Administration).

공화국 지지자들은 일부 주요 연방주에서의 상황 전개에도 고무되었다. 바이마르 연정에 참여한 정당들—사민당, 독일민주당, 중앙당—은 프로이센 의회에서 안정적인 과반을 확보했다. 실제로 1928년 독일의 가장 큰 연방주인 프로이센에서 60퍼센트 이상의 유권자들이 온건파 그룹들 중 하나에 투표했다. 그 결과 프로이센은 전국 정치를 특징짓던 빈번한 연정 위기에서 면제되었다. 프로이센의 사민당 지도자 오토 브라운Otto Braun은 1920~1932년 12년 동안 프로이센 총리로 일했다.

독일에서 두 번째로 큰 주인 바이에른에서도 민주주의가 회복되었다. 히틀러의 맥주홀 폭동에 직접 가담한 것은 아니라 하더라도 준비 과정에 깊이 연루되었던 카르 정권은 쿠데타가 실패한 후 권좌에서 물러났다. 이 연방주는 확고한 가톨릭이자 보수주의지만 의회민주주의를 지향하는 바이에른국민당Bayerische Volkspartei, BVP의 정치적 봉토가 되었다. 이 당은 공화국의 남은 기간 동안 바이에른 지방을 통치했다.

중도우파 내각은 중앙 행정부에서 일반적이었다. 좌로는 독일민주당에서 우로는 중앙당과 때로 독일민족국민당에 이르는 단기 연합이 연방 내각 대부분의 구성원을 제공했다. 하지만 총리는 언제나 가톨릭중앙당 출신의 빌헬름 마르크스였다. 그는 중앙당 당수로서 4년 내내 4번에 걸쳐 독일 정부를 이끌었다.

1928년 5월 전국 선거는 이 나라가 정치적 안정을 회복했음을 보여주는 또 다른 증거로 간주되었다. 최다 득표는 독일 민주주의의 확고한 축이던 사민당이었다. 사민당은 총투표 중 30퍼센트 가까이 획득했다. 바이마르 연정의 정당들은 거의 과반인 47퍼센트를 획득했고, 독일국민당이 더해진다면 온건파 의원들은 총투표에서 넉넉히 56퍼센트를 획득한 셈이었다. 가장 큰 패자는 우파 반민주주의 세력이었다. 나치는 근본적으로 소외되었다. 새로운 독일 의회는 1923년 이후 처음으로 대

바이에른국민당 캠페인 포스터. "바이에른국민당, 재건의 다리"라고 씌어 있다. 다리 밑에서는 사나운 강줄기가 힘없는 나치들을 쓸어버리고 있는 반면 다리 위에서는 바이에른 사람들을 상징하는 이미지들이 자신감 있게 성큼성큼 걷고 있다(출처: akg-images/interfoto/Pulfer).

연정 내각을 선출했다. 사민당, 독일민주당, 독일국민당, 중앙당의 각료가 사민당 총리인 헤르만 뮐러 주도하에 정부를 구성했다.

불행하게도 지속적인 안정의 징후는 오해의 소지가 있었다. 1928년 선거 결과는 참된 공화국적 합의가 도달하기 어려운 목표라는 사실도 보여주었다. 먼저, 바이마르 연정 파트너들의 힘은 매우 불균등했다. 사민당이 초기 인기의 상당 부분을 다시 얻었지만, 두 개의 자유주의 정당은 지속적인 하락세를 보였다. 특히 독일민주당이 치명적인 손실을 입었다. 총투표에서 차지하는 몫이 5퍼센트 미만으로 감소했다.

마찬가지로 독일민족국민당의 내부 갈등도 불길한 징조였다. 당의 많은 지역 지도자와 대부분의 기층 당원들이 중도로 선회하려는 중앙당 차원의 결정을 거부했다. 1928년 말 쿠노 폰 베슈타르프Kuno von Westarp 백작이 주도한 중앙당 차원의 온건파 지도자들은 산업가이자 영화와 신문 제국 소유주인 알프레트 후겐베르크Alfred Hugenberg가 주도한 당내 책략에 의해 물러났다. 새로운 지도자는 의회민주주의에 광적으로 반대하는 인물이었다. 그는 온건파 부르주아 집단들과의 협력을 통해서가 아니라 극우 세력과의 협력에 권력으로 가는 길이 놓여 있다고 보았다.

공화국은 1929년 8월 독일국민당(우파 자유주의자들)의 지도자 구스타프 슈트레제만의 급작스러운 사망으로 취약해지기도 했다. 그의 후임자인 에두아르트 딩겔다이Eduard Dingeldey는 슈트레제만의 길을 지속하려는 카리스마도, 의지도 없었다. 대신 독일국민당은 급격하게 우경화하여, 정치적 스펙트럼에서 힌덴부르크 치하에서 독일민족국민당이 떠난 자리를 차지하고자 노력했다.

무엇보다도, 공화주의 지지 그룹들 사이에서 주요한 이슈들에 대한 합의의 토대가 미약한 상황이었다고 해도 과장은 아니었다. 예컨대, 1928년 방위 예산 책정을 둘러싼 정치적 소동이 일어났을 때 논쟁은 특히 해군이 요구했던 소위 소형 전함Pocket battleship을 건설하는 것이 타당하냐에 집중되었다. 비록 그 군사적 유용성이 정치 전문가와 군사 전문가들 사이에서 격렬한 논쟁의 주제이기는 했지만, 순양전함Battle cruiser은 베르사유조약의 조건들에 부합한 것이었다. 사민당 출신 연방 정부 각료들과 프로이센 정부는 예산 책정에 반대했지만, 연방정부 내각의 다수를 차지하던 부르주아 장관들은 해군 예산 책정을 고집했다. 예산안이 공표되자 군부에 대한 전통적인 시민적 불만이 당의 지도부에 맞선 사민당 기층 당원들의 폭동 형태로 분출되었다. 당원들의 불만은 총리인 뮐러를 포함한 사민당 각료들을 몹시 난처한 입장으로 몰아넣었다. 연방 내각의 일원으로서 그들이 지지했던 예산안을 부결시킬 것을 그들의 당이 요구했던 것이다.

독일의 정치적 문제에서 불안을 조성하는 또 다른 징후는 공화국의 황금기에조차 여전히 존재하던 무수한 준군사 조직이었다. 이들은 모든 정치적 분파를 대변하고 있었지만, 대부분은 극우를 지지했다. 참전 용사 협회의 모습으로 행진하는 가운데(실제로 참전 용사이건 아니건 매주 일요일 오후 공화국에 맞선 시위에 참여하기를 원하는 사람은 누구나 참여할 수 있었다), 우파 준군사 조직의 구성원과 지도자들은 민주주의를 경멸했고, 독일은 패전의 정치적 결과를 받아들여서도 안 되고 받아들일 필요도 없다고 확신했다. 대신 그들은 권위주의의 복귀 혹은 '민족주의 혁명'의 승리를 희구했다. 표면적으로 가장 크고 영향력 있는 참전 용사 단체는 '철모단전선병사동맹Stahlhelm-Bund der Frontsoldaten'이었다. 한때 철모단의 구성원은 500만 명 이상이었다. 그것은 완전히 '존중할 만한' 조직이었다. 대통령이 철모단의 명예 전국 의장이었다. 동시에 이 그룹의 정치적 성향은 독일민족국민당의 후겐베르크 분파와 일치했고, 후겐베르크와 마찬가지로, 후일 나치 세력이 되었다.

노령화된 참전 용사들로부터 지지를 받지 못한 것은 전쟁의 잔여효과로 설명될 수 있지만, 공화국이 독일의 많은 고등학생과 대학생으로부터 지지를 얻는 데 실패했던 것을 설명하지는 못한다. 바이마르공화국은 학생들 사이에 자리한 우파 극단주의라는 만성적인 문제로 시달렸다. 많은 학생들이 준군사 조직에서 활동했고, 1927년 초 독일총학생협회German National Student Organization는, 오스트리아의 유사 조직 예를 따라, 유대인들을 구성원에서 배제하는 내규를 결의했다. 프로이센 교육부 장관의 개입으로 이 표결이 실제적인 효과를 갖지는 못했지만, 결의 자체는 학생들 사이에서 원민족주의적인 아이디어가 누린 인기를 드러내 보였다. 나치가 총선에서 큰 승리를 거두기 오래전에, 히틀러의 지지자들은 이미 많은 대학에서 학생위원회를 장악했다.

의회민주주의의 성공은 1923년 경제적 파국으로 단일 이슈 정당들이 증가하면서도 방해받았다. 일부 독일 의회 선거에서 유권자들은 26개에 달하는 정당 중에서 지지 정당을 선택해야 했다. 확실히, 이 가운데 극소수만이 독일 의회에 대표자를 보내는 데 필요한 정족수인 6만 명을 확보할 수 있었지만, 단일 이슈 정당들은 1928년과 1930년 독일 의회 선거에서 10퍼센트 이상을 획득했다. 이들 정당 대부분은 특정 이해집단의 경제적 구제를 요청했다. 가장 크고 정치적으로도 가장 성공적이었던 경제당Wirtschaftspartei이 그 전형인데, 이 당은 스스로 '독일 중간계급의 제국당'이라고 칭했다. 사실 이 당은 부동산 중개업을 위한 로비 그룹에 불과했다. 경제당은 월세 통제 철폐, 공공 주택 건설을 위한 보조금 철폐, 보다 낮은 부동산 보유세를 주장했다. 민주주의 정당들이 이 모든 사회복지적 조치들을 지지했기 때문에, 경제당 지도자들은 공화국 말기까지 의회민주주의에 반대했다. 당의 정치적 성공은

(1930년 경제당은 총투표의 4.5퍼센트에 달하는 140만 표의 지지를 얻었다) 주로 도시 중간계급의 전통적인 정치적 대변인이던 좌파 자유주의자들을 희생시키면서 나타났다.

농민들도 점차 단일 이슈 정당들을 지지하면서 전통적인 정치 정당에 대한 지지를 철회했다. 농업 위기가 대공황의 도래를 예견했을 때, 많은 농민 정당이 정치 무대에 출현했고, 모두 농업에 관세와 저리 신용이 필요하다고 주장했다. 이들 모두의 결합된 힘은 거대 정당, 특히 이미 궤멸된 자유주의자들의 힘을 약화시켰다. 독일민족국민당은 동부 독일의 지주동맹이 보수주의자들과 긴밀한 유대를 계속해서 유지했던 덕에 덜 심각한 영향을 받았다.

당시, 공화국 황금기의 정치적 상황 전개에 대한 대차대조표는 분명 혼합된 그림을 보여주었다. 이데올로기적인 차이들이 대개의 경우 정치적 수단들과 더불어 드러났다는 것은 사실이다. 공화국은 군부 쿠데타 혹은 혁명적 폭동으로부터 안전했다. 게다가 정치적 스펙트럼 중앙에 위치한 중도파 그룹들이 경제가 회복되고 소위 정상의 시대가 복귀함에 따라 힘을 얻고 있다는 조짐이 보였다. 그러나 민주주의 체제에 대한 충성심은 독일 사회 대부분에서 굳건히 뿌리내리고 있지 못했고, 공화국을 지지하는 그룹들도 근본적인 정책 문제에 대해서는 분열되어 있었다. 공화국 체제를 아직 불신하는 사람들을 통합하기 위해, 독일의 민주주의는 시간과 지속적인 번영을 필요로 했다. 하지만 이후 드러난 바와 같이 불행하게도 독일의 민주주의는 그것이 더 나은 시스템임을 입증하기에 충분한 시간을 확보하지 못했다.

경제적, 사회적 양상

루르 위기는 바이마르 시대의 경제적 분수령을 의미했다. 경제 회복은 독일 통화의 안정성에 대한 신뢰가 되돌아오기까지는 불가능했다. 1923년 가을 렌텐마르크의 발행은 이 목표를 향한 최초의 주요한 걸음이었지만, 그 장기적인 안정성은 복잡한 정치적, 경제적 이슈들에 대한 합의에 달려 있었다. 이는 국제 신용 시스템의 재건과 베르사유조약의 영토적, 재정적 조항들을 독일이 인정하느냐를 포함하고 있었다.

렌텐마르크는 어떤 실제적인 귀금속 보유량의 뒷받침이 없었기 때문에―실제로 독일은 금과 은 보유고가 거의 없었다―안정적인 독일 통화 체제의 실질적인 기반은 미국 달러와 같은 경화 보유량이어야 했다. 이는 독일에 있는 민간투자자들, 그보다 중요하게는 미국이 가입한 대출 패키지 형태로만 가능했다. 그러나 대규모의 만성적 적자가 정부의 모든 차원에서 일반적이었고, 독일이 베르사유조약이 부과한 재정적 의무들을 피하려고 계속해서 노력하는 한 독일은 불충분한 신용이라는 위험 상태로 남아 있을 수밖에 없었다.

이처럼 복잡한 문제들에 대한 돌파구는 1924년 렌텐마르크가 퇴장하고 동시에 새로운 영구적 국가화폐로서 라이히스마르크Reichsmark가 도입되어 독일과 적국들의 새로운 배상 협약이 체결되면서 나타났다. 그들의 의도가 진지함을 입증하기 위해, 독일의 모든 정부 기관들은 1924년 회계연도에 과감한 예산 삭감을 단행했다. 전쟁 이후 처음으로 독일의 지방, 주 그리고 연방 정부는 각 의회에 균형예산안을 제시했다. 동시에 라이히스방크는 새로운 총재인 햘마르 샤흐트Hjalmar Schacht의 지휘 아래 신용거래를 매우 제한하고 이자율을 높게 유지했다(1920년대 남은 기간 내내 독일의 이자율은 다른 주요 산업 국가들의 이자율보다 항상 높았다).

이러한 움직임은 즉각적인 사회적, 재정적 결과들을 야기했다. 균형 예산을 위한 시도들은 대개 주와 연방 정부 공무원들을 희생한 대가로 이루어졌다. 사회보장연금 같은 복지 후생 프로그램들은 전통적으로 자기 부담의 보험제도이지 연간 예산의 일부가 아니었기 때문에, 주정부와 연방정부 예산에서 단일 항목으로는 인건비가 가장 컸다(자기 부담 보험제도는 보험료로부터의 수입과 참여하는 수혜자들에게 지불되는 혜택 간의 균형을 획득하기 위한 보험통계법을 활용했다). 가장 타격을 입었던 것은 블루칼라와 화이트칼라, 연공서열이 낮은 공립학교 교사들(독일에서 교사는 국가공무원이었다)이었다. 독일에서 가장 큰 연방주인 프로이센은 1923년 말부터 1925년 사이에 1만 4,500명의 교사를 해임했는데, 이는 대졸 청년들 사이에서 이미 심각한 실업 문제를 더 심각하게 만드는 조치였다. 고용 보장 원칙은 다른 공무원들의 직업 안정성을 지켰지만, 고위 관료조차 상당한 임금 삭감을 받아들여야 했다. 고금리와 독일의 긴축재정 프로그램은 독일을 외국인 투자가들에게 매력적인 나라로 만들었다. 1924년부터 1930년 사이 외국 채권자들은 독일 경제에 2,005억 라이히스마르크(49억 달러)를 투자했다.

독일의 국내 재정 상태를 안정시키는 것은 경제 회복을 위한 선행조건 중 하나였지만, 배상 문제에 대한 합의로 보완되지 않는다면, 이 역시 공허한 몸짓으로 남을 일이었다. 1924년 여름, 시카고제일은행First Bank of Chicago 총재 찰스 도스Charles Dawes가 주도하던 연합국의 재정전문가위원회가 독일에 새로운 제안서를 내놓았다. 도스안案은 실제적인 보상 총액을 바꾸지는 않았지만(여전히 1,320억 금마르크였다), 여러 중요한 방식으로 독일의 재정 상태에 숨통을 틔워주었다. 먼저, 연합국은 미국 은행 컨소시엄을 통해 독일에 2억 달러에 달하는 초기 대출을 해주어 독일이 몹시 필요로 하던 경화 보유고를 확보할 수 있도록 했다. 도스안과 다른 조치들은 스티븐 셔커Stephen Schuker 같은 역사학자들로 하여금 베르사유 이후 연합국이 독일을 다룬 방식을 몹시 비판하도록 했고, 결국 미국인들이 독일인들에게 배상금을 지불했다고 불평하게 만들었다(이 대출은 독일국영철도 시스템을 담보로 삼았다). 독일의 연간 배상액은 25억 라이히스마르크 정도의 적절한 금액으로 고정되었다. 보다 중요한 것은, 도스안에 따라 채권자들이 '생산적 보장', 즉 채무 불이행에 대한 징벌로 독일을 장악하는 정책을 포기했다는 점이다. 대신 도스안은 지불 이행이 새로운 라이히스마르크의 안정성을 위태롭게 하지 않기 위한 조항들을 포함했다. 배상 문제 대리인이던 미국 은행가 파커 길버트Parker Gilbert는 지불이 이행되는지를 감독하고 독일의 경제와 재정 정책에 대해 연합국에 보고할 수 있도록 베를린에 사무실을 열었다.

도스안이 종전 초기에 주기적인 마찰을 야기한 정책들에 대한 결정적인 개선을 의미했지만, 많은 정치적 우파들은 이 새로운 계획이 독일의 재정적, 경제적 주권에 대한 지속적인 족쇄라며 거부했다. 그러나 심지어 우파조차도 실제적인 이익을 모르지는 않았다. 1924년 8월, 독일민족국민당의 연방의회 의원 중 정확히 절반이 정부 측에 표를 던졌고, 이로써 도스안을 비준하는 데 필요한 표가 확보되었다.

공화주의 당국자들은 안정적인 통화를 만들기 위해 즉각 움직였지만, 중요한 것은, 파괴적인 인플레이션의 결과로 인한 문제를 풀어낼 수 없었다는 점이다. 이제는 가치 없는 마르크 체계에서 통용되었던 장기적인 상법상의 채무, 저축, 채권 등을 '재평가'하기 위한 어떤 공정한 방식이 발견되어야만 했다. 이 이슈가 주요한 정치적 쟁점이 된 것은 놀라운 일이 아니다. 연금 생활자, 채권자, 저축 소유자들은 그들의 자산이 보호되기를 희망했던 반면, 채무자들은 '1마르크는 1마르크'라고 주장했다. 어쨌든 통화 붕괴로 인한 값싼 채무^{obligations} 탕감은 그들의 잘못이 아니었다. 마침내 독일 대법원과 의회는 어느 쪽도 만족시키기 어려운 결론에 도달했다. 부동산은 그 가치를 다 인정받은 반면, 유동자산은 원래 가치의 15퍼센트 정도에서 '재평가'되었다. 이 결정은 부동산 소유주에게 상대적으로 이익을 안겨주었기 때문에 공공 주택을 건설하기 위해 배정된 목적세는 주택 소유주에게 부과되었다. 하지만 이를 재산에 대한 부당한 부담으로 간주하고 분노한 부동산 소유주들은 앞서 언급한, 반공화국적 정당인 경제당을 창당하는 데 결정적인 역할을 한다.

안정적인 통화와 좋은 신용 등급은 불균등하지만 지속적인 경제성장을 낳았다. 해외투자 흐름에 힘입어 1928년 산업 생산은 그 지수가 114까지 올라섰는가 하면(1913년 이 수치는 100 정도였다), 법인 이윤은 1924~1925년 자기자본의 5.1퍼센트에서 1928~1929년 7.2퍼센트로 인상되었다. 그러나 여기에도 어두운 측면이 있었다. 국내 투자 활동은 결코 1913년의 수준을 회복하지 못했고, 수출 역시 마찬가지였다. 1910~1913년 수출은 독일 국내총생산^{GDP}의 17.5퍼센트였지만, 1925~1929년에는 14.9퍼센트일 뿐이었다.

호황은 또한 경제 영역에서 여러 중요한 구조적 변화들을 만들어내고 또 감추었다. 산업 부문에서 가장 주목할 만한 발전은 '합리화', 즉 노동비용을 절감하기 위해 제조업 과정을 재조정하는 경향을 가속화했다. 특히 노동집약적, 수출 중심적 산업 분야에서 기계는 점차 인간의 노동력을 대신했다. 그 결과 생산성이 25퍼센트 신장되고, 일부 산업 분야에서는 실질임금이 인상되었지만, 전체적으로는 맥이 풀릴 정도로 높은 실업이 발생했다. 1924~1929년 실업은 6.8퍼센트 이하로 떨어진 적이 없었다. 문제는 철, 강철, 직조, 석탄 등 오래된 산업 분야에서 특히 심각했다. 고용주들이 임금을 삭감하고, 노동시간을 늘리고, 숙련 공을 (대개 여성인) 미숙련 노동자로 대체하려 하면서 노사 관계는 만성 적으로 험악했다. 1928년 노동력의 80퍼센트에 영향을 미친 강철 산업 에서의 직장 폐쇄는 루르 공업 지대에 엄청난 비통함을 유발했다.

다수의 실직자는 독일의 경제적, 사회적 생활 구조에서 나타나는 심 대한 변화의 한 징후일 뿐이었다(이는 다른 산업 국가들을 괴롭히는 문제 이기도 했다). 정부의 역할은 심대하게 변모했다. 점차 정부 중재자들 이 노동문제를 해결하는 것이 일반적인 일이 되어갔다. 동시에 실업자 들을 보호하고자 고안된 보험제도들과 법적 안정장치들의 네트워크인 독일의 사회정책은 상당한 정도로 더 촘촘하게 짜여졌다. 가장 중요하 게 추가된 것은 1927년 도입된 강제적 실업보험이었다. 결국, 모든 차 원에서 사회복지 서비스를 위한 정부의 연간 지출은 1910~1913년 18 억 마르크에서 1925~1929년 26억 마르크로 증가했다. 참전 용사 연 금과 상해 보상금은 엄청난 금액을 필요로 했다. 1927년 연방정부는 1923~1924년 법제화되었던 공무원 임금 삭감 몫의 상당 부분을 되돌 려주기 위해 엄청난 잉여 자금을 사용했다. 1925~1930년에 대체로 인 플레이션과 관련된 부동산 세금 수입으로부터 재정적 뒷받침을 받은 공공 주택을 위한 지출은 방위 예산의 두 배로 뛰었다. 그러나 채권 발 행이 쉬웠기 때문에, 다수의 시정부와 주정부들은 다양한 방식으로 지 역의 인프라를 개선하고자 채권을 발행하려는 유혹을 느꼈다.

경제 호전에도 불구하고, 경기회복은 엄청난 규모의 구조적 고통을 남겼다. 농업은 만성적인 분쟁 지점이었다. 농가 대출은 1923년 30억 라이히스마르크에서 7년 후 120억 라이히스마르크로 껑충 뛰었던 반 면, 농산물 가격은 1926년 전후 최고점에 달한 후, 1927년 초부터 지속적으로 하락했다. 전문가들이 파종 자제를 권유했음에도, 대개의 경우 농민들은 소출을 늘리려고 했다. 그들은 더 효율적이고자 값비싼 농기구를 장만했는데, 증가된 생산은 가격을 하락시켰던 반면 그들의 채무는 더욱 심화되었기 때문에 역효과를 낸 것으로 판명되었다.

중간계급─소상인, 소매업자, 독립적인 전문가들─역시 지속적인 어려움을 호소하고 있었다. 이 이익집단의 대변인들은 '중간계급의 위기'를 생생한 언어로 묘사했다. 그들의 저축이 인플레이션으로 사라져 버렸을 뿐만 아니라 경제 회복도 그들을 지나쳐갈 뿐이었다. 중간계급 일부가 바이마르 시기 동안 소득재분배 과정에서 상대적인 박탈감을 경험했다는 것은 의심의 여지가 없는 일이다. 소규모 비즈니스는 대규모 수출 지향의 산업 분야보다 대출받기가 훨씬 어려웠고, 다수의 소매업자들은 체인점, 백화점과 경쟁이 격화됨에 따라 손해를 보았다. 전쟁 직전과 비교할 때 국민총생산^{GNP}에서 중간계급이 차지하는 몫은 감소한 반면, 노동계와 대기업의 몫은 증가했다. 전통적인 중간계급 피고용인(소매업 사무원, 비서 등)들의 실질소득은 감소한 반면, 블루칼라의 임금은 증가했다.

그러나 이와 동시에, 중간계급의 고통이 과장되어서도 안 될 것이다. 많은 소규모 상인과 독립 수공업자들에게 인플레이션의 결과는 부동산을 소유한 사실로 인해 완화되었다. 1920년대 하반기 동안, 신규 비즈니스가 급격히 증가했다. 마찬가지로 중요한 것은, 기술적으로 숙련된 화이트칼라 같은 신중간계급의 구성원들이 몇몇 산업 분야에서 합리화의 조치로 이익을 얻었다는 점이다. 모든 것을 감안할 때, 대부분의 중간계급 구성원들은 많은 블루칼라와 공무원들보다 잘살았다. 객관적으로 보면, 당시 중간계급의 불만은 정당화되기 힘들다. 실제로 이 그룹의 구성원들이 애석해했던 것은 빌헬름 제국 시기에 자신들에게 부여됐던 사회적 신분과 상대적 위상의 상실이었다.

1920년대 말 독일 경제는 만성적인 문제들에도 불구하고, 낙관할 이유가 많았다. 배상금 문제조차 주요한 난관이 되지 않는 것처럼 보였다. 연간 배상금 지불은 연방 예산의 10퍼센트에 달했는데, 이는 특히 돈의 대부분이 외국 투자금에서 왔기 때문에, 과도한 금액이라고 보기 어려웠다. 지속적인 번영에 대한 기대로 1929년 6월 독일과 그 채권자들은 새로운 배상 계획에 합의했다. 영 플랜The Young Plan(독일과 연합국의 회담을 주관한 미국 은행가의 이름을 딴 것이다)은 경제적 희망과 환상을 보여주는 기념비적인 것이었다. 합의문 잉크가 마르기 전에 뉴욕 주식시장의 붕괴가 대공황을 불러왔고, 이와 더불어 완전히 다른 일련의 문제도 나타났다. 그러나 영 플랜은 향후 발생했을지도 모르는 것을 보여주었다. 새로운 합의에 따라 16억에서 24억 라이히스마르크(3억 8,100만~5억 7,100만 달러)에 달하는 59회에 걸친 연간 보상 계획이 만들어졌다. 또한 독일 경제에 대한 국제적 통제가 제거되었고, 연합국은 마지막 프랑스, 벨기에 부대가 1930년에 독일 땅을 떠나는 데 동의했다.

영 플랜이 불황을 야기했던 것은 아니지만, 경제적 하락의 효과가 독일에서 느껴졌을 때, 이 안은 엄청난 정치적 공격의 대상이 되었다. 반공화주의 세력은 이 안의 장기적인 지불 계획에 대해 집중적으로 원한을 품었다. 수백만 명의 독일인이 곤경을 겪었음에도 공화주의 지도부가 극소수의 독일인만이 개전과 종전에 책임이 있다고 느끼는 전쟁에 대한 배상을 향후 60년간 지불할 의무를 스스로 부여했다는 것이다. 그러한 공격은 독일이 1924~1930년에 배상으로 100억 라이히스마르크가 조금 넘는 금액만 지불했을 뿐이라는 사실을 무시했다.

대공황의 저점으로부터 돌아보면, 대부분의 독일인이 황금기에조차 그다지 긍정적일 수 없었지만, 우리는 1920년대 후반기 독일의 경제와 사회적 생활에서 전체적으로 중요하고도 낙관적인 변화들이 일어났음을 기억해야 한다. 지속적인 구조적 문제—농업, 청년 대졸자, 암울한 지역들—가 있었지만, 이 시기는 국내총생산이 급속히 신장되고, 독일 산업 대부분이 근대화되었으며, '사회안전망'이 전보다 촘촘히 짜였던 시기이기도 했다.

바이마르 문화

바이마르 황금기의 광휘는 폭넓게 정의된 문화 분야에서 특히 눈부셨다. 비록 경기회복과 정치적인 안정은 단명했지만, 바이마르 문화의 찬연함은 지속되었다. 건축에서 영화, 소설, 인테리어 디자인에 이르기까지 바이마르 시기는 지속적으로 우리 시대에까지 영향을 미치고 있다.

이 시기의 예술적 찬연함은 우연한 상황의 결과만은 아니었다. 정신적이고 문화적인 재생이 독일적 위대함으로의 복귀를 위한 수단을 제공하리라는 확신 속에서, 공화국의 정치 지도자들은 의식적으로 이 나라의 문화적 르네상스에 비옥한 환경을 제시하려고 노력했다. 교육과 예술을 위한 공공 지출은 그 대표적인 사례였다. 대공황이 예산 삭감을 강요하기 전, 전 정부 차원에서 교육과 예술을 위한 예산 지출은 빌헬름 제국 시기보다 훨씬 많았다.

물론 돈 자체가 문화를 창조하지는 않는다. 예술과 문학은 예술가들과 다른 창의적인 재능들에 의해 생산된다. 중요한 예외를 제외하고, 비스마르크와 빌헬름 제국 시기의 독일은 어느 쪽이든 두드러지지 않았다. 그렇다면 왜 바이마르 시기에 문화적 폭발이 일어났을까? 그처럼 짧은 기간에 그토록 예외적으로 많은 뛰어난 재능들이 생산적일 수 있었을까? 부분적으로 바이마르의 불빛은 그 후의 문화적 암흑기와 대조되는 것으로부터 두드러진다. 바이마르 문화는 나치의 권력 장악과 더불어 급작스럽게 끝났다. 1933년 이후 많은 바이마르 예술가들은 망명 상태에서 경력이 파괴되거나 적어도 중단된 가운데, 나치 이전 시기가 예술가들의 전성기적 특징을 지녔다고 회고했다.

그 같은 기억에는 주관적 판단이 상당 부분 포함되었다. 그럼에도 바이마르 문화에는 잘못된 기억 이상의 것들이 있다. 독일에서 예술적 노력들이 예외적으로 번성했던 것은 주로 세 가지 요소의 상호작용으로 가능했다. 생산된 많은 작품들의 기술적·양식적 창의성, 문화적 근대주의의 중심지로서 베를린의 중요성, 독일 예술계의 절충주의가 그것이다.

1920년대에 독일은 근대사에서 최초로 문화적인 수도를 가졌다. 지방의 예술 활동이 자취를 감춘 것은 분명 아니었지만—그때도 지금처럼 중소 도시도 시 자치단체 차원의 극장과 오페라 하우스들을 보유했다—하나의 관념으로서 바이마르 문화는 수도와 동의어에 가까웠다. 포부가 큰 예술가들이 하나의 자석처럼 베를린에 이끌렸다. 두려움을 사던 도시 일간지들의 유명한 비평가들이 책과 연극 생산의 운명을 결정했다. 마찬가지로 중요하게도, 베를린에는 얼마나 충격적이건 간에 어떤 혁신적인 관념이라도 지지하는 관객이 존재했다. 그 결과 베를린은 엄청난 상호 지원과 격려를 제공하면서도 동시에, 부산함과 선정주의도 함께 제공하는 지적, 예술적 온실이 되었다.

다른 무엇보다도, 바이마르 문화는 진정한 다중 매체 현상을 보여주었다. 1920년대 예술가와 작가들은 예술 활동을 위해 새로운 미디어—주목할 만한 것으로는 영화—와 대중이라는 새로운 애호가를 활용할 수 있는 시기에 활약했다는 점에서 운이 좋았다. 바이마르 시기 동안 영화는 카니발에서 상영되던 신기함의 상태를 탈피했고, 일반 대중에 적합한 예술이 되었다. 바이마르 예술가들은 열정적으로 새로운 매체로 향했다. 독일은 좋고 나쁜 영화들로 넘쳐났고, 배우들은 자고 나면 유명해졌다. 마를레네 디트리히는 첫 영화인 〈푸른 천사〉에서 음탕한 롤라롤라 역을 맡아 일약 스타가 되었다. 초창기 호러 영화인 〈칼리가리 박사의 밀실Das Kabinett des Dr. Caligari〉은 영화 기법으로서 표현주의의 효과를 입증했다. 게다가 바이마르 영화 제작자의 영향력은 독일에 국한되지 않았다. 나치가 권력을 잡았을 때, 많은 예술가와 감독이 독일을 떠나 할리우드에서 새로운 근거지를 마련했다.

　더욱이 전쟁의 경험은 그림, 건축, 조각, 음악, 문학처럼 전통적인 분야들에서도 기존 기술과 가치들의 영향력을 약화시키는 데 많은 기여를 했다. 아르놀트 쇤베르크Arnold Schönberg와 그의 문하생들의 무조성주의가 '진지한' 음악계를 지배했는가 하면, 미국 재즈의 영향이 대중 음악계를 풍요롭게 했다. 미국계 프랑스인 재즈 가수이자 댄서인 조세핀 베이커Josephine Baker가 베를린에서 공연했을 때 베를린의 찬사를 한 몸에 받았다. 베르톨트 브레히트Bertolt Brecht의 시에 **쿠르트 바일**Kurt Weill이 곡을 붙인 최초의 독일 뮤지컬인 〈서푼짜리 오페라Die Dreigroschenoper〉는 1928년 초연되었을 때 즉시 히트했다. 그림과 건축에서 빌헬름 제국 시기의 감상적인 리얼리즘은 네오리얼리즘에서 큐비즘에 이르는 다양한 유파로 대체되었다. 문학에서는 표현주의와 네오리얼리즘이 지배적이었다.

　이 모든 절충주의에도 불구하고, 바이마르의 예술 활동은 시각적이고 수공업적인 다양한 예술 양식을 묶어 모더니즘의 기능성과 미학 모두를 표현하는 하나의 일관성 있는 진술로 융합해내려는 몇몇 시도로도 주목받을 만했다. 그 노력은 특히 하나의 독특한 유파, 바우하우스로 요약되었다. 바우하우스는 1919년 건축가 발터 그로피우스Walter Gropius와 바실리 칸딘스키Wassily Kandinsky, 파울 클레Paul Klee, 오스카어 코코슈카Oskar Kokoschka 등 일군의 유명한 화가와 장인들의 노력으로 설립되었다. 바우하우스는 기능성과 미학 사이, 예술과 장인의 기술 간의 경계가 유동적인 작업 환경과 교수법을 창안하려고 노력했다. 가구와 건축이 그림이나 조각 작품들보다 예술 작품으로서 가치가 덜하지 않다는 것이었다. 바우하우스 구성원들은 동료들에게 어떠한 구속도 가하지 않고, 매끈함과 간결함의 모델로 남은 가구와 인테리어 장식 디자인 양식을 발전시켰다. 이러한 아이디어들은 1920년대 만들어진 일부 공공 주택 건설 프로젝트에서 구체적으로 표현되었다. 베를린에 있는 편자형 주택단지Hufeisensiedlung 같은 대규모 건축 가운데 일부는 잘 디자인되었으면서도 기능적인 저소득층 주거 형태로 오늘날까지 남아 있다 (이 아파트들은 장식을 위한 연못을 둘러싸고 편자 모양으로 건설되었다). 편자형 주택단지는 '정원 도시의 정신과 도시 주거 프로젝트의 필요성을 조화시킨' 건축물로서 적절하게 묘사되어왔다. 바이마르 문화에서 독창적이었던 다른 많은 것들과 마찬가지로 바우하우스는 나치들의 분노를 샀다. 나치는 바우하우스 양식이 '퇴행적'이고, '민족적이지 못하다'고 비판했으며, 1933년 강제로 폐교했다.

정치적 계몽주의는 바이마르 시기 동안 높은 수준의 세련미에 도달했다. 탐사 저널리즘과 정치 카바레Cabaret 같은 두 가지 미디어 형식은 특히 뛰어난 기여자들을 끌어들였다. 〈벨트뷔네Die Weltbühne〉의 편집인 카를 폰 오시에츠키Carl von Ossietzky는 독일 정치에서 권위주의의 무수한 흔적을 폭로했고(그는 국가방위군의 비밀 재무장 활동 일부를 폭로함으로써 극우의 증오를 샀다), 공화국 당국의 속물주의를 성공적으로 공격했다. 〈벨트뷔네〉에 자주 기고했던 쿠르트 투홀스키Kurt Tucholsky도, 다양한 산문과 운문들에서 독일의 정치적, 사회적 기득권 세력들을 조롱했던 탁월한 풍자 작가였다. 바이마르 시기의 정치 저자들이 당대의 많은 문제점을 공격했던 것은 정당한 일이었다. 하지만 그들이 민주주의 지지자들의 문제점과 공화국을 전복하려고 활발하게 활동한 사람들의 문제점들 간의 구분 짓기를 거부함으로써 민주주의적이고 의회주의적인 체제에 대한 자신감을 갉아먹는 데 기여했다는 점 역시 기억되어야 한다.

아이러니하게도 바이마르 문화가 예술적 창의성의 분출을 구성하고 있었음에도, 저술들에서 가장 만연한 주제는 문화 비관주의에 대한 깊은 인식이었다. 서구, 특히 독일 문명의 몰락이 가까이 와 있다는 것이었다. 이러한 분위기를 전형적으로 대변하던 인물이 역사가 오스발트 슈펭글러Oswald Spengler였다. 그는 2부작 《서구의 몰락Der Untergang des Abendlandes》(1부는 1918년, 2부는 1922년 출간되었다)에서 쾌락주의와 물질만능주의를 서구 문명의 종말을 촉진하는 힘으로 꼽았다. 소설가들은 슈펭글러의 쇠락 주제를 변주했다. 헤르만 브로흐Hermann Broch의 3부작 소설 《몽유병자Die Schlafwandler》(1931년과 1932년 출간되었다)는 빌헬름 시기 가치들의 해체를 기록했다. 브로흐가 전전 사회의 진보적 공허함을 강조한 데 비해, 요제프 로트Josef Roth의 《라데츠키 행진곡Radetzkymarsch》(1932년)은 보다 공감 어린 시선과 희비극적이면서 향수 어린 방식으로 사라진 합스부르크제국을 묘사했다. 토마스 만의 《마의 산Der Zauberberg》(1924년)도 죽음과 질병에 대한 감각을 물씬 풍겼다. 만은 소설의 배경으로 스위스 알프스의 결핵 요양원을 선택했다. 여기서 함부르크의 젊은 엔지니어인 영웅은 천천히 죽어가는 동료 환자들에 둘러싸인 가운데 다양한 철학적 체계에 노출되지만, 어느 것도 세계의 상태에 대한 만족스러운 설명은 되지 못한다.

서구와 독일의 미래에 대한 저자들의 비관주의는 대체로 소외가 현대 사회의 가장 주요한 특징이라는 확신에서 파생되었다. 소외는 다양한 형태로 나타났다. 알프레트 되블린Alfred Döblin의 서사 소설 《베를린 알렉산더 광장Berlin Alexanderplatz》(1929년)에서 법을 위반한 '선량한 사람'은 부르주아 사회의 잔인성으로 파괴된다. 바이마르 문학에서 자기만족적이고 천박한 속물 타입의 부르주아는 빈번히 비정한 전쟁으로부터 이익을 얻는 자로 묘사되었고, 하나의 주요한 축이 되었다. 정치적 좌파 가운데, 베르톨트 브레히트나 하인리히 만 같은 저자, 게오르게 그로스George Grosz 같은 예술가와 〈벨트뷔네〉 같은 탐사 저널들은 1차대전의 대량 학살과 바이마르 독일의 걷잡을 수 없는 물질만능주의가 자본주의와 자본가의 탐욕과 무감각에 기인한 것이라고 보았다.

반면, 정치적 우파에 공감하던 예술가들은 부르주아를 합리성, 모더니즘, 민족 의식의 결여와 동일시했다. 한스 그림Hans Grimm의 베스트셀러 《공간 없는 민족Volk ohne Raum》은 아프리카를 배경으로 낯선 문화와 육체적으로 잔혹한 환경에 대한 승리를 기념한다. 묄러 판 덴 브루크Möller van den Bruck가 《제3제국Das Drittenreich》에서 그의 시대의 혐오스러운 모더니즘을 극복하기 위해 미래를 바라보았는가 하면, 오스발트 슈펭글러는 프리드리히 대제 시기의 독일과 동일시했던 '프로이센 사회주의'로의 회귀를 부르짖었다. 몇몇 예술가에게 반물질주의는 반미주의와 동의어였다. 그들은 산업계의 합리화 움직임 같은 독일 사회의 당대 모습들에서 자신들의 편견에 유용한 사료를 찾았다고 주장했다. '테일러주의'(미국 엔지니어 프레더릭 윈슬로 테일러Frederick Winslow Taylor의 이름을 따서)로 명명되거나 포드주의(헨리 포드Henry Ford의 이름을 따서)로 명명된 가운데, 많은 지식인들은 경제를 근대화하려는 노력들을 미국의 천박하고 냉혹한 물질주의의 상징으로 보았다.

그러나 계급 혹은 국가 소외라는 설명보다도 공통적으로 나타난 것은 자신과 주위를 관련시킬 수가 없었기 때문에 개인적으로 고립되었다고 느끼는 소설 속 인물들의 이야기였다. 갈등은 대개 서사적 차원에서 다뤄졌다. 1930~1943년에 (전 3권으로) 출판된 로베르트 무질Robert Musil의 《특성 없는 남자Der Mann ohne Eigenschaften》에서 영웅은 자신의 지성과 의식, 전전 오스트리아-독일 사회의 가치 사이에서 연결고리를 찾으려고 노력했다(그리고 실패했다). 의심할 여지 없이 가장 유명한 다중 소외의 경우는 프란츠 카프카Franz Kafka였다. 1924년 41세의 나이로 요절했지만, 그의 장편과 단편의 감정적인 밀도는 '카프카적인'이라는 형용사를 작가 자신이 예리하게 느꼈던 전면적 소외 상태와 동의어로 만들어냈다. 그는 아들로서 아버지로부터 소외되었다. 독일어로 활동하는 작가였지만 태어난 도시인 프라하의 체코 문화로부터 소외되었고, 유대인으로서 주위의 독일 문화에서도 소외되었다고 느꼈다. 많은 바이마르 예술가와 마찬가지로 카프카에게 존재는 '근본이 없었고baseless', '맥락이 없었다contextless'.

1차대전이 1920년대 독일의 문화 활동에 심대한 영향을 미쳤다는 것은 놀라운 일이 아니다. 몇몇 예술가는 인간을 새로운 시대의 영웅으로 변화시킨 도가니로서 전쟁을 찬양했다. 1920년에 출간된 에른스트 윙거의 전시 일기인 《강철 폭풍 속에서》는 전선 체험의 신화를 만드는 데 특히 중요했다. 1928년 출간된 에른스트 폰 잘로몬의 《독일 의용군 전사들에 대한 책Das Buch vom deutschen Freikorpskämpfer》은 같은 주제를 더 밀고 나가 1918~1919년의 반혁명적 봉기들까지 연결시켰다.

전시 경험을 찬양한 저작들은 전쟁이 끝나자마자 곧 인쇄 매체에서 나타났지만, 에리히 마리아 레마르크Erich Maria Remarque의 《서부전선 이상 없다Im Western nichts Neues》와 루트비히 렌Ludwig Renn의 《전쟁Krieg》 등 가장 중요한 반전 소설들은 10년 후에야 나타났다. 그럼에도 전쟁의 무의

미성과 비인간화에 대한 강력한 진술을 담은 두 작품은 출간 즉시 베스트셀러가 되었다. 레마르크의 소설은 또한 대작 영화가 되었다.

이미 전전 문학의 주요 주제이던 성인의 삶에 청년이 적응하는 것과 관련된 가치 혼란은, 지그문트 프로이트Siegmund Freud의 구상들이 폭넓은 독자를 발견했던 것처럼, 바이마르 문화에서도 주요한 주제였다. 주목할 만한 것은 (흥미를 돋우는 많은 선정주의 가운데) 여성 심리 묘사에 탁월했던 작가인 아르놀트 츠바이크Arnold Zweig의 이야기와 이국적인 장소들과 정신 상태로 회피하고자 하는 청년의 현실도피에 대한 헤르만 헤세Hermann Hesse의 소설이었다.

1930년대 초, 많은 작가들이 대공황을 주제로 삼았던 것은 놀라운 일이 아니었다. 한스 팔라다Hans Fallada의 1932년 소설 《소시민, 이제는 어쩔 건가Kleiner Mann-was nun?》는 즉시 베스트셀러가 되었다. 20개 언어로 번역되어 수백만 권이 팔렸다. 팔라다의 특별한 관심은 대공황이 하층 중간계급 화이트칼라인 스탠드칼라 프롤레타리아Stehkragenproletariat에 미친 영향이었다. 실업에 익숙하지 않고, 지위가 불안정한 가운데, 불황은 그들을 물질적으로뿐만 아니라 심리적으로도 짓밟았다.

바이마르 문화의 주제들은 어느 정도 보편적이기는 했지만, 그 시기의 스타일은 매우 독특한 특징들을 갖고 있었다. 의심할 여지 없이, 표현주의가 바이마르 문화의 가장 중요한 양식상의 기여라고 할 수 있다. 표현주의는 전전 현상으로 시작되었지만(이 용어가 최초로 사용된 것은 1901년이다), 이 양식이 사실상 모든 예술 형태를 지배하게 된 것은 1차대전과 그 여파가 미치는 시기였다. 표현주의는 이성주의에 대한 저항의 한 형태였다. 그 추종자들은 경험적인 실제에 대한 예술적 묘사를 거부했고, 대신 감정의 내적인 실재를 '표현'하고자 했다. 그 결과 예술가와 작가들은 내용 전개와 재현보다는 순수한 감정과 그들 주인공들의 성격 형성을 강조했다.

표현주의가 특히나 중요했고 다른 매체보다도 그 영향력이 오래 지속되었던 영화에서, 스타일의 요소들은 시각적 충격요법을 통해 정서적 충격을 안겨주었다. 표현주의 영화 제작자들은 개인이건 집단 히스테리의 형태건 인간의 광기를 스크린에 묘사하는 데 특히 매료되어 있었다.

폭넓은 영향력에도 불구하고 표현주의가 지배적인 양식으로 오랫동안 존재하지는 못했다. 대개의 작가들은 플롯과 스토리에 대한 강조가 결여된 표현주의에 좌절했다. 드라마에서 관객들은 '아버지', '아들', '남성', '여성' 같은 일반적인 특징을 찾아내는 데 어려움을 겪었다. 1920년대 후반기에 표현주의는 점차 네오리얼리즘과 네오센티멘털리즘에 자리를 내어주었다. 네오리얼리즘 혹은 독일에 알려진 바에 따르면 '새로운 객관성'은 문학에서 경험주의에 대한, 시각예술 분야에서는 기능성과 추상에 대한 새로운 강조를 낳았다. 바우하우스 효과는 성공적으로 수정된 모더니즘의 한 예다. 반대로 모더니즘을 거부한 사람들 중 일부는 표현주의에서 산업화 이전의 양식과 가치로 돌아섰다. 결과는 종종 뻔뻔한 감상주의와 원민족적 키치로 나타났지만, 이러한 논쟁은 한 분야, 즉 건축에서만큼은 매우 긍정적인 결과를 낳았다. 좀 더 초기 양식의 낭만주의적 부활을 목표로 하는 건물들 옆에 지어진, 바우하우스 기능주의에서 영감을 얻은 건물들과 더불어, 1920년대에 독일 건축의 참된 르네상스가 이루어졌다. 미학적인 측면에서 볼 때 두 경우 모두 매우 성공적이었다.

황금기 독일 사회의 모든 측면과 마찬가지로 바이마르 문화 역시 분열되었고, 갈림길에 있었다. 다양한 목소리와 형태가 주목을 끌었다. 불행하게도, 절충주의eclecticism는 관용이나 다원주의를 낳기보다는 정치화와 상호 불신을 낳았다. 대공황의 도래와 더불어 사회가 불안정해 졌을 때, 다양한 예술 유파는 주제와 스타일의 배타성을 추구했고, 종 래 그들이 만개하는 것을 가능케 했던 공화국을 나치 전체주의가 파괴 했던 것처럼, 모두의 토대를 허물었다.

외교관계

바이마르공화국 황금기에 경제와 문화가 나은 방향으로 나아갔던 것처 럼 독일의 외교관계도 개선되었다. 1923년부터 1929년 사망할 때까지 외무부 장관을 지냈던 구스타프 슈트레제만의 노력이 주효해, 독일은 전후 외교적 고립에서 탈피하여 과거의 적들, 특히 프랑스와 어느 정도 화해했다.

외무부 장관으로서 슈트레제만의 6년 임기가 그 중요한 위치에 절실 히 필요하던 연속성을 제공하기는 했지만, 그가 비판을 받지 않았던 것 은 아니었다. 독일 민족주의자들, 아이러니하게도 1924~1927년 내각 에 있던 슈트레제만의 연정 파트너들은 독불 관계를 완화하려는 외무부 장관의 노력을 맹렬히 성토했고, 이를 유화주의나 매국으로 평가했다.

이 외무부 장관은 소속 당인 독일국민당과의 관계에서도 상당한 어 려움을 겪었다. 그는 우파 자유주의자들 가운데 논란의 여지가 없는 전 국적 대변인이었지만, 독일국민당의 영향력 있는 우파들은 외무부 장 관에게 연합국과의 화해정책을 포기하고, 독일민족국민당 노선에 더 가까워지도록 지속적으로 압력을 넣었다.

슈트레제만의 전반적인 외교정책 목표는 베르사유조약의 결과를 '수 정'하는 것이었다. 구체적으로는 독일의 외교적 고립을 끝내고, 독일 영토에 주둔한 외국 군대와 독일의 군비축소를 통제하는 연합국통제위원회Allied Control Commission를 철수시키는 것이었다. 이 목표를 위해 슈트레제만은 '로카르노 대가'를 치를 용의가 있었다. 로카르노조약은 1920년대 후반 독일 외교관계에서 핵심적인 부분이었다. 1925년 초 독일 정부는 베를린 주재 영국 대사인 다버농D'Abernon 경의 제안에 따라, 연합군이 예정된 1935년보다 일찍 독일 땅에서 철수하고, 독일을 동등한 입장에서 국제사회에 편입시켜준다면, 독일 서부 국경의 정당성을 인정할 용의가 있다고 영국과 프랑스에 제안했다.

영국은 긍정적으로 답했지만, 프랑스는 독일의 제안을 받아들이기를 꺼려했다. 6개월이나 뜸을 들인 후, 프랑스는 독일이 새로운 동쪽 국경의 정당성도 인정하고, 전체 협약을 프랑스, 영국, 이탈리아가 상호 협조 조약에 의해 보증해야 한다고 주장했다.

1925년 10월 조약에 서명하기까지 슈트레제만과 그의 프랑스 파트너인 아리스티드 브리앙Aristide Briand, 그리고 그들의 참모들이 스위스 로카르노에서 행한 협상에는 수개월이 소요되었다. '동부 로카르노'는 달성할 수 없는 것으로 판명되었다. 독일이 1918년 그어진 폴란드와의 국경의 정당성을 인정하기를 꺼렸을 뿐만 아니라(비록 독일이 그곳에서 국경선을 변경하고자 무력을 행사하지 않겠다고 동의하기는 했지만), 영국 역시 동쪽의 국경을 보장하는 데 어떠한 책임도 떠맡기를 거부했기 때문이다. 최종 협약에서 독일은 서부에 그어진 새로운 국경선에 맞서지 않는 데 동의했다. 영국과 이탈리아도 이 영토 변경의 불가침성을 보장했다. 독일은 국제연맹의 구성원으로도 받아들여졌다. 연합국 측은 점령군 일부를 철수하는 절차를 서둘렀고, 연합국통제위원회도 철수했다. 1930년 마지막 프랑스 병사가 독일을 떠났다.

독일이 로카르노조약으로부터 많은 것을 얻었음에도 불구하고, 국내에서는 격론의 대상이 되었다.

로카르노 계획을 원래 지지했던(독일민족국민당은 이 협상이 시작되었을 때 내각 구성원이었다) 보수주의자들과 원민족적 그룹들은 머지않아 불가능한 것을 달성하는 데 실패했다는 이유로 슈트레제만을 공격했다. 그가 알자스-로렌을 독일로 되돌릴 것을 고집했어야 했고, 이에 더해 베르사유조약의 전쟁 유책 조항을 폐지하는 데 대한 연합국의 동의를 얻어냈어야 했다고 주장했던 것이다.

비록 서구 국가들과의 화해가 슈트레제만 외교정책의 주요한 목표이기는 했지만, 외무부 장관은 조심스럽게 서구와의 협의와 소비에트 러시아와의 우호적인 관계 사이에서 균형을 잡고자 했다. 1926년 4월 독일과 소비에트 러시아는 베를린조약Treaty of Berlin에 서명했다. 이 협약에서 두 상대국은 라팔로조약의 조건들을 확인했고, 제3국의 침략을 받을 경우 중립을 지키는 데 동의했다. 러시아인들은 독일이 국제연맹에 착석하기 전, 연맹이 소비에트에 부과할지도 모르는 그 어떠한 제재에도 비무장 상태의 독일이 참여할 것을 기대해서는 안 된다고 선언한 것에 대해서도 만족스러워했다. 마지막으로, 소비에트와의 새로운 협약은 이 시점에서는 기밀로 했지만, 독일이 베르사유조약의 조건하에서 금지된 무기 테스트를 지속하는 것을 가능케 했다.

슈트레제만의 수정주의 외교정책의 세 번째 축은 재무장이었다. 확실히 극우 보복주의자들revanchistes과 달리 이 외무부 장관은 프랑스와 새롭게 무력 분쟁을 벌이기를 원하지 않았다. 그러나 독일이 방어력이 없는 상태에서는 유럽의 진정한 세력균형이 불가능하다고 확신했다. 그 때문에 슈트레제만은 베르사유조약 아래에서 합법이던 모든 재무장 조치─소형 전함의 건함과 같은─들을 지지했을 뿐만 아니라, 소비에트 적군과의 지속적인 협의를 포함한 국가방위군의 비밀 활동 역시 승인했다.

　슈트레제만의 외교정책은 '로카르노 방식'의 유용성과 한계 모두를 보여주었다. 이 협약은 독일과 과거의 적들 간에 존재하던 상호 의구심의 일부를 제거하는 과정을 시작했다. 동시에 '로카르노 방식'은 상호 신뢰에 기반한 참된 평화의 시기를 가져다줄 수 없었다. 연합국도, 독일도 국가 정책과 국가 간 경쟁 관계라는 범주에서 사고하기를 피할 수 없었다. 슈트레제만은 독일의 강대국 지위를 되찾기 위해 로카르노조약을 활용하고자 했다. 반면 프랑스는 독일의 동기에 대해 지속적으로 의구심을 가졌고, 결과적으로 자신들의 '생산적 보장'을 포기하는 것을 꺼려했다.

　1929년 슈트레제만이 사망했다. 수년간 건강이 좋지 않았던 그는 마침내 극우들과 그의 당 내부에 존재하던 국내 정적들의 지속적인 공격 앞에 꺾이고 말았다. 그와 함께 그의 외교정책은 독일의 과거 적들과의 화해의 길에 불안하게 놓였다.

경제 붕괴와 의회민주주의의 종식

표면상으로 1929년은 많은 점에서 공화국의 전성기였다. 산업 생산은 1913년의 전전 최고치를 넘어섰다. '로카르노 정신'은 독일에 국제적 체면을 복원시켰고, 영 플랜은 짜증 나는 보상 이슈들을 최종적이면서도 상대적으로 고통 없게 해소할 것을 보장했다. 바이마르 독일의 베를린 중심 문화 예술 활동도 눈부시게 빛나고 있었다.

　기실, 우리가 지금 아는 바와 같이 독일(그리고 실제로 유럽의 모든 국가)은 벼랑 끝에 서 있었다. 1929년 의기양양하던 시절 낙관주의의 징후는 1차대전에 뒤이어 남겨진 다수의 미해결 과제를 감추고 있었다. 독일과 유럽의 경제성장은 미국처럼 '도약하는' 지역보다 뒤처졌다. 1920년대 후반기의 인상적인 회복에도 불구하고 유럽은 국제경제 체제의 축으로서의 위상을 상실했다.

독일의 만성적인 경제문제, 특히 농업에서의 난관들과 노동 소요는 대연정에 갈등을 유발했지만, 이 문제들은 실업수당을 재정적으로 뒷받침하느라 연정 파트너들 사이에서 원칙을 둘러싼 갈등이 유발된 1929년 가을까지는 감당할 수 있는 상태였다. 전국적 실업수당 제도가 1927년 만들어졌을 때, 이는 고용인과 피고용인으로부터의 기금으로 조달되는 자급적 보험제도였다. 이 제도는 뜻하지 않게 많은 실업자들이 보험 기금을 유지하기 위해 공화국 예산에서 보조금을 요구했던 1928~1929년의 특히 혹독했던 겨울까지는 잘 작동했다. 경제가 1929년 여름 다시금 회복되었을 때 위기는 종식된 것처럼 보였지만, 1년도 채 지나지 않아 대공황의 도래와 함께 보험제도는 완전히 붕괴했다. 실업수당을 재정적으로 뒷받침하는 문제를 둘러싼 갈등은 1930년 3월 정부의 붕괴와 공화국 최후의 헌정 위기의 시작을 낳았다.

경제사가들은 대공황의 장기적이고 단기적인 이유를 두고 계속해서 논쟁하지만, 그 파괴적인 효과에 대해서라면 이견이 거의 없다. 경기 하강의 표면적인 급작스러움, 그 급격한 확산, 그리고 그 깊이와 지속성은 정치적, 사회적인 위기를 낳았고, 어떤 서구 사회도 이로부터 면제되지 않았지만 독일에서는 참사 수준에 도달했다.

경기 불황은 상호 결부된 재정 위기, 금융 공황, 신뢰의 위기를 낳았고, 그 결과 경제활동은 사실상 끝장났으며, 독일은 정치적, 헌정적 재난에 빠져들었다. 재정적 타격이 먼저 왔고, 이는 독일에 대한 미국 투자와 결부되었다. 황금기 동안 미국 투자자들은 수십억 달러를 독일 경제의 공적, 사적 영역에 쏟아부었다. 1929년 10월 뉴욕 주식시장 붕괴와 더불어 이 자본 흐름은 급작스럽게 끝장났다. 사실상, 시장 붕괴에 당황한 미국 투자자들은 그들의 중단기 채무 상당 부분을 현금으로 전환했고, 그 결과 독일은 엄청난 자본 유출을 맞이했다.

외환 보유액의 부족으로 인한 악영향을 먼저 받은 쪽은 독일 도시들이었다. 황금기 동안 무수한 지자체들이 미국 단기 금융시장에서 채권을 발행해 인프라를 정비하는 재원으로 삼았다. 세수는 감소한 데 반해 대공황의 타격으로 야기된 사회복지 비용은 증가하고, 이에 더해 급작스러운 채권 상환 요구가 잇따르자 많은 도시들이 파산했다. 도시의 재정적 위기는 주정부에 반향을 불러일으켰는데, 독일 법에 따르면 주정부가 도시의 채무에 대한 책임을 져야 했기 때문이다.

공적 영역의 재정 위기는 민간 영역의 금융 공황으로 이어지고, 이로 인해 더 악화되었다. 여기에서도 국내와 국제 투자자들은 1929년 가을 급작스럽게 그들의 돈을 회수했다. 하강 양상은 신용 위기와 더불어 지속되어 생산과 소비의 가파른 하락을 낳았으며, 기업 도산과 실업은 동시에 전례가 없는 수준으로 급증했다.

급작스럽게 늘어나는 실업 문제를 어떻게 다룰지는 경제적인 어려움을 정치적 위기로 전환하는 이슈가 되었다. 1929~1930년 겨울 몇 달간, 만성적 위기이던 실업은 갑작스럽게 국가적 강박으로 전환되었다. 1929년 말, 190만 명(노동력의 8.5퍼센트)이 실직 상태였다. 1년 후 그 수는 310만 명이 되었다(노동력의 14퍼센트). 이 전통적인 논쟁은 사업가의 정당인 독일국민당과 노동자의 목소리인 사민당을 내각 안에서 다투게 했다.

1930년 3월 내각은 급격히 늘어가던 실업수당 프로그램의 적자를 어떻게 메울지를 결정하는 문제에 직면했다. 사민당 장관들(특히 노동부 장관 루돌프 비셀(Rudolf Wissell)은 일반 세수로부터의 보조금을 선호했던 반면, 독일국민당은 고용인과 피고용인을 대상으로 근로소득공제율의 0.25퍼센트 인상을 주장했다. 이 문제에 타협을 보지 못한 채, 내각은 사퇴했다. 이는 표면적으로 근소한 차이로 보이지만(그리고 실제로 많은 사민당 지지자들은 비셀의 고집스러움을 비난했다), 실제로 양측은 근본적인 문제에 대해 다투고 있었다. 노동계는 현재 어려움을 겪고 있는 사람들을 희생해서 경제가 회복될 수 없다고 느꼈지만, 사업가들은 점차 고비용인 실업수당과 사회복지 일반이 경기회복을 막고 있다고 믿었다.

뮐러 내각은 연방의회 다수의 지지를 얻은 바이마르 시기 마지막 정부였다. 1930년 3월 이후, 공화주의 세력들의 깨지기 쉬운 합의는 역사학자 에버하르트 예켈(Eberhard Jäckel)이 "세력들 간의 상호 마비"라고 부른 것으로 대체되었다. 정치적 그룹과 사회경제적 그룹의 어떠한 결합도 의회민주주의의 원칙하에서 독일을 통치할 정도로 강력하지는 못했지만, 그들 중 다수는 라이벌 연합이 권력을 잡는 것을 막을 정도의 힘은 충분히 갖고 있었다. 바이마르공화국 최후 수년간 정치활동은 경쟁하는 무장 정치 세력들의 가두 폭력 증가, 다양한 이익집단—군부에서 산업 로비 세력에 이르는—이 비의회적 수단을 통해 의사 결정에 영향을 미치고자 행한 노력으로 특징지어졌다.

의회의 마비는 대통령을 국가의 최고 조정자 위치로 승격시켰다. 향후 3년 동안 의회가 아니라 대통령이 총리와 내각, 대공황에 맞서기 위한 법안들의 운명을 결정했다. 불행하게도, 현직 대통령인 파울 폰 힌덴부르크는 자신에게 떨어진 책무들을 짊어질 준비가 되어 있지 않았다. 80세이던 힌덴부르크의 정신적, 육체적 힘은 점차 약화되었다. 게다가 그는 독일이 직면한 복잡한 정치, 경제적 문제들에 대해 별반 지식이 없었다. 사실상 그는 대통령궁과 그의 동부 프로이센 영지에서 그를 둘러싼 측근과 친구들의 수인囚人이었다. 베를린에서 힌덴부르크의 최측근은 대개 보수적 정치가, 국가방위군 장교, 당시 육군 소령이던 그의 아들 오스카어 폰 힌덴부르크Oskar von Hindenburg였다. 국가방위군 장교들 가운데 국방부 정치국 수장인 쿠르트 폰 슐라이허Kurt von Schleicher 장군은 대통령의 수행단에서 중요한 역할을 담당했다. 동부 프로이센에서 대통령은 대부분 후겐베르크의 독일민족국민당을 지지하던 융커 이웃들과 어울렸다.

힌덴부르크—혹은 그의 측근들—가 헤르만 뮐러 후임으로 결정한 총리는 하인리히 브뤼닝Heinrich Brüning이었다. 얼핏 보기에 브뤼닝은 총리직을 수행하는 데 필요한 많은 자질을 갖고 있는 것처럼 보였다. 그는 어떤 정당보다도 많은 수의 바이마르 총리를 배출한 정치 집단인 중앙당의 주도적인 구성원이었다. 45세의 그는 상대적으로 젊고, 에너지가 넘치고, 야심이 있었다. 수년 동안 그는 연방의회 조세무역위원회의 위원장직을 탁월하게 수행해서 연방 예산의 복잡성에 대한 전문가로서의 평판을 얻었고, 또 그럴 자격이 충분했다.

그러나 브뤼닝은 다른 측면을 갖고 있었다. 대통령이나 그의 측근들처럼 그는 민주적 헌정 체제, 그리고 이를 가능케 한 1918년 혁명에 대해 지속적으로 유보적인 태도를 갖고 있었다. 브뤼닝은 사민당과의 연정 지속을 거부했다. 그는 부르주아 정당의 구성원만을 내각에 임명하겠다고 대통령에게 기꺼이 약속했다. 그러나 무엇보다도 브뤼닝은 의회민주주의를 약화시키기 위해 일하게 될 터였다. 그의 숭배자들이 민주주의자로서 브뤼닝의 이미지를 새로 꾸미기 위해 최근 들어 노력하고 있었음에도, 이 새 총리가 군주제 복귀와 적어도 수정된 형태의 권위주의 복원을 선호하고 있었다는 점에 대해서는 별로 의심할 여지가 없다. 총리와 대통령 주변의 보수주의자들은 바이마르헌법이 수정되어 연방의회의 권한을 심각하게 축소해야만 한다는 데 동의했다. 당시 브뤼닝은 경제 위기를 활용하여 독일의 민주적 헌정 체제를 근본적으로 수정할 것을 약속했다. 그가 대통령 측근들에게 받아들여진 것은 바로 이 목표 때문이었다.

쿠르트 바일Kurt Weill
(1900~1950년)

바이마르의 문화적, 예술적 생활의 탁월함을 체현하는 두 이름이 있다면, 이는 분명 쿠르트 바일과 베르톨트 브레히트의 이름일 것이다. 브레히트가 가사와 대본을 쓰고 바일이 음악을 담당하는 방식으로 두 사람은 여러 음악 작품들에서 협업했다. 물론 그 가운데 가장 유명하고 지속적인 협력은 1928년에 초연되자마자 히트한 〈서푼짜리 오페라〉였다.

바일은 유대인 가문 출신으로 튀링겐의 데사우Dessau에서 태어났다. 그의 음악적 재능은 일찌감치 발휘되어, 당대의 유명한 음악가들인 엥겔베르트 훔퍼딩크Engelbert Humperdinck(오페라 〈헨젤과 그레텔〉의 작곡가), 페루초 부소니 Ferruccio Busoni 등과 작곡을 공부했지만, 바일의 작곡은 금세 스승들의 신고전주의적 취향에서 벗어났다. 1926년 바일은 그가 창작한 많은 역할을 처음으로 연기했던 로테 레냐Lotte Lenya와 결혼했다. 레냐는 〈서푼짜리 오페라〉에서도 최초의 예니Jenny였다.

바일은 바이마르공화국 시기의 정치적으로 가장 활발하면서도 가장 성공적인 예술가 중 한 명이었다. 바일은 카바레 음악을 전문으로 했다. 그의 멜로디에는 재즈 요소들과 기억하기 쉬운 음조들이 결합되어 있던 반면, 날카로운 가사들은 자본주의, 물질만능주의, 반동적인 우익을 공격했다. 바일은 일련의 뮤지컬들을 창작하면서 베르톨트 브레히트와 협업했다. 〈마하고니 도시의 번영과 몰락Aufstieg und Fall der Stadt Mahagonny〉 같은 작품들의 음악은 근대적이고 독창적이면서도 쉽게 접근할 수 있었다. 정치적 메시지는 카바레 노래의 그것과 유사했다. 바일의 많은 뮤지컬들은 여전히 현대 오페라의 레퍼토리에 속해 있지만, 브레히트와 바일이 협업한 〈서푼짜리 오페라〉의 성공에 필적하는 것은 없다.

바일은 유대인 혈통뿐만 아니라 정치적 성향으로 인해 히틀러가 권력을 장악하기 이전부터 나치의 공격 대상이었다. 여러 차례에 걸쳐 나치 깡패들은 〈서푼짜리 오페라〉와 바일의 다른 작품들의 공연을 망치려고 기도했다. 나치가 권력을 장악한 직후 바일은 독일에서는 자신의 미래가 없다는 것을 깨닫고, 1934년 아내와 함께 제3제국을 떠나 파리로 갔다, 나중에 뉴욕으로 이주했다.

(로테 레냐뿐만 아니라) 바일은 스스로 선택한 조국 미국에서 성공적인 제2의 경력을 만들 수 있었던 히틀러 독일의 난민 중 한 명이었다. 전작들에서 이미 미국의 뮤지컬 스타일과 재즈 양식을 활용했던 바일은 1930년대와 1940년대의 미국 뮤지컬 공연장을 지배하던 뮤지컬 경향에 아주 잘 맞아 떨어졌다. 〈키커보커 휴일Kickerbocker Holiday〉(1938년), 〈어둠 속의 숙녀Lady in the Dark〉(1940년), 〈비너스의 터치One Touch of Venus〉(1943년) 같은 미국 뮤지컬들은 브로드웨이에서 성공을 거두었고, 미국 뮤지컬 레퍼토리의 주축으로 남았다. 적어도 부분적으로는 미국인이 된 바일이 자신의 좌파적 정치 지향을 완전히 버렸기에 가능했던 성취였다. 그가 미국에서 만든 작품들은 정치적 메시지를 담고 있지 않았다.

바일이 50세에 호흡기 질환으로 사망한 것은 독일 카바레 뮤직, 그리고 독일과 미국 뮤지컬계에 큰 손실이었다.

하인리히 브뤼닝Heinrich Brüning
(1885~1970년)

소위 최초의 제왕적 총리로 꼽히는 이 인물은 현대 독일사에서 가장 논쟁적인 사람 가운데 한 명이다. 브뤼닝이 민주주의의 마지막 보루였는지 혹은 바이마르헌법의 묏자리를 파는 사람이었는지는 아직 해결되지 않은 문제이다. 주로 총리 자신이 사고와 행동에 대한 모순적인 증거들을 제공하기 때문이다.

브뤼닝은 베스트팔렌의 뮌스터Münster에서 태어났고, 버몬트Vermont의 노리치Norwich에 망명한 상황에서 사망했다. 그는 매우 신실한 가톨릭 중소상인 가정에서 태어났다. 이 미래 총리의 개성은 정치적 이력에 별로 어울리지 않는 것처럼 보였다. 그는 매우 영리하고, 탁월한 조직력과 복잡한 세부들을 잘 다루는 데 타의 추종을 불허하는 재능을 가지고 있었다. 그러나 연설에 능하지 못했고, 유머 감각이 없었으며, 극소수의 친구와 지인과만 교류하며 일생을 독신으로 지냈다. 그는 외부세계에서는 강렬한 감정 없이 차갑고 효율적인 처신을 보여주었다. 그러나 이는 가면이었다. 실제로 브뤼닝은 공직에서 은퇴하고 나서 한참 지난 후 회고록을 작성하기 전까지는 억눌러왔던 다양한 열정을 가진 매우 민감한 남성이었다.

브뤼닝 세대의 많은 독일인이 그랬듯 1차대전은 브뤼닝에게도 인생에 중요한 전환점이 되었다. 생명이 다할 때까지 브뤼닝은 그의 전선 체험으로 특징지어졌다. 전쟁이 발발하자 그는 나중에 군복무 면제 사유가 되는 육체적 질병에도 불구하고 즉시 군에 자원했다. 그는 서부전선에서 탁월한 능력을 발휘하며 복무했고, 전쟁이 끝날 때까지도 루덴도르프와 힌덴부르크가 독일의 승리를 얻어낼 수 있으리라 확신했다.

브뤼닝은 1918년 혁명과 그것이 대변하는 모든 것을 증오했다. 장교였던 그는 개인적으로 다수의 노동자-병사평의회 때문에 개인적인 치욕을 겪었다. 그의 사고방식을 잘 보여주는 한 논평에서, 그는 1918~1919년의 봉기가 혁명 지도자들의 자기 규율 부재와 도덕적 결함의 증거라고 보았다. 또한 경험을 통해 마르크스주의가 비뚤어진 정치 이데올로기일 뿐만 아니라 도덕적 악이라는 자신의 신념을 강화했다.

1919년 브뤼닝은 가톨릭 노조운동에 적극 나서는데, 그것은 부분적으로는 가톨릭 노동자들이 사회주의 노조에 가담하는 것을 막는 데 일조하기 위해서였다. 1920년부터 1930년까지 브뤼닝은 가톨릭 노조의 사무총장을 역임했다. 1924년 브뤼닝은 중앙당 의원으로 연방의회에 참여했다. 그의 조직력은 두드러졌고, 그는 연방의회 조세무역위원회의 위원장이 되었다. 그는 금세 복잡한 예산 편성 문제 전문가로 평판을 얻었다. 이데올로기적으로 브뤼닝은 중앙당 우파였다. 그는 빌헬름 마르크스와 프로이센 중앙당의 지도자들과는 달리 1928년 루트비히 카스Ludwig Kaas의 중앙당 의장 선출을 진심으로 환영했다.

불황이 시작되고 민주적 정당들이 의회 정부를 구성하는 데 어려움을 겪은 후, 힌덴부르크 대통령은 브뤼닝에게 독일 총리를 맡아달라고 요청했다. 이런 선택—브뤼닝의 오랜 동맹인 쿠르트 폰 슐라이허를 포함한 힌덴부르크 조언자 그룹이 주도했다—이 이루어진 데에는 예산 전문가로서의 브뤼닝의 평판뿐만 아니라, 사민당을 어떤 연방 내각에서도 배제하려는 그의 의지, 그리고 독일이 공화국인 것보다는 군주제인 것이 훨씬 낫다는 그의 잘 알려진 확신이 한몫했다.

총리로서 브뤼닝은 즉시 디플레이션정책과 예산 삭감에 나섰다. 그의 결단은 그의 타고난 재정적 보수주의를 보여주지만, 거기에는 그만의 정치적 이유도 있었다. 부분적으로 이는 '외정 우위' 개념과 유사했다. 총리는 독일의 배상 부담과 베르사유조약의 재무장 관련 조항들이 독일이 강대국으로서의 지위 회복을 가로막는 주된 장애물이라고 확신했다. 따라서 그는 연합국이 자신의 외교정책적 요구를 받아들이지 않는다면 독일의 국내 체제가 불안정해질 것임을 연합국에 납득시키겠다고 결심한 상태였다. 게다가 브뤼닝은 도덕적 측면에서 볼 때 불황이 적어도 부분적으로는 1920년대의 이단과 과도함에 대한 합당한 처벌이라고 확신하고 있었다.

브뤼닝은 마르크스주의만큼이나 나치즘도 혐오했고, 히틀러가 중앙정부의 권력을 통제하는 것을 막기 위해 할 수 있는 모든 것을 다했다. 그러나 대부분의 보수주의자처럼 히틀러 조직과 협력하고 그들을 정부 책임하에 묶어놓음으로써 나치의 위협을 분산하는 것이 최선이라고 생각했다. 따라서 그는 중앙당 지도자들이 주정부와 나치의 연정에 동의하도록 설득하려고 노력했다. 브뤼닝은 거의 히틀러가 총리가 되던 날까지 이 일을 성사시키기 위해 노력했지만, 프로이센 중앙당 지도자들은 이를 거부했다.

아이러니하게도, 독일의 정치적 정당 활동이 거의 끝난 것처럼 보였을 때 중앙당에서 브뤼닝의 이력은 정점에 달했다. 1933년 5월 브뤼닝은 (바티칸 정부에서의 직무를 위해 로마로 오라고 초청받은) 카스의 중앙당 총재직을 승계했고, 당 해산 회의를 주재했다. 브뤼닝은 제3제국 초기의 몇 달 동안 육체적으로 상해를 입은 것은 아니었지만, 자신에 대한 다양한 위협이 증가하자 1934년 5월 독일을 떠난다. 이는 현명한 결정이었다. 소위 룀Röhm 사건이 벌어지는 동안 다수의 유명한 가톨릭 정치가들이 살해되었기 때문이다. 전직 총리는 결국 미국 망명에 나섰고, 1939~1950년 하버드대학 행정학부에서 가르쳤다.

브뤼닝이 2차대전 이후 독일에서 정치적 이력을 재개할 수 있기를 희망했다는 데에는 의심의 여지가 없다. 그러나 그런 일은 일어나지 않았다. (중앙당의 후신인) 기민련의 지도자 콘라트 아데나워Konrad Adenauer는 자신이 바이마르의 실패한 정치가라고 평가한 인물들이 1945년 이후의 독일에서 중요한 역할을 담당하지 못하도록 막겠다는 확고한 결심을 하고 있었다.

브뤼닝은 1951~1954년 쾰른대학에서 가르쳤지만, 1954년 억울해하며 미국으로 돌아갔다. 남은 생애 동안 그는 회고록을 쓰는 데 집중했지만, 자신이 죽기 전에 출간되어서는 안 된다고 주장했다. 이 책의 출간은 오래된 논쟁과 상처들을 열어 보였고, 충격을 야기했다. 결국 그는 힌덴부르크와 신보수주의자들에게 감정적으로 의존했던 것으로 드러났다. 그는 긴 단락들을 할애하여 힌덴부르크가 자신에게 가한 부당한 조치들을 계속해서 애석해하면서도 고인이 된 대통령에 대한 충성을 선언했다. 결국 회고록은 브뤼닝이 1945년 이후 독일의 공적 영역에서 중요한 역할을 담당해서는 안 된다던 콘라트 아데나워가 옳았음을 확실하게 확인시켜주었다.

6장

권위주의에서 전체주의로
1930~1938년

역사가들은 하인리히 브뤼닝의 총리 지명이 독일의 의회민주주의를 종식시켰다는 데 동의하지만, 1930년 '대통령 체제'의 도래와 1933년 나치 권력 장악 간의 관계에 대해서는 별반 합의에 이르지 못하고 있다. 브뤼닝과 그의 두 후임인 프란츠 폰 파펜Franz von papen과 쿠르트 폰 슐라이허Kurt von Schleicher가 전체주의로의 길을 닦은 것인가? 혹은 그들이 스스로 주장했던 것처럼 나치의 파도를 막는 최후이자 무력한 방어막이었나? 확실히 대통령 정부의 '신보수주의'로부터 나치 체제의 전체주의로의 변화는 갑작스럽기보다는 자연스러웠다. 다수의 신보수주의자 Neue Konservative는 나치가 그들의 자연스러운 동맹 세력이라고 보았으며, 우리가 보게 될 것처럼, 그들 중 일부는 히틀러가 권력을 장악하는 데 도구 역할을 했다. 두 그룹은 정치체제로서 의회민주주의를 거부했다. 또한 그들은 국제적 타협과 화해라는 슈트레제만의 정책에 반대한다는 점에서도 일치했다. 그들은 외교적 대립과 허세를 더 믿었고, 자유무역과 수출 우선 대신 경제적 자급자족—말하자면 국가적 자급—과 국내의 지역 간 교역 체제를 추구했다. 따라서 나치가 그들이 통치한 첫 5년간 신보수적 헌정, 경제, 외교정책을 지속한 것은 별로 놀라운 일이 아니었다.

신보수의 통치

의회민주주의 체제는 1930년 3월 종식되었다. 향후 3년간 독일은 의회의 통제 없이 통치하는 세력들이 주도했다. 공무원 조직과 군대, 그리고 약간 덜한 정도로 주요 산업과 농업 집단들이 그들이었다. 정치적으로 이들 세력들은 더 나은 이름이 없기 때문에 '신보수주의'라고 명명될 아이디어들을 지지했고, 행정적으로 대통령의 권위와 카리스마에 의존했다.

　바이마르공화국 최후 몇 년간 독일 정치의 스펙트럼은 현저하게 변모했다. 자유주의와 전통적인 보수주의 정당들은 독일 유권자들 사이에서 상당한 지지를 확보하는 데 실패했고, 정치 지형에서 거의 사라졌다. 정치적 가톨릭주의와 두 마르크스주의 정당은 지지자들의 충성을 유지하는 데 훨씬 능했지만, 상호 반목으로 효과적인 공조는 불가능했다. 공산주의자들은 사민주의자들을 '사회 파시스트' 조직이라고 보았고, 1928년 선출된 중앙당 지도자 루트비히 카스Ludwig Kaas는 정치적 가톨릭주의는 모든 형태의 마르크스주의와의 공조에 반대하는 우파 민족주의 운동이 되어야 한다고 결심한 상태였다.

　거리와 선거에서의 인상적인 세력에도 불구하고 혁명과 프롤레타리아 독재에 대한 공산주의자들의 희망은 언제나 환상일 뿐이었다. 대공황이 독일에서 자본주의의 최종적 붕괴를 암시한다는 독일공산당의 기대는 희망 사항일 뿐만 아니라 정치적으로 생산적이지도 못했다. 코민테른의 명령대로 사민당을 '사회 파시스트'로 정의하는 가운데, 공산당은 모스크바에 있던 당 지도자들이 파시즘의 진정한 선봉으로 간주한 사민당을 약화시키는 데 노력을 경주했다. 그 결과는 독일 노동계급 내부에서 서로를 갉아먹는 갈등이었고, 최종적인 분석에 따르면 이는 결국 권력을 희구하던 나치에 유리하게 작동했을 뿐이다. 독일공산당의 자극적인 수사법 역시 다수의 독일인, 특히 중산층과 부유층에게 독일에서 볼셰비즘의 승리를 막아낼 수 있는 것은 나치뿐이라고 여기게 만들어 나치를 강화시키는 데 기여했다.

독일의 질병을 치료하기 위한 나치의 처방은 어느 면에서 공산주의적 경로의 거울상이었다. 공산당과 마찬가지로 나치는 독일이 나치즘과 공산주의 사이에서 선택할 수 있을 뿐이라는 데 동의했다. 따라서 양측은 모두 묵시록적인 분위기를 환기시키고자 했으나, 프롤레타리아혁명에 대한 공산주의자들의 호소와는 반대로, 히틀러의 운동은 계급갈등을 넘어서서 경제적 풍요와 민족적 영광을 향유할 참된 '민족공동체Volksgemeinschaft'를 창조할 것이라고 약속했다. 이 목표를 이루기 위해 나치는 먼저 민주주의를 파괴할 것, 그리고 그들이 보기에 독일을 망가뜨려온 집단―유대인, 마르크스주의자, 민주주의자, 공화주의자 등―을 권력에서 배제하고 아돌프 히틀러와 그의 추종자들로 대체할 것을 요구했다.

반민주주의 '새 정치'의 실행자들 가운데, 신보수주의자들은 대중에게 별반 호소력을 갖지 못했다. 대공황이 깊어지는 가운데 공산주의자와 나치들이 지속적으로 유권자들의 지지를 높여갔던 반면, 신보수주의자들의 선거 승리는 미미한 것이었다. 그러나 이것은 그들에게 별로 우려스러운 상황이 아니었다. 독일에 권위주의 체제를 복원하려는 그들의 목표는 1차대전 이전 독일을 지배했던 전통적인 '천부적natural' 엘리트들의 지지에 달려 있었기 때문이다. 게다가 많은 신보수주의자들이 나치라는 대중적 호소력을 입증한 세력들과 협조하는 데 반대하지 않았다. 그들은 나치가 선동에 재능을 보이기는 해도, 정치적 권력 행사에 참여하기를 희망한다면, 결국 구엘리트층의 지도 편달이 필요하다고 확신했다.

신보수주의자들은 나치와의 관계에서 자신들이 개의 몸통이기보다는 꼬리라는 것을 결국 발견하게 될 터였다. 그러나 1930년 3월부터 1933년 1월까지 거의 3년 동안 독일의 통제권이 신보수주의자들의 손에 있었던 것도 사실이다. 세 명의 총리는 빠르게 서로를 뒤이었다. 우리는 헤르만 뮐러를 계승한 우익 보수주의 가톨릭인 하인리히 브뤼닝을 이미 만난 바 있다. 그는 1932년 5월 명목상 중앙당의 또 다른 구성원인 프란츠 폰 파펜에게 자리를 내주었다. 파펜은 베스트팔렌의 귀족이자 1차대전 시기 기병 장교와 외교관을 지낸 부유한 지주였다. 그의 정치적 견해는 극단적 보수주의였다. 1925년 이후로 그는 독일 가톨릭으로 하여금 어떠한 형태로건 사민당과 협력하지 말 것을 촉구했다. 마지막으로 1932년 12월부터 1933년 1월까지 두 달간의 짧은 총리직은 많은 면에서 신보수주의의 정치적 대부이던 쿠르트 폰 슐라이허가 맡았다. 음모의 달인인 그는 대통령 내각에서 장막 뒤의 중요한 세력이었다. 브뤼닝과 파펜을 힌덴부르크 대통령에게 추천한 것도 슐라이허였다.

이 세 명의 총리는 독일의 정치적, 사회적 미래에 대해 공통의 전망을 공유하고 있었다. 1930년대 초의 대공황과 정치적 마비가 독일에 엄청난 사회적, 경제적 문제를 안겨주었을 뿐만 아니라 외교적 무능력, 그리고 그들이 국가의 '헌정적 비상사태'라고 이름 붙였던 것을 해소할 유일무이한 기회를 안겨주었다는 신념이 그들이 가진 정치 전략의 핵심이었다. 정치적 양극화라는 현실과 사회적 분열의 위협은, 그들로 하여금 독일의 헌정 구조를 민주주의에서 권위주의로 바꾸는 것을 가능케 할 뿐만 아니라, 동시에 연합국들로 하여금 국제 협력에서 완전히 대등한 지위를 독일에 복원하도록 강제할 터였다. 이들의 내각은, 브뤼닝의 말에 따르면, '지각 없는 의회민주주의 형태'를 '건강하고 제한적인 민주주의'로 대신하는 데 '헌정적 위기'를 활용하기로 결심한 상태였다. 구체적으로 신보수주의자들의 내정 계획은 행정부를 강화하고, 의회 권한을 현저히 축소하며, 독일의 연방 구조를 개선하여 각 주의 남은 권한을 축소하는 것을 포함하고 있었다. 이러한 개혁 프로그램을 실현하는 데 핵심적인 것은 '자신의' 총리에 대한 대통령의 흔들림 없는 지지, '천부적' 엘리트들 사이의 단합, 그리고 민주 세력의 지속적인 마비였다.

이와 더불어 연이은 내각은 독일의 디플레이션 정책이 그들 눈에 독일을 약화시키기 위해 베르사유 체제가 부과한 족쇄 중 핵심으로 보였던 것, 즉 배상금 지불을 던져버리는 것을 가능케 하기를 희망했다. 이들이 실행한 벨트를 조이는 조치들은, 적어도 부분적으로, 독일이 단순히 배상금 지불을 지속할 자원을 갖고 있지 않다고 연합국 측이 믿게 하고자 고안된 것이었다. 단기적으로, 당시 신보수주의자들은 독일의 경제문제에 대해서 크게 염려하지 않았다. 그러기는커녕 그들은 실제로 증대되던 사회적 처참함이 그들이 가진 장기적인 국내적, 국제적 정책 목표를 진전시킬 수 있을 것으로 기대했다.

하인리히 브뤼닝이 총리에 취임할 때까지 우려스러운 금융 및 투자 위기가 주요한 경기 침체를 낳았다. 브뤼닝의 총리 재임 기간 내내 상황은 지속적으로 점점 더 악화되었다. 위기는 1931년 여름까지 전면적인 불황으로 치달았다. 독일의 산업 생산은 1927년과 1933년 사이에 50퍼센트나 감소했고, 수출은 1929년 269억 마르크에서 1932년 104억 마르크로 감소했다. 생산 감소에도 잉여상품은 증가했다. 기업 도산과 농가 부채는 극적으로 증가했고, 이는 독일에서 가장 큰 은행 몇을 포함한 많은 은행들에서 엄청난 유동성 문제를 야기했다. 1931년 7월 정부는 공황 상태의 계좌 인출을 막기 위해 거의 2주간 은행 휴업을 선포해야만 했다.

이러한 경제적 혼란의 구조적 징후들은 충분히 현실적이었으나, 평균적인 독일인들은 불황의 즉각적인 사회적 결과들에 대해 더 우려했다. 실직과 실업에 대한 두려움, 생활수준의 하락이 그것이었다. 실업은 경제적 어려움의 가장 가시적이고 즉각적인 표현이었다. 일자리 부족은 바이마르 시기의 소위 황금기에조차 많은 사람들에게 만성적인 문제였다. 그러나 대공황 시기에 실업률은 재난적인 수준으로 올라갔다. 1930년 공식적인 통계에 따르면 실업자는 310만 명으로 집계되었다. 1932년 여름 이 수치는 620만 명으로 늘어났다. 노동력의 1/3이 실직 상태인 셈이었다. 실업자는 주로 블루칼라와 이제 막 취업 전선에 뛰어든 사회 초년생들이었다.

늘어나는 실업률은 자리를 지키는 데 성공한 운 좋은 사람들에게도 부작용을 가져왔다. 반복적인 임금 삭감과 수당 미지급은 거의 모든 노동자에게 피할 수 없는 인생의 현실이었다. 게다가 화이트칼라, 전문직, 관리자 수준의 피고용인들은 심리적인 '공포 효과'에 특히 민감했다. 적어도 일시해고가 익숙한 경험이었던 블루칼라와 달리 봉급생활자들은 실업에 익숙하지 않았고, 실업을 생활수준의 하락만이 아니라 그보다 더 나쁜 신분 상실로 여겼다.

우리가 보게 되듯이 당시 내각은 불황의 사회적, 경제적 결과들에 대해 특히 무지했다. 증가하는 고통지수$^{Misery\ Index}$*에 대해서는 확실히 알고 있었지만, 브뤼닝과 그의 후임자들은 (자선이나 최소 복지비를 통해서가 아니라) 사회문제를 직접적으로 다루려는 노력은 경제적으로나 정치적으로 역효과를 낳는다고 확신했다. 독일 (그리고 다른 산업 국가들) 대부분의 전문가들과 마찬가지로, 신보수주의자들은 경제 불황을 과잉활동^{hyperactivity}으로 야기된 불균형 이후에 시장이 스스로 활기를 되찾는 '정화를 위한 위기$^{cleansing\ crisis}$'라고 보았다.

주목할 만하게도, 심지어 정치적으로 신보수주의에 반대하는 정치가와 노조 지도자들도 실업자들에게 직업을 찾아주는 것에 최우선순위를 두지 않았다. 심지어 많은 노조 지도자도 재정적 통설$^{fiscal\ orthodoxy}$과 균형예산을 경제적 신조로 삼고 있었다. 실업자의 수가 이미 500만 이상이었던 1931년 말과 1932년에 이르러서야, 독일의 노동조합은 경기를 조정하기 위한 조치로서 공공사업 프로그램을 지지했다. 민간 분야 인센티브와 관련해서라면, 쿠르트 폰 슐라이허의 짧은 총리 재임기에야 비로소 신규로 노동자를 고용하는 고용주들에게 세금을 감면해주는 대단치 않은 프로그램이 시도되었다.

신보수주의자들에게 '정화를 위한 위기' 동안 주요한 정부 역할은 독일 통화의 가치 하락을 막는 것이었다. 그들은 시장의 안정성에 대한 신뢰만이 민간 기업인들로 하여금 독일 경제에 더 투자하도록 하고, 그 결과로 경기회복의 사이클이 시작될 수 있을 것이라 확신했다. 실제로 그것은 엄격한 디플레이션 정책을 의미했다. 사회적 결과들과 상관없이 공공 지출은 당대의 세수를 앞지르는 정도로는 허용되지 않았다(이

---

* 한 나라의 국민이 체감하는 삶의 고통 정도를 나타낸 지수. 실업률과 물가상승률을 더한 데서 실질 국내총생산을 뺀 것으로, 이 지수가 높을수록 국민이 체감하는 삶의 고통도 커진다고 본다.

브뤼닝 주위의 우상 숭배의 한 예. 1930년의 중앙당 캠페인 포스터는 "자유와 질서의 최후 수호자인 브뤼닝"을 넘어서고자 헛되이 노력하는 공산주의자들과 나치를 보여준다. 우측 아래 모퉁이에 히틀러가 보인다(출처: akg-images).

것이 라이히스방크와 특히 그 총재인 한스 루터^{Hans Luther}가 적자재정과 관련된 어떠한 공공사업 프로그램에도 격렬히 반대한 이유였다). 물론 균형예산은 비용 절감 혹은 세수 증가, 이 두 가지 방식으로만 이루어질 수 있었다. 독일인들은 양자 모두 시도했다. 절감은 실업수당과 복지수당뿐만 아니라 공무원 임금 삭감에 초점을 두었다(1930년부터 1932년 사이에 공무원 임금은 20퍼센트 감소했다). 그러나 대공황이 악화되어감에 따라 지속적으로 세수가 감소하면서 예산의 균형을 꾀하는 이 정책은 실패했다. 중앙정부는(그리고 그들의 압력을 받은 주정부와 지방정부도) 점차 세금을 인상하는 데 의지했다. 세수 증가 조치는 소득세 할증부터 일련의 소비세까지 다양했다. 소비세는 사치품과 주류뿐 아니라 설탕, 소금, 육류 등 일상 필수품에도 부과되었다. 가장 큰 분노를 산 새로운 세금은 실제로 전근대사회로의 회귀를 의미하는 '인두세'로, 소득과 무관하게 모든 성인 독일인에게 부과되었다. 또한 정부는 세계시장에서 점점 약화되는 독일의 산업 경쟁력을 유지하기 위해 민간 분야에 압력을 가해 임금을 삭감하고 가격을 낮추도록 했다. 임금과 가격 모두 10퍼센트 인하되었다. 하지만 가격은 1931년 12월 수준으로 물가와 연동된 반면, 임금은 1927년 수준에 토대를 두었다(정부는 1927년에서 1931년 사이 임금이 생산성 증가를 앞질렀다고 주장했다).

정치적으로 볼 때, 이 경제적 조치들은 나치와 공산주의자들을 이롭게 했을 뿐만 아니라 브뤼닝과 그의 후임자들을 그들이 타고난 정치적 동맹이라고 여겼던 세력들로부터 멀어지게 만들었다. 이는 확실히 엘베강 동쪽, 특히 동부 프로이센 지주들에게 해당되는 말이었다. 1920년대 내내 만성적으로 경기 침체 상태이던 동부 농업지대는 엘베강 동쪽 농민과 사업가들에게 저리 융자를 제공하던 '동부 지원금^{Osthilfe}' 프로그램의 혜택을 받았다. 1930년까지 이 프로그램은 주로 연방 기금으로 조달되었지만, 프로이센 행정 기구가 이를 관리했다. 프로이센 당국은 지원자들이 보조금을 지급받을 자격을 갖추기 전에 매우 엄격한 기준을 적용했다. 주 행정 당국은 일반적으로 부채 과잉이라 정부 융자로도 구제될 수 없는 영지에 재원을 낭비하려고 하지 않았다(엘베강 동부 지역의 지주들은 오랫동안 동부 지원금을 담당하는 프로이센 행정 당국이 대출 조건을 판단하는 데 지나치게 엄격한 기준을 적용한다고 불평해왔다).

불황은 보조금 수요를 엄청나게 증가시켰을 뿐만 아니라 파산 위험에 처한 농민의 수도 증가시켰다. 엘베강 동부의 농업 분야 융커의 대변인들은 그들의 동료 지주인 힌덴부르크 대통령에게 호소하여 지원 프로그램의 자유화를 관철하고자 했다. 브뤼닝은 이러한 상황을 알고 있었고, 총리가 되기 이전에 대통령에게 동부의 금융 공황을 완화할 조치를 취하겠다고 약속했다. 그는 프로이센 행정 당국을 동부 지원금 담당에서 점차 배제하는 방식으로 약속을 지켰다. 그러나 이러한 조치들마저도 힌덴부르크의 친구들과 이웃들을 만족시키는 데 충분하지 않았다. 그들은 총리가 하나의 사회적 계급으로서 융커를 파괴하고자 노력하는 '농업 볼셰비키'라고 비난했다. 그들의 비난은 브뤼닝의 해임을 점차 더 거칠게 요구하던 지주동맹Bund der Landwirte과 독일민족국민당 모두에서 울려퍼졌다.

신보수주의 시기의 첫 번째 단계는 1932년 봄 갑작스럽게 종말을 맞았다. 대통령으로서 힌덴부르크의 임기는 그해 4월에 끝났고, 브뤼닝은 나치와 독일민족국민당을 포함한 주요 정당들이 힌덴부르크의 재선에 박수로 동의하리라 기대하고 있었다. 온건파 그룹들은 동의했지만 독일민족국민당과 나치, 공산주의자들은 거부했다. 따라서 전면적인 선거가 실시되어야만 했다. 독일민족국민당은 철모단의 2인자이던 테오도어 뒤스터베르크Theodor Düsterberg를 지명했다. 히틀러는 나치당 후보가 되었고, 공산주의자들은 다시 그들의 지도자인 에른스트 텔만을 후보로 내세웠다. 브뤼닝과 (사민당을 포함하여) 온건파 바이마르 정당들은 힌덴부르크를 지지했다. 격렬한 선거 캠페인 끝에 전 육군 원수인 힌덴부르크가 재선되었지만, 그가 이끄는 나라는 전보다 더 양극화되었다.

대통령 선거 직후 힌덴부르크는 브뤼닝에 대한 지지를 철회했다. 대통령 측근이던 쿠르트 폰 슐라이허와 다른 신보수주의자들은 중앙당 출신 총리가, 그의 모든 선의에도 불구하고, 민주주의와 의회주의 세력들, 특히 사민당에 대해 지나치게 협조적이라고 대통령을 설득했다. 원래 브뤼닝의 총리 지명을 환영했던 프란츠 폰 파펜은 더 가차 없이 하겠다고 약속했다. 헌정 개혁에 대한 그의 목표는 전임자의 그것과 별반 다르지 않았지만, 그의 정치적 책략은 훨씬 덜 섬세했다. 브뤼닝이 적어도 헌법의 문구들을 지지하고 의회 내에서 그의 정책에 대한 동의를 구하고자 노력했던 반면, 파펜은 의회에서 전혀 지지를 얻지 못하는 상황을 즐겼다. 파펜이 총리직을 유지하고 그의 프로그램이 실현될지 여부는 전적으로 대통령과 그 주위 인사들에 달려 있었다.

파펜은 헌법 '개혁'에 대한 신보수주의자들의 이상을 실현하기 위해 신속히 움직였다. 대통령의 사인 하나로, 총리는 독일 연방 구조의 주요 부분들을 파괴할 권한을 얻었다. 1932년 4월 주정부 선거는 프로이센에서 의회민주주의의 교착상태를 낳았다. 주의회는 새로운 정부를 선출할 수 없었고, 프로이센 헌법에 따라 구내각은 과도정부로서 지위를 유지했다. 신보수주의자들과 나치는 오랫동안 사민당 장관들이 주요한 부서를 차지하던 프로이센 내각을 그들의 장기적인 계획에서 주요한 장애물로 간주했다. 예를 들어, 프로이센 정부는 브뤼닝 내각을 설득해서 증폭되는 거리 폭력의 두 주요 요인인 나치 돌격대와 붉은전선

전사동맹Roter Frontkämpferbund의 해산을 명령하는 데 중요한 역할을 했다.

파펜은 취임하자마자 나치 돌격대에 대한 금지를 철회해서(공산주의 준군사 조직에 대한 금지는 유지했다), 나치 폭력배들이 거리에서 다시 활동할 수 있게 했다. 정치적 폭력의 수준이 예상대로 증가하자, 파펜은 프로이센 정부가 법과 질서를 유지할 수 없다고 선언했다. 그해 7월 20일, 중앙정부 내각은 대통령령으로 프로이센 정부를 연방 통제하에 두도록 했고, 파펜 자신이 프로이센의 최고위원Reichskommissar을 맡았다. 남은 기간 동안 파펜과 후겐베르크파 보수주의자인 내무부 장관 폰 가일von Gayl 남작은 프로이센 공무원 사회에 대한 숙청을 단행했다. 수십 명의 행정부 내 공화국 지지 공무원이 해고되거나 퇴임했고, 신보수주의에 우호적인 사람들로 대체되었다.

돌격대에 대한 해체 명령을 철회한 파펜의 결정은 나치를 향한 유화 제스처였다. 브뤼닝과 마찬가지로 당시 파펜도 히틀러의 운동을 신보수주의의 적이 아닌 잠재적 동맹으로 간주했다. 이러한 이유로 신보수주의자들은 1930년 9월 선거의 결과로 나치가 제2당이 되었을 때도 크게 불안해하지 않았다. 1928년 선출된 12명을 대신해 107명의 나치당원이 연방의회 의석을 차지했다. 1932년 대통령 선거 기간 동안 보인 나치의 태도는 결국 브뤼닝으로 하여금 히틀러를 다룰 수 없음을 확신하게 만들었지만, 파펜은 여전히 자신이 독일민족국민당과 히틀러 당의 지지를 얻을 수 있으리라 확신했다. 독일민족국민당의 지도자인 후겐베르크와의 사이에 어려움은 없었다. 독일민족국민당은 파펜의 '남작 내각'(다수의 귀족들이 정부에 있었기 때문에 그렇게 불렸다)에 가장 많은 장관을 보냈고, 이 두 번째 총리에게 실질적인 의회적 지지를 보내는 유일한 당이었다. 파펜은 엘베강 동쪽 지주 대부분과 재계 대부분의 지지도 얻고 있었다. 나치에 관한 한, 파펜은 (그리고 슐라이허는) 브뤼닝을 재앙으로 내몬 것과 동일한 경로를 따르고 있었다. 파펜은 대공황의 충격이 정점에 달했던 1932년 7월에 새로운 선거를 치르자는 히틀러의 요구에 동의했다. 그 결과 온건파 정당들과 독일민족국민당은 지지를 더 상실한 반면, 나치는 의원수를 두 배 이상으로 늘렸다. 나치당은 이제 의회에서 다수당이 되었다. 또한 그들의 원내대표인 헤르만 괴링Hermann Göring은 연방의회 의장*으로 선출되었다.

이러한 정치적 선물에 대한 보상으로 파펜과 슐라이허는 신보수주의 체제에 대한 히틀러의 지지 혹은 적어도 관용을 얻어낼 수 있으리라고 생각했다. 여기서 그들은 완전히 틀렸던 셈이다. 나치는 파펜의 하위 파트너가 될 생각이 없었다. 8월에 히틀러는 포고령에 근거하여 브뤼닝과 파펜이 1930년 이래로 그랬던 것처럼 국가를 운영할 권한을 가진 총리로 자신을 임명해줄 것을 힌덴부르크에게 요구했다. 파펜의 조언에 따라 대통령은 이를 거부했고, 그 결정은 적어도 한동안 총리와 나치의 허니문을 종식시켰다. 시간을 벌기 위해, 파펜은 7월 총선이 끝난 지 4개월이 갓 지났을 뿐인데도 불구하고 새로운 선거를 요구했다. 1932년 11월 선거 결과는 비록 나치가 제1당으로 남기는 했으나, 상당한 손실을 안게 했다. 파펜은 대통령에게 신보수주의자들이 '헌정적 비상사태'―신보수주의와 협력하기를 거부하는 연방의회―라고 부르는 것이 지속되는 상황을 고려하여 헌법을 정지시키고 한시적인 군사독재를 실시할 것을 요구했다.

이처럼 파펜이 11월에 새로운 '개혁' 프로그램을 만들었지만, 당시 장막 뒤에 있던 쿠르트 폰 슐라이허는 자신이 더 나은 대안을 갖고 있

* 바이마르 시기의 직위로 다수당의 제안에 따라 의원들의 표결로 선출했다. 현재도 이와 유사하게 연방의회 의장직이 있다.

다고 믿었다. 이 장군은 힌덴부르크가 스스로 지키겠다고 맹세한 헌법을 노골적으로 파괴하는 데 동의하기를 꺼린다는 것을 알았다. 슐라이허는 군사독재라는 파펜의 계획이 정치적으로 위험하고 불필요하다고 주장했다. 그는 노골적인 독재에 호소하지 않고 신보수주의의 근본적인 목표를 달성하도록 할, 헌정상 교착상태로부터의 출구를 찾았다고 느꼈다. 슐라이허는 그의 전임자들과 달리 연방의회의 다수와 조화롭게 일할 수 있는 정부를 이끌겠다고 제안했다.

총리로서 쿠르트 폰 슐라이허의 짧은 재임은 신보수주의 시나리오의 세 번째 변종을 드러냈다. 새로운 총리는 열광적인 민주주의자일 수 없었다. 브뤼닝과 파펜처럼 이 장군 역시 정당과 의회민주주의를 경멸했다. 그는 독일에 필요하다고 스스로 믿어 마지않던 근본적인 권위주의 구조의 필연적인 결과로서 한 원외 포퓰리스트*를 바라보았다는 점에서만 두 전임자와 달랐다. 슐라이허 계획의 핵심—오늘날에도 이에 대해 알려진 것이 별로 없는 이유는 그가 매우 비밀스러웠고, 그다지 체계적인 사고를 하지 않았기 때문이다—은 신보수주의 세력과 거대 기업, 조직노동, 그리고 나치 정당과 연대하는 것이었던 듯하다. 그는 이 집단들의 지지를 얻기 위해 고용주들에게는 세금 감면을, 노조에는 확대된 공공사업 프로그램을, 나치에는 정부 권력 몫을 제시했다. 계획대로라면 히틀러 당의 2인자이던 그레고어 슈트라서Gregor Strasser는 슐라이허 내각에서 부총리가 될 예정이었다.

슐라이허의 계획은 수치스럽고도 신속하게 실패했다. 재계의 몇몇 대변인은 긍정적으로 반응했지만, 대부분의 노조 지도자는 과거에 조직노동과 사민주의를 향해 적대감을 숨기지 않았던 정치군인을 신뢰하

---

* 히틀러를 가리킨다.

지 않았다. 나치의 경우, 그레고어 슈트라서는 슐라이허의 계획을 받아들일 용의가 있었지만, 히틀러는 그렇지 않았다. 히틀러가 나치당의 미래 활동 경로에 대한 슈트라서의 조언을 거부했을 때, 이 나치당의 2인자는 모든 당직에서 물러났다. 슈트라서는 그의 견해에 동조했던 모든 사람에게 자신의 예를 따르지 말고 아돌프 히틀러에게 충성할 것을 종용하는 성명을 발표했다. 결국 1932년 12월 말에는 슐라이허 역시 군사독재를 헌정적 난국으로부터 빠져나갈 수 있는 유일한 출구로 여겼다. 힌덴부르크는 여전히 이를 거부했다.

권력을 잡은 지 거의 3년 후, 신보수주의의 대차대조표는 별반 인상적이지 않았다. 총리들은 의회민주주의와 연방주의의 구조를 상당 부분 파괴했지만, 권위주의로 영원히 회귀하는 헌정적 변화를 실행하지 못했다. 그러나 모든 것이 다 사라진 것은 아니었다. 해임과 오랜 친구인 쿠르트 폰 슐라이허의 배신으로 인한 충격에서 회복한 파펜은 신보수주의자들의 정치적 목표를 실현할 또 다른 계획을 갖고 있었다. 그는 이 계획이 바이마르헌법의 문구를 위반하지 않을 것이고, 나치의 협력도 얻을 것이며, 신보수주의를 권좌에 머물게 할 것이라고 주장했다.

나치의 권력 장악

1933년 총리가 된 이후 아돌프 히틀러는 그의 '당사黨史'라는 별칭을 갖는 어떤 내용을 끝없이 계속되곤 하던 그의 연설에 포함시킬 때가 많았다. 변함없이 30분 정도 지속되던 이 당사는 신의 섭리가 1차대전 당시 무명 병사이던 자신을 선택하여 모든 난관을 극복하게 했고, 처음에는 강력한 정치운동을, 나중에는 제3제국을 이루도록 했다는 총통의 확신을 표현했다.

기실, 히틀러의 권력 장악에는 훨씬 더 따분한 요소들이 작동했다. 그중 일부는 독일사 자체였다. 나치는 경고 없이 독일의 정치적 장면에 혜성처럼 나타난 것이 아니었다. 그들은 깊고도 제대로 감춰지지도 않았던 독일의 반유대주의, 반근대주의, 반의회주의라는 사회 흐름의 상속자이자 수혜자였다. 그것은 1890년대 이래 원민족주의적 운동을 키워낸 기름진 토양이었다. 패전과 더불어 많은 독일인이 바이마르공화국의 밋밋한 성과에 대해 느꼈던 실망은 이를 더욱 부채질했다. 하지만 이 모든 요소들이 존재했음에도 불구하고 1928년 선거에서 나치는 아직 득표율이 3퍼센트 미만이었다.

국가사회주의를 비주류에서 주요 정치 세력으로 변모시키기 위해서는 경기 불황이 필요했다. 경제적 참사의 정치적 효과—의회 체제의 마비, 정부가 지속적으로 악화되는 경제에 제대로 대처하지 않으려는 것처럼 보인 것, 공산당의 상승세—는 많은 독일인들에게 히틀러와 그의 당만이 미래를 위한 희망과 볼셰비즘의 승리에 대한 대안을 제시할 것이라고 설득했다. 나치는 1929년 프로이센주 선거에서 최초의 승리를 거두었고, 경제지표들의 지속적인 하락과 대략 평행을 이루며, 불황의 저점에서 독일 유권자의 37퍼센트가 히틀러 운동에 지지를 보낼 때까지 지속적으로 승리를 구가했다.

불황이 당에 떠안겨준 당원 및 유권자의 유입을 효과적으로 활용하기 위해 나치당은 세 가지 병렬적인 조직 구조 체계를 활용했고, 각각은 분리되었지만 상호 보완적인 기능을 담당했다. 먼저 당은 가우Gau(옛 게르만의 영토 단위)라고 불린 지역 단위로 나뉘었고, 각 가우위원장Gauleiter이 이끌었다. 대개의 경우 가우의 경계는 연방의회 선거구와 일치했고, 가우 활동가들의 일차적인 역할은 선거운동을 하고 유권자의 지지를 얻는 것이었다.

두 번째로, 농민에서 뮌헨 석탄 판매자들의 국가사회주의협회National Socialist Association of Munich Coal Dealers에 이르기까지 나치 동조자들(그리고 당원들)이 경제적, 직업적 이익집단들에서 조직된 계열을 이루었다. 이들의 목표는 다양한 경제적 이익집단들 사이에서 나치의 영향력을 확장하고, 가능하다면 그들을 나치 이념에 대한 정치적 지지를 모아내는 단체로 변모시키는 것이었다. 당은 농민, 소매업자, 대학생, 의사들을 조직해내는 데 특히 효과를 보았다.

마지막으로, 나치당의 가장 눈에 잘 띄는 요소인 준군사 조직들, 특히 돌격대가 있었다(이후 체제의 공포스러운 상징이 된 친위대Schutzstaffel, SS는 아직 맹아 단계에 있었다). 바이마르공화국 최후 수년 동안, 1932년 말 40만 명을 기록한 돌격대는 의심할 여지 없이 나치 정치 전략에서 가장 중요한 부분이었다. 돌격대는 포스터를 붙였고, 라이벌들이 당 집회를 방해하지 못하도록 했으며, 적대자와 무고한 방관자들을 공포로 몰아넣었다. 돌격대는 나치의 호전성과 잔혹성을 효과적으로 상징했다.

나치의 삼분 구조와 이들의 독특하고 기회주의적인 프로그램들은 원자화되고 두려움에 찬 독일 유권자들로부터 정치적 이익을 얻을 수 있도록 잘 고안되었다. 글자 그대로 수백 회의 집회에서, 이탈리아 무솔리니 체제의 방식을 대놓고 모방하는 가운데, 나치는 전형적으로 파시스트 스타일의 캠페인을 실시했다. 엄청난 규모의 나치 깃발과 애국적 상징들, 단호한 표정의 유니폼 차림 경호원들, 군국주의 음악, 연극적인 연사들이 그것이었다. 동시에 공산주의자 및 다른 정치적 적대자들과 일상적인 싸움에 연루된 돌격대의 편재는 (가상의) 임박한 볼셰비즘 혁명으로부터 독일을 구하려는 헌신성을 가진 독일 중간계급과 상층계급에게 특히 인상적이었다. 또한 나치는 세련된 정치가들이기도 했다.

히틀러는 선거 캠페인에 비행기를 광범위하게 활용한 최초의 근대 정치 지도자였다.

집회에서 나치당의 메시지는 언제나 같았다. 당의 대변인들에게 독일의 정치적, 경제적 문제들은 유대인, 11월(1918년)의 범죄자들, 마르크스주의자처럼 의인화된 이유를 갖고 있었고, 유일한 해결책은 사악한 사람들을 권력으로부터 배제하고, 나치당이 보기에 이들의 권력 장악을 가능케 했던 의회민주주의 체제를 제거하는 것뿐이었다. 그러나 아돌프 히틀러와 그의 당은 바이마르공화국을 공격하는 것에만 머무르지 않았다. 그들은 독일 사회의 거의 모든 부문을 상대로 결핍과 두려움으로부터의 구원을 약속했다. 이 중 일부가 서로 모순되거나 당이 이 모든 다양한 퍼주기 계획들을 재정적으로 뒷받침할 실제적 수단을 제시할 수 없다는 것은 문제가 되지 않았다. 지겹도록 반복된 메시지는 일단 나치당이 권력을 잡기만 하면 모든 어려움이 자동적으로 해소되리라는 것이었다.

한동안 이러한 방법들은 잘 먹혔다. 절망스러운 시대는 절망스러운 반응들을 자아냈다. 1930년 9월 선거에서 나치당의 극적인 성공(18퍼센트의 지지)은 첫 번째 단계일 뿐이었다. 나치는 향후 2년간 거의 모든 지방, 주, 전국 단위 선거에서 득표율이 증가했다. 결국, 10명 중 3명 이상의 유권자가 나치당에 투표해서, 이 당이 다수의 주정부와 지방정부를 통제할 수 있게 되었다.

누가 나치당에 가담하고 나치를 지지했는가의 문제는 오랫동안 역사가들을 사로잡아왔다. 몇 년간 나치가 하층 중간계급에서 지지의 대부분을 얻었다는 것이 자명한 일처럼 받아들여졌지만, 최근 연구들은 그들이 독일 사회 모든 부문에 상당한 정도로 침투했음을 보여주었다. 여전히 차이는 있었다. 하층 중간계급은 인구 구성상의 비율보다 훨씬 더 많이 당원과 활동가로 참여했다. 반대로 블루칼라는, 특히 대도시에 거주하는 경우라면 참여율이 낮았다. 유권자와 관련해서는, 가톨릭이 프로테스탄트보다 나치당에 덜 투표했다. 소규모 도시와 농촌 거주자들은 대도시에 사는 사람들보다 나치당을 지지할 가능성이 더 컸다. 직업과 사회 계급의 관점에서라면, 소득 및 사회적 지위와 나치 지지 사이에는 상관관계가 있었다. 말하자면, 나치 지지는 부유층에서 가장 강력했고, 구중간계급(소상인, 중소기업, 공무원, 학자)은 가장 높은 비율로 나치에 투표했다.

나치당의 쇼비니즘적이고 반마르크스주의적, 반민주주의적, 반유대주의적 메시지는 엄청난 대중적 지지를 얻었고, 바로 그 때문에 신보수주의자들은 히틀러의 운동을 자신들의 목표를 위해 활용하는 데 열심이었다. 결과적으로 나치와 신보수주의자들은 많은 반공화주의적 활동에서 결합했다. 후겐베르크 미디어 제국의 출판물들에서 강력한 지지를 얻으며, 나치와 철모단은 1929년 11월 영 플랜에 반대하는 캠페인에 착수했다. 1931년 8월 나치와 다양한 신보수주의 그룹은 '전국적 저항' 혹은 '하르츠부르크 전선Harzburg Front'을 시작하기 위해 브라운슈바이크Braunschweig주(브라운슈바이크 연방주는 이제 나치-신보수주의 연정 통제하에 있었다) 하르츠부르크에서 만나, 브뤼닝 정부와 의회민주주의를 파괴하는 데 협조하기로 약속했다.

히틀러는 자신의 집회에 모인 수천 명의 열광에 대해, 그리고 독일의 '타고난' 엘리트 지도자들이 자신의 운동에 관심을 보이는 것에 대해 의심할 여지 없이 만족해했지만, 자신을 둘러싼 상황의 정치적 한계 역시 인식했다. 나치당의 신보수주의 동맹은 기꺼이 나치당에 집회를 허용하고, 자주 폭력적인 가두시위를 허용하는 데 만족해했지만, 실제 권력을 나치당에 주려고 하지는 않았다. 대통령은 두 차례에 걸쳐—1932년

바이마르 시기에 가장 유명한 정치 포스터 중 하나. 1932년 7월 연방의회 선거 동안 사민당의 예언은 나치가 권력을 장악할 경우 독일 노동자들은 나치의 상징인 피의 십자가에 못 박히게 되리라는 것이었다(출처: Photos 12/Alamy).

8월과 11월—히틀러에게 정부 수반으로서 독재적 권위를 부여하는 것에 대해 일언지하에 거부했다.

투표함을 통해 권력에 이르는 길 역시 유사한 난관을 보여주었다. 선거에서 절대 다수를 얻지는 못한 채 나치는 당의 베를린 지도자이자 후일 선전부 장관을 지낸 요제프 괴벨스Joseph Göbbels가 인정한 대로 "이기다가 죽을" 위험 가운데 있었다. 1932년 늦가을, 나치당의 지지율이 정점에 이르렀다는 것이 분명해졌다. 11월 연방의회 선거에서 나타난 당지지의 현저한 감소가 이후 있었던 주와 지방 선거에서 가속화되었다.

가속도를 잃었을 때, 당은 심각한 조직상의 문제와 재정적인 어려움을 안게 되었다. 그해 연말까지, 당의 응집력을 유지하기가 어려웠다. 특히 돌격대는 점점 더 들썩이며 권력의 전리품을 획득하려고 안달이었다. 1931년 3월 초 베를린에서 지역 봉기가 있었고, 아돌프 히틀러 측에서의 예외적인 노력으로 반항적인 보병들을 진압할 수 있었다. 8월 13일 힌덴부르크가 히틀러의 총리 임명을 거절하자 돌격대는 오랫동안 기대하던 '장검의 밤'*을 미룰 수밖에 없었다. 이 장검의 밤 동안 돌격대는 법적인 결과에 대해 우려하지 않고 그들의 정치적, 개인적 적들에게 보복할 수 있을 터였다.

재정은 또 다른 긴박한 문제를 제시했다. 당대인과 몇몇 학자들은 기업과 개인 사업자들이 1920년대, 특히 1930년 9월 선거에서의 인상적인 실적 이후 나치당에 엄청난 금액을 제공했다고 주장했다. 역사학자 헨리 터너Henry Turner와 다른 사람들이 입증했던 것처럼, 실제 이러한 지

---

* 450년 앵글로색슨족 이민자가 켈트 귀족들을 학살한 사건에서 유래한 표현으로, 바이마르 시기 내내 인구에 회자되던 관용적 표현이다. 돌격대가 숙청된 '장검의 밤'은 그 대표적인 사건이다.

원은 나치당의 재정에서 주요한 요소가 아니었다. 나치당은 대개 독립 채산제에 근거하여 당비와 다양한 영리 계획을 통해 활동의 재원을 마련했다. 그러나 승리가 가시화된 것처럼 보이던 1932년, 당은 엄청난 부채에 빠져 있었고, 그해 가을의 정치적 차질은 나치가 이 부채를 상환하는 것을 어렵게 했다. 몇몇 후일의 역사가뿐만 아니라 당대인들은 다양한 이유로 1932년 말까지 나치당이 해산 위기에 있었다고 결론 내렸다.

당의 정치적, 재정적 난관들은 그레고어 슈트라서─나치당의 사무총장으로서 그의 위상은 당의 실제 상황에 대한 정확한 안목을 가져다주었다─로 하여금 히틀러에게 슐라이허의 제안을 받아들이고 자신을 슐라이허 내각의 부총리로 참여할 수 있도록 권고하게끔 했다. 앞서 보았던 것처럼, 히틀러는 이를 거부했다. 그는 전부 아니면 전무를 원했다. 1932년 12월의 관점에서 보자면, 전무가 될 가능성이 매우 큰 것처럼 보였다.

나치당의 지속적인 몰락은 운명이 아닌 프란츠 폰 파펜과 다른 신보수주의자들에 의해 중단되었다. 히틀러 권력 장악의 마지막 단계는 유권자들 가운데 광포한 세력들에 대한 이야기가 아니라 무대 뒤의 음모, 눈먼 야심, 그리고 몇몇 그룹의 정치적 순진성에 대한 이야기였다. 전임 총리 파펜은 그를 강제로 해임한 슐라이허의 무력 없는 쿠데타에 대해 복수하기를 원했다. 파펜은 책상을 치우자마자 히틀러와 그의 동료들에게 촉수를 뻗쳤다. 나치의 협력을 얻으려는 슐라이허의 계획이 실패한 것이 분명해진 12월 중순에 이러한 노력은 더욱 강화되었다.

1933년 1월 초까지 파펜과 히틀러, 다수의 중개자들이 참석한 일련의 비밀 회동은 새로운 연정을 위한 무대 뒤 거래에 해당하는 것을 만들어냈다. 히틀러는 나치와 신보수주의로 구성된 내각에서 총리가 될 터였다. 정부 내 실권자가 되고자 했던 파펜은 부총리 자리와 프로이센 최고위원 자리로 만족했다. 게다가 신보수주의자들은 내각에서 절대다수를 차지하게 될 터였고, 나치 각료는 세 명만 있을 예정이었다. 파펜의 계획은 정치적으로 불가능한 것을 약속하고 있었다. 히틀러가 동의한다면, 새 내각은 연방의회에서 신임투표를 가결할 수 있고, 따라서 대통령이 헌법의 문구를 어길 필요도 없었다. 동시에, 제안된 내각 배분은 신보수주의자들에 의한 정부 지배를 보장하는 것처럼 보였다. 그런데 파펜이 알아야 했던 대로, 히틀러는 연정에 관심이 없었다. 내각 회동은 1933년 72회에서 1935년 12회, 1937년 6회, 1938년 1회로 지속적으로 감소했다. 1938년 이후 각료 회의는 다시 열리지 않았다.

남은 장애물은 두 가지였다. 국가방위군의 협조를 확보하는 것과 힌덴부르크로 하여금 이 계획을 받아들이도록 설득하는 것이었다. 첫 번째 난관은 새 내각의 국방부 장관으로 베르너 폰 블롬베르크Werner von Blomberg를 선택함으로써 해소되었다. 직업군인이자 대통령 아들의 개인적인 친구였던 이 장군은 나치 동조자로 알려져 있었다. 히틀러가 이끄는 내각에 대한 힌덴부르크의 승인은 좀 더 어려운 과제였다. 대통령은 개인적으로 히틀러를 싫어했고, 슐라이허는 나치가 동력을 잃고 있으며, 따라서 필요한 것은 그들의 해산을 기다리는 일일 뿐이라고—매우 정확하게—주장했다. 파펜은 (총 2만 명 정도의 인구를 가진) 군소 연방주인 리페Lippe에서 최근 나치가 거둔 성공을 지적하면서 이에 맞섰다. 파펜은 이를 두고 나치당이 여전히 길들일 필요가 있는 세력임을 보여준다고 주장했다(파펜은 리페 선거에서 나치의 성공이 당의 모든 재원을 이 후미진 농촌에 집중한 결과라거나 온건파 정당들이 히틀러의 운동보다도 비율상으로 훨씬 나았다는 것 등은 언급하지 않았다).

파펜의 주장이 슐라이허의 주장을 이겼다. 힌덴부르크는 히틀러를 총리로 임명하는 데 동의했고, 1933년 1월 30일, 새 내각은 취임 선서 준비를 마쳤다. 내각에 나치당원은 총리인 히틀러를 제외하고 두 명뿐이었다. 헤르만 괴링이 무임소 장관이자 프로이센의 내무부 장관 대행이었고, 맥주홀 폭동 때부터 히틀러의 오랜 바이에른 동료였던 빌헬름 프리크Whilhelm Frick가 내무부 장관이 되었다. 그들은 파펜 외에도 독일과 프로이센의 경제부 및 농업부 장관이 된 후겐베르크, 노동부 장관인 철모단의 수장 프란츠 젤테Frank Seldte를 포함한 저명한 신보수주의자들과 함께했다. 내각의 나머지는 보수적인 경향을 가진 공무원들로 채워졌고, 그들 중 일부는 브뤼닝 내각 참여자들이었다.

통폐합: 나치 전체주의의 확립

아돌프 히틀러는 독일을 영원하고 전면적인 나치 통제하에 놓아야 한다고 결심했다. 독일은 그가 오랫동안 구상해온 내정적, 외교적인 정책 목표를 달성할 도구가 되어야 했다. 관료적인 완곡어법과 모호한 말을 만들어내는 데 달인이었던 나치는 그 과정의 첫 번째 걸음을 '동기화' 혹은 통폐합Gleichschaltung이라고 불렀다. 본질적으로 이는 나치당 활동 이외의 모든 조직화된 정치활동을 금지하는 일련의 조치로 구성되었고, 국가가 후원하는 점차 더 효율적인 공포 체제를 만들어냈으며, 흔적만 남은 의회민주주의를 히틀러의 개인 독재로 전환했고, 전통적으로 비정치적인 모든 활동에 나치의 가치와 이념을 주입하려고 했다.

히틀러 외교정책의 목표는 반대되는 경험적 증거들과 모든 차질에도 불구하고 그가 외골수로 추구했던 두 가지 강박관념에 근거했다. 나치 지도자의 세계관Weltanschauung(문자 그대로 세계관이며, 그의 이데올로기를 뜻한다)―1933년 이전의 무수한 연설과 그의 자서전, 두 번째 미간행 초고(2차대전 이후 《히틀러의 두 번째 책Hitlers Zweites Buch》이라는 제목으로 출간되었다)에서 상당히 상세하게 설명되었다―은 인종과 공간이라는 두 가지 토대에 근거했다. 히틀러의 '인종 문제 해결'은 독일과 유럽에서 유대인을 제거하는 것이었다. 비록 1933년에는 그것이 강제 이주를 의미하는지 혹은 물리적 말살을 의미하는지가 분명하지 않았다―심지어 히틀러 자신에게도―하더라도 말이다. 그러나 히틀러의 '공간'이 독일이 필요로 하는 새로운 광대한 생존공간Lebensraum을 획득하기 위해 러시아와 동유럽을 정복하는 것을 가리킨다는 점에 대해서는 의심의 여지가 없었다.

내정 측면에서 자칭 '국가 부흥 정부'의 두 가지 가장 즉각적인 목표는 '민족주의 정당들'을 위해 정치권력 독점권을 확보하는 것과 사람들에게 일자리를 되돌려주는 것이었다. 아이러니하게도, 나치의 통폐합 프로그램은 신보수주의가 승리를 거두는 데 히틀러와 나치가 하위 파트너로서의 역할을 담당하길 기대하던 신보수주의자들에 의해 대체로 완수되었다. 그 이유는 적어도 통폐합의 초기 단계에서는 신보수주의의 목표가 히틀러의 목표인 민주주의 파괴, 재무장, 베르사유 체제 수정, 경제 부흥 등과 일치했기 때문이다.

권력을 추구하는 동안 나치의 경제적 제안들은 그들의 적들에게서 조롱의 대상이 되곤 했다. 모든 은행거래에 이자를 철폐하겠다는(1920년 당의 공식 프로그램 조항 가운데 하나) 등의 아이디어들은 고도로 발전한 산업 경제에는 분명 터무니없는 일이었다. 무수한 정치 캠페인 동안 히틀러와 그의 동료들은 거의 모든 경제 부문에 구제책을 약속했다. 농민은 나치 통제하의 고관세로 외국으로부터의 경쟁에서 면제될 것이라는 보장을 받았고, 소상인들은 백화점을 내모는 입법을 기대할 수 있었다. 나치의 경제적 극단주의는 일단 권력을 잡자 외견상 폐기되었다. 이자도, 백화점도 사라지지 않았다. 사실 대체로 1933년 초반 몇 개월 동안 총리는 경제정책 상당 부분을 신보수주의 경제부 장관인 후겐베르크와 라이히스방크 총재의 손에 맡겨두었다. 결국 이들은 브뤼닝이 시작하고 파펜과 슐라이허가 지속했던 가격, 임금, 통화 통제를 유지했다.

그럼에도 주목할 만한 우선순위의 변화가 있었고, 몇 달 후 인적 구성에 주요한 변화도 나타났다. 그의 전임자들과 달리 히틀러는 정부의 첫 번째 우선순위를 마르크화의 가치 보장이 아니라 실업 축소라고 결정했다. 그는 즉시 대규모 정부 지원을 받은 공공사업 프로그램을 고집했다. 동시에 전례 없는 군비 증강에 착수했다. 총리가 된 후 몇 주 내에 히틀러는 향후 4~5년간 독일의 최우선순위는 무엇을 필요로 하건 필요한 모든 것을 군대에 제공하는 것이라고 내각에 공표했다. 그의 신보수주의 동맹으로부터 저항은 없었다. 1933년 이전에 공공 지출의 4퍼센트이던 국방 예산은 1938년 50퍼센트로 증가했다. 공공사업과 재무장 간의 가장 극적이면서 눈에 띄는 연결고리는 전략적 고속도로망인 아우토반^{Autobahn}의 건설이었다. '일이 되게 하는 것'에 대한 강조가 제3제국 초기 몇 년간 나치의 의심할 여지 없는 인기에 기여했다. 표면적으로 볼 때 나라가 표류하지 않도록 하는 지도자들이 있었고, 그들은 독일을 경제 혼란의 난국으로부터 빠져나갈 수 있도록 행동했다. 그리고 그 결과는 드라마틱했다. 1933년 1월 600만 명에 달하던 실업자는 그해 말까지 400만 명으로 떨어졌다.

공공사업과 재무장 프로그램에는 매우 많은 비용이 들었다. 정부가 가지지 못한 돈을 지출하는 것에 따르는 인플레이션 효과를 우려하여, 히틀러의 전임자들은 적자예산의 길에 들어서기를 계속해서 거부했다. 그러나 나치는 정통 공공 재정학 이론에 대해 참을성을 갖지 못했다. 총리는 경제를 활성화하고 재무장 프로그램에 착수하기 위해 필요한 정부 기금을 내놓을 것을 라이히스방크에 요구했다. 라이히스방크의 총재이던 한스 루터가 극단적인 재정적 보수주의자로 알려져 있었기 때문에, 히틀러는 그의 사퇴를 요구했다(루터는 주미 대사가 되었다). 나치와 신보수주의자들의 영 플랜에 대한 비판을 지지했다는 이유로 1930년 공화주의 정부가 해임했던 전직 라이히스방크 총재 할마르 샤흐트가 그의 후임이 되었다. 1933년 9월, 후겐베르크가 계략으로 내각에서 해임되었다. 후임 경제부 장관은 보험회사 간부인 쿠르트 슈미트ᴷᵘʳᵗ Schmitt였다. 후겐베르크가 맡았던 또 다른 지위인 농업부 장관 자리에서 나타난 인적 변화가 보다 중요했다. 그의 후임은 나치당의 농업 전문가이던 발터 다레ᴿ· Walther Darré였다.

적자재정을 고집하면서 히틀러는 어떠한 경제 이론에도 의거하지 않았다. 그는 자신의 정치적 목표를 달성하는 데 재정적 고려가 걸림돌이 되는 것을 단순히 거부했을 뿐이었다. 샤흐트가 히틀러와 함께했는데, 이는 그가 히틀러의 정치적 야심을 공유하고 있었기 때문이 아니라, 영국의 존 메이너드 케인스처럼 독일 경제가 1933년에 잠재적 역량을 지니고 있어서 신용의 나사를 느슨하게 한다면 인플레이션의 위험을 낳지 않으리라 확신했기 때문이다. 그는 정부에 6억 마르크의 선금을 주는 데 동의했다. 향후 5년간 추가로 120억 마르크가 더 지불될 예정이었다. 나치 첫 두 해 동안 특히 경기 부양 펀드는 무조건 증여가 아닌 형식상 개인회사를 통해 제공되었다. 1933년 창설된 금속공학연구회 Metallurgische Forschungsgesellschaft(앞머리를 따 메포ᴹᴱᶠᴼ사로 알려진)는 특히 방위산업 분야의 다양한 개인회사들에게 정부 계약을 주는 유령회사였다. 계약이 체결된 작업은 '메포 어음', 즉 메포사가 보장하는 채권을 통해 선지불되었다. 메포 어음은 라이히스방크에 의해 보장되었고, 어떤 독일 은행에서건 실제 마르크화로 환전되었다.

몇몇 신보수주의자들이 적자재정에 대해 회의적이었을지라도, 독립적인 노동조합의 해체는 그들의 전폭적인 지지를 얻었다. 1933년 5월 2일, 정부는 모든 노동조합을 해산하고 그들의 자산을 압수했다. 독립적인 노동운동 대신, 나치는 독일노동전선^{Deutsche Arbeitsfront, DAF}을 설립했다. 새로운 조직은 나치당의 연계 조직이었다. 민족공동체에 대한 나치의 비전이 투영되어, 회원 가입은 고용주와 피고용인 모두에게 의무사항이었다. 독일노동전선은 파업할 권리도, 단체협상을 할 권한도 없었다. 새로운 거대 조직의 수장은 로베르트 라이^{Robert Ley}였는데, 그는 나치당의 행정 책임자이던 그레고어 슈트라서의 후임이었다.

원자재와 식료품에서 자급자족을 달성하려는 정부의 지속적인 노력역시 과거 신보수주의 정책을 지속시켰다. 많은 정치적 우파와 마찬가지로, 히틀러는 1차대전 당시 연합국의 봉쇄가 1918년 혁명적 봉기의 온상을 창출하는 데 결정적이었다고 확신했다. 브뤼닝과 그의 후계자들은 독일 농민을 보호하기 위해 농산품에 대한 관세를 이미 인상한 바 있었지만, 히틀러 체제는 여기에서 한 걸음 더 나아갔다. 세습농지법^{Reichserbhofgesetz}과 제국농업생산자단^{Reichsnährstand}의 설립은 농민을 압류로부터 보호했을 뿐만 아니라 그들을 엄하게 규제했다. 그들은 토지를 판매하는 것을 금지당했다. 제3제국에서 '피와 땅'을 결부시키기 위해 농장은 남성 상속인에게 온전히 상속되어야 했다. 1933년 9월부터 제국농업생산자단은 농작물의 가격과 생산 할당량, 수입을 통제했다. 목표는 농민들에게 닫힌 시장과 안정적인 가격을 제공함으로써 농업 생산을 증가시키는 것이었다.

자급자족 경제로의 지향과 재무장에 대한 일방적 강조는 독일 경제의 전통적인 균형을 변화시켰고, 아이러니하게도 머지않아 재무장 계획의 성공을 위협했다. 우리가 보았던 것처럼, 제국 수립 이래로 독일의 경제성장은 완성품의 수출과 식료품 및 가공되지 않은 원자재 수입에 의해 주로 이루어졌다. 하지만 새로운 정부의 경제정책은 독일 수출의 급속한 하락과 그에 상응하는 외환 수입의 감소를 가져왔다. 머지않아 수출 없이는 독일이 재무장과 국가의 산업노동자를 먹이는 데 필수적인 농산품 및 원자재 수입 비용을 지불하지 못하리라는 것이 분명해졌다.

샤흐트의 계획, 즉 '신계획'은 한동안 해결책을 제시하는 것처럼 보였다. 1935년 초 슈미트를 대신하여 경제부 장관이 된 샤흐트는 열린 세계시장에서 교역하기보다, 경화 문제를 우회할 상호 협정을 체결할 의사가 있는 국가들과의 무역 관계에 집중해야 한다고 주장했다. 수출과 수입의 비용은 미국 달러나 영국 파운드 같은 국제적인 교환 매체, 즉 경화가 아니라 두 당사국의 화폐로 계산되고, 회계는 '청산 협정'을 통해서 해결될 수 있을 터였다. 독일은 향후 수년간 일련의 상호 협정을 체결했지만, 미국과 영국이 이러한 토대에서 국제무역 협약에 가입하기를 거부했기 때문에, 북미와 서유럽에서 전통적인 시장의 상당 부분을 상실했다. 대신 무역은 점차 동유럽과 남동유럽, 남아메리카로 방향을 바꾸었다.

신계획은 나치 초기의 국제무역 붕괴를 방지했지만, 재무장 프로그램의 필요와 보조를 맞출 수는 없었다. 1936년 초까지 독일은 매우 심각한 경화 유동성 위기를 겪었다. 어느 시점에서 라이히스방크는 8,800만 마르크—일주일간 독일 수입을 뒷받침할 정도인—의 경화만 보유하기도 했다. 게다가 독일의 전략 원자재 부족은 히틀러의 재무장 계획을 위협했다. 앞서 언급했던 것처럼, 석탄을 제외한다면 독일은 상업적으로 활용될 만한 광물 자원이 없었다. 그러나 히틀러는 이 분야에서도 자립경제를 달성하려고 결심한 상태였다.

1936년 8월 총통은 '4개년계획'—이렇게 이름 붙여진 것은 4년 안에 독일의 육군과 경제가 전쟁을 수행할 수 있게 해줄 수 있을 터이기 때문이었다—을 제안했다. 그는 볼셰비키와 유대인에 맞서는 무장투쟁의 불가피성을 반복하며 시작하는 제안서에서, 전략적인 식량과 원자재를 독일이 자급자족할 수 있도록 하는 데 최우선순위가 주어져야 한다는 요구로 결론을 맺었다. 히틀러의 오랜 동료인 헤르만 괴링이 주도하는 엄청난 규모의 새로운 관료제와 더불어, 4개년계획 행정부는, 엄두도 못 낼 정도의 고비용에도 불구하고, 독일에 미미하게 남은 원자재를 활용하는 데 착수했다. 4개년계획은 또한 인공고무와 석탄에서 추출된 가솔린처럼 전쟁을 수행하는 데 필요한 물질의 합성 대용물 생산을 재정 지원했다.

4개년계획의 재정적 결과는 경제 회복의 마법사이던 샤흐트와 히틀러의 분열을 낳았다. 과거에 민간 산업 분야는 관련 비용 때문에 독일의 광물 자원을 개발하는 데 관심을 보이지 않았다. 예컨대 니더작센에 매장된 낮은 등급의 광산을 채굴하는 것보다 스웨덴으로부터 철광석을 수입하는 편이 훨씬 쌌다. 4개년계획 아래에서 독일 철광석 채굴과 관련된 엄청난 비용은 정부가 부담하게 될 것이었고(결국 새로운 국영 복합기업인 '헤르만 괴링 제국작업장Reichswerke Hermann Göring'이 이를 목표로 세워졌다), 샤흐트는 이러한 결정의 인플레이션 효과를 우려하여 반대했다. 히틀러가 그의 충고를 무시했을 때, 샤흐트는 1936년 말 라이히스방크 총재직과 경제부 장관직에서 물러났다. 그를 대신한 것은 발터 풍크Walther Funk로, 괴링과 4개년계획의 운영 관료들에게 경제적 결정을 맡겨둔 줏대 없는 전직 언론인이었다.

4개년계획은 성공적이지 못했다. 2차대전 초에, 수입 원자재와 식료품에 대한 독일의 의존도는 1936년과 별반 다르지 않았다. 4개년계획에 착수했을 때, 그 지지자들은 독일이 매년 수입에 활용된 경화 4억 6,400만 마르크를 절약할 수 있으리라 주장했지만, 1939년의 실제 수치는 1억 5,000만 마르크에 달하는 정도였고, 대부분의 세수 개선은 수입 감소가 아니라 세계적인 대공황이 완화됨에 따라 1937년과 1938년 수출이 증가하면서 비롯된 것이었다.

적자재정과 공공사업, 재무장 프로그램과 더불어 가격, 임금, 화폐 통제를 결합한 것이 독일이 일부 다른 산업 국가들보다 다소 빠르게 불황의 저점에서 빠져나오도록─하지만 나치 역시 불황을 '치료'하지는 못했다─했다. 가장 눈에 띄는(그리고 나치 선동가들에 의해 끊임없이 조롱당하는) 것은 실업자의 극적인 감소였다. 우리가 1933년 말에 보았던 것처럼 400만 명이 직업이 없는 상태였다. 3년 후 그 수치는 160만으로 감소했다. 1938년까지 독일의 산업지수도 1929년을 기본 100으로 할 때 125로 증가했다.

나치의 경제정책은 다른 국가들 역시 채택했던 정책들의 변종이었지만, 역사학자 데이비드 쇼언바움David Schoenbaum과 피에르 에소베리Pierre Ayçoberry가 지적했던 것처럼, 나치는 독일의 정치와 사회 관계를 근본적으로 변화시키는 데도 착수했다. 확실히 여기에서도 나치는 정책 목표에 한참 뒤떨어졌다. 예컨대 그들의 목표 중 하나는 여성을 노동력에서 배제하는 것이었다. 나치는 여성에게 자연스러운 장소는 가족을 부양할 가정이라고 주장했다. 그러나 실제로 유급으로 고용된 여성들의 수는 1933년 420만 명에서 5년 후에는 520만 명에 달힌다. 2차대전 동안 독일은 영국보다도 민간 노동 분야에서 여성 비율이 높았다.

그럼에도 불구하고, 나치는 제국과 바이마르 시기를 특징지었던 다원주의적이고 개인주의적인 이상과는 완전히 다른 독일 사회에 대한 전망을 갖고 있었다. 나치는 그들의 새로운 총체를 민족공동체라고 불렀다. 새로운 통치자들이 착수했던 거의 모든 것과 마찬가지로, 민족공동체는 일부는 프로파간다이고 일부는 실체였다. 기본적인 아이디어는 '인종적'이고, 정치적으로 '긍정적인' 요소들이 함께 모여 공동선을 위해 조화롭게 노력하는 사회를 창출하는 것이었다. 동시에 민족공동체는 나치가 인종적이고 정치적으로 '건강하지 않은' 요소로 범주화한 사회 집단들을 단호히 배제했다. 유대인과 집시, 일반 외국인뿐만 아니라 정적, 동성애자, 정신질환자들도 배제했다. 이 집단들은 어떠한 권리도 없었고, 국가로부터 어떠한 보조금도 받지 못했다. 그들은 민족공동체 바깥에 남았다. 민족공동체가 계급 없는 사회를 의미하지는 않았다. 나치, 특히 히틀러가 보통 사람들의 생활이 부자의 희생을 대가로 개선되어야 한다고 느꼈음에도 말이다. 이 목표를 위해 새로운 지도자들은 보다 많은 세금 부담을 부유층에게 돌리고 다양한 보조금을 제도화하여 민족공동체 내에서 경제적으로 소외된 구성원들에게 도움을 주고자 했다.

체제에 대한 지지를 창출하는 데 민족공동체는 얼마나 중요했는가? 일부 역사학자, 특히 괴츠 알리Götz Aly 같은 이는 프로파간다상의 이상으로서나 사회정책의 묶음으로서 민족공동체는 히틀러와 나치의 인기에 크게 기여했다고 주장한다. 알리에 따르면 대부분의 독일인은 제3제국을 테러나 억압의 체제가 아니라 "살맛 나게 하는 독재"로 바라보았다. 독일 사회사가들의 수장인 한스 울리히 벨러를 비롯한 다른 역사가들은 나치의 주장을 격렬히 논박했다. 이 그룹에 따르면, 민족공동체는 프로파간다와 망상일 뿐이었다.

민족공동체는 독일 사회의 일부에게 이익을 가져다주었지만, 본질적으로 다른 문제점들을 도외시했다. 다양한 사회 집단 가운데 노동계급은, 생활수준은 아닐지라도 권리와 혜택에서 가장 심각한 하락을 경험

힌덴부르크 인기에 히틀러를 묻어가게 하려는 나치의 노력. "장군과 일병이 함께 평화와 평등을
위해 싸우고 있다."(출처: Photos 12/Alamy)

했다. 바이마르공화국 시기에 독일 노동자들은 촘촘하게 짜인 사회입법망을 통해 법적이고 재정적인 안정을 획득했다. 그러나 앞서 보았던 것처럼 나치하에서, 독립된 노동조합은 1933년 5월 2일 완전히 제거되었다. 그들의 자리는 독일노동전선이 차지했는데, 상징적이고 겉치레일 뿐인 다양한 수당들을 제도화했다. '기쁨을 통한 힘Kraft durch Freude' 운동은 상대적으로 소수에게 외국에서의 휴가를 제공했고, 많은 이들에게 당일치기 여행을, 거의 모든 사람에게 일자리에서의 개선을 제공했다. 이러한 혜택들은 확실히 단체협상권이나 자의적인 해고로부터의 보호에 상응하는 대응물이지는 못했다. 하지만 많은 노동자와 그들의 가족들은 체제가 노동환경을 좀 더 인간적으로 만들고, 이전에 그런 특권을 누릴 수 없었던 그룹들에게 휴가를 제공하는 데 관심을 기울이는 것처럼 보인다는 사실에 감사해했다. 외견상으로 볼 때, 이러한 수당들은 작동하는 민족공동체의 예들이었다. 게다가 몇몇 숙련 전문가들의 임금은 1936년 정부가 지나친 임금 인상이 인플레이션 압박을 유발할 것이라 결정하고 동결을 요구할 정도로까지 올라갔다. 그러나 하나의 그룹으로서 노동계는 바이마르공화국의 호황기보다 의심할 여지 없이 궁색해졌다.

노동계와는 정반대로 대규모 산업가들, 특히 중공업과 무기 제조 분야 종사자들은 나치 정책의 참된 수혜자들이었다. 철과 강철, 일부 화학 산업 분야, 그리고 당시의 첨단기술 분야들(폭격조준기, 광학 제조업 등)은 모두 소비재 산업의 희생으로부터 이익을 얻었다. 농민과 일부 전문직 종사자들 역시 적어도 경제적인 의미에서는 나치 시기 동안 이익을 얻었다. 독일 농업의 기본적인 문제는 나치에 의해 다루어지지 않았지만(독일과 유럽의 농업은 당시까지 내재적인 구조적 어려움을 겪고 있었다) 농민들은 바이마르 시기 대부분이나 공황기보다는 의심할 여지 없이 나은 상태였다. 가격 보조금과 더불어 압류로부터의 보호, 통제된 시장은 많은 농민들이 그들의 땅을 유지하는 것을 가능케 했다. 전문직의 이익은 대개 나치의 정치적 입법으로 정적과 유대인들이 법과 의학 분야에서 활동하거나 공무원이 되는 것을 금지당하는 등의 희생으로부터 왔다.

아마도 나치 체제 사회정책들에서 가장 눈에 띄는 특징은 나치의 권력투쟁을 불균형적으로 많은 수가 지지했음에도 구중간계급의 상업과 소매업에 대한 지원이 상대적으로 결여되었다는 점일 것이다. 나치 프로파간다가 '정직한' 상인으로 의인화한 소상인들을 지속적으로 치켜세우며 탐욕스러운 유대인 '행상'들과 대비시켰음에도 불구하고, 정부는 실제론 대기업에 특혜를 주었다. 1차대전기 통제 경제에서도 그랬던 것처럼 소상인들은 가격으로나 임금으로나 대기업과 경쟁할 수 없었다.

독일 사회를 문화적, 정치적으로 재구성하려는 나치의 노력은 독일을 권위주의로 돌리려는 신보수주의의 소심한 노력을 훨씬 넘어섰다. 이러한 노력의 핵심은 나치가 민족공동체와 양립 불가능하다고 정의한 그룹과 사상에 대한 테러와 억압의 활용이었다.

글자 그대로 에른스트 프랭켈Ernst Fränkel이 "이중 국가"라고 불렀던 것—정부가 허가한 나치당 활동과 당이 승인한 정부 활동의 독특한 유사성—과의 최초 경험은 1933년 초 무작위로 자행된 정치 테러의 물결이었다. 헤르만 괴링이 프로이센 내무부 장관 대행으로서 최초로 내린 결정 중 하나는 대부분의 프로이센 경찰 수장들을 해임한 것이었다. 몇몇 예외를 제외하고 그 자리는 돌격대 고위 지도자들로 대체되었는데, 이들은 명목상으로 3월 5일 선출될 새로운 연방의회 선거운동 기간 동안 공산당의 폭력을 막고 '법과 질서가 유지되도록' 보장하기 위해, 돌격대 수백 명을 즉시 보조 경찰관으로 임명했다.

사실상 마르크스주의자들의 소요가 전무했음에도 돌격대는 선거운동 기간과 그 후, 과거의 원한과 새로운 원한을 갚는 데 준공식적인 지위를 활용했다. 독일은 머지않아 돌격대가 (그리고 어떤 경우에는 친위대가) 그들의 정적을 투옥하고 학대하는 준공식 집단수용소로 뒤덮였다. 프로이센에만 2만 5,000명에서 3만 명 정도가 1933년 3월과 4월에 '보호관찰소'에 수감되었다. 다른 돌격대는 거리를 어슬렁거리며 유대인과 정적들의 재산에 가해지는 폭력에 닥치는 대로 가담했다. 돌격대는 '혁명'을 결심했다.

몇 달 후 정부는 다소 즉흥적인 돌격대의 활동을 종식시켰다. 6월 초, 히틀러는 나치의 혁명은 1,000년간 지속될 것이기 때문에 섣부른 행동을 할 필요가 없다고 공표했다. 이해할 만하게도 돌격대, 특히 그들의 야심찬 참모장인 에른스트 룀은(명목상으로 히틀러가 돌격대의 수장이었다) 일요일 오후에 행진하는 명예 조직의 지위로 좌천되는 것을 기꺼이 받아들이려 하지 않았다. 룀은 그의 돌격대에 대해 더 큰 야심을 갖고 있었다. 그는 국가방위군의 자율성을 파괴하고 군대를 '갈색 셔츠 민병대의 바다'로 압도하기를 희망했다.

돌격대, 군대, 친위대, 정부 일부, 나치당 지도자들 간의 갈등은 체제 초기에 수면 아래서 들끓었다. 친위대와 국가방위군이 히틀러를 설득하기 위해 룀과 그의 동반자들이 정부와 나치당의 민간 지도력에 맞선 폭동을 계획하고 있다는 (많은 경우 날조된) 증거를 축적하려고 협력한 것은 분명하다. 1934년 6월 말, 히틀러는 돌격대 숙청을 명했다. 6월 30일에서 7월 2일 사이, 룀과 대부분 지방 지도자들인 85명의 저명한 돌격대 조직원이 재판 없이 친위대의 처형분대에 의해 즉결 처형되었다. 동시에 숙청을 주도하던 세력들은—괴링, 괴벨스, 그리고 히틀

러의 비서이던 루돌프 헤스^{Rudolf Hess}(1933년 여름 부총통으로 임명되었다)
—돌격대 혹은 이들의 잠재적 야심과 상관관계가 없는 것이 분명했던
일부 오랜 정적들 역시 죽이기로 결심했다. 그레고어 슈트라서, 구스타
프 폰 카르, 쿠르트 폰 슐라이허와 그의 부인, 파펜의 개인 비서, 그리
고 다른 수십 명이 친위대 암살자들에 의해 처형되었다.

돌격대 지도자들의 숙청이 끝난 직후 덜 폭력적이지만 마찬가지로
중요했던 나치당 관리자들에 대한 정리가 뒤를 이었다. 1933년 1월 관
직을 갖고 있던 약 20퍼센트의 당 간부들이 1934년 여름과 가을에 해
임되었다. 그들 대부분은 새로운 당원들—1933년 1월 이후 나치당에
가담한 사람들—로 대체되었다.

나치당의 정보기관인 보안대^{Sicherheitsdienst, SD}를 주도하던 하인리히 힘
러^{Heinrich Himmler}와 라인하르트 하이드리히^{Reinhard Heydrich}의 지휘 아래,
친위대는 체제의 일차적인 테러 기구로서 돌격대의 자리를 차지했다.
1936년까지 전통적으로 탈중앙집권화되어 있던 독일의 경찰 행정은,
1933년 바이에른주 경찰을 장악함으로써 권력 장악에 착수했던 힘러
가 명목상으로 연방 내무부 장관 직속의 '친위대 수장이자 독일 경찰청
장'으로 임명됨과 더불어, 전국화되고 중앙집권화되었다. 나치의 테러
기구는 주 차원의 정치적 경찰 단위를 대신한 전국적 비밀경찰(악명 높
은 게슈타포^{Geheime Staatspolizi, Gestapo})과 종래 2차대전 시기의 악명 높은
절멸 수용소까지도 아우르는 강제수용소의 규율화된 시스템을 포함했
다. 수용소의 네트워크는 원래 세 개의 거대 시설—뮌헨 근처의 다하
우^{Dachau}, 베를린 근처의 작센하우젠^{Sachsenhausen}, 바이마르 인근의 부헨
발트^{Buchenwald}—과 몇몇 소규모 캠프를 포함했다. 이를 오랜 나치이자
다하우 초대 사령관이던 테오도어 아이케^{Theodor Eicke}의 지휘 아래 친위
대의 특수부대인 해골단^{SS-Totenkopfverbände}이 운영했다. 1937년 수감자

는 1만 명 정도였지만, 테러의 힘은 실제 수감된 수를 훨씬 능가했다. 친위대는 점차 사법 체계를 자신들의 손아귀에 쥐었다. 사법부의 자율성을 유지하려고 한 몇몇 판사의 노력에도 불구하고, 게슈타포는 정규 법정에 의해 무죄 방면된 사람들조차 '보호감호' 아래 둘 권리가 있다고 주장했다.

슬프게도 룀 사건과 그 후 법적 안전장치가 명백히 침해된 일에 대해 히틀러의 신보수주의 동맹 세력은 별로 저항하지 않았다(드물게도 시민적 용기를 보여주면서, 파펜은 체제의 많은 불법적 행동을 비난하는 대중 연설을 통해 어떤 의미에서는 룀의 숙청을 촉발시켰다). 침묵의 이유는 대체로 많은 신보수주의자들이 나치즘의 본질에 대해 가지고 있던 망상에 있었다. 돌격대를 해체함으로써, 국가방위군과 신보수주의 지도자들은 히틀러가 나치당 내부의 가장 '급진적인' 세력을 제거했다고 느꼈다. 상대적으로 히틀러와 친위대를 온건한 세력으로 본 것이다.

확실히 히틀러는 자신의 '온건함'에 대한 그와 같은 망상을 쌓아올렸다. 표면상 히틀러가 구엘리트층과 협력할 용의가 있어 보인 가장 분명한 증거는 교황과의 협약으로, 이를 위한 협상이 1933년 초 시작되었다(협약은 7월에 체결되었다). 중앙당을 해산하고 정치 밖에 머무르기로 약속한 대가로 독일 가톨릭은 상대적으로 종교 활동의 자유를 얻었고 ─바이마르 시기 내내 민감한 주제였다─분리된 가톨릭 공립학교 유지를 허락받았다. 그러나 가톨릭교회가 치렀던 대가는 매우 컸다. 협약은 나치 독재에 대한 적어도 암묵적인 지지를 의미했다. 게다가 나치는 거의 즉각적으로 협약 조건을 어겼고, 히틀러의 장기적인 목표 중 하나가 가톨릭과 프로테스탄트 교회 모두를 파괴하는 것이었음을 우리는 이제 안다. 1933년 4월 이래로 독일의 선전부 장관이던 요제프 괴벨스는 "우리는 스스로의 교회가 되기를 원한다"고 표현했다.

신보수주의자들은 겉보기에 나치가 볼셰비키 혁명을 시작되기도 전에 종식시킨 것에 대해서도 고마워했다. 여기서 히틀러는 우연적 사건을 활용했다. 1933년 2월 28일 연방의회 건물에 불이 났다. 정부는 즉시 이 화재가 볼셰비키 혁명을 시작하려는 사인이며, 공산주의자들이 저지른 짓이라고 공표했다. 불과 몇 시간 이내에 대통령은 공산주의의 위협을 언급하며 전국에 시민적 자유를 유보할 뿐만 아니라 모든 공산당원들을 체포할 권한을 부여하는 포고령에 서명했다. 오늘날 연방의회 방화는 공산주의자들의 소행이 아니라는 것이 알려져 있다. 방화범은 정신 나간 네덜란드 시민 마리누스 판 데어 루베$^{Marinus\ van\ der\ Lubbe}$로, 그는 독일공산당과 아무런 관계가 없었다. 역사적으로 볼 때, 이 사건의 중요성은 화재 자체가 아니라 그 정치적 결과였다. 시민적 자유를 파괴하는 포고령은 향후 4년간 포고령에 의해 통치할 권리를 정부에 부여한 1933년 3월의 수권법^{授權法}으로 보완되었다. 사민당을 제외하고, 연방의회의 모든 정당이 이 법을 지지함으로써 헌법 수정에 필요한 2/3가 확보될 수 있었다(모든 공산당 의원들은 망명했거나 체포되어서 표결에 참여할 수 없었다).

정치적인 통폐합이 점점 더 속도를 높여갔다. 2월 28일의 포고령과 수권법은 공산당이 금지되자마자 사민당을 해산하는 법적인 권한을 부여했다. 몇 달 후인 1933년 7월 나치당을 제외한 모든 정당이 불법화되었고, 나치당은 '국가 권위의 근간'으로 선포되었다. 비나치 준군사 그룹을 제외한 다양한 우익들이 나치 조직으로 병합되었다.

1933년 말, 나치당은 독일의 정치권력을 독점하는 데 성공했지만, 나치는 정치적 다원주의와 개인적 시민의 자유를 파괴한 것으로 만족하지 않았다. 총리 취임 1주년에, 독일 연방주의는 완전히 파괴되었다. 독일의 연방주들은 이제 독립 대신, 중앙정부의 하부 행정으로 축소되며 전권 주지사Reichsstatthalter의 지도를 받았는데, 이들 대부분은 나치당의 가우위원장이었다. 새로운 직책의 정부 관료로서 당의 지역 지도자인 이들은 내무부 장관의 지휘 체계 아래 있었으나, 이중 국가의 전형적인 모습답게, 가우위원장으로서 히틀러의 직속 부하였다.

그러나 가장 중요한 헌정상 변화는 1934년 8월 대통령 서거 이후에 이루어졌다. 힌덴부르크 사망은 얼마 전부터 예상되었고, 히틀러와 신보수주의자 모두 미래 계획을 갖고 있었다. 많은 신보수주의자들이 힌덴부르크 사망 이후 군주제 부활을 희망했다는 것은 공공연한 사실이었다. 물론 히틀러는 황제와 권력을 나눌 의사가 전혀 없었다. 대신 그는 자신의 미래 계획을 위해 독일에서 잠재적으로 가장 중요한 독자적 권력 요소이던 국가방위군의 지지를 서둘러 얻어내고자 했다. 이 계획은 성공했다. 돌격대를 정치적으로 무력화하는 형태로 군대에 선물을 준 것은 대부분의 국가방위군 지도자들로 하여금 그들 조직의 미래가 히틀러 지도하에서도 안전하다는 것을 받아들이게 만들었다. 그들은 힌덴부르크 사망 직후 히틀러가 대통령직의 기능을 그의 여타 의무들에 덧붙이는 것에 대해 전혀 반대하지 않았다. 반대로, 대통령으로서의 새로운 권한을 갖게 된 히틀러에게 개인적인 충성을 맹세함으로써 군대와 히틀러의 관계는 공고해졌다. 1934년 중반경 히틀러의 권력은 3중 권위―대통령, 총리, 나치당 당수로서의 역할―에 토대를 두고 있었다.

정치적 전환과 더불어, 나치는 유대인과 정적들을 민족공동체에서 제거하기 위해 고안된 조치들을 입법화했다. 1933년 4월 초, 완곡어법으로 '전문직 공무원 재정립법'이라는 이름을 가진 법을 통해 유대인과 정적들을 모든 공직에서 해임할 수 있도록 했다. 1차대전 참전 용사들에 대한 우선 면제가 곧 법 조항에서 제거되었다.* 양적인 측면에서, 공무원의 뒤이은 숙청은 독일 공직 피고용인의 1~2퍼센트(1만 5,000~3만 명)에 해당했지만, 고위직 공무원에서 해고되거나 좌천된 이들의 비율은 12퍼센트에 달할 정도로 높았다.

동시에 나치 지역 지도자들 가운데 유대인 박해자로 가장 악명이 높던 율리우스 슈트라이허Julius Streicher(프랑켄Franken 지역 가우위원장)는 히틀러의 개인적 동의를 얻어, 유대인 비즈니스에 대한 전국적 보이콧을 조직했다. 돌격대의 통제할 수 없는 폭력에 더해 슈트라이허의 보이콧에 대한 국제사회의 부정적 여론—미국 및 다른 외국의 독일 수출품에 대한 보복 조치의 형태로 나타난—이 머지않아 반유대적 보이콧의 공식적인 종식을 가져왔지만, 반유대적 조치들을 종식시키지는 못했다. 나치 체제는 당이 후원하는 방식의 '자발성' 대신 법으로 전환했다. 1935년 나치당 전당대회 특별회의에서 철저히 통폐합된 독일 의회는 뉘른베르크법Nuremberg Law을 통과시켰다. 이 일련의 조치는 개인의 조상을 토대로 '유대인성'을 정의했다. 따라서 한 명 혹은 그 이상의 유대인 조부모를 가진 사람은 유대인 혹은 '혼혈'로 범주화되었다. 유대인과 비유대인의 결혼은 금지되었고, 유대인은 독일 시민권을 상실했다. 그들은 자신들의 조국에서 외국인이 되었다.

본질적으로 소극적인 이 조치들은 독일 사회에서 모든 형태의 다원주의를 파괴했다. 또한 나치가 참된 민족공동체의 수립을 위한 적극적 구성 요소라고 보았던 것들을 위한 전제 조건이기도 했다. '적극적' 단계들은 무엇보다도 모든 문화적이고 예술적인 활동의 정치화를 포함했다. 그런 점에서 가장 중요한 사건이 대중계몽선전부Reichsministerium für Volksaufklärung und Propaganda라는 정부 부처의 신설이었다. 베를린의 가우

＊유대인 참전 용사들에 대한 학비 면제 등의 권리 박탈을 말한다.

위원장이자 오랜 기간 동안 나치당의 선전 담당이던 요제프 괴벨스가 이끄는 이 새로운 부서는, 대대적인 관료주의로 무장하여 선전부의 승인을 얻지 않은 것은 그 무엇도 출판되거나 전시될 수 없도록 했다. 부적합한 문헌들이 미래에 대중의 눈길을 끌지 않도록 하기 위해 선전부와 다양한 당의 관료들이 매달 금서와 승인서의 목록을 발표했다. 또한 선전부는 독일 언론에, 사설과 다양한 이야기들을 어떻게 다룰지에 대한 일간 지침을 발표했다.

권력을 잡기 오래전에 나치는 자신들의 통제하에 독일의 문화적, 예술적 활동은 새로운 창의성의 분출을 경험할 것이라고 약속했다. '민족Folk과 관련된', '인종 의식을 가진' 예술과 문헌들이 '유대적 데카당스'와 '자유주의적 속물 근성'의 자리를 대신할 터였다. 간단히 말해 나치의 문화적 프로그램은 모더니즘에 대한 저항이었다. 그들의 시도 대부분이 그랬던 것처럼, 나치는 창조보다는 파괴에 훨씬 더 능했다. 문화적 번성의 새 시기는, 아주 적절하게도, 블랙리스트 작성 및 분서갱유와 더불어 시작되었다. 1933년 5월 많은 독일 도시들의 대학생들은 괴벨스와 다른 지도자들의 완전한 찬동을 얻어 수도와 다른 도시들에서 아우토다페Autodafé*를 조직하여, 소위 퇴폐적인 유대적, 자유주의적 과거의 문학적 상징들을 불태웠다. 많은 책들 가운데는 하인리히 하이네와 만 형제, 베르톨트 브레히트, 지그문트 프로이트의 저작들도 있었다. 이들 저자들은 제3제국에서 공식적으로 금지되었고, 그들의 저서들은 도서관이나 서점에서 사라졌다.

시각예술 분야에서도 체제의 노력은 긍정적이기보다 부정적이었다.

---

* 신앙 행위와 관련 있는 포르투갈어로, 스페인, 포르투갈, 멕시코에서 종교재판을 통해 유죄 판결을 받은 이단자와 배교자를 공개 처형하는 의식이었다.

1937년 7월 뮌헨에 새로운 미술관인 독일미술관Haus der deutschen Kunst이 문을 열었다(1945년 이후 '예술의 집'이 되었다). 신고전주의적인 사원처럼 보이도록 디자인된 이 새 미술관은 '독일' 회화와 조각들을 매년 선보였고, 히틀러가 최종적으로 선택했다. 회화에 관해서 그는 항상 농장, 전쟁, 자신을 포함한 나치 지도자들을 대상으로 한 이상화된 네오리얼리즘적인 묘사들을 선택했다. 총통이 선호하는 조각들은 영웅적 추상(군대, 당, 모성애)을 재현하는 거대하고 이상화된, 신고전주의적 누드였다.

예를 들어 건축가 알베르트 슈페어Albert Speer가 히틀러에 맞춰 디자인한 새로운 총리 관저의 주출입구 측면에는 독재자가 총애한 조각가인 아르노 브레커Arno Breker가 만든 두 개의 거대한 남성 누드상이 있었다. 횃불을 든 하나는 '당'을 상징했고, 칼을 휘두르는 다른 하나는 '군대'를 상징했다.

독일미술관 개관을 축하하기 위한 연설에서 히틀러는 한 분석가가 적절하게도 "모더니즘에 대한 선전포고"라고 불렀던 것에 주어진 시간 대부분을 썼다. 이 나치 지도자는 "큐비즘, 다다이즘, 미래주의, 인상주의 등은 독일 국민과 아무 관계가 없다. 이 모든 개념은 단순히 신이 참된 예술적 재능 대신 잡담하거나 속일 능력을 주었을 뿐인 인간들의 가식적인 더듬거림일 뿐이다"라고 크게 불평했다.

나치가 표현주의부터 추상 예술에 이르는 회화와 조각상들을 '퇴폐적'이라고 정의한 것은 전혀 놀라운 일이 아니었다. 그들은 이 작품들이 독일미술관의 벽에서 제거되어야 한다고 고집했다. 예술가들은 작품 만들기를 금지당했다. 분서갱유의 시각예술판은 '퇴폐 예술'이라고 이름 붙여진 작품들을 순회 전시한 것으로, 1937년 나치당의 후원하에 독일 전역에서 이루어졌다. 나치는 많은 모던한—특히 표현주의적인

―회화와 조각들을 선별한 뒤 조명과 제목을 영악하게 활용하여 작품이 예술적인 장점을 결여하고 있음을 증명하려고 노력했다.

모든 형태의 모더니즘에 대한 나치의 제거 노력은 독일의 지적 활동에 엄청난 타격을 가했다. 대학교수도 공무원이었기 때문에, 전문직 공무원 재정립법이 적용되었다. 약 1,600명의 유대계와 자유주의적 대학 교원이 해고되었다. 그들 중 다수는 특히 미국으로 망명했다. 그들을 '인종적 과학자'로 대체하거나 아인슈타인의 '유대적 상대성 이론'을 '독일 물리학'으로 불린 무언가로 대체하려는 노력은 우습기 짝이 없었다. 1933년 노벨 평화상이 잘 알려진 평화주의자 카를 폰 오시에츠키Carl von Ossietsky에게 수여된 후에는, 독일인들은 노벨상 수락을 금지당했다. 대신 나치 체제는 독일민족상을 만들었는데, 나치당의 준공식적 이론가였던 알프레트 로젠베르크Alfred Rosenberg가 첫 수상자가 되었다.

문학 역시 엄청난 몰락을 경험했다. 독일의 베스트셀러 작가들―만 형제, 베르톨트 브레히트, 알프레트 되블린―은 망명해야만 했고, 농장 생활과 교전의 미덕을 찬양하는 장편과 단편들의 끝없는 흐름을 양산해내는 민족 지향의 글쟁이들이 그 자리를 채웠다. 영화 영역에서만 나치 시기의 작품들이 어떤 경우에는 바이마르 시기보다 훌륭한 기술적 질을 확보할 수 있었다. 이는 영화가 선전과 대중오락의 매체로서 특히 적합했던 점을 고려할 때 놀라운 일은 아니다.

프로파간다와 문자 그대로의 균일성uniformity은 나치 문화의 실질적 본질이었다. 엘리트층에서 완벽한 신체 표본을 만들려는 친위대의 시도부터(친위대의 구성원들은 결혼하기 전 장래의 배우자와 함께 '인종 검사'를 받아야 했다) 1936년 이후 10세 이상 모든 소년과 소녀들을 히틀러유켄트Hitlerjugend에 강제로 가입시키는 것에 이르기까지 제복은 나치의 이미지를 특징지었다. 나치의 자기 재현 가운데 가장 인상적인 것은 전당

1933년 4월 율리우스 슈트라이허와 나치당은 유대인 상점들에 대한 전국적인 단기 보이콧을 조직했다. 사진은 고객들이 유대인 가게에 들어서지 못하도록 유대인 열쇠 상점 앞에 서 있는 한 돌격대원을 보여주고 있다. 표지판에는 "독일인들! 맞서 싸워라! 유대인 가게에서 구매하지 마라!"라고 씌어 있다(출처: National Archives and Records Administration).

대회로, 뉘른베르크에서 매년 9월 개최되었다. 다양한 제복을 차려입은 수십만 명의 독일인이 끝없이 이어지는 행렬과 의식 속에서 히틀러 앞으로 행진했다. 알프레트 슈페어는 엄청난 규모의 신고전적인 사열대를 디자인했고, 특별한 불꽃놀이 효과를 연출했다. 참여자나 관찰자 모두에게 신적인 총통의 완전한 통제 아래 복속된 통일 국가라는 인상을 주는 것이 그 목적이었다.

　이러한 끝없는 스펙터클을 배제한다면(뉘른베르크 대회는 무수한 지역 회합 형태에서 더 작은 규모로 재현되었다), 민족공동체의 평균적 구성원들의 일상생활은 어땠을까? 그것은 정상성, 두려움, 순응이 결부된 것이었다. 나치는 독일에서 '전체주의적' 체제를 만들어내는 데 착수했고, 대체로 성공했다. 정치적 자유의 결여, 모든 형태의 공적 생활에 대한 완벽한 통제가 정치적, 지적 자유를 중시하는 사람들에게 무겁게 드리우는 하나의 멍에를 이루었다. 그러나 제3제국의 다른 측면도 존재했다. 많은 독일인들에게 나치하의 생활은 히틀러가 권력을 잡기 이전에 그들이 누리던 생활과 그리 많이 다르지 않았다. 평균적이고 비정치적인 독일인—이 범주는 인구 대부분을 포함했다—에게 기대되었던 것은 생활 방식의 완전한 변화가 아니라 협상과 순응이었다. 게슈타포와 당 간부들은 (일반 대중으로부터 무수한 적발의 도움을 받아) 불복종에 대한 징후들을 주의 깊게 듣고 보았다. 누군가 국경일에 하켄크로이츠 Hakenkreuz*를 거는 걸 잊었는가? 국민 동지Volksgenosse 하나가 지속적으로 '히틀러 만세Heil Hitler'를 거부하지는 않는가? 그러나 대부분의 독일인들은 그들의 속내를 가족과 믿을 만한 친구에게만 털어놓는 법을 금세 익혔다. 많은 나치 기념일에 나치 깃발을 내걸고, 무수한 당 모금행

---

* '갈고리 십자가'라는 뜻의 나치 상징으로, 피의 십자가로도 불린다.

독일 청소년들에게 히틀러에 대한 봉사의 이상을 주입하려고 만든 히틀러유겐트 광고. "청소년은 총통에 봉사한다. 모든 10대는 히틀러유겐트에 속한다"라고 씌어 있다. 포스터에서 이상화된 '아리안' 청소년의 모습에 주목하라(출처: Library of Congress).

히틀러, 괴링, 괴벨스가 퍼레이드에서 경례를 하고 있다. 사진은 2차대전 초반으로 추정된다. 히틀러와 괴벨스는 나치식 경례를 하고 있는 데 비해 괴링은 보석으로 장식된 제국 장군의 지휘봉을 들어올리고 있다(출처: Library of Congress).

사에 돈을 기부하는 것은 대체로 자신이 민족공동체의 좋은 구성원임을 보여주는 데 필요한 것이었다. 아주 실제적인 의미에서, 사회는 전통적인 많은 엘리트―과학자, 지식인, 전문 관료들―를 포함하여 대부분의 독일인들이 과거에 그래 왔던 것처럼 직무를 수행해갔기 때문에 지속적으로 작동할 수 있었다. 체제의 일부 반대 세력들도 일단 그들이 정치활동을 삼가는 데 동의하자 상당 기간 상대적으로 방해받지 않고 살아가도록 허용되었다.

특히 경제는 상대적으로 별로 제약을 받지 않았다. 2차대전 발발까지는 통화조절을 제외하고 자유시장경제 대부분이 유지되었다. 기업가들은 돈을 버는 데(그리고 잃는 데) 자유로웠다. 제3제국의 평시에는 일상용품 배급이 없었고, 비록 노동자들이 많은 권리, 특히 단체협상에 대한 권리를 잃었지만, 대부분은 지나친 어려움 없이 여전히 직업을 바꿀 수 있었다. 동시에 1938년 도입된 가격-임금 동결은 인플레이션을 잡는 데 도움이 되었다. 1936년부터 1944년 사이에 인플레이션은 매년 2.9퍼센트 미만이었다.

외교관계

나치 체제의 외교정책 목표와 전략은 바이마르 정부와 신보수주의 총리들의 그것과는 판이하게 달랐다. 1차대전 이후의 내각들은 모두 국제사회에서 독일의 상대적 지위를 개선하기 위해 베르사유조약의 조건들을 '수정'하고자 노력했다. 의회의 외무부 장관들—특히 구스타프 슈트레제만을 의미한다—은 일차적으로 독일의 과거 적국들과의 양자 및 다자간 협정을 통해서 그들의 수정주의적 야심을 실현하고자 노력했다. 앞서 보았던 것처럼 이러한 노력들의 결과 로카르노조약과 독일의 국제연맹 가입이 이루어졌다. 새로운 대통령 내각의 외교정책은 슈트레제만의 협상 전략을 급작스럽게 뒤집지는 않았지만, 분위기에서는 확실한 변화가 있었다. '로카르노 정신'은 점차 대립과 외교적 갈등으로 대체되었다.

연이은 대통령 정부들은 세 가지 즉각적인 외교정책 목표를 추구했다. 배상을 끝내고, 외교 활동에서 다시 자유를 확보하고, 군비에서 대등한 권리를 확보하는 것이었다. 궁극적으로 그들은 독일이 1914년 이전 남동유럽과 중부 유럽에서 누리던 패권의 회복을 희망했다.

이러한 노력의 결과는 엇갈리는 것이었다. 브뤼닝의 가장 두드러진 양자 협정인 1931년 8월의 오스트리아–독일 관세동맹은 완전한 실패작이었다. 프랑스는 즉시 빈에 재정적인 영향력을 행사하여 오스트리아가 이 협약으로부터 탈퇴하도록 했다. 신보수주의자들은 군비와 배상 부문에서 약간 나은 성적을 보였다. 1931년 미국의 허버트 후버Herbert Hoover 대통령은 연합국 간의 부채에 대해 1년간 지불유예를 선언했다. 다음으로, 프랑스와 영국은 독일이 진 빚에 대한 지급정지에 동의했다. 지불유예는 실질적으로 보상 문제를 영구히 종식시켰다. 브뤼닝과 파펜은 배상 부담을 경감시킨 것을 자신들의 공으로 삼았다. 독일은 1932년 이후 다시 지불에 나서지 않았다. 1932년 가을, 스위스 로잔에서 열린 국제군비축소회의International Disarmament Conference는 원칙상으로 독일이 군비에 대해 동등한 권리를 가진다고 인정했다. 모든 것을 감안할 때, 신보수주의자들은 그들의 전략에 만족스러워할 권리가 있었다. 역사가인 게하르트 바인베르크Gerhard Weinberg가 지적했던 것처럼, 소비에트가 상대적으로 약했던 것을 고려한다면, 1932년 강대국들 사이에서 독일의 위상은 1914년의 그것에 견주어 뒤지지 않았다.

몇몇 역사가들은 히틀러의 외교정책 야심이 1차대전 시기의 독일 지도자 및 그들의 신보수주의적 후계자들의 목표와 연장선상에 있었다고 해석했다. 그러나 실제로는 본질적인 차이가 있었다. 나치의 독재자는 벨기에와 네덜란드에 대한 독일의 통제가 증가되었음에도, 총리가 된 직후부터 1914년의 경계를 다시 확보하는 정도로 만족하지 않았다. 인종과 공간에 대한 집착의 연장선상에서, 히틀러는 그러한 목표들은 완전히 부적합하다고 보았다. 그는 동부 유럽과 소비에트에 대한 군사 정복을 목표로 했고, 종국에는 독일의 세계 패권 장악이 뒤따를 것이라고 보았다. 베르사유조약에 대한 평화적인 영토적, 정치적 '수정'을 추구한 것은 순전히 전략적인 고려에서 비롯된 것일 뿐이었다. 나치 지도자는 아직 재무장의 초기 단계에 있는 동안에는 연합국 측이 독일에 적대적인 방식으로 움직이는 것을 막으면서 전쟁을 수행하기에 더 유리한 조건에 독일을 놓을 수 있기를 원했다.

그러나 이는 신보수주의자들과 히틀러가 전략과 임시 목표에 단기적으로 동의했다는 것을 의미했다. 그들은 궁극적인 목표에서만 달랐고, 히틀러도 인정했듯이 그 차이도 몇 년 후의 일이었다. 당분간 새로운 체제는 옛 외교관들에 의해 잘 보필되었다(이 공동의 목표는 히틀러의 총리 취임 이후 왜 단 한 명의 독일 대사, 즉 워싱턴 특사이던 프리드리히 폰 프리트비츠 운트 가프론Friedrich von Prittwitz und Gaffron만이 사임했는지를 설명해준다). 강대국들 가운데 독일의 아군과 적군에 대한 히틀러의 관점조차도 신보수주의자들의 그것과 크게 다르지 않았다. 나치 지도자에게 일차적인 적은 언제나 러시아였다. 히틀러가 주장한 바에 따르면, 독일이 점령하도록 운명 지워진 광대한 팽창지가 거기에 있었다. 극소수의 신보수주의자만이 역사에 대한 히틀러의 인종적 해석을 공유했지만, 1933년의 러시아는 소비에트를 의미했기에 총리의 열광적인 반볼셰비즘은 그들의 전폭적인 지지를 얻었다.

히틀러와 대부분의 신보수주의자들은 프랑스에 대한 뿌리 깊은 혐오도 공유했다. 확실히 히틀러에게 프랑스에 대한 치욕은 소비에트 러시아와의 궁극적인 전쟁에 비하면 지엽적인 문제에 불과했다. 그러나 그와 신보수주의자들은 프랑스가 장기적으로 협상이 불가능한 적국으로 남을 것이라는 데 동의했다. 그에 비해 영국에 대해서는 1918년 이래, 주로 프랑스에 대한 대항마로서 우호적인 관계를 유지하려고 노력했다. 히틀러는 영국에 대해 애증이 엇갈렸지만, 이 정책을 지속했다. 히틀러는 영국의 국내 안정과 제한된 인적, 물적 자원으로 광대한 제국을 통치하는 능력을 존경했다. 하지만 영국의 민주주의와 대륙에서 세력균형을 유지하려는 전통적인 정책은 경멸했다.

히틀러는 때로 당시 발효 중이던 미국의 이민법과 남부의 분리정책에 근거하여, 미국의 지배층이 열등한 인종을 억누르는 문제에 대해 자신과 관심사를 공유하고 있다고 믿는 것처럼 보였지만, 히틀러도 신보수주의자들도 1920년대 동안에는 미국에 대해 (배상 문제를 제외하고) 별반 관심을 보이지 않았다. 하지만 프랭클린 D. 루스벨트Franklin Delano Roosevelt가 대통령으로 당선되고, 그가 공공연히 반나치적 태도를 보이자, 히틀러는 급작스럽게 입장을 바꾸었다. 그는 이제 미국이 점차 유대인과 흑인에 의해 통치되고 있다고 주장했다.

이탈리아는 히틀러가 독일의 타고난 동맹이라고 지속적으로 믿었던 유일한 강대국이었다. 이러한 결론은 이탈리아의 세력과 관심사에 대한 합리적인 평가가 아니라 무솔리니에 대한 부끄러운 줄 모르는 경외심에서 비롯된 것이었다. 히틀러는 독일과 이탈리아의 동맹을 구축하기 위해, 유럽에 거주하는 모든 독일어권 소수자들은 위대한 독일제국의 영토 안으로 옮겨져야 한다는 자신의 명제마저 기꺼이 위반했다. 그는 1926년에 출간된 '남부 티롤 문제와 독일 연방 문제'라는 제목의 책자에서 일찌감치 1919년 이탈리아에 양도된 지역인 남부 티롤의 독일계 주민들이 이탈리아 통치하에 남아 있어야 한다는 데 동의했다.

나치 독재자에게 이 '평화로운' 시기들도 그의 항상적이고도 장기적인 전략적 목표를 위한 외교적 준비였다는 점에서 그의 12년 통치는 연속성을 보였다. 정부와 군부 지도자들에게 한 연설들에서, 히틀러는 그의 궁극적인 야심을 드러내는 데 거리낌이 없었다. 총리가 된 지 4년 후, 그는 재무장의 필요, 생존공간, 동유럽 정복에 대해 국방군Wehrmacht*의 주요 장군들에게 연설했다.

나치 독일사의 첫 6년간 위기는 군사적이라기보다 아직은 외교적인 것이었다. 그 위기들은 일정한 패턴을 따랐다. 특정 영토나 정치적 요구에 대해 표현한 후, 급작스러운 움직임으로 히틀러가 야심의 대상을 움켜쥐었고, 약간의 지연이 뒤따랐다. 당시 총통은 언제나 그것이 자신의 마지막 수정주의적 요구라는 엄숙한 선언들로 다른 강대국들 사이에서 그 결과로 나타난 분노를 잠재웠다.

이 패턴이 1933년부터 1939년 사이에 몇 차례 반복되었기 때문에 연합국, 특히 프랑스와 영국이 왜 히틀러로 하여금 계속해서 성공적으로 이러한 술책을 활용하도록 허용했는지에 대한 의문이 뒤따른다. 자신들의 군사적 방어 능력이 독일의 침략을 물리치기에 충분하다는 서구 지도자들의 확신과 큰 위험을 기꺼이 무릅쓰는 히틀러의 태도를 포함하여, 많은 요인들에서 그 답을 찾을 수 있다. 그러나 무엇보다도 이 나치 지도자는 자신의 수정주의적인 요구를 정당화하기 위해, 의회 출신 전임자들보다 영악하고, 더 일관성 있게 베르사유조약 체제의 토대인 두 가지 근본 원칙, 즉 민족자결과 반볼셰비즘을 활용했다.

'민족 부흥의 정부'는 외교적 활동의 축을 일찍, 그리고 강력하게 구축했다. 1933년 10월 독일은 국제연맹에서 탈퇴했고, 이로써 그런 시도를 한 두 번째 강대국이 되었다. 1933년 5월 일본도 국제기구를 탈퇴한 바 있다. 히틀러와 그의 협력자들은 연합국이 1932년 양보한 군비에서의 대등함이라는 원칙이 서류상으로만 남아 있다고 주장했다. 또한 히틀러는 국제연맹을 떠나는 결정이 국내적으로 인기 있다는 것을 알고 있었다. 대부분의 독일인은 국제연맹을 그들이 증오하던 베르사유 체제의 일부라고 여겼다.

나치는 외교적 목적을 위해 반공주의 챔피언으로서의 이미지를 만들

---

* 바이마르 시기의 국가방위군은 1935년 국방군으로 재조직되었다.

어내는 데 특히 유능했다. 독일과 폴란드의 갈등은 바이마르 시기 내내 고질적이었지만, 1934년 2월 히틀러는 폴란드와 10년간 불가침 및 우호 조약을 체결함으로써 독일−폴란드 관계에 새로운 발판을 마련했다. 비록 나치가 5년 후 별다른 제재 없이 협약을 위반했지만, 1934년 당시 이 협약은 반공주의자로서 새로운 정부의 신뢰성을 굳건하게 만들어주었다. 독일과 러시아의 전통적인 우호 관계 대신, 나치는 러시아의 팽창에 맞서 유럽을 지키기 위해 또 다른 골수 반러시아 세력인 폴란드 측에 가담했던 것이다. 마찬가지로 중요하게, 이 협약은 동유럽에서 몹시 과시되던 완충지대가 뚫릴 수 있다는 암시를 프랑스에 보냈다.

프랑스의 위상은 1935년 초 자르^{Saar} 반환으로 약해졌다. 베르사유조약에 따라 프랑스는 15년간 이 지역을 통치할 권리를 획득했다. 이 기간이 끝났을 때, 거주민들은 그들의 미래 지위에 대해 표결을 하도록 되어 있었다. 인구가 압도적으로 독일계였기(또한 현재도 독일계이기) 때문에, 자르 주민이 압도적 다수로 다시 독일에 합류하는 데 투표했던 것은 놀라운 일이 아니었다.

나치는 연합국이 독일의 외교적 공세에 맞서기 위해 채택했던 조치들을 효과적으로 활용했다. 1935년 초, 독일과 폴란드의 협의에 대해, 그리고 독일의 재무장 속도에 대해서라면 더욱더 염려하던 프랑스는 소비에트와 상호원조조약을 체결했다. 히틀러는 베르사유조약에 대한 노골적 위반이었던 징병제의 재도입을 정당화하는 데 이 협약을 활용함으로써 발 빠르게 대응했다. 독일 정부는 이 조치가 서쪽으로의 볼셰비키 진군을 막기 위해 필요하다고 주장했다.

몇 달 후, 프랑스−소비에트 협약은 다시금 히틀러의 두 번째이자 좀 더 대담한 움직임을 위한 변명거리로 활용되었다. 상당한 공적 논의 후 프랑스 의회는 불소 협약을 1936년 초 비준했다. 나치에게 이러한 전개는 외교정책 목표를 획득하기 위해 처음으로 군사적 수단을 활용하는 데 좋은 기회가 되었다. 독일은 불소 협약의 비준이 독일의 국가 안보를 위협한다고 주장하면서, 1936년 3월 7일 아침 비무장지대인 라인강 좌안으로 군대를 파견함으로써, 베르사유조약과 로카르노조약 모두를 위반했다. 프랑스의 초기 반응은 격렬했지만(18개 사단이 전면 경계태세에 돌입했다), 결국 히틀러가 게임에서 승리했다. 프랑스 정부는 독일에 맞서는 합동작전을 위해 영국에 호소했지만, 영국 내각은 이를 거부했다. 영국의 보수당 총리인 스탠리 볼드윈Stanley Baldwin은 독일과 서방 연합국의 어떠한 군사적 대립도 소비에트만 이롭게 할 것이라고 느꼈다. 프랑스는 독자적으로 행동하는 것은 꺼렸기 때문에, 연합국은 공식 항의를 하는 선에 그쳤고, 히틀러는 승리했다. 라인란트 재점령은 신보수주의자들이 보기에 특히 인상적인 승리였다. 결국, 전임 독일 정부들은 독일 땅에서 프랑스 군대를 퇴각시키기 위해서만도 수년간 협상해왔던 반면, 히틀러는 어느 일요일 아침의 행보만으로 라인강 서쪽 국경에 대한 독일의 군사 주권을 재구축해냈던 것이다.

그러나 히틀러의 모든 계획이 즉시 성공을 거둔 것은 아니었다. 나치가 오스트리아에서 벌인 조잡한 움직임은 심각한 차질을 빚었다. 1934년 7월 나치 운동의 오스트리아 지부는 돌푸스Dollfuss 총리의 친이탈리아 정부를 전복하고 오스트리아와 독일 병합으로의 길을 닦으려고 했다. 비록 이 폭동은 오스트리아 나치당에 의해 계획되었지만, 뮌헨의 나치당 본부는 자매 정당의 계획에 대해 잘 인지하고 있었다. 반란군들은 오스트리아 총리를 살해하는 데 성공했지만 그의 체제를 붕괴시키지는 못했다. 히틀러는 무솔리니가 오스트리아 독립에 대한 이탈리아의 관심을 증명하기 위해 오스트리아 국경까지 군대를 보냈을 때 즉시 물러났고, 이탈리아 독재자에 맞서는 어떠한 시도도 하지 않았다. 향후

4년간 오스트리아는 독립을 유지했다.

독일의 일방적인 징병제 도입에 대한 강대국의 최초 반응은 강경해 보였다. 1915년 이래 동맹국인 이탈리아, 프랑스, 영국은 스트레사 전선Stresa Front을 결성하고, 베르사유 체제를 위협하는 향후 어떤 행동에 대해서도 공동으로 대응할 것을 약속했다. 불소 협약, 그리고 나치에 맞서는 집단 안보 체제에 기꺼이 참여하려는 소비에트의 명백한 의지와 더불어, 히틀러의 야심은 심각한 장벽에 부딪힌 것처럼 보였다.

그러나 그 장벽은 실체가 없는 것이었다. 서류상으로 나치에 맞서는 엄청난 협정들이 있었지만, 실제로는 의미 없는 '원칙 선언들'의 집합일 뿐이었다. 집단 안보 체제의 붕괴 이유는 간단했다. 참여자들이 서로를 신뢰하지 않았던 것이다. 1934년 중반 오스트리아를 병합하려는 히틀러의 노력을 단독으로 저지한 이탈리아는 영국과 프랑스가 에티오피아에 대한 무솔리니의 야심과 스페인 내전에서 민족주의자들에 대한 무솔리니의 지지에 반대했을 때, 점차 독일 쪽으로 기울었다. 반대로 독일은 확고하게 이탈리아를 지지했다. 1936년 가을까지 스트레사 전선은 로마−베를린 추축국Rome-Berlin Axis으로 대체되었다. 불소 협약 역시 주요한 아킬레스건이 있었다. 협약을 맺은 프랑스 정부조차 국제 볼셰비즘 세력과의 동맹에 대해 그다지 열정적이지 않았던 것이다.

그러나 무엇보다도 영국이 집단 안보의 가치에 대해 점점 더 의구심을 가졌다. 자신의 야심은 민족자결의 원칙을 충족하는 것일 뿐이며, 강화된 독일이야말로 볼셰비즘의 확대에 맞서는 보다 강력한 방어막을 의미한다는 히틀러의 주장이 영국 정부 구성원들 사이에서 점점 더 받아들여졌다. 독일의 선전 활동—1936년 베를린 하계 올림픽과 같은 해 있었던 독일과 일본의 반코민테른 협약(이탈리아는 1937년에 이 조약에 참여했다) 조인 같은—역시 영국에 깊은 인상을 주었다(첨언하자면,

Cuando la División española regrese un día a su país, no podremos darle a ella y a su valeroso general otro certificado que el del reconocimiento de su fidelidad y valor hasta la muerte.

권력의 정점에 선 히틀러의 공식 초상. "하나의 민족, 하나의 제국, 하나의 지도자"라고 씌어 있다(출처: Anschläge, no.116).

현재 우리가 올림픽 게임과 결부하는 의례—그리스에서 특정 경기 장소로의 성화 봉송 같은—의 대부분은 1936년 올림픽 때 창안되었다. 그러한 의례들은 레니 리펜슈탈Leni Riefenstahl의 영화 〈올림피아Olympia〉에서 영화적 효과를 위해 사용되었다). 일찍이 1935년 봄, 독일과 영국은 해군 무장에 대한 상호 협정에 대해 교섭했는데, 이는 베르사유조약에서 설정한 한계를 심대하게 넘어서는 것이었다. 라인란트 위기 동안 보인 영국의 소극성은 영국이 집단 안보의 원칙으로부터 멀어지고 있다는 또 다른 징후였다. 히틀러는 1938년 2월 외무부 장관이 될 핼리팩스Halifax 경이 1937년 11월 영국 내각이 독일 공산주의자들에 맞서는 히틀러의 활동이 서유럽을 볼셰비즘으로부터 구했음을 확신하고 있다고 확언했을 때, 몹시 흐뭇해했다. 핼리팩스는 또한 영국 정부는 전쟁이 아닌 외교적 수단으로 이루어지기만 한다면 향후의 영토적 변경들에 대해 히틀러 편에 서서 어떠한 반대도 하지 않을 것이라고 했다. 히틀러는 경청했다. 그는 1938년이 위기의 해가 될 것이라는 점에 대해 허가를 받은 셈이었다.

결론

아돌프 히틀러는 독일과 유럽을 다스리는 것이 그의 운명이라고 확신했으며, 1937년 말까지 그 목표에 도달하기 위해 상당한 거리를 여행했다. 나치는 전체주의적인 '이중 국가'를 세워 예술에서 스포츠에 이르기까지 공공 생활의 전 영역을 통제했다. 효과적인 테러 장치를 통해 국가 내부에서 어떠한 조직적 반대도 불가능하게 만들었다.

국제적인 측면에서 대차대조표는 분명 히틀러에 유리한 것이었다. 독일은 강대국들 사이에서 대등한 지위를 되찾았다. 히틀러는 로카르노조약과 스트레사 전선 모두 무너뜨렸다. 에티오피아에 대한 무솔리니의 군사작전을 지지하고, 스페인 내전에서는 민족주의 편에 서서 독일과 이탈리아가 공동으로 개입함으로써, 이탈리아 독재자로 하여금 점차 독일 쪽으로 방향을 틀게 했다. 그리고 1937년 9월 무솔리니가 독일을 국빈 방문함으로써 공식적으로 로마−베를린 추축국이 형성되었다. 영국과 독일의 해군 협정, 그보다 전에 있었던 라인란트 위기 시 영국의 불간섭은 프랑스와 영국의 관계에 심각한 균열이 있음을 보여주었다.

그러나 1937년 말까지는 히틀러도 독일인도 서로 다른 이유에서 만족스럽게 생각하지 않았다. 사실 체제는 심각한 문제 한가운데 있었다. 독일인의 입장에서 보자면, 제3제국에 대한 만족감은 금세 사라져버렸다. 나치가 취한 초기의 경제 조치들은 많은 독일인들에게서 상당한 지지를 얻었지만, 각종 억압과 테러, 규제라는 현실로 인해 열광은 소극성과 침울함으로 바뀌었다. 1934년 8월 국민투표에 참여한 사람들의 84.6퍼센트만이 히틀러가 대통령으로 취임하는 것에 대해 지지했다. 독재자들은 99퍼센트의 지지를 얻는 것에 익숙함에도 말이다. 몇 달 후 독일노동전선이 후원하는 공장노조대표 전국 선거의 결과는 나치에게 너무 재앙적인 것이라 그 결과가 발표되지도 않았다. 엄청난 압력에도 불구하고 30~40퍼센트의 노동자들만이 나치가 내세운 후보에 투표했던 것이다. 나치당 측에서 볼 때 보다 더 불길했던 것은 당이 독일인들에게 다시 나치당원이 될 것을 허용했을 때(나치당 입당은 1933년 3월 이후 문이 닫힌 상태였다), 그 결과가 엄청나게 실망스러웠다는 점이다. 당원에 지원한 사람들의 수는 기대에 훨씬 못 미쳤다.

히틀러는 국민의 불만에 대해 충분히 잘 알고 있었고(게슈타포는 국민의 분위기에 대해 보고하는 매우 효과적인 스파이망을 갖고 있었다), 이에 더해 깊이 실망할 자신의 이유도 갖고 있었다. 독일의 독재자는 그의 궁극적인 목표가 군사력을 통해서만 달성될 수 있고, 자신만이 독일을 이 정복 전쟁에 몰아넣을 수 있다고 확신했다. 동시에 그는 자신이 요절하리라는 것도 확신했다. 1939년 4월이면 50세가 된다는 것을 깨닫고, 그는 자신이 이룬 것에 만족하기보다는 행동의 속도를 가속화할 필요가 있다고 생각했다.

이것이 히틀러가 1937년 11월 5일 최측근 군사 참모와 외교 참모들을 소집하여 모임을 개최한 배경이었다. 선택받은 참가자는 국방군의 수장들인 국방부 장관 블롬베르크, 육군의 베르너 폰 프리치Werner von Fritsch, 공군의 괴링, 해군의 에리히 레더Erich Johann Albert Raeder와 제국 외무부 장관인 콘스탄틴 폰 노이라트Konstantin von Neurath였다. 4시간 동안 중단 없이 이어진 독백에서 히틀러는 인종과 공간이 제국과 국민의 운명을 결정할 것이며, 이 운명을 완수하기 위해 독일은 가까운 장래에 군사작전에 착수해야만 한다는 자신의 입장을 반복했다.

1937년 11월 회의의 중요성은 히틀러가 한 일반적인 논평에 있는 것이 아니라, 세계 정세에 대한 분석에서 그가 끌어낸 구체적인 결론에 있다. 그의 청중은 히틀러가 계속해서 반복하는 장황한 인종주의 담론에 매우 익숙한 상태였다. 그러나 이전에는 동유럽에서의 생존공간에 대한 독일의 필요성이 보다 장기적인 목표로 여겨졌다면, 이번에는 '빛처럼 빠른 행동'으로 체코슬로바키아를 정복하고 오스트리아를 병합할 수 있도록 즉시 군사적인 준비에 나설 것을 요구했다는 점이 달랐다. 히틀러는 이와 연관된 위험성들에 대해서는 일축했다. 서방 연합국은 매우 약해서 독일이 동부로 진격하건 남동부로 진격하건 제대로 저항하지 못하리라는 것이었다.

연설을 마무리 지은 후 히틀러는 독일의 군사 및 외교 지도자들이 나치 독재자의 장기적인 목표에 반대하지는 않더라도, 이와 연관된 외교적, 군사적 위험성에 대한 히틀러의 평가에 대해 매우 유보적인 태도를 보인다는 것을 알고 실망했다. 이들은 독일이 유럽의 지도를 바꾸려고 지속적으로 노력하더라도 서방 연합군이 저항하지 않으리라는 히틀러의 입장을 받아들이지 않았다. 그러나 이들 외교 및 군사 지도자들의 반대도 히틀러의 신념을 흔들지는 못했다. 반대로 그는 어느 때보다도 신속히 움직이겠다고 결심했다. 1937년 12월 22일 참모본부는 체코슬로바키아에 대한 군사작전을 지칭하는 '녹색 상황^{Fall Grün}'을 준비하기 시작했다. 이와 함께 중요한 점은 히틀러가 그의 목표를 달성하기 위해 통치 첫 5년 동안 그에게 그토록 잘 봉사해온 신보수주의자들 중 일부와 헤어져야 한다는 점 역시 인지하고 있었다는 사실이다.

하인리히 힘러Heinrich Himmler

(1900~1945년)

하인리히 힘러는 모든 사람에게 악의 체현으로 여겨진다. 매력 없고, 상상력도 없으며, 현학적인 그는 의심할 나위 없이 모든 역사상 가장 끔찍한 범죄 중 하나인 홀로코스트를 수행하는 임무를 담당했다. 2008년 독일 잡지 〈슈피겔〉은 힘러를 "역사상 가장 엄청난 대량 학살범"이라고 결론지었다.

힘러는 1900년 10월 바이에른의 견실한 중간계급 가정에서 태어났다. 그의 아버지 요제프 힘러Joseph Himmler는 뮌헨에서 유명한 비텔스바허Wittelsbacher 김나지움의 교장이었고, 바이에른 제후 하인리히의 개인 교사였다. 제후는 힘러의 대부가 되었다. 힘러는 란트슈트Landshut 학교에 다녔고, 성적은 좋았던 반면에 체육에 몹시 서툴렀다. 하지만 난감하게도 그는 군인으로서의 이력을 추구하기로 결심했다. 힘러는 1차대전의 마지막 2년 동안 제11바이에른 기병대에서 복무했지만, 전쟁이 끝나면서 직업장교가 되겠다는 그의 야심도 실질적으로 끝나버렸다. 향후 그는 엄청난 부대를 지휘하지만, 그의 역할은 정치군인의 그것일 뿐 정규 장교로서는 아니었다.

1차대전 후 힘러는 농업단지 경영자가 되려는 목표를 갖고 뮌헨기술대학 농경제학과에 등록했다. 그는 여기에서도 실패했고, 병아리 농장주로서도 마찬가지였다. 정치적 경력이 좀 더 가능성 있어 보였다. 학생 시절 힘러는 극단적인 우파 조직과 그들의 인종주의 및 반유대주의 이데올로기에 관심을 가졌다. 그는 이런 집단 가운데 가장 극단적인 조직 중 하나인 툴레협회에 가입했다. 이 시기에 북구의 신화와 민속학에 대한 그의 일생에 걸친 집착이 시작되었다.

힘러는 뮌헨에서의 학생 시절에 나치당과 돌격대의 일원이 되었고, 실패한 맥주홀 폭동에 참여했다. 히틀러가 감옥에서 풀려난 후 힘러는 갓 조직된 친위대에 가담하여 바이에른 지구 친위대 지도자가 되었다. 이 시기 친위대는 훨씬 더 큰 돌격대의 (280명 정도의 구성원을 가진) 하부 조직이었다. 친위대원들은 주로 히틀러가 독일 전역에서 유세를 할 때 경호원으로 활용되었다.

1929년 힘러는 전 독일의 친위대 수장이 되었다. 그는 조직을 인종적으로 우월하다고 여겨지는 존재들의 공동체로 만들어나갔다. 힘러 자신은 이상적인 아리안으로 보이지 않았지만(파란 눈에 금발인 단치히의 나치 가우위원장 알베르트 포르스터Albert Forster는 격노하며 "내가 힘러처럼 생겼다면, 나는 인종에 대해 말하지 않겠다"고 외쳤다), 그는 친위대를 미래의 북구 아리안족으로 만들고자 결심했다. 그는 엄격한 친위대 회원 가입 규정을 만들었는데, 이는 유대인이나 '인종적으로 열등한' 조상을 가진 모든 신청자들을 배제하기 위한 것이었다. 이러한 원칙은 친위대 구성원들의 장래 부인들에게도 적용되었다.

우생학을 가지고 꾸민 이 모든 일은 친위대가 나치 독일에서 권좌로 나아가게 하는 데 도움이 되지 않았다. 이러한 기획은 힘러가 바이에른 비밀경찰청장으로 새로 임명되어 체제의 정적들을 투옥하기 위해 강제수용소 시스템을 가동한 1933년 본격화되었다. 그 후 힘러는 국가가 테러를 주도한 나치 체제의 모든 부분에서 좀 더 많은 지위와 훈장들을 더해나갔다. 그의 이력에서 한 획을 긋는 중요한 걸음이 이루어진 것은 친위대가 1934년 7월 히틀러 체제를 전복하려고 했다는 존재하지도 않은 음모에 가담한 혐의로 수십 명의 돌격대 동료들을 처형함으로써 히틀러에 대한 자신들의 충성심을 입증했을 때였다(친위대의 모토는 '나의 명예는 충성'이었다).

히틀러가 2차대전 중에 소위 제3제국의 인종적 적인 유대인들에게 '특별한 처우Sonderbehandlung'—박멸을 가리키는 나치의 은어—를 하는 과제를 힘러에게 넘긴 것은 아주 자연스러운 결정이었다. 1943년 10월 친위대 고위 장교들에게 한 연설에서 힘러는 친위대가 홀로코스트에서 한 역할을 특히 자랑스럽게 생각해야 한다고 선언했다. 그는 유럽에서 유대인을 박멸하지 않는다면 모든 유대인들이 1차대전 때 그랬던 것처럼 독일의 전쟁 노력을 침해하려는 스파이와 밀고자가 될 것이라고 주장했다.

2차대전 막바지에 힘러는 다른 종류의 오판을 한다. 그는 독일이 전쟁에서 이기지 못하리라는 것을 인지했지만, 제3제국과 서구 열강이 소비에트에 맞선 동맹 교섭은 할 수 있을 거라고 생각했다. 물론 영국과 미국은 힘러와의 어떠한 협상도 거부했다.

히틀러는 힘러의 제안을 알고 격노했다. 이 나치 독재자는 자살하기 전에 힘러의 모든 공직과 당직을 빼앗았고, 그를 나치당에서 추방했다. 독일의 무조건적인 항복 이후 힘러는 정체를 숨기기 위해 종전 직후의 혼란을 틈타 일개 병사로 변장했다. 하지만 그는 성공하지 못했다. 힘러는 금세 그의 진짜 신분을 밝혀낸 영국군에 체포되었다. 심문당하기 전 힘러는 전쟁의 마지막 주에 모든 나치 장교들에게 배분된 청산가리 정제를 물고 자살했다. 전직 친위대 지도자는 뤼네부르크 히스^{Lüneburg Heath} 어딘가에 있는 표지 없는 묘지에 묻혔다.

7장

정복, 죽음 그리고 패배
1938~1945년

이 장에서 다룰 짧은 기간 동안 독일은 힘과 영토 확장의 정점에 도달했지만, 독일인들은 전례 없는 패배와 절망의 구렁텅이를 경험했다. 나치 독재자는 "독일이 세계 패권국이 되거나 사라지게 될 것"이라고 공표하면서, 평화적 수정주의의 가면을 벗고 2차대전을 도발했다. 전쟁이 끝났을 때 히틀러 예언의 두 번째 부분이 실현되었다. 모든 실제적인 목표에도 불구하고 독일은 아무것도 아닌 상태였다. 1945년 독일은 안드레아스 힐그루버Andreas Hillgruber가 논평했던 것과 같이 1939년 혹은 1914년 수준에 있기보다는 사회정치적 발전 측면에서 1815년에 더 근접했다. 히틀러의 통치는 독일사를 150년 뒤로 돌려놓았다.

세 가지 서로 연결되는 주제가 이 중대한 시기에 압축되었다. 첫 번째는 전체주의와 테러가 독일을 급속히 장악했다. 제3제국 첫 5년간 자율성을 유지했던 집단들은 점점 더 통제와 침해를 받았다. 유럽 전역을 정복하려는 나치의 시도, 그리고 이와 병행하여 유럽에서 유대인과 소위 열등한 인종들을 물리적으로 절멸하려는 노력이 두 번째 주제이다. 당시 홀로코스트Holocaust는 전쟁 동원의 부수적인 부분이기보다는 히틀러 정복 전쟁의 주요 주제이자 핵심이었다. 마지막으로 제국의 해체는 이번 장의 세 번째 주제를 구성한다. 히틀러는 세계 정복을 위한 도박에 실패했음을 깨달았을 때, 독일을 사회적 해체의 절벽으로 이끈 자멸 과정을 시작했다.

나치 총통국가

제3제국 첫 5년간 히틀러와 나치당은 독일의 민주주의를 파괴했고, 정치권력에 대한 독점권을 확보했다. 1938년까지 어떠한 주요 사회 이익 집단도 공공연히 나치에 맞설 수 없었다. 하지만 몇몇 부문은 조직의 자율성을 유지했다. 그중 가장 중요했던 것이 외교적 기득권층(콘스탄틴 폰 노이라트는 1932년 이후 외무부 장관직을 유지했다), 국방군, 공무원 일부, 가톨릭과 프로테스탄트 교회, 그리고 재계 지도자들이었다.

  1938년 초, 히틀러와 나치는 이 리스트의 후미 세 그룹에 대해서는 딱히 염려하지 않았다. 재계 지도자와 공무원은 나치의 미래 계획에 맞설 수단도 야심도 가지지 않은 것처럼 보였다. 교회는 장기적으로 불확실한 요소였지만, 가까운 장래까지는 나치 통치에 위협이 되지 않았다. 그러나 군부와 외교 지도자들에 대해서는 염려했다. 독재자는 그의 장기적인 계획에서 외교 부문의 기득권층과 군대 지도자들의 협력이 필요하다는 것을 인식하고 있었다. 지금껏 두 집단의 구성원들은 히틀러의 목표를 지지해왔지만—무시할 만한 예외가 있기는 하지만—1937년 11월 히틀러의 전쟁 계획에 대해 이들이 보인 미온적인 태도는 히틀러에게 공생이 끝나가고 있음을 보여주었다.

　외교적, 군사적 기득권층에 대한 나치 통제의 확대를 위한 기회는 1938년 2월 예기치 않게 찾아왔다. 나치당 기구들은 1933년 이후 외교정책 수행에 간섭하기 위해 노력해왔지만, 별반 성공적이지 못했다. 자칭 나치당의 이데올로기적 순수성을 지키는 후견인인 알프레트 로젠베르크는 독일 바깥의 다양한 파시스트 집단과의 연계를 위해 외교정책국을 세웠지만, 로젠베르크의 기량 부족과 아마추어적 태도가 이 계획을 가로막았다. 이보다 훨씬 더 중요했던 것은 '당 운영을 위한 부총통 사무국'의 조직적 틀 안에서 작동하던 '리벤트로프 부서Dienststelle Ribbentrop'였다. 1932년에야 나치당에 가입한 요아힘 폰 리벤트로프Joachim von Ribbentrop는 당에서는 상대적으로 신입이었다. 그는 외교 경험도 없었지만, 나치의 권력 장악 이전에 국제적인 와인 판매상으로서 외국과의 광범위한 접촉망을 갖고 있었다. 리벤트로프는 나치당 회계 담당자가 제공한 기금을 가지고, 독일 외교정책을 '나치화'하기 위해 잡다한 아마추어 외교관 그룹을 모았다.

　정규 외무 관료들은 예기치 못한 경쟁에 대해 매우 불평했지만, 리벤트로프는 중요한 한 명의 승인을 재빠르게 얻어냈다. 1935년 영독 해군 협정을 이끌어낸 리벤트로프의 성공적인 협상술은 히틀러로 하여금 리벤트로프를 독일의 직업 외교관들을 훨씬 능가하는 기량을 가진 나치판 비스마르크라고 확신하게 만들었다. 히틀러가 1938년 2월 리벤트로프를 외무부 장관으로 임명하면서 더 이상 만족스럽지 않은—총통의 관점에서 보자면—노이라트를 대체했던 것은 놀라운 일이 아니었다.

　이와 거의 동시에, 일련의 우연한 상황이 나치의 군부 숙청을 가능케 했다. 그 기획은 히틀러가 아니라 하인리히 힘러와 헤르만 괴링에게서 비롯됐다. 두 사람은 전통적인 국방군 지도자들에 대해 오랫동안 분노를 품어왔다. 힘러는 옛 프로이센 장교단이 친위대의 팽창을 가로막고 있다고 느꼈고, 괴링은 이들이 현대전에서 대규모 공군이 가지는 중요성을 인지하지 못하고 있다고 확신했다.

두 음모가에게는 다행스럽게도 독일에서 가장 중요한 군부 지도자, 즉 1933년 이후 국방부 장관인 베르너 폰 블롬베르크와 육군총사령부 사령관 베르너 폰 프리치에게 해를 입힐 만한 자료가 있었다. 둘 중 누구도 지금껏 나치에 어려움을 안겨준 적은 없었다. 블롬베르크는 일찍부터 히틀러의 재무장 계획에 대해 지속적이고 열광적으로 지지해왔고, 프리치는 정치적 결정에 관여하지 않는 '천생 군인'인 것에 자부심을 갖고 있었다. 그러나 두 사람 모두 히틀러의 계획에 대해서는 위험천만하고 섣부른 군사적 모험이라고 보고 불안해했다.

이러한 가운데, 블롬베르크와 프리치의 개인적 비행에 대한 조작된 폭로가 적절한 시점에 이루어졌다. 수년간 홀아비이던 블롬베르크는 1937년 자신의 비서와 재혼했다. 히틀러와 괴링이 결혼식 증인이었다. 하지만 몇 달 후 힘러는 블롬베르크 부인이 몇 년 전 포르노 사진을 찍었다는 경찰 기록을 제시했다. 블롬베르크는 조용히 사임하도록 처리됐다. 그에 비해 프리치는 의도적인 조작의 희생양이었다. 친위대의 국가보안본부Reichssicherheitshauptamt, RSHA 책임자인 라인하르트 하이드리히는 프리치와 동성애 관계를 가졌다고 (거짓되게) 주장하는 사람을 내세웠다. 조작은 후일 폭로되었고, 명예법원*은 장군이 무죄임을 밝혀주었지만, 이미 프리치가 직위에서 강제로 해임된 후였다. 명예법원의 판결에도 불구하고 히틀러는 그를 복직시키지 않았다.

---

* 군법에 의해 재판받을 정도가 아니라고 간주되는 위반 행동을 조사하고 판결 내리는 군사재판을 말한다.

블롬베르크와 프리치 스캔들 속에서, 히틀러는 군대에 대한 직접적인 통제에 나섰다. 여러 직위 가운데 공군 사령관직도 갖고 있던 헤르만 괴링은 국방부 수장으로서 블롬베르크를 대신하겠다고 자천했으나, 총통은 이 제안을 거부했다. 대신 히틀러는 국방부를 완전히 철폐하고 이를 미국의 합동참모본부Joint Chiefs of Staff와 비견될 만한 국방군최고사령부Oberkommando der Wehrmacht, OKW로 대신했다. 새 부서의 수장으로 히틀러가 선택한 인물은 탁월한 장교가 아니라 군대 내 무명인이었다. 빌헬름 카이텔Wilhelm Keitel은 무색무취하고 별 특징이 없는 장교로 리벤트로프처럼 히틀러의 희망을 완수하는 것 이외에 야심이 없었다. 나치 독재자는 사실상 스스로 국방부 장관이 되었다. 카이텔의 참모총장은 알프레트 요들Alfred Jodl이라는 유능하나 철저히 나치화된 장교였다. 프리치가 교체된 것은 장교단 내에서 나치의 영향력이 점증하고 있음을 상징하는 것이나 마찬가지였다. 히틀러는 육군의 새로운 사령관 자리에 괴링의 적이었지만 국방군 장교들 중에서 가장 먼저, 그리고 가장 열광적으로 나치의 도반이 된 사람들 중 한 명이었던 발터 폰 브라우히치Walther von Brauchitsch를 선택했다.

몇 달 후, 육군 참모본부장 루트비히 베크Ludwig Beck 장군이 해임되었다. 후일 히틀러에 맞서는 군사 음모 지도자 중 한 명이 되는 베크는 체코슬로바키아를 침공하려는 총통의 계획에 대해 정치적, 전략적 반대의 목소리를 냈다. 베크의 자리는 프리치처럼 '천생 군인'이었던 프란츠 할더Franz Halder가 차지했다.

군대의 나치화, 특히 군사작전에 대한 히틀러의 개인적 통제는 전시에 더욱 가속화되었다. 1941년 12월 모스크바전투에서 있었던 독일의 패배에 대해, 독재자는 말 잘 듣는 사령관 브라우히치에게 책임을 지웠다. 엄청난 규모의 대대적인 선전을 덧붙여서, 이제 히틀러는 매일매일 군사작전에 대한 감독에 나섰고, 대규모 작전에서 연대와 중대 수준의 사소한 전략적 결정에 이르기까지 모든 것을 결정했다.

전세가 불리해지고 독일이 계속해서 실패를 경험하자, 히틀러는 장교단에 점점 더 분노를 쏟아냈다. 1942년부터 1945년 사이, 총통은 4명의 육군 참모본부장을 임명하고 경질했다. 히틀러의 눈에 덜 띄는 자리일수록 재직 기간이 좀 더 길었다. 2차대전이 끝나갈 때까지 히틀러는 전쟁 초에 장성급이던 전체 장교들 중 절반을 해임했다.

약간 남아 있던 국방군의 조직 자율성은 1944년 완전히 파괴되었다. 1944년 7월 히틀러에 맞서는 음모에 다수의 고위 장교가 관련되었음이 밝혀지자, 히틀러는 군대에 대한 대규모 숙청을 단행했다. 수십 명의 장교가 한꺼번에 처형되었다. 독재자는 힘러를 예비군 사령관으로 임명했다. 게다가 히틀러는 1933년 이래 장교단 확대로 이미 국방군의 거의 전 부문에서 친나치 장교들이 임명되었음에도 불구하고, 육군 부대들을 나치 지도장교들로 채워야 한다고 주장했다. 소비에트 군대의 정치 지도위원의 모델을 따라, 그들의 기능은 담당 병사들에게 나치의 정치적 광신주의를 주입하는 것이었다. 하지만 1944년 말 독일 군대가 거의 모든 전선에서 완전히 패배하는 상황에서 그런 필사적 조치들이 어떤 실제적인 효과를 가져오지 못했음은 말할 나위도 없다.

군부에서 자율성 침해는 공무원 행정 분야에서 점증하는 나치화와 쌍벽을 이루었다. 전쟁이 진행되는 과정에서, 히틀러와 당의 지도자들은 행정기관과 정치적 결정 과정에 대한 자신들의 통제를 대폭 확대했다. 1942년 6월, 제3제국 최후의 회기 동안, 철저히 나치화된 독일 의회는 총통의 의견에 따라 '그들의 의무를 다하지 않고 있던' 공무원, 판사, 검사들을 해임할 권한뿐 아니라 입법에 대한 총체적 권한을 히틀러에게 부여하는 법안을 통과시켰다.

전쟁이 제3제국에 불리해짐에 따라, 히틀러는 점점 더 많은 권한을 그가 유일하게 전적으로 신뢰할 수 있다고 느꼈던 나치당 가우지도자들에게 이양했다. 이들 '옛 전사들'의 대부분은 1933년 이래 주 행정 단위의 수장으로 복무하고 있었지만, 1942년 총통은 그들 중 18명에게 '제국방위최고위원Reichsverteidigungskommissar'이라는 추가적 권한을 부여했다. 그들은 제국 군관구 사령관의 민간인판으로, 민간 행정의 거의 모든 것에 대해 책임을 맡았다. 다른 가우지도자들은 광대한 정책 영역을 관리할 포괄적인 권한을 히틀러로부터 위임받았다. 작센의 가우위원장 프리츠 자우켈Fritz Sauckel은 점점 더 많이 군대에 징집되고 있는 독일인들을 대신해 외국인 노동자를 확보할 임무를 맡았다. 자우켈은 물적 유인책과 프로파간다를 통한 유인책으로 시작했지만, 결과가 만족스럽지 않았을 때는 테러와 무력에 의존했다. 전쟁 후반기에, 점령된 지역 협력 체제의 도움으로, 독일인들은 손쉽게 유능한 사람들을 찾아서 독일로 이송할 수 있었다. 베를린 가우지도자이자 제국 선전부 장관이던 요제프 괴벨스는 히틀러가 독일의 전쟁 수행을 위한 모든 민간의 노력을 조정할 권한과 더불어 '제국 총력전 전권위원Reichsbevollmächtigter für den totalen Kriegseinsatz'으로 임명한 1943년 권력의 정점에 도달했다.

몇몇 당 지도자들에게 추가적인 권력을 부여하는 과정은 이중적 효과를 낳았다. 히틀러는 부하들이 서로 반목하도록 하는 그의 오래된 전략을 지속하면서, 상호 중첩되는 권력의 정글을 만들어냈다. 그리고 이는 다양한 나치당 지도자와 조직들 간에 일부 분명한 승자와 패자를 만들어냈다. 나치 총통국가의 확대가 낳은 가장 명백한 수혜자는 마르틴 보어만Martin Bormann과 친위대였다. 1933년 이래 보어만은 나치당 부총통이던 루돌프 헤스의 참모였다. 헤스가 1941년 5월 영국으로 도주했을 때, 보어만은 그 기회를 최대한 활용했다. (당 사무처Partei-Kanzlei로 개명된) 부총통의 기구를 활용하여, 그는 늘 히틀러와 물리적으로 가까이 있었고, 결과적으로 독재자로의 모든 접근을 가능케 하는 문고리 권력이 되었다. 히틀러는 보어만에 대한 신뢰를 숨기지 않았다. 당 사무처 수장은 아무런 반문 없이 총통의 희망 사항과 명령을 수행하면서, 히틀러의 또 다른 자아가 되었다.

아이러니하게도 친위대는 제3제국의 세력이 감소함에 따라 중요성을 더해갔다. 지나치게 세세한 것에 얽매이기는 하나 단호한 힘러의 지도력하에, 이 나치 엘리트 조직은 언제나 스스로를 나치즘의 참된 구현이라고 보았다. 하지만 힘러의 혼란스러운 인종적 정책보다는 효과적인 테러 관리 덕택에 권력을 잡을 수 있었다.

친위대는 전쟁 훨씬 전에 확대된 활동을 위한 토대를 닦기 시작했지만, 군사작전의 시작과 더불어 점점 더 확대되는 당 영역들과 국가 기능들을 친위대의 통제하에 병합하는 데 성공했다. 2차대전 발발 4주 만에 보안대와 게슈타포는 단일 조직인 국가보안본부로 병합되었고, 히틀러의 가장 사악한 부하 중 하나인 라인하르트 하이드리히의 지휘를 받았다. 전쟁 동안 하이드리히(하이드리히는 1942년 체코 레지스탕스 활동가에게 암살되었다)와 그의 후임인 전직 오스트리아 친위대 수장 에른스트 칼텐브루너Ernst Kaltenbrunner는 국가가 지원하는 테러의 네트워크를 신속하게 확대했다. 힘러도 지속적으로 부가적인 국가 직책과 권한들을 쌓아나갔다. 1943년 8월, 그는 제국 내무부 장관이 되었고, 따라서 모든 독일 공무원의 명목상 우두머리가 되었으며, 1년 후 이 친위대 수장은 육군 사령관으로 임명되었다.

공무원과 군대의 나치화에 가속도가 붙었지만, 히틀러는 교회의 자율성에 도전하는 일에는 신기할 정도로 조심스러워했다. 특히 제3제국 초기 몇 달간 독일기독교도Deutsche Christen라고 불리던 비주류 프로테스탄트를 지지하는 아이디어도 생각했다. 이 조직은 기독교 안에서 유대교 혈통을 제거하고, 이를 비유대인이며 노르만 전사 영웅인 예수를 우두머리로 하는 '아리안 기독교'로 대체하기를 원했다. 하지만 히틀러는 독일기독교도가 얼마나 지지받지 못하는지를 깨달았고, 이 그룹은 버려졌다. 지역적인 차원에서도, 몇몇 가우지도자들이 자신들 지역의 교회를 나치 통제하에 종속시키고자 하는 반복적인 시도들이 있었다. 하지만 히틀러는 전시에 새로운 문화투쟁이 대중의 여론을 체제에 맞서도록 변화시키지 않을까 우려하여 교회를 억누르려는 시도를 중단하라고 명령했다.

교회의 도덕적 힘은 인종주의적인 동기를 가진 나치 정책 리스트에서 우선순위가 주어진 한 프로그램에 대한 그들의 저항을 통해서 드러났다. 1938년 나치는 국가 시설에 수용된 정신질환자들을 죽이는 프로그램에 착수했다. 다수의 저자들이 홀로코스트를 위한 실습으로 확인했던 이 '자비 살인'은 유전적인 결함이 독일 민족에게서 영속되는 것을 막는다는 이유로 정당화되었다. 뒤늦게, 1941년 뮌스터의 가톨릭 주교인 갈렌Galen 백작이 공식적으로 이에 대해 저항했다. 그 결과, 비록 살인이 완전히 포기되지는 않았지만, 나치 체제는 이를 대중으로부터 감추기 위해 더 큰 주의를 기울였다. 하지만 불행하게도 갈렌이 설교단에 올랐을 때, 8만 명의 정신질환자는 이미 처형된 상태였다.

전시에 보인 나치의 온건한 접근은 나치 통제하 동유럽 지역의 나치와 교회의 관계에는 적용되지 않았다. 나치가 점령한 폴란드에서 많은 가톨릭 성직자들이 폴란드의 지적, 도덕적 지도자들을 제거하려는 노력의 일환으로 살해되었다. 유사하게, 폴란드와 독일의 접경 지역인 바르테가우Warthegau에서, 나치 가우위원장 아르투어 그라이저Arthur Greiser는 가톨릭과 프로테스탄트, 두 기독교 교회의 실천적 교인들을 박해하기 위한 그의 체계적인 캠페인과 관련하여, 히틀러의 전폭적인 지지를 얻어냈다.

제3제국이 1945년 5월 몰락했을 때, 독일은 적어도 서류상으로 사실상 모든 권력이 아돌프 히틀러와 그의 나치당 심복들의 자의적인 손길에 놓여 있던 전면적인 전체주의 체제의 지배를 받고 있었다. 로버트 콜Robert Koehl에 따르면, 독일의 전시 경험은 현대 다원주의 사회가 개인이건 집단이건 권리에 대한 제도적 방어막이 없었던 신봉건 독재 국가로 전환된 사례이다.

승리와 몰락

⊙ 유화 외교

히틀러의 강박관념 중 하나는 유럽 대륙을 나치 통치하에 두기 위한 정복 전쟁을 개시하는 것이었다. 1938년은 나치즘의 궁극적 목표를 추구하는 과정에서 중요한 분수령을 이루었다. 제3제국 첫 5년 동안, 나치 지도자들은 독일이 원하는 것은 세계 강대국들 사이에서 대등한 상대로 다루어지는 것뿐이며, 제3제국은 베르사유조약의 '부당한' 부분에 대한 수정을 추구하고 있을 뿐이라고 주장했다. 그러나 1938년 초 나치는 평화적 수정주의의 가면을 벗어던졌다. 대신 히틀러는 다른 강대국들이 1914년 제국의 경계를 넘어선 영토에 대한 독일의 통제를 묵인하기를 기대한다는 점을 분명히 했다. 이 영토 중 일부에서 독일어 사용 인구들이 거주하고 있었던 것이 사실이고, 한동안 히틀러는 민족자결주의 독트린에 의거하여 그의 영토적 야심을 정당화했다. 그러나 1938년 가을에 이르면 이러한 변명조차 사라졌다. 히틀러의 목표는 그들의 냉엄한 현실 속에서 폭로되었다. 정당함이나 국제 정의가 아니라 정복과 통제가 목표였던 것이다.

1937년 11월에 있었던 나치 최고위 군부 및 외교 지도자들의 모임에서 총통은 프랑스와 영국의 재무장 프로그램이 따라올 기회를 갖기 전에 일련의 군사작전을 시작하기 위해 독일은 재무장 계획에서 선두 주자의 이점을 필요로 한다고 주장했다. 또한 히틀러는 일련의 희생자가 누구일지에 대한 일말의 의혹도 남기지 않았다. 오스트리아, 다음으로 체코, 마지막으로 폴란드와 러시아였다. 동시에, 독일 독재자는 세계적인 차원에서 사고했다. 그는 이미 진행 중이던 일본의 아시아 침공과 자신의 유럽 정복이 연계되기를 원했다. 따라서 독일의 외교정책은 일본과 정치적, 군사적 동맹을 추구하는 가운데 전통적으로 있어온 중국에 대한 경도傾倒를 버렸다.

나치의 새로운 목표가 된 첫 번째 영토인 오스트리아는 수정주의에서 정복으로의 전환을 드러내는 데 특히 적합했다. 이 나라는 언어와 문화 모두에서 독일과 비슷했고(현재도 그렇다), 1930년대 말 정치적 독립성이 위태로운 처지에 있었다. 1934년 7월 나치 폭동이 실패한 이래로, 오스트리아는 쿠르트 슈슈니크Kurt Schuschnigg가 이끄는 '오스트리아-파시스트' 정권의 지배를 받아왔다. 이 오스트리아 지도자의 정부는 독일의 공격으로부터 자신을 방어하는 데 무솔리니에 의지했고, 아울러 국내의 반발을 통제하기 위해 자국민의 정치적 자유를 제한했다. 오스트리아 사민당과 나치 모두 금지되었다. 오스트리아에서 허용된 유일한 정당은 정부의 후원을 받는 조국전선Vaterländische Front뿐이었다.

슈슈니크와 그의 정권에는 불운하게도, 이탈리아 독재자는 로마-베를린 추축국 동맹을 강화하고자 오스트리아 독립에 대한 그의 관심을 저버렸다. 오스트리아 내부에서, 특히 이 나라의 경제 침체와 독일의 경기회복 속도 간의 선명한 대조는 특히 젊은 오스트리아인들 사이에서 불법이던 나치 운동에 대한 지지를 상당히 늘리는 결과를 낳았다.

결국 1938년 2월 히틀러가 슈슈니크에게 오스트리아 국경 베르히테스가덴^{Berchtesgaden}의 총통 산장에 오도록 거의 명령하다시피 했을 때, 히틀러는 두 장의 카드를 손에 쥐고 있었다. 이 회합에서 독일 지도자는 슈슈니크에게 불법화된 오스트리아 나치당의 지도자 몇몇을 내각에 포함해서 재조직할 것을 요구했다.

슈슈니크는 자신의 취약함을 깨닫고 독일의 노골적인 요구를 거절하지는 않았지만, 대중에 알리는 방식으로 히틀러의 압력에 맞서고자 했다. 오스트리아 정부는 1938년 3월 12일 오스트리아 독립 문제를 놓고 주민 투표를 단행할 것이라고 공표했다. 확실히 그것은 조작된 선거였다. 주민 투표를 위해 오스트리아의 투표 연령을 21세에서 25세로 높임으로써 나치에 공감하는 많은 청년들이 투표에 참여하는 것을 막았다. 어쨌든 선거 결과가 오스트리아인의 압도적 다수가 '제국으로 귀환하기'를 갈망한다는 독일 나치의 주장을 뒷받침하지는 않았을 것이 분명했다.

히틀러는 이 주민 투표가 실행되는 것을 막기로 결심했다. 독일 정부는 주민 투표 취소뿐 아니라 오스트리아 나치 지도자인 아르투어 자이스잉크바르트^{Arthur Seyss-Inquart}를 위해 슈슈니크가 사임할 것을 요구하는 것으로 슈슈니크의 발표에 대응했다. 최후통첩이 받아들여지지 않는다면, 히틀러는 자신의 조국에 대한 군사행동에 나서겠다고 위협했다.

슈슈니크는 무솔리니의 지원을 얻기 위해 온갖 노력을 했으나 소용없자 1938년 3월 11일 밤 사임하면서 자이스잉크바르트에게 권력을 이양했다. 실제로 베를린에서 작성된 편지에서, 오스트리아의 새 지도자는 나치 군대를 즉시 오스트리아로 보내 자신이 '법과 질서를 유지할 수 있게' 도와줄 것을 요청했다. 3월 12일 아침, 독일 군대는 국경을 넘었다. 그들이 맞닥뜨린 것은 오스트리아 국민의 만장일치에 가까운 환호였다. 하루가 지난 후, 히틀러 본인이 '귀향했다'. 그는 빈에 있는 옛 제국의 성 앞 광장에서 행한 집회를 시작으로 전국을 돌며 성공의 정점에 섰다. 10만 명의 환호하는 군중은 히틀러가 그의 고국이 제국으로 귀환했다고 '역사 앞에서 보고하는 것'을 들었다. 나치 독재자에게 독일과 오스트리아의 연합을 지칭하는 병합Anschluss은 정치적, 외교적, 심지어 경제적 승리였다. 정치적으로 히틀러는 비스마르크조차 흉내 낼 수 없는 업적인 위대한 독일 제국을 수립했다. 게다가 지도를 보면, 이제 독일 영토가 쫌틀처럼 체코슬로바키아를 둘러쌌다. 경제적인 측면에서 볼 때, 경화 부족이라는 제국의 고질적인 문제는 오스트리아의 상당한 금 보유고를 통해 일시적으로 완화되었다. 그러나 무엇보다, 히틀러는 그가 외교적 협박의 달인이라는 점을 입증했다. 영국과 프랑스의 반작용에 대한 그의 '본능'은 몇몇 조언자들의 두려움보다 훨씬 더 정확한 것으로 판명되었다.

1차대전 후 연합국—특히 프랑스—은 오스트리아 독립에 위협이라고 간주한 것을 막고자 반복적으로 움직였지만, 1938년 프랑스와 영국은 외교적 항의 문서를 보내는 데 그쳤고, 오스트리아 병합이라는 기정사실을 신속하게 받아들였다. 과거 오스트리아 독립을 지지하던 또 다른 전사 무솔리니도 이 전 과정에서 완전히 손을 뗐다.

연합국의 격렬한 반응이 놀랍도록 결여되었던 것은 유화정책, 즉 영국의 지도자들과, 그보다는 덜한 정도로 프랑스의 지도자들이 히틀러의 '수정주의'적 야심에 대응하면서 동시에 억제하려는 희망에서 채택한 외교 전략의 결과였다. 우리는 지금 유화정책이 히틀러의 힘의 추구를 억제하기보다 고무했음을 안다. 유화정책은 오스트리아 독립을 지켜내는 데 실패했고, 불과 몇 달 후 이 오도된 정책의 이름으로 서방 연합국은 체코슬로바키아 역시 히틀러에게 갖다 바친다. 그렇다면 왜 영국과 프랑스의 외교정책 지도자들은 명백히 실패한 외교 전략을 유지하려고 고집했는가?

유화정책이라는 용어는 언제나 이 정책을 가장 열정적으로 지지하고 실천했던 영국의 보수주의 정치가이자 총리였던 네빌 체임벌린Neville Chamberlain의 이름과 결부된다. 체임벌린에게 유화정책은 1차대전 후 국제적 세력균형을 수정하려는 나치 독일의 '정당한' 요구를 수용하면서 동시에 영국과 프랑스의 이익을 지키려는 방책이었다. 유화정책이라는 외교 전략은, 당시에 명백했어야 옳았을, 근본적으로 잘못된 두 전제에 근거해 있었다. 하나는 히틀러가 연합국 지도자들과 마찬가지로 새로운 세계대전을 피하고자 애쓴다고 가정했고, 다른 하나는 세력균형을 변화시키려는 나치 지도자의 갈망이 주로 소비에트 공산주의 확대를 막으려는 동기를 갖고 있다고 상정했다. 말하자면, 유화주의자들은 기본적으로 그들과 아돌프 히틀러를 가치동맹으로 바라보고 있었다. 그로부터 공산주의 팽창에 맞서는 서구 문명의 주요 방어막으로서 나치 독일이 베르사유 체제의 조건들에 대한 근본적인 수정을 요구하는 것은 정당하다는 결론이 나온다.

불행히도, 나치 독일의 정당한 요구에 대한 히틀러의 해석은 그의 외교적 파트너와 적대자들의 그것과 하등 공통점이 없었다. 확실히 그는 근본적으로 볼셰비즘에 반대했고 소비에트 러시아를 복속시키고자 했지만, 프랑스와 대부분의 대륙 유럽 국가들에 대해서도 마찬가지 운명을 계획했다. 게다가 결과적으로 히틀러에게 유화정책은 민주주의가 어떤 대가를 치르고서라도 전쟁을 피하고자 하는 비겁한 지도자들을 양산하는 정치체제임을 보여주는 증거였다.

1938년 가을 동안 체코슬로바키아 위기는 유화정책과 결부된 어리석음과 망상을 특히 잘 보여주었다. 오스트리아에서의 승리 이후 히틀러는 바로 다음 희생양인 체코슬로바키아로 고개를 돌렸다. 5월 말 그는 체코슬로바키아를 '말소'하는 계획을 세울 것을 비밀리에 명령했다.

정치적으로나 경제적으로나 체코슬로바키아는 오스트리아−헝가리 제국 해체로부터 탄생한 국가들 중 성공 스토리를 보여주었다. 발전되고 균형 잡힌 경제를 가진 이 신생 중부 유럽 국가는 생존력 있는 의회 민주주의를 세우고 유지하는 데, 합스부르크제국 후임 국가들 가운데 유일하게 성공한 나라였다. 체코슬로바키아는 다양한 인종적 소수자들 간의 갈등을 완화하는 데도 성공적이었다. 이 나라의 문화적 다원주의에 대한 계몽된 정책은 주목할 만했다. 체코슬로바키아에 사는 300만 명의 독일인(그들 대부분이 주데텐Sudeten 산악 지역에 거주했기 때문에 주데텐 독일인으로 알려졌다)과 수천 명의 폴란드와 헝가리인들은 1920년대와 1930년대 초반 동안 주류 체코 및 슬라브인들과의 관계에서 대체로 갈등이 없는 상태였다.

불행하게도 이러한 다국적 조화는 불황의 도래와 더불어 붕괴했다. 대규모 독일어민을 가진 일부 지역들이 경제 불황에 특히 심대한 영향을 받았다. 공무원직에 다른 인종적 소수민보다 체코인을 더 선호하는 정부 주도 정책은 상황을 악화시켰다. 그러는 동안 오스트리아에서 그랬듯이, 나치 통치하의 표면상 빠른 회복은 친나치 그룹인 주데텐독일당Sudetendeutsche Partei, SdP에 대한 지지를 상승시켰다. 주데텐독일당은 공개적으로는 주데텐 독일인을 위한 정치적, 문화적 자율성의 증대만을 요구했을 뿐이지만, 실제로 이 당과 그 지도자인 콘라트 헨라인Konrad Henlein은 주데텐 지역을 독일에 병합하기 위해 노력했다.

1938년 봄, 히틀러는 독일과 체코의 갈등을 유발하는 데 헨라인과 그의 패거리를 활용했다. 주데텐독일당은 지속적으로 요구 사항을 늘려가면서 폭력적 캠페인을 전개하도록 명령받았다. 그 목적은 독일의 선전기구로 하여금 주데텐 독일인이 제3제국과의 통합을 갈망하는 억압받는 사람들이라는 신화를 창출하면서, 체코 정부가 방어적인 위치에 놓이도록 하는 것이었다.

체코 정부는 헨라인의 공공연한 요구를 거절했다. 훨씬 강대한 세력에 맞서 체코 정부가 용기 있게 저항할 수 있었던 이유는, 적어도 서류상으로, 이 나라가 몇몇 매우 강력한 친구들을 갖고 있다는 사실에 기인했다. 1924년, 프랑스와 체코슬로바키아는 체코가 외국의 공격을 받을 경우 체코를 도울 의무를 프랑스에 지우는 군사동맹을 체결했다. 체코슬로바키아는, 프랑스가 이 의무를 다할 경우에만 러시아의 약속도 효력을 발휘한다는 조항을 러시아가 고집하기는 했지만, 소비에트 러시아와도 유사한 협정을 체결했다. 그러나 영국과 이탈리아는 직접 체코슬로바키아를 보호하는 데 관심이 없었고, 궁극적으로 유화정책의 제단에 체코슬로바키아를 바칠지도 모르는 외교적 책략에 착수하는 데 앞장섰다.

나치는 1938년 9월 초에 있었던 나치당의 연례 전당대회를 활용해 체코와 독일의 긴장을 광기 어린 클라이맥스 단계로 끌어올렸다. 히틀러는 체코슬로바키아 정부를 소비에트 공산주의의 친구로 특징지으면서, 주데텐 독일인들에게 즉시 자결권을 부여해야 한다고 요구했다. '억압적' 체코 정권이 양보하지 않는다면, 자신의 손으로 문제를 해결하겠다는 것이었다. 체코 정부는 동맹 체제에 포함된 보호 약속에 의지하여, 독일의 어떤 침공에도 무력으로 저항할 것임을 분명히 했다. 전쟁은 불가피한 것처럼 보였다.

네빌 체임벌린에게 중부 유럽에서 전쟁이란 생각할 수 없는 일이었다. 그는 그러한 전쟁은 세계 공산주의 이념을 도울 뿐이라고 확신했다. 9월 중반 그는 한동안 군사력 활용을 자제하도록 독일의 독재자에게 간곡히 부탁하고자 총통의 산장이 있던 베르히테스가덴으로 날아갔다. 그러는 동안 연합국 외교관들은 위기에 대한 외교적 해법을 찾으려고 노력했다. 히틀러는 행동하라는 독일 여론의 압력을 아마도 며칠간 더 견딜 수 있으리라는 점에 동의했다. 이제 체임벌린은 히틀러의 자제를 칭송했고, 자신의 방문을 유화정책의 승리라고 보았다.

총통은 언제나 양보를 약자의 표식으로 간주했기 때문에, 체임벌린은 히틀러의 성격을 완전히 오판했다. 수일 내에 히틀러는 주데텐 지역이 주민 투표 없이 독일에 넘겨져야 한다고 공표했다. 게다가 독일은 헝가리와 폴란드계 소수민에게도 관심을 가졌다. 그들 역시 각각의 조국과 합쳐져야 한다는 것이었다. 하지만 체코가 여전히 양보하지 않았기 때문에, 유럽은 다시금 전쟁 초입에 자리한 것처럼 보였다.

체임벌린만이 희망을 잃지 않았다. 그는 다시금 평화적 해결을 간청하기 위해 두 번째로 독일에 갔다. 전쟁 히스테리가 쌓여간 한 주가 더 지난 후, 그의 노력은 성공을 거두는 것처럼 보였다. 독일, 이탈리아, 프랑스, 영국의 지도자들은 9월 29일 정상회담을 개최하는 데 동의했다. 이 회담은, 아주 적합하게도, 뮌헨 나치당의 본부를 포함하는 복합건물의 일부인 총통건물Führerbau에서 개최되었다. 체코인과도, 러시아인과도 논의하지 않은 채 참석자들은 주데텐 위기에 대한 외교적 해결책으로 무솔리니가 제안한 '타협'안을 수용했다. 이 문서는 히틀러의 최종적 요구에 대한 이탈리아어 번역에 불과했다. 이 '타협'으로 체코슬로바키아는 주데텐 지역을 독일에 양보하도록 요구받았다. 체코가 4강회담의 명령에 가까운 결정을 받아들이기를 거부한다면, 프랑스가 조약 의무 조항 지키기를 거부할 터였다. 그러나 체코가 이 결정을 받아들인다면, 4강은 체코의 남은 영토의 통일성을 '보장'하기로 동의했다. 이 제안은 나치 독일에게 시니컬한 반응을 얻었지만, 체임벌린은 "우리 시대의 평화"라고 자평한 것을 달성하고 귀환했다.

뮌헨에서 돌아오는 길에 히틀러는 이중 행보에 착수했다. 독일 정부는 제3제국이 유럽 어느 지역에도 더는 영토적 야심이 없다고 엄숙히 공표했다. 이러한 선언에 추가적인 신뢰성을 부여하고자, 독일의 외무부 장관 요아힘 폰 리벤트로프는 1938년 12월 초 파리로 가서 프랑스와 공동선언을 발표했다. 제3제국은 알자스-로렌을 되찾으려는 어떠한 야심도 없다고 선언했던 것이다. 그러나 동시에 비공식적으로, 히틀러는 "체코의 나머지 부분을 돌아보도록" 명령했다.

제2차 체코 위기는 1939년 3월에 왔다. 나치는 몇몇 우파 슬로바키아 정치 지도자들이 체코로부터 독립을 선언하도록, 그리하여 이 나라를 해체하도록 압력을 넣었다. 슬로바키아는 실제로는 나치의 위성국이었지만 명목상으로 독립국이 되었다. 체코슬로바키아 내 체코 지역의 경우, 독일은 이를 제3제국의 식민지로 강등시켰다. 폭격과 군사적 침략으로 체코를 위협하면서, 나치는 독일의 '보호'를 받도록 요청하라고 체코 지도자들을 괴롭혔다. 체코에서 남은 부분은 제3제국의 보헤미아-모라비아 보호령이 되었다. 초대 '제국 총독Reichsprotektor'은 히틀러가 1938년 2월 해임한 전 외무부 장관 콘스탄틴 폰 노이라트였다.

체코의 지속적인 생존을 보장하는 데 동의한 지 5개월 후 벌어진 나치의 체코슬로바키아 해체는 유화정책의 신속하고 불명예스러운 종식을 낳았다. 나치 독재자의 향후 야심을 수용하려고 노력하는 대신, 영국과 프랑스는 이제 히틀러가 다음 목표물로 삼을 가능성이 가장 높았던 폴란드와 루마니아에 대한 지지를 보장하고 나섰다.

나치 지도자는 이에 깊은 인상을 받지 못했다. 그는 이 보장이 허풍

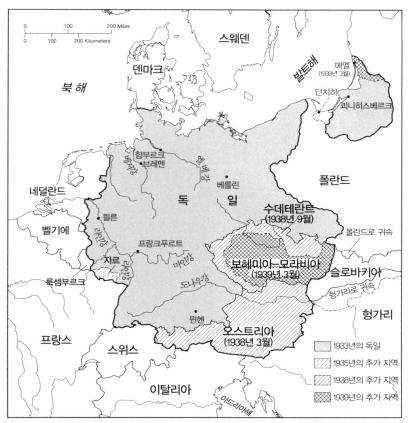

이미지 내 지도 레이블:

0 100 200 Miles
0 100 200 Kilometers

스웨덴

덴마크

북 해

메멜
(1939년 3월)

발트해

단치히

쾨니히스베르크

폴란드

함부르크
브레멘

베를린

독   일

수데테란트
(1938년 9월)

네덜란드

폴란드로 귀속

쾰른

벨기에

프랑크푸르트

마인강

보헤미아-모라비아
(1939년 3월)

슬로바키아

자르

라인강

도나우강

헝가리로 귀속

룩셈부르크

헝가리

뮌헨

오스트리아
(1938년 3월)

프랑스

스위스

1933년의 독일

1935년의 추가 지역

1938년의 추가 지역

1939년의 추가 지역

이탈리아

아드리아해

1933~1939년 독일의 확장.

일 뿐이라고 보면서 계속해서 다음 위기를 일으켰다. 체코슬로바키아 해체 이후 독일은 즉각 국경 조정과 관련한 양자 회담을 폴란드에 제안했다. 체코의 해체와 비교할 때, 독일의 초기 요구들은 온건한 것처럼 보였다. 대개 독일어민들이 살던 도시국가인 단치히 자유시^{Freie Stadt Danzig}가 제3제국으로 되돌려져야 하고, 동부 프로이센의 독일령 고립 영토에 대한 접근을 용이하게 하기 위해 폴란드 회랑을 관통하는 영토 밖 도로가 건설되어야 한다는 것이었다. 이에 대한 보상으로 히틀러는

1934년에 체결된 독일—폴란드 불가침조약을 향후 20년간 연장할 것을 제안했다. 독일인들은 또한 소비에트 우크라이나에 맞서는 독일—폴란드 공동 행동을 암시하며 폴란드인을 회유하려고 했다. 하지만 체코슬로바키아의 운명을 눈앞에서 선명히 목도하고(체코의 분할에 폴란드도 참여했다) 영국과 프랑스의 보증으로 대담해진 폴란드 지도자들은 독일의 요구를 단호히 거부했다.

히틀러는 이 교착상태에 대해 별반 염려하지 않았다. 4월 초, 그는 폴란드 공격을 의미하는 '백색상황Fall Weiss' 계획을 명령했다. 이는 원래 1939년 8월 20일 착수하는 것으로 계획되어 있었다. 나치 지도자의 자신감은 부분적으로 그의 '틀림없는' 외교정책 조언자인 리벤트로프가 영국은 폴란드를 위해 전쟁에 뛰어들지 않으리라 보장한 탓이기도 했다. 게다가 독일의 외교적 지위는 1939년 봄과 여름에 현저하게 개선된 것처럼 보였다. 이탈리아와 제3제국이 5월에 체결한 강철조약Stahlpakt은 두 파시스트 국가가 모든 경우 상호 원조를 제공할 의무를 갖게 했다. 그러나 세력균형상 더 극적인 전환은 8월에 있었던 나치 독일과 소비에트의 불가침조약 체결이었다.

나치—소비에트 협정(독소불가침조약)은 가장 불가능한 조합의 파트너들끼리의 동맹이었다. 히틀러는 반볼셰비즘으로 성공했고, 러시아 지도자 스탈린은 그의 모든 서방 이웃에 대해 불신하기는 했지만 과거에 특히나 히틀러와 나치에게 앙심을 품었기 때문이다. 그러나 유화정책(특히 뮌헨 회담에서 보인 연합국의 태도)은 서방 국가들이 소비에트를 희생양으로 삼아 영토적, 정치적 이익을 추구하도록 히틀러를 부추길 거라는 스탈린의 우려를 되살려냈다. 히틀러 역시도, 그의 모든 반공산주의 허세에도 불구하고, 1939년 여름 그의 동료 독재자와 전략적 제휴를 할 기회를 보았다. 그다지 비밀스럽지 않은 몇 달간의 회담 후, 리벤트로프와 그의 소비에트 상대인 뱌체슬라프 몰로토프^{Vyacheslav Molotov}는 1939년 8월 23일 두 가지 협정을 체결했다. 하나는 상대방이 제3국과의 전쟁 시 우호적 중립을 지킬 것을 약속하는 공식 문서―불가침조약―였다. 독일이 누릴 이익은 분명했다. 나치는 양면전이라는 비스마르크의 악몽에서 벗어나게 되었을 뿐만 아니라, 서방 세력과의 갈등 때 아시아와 러시아로부터 필요한 물품을 수입하기 위해 러시아 땅을 이용하고, 이를 통해 영국의 어떠한 봉쇄도 약화시킬 수 있었다.

그러나 단기적으로 더욱 중요했던 것은 두 번째 협정, 즉 폴란드의 네 번째 분할과 동부 유럽의 완전한 영토적 재조정을 구상한 비밀 의정서였다. 이 비밀 협정에 따르면, 러시아는 기본적으로 1918년에 상실한 영토를 되찾을 수 있었다. 독일은 소비에트가 리투아니아, 에스토니아, 라트비아 등 발트해 독립국가들과 폴란드 동부 및 베사라비아에 대한 통제권을 확보하는 데 동의했다. 게다가 독일인들은 핀란드가 소비에트 헤게모니의 일부임을 인정했다. 반대로 러시아는 폴란드의 남은 영토를 독일이 통치하는 데 찬성했다. 결과적으로 히틀러는 자유롭게 폴란드 대부분을 병합할 수 있게 되었다.

⊙ 2차대전의 군사사

나치―소비에트 협정은 폴란드에 대한 영불의 보증을 효과적으로 무력화했고, 히틀러는 아무런 위험 없이 자유롭게 동쪽 이웃을 공격할 수 있다고 느꼈다. 유럽 전역에 걸친 전투에 대한 무솔리니의 열정이 결여되어 있고, 헤르만 괴링을 비롯한 일부 나치 지도자가 꺼림칙해했음에도, 총통은 9월 1일 새벽 폴란드에 대한 전면적 침공을 명령했다.

폴란드 침공은 2차대전에서 나치 작전의 특징이 된 두 가지 새로운 요소를 전쟁에 도입했다. 하나는 전격전^{Blitzkrieg}이었다. 독일은 군비에서의 기술적 향상을 활용하여 전투기, 대규모 전차 공격, 신속하게 움직이는 보병들의 물결을 통한 엄청난 규모의 합동 공격으로 폴란드와 다른 적들을 연이어 정복했다. 폴란드인들은 용맹하게 저항했지만 효과를 보지 못했다. 개전 한 달도 안 돼 폴란드는 항복했다. 그러나 이후 러시아전에서도 그랬던 것처럼 폴란드 침공은 세계관 전쟁Weltansch-auungskrieg—나치의 목표가 군사적 승리뿐 아니라 전체 인구의 절멸 혹은 종속이라는 이데올로기와 가치라는 점에서—이기도 했다.

폴란드에서 있었던 독일의 군사작전이 종결되고 소비에트 군대가 폴란드 동부로 움직인 후, 폴란드는 지도에서 사라졌다. 독일은 이 나라의 대부분을 병합하고, 나머지는 '총독령Generalgouvernement'이라고 불린 식민지 정체로 개조했다. 히틀러는 옛 나치이자 자신의 개인적 법률 자문이던 한스 프랑크Hans Frank를 총독으로 임명했다.

폴란드에 대한 군사작전은 나치 재무장 프로그램의 효율성을 입증했지만, 서방 국가들이 체코슬로바키아의 경우처럼 동부 유럽 국가들을 단념할 것이라는 히틀러의 기대는 실현되지 않았다. 독일이 폴란드로 진군한 지 이틀 후, 영국과 프랑스는 독일에 전쟁을 선포했다. 이러한 움직임은 히틀러에게 참된 딜레마를 안겨주었다. 그의 (그리고 리벤트로프의) '본능'이 그를 배신했을 뿐만 아니라, 나치는 서구 연합국에 맞서는 즉각적 군사작전을 수행할 전략적 계획을 갖고 있지도 않았다. 나치 독재자는 우선 과거에 성공했던 술책을 재활용했다. 1939년 10월 6일, 그는 진정한 평화에 대한 갈망을 반복하며 유럽에서의 또 다른 정복을 부인했다. 그러나 영국과 프랑스는 히틀러의 이른바 평화 제의를 묵살했다.

이는 독일로 하여금 남은 전쟁 기간 동안 하나의 즉흥적인 전략 혹은 일련의 즉흥적인 전략을 고안하도록 했다. 그 결과는 안드레아스 힐그

영국 만평가 데이비드 로의 가장 유명한 작품 중 하나로, 히틀러와 스탈린이 죽은 폴란드를 사이에 두고 만나는 장면이다. 스탈린은 자신이 정말로 "노동자들의 피 묻은 암살자"(소비에트의 프로파간다에서는 나치-소비에트 협약 이전에 히틀러를 그렇게 불렀다)를 만난 건지 묻고, 히틀러는 나치가 소비에트 독재자를 두고 부르곤 했던 "지구의 폐물"을 맞닥뜨린 것이 맞다고 생각한다(출처: Interfoto/Alamy).

루버가 언급한 것처럼 '글로벌 전격전'이었다. 구체적으로 히틀러는, 주로 서부전선의 프랑스와 동부전선의 소비에트 등 대륙의 다른 전략 목표들을 대상으로, 폴란드에서 성공했던 작전을 비슷한 기습공격을 통해 반복하기로 결심했다(영국의 운명은 불명확했다. 히틀러는 영국과의 양자 회담을 통해 세계를 영국의 영향권과 독일의 영향권으로 나누는 희망을 계속해서 품었던 것이다). 각각의 작전들은 몇 주 이상 혹은 기껏 해야 몇 개월 이상 지속되지 않으리라 여겨졌다. 히틀러는 각각의 성공한 전격전이 남은 적들로 하여금 나치 독재자가 제시한 조건하에서 평화를 받아들이도록 설득하기에 충분하다고 확신했기 때문에 소모전이나 질질 끄는 방어 작전을 위한 계획을 갖고 있지 않았다.

히틀러의 시나리오는 그의 주요한 동맹국인 이탈리아와 일본에도 역할을 할당했다. 무솔리니는 지중해 연안에서 작전을 수행하여 인도와 극동에 이르는 영국의 보급선을 차단할 터였다. 또한 일본인에 대해서는, 아시아에 있는 영국과 미국의 목표물에 군사작전을 수행하도록 요청했다. 이러한 전략적 충고는 일본의 의도와도 일치했지만, 히틀러에게 자기 잇속을 차리는 일이기도 했다. 총통은 남아시아에 대한 일본의 압박이 미국뿐만 아니라 영국 측에도 극동에 자원을 돌리도록 강제하리라 기대했다.

글로벌 전격전 전략은 성공의 가능성이 거의 없었다. 이 작전은 독일을 비롯한 추축국의 태생적인 약점을 심하게 과소평가하고 있었다. 일본은 1941년 4월 소비에트와 중립 협정을 체결했고, 같은 해 12월 진주만에 있는 미 해군기지를 폭격함으로써 미국을 직접 도발했다. 그러나 미국의 재원은 태평양과 대서양의 양쪽 전선에서 전쟁 수행을 지속하기에 충분한 정도였다. 이탈리아의 약세는 1940년 가을에 확연하게 드러났다. 히틀러에게 알리지 않은 채로, 무솔리니는 정당한 이유도 없고 타이밍도 좋지 않은 순간에 그리스를 공격했지만, 이탈리아 부대는 삽시간에 알바니아로 쫓겨났다(알바니아는 이 시기 이탈리아 통제하에 있었다). 이탈리아인들은 독일 부대의 개입으로 구조되었다. 이탈리아가 그리스를 정복할 수 없었다면, 지중해와 북아프리카에서 영국에 상대가 되지 못한다는 것은 분명했다. 독일 역시 별반 낫지 않았다. 괴링의 허풍에도 불구하고 나치는 영국과의 전쟁 동안 영국해협을 우세한 공군력으로 제압하는 데 실패했다. 후일, 글로벌 전격전에서 가장 중요한 소비에트와의 전투에서 실패함에 따라 나치 독일의 운명은 결정된다.

그러나 이러한 전개는 미래의 일이었다. 1939년 가을, 히틀러는 서유럽에서 전쟁을 계속할 필요성과 맞닥뜨렸다. 10월 9일 그는 국방군 최고사령부에 '군사적으로 서방 국가들을 결정적으로 제거'할 수 있는 계획서를 제출하라고 명령했다. 프랑스나 영국을 패배시키는 것은 폴란드를 압도하는 것과 전혀 같지 않았기 때문에, 독일 장군들은 서부전선에서의 또 다른 소모전을 우려했다(실제로 독일의 모든 고위급 장교들은 1차대전에 참전한 경험을 가지고 있었다). 전략가들의 불안과 악천후로 인해 서방 국가들에 대한 공격은 1940년 5월까지 지연되었다. 이보다 바로 전에, 독일은 덴마크, 노르웨이에 대한 나치 통제를 낳은 성공적인 육해군 공동작전을 개시했다. 같은 목적을 가진 영국을 앞지른 가운데, 독일의 스칸디나비아 작전은 스웨덴의 철광석이 독일 항구에 계속해서 안전하게 도달하는 것을 보장했다(스웨덴은 전쟁 기간 동안 중립국으로 남았다).

북해작전처럼 프랑스에 맞선 전격전도 절묘한 성공을 거뒀다. 독일은 엄청난 규모의 프랑스 방어진지인 마지노선^{Maginot Line}을 넘어, 루덴도르프가 1918년 여름에 하고자 했던 대로 북쪽에서 공격했다. 이는 네덜란드와 벨기에의 중립을 침해한다는 의미였지만, 히틀러는 국제법과 조약 의무들에 대해서 조금도 개의치 않는 사람이었다. 이번에는 서부전선에서 참호전은 없을 터였다. 공격이 시작된 지 6주 후 프랑스는 치욕적인 패배를 경험했다. 복수심에 불타는 승리를 강조하면서, 나치는 프랑스로 하여금 1차대전을 종식시킨 평화 회담을 마무리 짓는 데 사용된 것과 동일한 열차 안에서 1940년 6월 교전을 끝내는 데 동의하도록 프랑스에 강요했다(나치는 1차대전 평화 회담 이후 프랑스 박물관에

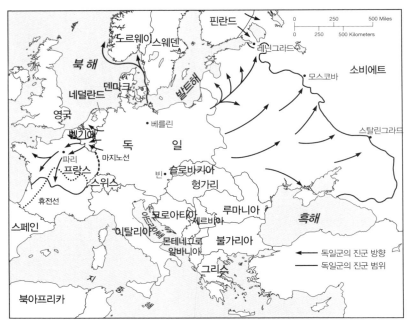

지도 내 표기:
- 핀란드
- 노르웨이, 스웨덴
- 레닌그라드
- 소비에트
- 모스크바
- 북해
- 발트해
- 덴마크
- 네덜란드
- 베를린
- 스탈린그라드
- 영국
- 벨기에
- 파리, 마지노선
- 프랑스
- 빈, 슬로바키아
- 독일
- 헝가리
- 스위스
- 휴전선
- 루마니아
- 흑해
- 스페인
- 크로아티아, 세르비아
- 이탈리아
- 몬테네그로, 알바니아
- 불가리아
- 북아프리카
- 그리스
- ← 독일군의 진군 방향
- — 독일군의 진군 범위

1939〜1942년의 독일 공세.

소장돼 있던 이 열차를 1940년 배에 실어 콩피에뉴Compiegne숲으로 되가져오도록 했다). 1940년 평화협정에서, 프랑스는 독일군 점령하의 북부 지역과 명목상 독립적인 남부 지역으로 분리되었다. 남부 지역은 84세의 '베르됭전투의 영웅' 앙리 필리프 페탱Henri Philippe Pétain 원수가 이끄는 부역자 정권의 통치를 받았다.

프랑스의 패배 이후 나치는 러시아 국경으로부터 서부 유럽 대륙을 사실상 통치했지만, 영국은 여전히 제3제국과 평화 협상에 나서기를 거부했다. 오히려 1940년 5월 10일—독일이 서부전선에서 공세를 시작했던 날—영국 총리가 네빌 체임벌린에서 윈스턴 처칠Winston Churchill로 교체되었다는 것은 영국이 나치를 패배시키는 쪽으로 훨씬 더 기울었다는 것을 암시했다. 처칠은 유화정책에 반대하면서, 매우 정확하게도, 히틀러를 다루는 것은 불가능하다고 주장했다. 다수의 민간인 공격을 비롯해 영국에 대한 독일 공군의 공습은 영국의 저항을 더욱 강화시켰다.

비록 영국 항공전에서 패배했지만, 히틀러는 이 섬나라를 정복하려는 시도를 아직 포기하지 않았다. 독일 공군Luftwaffe은 영국 국민들에게 공포를 안겨주기 위해 지속적인 폭격을 감행했고, 히틀러는 영국, 미국과 싸우기 위해 엄청난 함대의 건함을 명령했다(이는 실제로 이루어지지 않았다). 동시에 나치 독재자는 러시아를 향한 군사개입에 나섰다. 1940년 7월, 그는 1941년 봄에 있을 소비에트에 대한 전면 공격 계획에 착수하라고 명령했다. 동유럽에서 생존공간을 정복하기 위한 평생에 걸친 야심을 실현할 뿐만 아니라, 또 다른 전격전에서 소비에트에 승리할 경우, 전 세계의 권력을 영국과 독일이 양분하자는 히틀러의 계획을 영국이 받아들일 것이라는 게 나치 지도자의 판단이었다.

영국과 세계 패권을 나누겠다는 허황된 희망은 2차대전 시기에 있었던 기괴한 에피소드인 1941년 5월의 나치 부총통 루돌프 헤스의 영국행 비행과도 분명 관련이 있다. 헤스는 영국을 설득하여 히틀러와 타협하도록 개인적인 노력을 기울이겠다고 결심했지만 그의 주군만큼이나(영국을 설득하는 데) 성공하지 못했다. 영국은 그가 폭로할 아무런 군사 비밀을 갖고 있지 않다고 판단한 후, 남은 전쟁 기간 동안 감금했고, 독일은 그가 미쳤다고 선언했다.

소비에트에 대한 어떤 공격도, 당연하게 독소불가침 협정에 대한 노골적인 위반이 될 터였다. 그러나 히틀러는 생존공간을 위한 전쟁과 세계관 전쟁에 국제관계의 정상적인 원칙들은 끼어들 여지가 없다고 주장했다. 1940년 여름 권력의 정점에 선 히틀러는 더 이상 스탈린과의 우정이 필요하지 않다고 느꼈다. 게다가 1940년 11월 히틀러와 리벤트

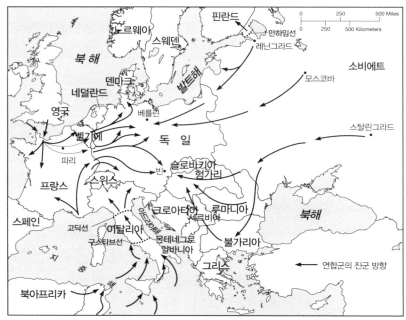

북해

노르웨이

스웨덴

핀란드

만하임선

레닌그라드

소비에트

모스코바

덴마크

네덜란드

발트해

영국

베를린

독 일

스탈린그라드

벨기에

파리

빈

슬로바키아
헝가리

프랑스

스위스

크로아티아
세르비아

루마니아

북해

스페인

고딕선
구스타브선

이탈리아

몬테네그로
알바니아

불가리아

그리스

연합군의 진군 방향

북아프리카

1943～1945년의 독일 공세.

로프, 소비에트 외무부 장관 몰로토프가 참여한 회담은 유럽 내 소비에트의 패권적 지위를 둘러싸고 러시아와 독일 간에 근본적인 차이가 있음을 보여주었다. 어느 정도로 가식적이었건 간에 히틀러는 이란, 이라크, 아프가니스탄, 인도 방향으로의 정복 계획을 가지고 러시아를 유혹했던 반면, 몰로토프는 소비에트는 발칸과 지중해 동쪽 끝, 발트해—모두 히틀러가 독일의 불가피한 생존공간으로 정의한 지역들에 포함되어 있었다—에 더 관심이 있다고 주장했다.

프랑스의 몰락 이후, 스탈린은 독일에 대해 스탈린판 유화정책을 추구했다. 따라서 1941년 6월 나치의 공격은 또 다른 전격전의 일환이었을 뿐 전혀 정당한 이유가 없는 전쟁이었다(최근 수년간 일부 수정주의 역사가들은 러시아에서 공산주의 체제 붕괴 이후 활용 가능해진 증거들을 지적하면서 스탈린이 독일을 공격하려고 계획했고, 따라서 히틀러는 실제로 방어전을 시작한 것이라고 주장했다. 그러나 이 시나리오에 대한 증거는 별로 설득력이 없다). 300만 병력(153개 보병사단과 19개 기갑사단)과 2,700대의 전투기가 (당시 레닌그라드로 불리던) 페테르부르크, 모스크바, 키예프를 목표로 세 갈래 공격을 감행했다. 이는 4개월 이내에 소비에트를 무릎 꿇리고자 하는 전략이었다.

'바르바로사 작전Plan Parbarossa'은 5월로 계획되었지만, 독일은 먼저 유고슬라비아 왕국을 진압하기 위해 일부 부대를 보내야 했고, 소비에트에 대한 실제 공격은 6월 22일에야 시작되었다. 처음 군사작전은 초기 나치의 성공을 반복하는 것처럼 보였다. 독일 부대는 하루에 수백 마일을 진군했다. 일련의 포위전에서 국방군은 러시아 군대를 전멸시켰고, 100만 명 이상을 포로로 잡았다. 1941년 7월 4일경, 히틀러는 소비에트가 회복 불가능한 정도로 패배했다고 확신했다. 총통은 이미 인도와 아프가니스탄, 그리고 독일에 보다 가깝게는 스위스와 스웨덴에서 새로운 군사작전을 개시할 생각을 하고 있었다.

아이러니하게도 많은 서구 군사 전문가들과 정치 지도자들이 이에 동의했다. 나치 치하에서 억압받는 사람들을 해방하기 위한 처칠과 루스벨트의 공동선언인 대서양 헌장The Atlantic Charter도 소비에트를 전혀 언급하지 않고 있어, 나치에 의한 소비에트 궤멸을 사실로 받아들인 것처럼 보인다. 히틀러와 전문가들은 모두 틀렸다. 러시아 작전은 제3제국의 몰락을 불러왔다. 총통과 그의 장군들은 과거 나폴레옹처럼 러시아인들의 힘을 엄청나게 과소평가했다. 소비에트 군비, 특히 T-34 전차와 러시아 야포는 독일이 예상했던 것보다 훨씬 효과적이었고, 독일 정보부는 러시아의 전반적인 인적 자원을 매우 과소평가했다. 1941년 8월 육군 참모본부장은 소비에트가 독일 정보부가 보고했던 것보다 두

배 많은 사단을 보유하고 있다고 비통하게 언급했다.

독일군의 전진이 여전히 인상적이기는 했지만, 7월부터 점차 느려졌다. 12월에 이르면 결국 멈춘다. 긴 병참선과 점증하는 소비에트 빨치산 운동에 의해 독일의 통신망이 효과적으로 교란받은 것 등은 독일의 입지를 심각하게 약화시켰다. 나치는 레닌그라드를 포위했지만, 도시를 장악하지는 못했다. 전선의 중심부에서 상황은 더욱더 위태로웠다. 전쟁 발발 후 처음으로 12월에 시작된 모스크바전투 동안 소비에트의 탁월한 반격은 독일을 방어적인 위치로 돌려놓았다. 그해 연말, 글로벌 전격전의 실패는 분명해졌다.

1941년 12월경, 2차대전은 히틀러가 언제나 피하고자 했던 소모전으로 전환되었다. 소비에트를 삽시간에 패배시킬 전망은 거의 없었고, 서유럽에서 나치는 새로운 적을 만났다. 일본이 진주만을 공격한 후, 독일은 즉시 미국에 선전포고했다. 히틀러가 이러한 조치를 취한 것은 일본에 대한 지지를 천명하기 위해서뿐만 아니라 어떤 경우에건 세계 패권을 장악하기 위해서는 종국에 미국과 맞서야 한다는 것을 확신했기 때문이다.

1942년 초, 총통은 이성적으로 제3제국이 전쟁에서 승리할 가능성이 거의 없다는 것을 깨달았다. 히틀러와 나치 지도자들은 점차 연합국의 인적, 물적 우세를 일정 정도 능가하도록 할, 독일 병사들의 광신주의에 점점 더 기대를 걸었다. 또한 히틀러는 비현실적으로 소비에트, 영국, 미국 등 전시동맹이 종전 전에 해체되기를 희망했다. 비이성적이게도, 히틀러는 여전히 영국—독일 협력에 대한 희망을 갖고 있었다. 그는 영국이 아시아에서 미국의 역할 확대에 반대하며 미국에 맞서서 나치에 도움을 구하게 될 것이라고 확신했다. 무엇보다도 1942년 초에는 히틀러의 세계 정복관의 인종적 마니교(인종적으로 정의된 절대선과 절대악의 대립)가 우세해졌다. 나치는 생존공간을 정복하려는 꿈이 사라지자, 히틀러의 또 다른 우선순위인, 유대인에 대한 체계적 절멸에 착수했다.

러시아 북부에서 멈춘 채, 독일은 1942년 여름 또 다른 대규모 공세 작전에 나섰다. 목표는 러시아의 남동 지역, 특히 바쿠^{Baku}의 유전이었다. 7월 말, 로스토프나도누^{Rostov-na-Donu}가 함락되었고, 히틀러는 집단군* B에게 남동 러시아에 있는 스탈린그라드(현재의 볼고그라드)를 점령하라고 명했다.

스탈린그라드전투와 몇 달 후에 있었던 쿠르스크^{Kursk} 공세에서 주도권을 장악하려는 노력은 동부전선에서 최초의 대규모 나치 공세였으며, 가장 값비싼 공세였다. 1942년 11월부터 다음 해 2월까지 독일은 80만 명 이상의 병사를 잃었다. 전략적 측면에서 볼 때, 스탈린그라드와 쿠르스크(1943년 7월) 전투에서 소비에트의 승리는 전세를 바꾸어놓았다. 나치 군대의 후방이 무너졌다. 히틀러는 종전을 지연하고 홀로코스트를 위한 시간을 벌고자 별 소용없는 일련의 '후퇴 금지'와 '초토화 작전' 명령으로 대응했다. 스탈린그라드전투 동안에도, 유대인들을 절멸 수용소로 보내기 위한 수송 시설들은 동부전선에 군대를 보내는 것보다 우선권을 가졌다.

불충분한 비축물과 연합국의 대서양 횡단 보급 라인을 금지하려던 독일 잠수함들의 실패와 맞물려, 독일의 엄청난 인력 손실(1943년 여름까지 약 200만 명)은 연합국이 모든 전선에서 주도권을 쥐는 것을 가능하게 했다. 서부전선의 경우, 연합국의 북아프리카 상륙(1942년 11월)과 시칠리아 상륙(1943년 7월)은 인도에 이르는 영국의 보급선을 끊겠

---

* 한 지휘관 휘하의 야전군 2개 이상으로 된 부대.

다는 독일의 꿈을 박살냈고, 대신 유럽 대륙에서 연합국의 반격을 위한 교두보를 마련해주었다. 1943년 5월 휘청거리던 이탈리아군을 원조하기 위해 파견된 에르빈 롬멜Erwin Rommel 휘하 독일의 아프리카 군단Afrika Korps의 마지막 부대는 해럴드 알렉산더Harold Alexander 육군 원수 휘하의 영국군에 항복했다. 마지막으로 오랫동안 기다리던 연합국의 노르망디 상륙이 1944년 6월에 있었고, 이는 서유럽 해방의 시작을 알렸다. 그해 말 독일 본토에서 전쟁이 시작되었다. 히틀러의 희망, 즉 최근 개발된 '기적의 무기들', 특히 북독일의 발사 장소에서 영국을 향하던 초기 형태의 탄도로켓 V-2에 대한 기대는 착각으로 판명되었다. 이 무기들은 연합국의 작전에 별다른 영향을 미치지 못했다(V는 독일어로 보복의 뜻을 가진 Vergeltung을 의미했다). 미국과 영국 공군이 독일 도시들을 밤낮없이 폭격한 것이 훨씬 더 효과적이었다.

히틀러가 그의 적들의 해체에 대해 어떤 희망을 가졌건, 이는 삽시간에 사라졌다. 1943년 1월 미국과 영국은 '무조건 항복' 방침을 선언함으로써 평화 회담으로 전쟁을 종식하는 것을 금지했다. 스탈린도 이 방침을 지지했는데, 독일과 러시아의 별도 평화 회담을 타진해보고자 한 노력이 1942년 12월 히틀러에 의해 단호히 거절당한 후 특히 그랬다.

독일의 최후 공세 작전은 1944년 말과 1945년 초의 벌지Bulge 전투였다. 이 실패한 작전은 연합국의 보급선을 차단하기 위해 벨기에의 안트베르펜Antwerpen 해안을 재정복하고, 서부전선의 미군과 영국군 부대가 독일로 진군하는 것을 지연하고자 이들을 분리하려는 목적을 갖고 있었다. 초기에 있었던 약간의 전진 이후, 연합국의 공군력 우위와 독일의 연료 부족으로 삽시간에 공세가 약화되었다. 회고컨대, 서부에서 이와 같은 재원 집중은 의심할 나위 없이 동부전선 중심부의 붕괴에 기여했고, 그 결과 러시아인들은 동부 독일과 엘베강을 향한 그들의 최후

진군에서 속도를 낼 수가 있었다.

유럽 지역의 2차대전은 1945년 봄에 끝이 났다. 벌지전투 몇 주 동안 히틀러는 새로운 기적의 무기에 대해 판타지를 가진 채, 여전히 그의 유령 부대들을 전장으로 보냈고, 마지막 순간에 연합국 동맹이 깨질 거라는 희망에 매달렸다. 그는 1945년 4월에 있었던 루스벨트 사망을 이러한 전환점으로 잠시 해석하기도 했지만, 세계 정복의 꿈은 끝났다. 4월 30일, 오랜 동반자이던 에바 브라운Eva Braun과 결혼한 후, 히틀러와 그의 신부는 자살했다. 죽기 전 독재자는 독일 잠수함부대 사령관이자 수년간 나치 광신도였던 카를 되니츠Karl Dönitz 제독을 후임 대통령으로 지목했다. 괴벨스는 총리로 지목되었다. 전쟁의 마지막 날들에 연합국 당국과 접촉했던 힘러와 괴링은 패배주의로 해고되었다(되니츠는 이 지명을 받아들였다. 히틀러가 자살한 직후 괴벨스는 부인과 동반 자살 전에 자신의 자녀들을 살해했고, 이는 제3제국 최후의 발악기 동안 가장 섬뜩한 행위 중 하나였다). 히틀러는 인종적 광신주의를 끝까지 옹호하면서, 독일인들로 하여금 '국제 유대인들'에 맞서는 투쟁을 지속하도록 충고하는 정치적 유언을 남겼다.

1945년 4월 25일, 미군과 러시아 부대는 엘베강 토르가우Torgau에서 만났다. 5월 7일, 서부전선에서 독일 군대는 연합군 총사령관 드와이트 아이젠하워Dwight D. Eisenhower 장군에게 항복했다. 하루 뒤 육군최고사령부를 대표하여 빌헬름 카이텔은 베를린 바로 외곽의 칼스호어스트Karlshorst에 있던 러시아군 사령관 게오르기 주코프Georgy Zhukov 장군의 본부에서 무조건 항복 서류에 서명했다.

유럽에서의 나치 지배

유럽에 대한 영원한 지배라는 나치의 목표는 언제나 하나의 망상이었지만, 거의 4년간 유럽 대륙 상당 부분이 나치의 직간접적 통제 아래 있었다. 하지만 히틀러와 그의 심복들은 군사전략에서 그랬던 것처럼 전쟁 전 혹은 전쟁 기간 동안에도 딱히 장기적인 유럽 통치 전략을 갖고 있지 않았다. 그럼에도 히틀러와 많은 다른 나치 지도자들의 패권적 사고에서 보이는 몇 가지 주된 동기를 기술하는 것은 가능하다. 기본적으로 유럽 대륙은 통치의 성격에 따라 세 가지 영토 범주로 나뉠 터였다. 팽창된 위대한 독일 제국은 나치 유럽 계획의 핵심을 이루었다. 독일이 이미 흡수한 지역—오스트리아, 체코슬로바키아의 체코 지역, 폴란드 일부—에 더해, 나치 전략가들은 네덜란드, 덴마크, 노르웨이 같은 유럽의 남은 '게르만' 지역과 벨기에의 네덜란드어 사용 지역의 통합을 열망했다. 두 번째로, 특히 서부와 남서 유럽에서, 나치는 독일의 군사기지와 나치군이 도처에 존재하되 일정한 자율권을 누리면서 자생적 협력자 정권의 통치를 받는 지역들을 구상했다. 마지막으로 동부 유럽과 소비에트의 광대한 지역이 있었다. 모든 나치 시나리오에서 이 영토는 어떤 자치 정부의 권리도 없는 순전한 식민지로서 착취의 대상으로 언급되었다.

　비록 전후 미래를 위한 나치 계획의 대부분이 히틀러의 독백(소위 좌담)과 다른 나치 지도자들이 언급한 망상으로부터 재구성될 수 있을 뿐이지만, 서부와 동부 유럽에서 독일 점령 정책들 간의 근본적인 차이는 심지어 전쟁 중에도 분명했다. 벨기에와 북부 프랑스 같은 서부 유럽의 일부 지역은 전쟁 기간 내내 군부 통제하에 있었다. 네덜란드와 덴마크뿐만 아니라 프랑스의 나머지 부분에서, 나치는 한동안 협력자인 소규모 친나치 그룹이 아니라 비정치적 혹은 비나치 우파 집단이 독일의 감독하에 이 나라들을 통치하도록 허용했다. 그러나 노르웨이에서 나치는 배신과 동의어가 된 군소 노르웨이 나치당 당수 비드쿤 크비슬링Vidkun Quisling을 정부 지도자로 임명했다.

비록 독일의 지배가 엄청난 인기였던 적은 결코 없었지만, 서부 유럽의 몇몇 부역자와 과도 정부들은 이전 정부의 실패 이후 패배의 현실을 다루는 방식의 일환으로서 초기에는 환영받기도 했다. 나치 지배 처음 몇 달간, 서부와 남동 유럽에서의 저항은 상대적으로 중요치 않았다. 부역자들—기꺼이 나치를 마주하려는 모든 사람을 포함하기 위해 단어를 사용하자면—은 레지스탕스 전사들보다 수적으로 훨씬 우세했다.

나치의 참된 의도가 분명해지자 그림은 삽시간에 달라졌다. 히틀러가 알자스-로렌에 대한 계획을 갖고 있지 않다고 반복적으로 선언했음에도 불구하고(마지막은 2차대전 발발 5일 전이었다), 독일은 프랑스로 하여금 휴전협정의 일부로 두 지역을 포기하도록 강요했다. 마찬가지로 독일은 룩셈부르크와 벨기에 일부를 병합했다. 게다가 나치는 이들 영토들을 단순히 재통합하는 데 만족하지 않았다. 그들은 나치 인종 전문가들이 '비非게르만'으로 판단한 수천 명을 축출함으로써 '인종 청소' 정책을 완수했던 것이다.

나치가 그들의 가장 재앙적인 정책 세 가지—홀로코스트, 강제 노동, 대규모 인질 학살—에 착수했을 때, 나치 점령 및 독일이 서유럽에 세운 부역자 정권에 대한 반감이 급격하게 증가했다. 독일 군대가 서유럽에서 쫓겨날 때까지, 독일인과 그들의 부역자 체제는 서부 유럽인 절대 다수의 증오를 받았다.

수천 명의 청년들이 강제 노동력으로 제3제국에 수송되느니 지하운동에 참여하기로 하면서 저항이 늘어갔다(서부 유럽의 공산주의자들은 독소불가침조약 기간 동안 침묵을 지키거나 독일 점령군과 협력하기도 했지만, 독일이 소비에트를 공격한 후에는 저항의 선봉이 되었다). 무차별적 체포와 무고한 인질들의 처형은 저항의 화염을 더욱 부채질했다. 1942년 나치는 당시 보헤미아와 모라비아 지역의 '총독 대리'로 재임했던 친위대 장교 라인하르트 하이드리히의 암살범을 숨겨준 것에 대한 보복으로 체코의 리디체^{Lidice} 마을의 남성을 모두 학살했다. 이와 마찬가지 악명 높은 사건으로, 나치는 2년 후 프랑스의 오라두르쉬르글란^{Oradour-sur-Glane} 마을 전체를 학살했는데, 이는 프랑스 레지스탕스 전사가 두 명의 친위대 장교를 죽인 것에 대한 보복이었다. 한편 부역자 정권과 관련해서, 이들은 독일인들이 모든 점령지역에서 일으킨 공포정치에 대해 대체로 기꺼이 참여했다는 지울 수 없는 오명을 안게 되었다.

협력 혹은 저항의 문제는 서부 유럽의 많은 사람들에게 주요한 딜레마가 되었던 것으로, 동부 유럽의 점령지들에서는 문제가 되지 않았다. 나치는 폴란드와 러시아에서 협력적인 정부를 세우는 데 관심이 없었다. 유일한 목표는 적나라한 착취와 억압이었기 때문이다. 여기서 나치는 동부 유럽을 암흑기로 되돌려버릴 일종의 식민 지배를 계획했다(그리고 실행하기 시작했다).

점령된 러시아 행정은 삽시간에 중첩된 권한들의 혼란스러운 아수라장이 되었다. 나치는 나치 이론가 알프레트 로젠베르크 휘하에 점령된 동부 영토를 위한 부서를 만들었다(새 장관의 유일한 자격 조건은 러시아어가 가능한 발트해 출신 독일인이라는 배경뿐이었다. 그는 리가^{Riga}에서 태어났고, 모스크바에서 학생이었다). 점령된 러시아 영토는 제국판무관구 ^{Reichskommissariat}라고 불린 행정구역으로 구분되었다. 모스크바, 캅카스, 오스트란트(발트삼국인 리투아니아, 라트비아, 에스토니아를 통칭하는 나치의 이름), 우크라이나, 이렇게 네 지역이었다. 독일 군대가 모스크바와 남부 러시아를 정복할 수 없었기 때문에 오스트란트와 우크라이나에만 총독이 취임했다. 오스트란트의 통치자로 히틀러는 슐레스비히홀슈타인의 가우위원장인 힌리히 로제Hinrich Lohse를 선택했고, 동프로이센의 가우위원장인 에리히 코흐Erich Koch가 우크라이나를 통치했다.

서류상으로 볼 때 점령된 러시아 지역에 대한 일련의 합리적인 명령 체계는 실상 행정적 혼돈 그 자체였다. 엄밀히 따지면 로제와 코흐는 로젠베르크의 부하였지만, 가우위원장으로서 그들은 히틀러에게 직접 접근할 수 있었다. 실제로 그들은 어떤 경우이건 무능력한 관리자로서 그에 마땅한 평판을 유지했던 명목상의 상관에 별로 관심이 없었다. 게다가 폴란드와 러시아에서 '안보 문제'의 영역, 즉 게릴라전에서부터 유대인에 대한 절멸전에 이르는 모든 것을 포함하는 명령의 영역에서 배타적인 권한을 가졌던 친위대에 대해서라면, 제국판무관도 장관도 어떤 실질적인 권한이 없었다.

히틀러도 힘러도, 혹은 많은 국방군 지도자들도 '문명화된 갈등'의 원칙이 점령된 러시아와 폴란드에 적용된다고 느끼지 않았다. 대신 '인종전쟁' 개념이 토착 슬라브 엘리트들을 물리적으로 제거하려는 체계적 노력을 정당화했다. 소비에트에 대한 실질적 공격 이전에도 최고사령부는 모든 국방군 부대에 악명 높은 '정치위원 명령'을 내렸다. 이는 모든 생포된 '볼셰비키 지도자들과 적군 정치위원들'을 포로수용소로 보내기보다는 처형하는 권한을 부대들에 부여했다. 수년간의 나치 통치기 내내 친위대의 **특공대**Einsatzgruppen가 폴란드와 소비에트의 점령지역을 어슬렁거리며 자의적으로 '유대인들과 볼셰비키'라고 지목한 사람들을 처형했다.

장기적인 미래를 위해, 나치는 새롭게 **동진정책**Drang nach Osten을 위한 계획을 세웠다(이 용어는 중부와 동부 유럽에서 독일인 정착지를 확대하고자 했던 수세기에 걸친 과정을 묘사하기 위해 활용된 용어였다). 나치는 러시아 슬라브족 인구의 상당 부분을 강제로 우랄산맥 동쪽에 정착시키려고 했다. 유럽 쪽 러시아에 남은 사람들은 나치가 동부 유럽의 광대한 빈 공간으로 간주했던 곳을 채울 수천 명의 '게르만족'―독일인, 네덜란드인, 스칸디나비아인―정착자들의 노예로 강등되었다.

점령 기간 동안 나치 정책의 관점에서 볼 때, 동부 유럽에서 게르만족 지배가 정복자와 피정복자의 공공연한 전투로 삽시간에 전환되었던 것은 놀랍지 않았다. 게르만족 부대와 장교들이 볼셰비키로부터의 해방자로 환영받았던 곳에서조차(이는 특히 발트해 국가들에 해당되었다), 나치 통치의 현실이 분명해지면서 동조의 감정은 즉시 증오로 바뀌었다. 러시아인들은 대규모 빨치산 운동을 조직했고, 이들의 게릴라 전술은 전쟁 기간 내내 독일의 보급선을 효과적으로 저지했다.

결국 당시 유럽에서 나치 지배는 독일에서 나치 체제를 특징지은 것과 같은 허무주의를 보여주었다. 나치는 자신들의 통제 아래 있는 이들에게 종속과 억압, 테러를 안겼을 뿐이다.

홀로코스트

홀로코스트를 함께 고려하지 않은 채로 유럽에서 제3제국과 나치 지배의 역사를 생각하는 것은 불가능하다. 이 체계적인 대학살 프로그램은 나치 권력 추구의 부가적인 면모가 아니라 이들 프로그램의 본질적인 부분이었다. 홀로코스트 동안, 독일인과 그들 점령지의 협력자들은 수백만 명의 사람들을 골라내어 살해했다. 절멸을 위해 선택된 희생자들은 폴란드 사제와 헝가리 집시처럼 다양한 집단을 포함했다. 그러나 홀로코스트가 유럽의 유대인들을 일차적으로 겨냥하고 있었다는 점은 의심할 여지가 없다. 1939년 유럽에 거주하던 전체 유대인 중 2/3에 해당하는 600만 명이 결국 나치의 손에 목숨을 잃었다.

홀로코스트는 히틀러가 1919년 초에 설명했던 인종적 마니교를 소름 끼치는 방식으로 실행한 것이었다. 유대인에 대한 나치의 조치들은 두 단계로 나눌 수 있었다. 제3제국 첫 5년간, 나치는 19세기 초부터 시작된 독일의 유대인 해방 조치를 뒤집기 위해 고안된 다양한 조치들을 입법화했다. 1933년부터 1938년 사이, 유대인들은 체계적이고 다양한 차별법 아래 놓였다. 자신들이 선택한 사업 혹은 전문 직업 활동에 참여하는 것을 금지당했는가 하면, 1935년의 뉘른베르크법은 독일인과 유대인의 결혼을 금지했고, 유대인들의 독일 시민권을 박탈했다. 유대인은 법적으로 제국 내 거주 외국인이 되었다.

법적 차별 조치와 병행하여, 1933년 4월에 있었던 유대인 상점에 대한 전국적 보이콧에서부터 개별 유대인에 대한 무작위적 괴롭힘에 이르기까지 폭력이 주기적으로 나타났다. 그럼에도 불구하고 4월 보이콧 이후 얼마간 반유대주의 양상은 폭력적이기보다 대체로 언어적인 것이었다. 또 목표에 부합하기만 한다면, 나치는 때로 반유대적 조치들 중 일부를 한시적으로 철회하기도 했다. 수천 명의 외국인 관광객이 독일로 몰려들었던 1936년 하계 올림픽 동안, 마을과 도시들은 '여기에 유대인 불허함'이라는 표식을 없애라는 은밀한 명령을 받았다. 첫 번째 국면에서 유대인에 대한 나치 캠페인의 전반적인 목표는 독일의 유대인들로 하여금 나라를 떠나도록 하는 것이었다. 그러나 이는 점잖은 탈출은 아니었다. 독일을 떠나는 유대인들은 재산 대부분을 두고 떠나도록 강요받았다.

유대인에 대한 나치 캠페인의 두 번째 단계는 나치 영토 확대가 공격적으로 이루어지는 단계와 더불어 시작되었다. 최초의 공적이고 매우 폭력적인 표현은 1938년 가을에 있었다. 11월 7일 파리에 살던 폴란드계 유대인 청년 헤르셸 그린슈판Herschel Grynzpan이 파리 독일 대사관에 파견된 외교관 에른스트 폼 라트Ernst vom Rath를 암살했다. 그린슈판의 독자 행동이었다. 파리의 유대인 공동체는 그의 계획을 알지도 못했고 살인을 승인하지도 않았다.

그러나 나치 지도자들은 그린슈판의 자포자기적 개인행동을 국제 유대인 음모의 일부라고 주장했다. 히틀러와 그의 부하들은 전국적 규모의 사악한 포그롬pogrom(집단 학살)에 착수할 것을 결정했다. 그 결과는 '수정의 밤Reichskristallnacht'이었다. 이는 이틀간의 폭력 현장에서 엄청난 수의 유리창이 깨어진 데서 유래한 이름이다. 11월 9일 밤, 요제프 괴벨스는 1923년 실패한 맥주홀 폭동을 기리는 연례행사를 위해 뮌헨에 모인 정부와 나치당 지도자들에게 분노에 찬 반유대주의적 장광설을 늘어놓았다. 이 연설 직후, 돌격대와 당의 다른 조직들에 유대인과 그들의 집, 사업장, 시너고그(유대교 회당)에 대한 공격에 착수하라는 명령이 떨어졌다. 동시에 경찰에게는 포그롬이 자행되는 동안 개입하지 말라는 특별 지침을 내렸다.

폭력이 종식될 때까지 독일의 거의 모든 시너고그와 7,000채에 달하는 유대인의 집과 상점이 파괴되었다. 대개 나치 폭력배들에 의한 방화가 원인이었다. 수천 명의 유대인이 '보호감찰'을 받았다. 다수는 육체적으로 학대를 받았고, 수십 명이 이로 인한 부상의 결과로 사망했다. 유대인 공동체에 대한 포그롬의 경제적 충격을 증폭시키기 위해, 정부는 제국 내 보험회사들로 하여금 수정의 밤 동안 발생한 손상에 대한 보상을 거부할 것을 명령했다. 마지막으로 포그롬을 '유발한' 것에 대한 징벌 차원에서 10억 마르크의 벌금이 유대인 공동체에 부과되었다.

제3제국의 초기 몇 해 동안 자행된 유대인에 대한 폭력 대부분은 돌격대에 의한 것이었지만, '수정의 밤'은 그들 최후의 주요 작전이었다. 실제로 홀로코스트 기간의 체계적 학살에 대한 책임은 친위대에 있었다. 히틀러를 비롯해서 다른 세 명—하인리히 힘러, 라인하르트 하이드리히, 하이드리히의 후임인 에른스트 칼텐브루너—이 일차적으로 홀로코스트 수행에 책임이 있었다. 복무규정을 위반하여 해군에서 해임되었던 전직 해군 장교 하이드리히는 1932년 친위대에 가담했다. 당시 친위대 수장이던 힘러는 하이드리히의 냉철한 행정 능력을 금세 파악하고 이 젊은 전직 장교를 친위대의 정치적 스파이 업무 담당으로 임명했다. 나치의 권력 장악 이후, 하이드리히의 업무는 나치의 테러 활동 전반을 포함하는 것으로 확대되었다. 병합 이전까지 오스트리아 친위대를 지휘하던 칼텐브루너는 체코의 레지스탕스 활동가가 1942년 국가보안본부의 수장인 하이드리히를 암살했을 때, 그를 대신했다.

히틀러처럼 하이드리히, 힘러, 칼텐브루너는 2차대전을 유대인과 '아리아인'의 세계 패권을 둘러싼 전투라고 굳게 믿은 광신적 반유대주의자였다. 유럽에서 유대인의 물리적 절멸은 이러한 세계관 전쟁에서 본질적인 부분이었다. 힘러는 이 절멸 과정에서 친위대의 역할에 대해 특히 자부심을 가졌다. 종전 몇 달 전인 1944년 8월, 친위대 수장은 수백만 명의 유대인 남성, 여성, 아이들의 학살을 친위대의 "가장 역사적인 활동"이라고 불렀다.

홀로코스트를 위한 체계적인 계획은 1939년 2월 시작되었다. 하이드리히는 다른 오스트리아 친위대 장교 아돌프 아이히만Adolf Eichmann이 지휘하던 '유대인 이민을 위한 제국중앙본부Reichszentrale für jüdische Auswanderung'로 하여금 유대인 이주에 대한 관심을 거두고 대신 집단수용소와 유럽 유대인의 게토화를 위한 계획을 입안할 것을 명령했다. 폴란드에 대한 나치의 공격은 폴란드 유대인들에 대한 절멸을 개시하게 했다. 전선 후방에서 친위대 소속 특공대가 옮겨다니며 수천 명의 유대인 공동체 명망가와 지식인을 죽였다. 그리고 즉각 사살하지 않은 폴란드 유대인들은 독일이 점령한 폴란드 지역의 총독부 통제 아래 봉쇄된 게토—좁은 공간에 수용 인원은 끔찍할 정도로 넘쳤다—에서 살도록 강제했다.

1941년 7월부터 다음 해 1월 사이에, 홀로코스트 기구가 작동하기 시작했다. 1941년 7월 31일, 전쟁 수행을 위한 경제부 수장 자격으로 괴링은 하이드리히에게, 독일 통치하의 유럽 모든 지역에 거주하는 유대인과 다른 바람직하지 못한 사람들에 대한 절멸을 공식적으로 언급하는 용어였던, 유대인 문제에 대한 '최종 해결Endlösung'을 위한 조율된 계획안을 제시할 것을 명령했다. 하이드리히는 유럽의 유대인을 수송하고 모으는 계획을 짜는 전술적 과제를 아돌프 아이히만에게 배당했다. 6개월 후, 국가보안본부 수장이 다양한 당과 국가 기관의 대표자 회의인 반제Wansee 회의를 주재했다. 이 회의에 참여한 대표들은 홀로코스트의 최종적인 세부 사항에 동의했다. 유럽 모든 유대인의 절멸을 시행하기 위해 폴란드 점령지로 이들을 수송해야 한다는 것이었다.

1942년 초부터 진군하는 연합군이 절멸 수용소를 폐쇄한 1944년 11월 사이에, 나치는 수백만 명을 죽였다. 홀로코스트는 서부와 남동 유럽 유대인들부터 시작되었다. 이 지역에서 부역자 정권은 독일인들이 희생자를 폴란드로 보내기 전 단계로서 자신들 관할의 유대계 시민들을 강제수용소로 보낼 책임을 맡았다.

총기 난사에서 독가스 사용에 이르는, 다양한 처형 방식이 홀로코스트에 사용되었다. 대량 학살의 상당 부분이 친위대 특공대에 의해 수행되었지만, 크리스토퍼 브라우닝Christopher Browning을 비롯한 여러 학자들의 최근 연구는 정규 경찰 역시 학살에 적극적이었음을 보여준다. 50만 명이 이 정규 경찰 부대에 의해 학살되었던 것으로 추정된다. 결국 나치는 가장 큰 규모로는 아우슈비츠Auschwitz나 트레블링카Treblinka 수용소 같은 특별히 고안된 절멸 수용소를 건설하기로 결심했다. 약간의 시행착오 뒤에, 그들은 살충제인 치클론 B 가스가 많은 사람들을 죽이는 데 가장 '효과적인' 수단이라고 결정했다. 아우슈비츠에서만 약 200만 명이 목숨을 잃었다. 연합군이 아우슈비츠와 다른 절멸 수용소들을 1944년 11월 해방했지만, 나치는 학살을 계속하려는 분명한 의사를 갖고 있었다. 소비에트가 수용소로 진군했을 때, 힘러는 가스실과 화장터를 해체하되 파괴하지 말라고 명령했다. 오스트리아의 린츠Linz 바로 밖에 위치한 마우트하우젠Mauthausen의 강제수용소에 재설치하기 위해서였다. 다행히 전쟁의 신속한 종결로 그 계획은 실현되지 않았다.

홀로코스트로 살해된 600만 유대인 가운데 400만 명은 러시아와 폴란드 출신이었다. 그럼에도 불구하고 나치 점령하의 거의 모든 국가의 유대인 공동체가 (소수의 덴마크 유대인과 다수의 불가리아 유대인을 제외하고는) 섬멸되었다. 히틀러의 권력 장악 전부터 독일에 거주하던 50만 유대인의 절반가량이 홀로코스트로 목숨을 잃었다. 살아남은 이들 대부분은 체계적인 절멸 작전이 시작되기 전에 미국과 현재의 이스라엘로 망명했다. 2만 명 정도가 독일에서 숨어 지냈다.

홀로코스트는 수백만 명을 죽게 했을 뿐만 아니라 답할 수 없는 무수한 문제를 남겼다. 물론 가장 기본적이고 중요한 문제는 어떻게 이런 일이 일어났는가이다. 답은 여러 요소의 조합에서 찾을 수 있다. 독일 반유대주의의 긴 역사, 친위대의 인종적 광신주의, 대량 학살에 활용될 수 있었던 20세기의 기술들은 그 답 중 일부이다. 독일인은 홀로코스트를 알고 승인했을까? 대니얼 골드헤이건Daniel Goldhagen의 매우 논쟁적인 책은 대부분의 독일인이 열광적으로 홀로코스트를 지지했다고 주장하지만, 나치의 행동은 이 테제에 대해 상당한 의문을 던진다. 절멸은 '일급비밀'로 분류되었고, 나치는 자신들의 폭압적인 활동을 감추는 데 세심한 주의를 기울였다. 게다가 학살 장소는 점령된 동부 유럽의 변방 지역에 위치했다. 그럼에도 불구하고 수천 명의 독일인이 홀로코스트를 알았고, 수백만 명은 이 진실을 추측하고 있었을 가능성이 높다. 그렇다면 독일인은 왜 이에 저항하지 않았는가? 당시는 전시였고, 사람들은 자신의 문제에 집중하고 있었다. 게슈타포의 테러는 전쟁이 끝날 때까지 완화되지 않았으며, 무엇보다도 이처럼 경악스러운 일에 맞서서 행동하기보다는 무시하는 편이 쉬웠을 것이다.

비록 '많은' 문제들이 일차적으로 개인의 도덕성과 집단 책임의 이슈와 관련된다 할지라도, 세 가지 사실과 관련된 물음이 최근 들어 점차 역사가들의 관심을 끌고 있다. 하나는 히틀러가 홀로코스트를 계획하고 완수하는 데 개인적으로 관련되어 있었는가이고, 두 번째는 홀로코스트의 타이밍에 관한 것이며, 세 번째는 유대인들의 저항에 대한 것이다. 우리가 보았던 것처럼, 계획 기구들은 괴링에서 하이드리히에 이르는 명령에 의해 공식적으로 작동했다. 히틀러의 서명이 담긴 공식 문서의 부재는 몇몇 역사가로 하여금 총통이 실제로 홀로코스트를 명령했는지에 대한 의구심을 남겼다. '수정주의자'들은 절멸이 히틀러의 등 뒤에서 힘러와 하이드리히가 수행한 것이라고 주장한다.

홀로코스트에 대한 히틀러의 책임을 경감하려는 노력은 잘못된 것이며 무용한 것이기도 하다. 제럴드 플레밍Gerald Fleming이 잘 입증한 것처럼, 절멸에 대한 히틀러의 책임은 문서로 된 명령이 부재하더라도 이미 잘 입증된다. 독재자는 그의 부하들에게 자주 구두 명령을 내렸고, 홀로코스트를 수행할 임무를 담당한 사람들은 그 명령이 나치 지도자에

바르샤바 게토 봉기를 잔혹하게 진압한 후, 친위대는 절멸 수용소로 보내기 위해 생존한 거주자들을 몰아세웠다(출처: National Archives and Records Administration).

게서 직접 내려왔다는 점에 대해 어떤 의혹도 갖지 않았다. 게다가 히틀러는 전시 동안의 '좌담'에서 홀로코스트를 반복적으로 언급하면서 그가 이 작전들에 대해 잘 보고받고 있음을 암시했다.

관련되는 이슈는 히틀러와 그의 심복들이 '유대인 문제'에 대한 '최종 해결'을 위해 체계적인 학살 작전을 선택했는가이다. 몇몇 역사가는 히틀러의 머릿속에서 2차대전 도발과 유럽 유대인에 대한 물리적 절멸을 명령하는 것은 항상 연결되어 있었다고 주장한다. 다른 사람들은 홀로코스트가 그렇게 직결되는 결정 과정의 결과가 아니라고 주장한다. 오히려 여러 요소의 조합을 통해 나타났다는 것이다. 유대인을 유럽에서 내몰고자 하는 히틀러의 확고한 결심, '유대인 문제'에 대한 '해결'을 완수할 기회(대륙 유대인의 2/3 정도가 폴란드에 거주), 그리고 점령된 폴란드에 주둔했던 지역 나치 관료들이 자신들의 정책이 만들어낸 인구 과

밀과 게토화라는 문제를 제거하기 위해 품었던 욕망 등이 그것이다.

왜 600만 유대인이 불과 수천 명의 친위대 장교에게 살육당했는가에 대해서는 두 가지 답이 있다. 먼저, 희생자 대부분은 동유럽계 유대인으로, 오래전부터 있어왔던 포그롬과 여러 형태의 반유대주의에 대해 바람을 피하는 방식으로 대응해온 사람들이었다. 대부분은 나치의 홀로코스트가 포그롬이 아니고, 재배치는 더군다나 아니며, 체계적인 대량 학살이라는 사실을 너무 늦게 깨달았다. 두 번째로, 나치가 기대했거나 인정했던 것보다 훨씬 많은 유대인 저항운동이 있었다. 절멸 수용소에서는 주기적으로 저항이 있었고, 그중 가장 컸던 것은 1943년 가을 트레블링카에서 일어났다. 그러나 가장 주목을 끄는 저항은 1943년 4월과 5월에 있었던 바르샤바봉기였다. 2주간 바르샤바 게토의 유대인들은 중화기나 외부 도움 없이 우월한 독일 군대에 맞서 저항했다. 봉기가 유대인들을 구할 수는 없지만, 바르샤바의 유대인이건 유럽의 유대인이건, 홀로코스트에 맞선 유대인의 저항이 없었다는 신화를 잠재우는 기반은 되었다.

경제와 사회

체제가 정복 계획의 공격적인 단계에 들어섰을 때, 독일 경제 운영에 몇 가지 중요한 변화들이 생겼다. 할마르 샤흐트가 1936년 제국의 경제부 장관에서 해임된 후, 군부 장교들은 경제부의 민간 관료들을 제치고 4개년계획 조직위Vierjahresplanbehörde에서 고위직을 차지했다.

그럼에도 불구하고, 교전이 시작되었을 때조차 독일의 모든 경제적 재원이 전시 동원에 할당되지는 않았다. 이 결정은 주로 정치적 고려에 의한 것이었다. 히틀러는 1차대전 시기 국내의 궁핍이 사기 저하를 낳고, 궁극적으로 혁명을 야기했다고 확신했다. 이 때문에 그는 독일에서 또 다른 '순무의 겨울'을 막기로 결심했다. 그 결과, 2차대전 동안 국내 전선에서 확실히 물자 부족은 있었지만, 결코 1차대전만큼 심각한 정도는 아니었다. 특히 전쟁 첫 2년간, 나치 정권은 추가 배급을 통해 산업노동자들의 호의를 사기 위해 세심한 노력을 기울였다.

전략적 측면에서 일련의 단기전에 즉흥적으로 대처하겠다는 결심은 2차대전의 성격을 근본적으로 오판한 것이었다. 우리가 보았던 것처럼, 글로벌 전격전이라는 히틀러의 시나리오는 완전히 실패했다. (미국이 참전한 후인) 1942년 초에 이르면, 제3제국이 또 다른 소모전에 직면했다는 것이 유능한 관찰자들에게는 분명한 사실이 되었다.

한동안 나치는 1차대전 동안 독일의 국내 전선을 괴롭히던 문제를 효과적으로 해소했지만, 전쟁의 새로운 요소, 즉 민간인에 대한 폭격에 대해서는 적절하게 주의를 기울이지 못했다. 나치는 로테르담, 그리고 후일 영국과의 교전에서 영국 도시들에 파괴적인 효과를 안긴 엄청난 폭격을 활용했다. 그러나 부분적으로는 히틀러가 연합국의 능력을 과소평가하고 독일 전투기 프로그램의 가속화를 거부했기 때문에, 1942년경에 이르면 공군력에서 연합군이 우위를 차지했고, 연합국은 이 새로운 전략으로 독일에 맞섰다. 처음에는 낮에만, 1943년 중반까지는 야간에 이루어진 독일 도시들에 대한 폭격은 일상적인 일이 되었다. 연합국이 직접 침공할 때까지, 2차대전은 주로 점점 더 파괴적인 공군 폭격의 형태로 독일인들에게 다가왔다. 전쟁이 끝날 때쯤 쾰른, 베를린, 함부르크 같은 주요 도시 거점들에는 잿더미만 남았고, 수십만 명이 폭격으로 목숨을 잃었다.

전쟁이 진행됨에 따라 점점 더 확대된 독일 도시들에 대한 연합국의

1945년 7월, 폭격 맞은 베를린의 피난민들(출처: LAPI/Roger-Viollet/The Image Works).

폭격은 '기억의 정치Politics of memory'라고 불리는 상대적으로 새로운 장르의 역사 저술 참여자들 사이에서 주요한 논쟁을 낳았다. 2002년 《화재Der Brand》라는 제목의 신간이 출간되었다. 언론인 외르크 프리드리히 Jörg Friedrich가 당대의 기록과 폭격 생존자들과의 인터뷰에 근거해서 저술한 책이다. 민간인과 그들의 고통에 초점을 맞춘 명백히 아래로부터의 이야기였다. 저자는 독일인, 그리고 로테르담과 런던에 살던 같은 운명의 사람들은 전쟁 당시 양측에 의해 사용된 부도덕하고 잔인한 군사작전의 희생자들이었다고 결론지었다.

이 책은 대대적인 논쟁을 유발했고, 몇몇 비평가는 잔혹한 가해자로서 독일의 역할을 상대화하고 있다고 프리드리히를 비판했다. 그에 반해 다른 사람들은 프리드리히가 폭격의 결과에 대해 생생한 보고를 하고 있다고 옹호했다. 저자와 마찬가지로 이들 옹호자는 연합국의 폭격에 고통받고 이로 인해 사망한 사람들—그들 대부분은 여성과 아이들이었다—을 통제할 수 없었던 폭력의 희생자로 묘사하는 것이 정당하다고 주장했다. 대부분의 역사학적 논쟁에서 그러하듯이, 합의에 이를 수는 없었다. 이 논란에 대해 회고하면서, 역사가 메리 놀런Mary Nolan은 "연합국의 의도는 확실히 도덕적이고 적법했다. (…) 그러나 공중전의 실시는 도덕성과 합법성에 위배됐다"라는 다소 모순적인 결론에 도달했다.

독일이 스탈린그라드전투에서 패배한 후(1943년 1~2월), 독일 경제와 국내 전선이 소모전을 위해 준비되지 않았다는 것이 나치 체제 내부 인사들에게도 분명하게 감지됐다. 결과적으로, 나치는 주요한 조직 및 생활양식상의 변화를 도입했다. 1942년 2월, 4개년계획 행정관들은 경제 관리에서 주도적인 위치를 상실했다. 히틀러의 건축가 알베르트 슈페어가 이끄는 군수및전시생산부Reichsministerium für Rüstung und Kriegsproduktion가 신설되었고, 전쟁과 관련된 모든 경제 생산을 조정할 엄청난 권력을 획득했다. 슈페어와 그의 동료들은 전쟁 물자 생산을 놀랄 만큼 증가시키는 데 성공했다. 연합국이 (과거 독일과 마찬가지로) 전쟁의 대부분 기간 동안 민간 주택에 대한 공격에 집중했고 특정 산업 목표물에 대한 공격은 한 차례 습격으로만 제한한 덕분에, 독일 산업은 불과 종전 몇 달 전인 1944년 9월 최고의 생산량에 도달했다. 사실상 제3제국의 경제적 몰락은 연합국이 그들의 공격을 민간의 목표물만이 아니라 산업 생산 시설과 독일의 인프라에 집중했던 1944년 늦가을에 들어서야 시작되었다. 1945년 봄, 연료 부족과 독일 철도망에 대한 연합국의 공격은 제국의 전쟁 수행 기구를 최종적으로 멈춰 세웠다.

슈페어는 부분적으로 경제적 결정을 위한 권위를 민간 부문으로 되돌리고 당과 군 장교들에 의한 정치적 개입을 상당 부분 제거함으로써 산업 생산량 증가라는 공을 세울 수 있었다. 그러나 마찬가지로 중요했던 것은 독일의 여성 노동자와 동부와 서부 유럽 점령지에서 온 징용 노동자를 활용하려는 정권의 결정이었다. 2차대전 초 일부 외국인 노동자들이 상대적으로 높은 독일 임금에 매력을 느끼기는 했지만, 전세가 바뀌었을 때, 외국인 노동자 담당 제국최고위원 자우켈은 점차 테러에 의지하여 그와 슈페어가 설정한 노동자 할당 몫을 채웠다. 강제수용소 수감자들 가운데서도 점점 더 많은 수가 전쟁 관련 산업 분야에 강제로 동원되었다. 종전까지 외국인 노동자들은 독일의 공장, 농장, 심지어 민간 가정에서도 일했다.

국내 전선에서 '총력전'이라는 용어는 1943년 2월부터 공식 활용되었다. 괴벨스는 1933년 이전 정치 캠페인들 가운데 자신의 선전전 승리 상당수가 일어난 공간이던, 베를린 스포츠궁전Sportpalast에서 선전부장관에 의해 직접 선발된 군중에게 연설했다. 그의 연설은 "총력전을 원하는가"라는 질문으로 정점에 이르렀고, 군중은 예상 가능했던 대로 "네!"라는 고함으로 응답했다. 독일인들은 주목할 만한 미디어 스타들의 클로즈업으로 가득 찬 뉴스 영화의 일부로서 이 장면을 극장에서 관람했다.

총력전 캠페인은 이제부터는 버터보다 총이 훨씬 우세하다는 의미였다. 민간인들은 거의 모든 생필품이 점차 부족해지는 데 익숙해져야 했다. 게다가 총력전은 체제의 테러를 크게 강화했다. 무기명의 밀고가 전보다 훨씬 더 부추겨졌고, 나치는 '패배주의자'라는 범죄를 포함하여 일련의 사소한 위반들에 대해서도 사형을 도입했다. 전쟁 말에 이르면 정권에 대한 독일인들의 지지가 사라져버렸음이 명백하다. 지속적인 폭격과 결핍, 체제의 테러에 대한 두려움 앞에서 삶은 일상적 투쟁이 되어버렸다.

나치 선동가들은 재원 부족을 광신주의로 대체하려는 노력을 여전히 포기하지 않았다. 1944년 가을, 그들은 '국민돌격대^{Volksstrum}'를 창설하도록 했다. 이는 군대에 복무하지 않는 16세부터 60세 사이의 모든 독일 남성으로 구성된 준군사 조직이었다. 선전 책자 저자들의 머릿속에서, 이 부대들은 연합국 군대가 독일 국경을 넘을 때 최종적으로 궤멸시켜야 할 **총동원군**^{levée en masse}이 되었다. 국민돌격대는 대체로 그 창안자들의 머릿속에서만 존재했다. 극소수 부대가 실제로 만들어졌지만 적들과 접촉하기 전에 사라져버리는 경향을 보였다. 그들만 도망간 것은 아니었다. 가우지도자를 비롯한 대개의 나치당 지도자들 역시 연합국 군대가 수백 마일 밖에 있을 때조차 빈번히 달아났다.

　　훨씬 더 위대한 가치에 어울리는 섬뜩한 장면 속에서 히틀러는 미래를 위한 유령 계획을 세우며 베를린의 총리청 지하 벙커에서 제3제국 최후의 몇 주를 보냈다. 히틀러는 체제의 핵심이라고 본 세 도시의 전면적 재건축에 특히 관심을 가졌다. 위대한 독일 제국의 수도인 베를린, 나치당의 본산인 뮌헨, 히틀러 자신이 유년기 대부분을 보냈고 고향이라고 여겼던 오스트리아 북부의 린츠였다. 독재자의 명령에 따라, 슈페어와 다른 건축가들은 제3제국 내내 히틀러 비전의 위엄을 보여주도록 구상된 엄청난 규모의 유사 고전주의적 구조의 축적 모형을 만들고, 스케치를 했다. 총통은 끝까지 이 모든 것에 대해 주기적이고 적극적인 관심을 보였다. 그는 심지어 이 건물들이 폐허 속에서는 어떻게 보일지에 대해서도 궁금해했다. 그는 이 건물들의 잔해가 피라미드와 비교해도 손색이 없기를 희망했다.

제3제국의 종언

체코슬로바키아를 '말소하려는' 1938년의 결정 이래로, 유럽을 관통하는 나치 정복 행진의 모든 단계는 '총통 명령'으로 시작되었다. 이 문서는 다음 캠페인의 기본적인 목표와 전략에 대해 히틀러가 초안을 잡은 것이었다. 이 명령 가운데 최후의 것은 1943년 11월에 왔다. 내용은 전세가 히틀러와 나치에 얼마나 불리하게 되었는지를 부지불식간에 보여주었다. 이전의 명령들이 히틀러가 가진 세력균형 정치와 군사전략에 대한 직관적인 접근 수완을 보여주었던 반면, 1943년 11월의 문서는 환상과 희망 사항일 뿐인 것들에 기초하고 있었다. 히틀러는 동유럽에서 생존공간을 만들겠다는 자신의 목표를 달성하는 데 광적으로 확고했다. 이 목표를 위해, 그는 러시아에 대한 새로운 지상 공세를 준비할 것을 명령했고, 영국에 맞서서 로켓 추진식 'V-무기'를 활용하는 새로운 공중 공격에 나설 것을 명령했다.

히틀러의 명령은 연합국과 독일의 재원에 대한 완전히 비현실적인 평가에 근거하고 있었다. 국방군은 1944년 6월 프랑스에 대한 연합국의 침공을 막아낼 수 없었고, V-무기들은 영국에 위협이기보다는 하나의 자극에 불과했으며, 동부전선에서 나치는 그들 스스로 새롭게 공세 작전을 시작할 수 없었던 것과 마찬가지로 러시아의 서부 진군을 막아낼 수도 없었다.

벌지전투 실패 이후, 히틀러의 본질적인 니힐리즘(허무주의)이 완전히 발동했다. 자신의 부대에 내린 최후 명령서 가운데 하나인 1945년 3월의 소위 네로 명령Nerobefehl에서 히틀러는 소비에트가 퇴각할 수밖에 없었을 때 독일이 목도했던 것과 마찬가지로, 연합국이 독일로 진군할 때 불탄 대지만 발견하게 해야 한다고 주장했다.

사실상 1945년 봄에 이르면, 히틀러의 명령은 총리청 지하 벙커에 있는 그의 스위트룸에서만 준수되었다. 연합국의 진군은 독일인들이 질서 있는 퇴각을 준비하기에는 너무 빨랐고, 오랫동안 나치를 지지할 준비가 되어 있던 독일 사회 세력들도 결국 자멸을 향한 정권의 고집스러운 질주를 멀리하기 시작했다. 독일 산업계 지도자들은, 특히 1943년 여름부터 독일의 전후 계획과 나치 이후의 미래에 대한 계획을 세우기를 시작했다. 전쟁의 결과가 점차 분명해졌을 때, 파멸을 위한 히틀러의 지각없는 명령들은 슈페어와 다른 정부 각료들의 조용한 사보타주를 받았다. 종전 직전, 몇몇 나치 가우위원장조차 히틀러의 불탄 대지 명령을 거부했다. 그 결과 전쟁이 끝났을 때, 독일의 산업적, 경제적 잠재력은 히틀러 혹은 연합국이 생각했던 것보다 훨씬 많이 남아 있었다. 예를 들어 전후 드러난, 루르 공업지대가 전시 폭격과 퇴각하는 독일군의 파괴로 입은 피해는 생산성의 10~15퍼센트에 그쳤다.

1945년 5월 독일의 무조건 항복과 더불어 하나의 정치체로서 제3제국은 사라졌다. 정부의 모든 차원과 모든 행정적 결정은 연합국 점령 세력이 떠맡았다. 히틀러가 지목한 후계자인 되니츠 장군은 플렌스부르크Flensburg 외곽 해군기지인 뮈르빅Mürwik으로 퇴각하여, 약 2주간 '제국 대통령'으로 존재하는 둥 마는 둥 했다. 그러나 연합국은 이 '정부'를 결코 인정하지 않았고, 5월 말 '내각' 구성원 전부는 영국군에 의해 인정사정없이 체포되었다.

히틀러와 나치는 독일에 매우 심대하고 전적으로 부정적인 유산을 남겼다. 수백만 명의 독일인이 전선에서 혹은 폭격으로 사망했다. 이에 더해 러시아 군대가 동부 국경에 도달하고 서부로 나아갔을 때, 수백만 명이 추방되었다. 독일의 인프라는 난장판이 되었고, 독일 도시들은 연기 나는 잿더미 상태였다. 더 중요하게(물리적 피해는 겉으로 보였던 것보다는 덜 파괴적이었던 것으로 드러났다), 홀로코스트는 독일이라는 이름에 영원한 도덕적 범죄의 무게를 더했다. 마지막으로, 안드레아스 힐그루버가 지적했던 대로, 히틀러가 독일에 남긴 가장 영속적인 유산은 19세기 초부터 독일인들이 갈망해왔던 국가 통일의 파괴였다. 히틀러는 비스마르크의 역사적 업적을 해체했다. '독일Germanies'은 말 그대로 다시금 하나의 나라이기보다 지리적 표현이 되었다.

빅토르 클렘퍼러[Viktor Klemperer]

(1881~1960년)

클렘퍼러는 18세기 프랑스 문학 분야의 유명한 학자였지만, 그가 명성을 얻은 것은 나치 시기 독일에 거주하는 동안 계속해서 써내려간 엄청난 분량의 일기가 사후에 출간되었기 때문이다. 클렘퍼러는 나치가 '뒤섞인 결혼'이라고 이름 붙인 관계를 갖고 있던 유대인이었다. 이는 그의 부인이 유대인이 아니라 '아리안'이었음을 의미한다. 이러한 상황이 그와 그의 부인이 무수한 어려움과 치욕에 직면하는 상황을 막아주지는 못했지만, 그가 홀로코스트에서 살해되는 것은 막아주었다.

클렘퍼러는 현재 폴란드의 일부인 동프로이센 지역 바르테 강변의 란츠베르크에서 랍비의 아들로 태어났다. 1890년 클렘퍼러의 아버지는 베를린의 개혁파 시너고그에서 부랍비로 임명되었고, 가족은 수도로 이사했다. 클렘퍼러의 가문은 명문가로, 가장 유명한 후손은 빅토르의 조카인 지휘자 오토 클렘퍼러[Otto Klemperer]일 것이다. 클렘퍼러의 아버지는 자신의 형제들이 그랬던 것처럼 아들도 의학이나 법학 분야에 몸담길 바랐지만, 클렘퍼러는 학문 분야에 종사하겠다고 고집했다. 1913년 그는 로망스 문학 분야에서 박사 학위를 받았고, 1차대전 때 군 복무를 한 후 드레스덴공대 교수가 되었다. 이 자리는 문학 분야의 전문가에게 이상적인 자리는 아니었지만, 독일 학계에서 지배적이던 반유대주의는 그가 '주요' 대학들 가운데 하나에 임명되는 것을 가로막았다. 클렘퍼러는 나치가 그를 조기 은퇴시킨 1935년까지 드레스덴에서 교수로 남았다.

1921년 클렘퍼러는 그의 첫 번째 부인과 결혼했고, 그녀는 드레스덴에 살던 그와 합류하기 위해 피아니스트로서 막 쌓아가던 이력을 포기했다. 에바 클렘퍼러가 다양한 종류의 심신 쇠약 때문에 신체 활동까지 방해받기는 했지만 클렘퍼러 부부는 매우 행복한 결혼생활을 했다.

클램퍼러는 그가 성인이 된 후 대부분의 기간 동안 일기를 썼고, 제3제국 시기에 휴직을 강요당하면서 자신의 일상적 경험을 가능한 한 정확하게 기록하겠다는 결심을 더욱 굳혔다. 그 결과 그의 일기는(1990년대에 축소된 2권 분량으로 출간되었다) 제3제국 시기 독일 유대인의 생활에 대한 엄청나게 세세한 기록을 우리에게 제공한다. 그는 거의 초인간적인 객관성을 발휘하여 그들 부부가 겪었던 일상의 위협과 분노를 기록했다. 1941년 나치는 클램퍼러 부부마저도 끌고가, 그들이 '유대인의 집Judenhaus'이라고 이름 붙인 한 주택에서 드레스덴의 다른 유대인들과 함께 엄청나게 고통스러운 조건에서 살도록 강요했다.

동시에 클렘퍼러는 그의 치욕이 가중되던 시기에 평범한 독일인들이 베푼 친절에 대해서도 기록했다(가령 이 일기들은 독일 친구의 집에 숨겨져 있었다). 제3제국에서의 일상적인 삶에 대해 일기를 쓰는 가운데 클렘퍼러는 그의 전후 첫 책이 된 작품에 대한 매우 세세한 노트도 만들었다. 1947년에 출간된 《제3제국의 언어Lingua Tertii Imperii》는 나치의 독일어 왜곡에 대한 탁월한 연구서다.

클램퍼러는 망명을 계속 권유받았지만(그의 형제들은 미국에서 탁월한 이력들을 이어가고 있었다), 그는 언어를 매우 불충분하게밖에 말할 수 없는 낯선 나라에서 전문가로서의 미래를 갖지 못할 것을 두려워했다. 클렘퍼러의 고통은 1945년 4월 연합국의 드레스덴 폭격 속에서 혼란의 와중에 끝났다. 클렘퍼러 부부는 폭격에서 살아남았고, 그 공격에 뒤이은 혼란 속에서 클렘퍼러는 1940년 이후 달고 살아야 했던 유대인의 표시 다윗의 별을 아내의 요구에 따라 없애버렸다. 부부는 바이에른으로 갔고, 미군에 의해 해방되었다.

전쟁이 끝난 후 클렘퍼러 부부는 드레스덴으로 돌아와 그들의 집으로 돌아갔다. 이 집은 행정적인 절차 때문에 몇 차례 지연된 끝에 그들에게 되돌려졌다. 클램퍼러는 나치만큼이나 극단적이라고 여겼던 공산주의자들에 대한 오랜 두려움에도 불구하고(그의 일기에 자주 표현된 감정이었다), 전쟁이 끝난 후 공산주의자들만이 나치에 맞서서 효과적으로 저항했다고 느꼈다. 1945년 11월 그는 공산당에 가입했고, 몇 년 후 동독 의회 의원으로 활동했다. 그의 전후 학문적 이력은 그를 그라이프스발트Greifswald와 할레Halle 대학으로 이끌었고, 동독의 유명한 훔볼트대학에서 이력을 마감했다. 그는 동독 과학 아카데미 회원 자격을 포함해 무수한 학문적 명예를 안았다. 에바 클렘퍼러는 1951년 사망했고, 1년 후 클렘퍼러는 옛 제자와 결혼했다. 그의 두 번째 부인인 하데비히Hadewig의 노력 덕분에 그의 일기는 보존되고 출판될 수 있었다.

8장

연합군의 콘도미니엄
1945~1949년

나치가 유럽을 떠나게끔 만든 많은 학자들 중 한 명인 한스 켈젠Hans Kelsen은 2차대전 이후 버클리대학에서 교수로 재직하며 이 장의 제목이 기도 한 '연합군의 콘도미니엄'이라는 문구를 만들어냈다. 그는 제3제 국이 몰락한 후 독일의 독특한 사회구조를 기술하고자 했다. 그 나라는 콘도미니엄 같았다. 4개 점령국은 각자의 아파트(그들의 개별적 점령지) 를 가졌지만, 소유주로서 건물 전체를 관리할 책임을 공동으로 졌다. 반면 원래 소유주는 자신들의 소유권을 상실했다.

우리가 보게 되듯이 독일사에서 순수한 형태로서 연합군의 콘도미니 엄 단계가 오래 지속되지는 않았다. 연합군이나 독일 모두 머지않아 기 대했던 것과는 전혀 다른 전후의 실제를 다루게 되었음을 깨달았다. 제 3제국의 무조건 항복 이후 4년이 채 지나지 않아, 연합국이 많은 권리 를 보유하고 있었음에도 불구하고, 과거의 건물주들이 다시금 자신의 빌딩을 차지하기 시작했다. 특히 놀라웠던 것은 이후 서독이 된 지역의 급속한 경제 회복과 정치적 전환이었다. 1945년 한 미국인 관찰자는 서독이 "달의 표면"*처럼 보인다고 말했으나, 4년 후 서방 점령지역은 '경제 기적'의 시작을 경험했고, 매우 성공적인 의회민주주의를 위한 토대를 놓아갔다.

독일의 저항: 힘과 망상

나치 이후 시기를 다루는 장에서 반나치 저항을 논하는 것은 얼핏 어울리지 않는 일처럼 보일지도 모른다. 그러나 그렇게 하는 데에는 타당한 이유가 있다. 제3제국의 반대자들은 체제를 전복하는 데 성공하지 못했지만, 그들의 실패한 노력들은 향후 동독과 서독의 기억의 정치에서 중요한 부분이 되었다.

인구 규모에 비하면 다른 어떤 유럽 국가들보다도 독일에서 레지스탕스 전사들의 수가 적었다. 나치나 연합군이 각각 다른 이유로 제3제국에서 있었던 저항을 축소하려는 경향이 있었음을 고려하더라도 말이다. 물론 독일의 레지스탕스는 몇 가지 특유의 핸디캡을 안고 있었다. 다른 국가들의 저항운동은 그들의 조국을 외세의 지배로부터 해방시키려는 노력이었던 반면, 독일의 레지스탕스는 그들 조국의 정부와 맞서 싸워야 했다. 게다가 1939년 이후 독일 레지스탕스 전사들은 자신들의 조국이 전쟁에 가담 중인 동안 활동해야 했고, 따라서 그들의 활동은 '등 뒤에서 칼을 꽂았다'는 전설의 또 다른 버전을 만들어낼 위험을 안고 있었다. 그럼에도 불구하고 1943년 초부터 종전까지 30개월 동

---

* 생명체가 없다는 의미로 쓰였다.

안 1만 1,000명의 독일인이 반나치 활동으로 처형되었고, 1944년에만 5,000명이 처형되었다.

레지스탕스 멤버들은 사회의 모든 계층으로부터, 모든 정치적인 분파로부터 왔다. 비록 사회 중산층과 하층에서 레지스탕스의 비율이 높기는 했지만 말이다. 가장 초기의—그리고 가장 효율적이지 못했던—저항은 정치적 좌파의 저항이었다. 나치 테러는 먼저 공산주의자들과 사민당원들을 향했다. 특히 공산주의자들이 돌격대, 친위대, 게슈타포의 목표물이 되었다. 전국적 공산당 지도자이던 에른스트 텔만은 나치가 권력을 잡자마자 체포되었고, 후일 강제수용소에서 사망했다. 사실 1943년에 나치가 가장 큰 공산주의 지하조직인 '붉은 악대Rote Kapelle'를 해체할 무렵, 수천 명의 독일 공산주의자들이 감옥과 강제수용소에 투옥되었다. 그러나 2차대전 후 독일 공산주의 운동의 지도자들은 대개 나치 시기 동안 소비에트에서 망명 생활을 했던 사람들이었다. 비록 아이러니하게도 많은 망명자들이 스탈린주의자들에 의해 숙청당했지만 말이다.

독일 망명객들은 러시아와 협력하는 가운데 동부전선에서 붙잡힌 독일인 전쟁 포로들을 대상으로 '자유독일국민위원회Nationalkomitee Freies Deutschland, NKFD'를 조직하는 데 산파 역할을 했다. 러시아 전선에서 독일인 병사들을 설득하여 탈영하게 하는 데 이 그룹이 거둔 성과는 미미했지만, 이후 공산주의 간부단을 훈련하는 데는 유용한 발판이 되었다. 게다가 국민위원회는 공산주의자들에게 민족주의적인 외양을 입혀주었다.

또한 많은 사민당 지도자들이 독일을 떠났다. 공산주의자들과 달리 이들은 망명지로 서구 국가, 특히 영국, 스칸디나비아 국가, 그리고 미국을 택했다. 대부분의 사민당 활동가들은 개인적인 삶으로 되돌아갔고 모든 정치적 활동을 중단했다. 소수만이 적극적인 저항자가 되었지만, 그들 모두 삽시간에 체포되었고, 나치의 감옥과 강제수용소에서 제3제국기를 보냈다.

정치적 중도와 우파의 부르주아 그룹들은 독일의 저항운동사에서 모순적인 역할을 담당했다. 공산주의자, 사민주의자들과 달리 대부분의 정치적 우파들은 1933년 전과 후에 나치와 협력했다. 그러나 우파의 저항이 훨씬 덜하긴 했지만, 나치에 반대한 구엘리트층의 일부 멤버는 '통폐합' 이후에도 여전히 정부, 군부, 경제계에서 요직을 차지했다. 따라서 저항에 가담했던 소수의 우파들은 반나치 활동을 성공시키기에 더 좋은 위치에 있었다.

그들의 제한적인 목표들을 고려한다 하더라도, 조직화된 종교 세력의 반대는 특히 효과적이었다. 교회는 딜레마에 처했다. 가톨릭교회는 나치와 공식적인 조약, 즉 콩코르다툼Concordatum(정교조약)을 체결했고, 교회의 지도자들은 이를 유지하려고 했다. 나치는 조약을 위반하고도 불이익을 받지 않았지만, 비오 11세의 1937년 회칙인 〈극도의 슬픔으로〉가 발표된 이후에는 나치의 부도덕한 활동들에 대한 가톨릭의 저항이 성직자들로부터 광범위한 지지를 받았다.

프로테스탄트 교회는 제도적으로나 이데올로기적으로 정부의 활동에 맞서는 데 가장 덜 준비되어 있었다. 프로테스탄티즘은 프로이센의 권위주의 및 독일 민족주의와 오랫동안 결부되어왔다. 여기서 레지스탕스는 나치에 맞서기 위해서라기보다는 교회의 신학적인 가르침과 행정적인 자율권에 개입하려는 정권의 기도에 대한 저항으로서 등장했다. 많은 교회 지도자들의 첫 번째 레지스탕스 경험은 1933~1934년에 있었다. 나치는 개개 교회들의 독립을 파괴하고 중앙집권화된 하나의 전국 프로테스탄트 교회에 나치당의 도반을 '제국 감독'으로 앉히려고 했으나, 많은 프로테스탄트 성직자들로부터 광범위한 저항을 받고 포기했다. 많은 프로테스탄트 성직자들은 유대계 목사들이 교회에서 성직자로 봉사하는 것을 금지하는 '아리아인 조항'도 거부했다. 베를린 성직자이던 마르틴 니묄러Martin Niemöller가 조직한 수천 명의 성직자와 속인들은 기성 프로테스탄티즘으로부터 탈퇴하고 '고백교회'를 설립했다. 게다가 용기 있는 프로테스탄트 신학자들은 디트리히 본회퍼Dietrich Bonhoeffer처럼 적극적으로 나치를 전복하는 음모에 가담했다. 이는 본회퍼의 생을 앗아가는 결정이었다. 그는 1945년 4월 처형되었다. 니묄러는 강제수용소에서 오랜 세월을 보냈다.

고위 정부 관료들과 특히 군부는 나치의 목표와 정책들을 방해하기에 가장 좋은 위치에 있었다. 그러나 이 그룹의 구성원들 역시 민주주의에 반대한 긴 전통을 가졌고, 군부 지도자들은 열정적으로 히틀러의 재무장 프로그램과 그의 초기 외교정책상의 성공에 갈채를 보냈다. 그럼에도 일부 가장 효과적이고 눈에 띄는 저항 활동들이 소수의 구엘리트층에서 나왔다. 그들은 자신들의 공직을 활용하여 몇몇 나치 테러 희생자들을 구하는 것을 넘어서서, 체제에 맞서는 음모를 계획하고 실행했다. 이 모의의 정점은 1944년 7월에 있었던 독재자 암살 시도였다.

(조피 숄과 한스 숄 등 뮌헨대학의 두 학생이 주도한 반나치 조직인 백장미단Weiße Rose을 포함하여) 무수한 '민간' 모의 그룹이 있었지만, '크라이자우어 서클Kreisauer Kreis'은 특별히 언급할 가치가 있다(이 명칭은 실레지아의 크라이자우에 있는 몰트케가의 영토에서 유래한 것으로, 이 영지는 그룹 활동가들을 위한 비밀회의 장소 역할을 했다). 크라이자우어 서클은 율리우스 레버Julius Leber 같은 좌파 사민주의자부터 골수 보수주의자에 이르기까지 상대적으로 젊은 남성들로 구성되었으나, 자신들이 속한 사회적, 정치적 그룹을 대표하지는 않았다. 오히려 아웃사이더였기 때문에 저

항자가 된 지식인들이었다. 크라이자우어 서클의 거의 모든 주도적인 멤버들은 히틀러에 맞선 1944년 7월의 음모에 뒤이어 처형되었다.

독재자가 전쟁을 무릅쓰지 않고 유럽 지도를 변경하는 것처럼 보이는 동안에는, 히틀러에 대한 군부 저항이 거의 없었다. 그러나 블롬베르크−프리치 위기 이후, 특히 뮌헨 위기 이후, 루트비히 베크처럼 소수의 주도적인 장교들은 히틀러의 길이 필연적으로 독일을 다른 세계전쟁으로 이끌게 되리라는 것을 깨달았다. 모스크바전투에서 독일의 패배는 장교단의 다른 구성원들로 하여금 히틀러와 나치 정권 숙청만이 독일을 완전한 파괴로부터 구할 수 있다는 것을 받아들이게 만들었다.

독일 군부와 관료의 저항의 역사에는 나치 독재를 전복하려다 실패한 계획이 간간히 끼어든다. 공모자들(국방군의 스파이와 반스파이 활동 부대인 **방첩청**^{Abwehr}에서 일했다)은 1938년 9월 말 움직일 준비가 되었다. 그러나 뮌헨 위기를 끝내는 데 앞장서겠다는 체임벌린의 제안은 그들의 의도를 좌절시켰다. 이후 무혈 쿠데타를 위한 다양한 계획은 실행 불가능한 것으로 판명 났기 때문에 공모자들은 점차 히틀러의 죽음만이 나치의 권력 구조를 마비시키리라는 것을 깨달았다.

히틀러를 죽이기 위해 공모자들을 설득하는 데 중요했던 인물이 젊은 청년 대령, 즉 크라이자우어 서클에 연루되었던 사람들 중 한 명인 슈타우펜베르크^{Claus von Stauffenberg} 백작이었다. 독재자를 암살하려는 몇몇 시도는 실패했으나, 1944년 7월 20일 슈타우펜베르크는 히틀러의 동프로이센 본부에 있던 회의실 테이블 밑에 폭탄을 설치할 수 있었다(이 폭발물은 다른 청년 장교인 필립 폰 뵈젤라거^{Philipp von Boeselager}가 공급했다. 그는 2차대전에서 생존했고, 2008년 5월 90세의 나이로 공모자들 가운데 마지막으로 사망했다). 히틀러 사망 직후 예비군 부대들이 당과 친위대의 주요 인물들을 체포하는 동안, 루트비히 베크 장군을 수반으로 하는 저항 그룹으로 구성된 임시정부 내각이 법과 질서를 유지하고 종전 협상을 하는 것이 공모자들의 계획이었다. 음모는 완벽하게 실패했다. 히틀러는 폭발로 약간 부상을 입었을 뿐이고, 음모는 삽시간에 실패했다.

나치 체제는 그들의 적들에게 처절한 복수를 가했다. 슈타우펜베르크, 베크, 그들의 가까운 동료들은 즉각 처형당했고, 히틀러 암살 미수 수주 후에 '국민법정Volksgerichtshof'*에서의 재판들은 끊임없이 사형선고를 내렸다. 다른 저항 조직들까지 수천 명의 구성원이 게슈타포에 체포되었다. 여기에 소위 연좌제령은 주요한 음모자들의 확대가족 구성원(6촌부터 갓 태어난 손자에 이르기까지)들을 나치 수용소에 보낼 것을 명했다.

1944년 7월 음모의 실패는 나치 체제를 내부에서 전복할 수 있는 실제적 기회들을 종식시켰지만, 돌아보면 그것이 전적으로 나쁘기만 한 것은 아닐지도 모른다. 새로운 버전의 '등 뒤에서 난도질'이라는 전설이 된 위험은 차치하더라도, 독일 레지스탕스의 많은 주도적인 인물들은 나치 독재에 대한 의심할 여지 없는 증오를 가졌음에도, 조국의 과거와 미래에 대해서는 너무 순진했다. 그들이 어떤 계획도 갖지 않았다는 의미는 아니다. 오히려 계획과 입헌적 구상은 넘쳐난 편이었다. 어려움은 차라리 많은 레지스탕스 지도자들이 바이마르의 '과도하게' 민주적인 헌법이 나치의 집권을 허용했다고 본 데 있다. 슈타우펜베르크를 비롯한 일부가 전체 인구를 포함하는 민주적 토대 위에 독일의 미래를 세워야 할 필요성을 인식하고 있었음에도 불구하고, 몇몇 유명한 독일 레지스탕스 지도자들은 이 나라가 1918년에 잘못된 길로 접어들었다고

---

*1934년 베를린에 만들어진 특별법원으로 반란 및 음모를 다뤘다. 1936년 정식 법원이 되었다.

확신했다. 그들에게 히틀러에 대한 해답은 바이마르 의회민주주의로의 회귀가 아니었다. 군부의 음모에 가담했던 다수와 심지어 크라이자우어 서클의 일부조차 순진하게 호엔촐레른 왕들의 계몽된 전제주의와 결부시킨 '전제적 민주주의'와 오스발트 슈펭글러Oswald Spengler가 '프로이센 사회주의'라고 부른 정부 형태로 돌아가야 한다고 믿었다.

헌정상 재조직에 대한 순진함은 나치 패배 이후 제3제국의 국제적인 위상에 대한 환상과도 잘 들어맞았다. 많은 레지스탕스 계획가들은 독일이 유럽의 주요 강대국으로 남을 것이라고 보았고, 몇몇은 심지어 오스트리아가 독일의 일부로 남아야 한다고 주장했다. 그들은 (서유럽 국가들은 말할 나위 없고) 동유럽 국가들이 다시금 독립되어야 한다는 것을 깨달았지만, 동부 독일의 구귀족 가문의 자손들이었던 많은 군부 내 저항자들은 제3제국이 폴란드와 러시아에서 어떤 형식으로건 '문명화의 사명'을 지속해가야 한다고 확신했다.

당시 다수의 유명한 독일 레지스탕스 구성원들은 연합군 측이 향후 강대국으로서 독일의 지위를 인정하기를 거부하리라는 것을 깨닫지 못했다. 게다가 우리가 앞으로 보게 되겠지만, 연합국 측은 부당하게도 프로이센주의와 나치즘을 동일시하는 경향이 있었다. 따라서 그들이 레지스탕스의 노력을 지원하여 독일을 프레데릭 대제의 시기로 되돌아가게 할 가능성은 없었다. 대신 독일의 전후 미래는 바이마르의 민주적 지도자들의 손에 달려 있었는데, 그들 대부분은 제3제국 시기 동안 강제수용소에 갇혀 있거나 '내적 망명Innere Emigration' 상태였다. 내적 망명은 전후에 망명도, 적극적인 저항도 하지 않았던 나치에 대한 저항의 태도를 지칭하는 말로 고안되었다. '내적 망명자들'은 본질적으로 공적인 삶을 벗어나서 체제의 몰락을 기다리는 가운데 제3제국 몰락 이후 독일의 미래를 계획하는 데 전념했다.

연합국의 비전과 계획(1941~1945년)

1943년 2월 연합국은 어떤 제국정부와도 협상을 하지 않을 것이며 '무조건적인 항복' 선언만 받아들일 것이라고 공표했다. 무조건적인 항복 방침은 독일인들에게 조국의 가까운 미래에 어떤 인정된 역할도 부여하지 않겠다는 의미였다. 그러나 연합국의 아이디어와 접근법에 대해서는 의문의 여지가 많았다. 일반적으로, 러시아는 교전이 종식되기 전에 구체적인 결정을 내리기를 가장 바랐다. 1941년 7월 초, 소비에트는 독일의 해체를 요구했다. 미국과 영국의 전략가들도 원칙적으로는 제국을 삼분하거나 중부 유럽에서 독일이라는 거대한 덩어리를 막을 가장 효과적인 수단으로 보다 많은 독립적인 국가들로 분할하는 것을 받아들였다. 하지만 미국 대통령 프랭클린 루스벨트는 "우리가 아직 정복하지 않은" 국가의 미래를 위해 구체적인 계획을 세우는 것에 대해 특히나 꺼려했다.

그러나 전세가 바뀌었을 때, 미국인과 영국인들 역시 독일의 전후 미래에 대한 구체적인 합의가 없다는 사실에 걱정하기 시작했다. 세 강대국은 나치즘을 절멸하는 데 동의했고, 독일이 다시는 이웃 국가들에 전쟁을 도발할 위치에 서서는 안 된다는 점에서 확고했다. 그러나 서방 국가들은 독일의 완전한 패배가 중부 유럽에 광범위한 결과를 가져올 권력 공백을 초래할 것이라는 점을 인식해야만 했다. 무력하고 분할된 독일은 중부 유럽에 대한 러시아의 패권적 통제를 의미하는 것이 거의 분명했다. 사실, 몇몇 서방 분석가들은 독일이 항복할 시점에 적군이 서부 진격 과정에서 라인강에 도달하기를 기대했다. 독일에서 러시아의 지배에 대한 전망은 세 강대국의 전시동맹이 평시 파트너로서 지속되기를 기대하던 서유럽인들에게는 딱히 거슬리지 않았다. 그러나 다른 사람들은 별로 낙관적이지 않았다. 특히 러시아인들이 명백하게 민주적으로 선출되지 않은 공산주의 체제를 만들어냄으로써 그들의 존재감을 동부 유럽에서 강하게 느껴지게 했을 때, 윈스턴 처칠과 영국인들은 소비에트의 권력 확대를 용인하는 데 점점 더 꺼리게 되었다.

미국은 분열되어 있었다. 미국 재무부 장관이자 대통령의 개인적인 친구이기도 했던 헨리 모겐소 2세Henry Morgenthau Jr.는 중부 유럽에서의 완전한 권력 공백이 '독일 문제'에 대한 유일한 해결책이라고 주장했다. 반면, 미 행정부 내 모겐소의 동료이던 전쟁부 장관 헨리 스팀슨Henry Stimson(전쟁부는 1947년까지 아직 국방부로 개편되지 않은 상태였다)과 국무부 관리들은 전체로서의 유럽이 회복되어 자력갱생하는 데에는 경제적으로 강력한 독일이 필요하다고 주장했다.

연합군이 독일 본토로 전선을 끌어가던 1944년 말, 세 열강은 독일의 영토적이고 사회적인 미래를 결정하지 못한 상태였다. 영국의 제안에 따라 세 열강은 1943년 9월경 제3제국이 항복한 후 각각 점령지를 통치하자는 데 합의했다. 영국인들은 독일에서 러시아의 영향력을 완화하기 위해 프랑스도 점령지역을 할당받아야 한다고 제안했다. 이에 대해 미국인들도 러시아인들도 반색하지 않았지만, 결국 이전에 미국군과 영국군 지역으로 정했던 곳에 프랑스 점령지를 만드는 데 합의했다. 소비에트, 영국, 그리고 미군 점령지역의 경계는 기존의 지역 경계를 따를 것이었다. 후발주자로서 프랑스는 4개 주의 뒤죽박죽인 부분과 인접한 행정 경계에 만족해야 했다.

점령지역 분할의 토대는 1937년의 독일 영토 상황이었다. 그것은 체코슬로바키아와 오스트리아가 독립을 획득하되, 가령 동부 프로이센은 기술적으로 독일의 일부로 남아 있으리라는 것을 의미했다. 사실, 연합국 지도자들은 동유럽에서 포괄적인 영토적 변화에 이미 동의한 바 있었다. 이러한 합의에 따라, 1945년 초 소비에트는 쾨니히스베르크(칼리닌그라드로 개명되었다)를 포함하여 동부 프로이센의 북부 절반을 병합했다. 러시아인들은 동부 폴란드(소비에트가 독일-소비에트 협약에서 주장했던 폴란드의 일부)에 매달리는 가운데, 그에 대한 보상으로 오데르나이세강 동부와 동부 프로이센 남부에 있는 독일 영토를 폴란드가 얻는 것에 대해서도 동의했다.

적어도 표면적으로는 연합국 사이에서 독일 사회를 재조직할 필요성에 대해 주목할 만한 합의가 있었던 것으로 보인다. 세 열강과 프랑스는 전후 독일이 '4D(비무장demilitarisation, 카르텔 해체decentralisation, 탈나치 denazification, 민주화democratisation)'하에 있어야 한다는 점에 동의했다. 여기서도, 분명히, 합의는 실질적이기보다는 좀 더 이론적인 것이었다. 민주화를 제외하면 '4D'는 본질적으로 소극적인 목표였을 뿐, 독일의 정치적, 경제적, 사회적 미래를 위한 적극적인 청사진은 아니었다. 또한 민주화가 미국인에게 의미한 것과 러시아인에게 의미한 것이 전혀 달랐다는 것도 명백하다.

서부 유럽에서, 독일 사회의 근본적 재구성을 위한 가장 포괄적이고도 그 기본적인 전제를 고려할 때 가장 논리적인 계획은 1944년 헨리 모겐소가 1944년 가을에 제안한 것이었다. 모겐소가 "독일이 3차대전을 시작하는 것을 막기 위한 계획"으로 명명한 모겐소 계획은 히틀러의 집권을, 이전에 프로이센 전제주의와 군국주의를 만든 독일의 민족적 색채의 논리적인 결과라고 전제했다. 미국 재무부 장관은 강력하고 산업화된 독일은 불가피하게 이웃 국가들과 세계에 전쟁을 감행하고자 노력하게 될 거라고 주장했다. 독일의 영토 해체와 정치적, 경제적인 무능력만이 미래의 평화를 보장한다는 것이었다. 구체적으로 이 재무부 장관은 독일이 (미국은 제외하고) 러시아와 다른 유럽 국가들에 의해 영원히 점령되어야 하며, "산업적으로 비무장"되어야 한다고 제안했다. 루르의 석탄 광산 같은 독일의 천연자원은 영구적으로 국제적 통제하에 놓여야 했다. 독일은 "기본적으로 농업적이고 목가적인 성격을 가진 국가"가 되어야 했다. 모겐소는 국제적인 경제 질서에서 독일의 전통적인 역할을 메우기 위해, 미국이 대규모 대출로 소비에트와 영국의 회복을 도와야 한다고 주장했다.

모겐소 계획은 '독일 문제'에 대한 급진적인 해결책이었다('나치' 문제와 다른 '독일' 문제가 있다는 점에 동의한다는 가정하에서 말이다). 단기간 동안 이 재무부 장관은 루스벨트와 심지어 처칠까지도 설득하여 자신의 접근법의 효율성을 납득시켰다. 미국 대통령은 본능적으로 모겐소의 많은 부분에 동의했고, 모겐소의 계획에 따라 미군은 전쟁이 끝나자마자 유럽의 일을 유럽인들 손에 맡기고 귀국할 수 있으리라고 생각했다. 영국 총리는 독일의 '산업적 해체'가 영국의 전통적인 경제 라이벌을 제거하리라는 희망과 영국의 전후 회복을 위한 미국으로부터의 대규모 대출 전망에 걸려들었다.

처칠과 루스벨트는 1944년 10월 퀘벡에서 만나 모겐소의 제안을 잠정적으로 승인했다. 하지만 거의 동시에 미국과 영국의 관리 사이에서 이 계획에 대한 엄청난 저항이 일었다. 미국 국무부 장관 코델 헐^{Cordell Hull}(루스벨트는 그를 퀘벡에 데려가지 않았다)은 모겐소 계획이 유럽 대륙의 헤게모니를 러시아에 맡기는 가운데 독일의 '목가적 전원화'가 국제 경제 질서를 영구히 망가뜨릴 거라고 지적했다. 처칠의 조언자들은 유사한 논리를 '계획된 혼돈'과 관련하여 제시했다. 머지않아 루스벨트도 처칠도 모겐소 계획에 대한 지지를 철회했다. 그 결과 미군과 영국군 부대가 최초로 독일에 진군했을 때, 이들은 새로운 책무에 대처할 어떠한 포괄적인 계획도 갖지 못했다.

미국과 영국의 아이디어들과 비교할 때, 2차대전 후 독일을 어떻게 다룰지에 대한 러시아와 프랑스의 계획은 훨씬 더 구체적이었다. 영토적 변화들에 더해서 소비에트는 독일의 배상으로—화폐의 형태가 아니라 상품과 노동력의 형태로—나치의 이유 없는 공격으로 황폐화된 러시아 지역들을 복구하려고 결심한 상태였다. 게다가 소비에트는 자본주의와 나치즘 사이에는 인과적인 연결 고리가 있다고 주장했다. 거대 자본가들과 대토지 소유주들로부터 그들의 경제적이고 정치적인 권력을 박탈하는 구조적인 개혁들을 통해서만 나치즘이 다시는 독일에 나타나지 않도록 보장할 수 있으리라는 입장이었다.

러시아인들과 마찬가지로, 프랑스도 전시 동안 입은 피해에 대해 독일인들이 배상하도록 하는 데 우선순위를 두고 있었다. 이를 위해 프랑스인들은 프랑스 점령지역의 자원들을 프랑스에 유리하게 활용하려고 했다. 또한 독일의 광범위한 영토 변화를 요구했다. 자르 지역과 라인란트 전체가 독일로부터 분리되어 간접적으로라도 프랑스의 통제하에 놓여야 했다. 나치즘의 문제는 독일 민족주의와 결부된다는 것이 프랑스인들의 생각이었다. 프랑스는 어떠한 종류의 중앙집권적인 독일 정부의 권위를 재창출하는 데도 반대했다. 프랑스 레지스탕스 지도자 샤를 드골Charles de Gaulle에 따르면, "더 이상 독일 제국은 없고 독일 국가들로의 복귀"가 있을 뿐이었다.

1945년 2월 전시동맹의 지도자인 루스벨트, 처칠, 스탈린(드골은 초대되지 않았다)은 제3제국이 무조건 항복하기 전의 마지막 정상회담을 위해 흑해 연안의 얄타Yalta에서 만났다. 러시아가 베를린에 대한 서방의 접근을 보장하는 가운데, 세 열강은 베를린을 분할해 4개의 점령지역으로 나누는 데 동의함으로써 그들의 영토 분할 계획을 섬세히 정비했다(베를린시는 소비에트 점령지역 한가운데 위치해 있었다). 특히, 서방 점령지역으로부터 과거 제국의 수도에 이르는 세 개의 항로가 마련되었다. 스탈린은 배상 문제를 제기했다. 그리고 비록 어떤 형식상의 동의도 없었지만, 서방 연합국은 더 진전된 논의를 위한 토대로서 독일이 200억 달러의 배상금을 지불해야 한다는 러시아의 제안을 받아들였다. 소비에트는 자신들이 그중 절반인 100억 달러를 가질 자격이 있다고 주장했다. 러시아인들은 그들 몫의 배상이 자본재, 농업 및 산업 생산품, 강제 노동의 형태로 지불되기를 원했다. 루스벨트와 처칠은 동부 독일에서 나타난 사실상의 영토 변화에 주목했다. 비록 이 문제에 대한 최종적인 처분이 후일의 평화 회담으로 미뤄지기는 했지만 말이다. 실상, 1990년에 이루어진 독일의 영구적인 영토 경계는 이미 이 시기에 만들어진 상태였다. 공산주의자에 의해 지배된 폴란드 정부는 오데르나이세강 동부의 옛 독일 영토를 움켜쥐었고, 여전히 그 지역에 남아 있던 독일계를 몰아내는 과정에 있었다.

세 열강은 독일에 대해 '4D'를 강제하겠다는 그들의 결심을 반복해서 말했다. 또한 점령지에서 군사정부의 성격을 분명히 했다. 독일 전체와 관련된 이슈들은 베를린에서 개최되고 각 점령지역 사령부의 대표들로 구성된 연합국통제위원회Allied Control Council에 의해 결정되어야 했지만, 4개 점령지역의 군사 지도자들은 사실상 완전한 자율권을 보유했다. 그들은 자신들이 점령한 지역에서 필요하다고 판단되는 어떠한 결정도 자유롭게 내릴 수 있었을 뿐만 아니라, 통제위원회의 모든 결정이 만장일치여야 했기 때문에 각 점령 세력은 통제위원회를 마비시킬 힘도 갖고 있었다.

1945~1990년의 동독과 서독.

제3제국의 유산: 0시*의 현실

1945년 6월 5일 연합국의 군부 지도자들은 모든 실제적인 목표들에도
불구하고 활기 있는 사회로서의 기능을 중단한 나라를 떠맡았다. 5년
간의 폭력은 미국인 관찰자의 말을 빌리면, 독일 도시들에 "나환자의

---

* 전무의 상태에서 새롭게 출발한다는 의미로 전후 서독 사회에서 널리 사용된 표현이다.

뒤틀린 손가락처럼 하늘로 뻗은, 비어버렸고 타버린 건물 골조들의 끝없는 행렬"을 남겼다. 주거 부족은 대도시들에서 특히 심각했다. 함부르크 주거지의 50퍼센트, 쾰른 주거지의 80퍼센트가 파괴되었다. 1972년 노벨 문학상을 받은 소설가 하인리히 뵐Heinrich Böll은 1945년 자신의 고향을 두고 "한때 쾰른이라고 불렸던 거대한 먼지 구름"이라고 묘사했다. 마찬가지로 교통수단의 붕괴도 심각한 문제였다. 종전 수개월 전에 독일 철도 시스템에 집중된 전략적인 폭격은 1만 대의 기관차와 11만 2,000대의 화차를 파괴하고 마침내 독일의 저항을 마비시켰지만, 즉각적인 민간의 필요에 대응할 수 있는 분배 체계가 마비된 국가를 만들어냈다.

아이러니하게, 황폐화된 국가는 전쟁 전보다 훨씬 많은 인구를 먹이고 재워야만 했다. 700만 명의 난민이 세 서방 점령지역으로 향했다. 전시의 인명 손실에도 이후 서독이 되는 지역의 인구는 1945년 당시 1938년보다 20퍼센트 많았다. 하지만 독일은 이때 전쟁 이전에 국가 식량 공급의 25퍼센트를 담당하던 영토를 상실한 상태였다.

연합국이 독일에 대한 공동 책임을 떠맡으며 영토를 두고 갈등하는 것으로 시작한 것은 미래에 있을 그들의 협력에 좋은 조짐일 수는 없었다. 종전 직전에 미국이 점령했던 동부 독일의 일부 지역에서 미군 병력을 철수하는 데 과도한 지연은 나타나지 않았다. 러시아인들은 어려움 없이 베를린 서부 지역에서 철수했다. 그러나 미국과 프랑스 사이에서 각자 지역의 최종적인 경계를 둘러싼 심각한 논란이 일었다. 프랑스인들은 카를스루에Karlsruhe와 슈투트가르트Stuttgart를 고집했지만, 미국은 단호했다. 7월이 되어서야 이 다양한 영토 분쟁이 가라앉았고, 군부 지도자들은 그들 지역에 대한 공식적인 책임을 맡았다.

동시에 세 열강(다시금 프랑스는 초대받지 못했다) 지도자들은 또 다른

2차대전 말의 베를린. 심하게 손상된 독일 의회 의사당 모습이다(출처: National Archives and Records Administration).

정상회담을 위해 베를린 외곽의 포츠담^{Potsdam}에 모였다. 얄타회담 이후 6개월이 채 지나지 않아 또다시 의견을 교환할 몇 가지 이유가 있었다. 얄타는 여러 이슈들을 해결하지 않은 채로 남겼다. 또한 세 열강 중 두 강대국 지도자에 변화가 있었다. 프랭클린 루스벨트가 1945년 4월 12일 사망하자 해리 트루먼 부통령이 그를 승계했다. 영국에서는 포츠담회담이 진행되는 동안 윈스턴 처칠 내각이 선거에서 패배한 후 클레멘트 애틀리^{Clement Attlee}가 새로운 노동당 정부를 이끌게 되었다.

포츠담회담에서 몇몇 의제는 별반 논란을 일으키지 않았다. 연합국은 동유럽에서 실질적인 영토 변화와 이 지역으로부터 독일계 주민들이 추방된 것에 대한 소급 승인을 해주었다(이주가 '인도적 조건' 속에서 이루어져야 한다는 회담의 경고는 어떤 실질적인 결과도 낳지 못했다). 또한 세 열강은 '4D'를 위한 지지를 다시금 밝혔고, '나치적이고 군국주의적인 교리들을 제거하고 민주적인 아이디어들의 성공적인 발전을 가능케 하도록 독일 교육이 완벽하게 통제되어야' 한다는 목표를 갖고 독일의 교육을 개혁할 필요가 있음을 강조했다.

그러나 세 열강이 배상 문제를 다루면서 이야기가 달라졌다. 러시아인들은 독일인들에게 부과되어야 할 보상금 200억 달러의 절반을 받아야 한다는 요구를 반복했다. 그 나머지 몫이 나치의 다른 유럽인 희생자들에게 배분되어야 했다. 게다가 소비에트는 모든 독일의 산업 혹은 농업 생산물에 대해 배상이 '가장 먼저 부과될 것'을 요구했다. 그에 비해 서방 연합국은 무엇보다도 자국 경제에 독일이 재정적인 부담을 지울 것에 대해 우려했다. 그 결과, 그들은 독일의 생산에 대한 '첫 번째 청구'는 연합국으로 하여금 독일인을 먹이고 재워야 하는 부담에서 벗어나게 해주는 것이어야 한다고 주장했다.

종래 세 열강은, 적어도 당분간은 독일이 '하나의 경제적 단위'로서 다루어져야 한다는 데 합의했지만, 각 점령지역 사령관 스스로 배상정책을 정하도록 허용했다. 각 점령국은 필요에 따라, 그것이 무엇이건, 강화조약의 일부로 제시될 궁극적인 배상 청구서에 따라 가치를 매기면서, 군사 행정 당국이 보기에 장래 독일의 평화적 요구들에 반드시 필요하지 않은 것으로 보이는 생산 시설들을 자유롭게 제거하거나 활용할 수 있었다. 또한 서방 연합국은 그들 점령지역의 평시 필요에 절실하지 않다고 서방 측 사령부가 결정한 제조 상품이나 산업 시설의 10퍼센트를 소비에트가 받을 권리를 가졌음을 인정했다. 마지막으로, 러시아 지역에서 서독으로 보낸 농업 생산품에 대한 대가로, 소비에트는 서방 지역으로부터 현 생산량의 15퍼센트를 더 기대할 수 있었다.

영국이나 미국과 달리 소비에트는 특별한 행동 계획을 갖고 독일에 들어갔다. 심지어 교전이 멈추기 전에도, 러시아인들은 독일에 소비에트 군정청을 조직했고(보통 독일인들에게는 그 약어인 SMAD로 알려져 있다), 게오르기 주코프가 지휘했다가 나중에는 바실리 소콜롭스키Vassily Sokolowsky가 지휘했다. 독일이 항복하자마자, 군정청은 소비에트 지역에 내각 수준의 독일 부서들을 허가했다. 나치가 아닌 민간 공무원이 각 부서를 주도하도록 했으며, 독일인인 망명 공산주의자들을 2인자로 앉혔다(이들은 실제로 물밑에서 권력을 쥐었다). 종전 한 달 후, 군정청은 소비에트 점령지역에서 독일인이 정치활동을 재조직하는 것을 허용했다. 4개의 비나치 정당이 허가를 받았다. 독일공산당, 사민당, 독일자유민주당(바이마르 시기 독일민주당의 후신), 기독민주주의연합이었다.

경제정책 측면에서, 러시아인들은 즉각 배상금을 뽑아내기 위한 적극적인 프로그램을 시작했다. 비록 미국 역사가 노먼 나이마크Norman Naimark가 보여준 대로, 배상정책을 완수하는 가운데, 소비에트가 자랑해 마지않던 중앙집권화된 의사 결정 과정이 급속히 붕괴했지만 말이다. 다양한 행위자와 부처들이 모스크바에서 준비한 리스트에 따라 일하는 가운데, 러시아 배상팀은 소비에트 점령지역을 순회하며 (차이스Zeiss 광학 공장과 오펠Opel 자동차 조립 생산 공장 같은) 수십 개의 공장부터 수천 개의 욕조에 이르기까지 모든 것을 떼어냈다. 또한 많은 가축과 농기구를 소비에트로 보내 고갈된 비축물을 보충했다. 그러나 이 팀들은 종종 상충되는 목표에 따라 일했고, 자주 군정청과 점령지역 관료들을 무시했다. 결과적으로 소비에트가 얻은 이익은 분명치 않았다. 관료 사이의 내분은 제외하고라도, 프로그램은 해체된 독일의 물품들을 흡수할 소비에트의 경제력을 심하게 과대평가했다. 독일에서건 소비에트에서건, 철도 측선에서 수개월 동안 방치된 무개 철도차량들에서 많은 귀중한 장비들이 녹슬어갔다.

목적이 분명한 소비에트의 움직임과는 달리 영국과 미국의 초기 점령 정책은 성급했고, 심지어 상호 모순적이었다. 영국은 두 가지 주요한 행정 조직을 창설했는데, 하나는 경제문제, 다른 하나는 농업문제와 관련 있었다. 모두 독일의 대표적인 반나치들이 이끌었다. 영국인들은 포괄적인 행정개혁에도 착수했다. 현존하지 않던 프로이센 정부를 대신하여 세 개의 새로운 영토 단위를 구성했다(프로이센주는 1947년 연합국통제위원회에 의해 공식적으로 해체되었다). 슐레스비히홀슈타인, 니더작센, 노르트라인베스트팔렌이 그것이다. 그러나 독일의 입법기관과 정당들은 1946년 초에야 비로소 다시 점령지역 전체에 허용되었다.

초기에는 미군 점령지역의 정책이 가장 혼란스러웠던 것으로 보인다. 문제의 일부는 틀림없이 관련 인물들의 면면과 연관이 있었다. 미군정청The office of Military Government for the U.S. Zone, OMGUS은 원래 아이젠하워의 부관이던 맥나니Joseph T. McNarney 장군이 주도했다. 그러나 그는 이 일에 별 관심이 없었고, 미 군정청 내부에서 핵심적인 인물은 1947년까지 맥나니를 대리하다가 이후 그의 후계자가 된 루치어스 클레이Lucius Clay였다. 직업군인으로서 클레이의 군사 경력은 공병단에서 주로 이루어졌다. 그는 루스벨트와 그 뒤를 이은 트루먼이 미국 점령지역이 다시금 기능할 수 있도록 하는 데 그의 건설 분야 전문성이 유용하리라고 느꼈기 때문에 독일에 파견된 것이었다.

독일에서 미국 행정 관료들은 워싱턴에서 오는 정책 명령이 불분명한 것 때문에도 어려움을 겪었다. 미군 부대들이 점령지역에서 임무에 착수했을 때, 그들은 본질상 상호 모순적인 일련의 지침을 하달받은 상태였다. 하나는《독일에서 군사정부를 위한 핸드북》으로, 이는 국무부 내 전략가들의 영향력을 보여주었다. 이 책자는 미군 점령지역이 가능한 한 빨리 자급자족할 수 있도록, '4D'를 제외하고, 경제 부흥에 우선순위를 두었다. 그러나 이 책자는 부분적으로 추가 지침으로 대체되었다. JCS-1067이라는 명칭의 추가 지침은 합동참모본부^{Joint Chiefs of Staff}의 지원하에 입안되었다. JCS-1067은 모겐소 계획의 기본 원칙을 따르고 있었고, 미국 점령 정책들이 소극적인 목표를 가져야 한다고 강조했다. 예컨대 JCS-1067은 미국인과 독일인 사이의 '교제'에 대한 절대적인 금지(이 금지는 삽시간에 무시되었다)를 포함했다(1945년 11월이 되어서야 '아주 어린 아이'들과의 교제가 공식적으로 허용되었다). 경제 부흥이나 정치활동에 대해서는 전혀 언급이 없었다. 대신, JCS-1067은 부유한 부르주아지들과 대규모 농장주들로부터 경제적, 정치적 권력을 박탈할 구조적인 변화의 필요성을 강조했다. 그런 의미에서 JCS-1067은 러시아의 일부 지침과 쌍벽을 이루었다.

미군 지휘부는 점령하고 몇 달이 채 지나지 않았을 때, '온건' 노선과 '강경' 노선 사이에서 선택해야 했다. 바이에른주의 군정 지도자로 짧게 복무했던 조지 패튼^{George Patton} 장군 같은 일부 인사는 '온건'한 접근법을 선언했다. 간단히 말해 그는 나치 집권 이전 엘리트에게 바이에른의 권력을 넘겨주었다. 다른 사람들은 JCS-1067의 정신과 문구를 적용했다.

프랑스인들은 대부분의 점령지역에서 연합군 가운데 가장 괴짜들이었다. 그들은 미국인보다도 정치적 탈중앙집권화에 열정적이었지만 그들 지역에서 보상을 받아내는 것에 우선순위를 둔다는 점에서 러시아인들과 견해를 같이했다. 프랑스인들은 특히 독일을 하나의 경제단위로 다루는 것을 거부했다. 대신, 프랑스 군부 지도자였던 피에르 쾨니그^{Pierre Koenig}는 프랑스 레지스탕스 지도자였던 샤를 드골과 마찬가지로 프랑스가 '프랑스 소유의' 독일 점령지역에 대한 완전한 통제권을 유지해야 한다고 굳게 믿었다. 이러한 이유로 프랑스인들은 연합국통제위원회 각 지역 지휘관들의 권력에 대한 비토권을 빈틈없이 지켜냈다.

초기 프랑스의 점령정책은 경제적 착취와 '4D', 그리고 프랑스 문명의 축복을 독일인들에게 가져다주려는 선교사적인 열망의 기이한 혼합물이었다. 이 지역은 독일 나머지 지역으로부터 완전히 밀봉되어 봉쇄되었다. 독일인 관료들은 프랑스 점령지역에서 서로 소통할 때조차 군정을 중개인으로 활용해야만 했는데, 그것은 생각하는 것만큼 비생산적이지는 않았다. 프랑스의 많은 중간 행정 관료들이 알자스 출신으로 독일어를 유창하게 구사했기 때문이다. 프랑스의 경제정책은 많은 독일인들에게 1920년대 푸앵카레의 목표를 연상시켰다. 자르 지역은 경제적으로 프랑스의 일부였고, 전후 몇 달 지나지 않아 프랑스 점령지역의 산업 생산품 중 80퍼센트가 프랑스로 수출되었다.

프랑스인들은 독일인을 위한 재교육 사명을 매우 진지하게 받아들였다. 프랑스 점령지역에서 검열은 미국과 영국 점령지역보다 훨씬 엄격했고, 수십 명의 교사를 프랑스 지역으로 보내 독일 학제를 재편하도록 했다. 또한 프랑스 연극 단체들이 순회하며 프랑스 문화의 일단이 폭격으로 파괴된 독일 도시들에 스며들게 했다. 프랑스 점령이 남긴 지속적이고 유익한 유산 중 하나로 1947년의 마인츠대학 건립을 꼽을 수 있다(프랑스인들은 이를 재건립으로 보았는데, 이는 마인츠대학이 나폴레옹의 라인란츠 점령 기간에 잠시 운영된 적이 있기 때문이다).

프랑스인들이 프랑스 문화와 문명에 덧입힌 긍정적인 영향은 초기 독일인 인선 과정에서도 분명했다. 예컨대 군사 점령 당국은 카를로 슈미트Carlo Schmid 교수를 뷔르템베르크 주정부 초대 법무부 장관으로 지목했다. 확실히 슈미트는 강경한 반나치이자 사민주의자였으나 그보다 중요했던 것은 그의 어머니가 프랑스인이며, 프랑스어를 능수능란하게 구사하고 '프랑스의 친구'라는 평판을 얻고 있었기 때문이다. 아이러니하게도 그는 이러한 평판을 1940년 독일군이 프랑스를 점령하는 동안 민간 관료로서 봉사할 때 얻었다.

당시 금세 분명해졌던 것은 4강이 독일에서 점령군의 역할에 대해 매우 다른 아이디어를 갖고 있었다는 점이다. 전시 동안 모스크바의 미국 대사관에서 근무한 매우 통찰력 있는 미국 외교관 조지 케넌George Kennan은 1945년 여름이 되자마자 소비에트군과 더불어 조화롭게 독일을 통치할 수 있으리라 생각하는 것은 '미친 짓'이라고 평가했다. 다음 해 봄 윈스턴 처칠도 같은 결론에 도달했다. 처칠은 1946년 3월 미주리주 풀턴Fulton에서 행한 연설에서 소비에트는 유럽을 분리하기 위해 발트해에서 지중해에 이르는 '철의 장막'을 칠 것이라고 언급했다. 알다시피 프랑스인들은 독일에서 다른 연합국이 무엇을 하든지 별반 개의치 않고 자신만의 길을 가겠다는 결심을 굳힌 상태였다. 독일의 미래에 대한 많은 의문들이 답을 얻지 못했지만, 한 가지는 분명했다. 연합국으로 뭉쳐서 제3제국을 패퇴시킨 지 불과 몇 달 지나지 않아 대연합Grand Alliance의 구성원들은 이제 공동 책임이 된 독일에 대해 단일한 정책에 합의하는 것이 불가능해졌다는 점이다.

배상과 경제 회복

2차대전 동안과 그 이후에 배상에 대한 논의는 기시감을 불러일으켰다. 다시금 황폐화되고 착취당한 유럽국들은 나치가 끼친 손상들에 대해 독일이 배상하기를 원했다. 파괴는 동부와 서부 유럽 모두에서 심각했지만 소비에트가 나치 치하에서 가장 고통을 받았다는 사실에 대해서는 별반 의혹이 없었다. 러시아의 전시 사망자 수는 2,000만 명에 달했고, 나치의 초토화정책은 소비에트 서부 대부분의 지역을 경제적 황무지로 만들었다.

그러나 대부분의 미국과 영국 전략가들은 배상에 대한 러시아의 접근이 서방 연합국으로 하여금 러시아 점령지역에 보조금을 지불할 것을 강권하는 것과 다를 바 없다는 것을 곧 깨달았다. 미국 점령지역과 특히 영국 점령지역은 지역 인구를 먹여 살리기에 충분한 농업 생산을 하지 못했고, 농산품들을 수입해야 했으며, 독일인들이 이러한 수입의 대가를 지불할 수 있는 유일한 수단은 제조업 수출이었다. 이를 염두에 두고 보자면, 점령국들의 다른 목표—독일의 산업 기지 대부분을 파괴하여 다시는 전쟁에 이용되지 못하도록 하는 것—는 생산적이지 못했는데, 배상과 곡물 수입을 모두 감당할 수 있을 만큼 충분한 정도의 제조업 시설이 없었기 때문이다.

포츠담협정은 한 가지 중요한 사실이 알려지지 않은 상태에서 만들어졌다. 그것은 독일 경제의 실제 조건이었다. 독일 경제의 건강 상태는 모순적인 것이었다. 단기적으로 독일 경제는 예상되었던 것보다 훨씬 나빴지만, 장기적으로는 생각보다 심각하지 않았다.

물론 당시에 중요했던 것은 당장의 미래였다. 그리고 그것은 암울해 보였다. 1945년 늦봄의 독일은 작동하는 경제와는 아무 상관이 없어 보였다. 유통되는 통화가 없었다. 정부 몰락과 더불어 라이히스마르크는 그 가치와 신용을 잃어버렸다. 연합국이 '점령 마르크'를 발행했지만, 이 화폐의 가치를 보장하는 것은 아무것도 없었다. 곧 미국 담배가 교환에서 선호되는 매개체가 되었고, 이는 돈을 벌려는 의지를 현저하게 왜곡했다. 뒤틀린 경제의 전형적인 예는 1946년에 주급 60마르크를 받던 광부의 사례였다. 그는 닭도 키웠는데, 주당 5개의 계란을 낳았다. 그는 계란 1개를 먹고, 나머지 4개는 암시장에서 20개의 미국산 시가와 교환해 160마르크를 벌었다. 그 결과 닭은 그가 광산에서 1주일 일하는 것보다 3배 가까운 돈을 벌어들였다.

또한 교통 체계는 거의 완벽하게 붕괴되었다. 여기에 수백만 명의 난민, 추방민(수용소에서 생존한 20만 명의 유대인을 포함한) 등은 거의 파국적인 주택난을 더욱 심화시켰다. 평판이 좋은 많은 경제학자들이 독일 도시들의 재건에 최소 30년이 걸릴 거라고 예상했다. 종전 직전의 군사작전들로 인해 독일의 많은 지역에서 봄에 씨 뿌리기가 불가능했고, 도시에서 독일의 식단은 생계 수준 이하이곤 했다. 1945년 여름, 함부르크(영국군 지역의 일부였다)의 거주자들이 얻을 수 있었던 식재료 배급 쿠폰의 전체 양은 하루 평균 1,000칼로리를 약간 넘는 수준이었다(미국에서 오늘날 식단 가이드라인은 '평균적인' 성인의 경우 1일 평균 2,000칼로리의 음식 섭취에 기반한다). 그 결과는 예상 가능했다. 엘리자베트 하이네만Elizabeth Heinemann이 언급하듯이, 1947년 11월 독일 여성의 평균 체중은 42.4킬로그램이었고, 남성은 41.86킬로그램이었다.* 예상대로 소규모 범죄와 조직화된 범죄가 만연했다. 엄격한 처벌에도 상상할 수 있는 모든 상품, 특히 식료품에 대한 암시장이 존재했다.

동시에, 특히 사후 판단의 혜택으로, 전쟁 직후의 시간은 향수를 불러일으켰다. 독일 역사가 아르놀트 지보테크Arnold Sywottek가 표현했듯이, 그것은 어떻게 "우리가 생존했고 대응했는지"에 대해 점차 치장된 이야기들의 소재가 된 "사랑스러운 결핍의 시간"이었다. 존재한 적이 없는 '0시'와 그 여파는 장래 독일에서 '기억의 정치'의 주요한 일부분이 되었다.

경제 상황은 독일인과 점령 세력들에게 엄청난 문제들을 제시했지

---

* 해당 보고서에서 남성의 수치가 더 낮은 것은 포로 수감자가 많았기 때문이다.

만, 붕괴는 또한 구조적인 개혁을 위한 기회도 제공했다. 연합국들과 많은 독일 레지스탕스는 독일에서 전통적으로 긴밀하게 존재했던 정재계 엘리트들의 연계가 건강하지 못했다고 확신했다. 다양한 정치적 신념을 가진 비나치 독일인들은 경제에서 대규모 구조적 변화들을 이루고자 했다. 구체적으로, 많은 레지스탕스 그룹이, 특히 중공업과 천연자원 분야에서, 카르텔을 해체하고 그 카르텔을 어떤 형태의 국유화로 대신하기를 희망했다. 우리가 보았던 것처럼, 연합국 역시 독일 산업에서 카르텔 해체에 대한 계획을 가졌다. 그러나 독일 경제의 황폐화된 조건과 직면하면서 미국, 영국, 그리고 서방 지역의 많은 독일인들은 구조적인 개혁안을 곧 포기했다.

러시아인들만이 수그러들지 않는 활력을 갖고 그들의 구조적인 목표를 추구했다. 당시 마르크스-레닌-스탈린주의라고 불렸던 것들의 교의에 따라, 소비에트는 나치즘이 본질적으로 '독점자본주의'의 정치적 표현이라고 확신했고, 소비에트 점령지역에서 '주요 자본가들'의 경제적 권력을 체계적으로 파괴했다. 소비에트 군정청은 모든 은행과 그 자산에 대한 즉각적인 통제에 착수했는데, 여기에는 독일에서 전통적으로 그래 왔듯이, 주식 포트폴리오도 포함되어 있었다. 동시에 3,000마르크 이상의 잔고를 가진 개별 은행 계좌를 압수했고, 모든 사적, 공적 채무의 무효를 선언했다. 볼셰비키가 1917년 러시아에서 행했던 것과 유사하게, 동독에서 소비에트의 지배는 깨끗한 재정 상태와 더불어 시작되었다.

1945년 가을부터 소비에트는 체계적인 토지 개혁 프로그램에 착수했다. 작센 지역을 필두로, 소비에트 군정청은 약 37만 평 이상 모든 농장의 해체 및 몰수에 대한 주민 투표를 명령했다. 소비에트와 독일 공산주의자들은 그러한 자산 소유자들을 융커 혹은 농업 자본가로 범주화했다. 이 토지들은 소농장주 혹은 무토지 소농들에게 분할될 터였다. 주민 투표 캠페인은 "융커의 토지를 농민들의 손에"라는 기억하기 쉽고 눈에 띄는 슬로건을 내걸었다(러시아인들은 작센 지역에 가장 잘 조직된 공산당이 있었기 때문에 작센 지역에서 먼저 주민 투표를 하도록 했다).

다음으로 소비에트 군정청은 산업 부문으로 눈길을 돌렸다. 모든 제조업 시설은 3개의 범주(A,B,C)로 분류되었다. A는 '경제적으로 중요한' 기업들, 마르크스주의적 용어로 경제의 '전망 좋은 고지들'로 구성되었다. 이 기업들은 즉각 소비에트 군정청의 직접적인 통제 아래 놓였고, 결국 동독이 된 지역에서 집단화된 산업의 뼈대가 되었다. B는 '작고 중요하지 않은 기업들'로 구성되었고, 대부분 민간인들에게 넘겨졌다. C는 '소유자 없는' 재산으로, '나치'였던 소유자가 정치적 이유로 사업체를 빼앗긴 경우였다. 사실 러시아인들은 주도적인 자본가와 주도적인 나치 사이에 어떤 구분도 없다고 보았기 때문에 모든 대규모 기업이 세 번째 범주에 포함되었다. C 범주의 기업들은 완전히 해체되거나 소비에트주식회사Sowjetische Aktiengesellschaft, SAG가 되었는데, 소비에트 수출만을 위해 생산했다. 1946년까지 러시아 점령지역에 213개의 소비에트주식회사가 있었다.

러시아 정책들의 경제적 효과는 엇갈렸다. 은행을 접수하고 부채를 탕감한 것은 인플레이션을 막았고, 한동안 서방 점령지역에서 경제 회복을 저지했던 화폐 재평가에 대한 우려를 제거했다. 그러나 더 중요했던 것은 소비에트 통제 지역에서의 구조적 개혁으로 인한 정치적 결과들과 심각한 경제적 혼란이었다. 하룻밤 사이에 독일의 전통적인 경제 엘리트들이 그들의 권력과 재산을 박탈당했다. 1946년 초까지, 국가는 경제의 '전망 좋은 고지들'을 통제했다. 자유기업들은 상대적으로 중요하지 않은 분야로 국한되었다. 1946년 6월에는 다른 공산주의자들이 후원한 작센 지역의 또 다른 주민 투표 결과, '전범자들과 적극적인 나치들'이 소유하던 재산들에 대한 보상 없는 몰수가 소급하여 승인되었다.

초기의 정책은 매우 혼란스러웠지만, 미국의 경제정책은 분명한 정치적 목표와 함께 점증하는 실용주의로 특징지어졌다. 러시아인과 마찬가지로, 미국의 경제 입안자들도 원래는 독일의 호전적인 잠재성을 제거하려고 결심했다. 미국 관료들은 해체될 1,210개의 공장 목록을 작성했다. 어떤 미국 입안자들, 특히 모겐소의 계획에 담긴 정신에 동조했던 이들은, 독일 산업 생산을 1936년 수준의 70~75퍼센트로 영구히 축소하기를 원했다. 그러나 문제가 하나 있었다. 리스트에 있던 1,210개의 공장 전부를 없애는 것은 이 목표를 향한 주요한 걸음이었지만 미국의 점령지역을 가능한 한 경제적으로 자립시키는 것 역시 미국이 공표한 목표였고, 그것은 해체 이후에 대한 의문을 제기했다. 볼베어링ball-bearing 공장은 그 생산물이 전차에 활용되었기 때문에 해체되어야 할까, 아니면 이제는 농장 트랙터에 활용될 수 있기 때문에 다시금 가동될 수 있도록 허용해야 할까?

1946년 5월 이러한 의문들에도 불구하고 소위 '산업 수준 계획Level of Industry Plan'은 강경 노선을 지지했다. 이 문서는 독일의 미래 산업 생산을 매우 낮은 수준에서 유지하려는 목표를 받아들였다. 그리고 거의 즉각적으로 초기 독일 행정부와 미국 측 입안자들의 심각한 비판에 직면했다. 비판자들은 1946년 미국 점령지역의 수출은 2,800만 달러로 추산된 반면 수입은 대부분 식료품, 비료, 종자 등의 형태로 3억 달러라는 점을 지적했다. 결국, 독일 일부를 점령한 특권은 미국인 납세자들에게 2억 7,200만 달러의 비용을 지불하게 했던 것이다. 1946~1947년 겨울의 경험은 문제를 더욱 악화시켰다. 이 기간은 근 10년 내 가장 추운 겨울이었다. 광범위한 고통과 영양부족이 있었고, 서방, 특히 미국으로부터의 광범위한 지원을 제외하고도 더 많은 것들이 필요했다. 서방 점령지역이 미국과 영국의 영원한 피보호자로 남게 하지 않으려면, 독일의 산업 생산을 증가시키는 것 외에 다른 대안이 없다는 것이 분명했다.

동독의 농업 생산 감소와 점차 모습을 드러내고 있던 냉전으로 인해 4개 점령지역을 하나의 '경제단위'로 다루려는 목표는 점점 더 실현 불가능한 것으로 보였다. 그 결과, 산업 수준 계획은 본질적으로 보류되었고, 해체 계획은 조용히 버려졌다. 원래 해체 목록에 있던 1,210개의 공장 가운데 24개만이 1946년 5월까지 해체되었다. 동시에 미 군정청의 판단, 즉 점령지역에 대한 프랑스의 비타협적 태도, 러시아의 고집, 영국의 비효율이라는 평가에 의거하여 미국은 미군 점령지역으로부터 배상 이전을 중단했다. 1947년 새로운 보고서는 523개의 공장을 리스트에서 없앴고, 그날 이후로는 어떤 시설도 사실상 해체되지 않았다. 해체 계획은 1949년 공식적으로 폐기되었다.

그보다 훨씬 전에 미국 경제정책은 근본적인 변화를 겪고 있었다. 1946년 봄까지 미국인들은 서독의 경제적 재원 없는 서유럽 국가들뿐만 아니라 서방 점령지역도 공산주의적 전복, 그리고 궁극적으로는 소비에트 통제의 손쉬운 먹이가 되리라고 생각했다. 결과적으로 미국은 통일된 독일 유지, 그리고 소비에트와 우호 관계 유지라는 목표에 별반 우선순위를 두지 않았다. 미국의 우선적인 목표는 서유럽 경제로 통합된 서독에서 잘 기능하는 시장경제를 창조하는 것이었다.

새로운 방향은 미국 국무부 장관이던 제임스 번스James F. Byrnes가 1946년 가을에 행한 연설에서 공식적으로 드러났다. 슈투트가르트 연설에서 장관은 소비에트의 비타협적인 태도에 직면하여 미국은 독일에서 군사력을 유지할 뿐만 아니라 서방 점령지역의 독일인들이 자립할 수 있도록 돕겠다고 선언했다. 그러나 이는 미국식으로 이루어져야만 했다. 미국은 이제 미군 점령지역 독일의 경제에서 어떤 거대한 구조적 변화가 일어나지 않도록 장벽들을 쌓아올리는 쪽으로 움직였다. 경제 회복은 본질상 자유시장경제를 유지한다는 것을 의미했다. 헤센주의 유권자들이 70퍼센트의 압도적인 지지로 주요 경제 분야에 대한 국가 통제를 제시하는 주정부 헌법을 수용했을 때, 미 군정청장은 거슬리는 헌법 부분들이 무기한 효력 정지되도록 했다. 마찬가지로 미군 점령지역 4개 연방주의 주지사들이 대기업 이사회에서 노동조합 대표들이 당연직 이사로 활동하도록 하는 원칙(전문용어로는 공동결정^{Mitbestimmung})을 지지했지만, 클레이 장군은 그 실행을 금지했다.

영국의 경제정책들은 대개 미국의 지침을 따랐다. 원래 영국인들 역시 (영국군 지역의 일부이던) 루르 중공업 분야에 집중하여 야심 찬 해체계획을 세웠지만, 머지않아 경제 현실이 변화를 강제했다. 영국군 지역은 미국군 점령지역보다도 더 적은 농산물을 생산했고, 결과적으로 영국 정부에 심각한 부담이 되었다. 1945년에서 1948년 사이 영국은 2억 파운드를 점령지역에 쏟아부어 필요한 식량과 원자재 수입 비용을 댔다. 영국 자체가 심각한 경제문제를 경험하고 있었기 때문에, 영국인들은 미국을 따라 독일 경제 회복을 도울 결심을 하는 것 외에 별다른 선택지가 없었다. 미국의 원조는 영국의 경제 회복에만 중요했던 것이 아니라 독일에 있던 영국 점령지역을 유지하는 데도 필요했다. 그에 반해 1948년 여름까지 프랑스인들은 고집스럽게 자신들의 단순한 행동경로를 따랐다. 그들이 통제하는 지역의 경제적 통일성 결여에도 불구하고 프랑스인들은 프랑스군 점령지역을 독일의 나머지 지역과 연결되지 않는 독립 지역으로 다루려는 의지가 확고했다.

포츠담에서 독일을 위해 고안된 경제 통일은 1946년 여름까지도 환상에 불과했다. 러시아와 프랑스가 독일을 하나의 경제단위로 다루는 것에 협조하기를 거부했기에, 미국과 영국은 자신들의 경로를 계획했다. 1947년 1월 1일, 영국과 미국은 (통합된) '공동통치지구Bizone'를 만들어 본질적으로는 미국과 영국 점령지역의 경제적 합병을 꾀했다. 새로운 구조는 총단장director-in-chief 주도하에 내각과 아주 흡사한 행정 부서로 이루어졌다. 총단장은 하인리히 브뤼닝 총리청에서 수석보좌관을 지낸 헤르만 핀더Hermann Pünder가 맡았다.

공동통치지구를 만들려는 계획은 1945년과 1946년 영국과 미국 점령지역에서 맞닥뜨린 경제적 난관에 대한 반응으로 나타났지만, 이 결정은 1947년 3월 독일에 대한 모스크바 4강 회담의 결과로 정치적으로 확정되었다. 이 외무부 장관들의 모임은 독일에서 연합국의 경제정책을 분열시킨 균열을 잘 드러내주었다. 러시아인들은 서방 측이 얄타회담에서 있었던 배상에 대한 합의를 위반했다고 비난했다. 서방 측은 그러한 합의가 있었다는 데 이의를 제기함으로써 맞섰고, 러시아가 서방 지역으로 농업 생산품을 보내주겠다는 약속을 어겼다고 비난했다.

모스크바회담은 미국의 정책 결정자들로 하여금 소비에트의 경제정책은 독일 전역, 그리고 실제로는 유럽 전역을 러시아 통제하에 두려는 더 큰 규모의 계획의 일부라는 그들의 신념을 확고히 하게 해주었다. 미국인들은 이처럼 인식된 서방을 둘러싼 위험에 맞서면서, 두 가지 새로운 정책을 공표했다. 먼저 경제적, 군사적 원조를 그리스와 터키에 제공하여 이들이 공산주의 위협에 맞설 수 있도록 하는 트루먼독트린Truman Doctrine을 제시했다. 두 번째로, 더 중요한, 독일을 포함한 유럽의 경제 회복을 지원하기 위해 1947년 6월 야심 찬 계획인 마셜플랜Marshall Plan을 도입했다. 마셜플랜의 공식 명칭인 유럽 부흥 계획European Recovery Program, ERP을 통해 1948년부터 1952년 사이 미국은 140억 달러

(2010년 가치로 환산하면 1,080억 달러)를 서유럽 국가들에 대한 경제 원조로 제공했다. 마셜플랜은 서유럽과 서독의 부흥에 중요했지만, 미국의 원조는 보이거나 보이지 않는 조건들 없이 오지는 않았다. 미국은 분명 유럽에서 자유기업을 지원하기를 원했다. 또한 미국 경제의 강점을 고려할 때, 마셜플랜은 미국달러를 기축통화로 세울 터였다. 게다가 독일인에 관한 한, 마셜플랜은 3개의 서방 점령지역이 서구 경제체제에 통합되었음을 의미했다(프랑스 점령지역이 여기에 가담한 것은 프랑스가 미국의 원조를 얻은 대가로 지불해야 했던 몫의 일부였다).

원조 계획은 공식적으로는 소비에트를 포함하여 모든 유럽 국가들에게 제공되었지만, 정치적이고 경제적인 조건들이 더해져서, 러시아가 유럽 부흥 계획에 참여하기를 거부하리라는 것은 이미 내려진 결론이었다. 소비에트의 압박으로, 동유럽과 소비에트 점령하의 독일 역시 미국의 원조를 거부했다. 비록 미국의 계획이 동부와 서부로 독일이 분리되는 것을 재촉하는 결과를 가져왔지만, 서독과 서유럽에서 마셜플랜의 조건을 받아들이는 분위기는 압도적으로 긍정적이었다. 소비에트와 동독 공산주의자들은 동독의 노동자들이 미국의 원조를 원치 않으며, 독일은 스스로 재건할 수 있다고 주장하면서 마셜플랜은 프로파간다일 뿐이라고 맞섰다. 그러나 그와 같은 정치적 노력들이, 미국의 원조 없이 이루어진 소비에트 점령지역의 경제 회복이 서독 지역의 발전에 삽시간에 뒤지게 되었다는 사실을 변화시킬 수는 없었다.

서방 점령지역의 부흥 계획이라면 그것이 무엇이건 간에 안정통화의 부재라는 아킬레스건을 갖게 될 것이었다. 러시아 지역의 통제되고 중앙집권적 계획경제는 금속 통화건 경화건 그 무엇의 뒷받침도 받지 못하는 화폐 없이도 작동할 수 있었지만, 되살아난 자유시장경제는 새롭고 신뢰할 수 있는 화폐 없이는 번영할 수 없었다. 미국인들은 1947년

마셜플랜의 이점을 찬양하는 포스터. 건설 현장에 관심을 구하는 이미지에 "우리는 마셜플랜 덕분에 앞으로 나아가고 있다"고 씌어 있다(출처: Oasis/Photos 12/Alamy).

말 이러한 결론에 도달했지만, 1948년 6월 새로운 통화인 **도이치마르크**가 세 서방 점령지역에서 등장하기까지는 6개월이 더 필요했다. 1도이치마르크는 10라이히스마르크에 해당했고, 국제 통화 시장에서 4.2도이치마르크가 1미국달러에 환전될 수 있었다.

마셜플랜은 화폐개혁과 더불어 서독의 '경제 기적'을 위한 무대를 만들어냈다. 비록 1948년에 경제 호황을 위한 계획은 더 약화되었지만 말이다. 독일 경제는 여전히 결핍의 경제였다. 식량에서 가구에 이르는 모든 것이 배급되었다. 가게 선반이 비어 있는 상태가 수년간 지속되었다. 이 상황은 글자 그대로 하룻밤 사이에 변했는데, 주로 1948년 4월 이래로 영국과 미국의 공동통치지구에 대한 경제 행정을 담당하던 루트비히 에르하르트Ludwig Erhard가 내린 대담한 결정의 결과였다. 에르하르트는 점령 당국과 협의하지 않고 1948년 6월 20일 모든 경제 통제와 배급 형태에 대한 실질적인 제거를 화폐개혁 공표와 연동했다. 그는 서독의 회복에 대한 미국 지원의 확실성과 화폐개혁이 임박했다는 지속적인 루머가 독일 경제의 잠들어 있던 생산능력을 이미 일깨웠다는 것을 깨달았다. 결과적으로 1948년 6월 자기 손에 '진짜' 화폐를 갖게 된 소비자들은 개전 이래로 본 적이 없던 상품들로 가득 찬 가게들을 보았다. 한 영국인 관찰자가 표현했던 대로, 서독은 "하나의 국가를 추구하는 하나의 경제"가 되었다.

탈나치와 재교육

연합국 사이에서 탈나치가 '4D' 중 가장 중요하다는 데는 하등 의심이 없었다. 나치즘이 독일 사회에서 뿌리 뽑히지 않는 한 탈군국주의, 탈중앙집권, 민주화는 착시일 뿐이었다. 연합국과 대부분의 반나치 독일인들은 탈나치에 두 가지 측면이 있다는 데 동의했다. 제3제국 시기 동안 개별 나치가 저지른 범죄를 처벌하는 것, 그리고 독일인과 독일의 기관들로부터 파시스트와 원형적인 파시스트적 태도를 몰아내는 것이었다. 후자의 과정은 나치즘의 온상으로서 국가의 전체주의적인 유산을 분석적으로 살펴보는 것을 포함하여, 독일인들 스스로에 대한 비판적인 자기 검열과 관련되어야 했다. 정직한 자기비판의 사인들은 일찍 왔다. 예를 들어, 프로테스탄트 교회의 지도자들은 1945년 여름에 자신들이 민주적인 전통을 거부한 것이 나치즘이 권력을 잡는 데 간접적으로 기여했음을 공식적으로 인정했다.

연합국은 1943년 10월에 이르면 '모스크바 선언'을 통해 나치 체제의 주요 지도자를 처벌하는 것은 공동 책임으로 결정하되, 독일 사회의 탈나치화는 각 정부로부터 하달받은 지침을 실행하는 군정청장들이 주도하도록 결정했다. 게다가 독일 밖에서 범죄를 저질렀던 나치 관료들은 범죄행위를 저질렀던 나라로 인도되어 재판받을 터였다.

이 시나리오의 첫 번째 부분에서 약간의 어려움이 있었다. 1945년 11월 초 괴링, 리벤트로프, 헤스, 슈페어, 카이텔, 슈트라이허 등 나치 체제 민군 관료 24명이 뉘른베르크의 국제군사재판소International Military Tribunal에서 재판을 받았다(히틀러, 힘러, 괴벨스는 재판받기 전에 자살했다). 독일노동전선 지도자이던 로베르트 레이는 재판이 시작되기 전 뉘른베르크에서 자살했다. 1941년 이후 나치당의 사무총장이던 마르틴 보어만은 궐석 상태로 유죄 판결을 받았다(국제군사재판소는 보어만이 1945년 5월 베를린을 떠나기 위해 노력하는 과정에서 사망했다는 것을 몰랐다). 피고인들은 평화에 대한 범죄, 전쟁범죄, 침략전쟁, 인도주의에 반한 죄로 기소되었다. 연합국은 판사들과 검사단 모두를 구성했다. 변호인들은 독일인 비나치 법률가들로 구성되었다. 1946년 가을까지 재판이 지속되었다. 결론적으로, 남은 22명 중 11명(괴링, 리벤트로프, 카이텔, 슈트라이허를 포함하여)이 사형선고를 받고 처형되었다(괴링은 교수형에 처해지기 전에 자살했다). 8명은 장기 투옥되었고, 3명은 무죄 방면되었다. 프란츠 폰 파펜과 할마르 샤흐트는 마지막 그룹에 포함되었다.

국제군사재판소의 전제와 평결은 엄청난 논쟁을 야기했다. 법원은 '승자의 정의'를 시행하고 있다고 비판받았다. 비평가들은 법원의 도덕적 권위가 재판관 자리에 소비에트 판사가 앉음으로 해서 회복될 수 없을 정도로 손상되었다고 주장했다. 또한 공소장의 용어에 몇 가지 문제가 있었는데, 특히 국제군사재판소가 탈나치화를 위한 더 큰 노력의 일환으로 교훈적 기능을 하고자 했을 때 그러했다. 재판부는 '국제적인' 범죄와 관련해서 나치 지도자들을 재판하는 데 그치고자 했을 뿐이었고, 그 결과 독일 내에서의 정치 반역은 처벌되지 않았다. 이로 인해 바이마르공화국의 민주주의를 파괴하는 데 중요한 역할을 했던 파펜 같은 사람이 무죄 방면될 수 있었다.

일부 비판은 유효하지만, 재판부를 그 과정 혹은 평결 때문에 책망하기는 어렵다. 특히 영국인 주심은 피고인들에게 공정하기 위해 세심하게 노력했다. 그러나 가장 중요한 것은 피고인들이 정말로 형을 선고받았다는 점이다. 뉘른베르크 재판은 처음으로 독일과 유럽에서 나치 테러 통치의 전면적인 공포를 드러내주었다.

국제군사재판소는 연합국 공동 주관의 탈나치화 노력을 종결했다. 이제 임무의 나머지 부분은 점령지역 사령관들의 손으로 넘어갔다. 러시아의 탈나치화 노력은 신속했고 철저했지만, 적어도 서방의 시각에서 볼 때, 공정하지 못했고 너무 단순했다. 우리가 보았던 것처럼 소비에트는 자본주의와 나치즘의 결부를 고집했다. 그 결과 그들은 1945

뉘른베르크 국제군사재판소에 선 피고인들(출처: Library of Congress).

년 이전 독일에서 경제적 혹은 정치적 영향력을 점하던 개인들에 탈나
치화 노력을 집중했다. 러시아의 탈나치 표준하에서 4만 5,000명의 주
도적인 산업가, 지주, 장교, 공무원, 나치당 관료들이 적극적인 나치로
확인되고 처벌받았다. 피고인 1/3 정도는 소비에트의 강제노동수용소
에 수감되었다. 모두 재산과 지위를 잃었다. 소비에트의 탈나치화 노
력은 속도 면에서 장점—전체 과정이 1948년 초까지 종결되었다—을
가졌고, 몇몇 명백한 범인이 처벌받았지만, 러시아의 후원을 받아 소
비에트 점령지역을 '인민민주주의'로 전환하는 데 반대하는 사람은 누
구건 '파시스트' 낙인을 찍는 부작용도 낳았다(그 결과로 나치의 강제수용
소에서 막 해방된 많은 사민주의자들이 소비에트의 강제수용소로 보내졌다).
스탈린의 특별 지시에 따라 소비에트는 '독일국가민주주의당National-

Demokratische Partei Deutschlands, NDPD'이라는 새로운 정당을 창당하여 이전의 '작은 나치들'을 끌어들이고, 이들을 이후 동독 공산주의가 된 체제의 지지자로 개종시켰다. 더욱이 러시아의 탈나치화 과정은 쉽사리 기회주의자들에 의해 활용될 수 있었다. 옛 나치당원 혹은 노동계급이나 하층 중간계급의 배경을 가진 나치당 관련자들은 잘못된 계급의식이 자신들을 나치에 가담하게 했다는 간단한 선언만으로도 처벌을 피할 수 있었다. 소비에트 당국과의 협조 역시 개인이 나치 혐의를 벗을 수 있는 증거로 내보일 수 있었다.

반대로 서방 세력은 과도하게 숙고하고, 독일 내 나치 수를 과대평가한 오류를 범했다. 게다가 그 과정들도 기회주의적이고 기괴한 고려들로부터 자유롭지 못했다. 예컨대, 프랑스인들은 프랑스 점령 당국에 기꺼이 협조한 개인들의 '나치 과거'는 간과했지만, 동시에 12세 이상의 모든 독일인을 나치에 대한 몰입도가 너무 커서 그것을 뿌리 뽑기 위한 재교육에 수년이 걸릴 '잃어버린 세대'라고 보았다. 이러한 이유로, 프랑스인들은 그들의 탈나치화 노력을 교육 종사자들에 집중했다. 프랑스 점령지역의 교사들 중 절반이 군사정부에 의해 해임되었다.

미국인들은 가장 양심적이었으나 어떤 점에서는 가장 일관성이 없는 탈나치화 캠페인에 착수했다. 미국 군사법원은 주요 친위대 장교, 주요 기업인, 국방군 장성, 정부 관료, 외교관 등 홀로코스트나 노예노동 활용에 관련된 사람들을 포함한 피고인 집단을 재판했다. 그러나 독일 사회에서 '평범한' 나치들을 제거하는 것은 훨씬 더 논쟁적이었다. 미군이 나치를 약하게 다룬다는 비판을 받고, 1945년 9월 미 군정청은 강경 노선을 채택했다. 미 군정법 8조는 수천 명에 달하는 나치를 감금할 것을 명했다. 게다가 1937년 이전에 나치당 혹은 이와 관련된 단체에 가담한 경우, 자신의 업무에 계속 종사하는 것이 금지되었다. 새로운 정책은 정부 서비스나 전문적인 업종에서 즉각적인 위기를 야기했다. 나치의 통폐합은 공무원뿐 아니라 의사와 치과의사 같은 전문직들이 나치당과 연계되어야만 업무를 지속할 수 있도록 했다. 하지만 군정법 8조 하에서는 이러한 전문직들이 도로에서 돌멩이를 치워야 했다.

"직위를 유지하고 구성원이었을 경우 유죄"라는 정책은 명백히 불만족스러운 것이었다. 탈나치화의 속도를 높이고 개인의 유무죄를 밝히는 원칙으로 회귀하려는 노력의 일환으로, 미국인들은 1946년 2월 탈나치화 운동의 '설문 단계'를 시작했다. 더 큰 목표에 어울리는 엄청난 노력으로, 조부모의 귀족 작위부터 정치조직 회원 여부에 이르기까지 개인의 모든 정보를 요구하기 위해 미군 점령지역의 모든 성인들을 대상으로 1,200만 장의 설문지를 발행했다. 설문조사는 5개 범주 가운데 하나로 응답자들을 구분하는 데 활용되었다. 주요 위반자, 위반자, 경미한 위반자, 동조자, 무고한 자. 오직 마지막 범주만이 아무런 벌도 받지 않았다. 설문조사가 처리된 후, 300만 명 정도가 반나치 독일인이 참여하고 미군 장교들이 감독하는 '청문회'에 서야 했다. '구성원이었을 경우 유죄' 단계와는 대조적으로, 이 시기 피고인은 무죄임을 밝혀주는 증거를 제시해도 되었다. 증거는 주로 제3제국 시기 동안 그 혹은 그녀가 유죄가 아니었다는 피고인의 친구와 동료들로부터의 선서진술서 형태로 나타났다. 이 선서진술서들은 '페르질 증명서Persilscheine'라는 별칭을 갖게 되었다. 그때나 지금이나 인기 있는 빨래용 세제인 페르질은 "하얀색보다 더 하얗게 씻었다"를 광고 문구로 활용했다.

미국의 노력은 나치즘을 미국 점령지역에서 '철저히' 제거하려는 선의의 시도였지만, 캠페인은 곧 엄청난 난관에 부딪혔다. 먼저 수백만 개의 설문지를 처리하는 것은 투입 가능한 인적 자원이 담당하기에는 너무 어려운 일이었다. 게다가 미국인들은 독일의 탈나치화 법정이 너무 관대했다고 보았던 반면, 독일인들은 미군 당국이 나치 전체주의 체제하에서 일하고 살아가는 것의 성격을 이해하는 데 실패했다고 불평했다. 더 중요하게는, 국제적 기류에서의 변화들이 탈나치화 노력의 본래적인 의도를 망쳤다. 청문회는 심각한 범주의 경우 후일에 있을 보다 상세한 검토에 맡겨두면서, '경미한 위반자'와 '무고한 자' 범주를 먼저 처리하는 데 집중했지만, 1947년과 1948년의 정책 변화는 탈나치화 노력의 가치를 축소했다. 많은 주요 위반자와 전시 부당이득자가 탈나치화 과정의 집중 공격을 돌파할 필요가 없었는데, 급작스럽게 활성화된 경제 덕분에 이들이 중간 간부로 필요했기 때문이다. 1945년에는 나치즘희생자협회Vereinigung der Verfolgten des Naziregimes, VNN 구성원이었던 것이 중요했던 반면, 1947년에는 경제적으로 의미 있는 나치wirtschaftlich wichtiger Nazi, WWN인 편이 훨씬 나았다.

일반적으로 지역 관리와 교육자가 특히 하나 혹은 그 이상의 다양한 나치 조직의 명목상 회원 자격을 지니는 경우가 많았음을 영국 군사 당국이 더 잘 파악하고 있었음에도, 원칙적으로 영국의 탈나치화는 미국의 예를 따랐다. 결과적으로 이 범주에 속하는 관리들은 탈나치화되었고, 영국군 점령지역에서 약간 먼저 복직되었다. 그러나 몇 가지 명백한 실수가 있었다. 형식적인 탈나치화 프로그램이 1950년에 끝났을 때, 통계적 결과는 별반 인상적이지 않았다. 서방 지역에서 처리된 366만 명 중에서, 1,667명만이 주요 위반자로, 15만 425명이 경미한 위반자로 범주화되었다. 100만 명의 동조자가 있었고, 거의 200만 명에 달하는 사람들이 '무죄'가 되었다. 나머지는 범주화되기 이전에 사면되었다. 이러한 숫자들을 토대로 보면 나치 시기는 놀랍게도 독일에서 별 영향을 미치지 않았던 것처럼 보였다.

물론 실제는 훨씬 복잡했다. 확실히 2차대전 발발 이전에 수백만 명의 독일인이 히틀러와 그의 체제를 지지했다. 그러나 스탈린그라드 패배 이후, 나치에 대한 지지가 지속적으로 약화되었다는 것 또한 진실이다. 종전 무렵에는 극소수의 추종자만이 남았다. 게다가 탈나치화는 실제적인 문제들을 제기했다. 만약 한때 나치를 지지했던 사람들이 모두 전후 사회에서 일정한 역할을 하는 데서 배제된다면, 국가를 재건할 사람들은 극소수에 불과할 것이었다. 이러한 고려로 인해 서독의 첫 총리인 콘라트 아데나워는(그는 분명 나치 동조자가 아니었다) 1949년 취임한 직후 '나치의 냄새를 맡아 찾아내는 일'의 종료를 요구했다.

탈나치화는 독일 사회로부터 악을 제거하도록 기획되었다. '재교육'이라는 표제 아래 모인 조치들은 어떤 긍정적인 것을 대신 그 자리에 두도록 의도되었던 것이다. 교육과 미디어에서 개혁들은 미래의 독일인이 '반파시스트' 가치들로 가득 차도록 보장할 터였다. 하지만 독일의 교육제도를 재건하려는 노력은 엄청난 장애에 부딪혔다. 물리적인 시설들은 비참할 정도로 불충분했다. 쾰른 같은 주요 도시 중심들에서, 모든 초등학교의 92퍼센트가 폭격으로 파괴되었다. 농촌 지역들의 피해는 별반 심하지 않았지만, 여기서는 추방민 유입으로 인해 학령인구가 믿기 힘들 정도로 증가했다. 교과서와 교원의 문제도 있었다. 실제로 모든 교사가 나치당의 구성원이었거나 그 동조자 중 하나였고, 다수가 당의 지역 관료였다. 교과서는 대개 사용할 수가 없었는데, 나치가 그들의 인종주의적인 아이디어를 모든 과목에 심어둔 상태였다.

독일로부터건 연합국으로부터건 개혁 아이디어들이 모자라지는 않았으나, 양측은 다른 전제들로부터 출발했다. 사실상 교육개혁에 대한 견해 차이는 점령국들과 독일인들의 자율성에 대한 되살아난 감각 사이에서 나타난 최초의 의지 시험 가운데 하나가 되었다. 독일인들은 교육제도에 대한 나치의 영향이 독일 교육의 전통적인 이상들에 대한 왜곡이라고 간주하는 경향이 있었는데, 그들이 보기에 전통적인 이상이란 1920년대 유행했던 세속적인 개혁주의의 진보적 사상이나 가톨릭 크리스천 휴머니즘이었다. 예상대로, 교육 보수주의자들은 남부 가톨릭 지역에서 지배적이었다. 북부에서 개혁가들은 1933년 이전 프로이센 교육부와 연관된 아이디어로 회귀했다. 실제로, 나치 이전 프로이센의 마지막 교육부 장관이던 아돌프 그림메^{Adolf Grimme}는 새로운 주인 니더작센의 초대 교육부 장관이 되었다.

영국을 예외로 하면, 연합국은 자신들의 교육제도를 독일에 필요한 개혁의 모델로 간주했다. 영국은 독일 개혁가들과 즉각 협력했다. 교과서 문제는 영국−독일 공동위원회에서 효과적으로 다루어졌고, 영국 군정에서 교육정책을 책임지던 로버트 벌리^{Robert Birley} 경은 1946년 초 독일 담당자들에게 영국은 책임 있는 독일 관료들이 승인하지 않을 어떠한 결정도 내리지 않을 것을 약속했다. 그에 반해 프랑스인들은 집중적인 재교육을 위해 상당수의 독일 교사들을 프랑스에 보내는 데 그들의 개혁 노력들을 집중했다.

미국인들은 원래 독일 학제의 구조적인 개혁을 완수하는 데 보다 직접적으로 개입하려고 했다. 1946년 미국 교육위원회 의장 조지 축^{George F. Zook}이 주도하던 미국 전문가위원회는 몇 가지 근본적인 변화를 권고했다. 본질적으로 축^{Zook} 리포트는 미국식 교육제도를 가질 경우 독일이 더욱 번영하리라고 결론지었다. 특히 미국 전문가들은 김나지움을 철폐하고 모든 아동을 위한 12년에 걸친 통합 교육으로 이를 대신하기를 원했다. 또한 독일의 공립 초등학교에서 소속 종교에 따른 구분을 없앨 것을 주장했다. 교과서의 경우, 로버트 벌리를 인용하면, 불행하게도 "거의 읽을 만하지 않았다".

미국 점령지역에서 축 리포트는 어마어마하고 열정적인 반대에 봉착했다. 통합 12년 학제와 초등학교의 세속화를 위한 제안에 비판이 집중되었다. 독일인 반나치 학자들은 미국의 통합 학제가 프랑스와 영국처럼 틀이 잡힌 유럽 민주주의에서는 통용되고 있지 않다는 점을 지적했다. 소속 종교에 따른 초등학교 분리를 철폐하는 데 대한 격렬한 반대는 가톨릭교회와 바이에른 교육부 장관 알로이스 훈트함머^{Alois} ^{Hundhammer}로부터 나왔다.

전통적인 독일 교육제도에 대한 미국인들의 전면적인 공격은 실패했다. 축 리포트의 주요 권고 사항은 실행되지 않았다. 미국 점령지역은 독일의 3분 학제를 유지했고, 교과서와 커리큘럼은 크리스천 가톨릭 휴머니즘의 이상을 반영했다. 실제로 전후 인구 변화가 남부 독일의 종교적인 동질성을 파괴했고, 공립학교들을 다종교적인 제도들로 전환시켰음에도 초등학교는 세속화되지 않았다.

탈나치화 노력에서도 그러했듯이, 러시아인들은 그들이 느끼기에 필요하다고 생각하는 교육개혁을 실현하는 데 방해가 되는 장애물을 허용하지 않았다. 1946년 소비에트 군정청은 3분 학제 철폐를 명령했다. 대신 12년 통합학교 프로그램이 소비에트 점령지역 전역에 만들어졌다. 또한 러시아인들은 믿을 만한 독일 공산주의자들로 하여금 개혁을 담당하게 하면서 교사 교육과 교과서의 변경을 명령했다.

탈나치화와 마찬가지로 재교육 역시 성공했다. 공산주의자들이 주도하던 독일 교육행정 당국과 소비에트 군정청 사이의 협조가 매우 밀도 높고 목적의식적이던 소비에트 지역을 제외하고, 연합국은 독일 교육을 자신들 국가의 제도와 비슷하게 변화시키는 데 별반 성공을 거두지 못했다. 오히려 연합국의 압력은 바이마르 시기의 개혁 아이디어들이 되살아나고 마침내 실행되도록 허용하는 촉매제가 되었다.

종전 직후, 대중매체에 대한 통제는 실제적인 이유로나 정치적인 이유로 중요했다. 신문과 교통 시설의 부족과 함께, 라디오가 독일인과 소통하기 위한 군사정부의 일차적인 수단이 되었다. 삶이 정상의 외양을 띠자, 신문은 가장 폭넓게 보면, 재교육을 위한 주요 수단으로서 나치에 대한 진실을 확산하고 반파시스트 가치를 전파하는 데 기여했다.

원래 연합국 군사정부들은 대중매체를 직접 담당했다. 라디오 방송국은 연합국 담당자들이 경영했고, 4개 점령 세력 모두 독일어 신문을 창간했다. 특히 흥미로운 것은 미국 점령지역의 〈노이에 차이퉁Neue Zeitung〉이었다. 이 신문은 오스트리아와 독일 병합 이전에 몇 년 동안 오스트리아에서 살았던 헝가리 난민 한스 해브Hans Habe에 의해 잘 편집되었다.

놀라울 것도 없이, 각각의 연합국은 미디어와 관련하여 자신들의 체제가 최선이라고 확신했다. 라디오와 관련해 영국은 BBC, 즉 정치적으로 독립적인 공영 라디오 조직의 독일판을 제안했다. 그에 비해 미국인들은 탈중앙집권화되고, 상업적으로 재정적 기반을 얻는 민영 라디오 체제를 선호했던 반면, 프랑스인들은 중앙집권화되었으나 정치적으로 균형 잡힌 체제를 고집했다. 러시아인들은 국가가 통제하는 독점적인 체제를 세웠다. 독일인들은 바이마르의 중앙집권화 모델, 즉 중앙집권화되어 있으나 청취자들로부터 강제적인 수신료를 받아 재정을 충당하는 비정치적 체제로 돌아가기를 원했다.

마침내 등장한 것은 독일과 연합국이 낸 아이디어의 총합이었다. 적어도 서쪽 지역에서는 그랬다. 독일인들은 방송 전파의 상업화를 거부했으나 라디오 네트워크의 탈중앙집권화를 받아들였다. 또한 프로그램 내용에 대한 통제와 관련해서는, BBC의 자율적인 이사회 모델을 채택했지만, 프랑스처럼 공영 라디오 방송국을 통제하는 '이해관계들의 균형위원회'에 정당을 포함시킬 것을 고집했다.

독일 언론의 재개를 허락하면서, 4강은 각자의 길을 갔다. 러시아인들이 가장 자유주의적이고 포용적인 태도를 취하는 것처럼 보였다. 소비에트 군정청의 자체 신문인 〈노이에 룬트샤우Neue Rundschau〉 발행과 거의 동시에, 러시아인들은 '반파시스트 진보 세력들'에게 신문 발간을 허용했다. 새롭게 합법화된 모든 정당이 러시아의 제안을 받아들였다. 비록 대개 그 경험이 머지않아 절망스러운 것이 되어버렸지만 말이다. 소비에트 군정청의 신문 인쇄 할당에는 공산주의 언론이 선호되었고, 소비에트와, 아이러니하게도, 서방 연합국에 비판적인 관점은 일상적으로 검열되었다.

서방 연합국은 정치적인 순응을 덜 고집했다. 프랑스인들은 새롭게 합법화된 정당들이 자체 기관지를 소유하는 것을 허용했던 반면, 미국과 영국은 보도 기사와 사설이 완전히 분리되는 비당파적 언론을 선호했다. 서방 연합국은 신문 발간 허용을 개별적으로 하나하나 결정했다. '허가'는 군사 당국에 자신들의 민주적인 잠재력을 증명할 수 있는 발행인들에게만 주어졌다.

전후 독일 신문업계는 바이마르공화국과 연속성이 거의 없었다. 편집인과 기자 몇몇은 원래 자리로 되돌아갔지만 〈벨트Die Welt〉, 〈프랑크푸르터 알게마이네 차이퉁Frankfurter Allgemeine Zeitung〉, 〈쥐트도이체 차이퉁Süddeutsche Zeitung〉 등 1945년 이후 서독의 주요 일간지들은 모두 새롭게 창간되었고, 후일 서독에서 장기 집권한 언론계의 차르 악셀 슈프링거Axel Springer처럼 언론계의 신참인 경우가 많았다. 언론은 연합국의 직접적인 영향력이 가장 두드러졌던 영역이다. 결국 미국 점령지역에서 신문 허가를 얻었던 16명의 발행인은 과거 〈노이에 차이퉁〉의 편집자였다. 독일 신문들의 포맷도 변했다. 1945년 이후 서방 지역의 언론은 훨씬 덜 정치화되어 있었고, 특히 새로운 스토리에 정치적으로 편향된 특정한 관점을 더하는 과거의 습벽은 사라졌다. 대개 프랑스의 영향으로, 독일 지방 언론의 '문화면'은 신문의 중요한 일부가 되었다.

　탈나치화와 재교육은 독일 사회를 재건하는 데 매우 중요한 요소였으나, 그 실제 결과는 연합국이 원래 성취하려고 했던 것과는 거리가 멀었다. 독일 서쪽에서 연합국의 행위는 좀 더 결정적으로 서방 측의 예시에 따라 만들어진 사회를 낳기보다는, 바이마르공화국의 자유주의적이고 민주적인 전통들을 되살리고 강화하는 결과를 낳았다. 그에 비해 러시아의 정책은 비록 표면적으로는 다원주의적 성격과 혼합 경제를 유지하지만, 실제로는 소비에트 점령지역을 '인민민주주의'로 변화시키려는 노력의 일환이었다. 인민민주주의 체제는 '의사 결정의 전망 좋은 고지'를 공산주의자들과 소비에트 군정청의 직접적 혹은 간접적인 통제하에 두는 사회로, 소비에트 이론가들이 당시에 그리던 정치체였다.

행정, 정치, 문화생활의 복원

종전 직후, 독일 대부분은 관찰자들에게 달의 표면을 연상시켰는지도 모르나, 생명체가 없는 나라는 아니었다. 우리가 보았던 것처럼, 비록 600만 명 정도로 추산되는 독일인이 전쟁과 관련된 이유로 사망했지만, 1950년까지 수백만 명의 난민 유입 결과로 독일 인구는 전쟁 이전보다 많았다. 인구 이동은 주요한 당면 과제들을 만들어냈을 뿐만 아니라, 독일 사회의 구조에 장기적으로 중요한 결과들을 야기했다. 인구밀도는 두드러지게 증가했고, 특히 서부 독일에서 그랬다. 인구 구성 역시 다양해졌다. 1950년 서방 점령지역에서 4명 중 1명은 엘베강 동쪽에서 태어난 사람들이었다. 난민들은 독일의 종교 지형도 바꾸었다. 비록 소비에트 지역은 대체로 프로테스탄트로 남았지만, 서방 지역에서 가톨릭은 종교개혁 이후 처음으로 소수자의 위치를 넘어섰다. 서방 지역의 인구는 거의 균등한 정도로 가톨릭과 프로테스탄트로 나뉘었다.

'0시'에 연합군 당국과 독일인은 주로 공공 서비스의 초기 단계를 회복시키는 데 골몰했다. 그러나 1945년에는 '다시 시작하여' 새롭고 더 나은 사회를 만들 전례 없는 기회가 있다는 감정 또한 만연해 있었다.

그들의 대서양 건너 사촌들보다 훨씬 빨리, 영국인들은 독일인들에게 사회를 재건하는 데 대한 상당한 자치권을 부여했다. 영국은 정복자들만큼이나 새롭고 민주적인 사회를 만들어내고자 노심초사하는 독일인이 많다는 사실을 깨달았다. 영국인 고위 관료가 지적했던 대로, 민주적 신념을 위해 나치 강제수용소에서 지난 10년을 보낸 사람에게 민주주의에 대한 초보적인 교훈을 주려고 노력할 필요는 없었다.

프랑스인과 러시아인들은 그들 지역에서 가장 급진적인 재구조화에 착수했다. 프랑스의 프로그램은 간단했다. 자국 점령지역의 모든 이슈들에 대한 프랑스의 통제권을 극대화하고, 자율적인 독일의 사회제도들의 재탄생을 가능한 한 미루는 것이었다. 러시아인들은 자신들의 점령지역을 담당하는 일에 독일인을 투입하는 데 주저함은 없었지만, 이들 독일인은 '그들의' 독일인이어야 했다. 독일인 행정 관료들을 개별 사례에 맞게 임명했던 서방 연합군과 달리, 소비에트는 행정팀과 세뇌팀을 함께 데려왔다. 1945년 4월과 5월, 러시아에서 전쟁 시기를 보낸 세 개의 독일 공산주의자 그룹이 소비에트 공군에 의해 독일로 보내졌다. 그중 가장 중요했던 것은 전전 베를린 공산주의 지도자이던 발터 울브리히트Walter Ulbricht가 이끄는 그룹이었다. 이들은 4월 30일 자신들의 과업에 착수했다.

러시아인과 공산주의자들은 그들 지역의 거주자들에게 소비에트 스타일의 독일을 만들 의사가 없음을 반복해서 확언했다. 1945년 6월 15일 발표한 최초의 전후 선언에서 독일공산당은 완전한 의회민주주의를 만들기 위해 노력하겠다고 선언했다. 스탈린으로부터의 인용 역시도 같은 내용이었다. "안장을 소에 맞추는 것처럼 사회주의도 독일에 맞춘다." 독일공산당의 고상한 선언에도 불구하고, 공산주의자들은 소비에트 지역에서 사회생활 전반의 윤곽을 만들어내기 위해 체계적으로 작업했다. 1946년 공산당 회의에서 울브리히트는 이러한 목표들을 퉁명스러운 어조로 표현했다. "모든 것이 민주적으로 보여야 하지만, 모든 것이 우리의 통제를 받아야 한다." 공산주의자들은 성공했다. 1946년 여름까지 소비에트 지역은 이름을 제외하고 모든 면에서 인민민주주의가 되었다.

대부분의 전후 독일 지도자들은—공산주의자들의 명백한 예를 제외하고—사회 재구성과 관련하여 뿌리와 가지를 모두 포함한 철저한 접근을 옹호하지 않았지만, 이 표어에 잠시 더 머무르자면, 죽은 가지들과 생경한 것들의 성장을 억제하기 위해 가지치기하는 것은 지지했다. 대개 '새로운' 사회에 대한 그들의 이상은 바이마르공화국의 개선되고 교정된 버전이었다. 구체적으로 말해 이는 바이마르공화국이 근거해 있던 기초적인 원칙들이 전후 어느 독일 사회에서건 강조되어야 함을 의미했다. 점령군에 의해 다양한 정도의 통제를 받으며, 독일인들은 1945년 여름과 가을에 정치조직을 재건하기 시작했다. 모든 연합국이 새로운 활동을 금지할 정도로 불신하던 극우를 제외하고, 이데올로기의 스펙트럼은 본질적으로 바이마르 시기의 그것과 같았다.

독일의 전후 미래에 대한 분명한 비전의 도움을 받고 소비에트에 의해 부추겨진 상태로, 공산주의자들은 동독의 정치활동을 재조정하는 데서 주도권을 잡았다. 1946년 봄, 그들은 사민주의자들과 공산주의자들의 연합(더 정확하게는 재연합)을 제안했다. 물론 정치동맹을 제안하는 것과 파트너의 동의를 얻어내는 것은 전혀 별개의 일이었다. 대부분의 사민주의자들은 두 당의 합당을 거부했다. 이들은 독일공산당이 소비에트 군정청을 위한 비민주적 전위 조직이라고 보았고, 매우 정확하게도, 공산주의자들이 신당을 장악하게 될 것을 우려했다. 소비에트 군정청과 공산주의자들은 사민주의자들의 반대를 무시했다. 1946년 4월 소비에트 군정청으로부터 엄청난 압력이 가해지면서 사민당과 독일공산당의 유일한 후계 조직으로 독일사회주의통합당Sozialistische Einheits-partei Deutschlands, SED(이하 사통당)이 창당되었다. 이 강요된 연합은 소비에트 점령지역으로 국한되었다. 서베를린에서, 사민당원 82퍼센트가 합당 제안을 부결했다(러시아 당국은 동베를린과 소비에트 지역에서 사민당이 표결하는 것을 금지했다). 서방 연합군 당국의 후원으로, 서방 점령지역 사민당원들 역시 합당을 거부했다.

러시아 점령지역에서 사민주의자들과 공산주의자들의 마지못한 결혼은 엘베강 동쪽에서 독립적인 정당으로서 사민당의 존재를 종식시켰으나, 서방 지역에서 사민당은 최초로 조직된 정당이었다. 1945년 4월 18일, 영국군이 하노버시를 점령한 지 8일 후, 뷔르템베르크 지역당 지도자이자 전쟁 말기 하노버에 거주하던 1933년 이전 연방의회 의원 쿠르트 슈마허Kurt Schumacher는 전후 최초의 사민당 모임을 주관했다. 제3제국 시기 강제수용소에서 10년을 보낸 슈마허는 모든 서방 점령지역에서 도전받지 않은 사민당의 카리스마 있는 지도자로 부상했다. 사민당은 의회민주주의와 민주적 사회주의에 대한 그들의 신념을 반복했다. 슈마허는 비록 그의 궁극적인 목표가 민주적, 사회주의적 유럽과 사회주의 독일을 통합하는 것이었지만, 독일의 통일성을 유지할 필요가 있다는 점에 대해서는 확고했다.

슈마허의 지도하에, 사민당은 다시금 1920년대 말과 마찬가지로 마르크스주의적, 민주적, 민족주의적인 노동자계급의 정당이 되었다. 사민당은 프롤레타리아 독재라는 공산주의 독트린을 거부했지만, 본질상 마르크스주의적인 당의 프로그램은 중간계급 정당과의 협력을 어렵게 했다. 점령 당국을 다루는 데도 더 나을 것이 없었다. 슈마허는 연합국 측 자본가들의 도움과 사주를 받은 독일 자본가들이 히틀러의 등장에 책임이 있다고 확신했다. 그는 군사정부 장교들에게 연합국 지도자들이 히틀러와 협상을 하던 시기에 자신과 동료 사민주의자들은 강제수용소에 수감되어 있었다는 사실을 상기시키는 걸 좋아했다.

1952년 사망할 때까지 도전받지 않은 지도력을 발휘했던 슈마허와 달리, 가장 큰 중간계급 정당의 지도적인 인물은 입지를 인정받기까지 상당한 장애를 극복해야 했다. 기독민주주의연합Christlich-Demokratische Union, CDU(이하 기민련)은 구가톨릭중앙당의 일부와 반나치 프로테스탄트 보수주의자들이 결합된 새로운 조직이었다. 이 신생 정당은 1945년 6월 소비에트 점령지역에서 창당되었고, 서방 지역에서는 그해 가을 창당되었다. 그리고 그와 거의 동시에 두 지도자와 두 전략이 기민련 내에서 우위를 점하고자 갈등했다.

소비에트 점령지역에서 전직 가톨릭 노조운동 간부이던 야콥 카이저 Jakob Kaiser는 기민련의 지도자로 부상했다. 카이저는 공산주의와 협력하지 않았지만, 공산주의자와 마찬가지로 민주주의 정당들은 반파시즘 블록을 형성하기 위해 협조해야 한다는 데 동의했다. 카이저는 대연합의 유지를 통해서만 독일의 국가적 통일을 보전할 수 있고, 독일이 이 목적을 달성하는 데 중요한 역할을 담당해야 한다고 확신했다. 통일된 민주 독일이 러시아와 서방 연합국의 '다리'로 기능하여, 연합국의 해체를 막으리라는 것이었다. 이러한 목표를 위해 카이저는 러시아와 협력하고자 상당한 거리까지 다가갈 용의가 있었다.

이러한 관점은 서방 지역의 지도자가 된 콘라트 아데나워의 격렬한 반대에 직면했다. 영국군 지역 기민련 의장으로 선출될 때 70세였던 이 쾰른 시장은 1920년대 바이마르 정치에서 이미 주요 인물이었다. 아데나워는 소비에트가 이미 그들 지역의 참된 민주주의에 반대하기로 결정했고, 동독을 소비에트의 궤도에 포함하기로 계획하고 있기 때문에 카이저의 '다리 기능'은 망상일 뿐이라고 주장했다. 아데나워에 따르면, 기민련의 임무는 서방 지역에서 민주주의를 건설하고, 서독과 서유럽, 미국의 긴밀한 유대를 형성하는 것이었다. 당 강령상으로 기민련은 연방주의, 개인의 자유, 자유기업 체제를 지지했다.

1차대전 후에 그랬던 것처럼, 바이에른의 중간계급 정치는 자신들의 길을 갔다. 바이에른당Bayernpartei, BP으로 바이에른국민당을 되살리려는 노력이 실패로 돌아간 후, 바이에른주의 주요 정치 세력들은 기민련의 바이에른 지부인 기독사회주의연합Christlich-Soziale Union, CSU(이하 기사련)이 되었다. 중앙 정치에서, 기사련은 기민련과 오늘날까지도 지속되고 있는 협력 관계를 맺었지만, 조직상으로 이 바이에른당은 모체인 기민련으로부터 분리된 상태로 남았다. 기사련의 활동은 바이에른 지역으로 국한된다. 이 당은 기민련의 동의하에, 바이에른 이외의 주에서는 지지자를 조직하지 않았다.

자유주의자들 역시 소비에트 지역에서 먼저 조직화되었다. 당은 독일자유민주당Liberaldemokratische Partei Deutschlands, LDPD으로 불렸다. 독일자유민주당 지도자들은 진보당과 독일민주당의 전통을 지향하는 수밖에 없었는데, 이는 러시아인들이 우파 자유주의를 독점자본주의의 파시스트 동맹으로 간주했기 때문이다. 그럼에도 불구하고, 독일자유민주당은 머지않아 소비에트 군정청과의 관계에서 어려움에 빠진다. 당의 설립자들은 사퇴를 강요받았고, 바이마르 시기에 프로이센 의회에서 좌파 독일민주당 의원이던 오토 누슈케Otto Nuschke가 당수가 되었을 때에야 비로소 소비에트는 독일자유민주당이 합당한 정도로 '진보적progressive'이라고 평가했다. 누슈케는 독일자유민주당을 사통당의 부르주아 동반자 위치에 두었다.

서방 지역에서, 자유주의자는 누슈케의 지도를 따르지 않았다. 대신 서독 자유주의자들은 전통적으로 갈등했던 좌파와 우파를 하나의 정당, 즉 자유민주당Freie Demokratische Partei, FDP(이하 자민당)으로 통합하는 데 성공했다. 그러나 자민당은 일관된 프로그램에 동의하는 데 상당한 어려움을 겪었다. 민족주의와 제한받지 않은 자유기업이라는 민족적 자유주의의 우선순위들은 진보주의의 시민적 자유주의, 반교권주의, 사회복지 전통과 우선순위를 놓고 경쟁했다. 아울러 몇 가지 실제 조직상의 문제점도 있었다. 서방 지역에서, 자유주의는 전통적으로 남서독일에서 강했다. 그러나 이 지역들은 대체로 프랑스 점령지역에 있었고, 1948년 중반까지 프랑스 당국은 프랑스 점령지역과 다른 독일 지역들 간의 여행을 매우 제한했다.

1945년 여름과 가을 정당이 다시금 조직될 때, 소비에트와 서방 지역에서 정치활동은 점차 다른 경로를 따라갔다. 소비에트는 이미 1946년 가을 '통일과 평화를 위한 독일 인민의회German People's Congress for Unity and a Just Peace'를 위해 점령지역 전체에서 선거를 허용했지만, 또한 모든 '민주적' 정당들이 사통당 지도하에서 협력해야 한다고 주장했다. 이 의회에 입후보한 후보자들은 소비에트 군정청의 승인을 얻기 위해 반파시스트 블록 전략을 지지하겠다고 약속해야 했다. 실제 선거는 소비에트의 직접적인 간섭으로부터는 상대적으로 자유로웠지만, 소비에트 군정청은 다양한 전략을 통해 반드시 사통당이 의회를 주도하도록 했다.

서방 연합국은 조직된 정치활동 재개를 허락하는 데 한층 더 조심스러운 접근을 취했지만, 정당이 허용된 후에는 나치와 그들의 동조자들을 명백히 금지한 것을 제외하면, 신흥 정당의 정치적 스펙트럼에 대해선 상관하지 않았다. 독일공산당 역시 어떠한 제약도 받지 않았다.

보다 조심스러운 접근 방식에 따라, 서방 연합국은 연방주와 지자체 관련 내용이 정치활동의 구심점이 되도록 노력했다. 1946년 각 연방주의 유권자들은 새로운 주 헌법을 초안할 주의회를 선출했다. 영국과 미국은 점령지역 차원에서 결정들을 조율하기 위해 미군 점령지역에서는 주협의회Länderrat, 영국군 지역에서는 지구자문회의Zonenbeirat라는 이름으로, 주지사들의 모임을 제도화했다. 공동통치지구의 설립과 더불어 경제평의회Wirtschaftsrat라는 준의회 기구가 만들어졌다. 미국은 이 연방적인 조정 기구를 4개국 점령지역 전체로 확대하고자 했다. 미 국무부 장관 번스는 1946년 9월에 행한 슈투트가르트 연설에서 연방주의 주지사들이 '전국위원회National Council'로 만나 독일연방 헌법을 만들 것을 제안했다. 하지만 이 제안은 헌법 제정을 소비에트가 후원하는 인민의회가 담당할 역할이라고 보았던 러시아와, 이 시기에는 여전히 독일의 정치활동을 지방과 연방주 차원으로 제한하려고 했던 프랑스로 말미암아 기각되었다.

새롭게 시작된 정치활동과 더불어 예술과 문학 분야의 재탄생도 있었다. 1945년 이후의 정치가 1918~1919년 혁명과 바이마르의 경험들(그리고 놓쳐버린 기회들)에 토대를 두고 있었던 반면, 독일의 작가와 예술가들은 새로운 양식을 찾았다. 과거 12년 동안, 독일의 문화생활은 나치의 '피와 땅' 이데올로기의 철권 속에서 정체되었다. 전후 예술가와 관객들은 더 이상 1920년대와 1930년대의 김빠진 논쟁을 재개하고 싶지 않았다.

사통당 초기 캠페인 포스터. 19세기 사민당 지도자 빌헬름 리프크네히트와 아우구스트 베벨의
초상화 밑에서 오토 그로테볼(사민당)과 빌헬름 피크(공산당)가 독일 노동자계급을 재통합시키
고 있다. "노동운동의 통일—독일의 통일"이라고 씌어 있다(출처: akg-images).

새로운 문학잡지와 세련된 뉴스 매체들이 폭발적으로 생겨났다. 1945년부터 1950년 사이 150개 이상의 잡지가 출간되었고, 대개는 단 몇 호만 발간되었지만, 〈프랑크푸르터 헤프테Frankfurter Hefte〉, 〈모나트 Der Monat〉 같은 몇몇 잡지는 지속적으로 문단에 활기를 불어넣었다. 독자들은 점령국 문학을 열광적으로 탐닉했다. 미국 극작가인 손턴 와일더Thornton Wilder의 〈우리 마을Our Town〉은 종전 직후 독일에서 가장 인기 있는 연극 작품이었다.

새로운 독일 드라마와 소설들은 별로 압도적이지 않았지만, 두 연극 —카를 추커마이어Carl Zuckermayer의 〈악마의 장군Des Teufels General〉(1947년)과 볼프강 보르헤르트Wolfgang Borchert의 〈문밖에서Draussen vor der Tür〉(1946년)—이 꽉 들어찬 관객 앞에서 상연되었다. 나치 시기 버몬트 Vermont로 망명했던 추커마이어의 연극은 '내적 망명' 문제와 독일군 내의 저항 문제를 다루었다. 젊은 참전 용사 보르헤르트는 전장에서 돌아와 잃어버린 이상과 폭격으로 망가진 도시들을 발견한 사람들이 느꼈던 공허와 소외의 문제를 다루고자 했다.

보르헤르트의 연극은 1945년 이후 문예 부흥기의 지배적 주제 중 하나인 문명의 미래에 대한 심대한 비관주의를 보여주었다. 2차대전, 즉 '지구상의 지옥도'는 인본주의 시대를 종식시켰다. 대부분의 예술가들은 현대인이 종교적 부흥, 불합리, 니힐리즘 혹은 거대한 사관 등과 무관한 개인적 세계에서만 피난처를 찾을 수 있다고 주장했다. 완전히 결여되었던 것은 1차대전 후 문학의 상당 부분을 특징지은 '전선 경험'에 대한 찬양이었다. 테어도어 플리비에Theodor Plievier의 《스탈린그라드 Stalingrad》(1945년)와 같은 전쟁소설이 있었지만, 강조점은 영웅주의가 아니라 전쟁의 무의미한 공포에 있었다. 1차대전 후 '전선 경험'의 신화를 창출하는 데 중요한 책을 쓴 에른스트 윙거조차도 전쟁이 '새로운 남성'을 빚어냈다는 자신의 신념을 버렸다. 2차대전 시기 그의 일기인 《섬광Strahlungen》은 그의 청년기 이상이 뒤틀리고 쓸모없게 되었다는 작가의 인식에 대한 강력한 진술이었다.

영국을 제외한 모든 연합국이 각자의 방식으로 독일의 문화 활동에 민주적 가치가 침투하도록 고무하고자 적극적인 조치를 마련했다(영국은 독일인 스스로의 재생 과정에 더 집중하는 경향을 보였다). 미국인들은 심지어 전쟁이 끝날 때까지 기다리지도 않았다. 독일인 전쟁 포로 중 재능 있는 작가들은 그들의 문학 작품을 〈루프Der Ruf〉라는 수용소 잡지에 기고하도록 고무받았고, 미국 당국은 이를 독일군 포로들에게 배포했다. 이들 중 많은 사람들이 향후 서독 문단의 리더가 되었다.

러시아인들 역시 그들 지역에서 작가들과 예술가들에게 '진보적인' 전통을 고무하고자 노력했다. 1945년 7월 초 소비에트 지역의 '문화 생산자'를 위한 통솔 기구인 **독일 재건을 위한 문화연대**Kulturbund zur demokratischen Erneuerung Deutschlands가 창설되었다. 문화연대의 주도 세력은 공산주의 동조 작가 그룹이었지만, 그들 중 다수는 1920년대 '독일 프롤레타리아와 혁명적 작가 연합' 소속이었고, 처음에 소비에트 군정청은 이 협회를 정치화하기 위해 노력하지 않았다. 실제로, 이 그룹의 잡지인 〈아우프바우Aufbau〉는 한동안 독일에서 가장 활발한 문학잡지 중 하나였고, 다양한 작가와 문학 장르에 개방되어 있었다.

냉전과 분단

연합국 사이의 전시 합의는 4강이 패전한 제3제국을 공동 협력하에 통제하는 방식이 미래에도 이어지리라는 전제에 기초해 있었다. 그러나 독일의 무조건적 항복 이후 1년도 지나지 않아 냉전이 반히틀러 동맹을 파괴했고, 서방과 동구권을 서로 맞서게 했다. 독일에서 냉전은 먼저 4강 간 협조의 붕괴를 낳았고, 이후 동서 독일의 분리를 야기했다.

냉전은 계획된 것이 아니었다. 독일에 관한 한 냉전은 4강이 점차 자신들의 정책 목표와 독일과 관련한 그들의 우선순위가 서로 양립 불가능하다는 것을 깨달으면서 나타났다. 러시아는 어떤 '독일 정책'에서도 배상에 절대적 우선순위가 주어져야 하며, '민주화'와 자본주의는 양립 불가능하다고 주장했다. 서방 국가들도 마찬가지로 단호하게 배상이 현재의 생산이나 경제 회복보다 우선순위일 수 없으며, '민주화'는 공산주의의 통제나 정치적, 문화적 다원주의의 파괴와 동의어가 될 수 없다고 주장했다.

러시아 지역에서 소비에트주식회사SAG의 설립과 1946년 작센 토지개혁은 소비에트가 독자 노선을 걸을 것임을 보여주는 신호였다. 또한 서쪽에서 1947년 초 공동통치지구 설립은 영국과 미국이 배상이나 구조 개혁보다 독일의 경제적 회복에 우선순위를 둘 것임을 나타냈다.

캐럴린 아이센버그Carolyn Eisenberg와 다른 학자들의 최근 연구 결과가 보여주듯이, 이러한 결정들은 1945년 초 서독 경제가 소비에트와의 협력보다는 그와 반대되는 가운데 재건되어야 한다는 미국 정책 결정자들의 감정을 반영한다. 남동유럽에서 러시아의 공세, 그리고 마셜플랜과 트루먼 독트린의 형태로 미국이 이에 대응했던 것은 4강 협력의 분위기를 더욱 악화시켰다.

1947년 12월 4강 외무부 장관의 런던회담은 독일을 둘러싸고 점증하던 동서 분열에서 분기점이었다. 이 회담의 결과로 각 국가는 상대편이 독일에 대해 타협할 의사가 없다고 믿게 되었다. 런던회담 실패 직후, 러시아는 소비에트 점령지역에 대한 통제와 동유럽에서 그들의 전반적인 영향력을 강화하는 쪽으로 움직였다. 소비에트 군정청은 소비에트 지역 기민련 의장인 야콥 카이저를 해임했다. 기민련은 카이저 후임자들의 지휘 아래 독립적인 정책에 대한 요구를 버리고 점차 사통당의 하위 파트너 중 하나가 되어갔다. 두 달 후, 체코슬로바키아의 무혈 쿠데타로 공산주의자들은 이 동부 유럽 국가에서 권좌에 앉았다. 1948년 4월 소비에트 당국은 베를린 안과 밖에서 연합국과 독일의 교류를 어렵게 만들었다. 이와 동시에 러시아는 독일에서 4강의 협력을 유지할 포괄적인 제안도 했는데, 서방은 이러한 제스처를 프로파간다에 불과한 것으로 치부했다.

연합국 간의 협력이라는 괴물을 쫓는 대신, 서방 국가들은 그들 점령지역을 서방의 정치적, 경제적 궤도 쪽으로 통합하는 데 착수했다. 1948년 2월부터 6월까지 서방 3개국과 벨기에, 룩셈부르크, 네덜란드 등의 베네룩스 국가들은 런던에서 다시 회동했다. 미국의 부추김을 받아, 대표단은 세 서방 점령지역이 하나의 경제단위에 참여하고, 마셜플랜 아래 유럽 부흥 계획에도 완전히 참여하는 데 동의했다. 대부분의 독일인들은 독일의 통일성을 유지하기를 원했기 때문에 이처럼 연합국 내부의 갈등이 심화되는 것에 우려했지만, 대연합^{Great Alliance}의 붕괴를 막기 위한 다양한 종류의 상충하는 아이디어들이 제시되었음에도, 사건의 전개에 대한 독일의 실제적 영향력은 미미한 수준이었다.

베를린봉쇄는 점증하는 독일 분열 과정에서 가장 두드러진 단계이자, 서방 지역과 서베를린 대부분의 독일인들에게 서방 진영의 일부가 되는 것 외에 실제적인 대안이 없다고 확신하게 만든 사건이었다. 가속화되는 다른 냉전 갈등들과 마찬가지로, 서구와 동구는 상대가 공격적인 동기를 가졌다고 주장했다. 러시아는 서방 측이 독자적인 서독 국가를 건설하고 러시아에 대한 소비에트 통제를 전복시키고자 경제적 압력을 행사함으로써 전시 협정을 위반하고 있다고 비판했다. 서방은 소비에트가 베를린에서 서방 연합국을 몰아내고 베를린 전체를 소비에트로 귀속하고자 노력하고 있다고 확신했다.

베를린봉쇄는 베를린에서 이용될 통화 형태를 둘러싼 논란에서 촉발되었다. 1948년 6월까지 소비에트 지역과 베를린의 모든 지역에서 활용된 법정통화는 소비에트 군정청 권한으로 발행된 점령 화폐였다. 이 도시의 경제적 배후지가 소비에트 지역이기 때문에, 이러한 결정은 경제적으로 의미가 있었다. 그러나 서독의 화폐 개혁과 더불어 완전히 새로운 상황이 생겨났다. 도이치마르크의 도입은 별개의 경제체제 성립을 암시했다. 서방 측은 원래 베를린에 이 새로운 화폐를 도입하려는 의사가 없었지만, 베를린과 서방 지역의 독일 경제 관료들은 베를린에 도이치마르크를 유통시키지 않으면 베를린의 경제적 고립, 궁극적으로는 소비에트 지역으로의 통합을 낳을 것이라고 지적했다. 그 결과, 서방 측은 새로운 마르크를 자신들 통제하의 베를린에 도입하는 데 동의했다. 도이치마르크는 소비에트 지역의 점령 화폐와 마찬가지로 법정통화가 되었다.

러시아인들은 이를 동독과 동베를린에 대한 자신들의 통제에 직접적인 위협을 가하는 결정으로 간주했다. 또한 서베를린에 새로운 화폐를 유통시킴으로써, 베를린에 대한 4강 통제를 효과적으로 약화시킬 것이라고 주장했다. 6월 22일 소비에트 군정청은 베를린의 모든 지역에서 도이치마르크가 유통되는 것을 금지했다. 이에 대해, 서방은 소비에트의 조치를 비판했고, 서방 지역에서 새로운 화폐 유통을 추진했다. 하루 뒤, 러시아인들은 도로, 철도, 수도관 보수를 위해 필요하다는 이유를 들며, 서독 지역과 소비에트 지역에서 서베를린으로 가는 모든 육로 접근을 봉쇄했다. 또한 소비에트 지역에서 베를린으로의 모든 공급도 금지했다. 베를린의 서방 지역은 완전한 봉쇄 상태에 놓이게 되었다.

1948년 베를린시는 약 400만 명의 인구가 사는 도시였고, 그중 250만 명이 서방 지역에 살고 있었다. 4개 지역의 거주자들을 위한 거의 모든 음식, 연료, 생필품이 인접한 소비에트 지역에서 왔다. 서방 지도자들이 직접적인 군사적 대립을 피하고자 골몰한다는 것이 잘 알려져 있었기 때문에, 소비에트는 자신들이 서방에 조건을 제시하는 입장에 있다고 느꼈다. 그러나 다시금 미국의 지도를 받은 연합국은 군사력에 의지하지 않고 진입로에 대한 연합국 간의 기존 합의를 활용해 일종의 벼랑끝전술을 사용했다. 1945년 11월 4강은 그들의 공중회랑을 활용하여 각각의 서방 지역으로부터 베를린에 있는 자신들의 부대에 보급하는 데 동의한 바 있었다. 이제 연합국은 이 공중회랑을 활용해 그들의 군대뿐만 아니라 베를린 서방 지역에 있는 사람들에게 보급품을 공수하기로 결정했다.

서방과 마찬가지로, 러시아는 그들의 적들에게 직접적인 군사적 도발을 감행할 의사가 없었기에, 베를린 공수는 현대에 있었던 가장 인상적인 군수 지원의 사례가 되었다. 서베를린에 끝없이 착륙하면서, 연합국의 항공기들은 1948년 12월까지 매일 4,500톤에 달하는 보급품을 제공했고, 이듬해 봄, 그 수량은 8,000톤으로 늘었다. 엄청난 어려움에도 불구하고—전기는 당시 하루 4시간만 이용할 수 있었다—서베를린은 끝없는 항공편으로 공수받을 수 있었다. 러시아인들은 패배를 인정했고, 겨울 동안 외교적 체면을 잃지 않은 채로 봉쇄가 끝나기를 희망한다는 사인을 보냈다. 수개월간의 막후 협상 끝에, 1949년 5월 소비에트는 어떠한 목표도 달성하지 못한 채 봉쇄를 중단했다(공식적으로는 필요하던 수송망 보수가 완성되었다). 냉전의 관점에서 볼 때, 베를린봉쇄는 명백한 서방의 승리였다.

베를린을 둘러싼 수년간의 대립은 향후 수십 년에 걸친 독일과 이 도시의 경제적, 정치적 분단을 확정 지었다. 베를린은 두 개의 별도 행정 단위가 되었다. 시는 아직 물리적으로 분단되지 않았고, 다음에 보게 될 것처럼, 네 점령지역에서 연합국 사령관들은 포괄적인 통제권을 유지했지만, 1949년 6월까지 독일의 옛 수도는 별개의 두 시정부를 갖게 되었다. 세 서방 지역에서 시장과 시의회는 자유롭게 선출되었으나, 소비에트 지역에서는 공산주의 시정부가 소비에트 군정청에 의해 구성되었다. 그보다 더 중요하게, 봉쇄 말에 도이치마르크를 서방 지역에서 유일한 법정통화로 도입한 것은 서베를린이 서독과 서유럽 경제체제의 중요한 부분이 되리라는 것을 의미했다.

계속되는 베를린봉쇄는 서방과 서독인들로 하여금 동독과 서독에 별개의 정치체가 존재해야 함을 깨닫게 하는 데 필요한 마지막 촉매제를 제공했다. 서베를린을 글자 그대로 굶겨 죽이려 한 러시아의 노력을 볼 때, 서방 지역의 어떠한 주요 정치 집단도―공산주의자들을 예외로 한다면―러시아 지배의 대가를 치를 만큼 국가 통일이 중요하다는 믿음에 집착하지 않게 되었다. 몇몇 정치가들은 꾸물거렸지만, 1948년 7월까지 서구 지역 대부분의 독일 지도자들은 서구 지역에 별개의 국가를 건설하는 것 외에 대안이 없다는 연합국 군정청장의 입장을 받아들였다. 서베를린의 사민당 소속 시장인 에른스트 로이터Ernst Reuter는 그의 동료들에게 "독일은 분단되고 있지 않다. 이미 분단되었다"고 상기시켰다. 봉쇄 시기 동안 서베를린인들의 의연함이 서구 연합국 사이에서 독일의 이미지를 상당히 변화시켰다는 점 역시 주목할 만하다. 공산주의의 위협에 직면하여 자유를 지키기 위해 수개월 동안 난관을 견뎌내는 베를린 시민들의 의지는 '보기 흉한 독일인'이라는 이미지를 상당히 지워내고 '선량하고 민주적인 독일인'이라는 그림으로 대체하는 데 크

서베를린 아이들이 베를린 공수 시기에 템펠호프공항에 도착하는 미국 보급기를 지켜보고 있다 (출처: Iberfoto/The Image Works).

게 기여했다.

1948년 7월 세 서구 점령지역의 연방주 의회들은 제헌의회Parlament-arischer Rat에 보낼 대표를 선출했다. 1948년 9월 초, 지속되는 봉쇄 속에서, 제헌의회는 본의 대학촌에서 서독 헌법 조항들에 대해 논의했다. 이듬해 봄, 헌법안이 완성되었고 비준을 위해 각 주의회에 제출되었다. 러시아인들과 공산주의 동맹국들은 서독 지역의 상황을 큰 관심을 갖고 지켜보았다. 소비에트는 독자적인 비공산주의 서독의 형성을 막고자 계속해서 열심이었다. 실제로 봉쇄를 행한 이유 중 하나도 그러한 국가의 수립을 막기 위한 소비에트의 필사적인 최후 노력이었던 것이 분명한 듯하다. 러시아인들은 이 전략이 실패했을 때조차, 독일 분열의 책임을 서구 연합국과 서독에 지우기 위해 가능한 모든 조치를 취했다. 서독 헌법이 비준된 후에야 비로소 새롭게 소집된 (3차) '통일과 평화를 위한 독일 인민의회'에 동독의 대안 헌법을 작성할 과제가 주어졌다. 서독의 제헌의회와 달리, 3차 인민의회는 형식상으로 소비에트 지역 유권자들의 직접선거로 선출되었지만, 실제로 이 문제에 대해 국민들에게 선택의 여지는 거의 없었다. 투표용지는 소비에트 군정청과 사통당이 선택한 반파시스트 블록 후보자들의 리스트에 대해 '예' 혹은 '아니오'만 허용했다.

결론

'연합군의 콘도미니엄'이 만들어진 지 4년 후인 1949년 중반까지 이 건물의 소유자들은 회복할 수 없는 차이를 쌓아갔고, 그들의 소유물을 분할했다. 동과 서에서, 새로운 독일 사회는 1918년 이후 시기의 약속들을 부활하고 완수하기 위해 노력했다. 소비에트 지역에서, 소비에트 군정청과 사통당은 1919년에 실패한 사회주의혁명을 완수하고자 했다. 서독의 새 지도자들 역시 바이마르공화국의 실패는 피하되 문화적 다원주의, 사회적으로 책임 있는 자유시장경제, 그리고 의회민주주의라는 첫 번째 공화국의 이상을 고수했다.

독일인들이 자신의 과거에 이처럼 선택적으로 발을 담근 것은, 물론 이 나라 분단 스토리의 일부—그것의 보다 작은 부분—일 뿐이었다. 더 중요한 것은 냉전이 지속되는 동안 두 독일은 동서 분열의 일부였고, 4강의 통제와 지도 아래 놓여 있었다는 점이다. 동독과 서독은 냉전 정치의 대상으로 수립되었고, 수십 년간 그 상태로 남았다.

클라우스 폰 슈타우펜베르크Claus von Stauffenberg
(1907~1944년)

비록 그가 매우 젊었고(당시 37세), 대령 계급에 불과했지만, 클라우스 폰 슈타우펜베르크는 히틀러를 죽이고 나치 체제를 끝내려던 실패한 시도인 1944년 '장군들의 음모'의 주요 인물이었다. 그는 카리스마 있는 개성과 조직력으로 주도적인 역할을 담당했다.

슈타우펜베르크는 옛 가톨릭 귀족 가문 출신이었다. 1907년 그는 슈바벤의 예팅겐Jettingen에 위치한 그 가문의 성들 가운데 하나에서 태어났다. 슈타우펜베르크는 원래 문학 분야에서의 이력을 추구했다. 1944년 음모에서 마찬가지로 처형되었던 그의 형제 베르톨트Bertold처럼 그는 신비주의 시인 슈테판 게오르게Stefan George를 중심으로 모인 서클 구성원 가운데 한 명이었다. 그러나 그는 군사적 경력을 선호하여 문학적 야심을 포기했다. 1926년 그는 국가방위군의 17기병대에 합류했고, 1930년 소위로 승진했다.

대부분의 직업군인들처럼 슈타우펜베르크도 처음에는 히틀러에 대해 양면적 태도를 보였다. 그는 나치 지도자의 재무장 계획과 독일을 강대국의 지위로 되돌리고자 하는 독재자의 목표를 지지했지만, 가톨릭 도덕성의 원칙에 대한 믿음 때문에 국가가 후원하는 정권 차원의 테러 정책들을 거부했다. 그러나 그는 독일의 폴란드 정복을 반대하지 않았고, 프랑스 전투에서 드러난 히틀러의 군사적 능력을 존경했다. 슈타우펜베르크가 히틀러와 나치 체제에 등을 돌리게 된 것은 독일이 소비에트를 침공한 후였다. 슈타우펜베르크는 공산주의에 격렬히 반대했지만, 친위대와 독일 군대의 소비에트 병사에 대한 처우와 홀로코스트를 보며 나치 체제는 중단되어야 할 도덕적 악이라고 판단했다.

1943년 슈타우펜베르크는 북아프리카 전선에 배치되었다. 4월에 그는 심각한 부상을 당해 왼눈과 오른손, 왼손 손가락 두 개를 잃었다. 오랜 요양 기간 동안 그는 점차 군사적 저항운동에 적극적이게 되었고, 1944년 중반경 히틀러의 죽음만이 체제를 전복시킬 수 있다고 생각을 굳혔다. 공모자들은 히틀러의 본부에 재배치된 슈타우펜베르크가 매일 열리는 군사 브리핑 때 독재자 곁에 폭탄을 놓을 수 있을 거라고 판단했다. 슈타우펜베르크는 시한폭탄을 폭발시키고, 라스텐부르크Rastenburg(동프로이센에 있는 히틀러의 본부)에서 베를린으로 날아와 비상사태를 선포할 예정이었다. 예비군 구성원들은 주요 나치 지도자들을 체포하고 임시 군사정부를 세울 계획이었다.

우리가 아는 대로 그 임무는 실패로 끝났다. 히틀러는 약간의 부상을 입었을 뿐이고 공모자들에게 혹독한 복수를 가했다. 혼자만 빠져나가려고 했으나 결국 그러지 못한 공모자들 가운데 한 명인 프롬Fromm 장군의 명령으로 슈타우펜베르크는 7월 20일 밤에 처형되었다. 슈타우펜베르크의 어린 자녀들을 포함한 그의 가족들은 강제수용소로 보내졌고, 슈타우펜베르크라는 성을 사용하는 것을 금지당했다.

히틀러의 목숨을 노린 시도가 실패한 이후, 학자들과 전문가들은 슈타우펜베르크의 동기에 대해 끝없이 논의했다. 그는 이상주의자였는가, 혹은 전쟁에서 패전할 것을 알았는가(음모는 노르망디상륙작전 5주 후인 1944년 7월에 실행됐다), 그는 자신의 경력과 강대국 독일의 지위를 지키기 위해 노력했는가?

양쪽 모두에 답이 있다. 슈타우펜베르크가 나치의 정책에 도덕적 혐오를 느꼈고, 그가 히틀러를 절대 악의 화신으로 간주했다는 점은 의심할 나위가 없다. 그러나 다른 많은 공모자들처럼 그는 나치 몰락 이후 독일의 위상에 대해서는 믿을 수 없을 정도로 순진했다. 1943년 말 그는 새로운 독일이 강화조약에 동의하기 전에 연합국 측이 받아들여야 하는 조건들이라고 생각했던 것에 대한 개요를 썼다. 1914년 독일 국경의 회복, 1938년 오스트리아 병합에 대한 인정, 독일의 국경을 남으로 확대해서 현재 이탈리아의 일부인 보첸볼차노Bozen-Bolzano시 주변을 포함시키는 것 등이었다. 이것으로는 충분치 않았는지 슈타우펜베르크는 서방 연합국이 새로운 독일과 함께 소비에트에 맞서는 군사 작전을 지속하기를 기대하기도 했다. 1944년 미국과 영국이 이러한 조건들 중 어느 것에도 동의할 의사가 없었다는 것은 말할 나위가 없다. 그들은 이미 무조건적인 항복 정책에 경도된 상태였다. 당시 슈타우펜베르크는 이상주의자였고, 도덕가였으며, 순교자였을 뿐, 나치 이후의 독일에 대해 실질적인 전망을 가진 사람은 결코 아니었다.

콘라트 아데나워Konrad Adenauer
(1876~1967년)

서독의 첫 번째 총리인 그는 1949년 9월 취임 선서를 했을 때 정치에서도 공적 활동에서도 분명 초심자가 아니었다. 그는 신인도 아니었다. 사실 73세이던 그는 퇴임 연령을 훨씬 넘어 있었다. 그는 87세에 그다지 영광스럽지 않게 총리직을 떠난 1963년 10월까지 자리를 지켰다(총리 말년에 그가 은퇴할 때라는 암시가 점차 늘어났지만, 아데나워는 언제나 자신이 이미 은퇴기, 즉 나치가 그를 실직자로 만들었던 제3제국의 12년을 거쳤다며 이러한 제안들을 물리쳤다).

아데나워는 1876년 쾰른에서 태어났고 그의 생애 내내 이 도시와 주위의 라인란트 지역에 애착을 보였다. 그는 법학을 공부했고, 1906년 정치적 경력을 시작했다. 평생 독실한 가톨릭이었던 그는 중앙당을 자신의 정치적 기반으로 만드는 데 어떠한 의심도 없었다. 1909년 그는 쾰른 시의회 의원으로 선출되었고, 1917년 시장이 되었다. 아데나워는 나치가 그를 강제로 해임시킨 1933년까지 쾰른 시장을 지냈다.

바이마르 시기 동안 아데나워는 주와 중앙 정치 무대에서 모두 활동했다. 1922년부터 1933년까지 그는 프로이센 주의회(주의 도시들과 지방들을 대변하는 기구) 의원이었고, 몇 번은 총리 최종 후보 리스트에 이름이 오르내리기도 했다. 결국 그가 선택되지 못했던 것은 대체로 프로이센의 장기 재임 총리였던 오토 브라운이 반대했기 때문이다. 아데나워는 프로이센이라는 초거대 주를 분할하여 라인란트주를 비롯한 몇 개의 소규모 주로 만드는 방안을 선호했다. 당연히 브라운은 자신의 정치권력 토대를 잃고 싶어하지 않았다.

아데나워는 어떤 저항 그룹에서도 활발히 활동하지 않았지만, 나치즘에 격렬히 반대했다. 이 미래의 서독 총리는 나치의 정치적 폭력, 반유대주의, 그리고 무엇보다도 그들의 기독교 거부를 싫어했다. 아데나워에게 나치는 공산주의자들과 마찬가지로 신이 정한 도덕의 중요성을 부정하는 무신론적 유물론자들이었다. 반대로 나치도 아데나워를 불신했다. 그는 몇 차례에 걸쳐 게슈타포의 심문을 받았고, 그중 마지막은 1944년 히틀러 암살 모의가 실패로 돌아갔을 때였다. 남은 전쟁 기간 동안 아데나워는 마리아 라흐의 수도원에서 은둔했다.

미국인들은 1945년 쾰른에 도착한 첫 번째 연합군이었고, 그들은 먼저 아데나워를 시장으로 복귀시켰다. 그 결정은 아데나워가 "권위주의적이고 무능력하다"고 본 초대 쾰른 주둔 영국 사령관(연합국상호협정Inter-Allied Agreement에 의해 쾰른은 영국군 점령지역의 일부가 되었다)에 의해 금방 철회되었다. 그러나 이 준장의 결정은 즉시 그의 상급자들에 의해 각하되었고 아데나워는 다시 시장이 되었다.

서독 지역에서 정치적 정당 조직이 다시 허용되었을 때, 아데나워는 너무도 자연스럽게 중앙당의 후계 조직인 기민련에서 활발히 활동했다. 처음부터 그는 초기 기민련이 직면한 주요한 모순 두 가지, 즉 당의 종교 지향성과 외교정책에 대해 확고한 입장을 보였다. 당내 다수의 전통주의자들과 달리, 아데나워는 기민련이 순수한 가톨릭 조직이 되기를 원하지 않았다. 그는 보수적인 프로테스탄트들에게도 당을 개방해야 한다고 주장했다. 또한 아데나워는 기민련(그리고 독일)이 소비에트와 서구 동맹국들 사이에서 일종의 매개자 역할을 담당해야 한다는 입장을 거부했다. 대신 아데나워는 기민련과 독일이 확고하게 서구 동맹 안에 있어야 한다고 주장했다.

총리로서 아데나워는 몇 가지 목표를 일관되게 추구했다. 하나는 서독에서 의회민주주의를 위한 굳건한 발판을 만드는 것이었다. 아데나워가 보기에 이는 강한 행정부와 과거보다는 미래에 대한 강조를 의미했다. 아데나워는 옛 나치들 대부분이 새로운 독일 사회에 통합되어야 한다고 주장했고, 그 때문에 탈나치화 캠페인을 지속하는 데 반대했다. 아데나워에게 중요했던 또 하나는 서구 동맹국 사이에서의 독일의 자리였다. 그는 독일의 옛 숙적들, 특히 프랑스 및 미국과 화해하는 데 열심이었다.

총리의 비판자들은 항상 그의 서구 지향성을 가리키며 그에게 독일 통일은 주요한 목표가 아니라고 주장했다. 이러한 관점에 따르면 엘베강 동쪽 지역은 아데나워에게 참된, 서구, 유럽, 기독교(가톨릭) 독일의 일부가 아니었다. 그는 동쪽 방향을 향해 엘베강을 건널 때마다 "아시아 냄새를 맡을" 수 있다고 말한 것으로 알려진다. 보다 긍정적으로 말할 수 있는 것은 아데나워가 독일과 유대인의 관계를 개선하는 데 매우 중요한 역할을 담당했다는 점이다. 총리와 이스라엘 총리 다비드 벤구리온David Ben-Gurion의 주도하에, 1950년대 초반 독일과 이스라엘의 외교관들은 나치에게 박해받은 유대인 생존자들에 대한 보상으로 수십억 달러를 제공하는 조약을 협상했다.

총리 임기 말년에, 아데나워는 점점 더 권위주의적으로 변하고, 더 화를 많이 냈으며, 자신이 없어서는 안 될 존재라고 확신했다. 몇 차례나 그가 "세상에, 내가 더 이상 존재하지 않는다면 독일은 어떻게 될까"라고 중얼거리는 것을 엿들은 사람들이 있다. 이러한 경향은 1962년 슈피겔 사건에서 정점에 이르러, 아데나워 정부는 잡지 편집인들을 근거도 없이 체포하라고 명령했다. 법과 헌법에 대한 이러한 의도적인 경시로 인해 연정 내 자유주의자들은 1965년으로 예정된 의회 회기가 끝나기 이전에 총리가 사임해야 한다고 고집하기에 이른다.

1963년 아데나워는 사임했고, 4년 후 91세의 나이로 사망했다. 그는 서독을 더 이상 국제적으로 버림받은 존재가 아닌 서방 국가들의 구성원이 되도록 변화시킨 매우 존경받는 정치가였다. 그의 장례미사에는 미국의 린든 존슨Lyndon B. Johnson과 프랑스의 샤를 드골 대통령 등 세계의 지도자들이 참석했다.

9장

독일연방공화국(서독)
1949~1990년

제3제국의 폐허로부터 두 개의 국가가 출현했고, 독일민주공화국(동독)이 경제적, 정치적 문제의 무게로 결국 몰락한 반면 독일연방공화국(서독)은 현대 독일사에서 가장 성공적인 사회로 인정받는다. 엘베강 서쪽의 독일인들은 민주적 자유, 전례 없는 정치적 안정, 경제적 번영, 국제사회의 참된 존경을 받는 영광을 누렸다.

아데나워 시기(1949~1963년)

⊙ 정치적 안정

1949년 서독인 중 극소수만이 그들이 마지못해 만들고 있는 국가가 서독의 시작이라는 것을 예견하고 있었다. 헌법을 기초한 사람들은 자신들의 작업이 임시적인 성격의 일임을 계속해서 강조했다. 그럼에도 불구하고 그들은 대단히 효과적인 문서를 만들어내는 데 성공했다. 게다가 독일인들이 법의 임시적인 성격을 강조하기 위해 그렇게 이름 붙이기를 고집했던 '기본법'은 1990년 이 나라가 통일된 이후에는 통일독일의 헌법이 되었다. 따라서 지금부터 하게 될 헌법에 대한 분석은 동독지역에도 해당된다. 즉 헌법적인 의미에서 1990년 이후 '서독'과 '독일'은 동일하다.

서독의 지도자들은 어려운 과제에 직면했다. 그들은 독일의 정치적 전통에 부합하는 헌법을 제정하고자 했지만, 또한 연합군 정부의 승인을 얻어낼 수 있는 문서를 만들어야 했다. 연합국과 독일인의 우선순위가 다르기는 했지만, 다행스럽게도 양립 불가능하지는 않았다. 양측은 새로운 독일 국가가 의회민주주의라야 하고, 새로운 헌법은 독일이 경험한 유일한 의회민주주의이던 바이마르헌법에 근거해야 한다는 데 동의했다. 연합국은 독일 국경을 재조정하는 데 우선순위를 두었으나, 영토 조정은 독일인의 의제에서는 한참 낮은 위치에 있었다. 이해할 만하게도 불협화음은 주권 문제와 관련하여 가장 첨예했다. 연합국은 헌법이 발효된 이후에도 포괄적인 권리들을 유지하려고 했다. 하지만 독일인들은 점령군의 잔여 권한을 가능한 한 줄이는 데 혈안이었다.

기본법은 연방주 의회들에 의해 선출된 66명의 대표로 구성된 제헌의회에서 기초되었다. 사민당과 기민련/기사련CDU/CSU은 제헌의회에 각각 27명의 대표를 보냈다. 남은 12명의 대표는 자민당과 공산당을 포함하는 다섯 개의 군소 정당에 할애되었다. 66명 중 11명은 바이마르 시기에 연방주 의회나 연방의회 의원이었다. 기민련의 대표인 콘라트 아데나워가 제헌의회 의장으로 선출되었다. 저명한 헌법 전문가이자 남서독일 출신 사민당 지도자인 카를로 슈미트는 제헌의회에서 가장 중요한 초안위원회 위원장이 되었다.

제헌의회는 베를린봉쇄가 정점에 가깝던 1948년 9월 초 심의를 시작했다. 8개월 후인 1949년 5월, 소비에트가 봉쇄정책을 포기했을 때, 제헌의회는 비준을 위해 기본법을 주의회들에 제출했다. 최종 문서는 여러 면에서 바이마르헌법보다 개선된 버전이었다. 특히 분명한 세 가지 주요한 변화를 꼽을 수 있다. 하나는 선거와 국가의 대표인 연방 대통령의 권한과 관련되었다(부분적으로는 연합군의 감수성에 대한 대응 차원에서 기본법은 '제국'이라는 단어를 사용하지 않았다. 대신 대표들은 1871년 이전의 용어인 **연방**Bund 혹은 연합이라는 단어를 사용했다). 두 번째로 기본법을 기초한 사람들은 바이마르 시기의 특징이던 반복적인 내각 위기를 줄이기 위해 노력했다. 마지막은 연방의회의 제2의회인 참의원을 구성하는 문제였다. 바이마르공화국 시기에 주정부에 의해 통제되던 이 기구의 권력은 주정부와 연방정부의 지속적인 갈등을 낳았다.

기본법은 바이마르헌법에 나타난 이러한 약점들을 모두 극복하기 위한 교정책을 제공하고자 했다. 연방 대통령의 권한과 위상은 현저하게 약화되었다. 바이마르 시기의 관행과는 달리 서독의 연방 대통령은 직접적인 국민투표에 의해 선출되지 않았고, 그 기능은 국가를 대표하고 행사에 참석하는 것으로 대폭 축소되었다. 서독 연방 대통령은 바이마르헌법 48조에 해당하는 비상 권력이 없었다.

의심할 여지 없이 새 헌법의 가장 중요한 특징은 연방의회의 선거뿐만 아니라, 연방 행정부와 입법부 간의 관계의 성격에 관한 것이었다. 바이마르 연방의회와 마찬가지로 서독의 연방의회도 최소 4년마다 선출되었다. 하지만 바이마르 의회 같은 극단적인 비례대표 체제와 달리 서독의 연방의회인 분데스탁Bundestag은 비례대표와 지역구에서 선출된 대표로 구성되었다. 연방의회 구성원의 절반은 지역구에서 선출되었고(원안에서는 3/5였다), 나머지 절반은 '정당 리스트'에서 비례대표로 선출되었다. 마찬가지로 중요했던 것은 이후의 선거법들이 소수 정당의 연방의회 의석 획득을 어렵게 하는 데 효과적인 조항들을 만들어냈다는 점이다. 연방의회에서 의석을 확보하기 위해서 한 정당은 주 단위에서 5퍼센트 이상의 지지를 얻거나 적어도 하나의 선거구에서 과반수를 확보해야만 했다(1949년 이후 이 장벽은 더 높아져, 전국 총합 5퍼센트 혹은 세 개의 지역구에서 과반수를 얻어야 한다).

제헌의회 대표들은 내각 위기의 가능성도 줄이려고 했다. 의회민주주의에서 입법부는 내각을 선출할 권력과 내각을 해산할 권력 — 불신임 투표를 통해서 — 을 쥐었다. 공산주의자들과 나치가 정부를 연이어 전복하려고 힘을 모았기 때문에, 바이마르공화국 말기에 내각 위기는 매우 잦고 길었다. 이와 같은 상태가 반복되는 것을 막기 위해 기본법은 '건설적 불신임 제도'를 제시했다. 이 제도의 실질적 의미는 야당이 해임하고자 하는 정부를 대신할 새로운 내각 구성에 미리 합의하지 않으면 '불신임투표'가 유효하지 않다는 것이었다.

개인의 권리와 시민의 자유를 보장하는 장치도 바이마르 모델을 수정해서 만들어졌다. 새로운 헌법은 고전적인 시민권—집회와 언론의 자유 같은—을 나열함과 동시에, 나치가 이러한 권리를 악용했던 것을 기억하면서 반유대주의, 인종주의 혹은 민주 정부 전복 등을 지지하는 개인이나 조직이 이러한 권리를 이용하는 것을 금지했다. 의원들은 일련의 '사회경제적 권리'—고용의 권리 및 대기업들의 공동 결정권 같은—를 기본법에 포함시키자는 사민당의 제안을 받아들이지 않았다. 하지만 가정이나 교회 같은 제도를 위한 공적 부조가 헌법상의 의무임을 재확인했다. 민주주의를 위한 독일의 최초 시도, 즉 바이마르공화국과의 중요한 상징적 연결 고리는 검정, 빨강, 노랑의 삼색기를 서독의 국기로 다시금 제도화한 것이었다.

독일의 지방주의 전통과 관련해서뿐만 아니라 연합국의 주장에 의거하여, 기본법은 연방주의 권리에 대해 매우 세심하게 고려했다. 독일제국과 바이마르공화국 시기에 그랬던 것처럼 주정부는 모든 수준의 공교육에 대한 통제 등과 같이 다양한 특별 잔여 권한들을 보유했다. 게다가 주정부들은 연방의회의 제2의회인 **참의원**Bundesrat을 통제했다. 참의원의 구성원은 국민투표에 의해 선출되는 것이 아니라 주의회에 의해 통제되었다. 참의원은 연방의회만큼 국가 차원의 입법에 직접적인 영향력을 행사하지는 않았지만, 최소한 주정부들이 자신들의 이익에 해가 되는 것으로 보이는 조치들을 지연시키는 데 활용할 수 있었다.

독일의 헌법 실행에서 흥미로운 혁신은 **연방헌법재판소**Bundesverfassungs-gericht의 설립이었다. 미국 대법원에 모델을 둔 이 법원은 행정 행위와 국제조약뿐 아니라 연방, 주, 각 지방 차원의 법안의 합헌성에 영향을 미치는 모든 문제에 대해 근원적이고 최종적인 사법권을 가졌다. 이 법원의 판사들은 종신직이 아니라 연방의회와 주의회 대표들로 구성된 위원회에 의해 12년 임기로 선출되었다. 헌법적인 문제에 대한 신속한 결정이 내려질 수 있도록, 헌법과 관련된 쟁점들은 상소 절차를 통하지 않고 바로 법원에 보내질 수 있도록 했다. 사건이 지나치게 밀리는 것을 방지하기 위해 연방정부는 사안들을 따로 청문하는 두 개의 실室 구조를 갖도록 했다.

1949년 5월 8일 제헌의회는 50 대 12로 기본법을 가결했다. 반대표는 공산당을 포함한 군소 정당과 바이에른 대표단으로부터 나온 것이었다. 바이에른은 기본법 자체를 거부했는데, 이는 연방주의 권리를 충분히 보장하는 정도로까지는 나아가지 못했다고 보았기 때문이다. 나흘 후 연방정부의 재정권에 대한 짧은 논쟁 이후, 세 군정 대표자들은 이 법안을 승인했다. 이후 이 법안은 비준을 위해 주의회들로 보내졌고, 바이에른을 제외한 모든 주가 기본법을 지지했다. 1949년 9월 새로운 독일연방공화국은 초대 의회를 선출했다.

그와 동시에 연합국은 군정청을 민간으로 구성된 최고위원회High Commission로 전환했다. 미국과 프랑스는 행정부의 군 출신들을 민간 관료로 전환했다. 미국의 은행가이자 루스벨트와 트루먼의 측근이던 존 맥클로이John J. McCloy가 미 군정의 수장이던 루치어스 클레이 장군을 대신했다. 프랑스 최고위원은 앙드레 프랑수와퐁세André François-Poncet로, 1930년대 베를린 주재 프랑스 대사를 지낸 직업 외교관이었다. 영국은 브라이언 로버트슨Brian Robertson 장군을 유임시켰다. 하지만 새로운 지위를 강조하기 위해 그는 군에서 퇴역했다.

초기 서독의 정치 상황은 '전통적인' 다당제의 모양새를 유지했지만—최초의 연방의회 선거 투표용지에는 13개의 당명이 있었다—머지않아 '미국적인' 양상이 나타났다. 점차 기민련/기사련과 사민당이라는 양대 정당이 계급과 지리적 차이를 넘어 다양한 유권자들에게 호소력을 갖게 되었다. 1950년대 말까지, 자민당이 두 주요 정당과 상당한 간격을 두고 3위가 됨으로써, 서독은 2와 1/2 정당 체제가 되었다. 본질적으로 기민련/기사련은 중도우파를, 사민당은 중도좌파를 대변했다. 자민당은 중도에서 기민련/기사련과 사민당 사이를 몇 번 오가며 연정을 구성하는 군소 스윙 정당으로 기능했다.

기민련/기사련의 지도자인 아데나워는 서독의 정당 지형을 전환하는 데 주된 역할을 담당했다. 흔들림 없는 자신감, 상당한 카리스마, 1950년대 '경제 기적'의 도움으로, 아데나워는 서독의 기민련을 독일의 지배 정당으로 전환하는 데 성공했다. 1957년 연방 선거에서 기민련은 독일 역사상 자유선거에서 50퍼센트 이상의 대중적 지지를 획득한 최초의 정당이 되었다.

기민련의 성공은 서독 정치에 두 가지 주요한 결과를 가져왔다. 하나는 군소 정당의 소멸이다. 기민련은 이들 대부분을 흡수했다. 더 중요하게, 기민련의 전략은 다른 주요 정당들로 하여금 강령상, 스타일상 변화를 꾀하도록 강제했다. 자민당은 이 새로운 시기에 적응하지 못했다. 기민련은 자민당의 전통적인 유권자 풀에 상당한 정도로 침투했고, 자민당은 만성적으로 5퍼센트의 허들을 넘어서지 못할까 두려워하는 정당이 되었다.

1950년대에 자민당은 기민련의 그림자에서 벗어남으로써 그 딜레마를 피하려고 노력했다. 자민당은 자칭 독일의 상층 중간계급과 전문 직업군의 목소리를 대변하면서, 아데나워가 이끄는 일련의 내각에서 활동했다. 그러나 1950년대 말에 이르면 이 전략은 유권자들이 점차 자민당과 기민련의 차이를 못 느끼게 했다. 이에 자민당 내 좌파들은 정치적 정체성을 유지하기 위한 조치를 취할 것을 당에 요구했다.

그 결과 자민당과 사민당이 점차 가까워졌고, 이는 기민련의 성공이 사민당에도 전통적인 모양새를 변화시키도록 강제했기 때문에 가능한 변화였다. 사민당의 전후 최초 지도자이던 쿠르트 슈마허는 2차대전 후 엄청난 규모이던 서독의 경제적 난관과 사회적 혼란이 다수의 국민들로 하여금 민주적 사회주의만이 이 나라를 재건할 수 있다는 생각을 받아들이게 만들 것이라고 믿었다. 그러나 이 이론은 맞아떨어지지 않았다. 1950년대 전국적인 경쟁에서, 사민당의 지지율은 아주 느리게 30퍼센트대에 도달했지만, 기민련은 결국 50퍼센트를 훌쩍 뛰어넘었다. 슈마허의 전략은 연방의회에서 사민당을 영원한 야당으로 운명 짓는 것처럼 보였다.

1952년 슈마허가 사망했다. 영국 언론인 테렌스 프리티^{Terence Prittie}가 묘사한 바에 따르면, "둥실둥실하고, 타고나길 점잖으며, 평균적으로 유능한" 당 관료이던 슈마허의 후임 에리히 올렌하우어Erich Ollenhauer는 사민당의 딜레마를 파악했다. 사민당은 노동자 정당이라는 전통적인 이미지를 극복해야 했다. 올렌하우어는 좀 더 젊고 역동적인 사람들이 당에서 주도적 위치를 차지할 수 있도록 조용히 배려했다. 중요하게도, 대개의 경우 이 신참들은 당의 관료로서보다는 연방의회와 지방정부 및 주정부 관료로서 이름을 떨쳤다(사민당은 연방 선거보다는 주 선거에서 훨씬 성공적인 경향이 있었다). 이 신참 의원들은 1950년대와 1960년대에 각각 연방의회의 원내 대표와 원내 부대표를 역임한 프리츠 에를러Fritz Erler와 헤르베르트 베너Herbert Wehner를 포함했다. 특히 1940년대 스탈린과 단절한 전 공산주의자 베너는 매우 능력 있는 의회 전략가이자 전술가였다. 주 지도자들 가운데, 1948년 베를린봉쇄 때 서베를린 시장이던 에른스트 로이터, 로이터의 후원자이자 계승자 빌리 브란트Willy Brandt, 바덴뷔르템베르크Baden-Württemberg의 법무부 장관이자 기본법의 주요 창안자 카를로 슈미트Carlo Schmid는 저명인사 반열에 올랐다.

1959년 사민당 전당대회가 바트 고데스베르크Bad Godesberg(현재 본 교외 지역)에서 개최되었고, 새로운 당 강령이 채택되었다. 1891년 에르푸르트 강령 이래 처음으로 이루어진 사민당 이데올로기의 근본적 개정이었다. 고데스베르크 강령Godesberger Programm에서 드러난 변화는 심대했다. 본질적으로 사민당은 마르크스주의적 외피를 벗어던지고, 실용적이고 이슈 지향적인 보편 정당으로서 광범위한 유권자들에게 호소하고자 했다. 사민당은 혁명 대신 개혁을 강조했다. 사민당은 더 이상 중앙집권화된 개혁이나 생산수단의 사회화를 고집하지 않았다. 대신 '가능한 한 많은 경제적 자유, 필요한 만큼의 경제 계획'을 위해 일할 것을 약속했다.

주요 정당의 자기 변혁은 서독 정치사에서 가장 놀라운 발전 중 하나—정당 쪼개기의 급속한 소멸—를 낳는 데 결정적인 역할을 했다. 1949년의 연방 선거에서, 탈당파들은 여전히 28퍼센트의 지지를 얻었지만, 1965년에 이르면 그들 표를 모두 합쳐도 3.6퍼센트에 불과했다. 서독 초기 정치적 상황, 특히 경제적 상황이 급진적 정치에 적합한 것처럼 보였기 때문에 이러한 트렌드는 상당히 놀라운 일이었다. 실제로, 점령 당국들은 추방민들 사이에서 급진적 정치의 잠재력이 있다고 우려했기 때문에 추방민 정당에 대한 '허가'를 거부한 바 있다.

　이러한 이유로 추방민동맹Bund der Heimatlosen und Entrechteten, BHE은 정당 구성에 대한 연합국의 통제가 사라진 1950년대까지 조직화되지 않았다. 그러나 추방민동맹의 역사는 추방민 급진주의에 대한 우려가 엄청나게 과장된 것임을 신속하게 입증했다. 독일 동부 영토의 회복, 서독에 살고 있는 추방민들에 대한 특별수당 지급 요구 등이 담긴 강령을 가진 이 정당은 1953년 선거에서 5퍼센트 이상의 지지를 얻었지만, 이 수치는 투표에 참여했던 추방민 중 20퍼센트 미만의 지지를 얻었음을 의미했다. 게다가 당의 초기 성공은 이들이 가진 호소력의 정점이었을 뿐이다. 4년 안에 추방민 표의 대부분은 주류 정당, 특히 기민련에 흡수되었다. 1957년 선거에서, 추방민동맹은 5퍼센트의 장벽을 넘지 못했고, 그 후 당은 정치 지형에서 신속하게 사라졌다.

　바이마르 민주주의는 정치적 급진주의로 인해 약화되었다. 서독은 이러한 문제도 피할 수 있었다. 공산당과 네오나치Neo-Nazis당이 발판을 마련하고자 노력했지만, 어느 편도 의미 있는 정치 세력으로 발전하지 못했다. 서독 공산주의의 실패는 냉전과 스탈린의 서독 통제, 그리고 서독 공산당과 밀접히 관련되어 있다. 1947년부터 1951년 사이 독일 공산당은 소비에트 측이 모스크바의 스탈린주의 노선에서 이탈했다고 비판한 구성원들을 특징짓기 위해 당 지도부가 사용한 용어이던 티토주의자들^{Tiboists}에 대한 숙청으로 심대하게 약화되었다. 1949년 첫 번째 연방의회 선거에서, 사통당과 소비에트 군정청의 정책을 결사적으로 옹호하던 독일공산당은 소비에트의 서베를린봉쇄를 정당화하느라 매우 방어적인 위치에 섰다.

독일공산당은 1949년 선거에서 5.7퍼센트의 지지를 가까스로 얻었지만, 그 후 지지율이 급속히 감소했다. 당원 수는 1945년 30만 명에서 1956년 6만 명으로 감소했다. 1953년 연방의회 선거에서, 공산당의 지지율은 2.2퍼센트로 하락했다. 이 선거는 독일공산당 최후의 전국적 캠페인 시도가 되었다. 당의 급속한 정치적 쇠락을 고려할 때, 독일공산당 금지는 전혀 필요한 조치가 아니었지만, 1950년대 서독 사회를 휩쓸던 반공산주의 히스테리의 일환으로, 정부는 민주주의에 대한 위협을 이유로 공산당의 해체를 결정했다. 1956년 연방헌법재판소는 독일공산당이 서독에서 의회민주주의를 파괴하고자 노력하고 있으며, 그결과 정부는 이 당을 금지할 권리를 가진다는 것에 대해 동의했다.

연합국과 서독의 신생 민주주의 지도자들은 네오나치의 등장에 대해 우려했다. 물론 나치당은 금지되었지만, 우파 극단주의자들이 다양한 속임수로 재기를 시도한다는 타당한 우려가 있었다. 사실, 네오나치들은 매우 신속하게 다시 활동했다. 1945년 말 보수주의 집단으로 창당한 독일제국당^{Deutsche Reichspartei, DRP}은 나치들이 영향력을 확대해감에 따라 점차 극단주의적으로 변했다. 다행스럽게도 유권자들 사이에서 별 호소력은 없었다. 1949년 선거에서 독일제국당은 다수의 추방민과 옛 나치들이 거주하던 니더작센주에서 5퍼센트 이상의 지지를 얻었지만, 전국적으로는 1.8퍼센트의 지지를 얻었을 뿐이다.

공산주의자들처럼 네오나치들도 서독의 정치 지형에서 한자리를 차지하지 못했다. 1950년 독일제국당은 분당되었다. 당의 보수적 인자들은 결국 자민당과 기민련의 일부가 되었던 반면, 급진파는 새로운 그룹인 사회주의제국당^{Sozialistische Reichspartei, SRP}을 창당했다. 사회주의제국당의 지도자들은 쉽사리 확인할 수 있는 (괴벨스 선전부의 이전 장관이던 베르너 나우만^{Werner Naumann}을 포함하여) 유명한 옛 나치들이었고, 강령은 당이 의심할 바 없이 파시스트적 목표를 가진다는 것을 보여주었다. 결국 연방헌법재판소는 사회주의제국당이 1953년 선거에 참여하기 전에 위헌 판결을 내렸다. 1953년 이후 네오나치들은 1960년대에 다른 모습으로 재등장하기 전까지 조직되지 않은 세력으로 남았다.

분리된 정당들과 급진주의자들이 의미 있는 유권자 지지를 얻지 못하는 동안, 아데나워 시기의 선거들은 '3강'이라 불리던 기민련/기사련, 사민당, 자민당의 인기 경합으로 점철되었다. 최초의 연방의회 선거는 그 세력들이 대체로 균형적임을 보여주는 것처럼 보인다. 기민련/기사련(31퍼센트), 사민당(29.2퍼센트)은 거의 동등한 세력임을 보여주었고, 자민당(11.9퍼센트)은 존중할 만한 3위였다. 어떤 정당도 의회 다수당이 되지 못했기 때문에, 아데나워는 기민련/기사련, 자민당, 그리고 몇몇 군소 정당으로 연정을 구성했다.

1953년 선거에서 유권자들은 서독을 계속해서 통치할 강력한 권한을 연정에 부여했다. 정부는 경제 회복으로 인기를 얻었으며, 동독에서 있었던 러시아의 자유 억압과 한국전쟁 발발은 서독이 서방 측에 굳건히 뿌리내리는 데 아데나워 프로그램에 맞설 만한 실질적인 대안이 없음을 보여주었다. 1953년 기민련/기사련의 유권자 지지는 45.2퍼센트로 폭발적으로 증가했고, 자민당은 9.5퍼센트, 사민당 지지는 28.8퍼센트로 감소했다.

1957년의 중요한 선거에서, 기민련/기사련은 심지어 더 나은 성적을 거두었다. 앞서 언급한 대로, 독일의 자유선거 역사상 처음으로 하나의 정당이 과반수(50.2퍼센트)를 획득했다. 사민당 지지도 약간 상승했다. 사실상 1957년 경쟁은 서독이 양대 정당 구조로 접어들었음을 보여주는 것처럼 보였다. 자민당이 간신히 얻은 7.7퍼센트 지지는 그들을 5퍼센트 장벽에 위험스럽게 근접하도록 했다.

그러나 1957년 아데나워의 승리는 어떤 면에서 장기화된 이 기민련 지도자의 슬픈 정치적 몰락이기도 했다. 총리는 이제 81세가 되었고, 거의 10년 동안 서독 정치에서 도전받지 않은 지배적인 인물이었다. 아데나워는 정신적, 육체적으로 건강했지만, 점점 더 화를 잘 내고 잠재적인 라이벌에 대해 의심이 많은 사람이 되어갔다. 수년간 총리의 법정 추정상속인은 1949년 이래 경제부 장관이자 서독의 '경제 기적'을 기획한 공로를 인정받던 루트비히 에르하르트였다. 에르하르트는 기민련에서 가장 인기 있는 인물 중 한 명이었고, 그와 그의 당 지도자들은 에르하르트가 아데나워의 자리를 대신할 시간이 왔다고 느꼈다. 하지만 에르하르트에게는 불행하게도, 아데나워는 그의 법정상속인을 당의 지도자로서는 재앙적인 인물이라고 확신했다.

1959년 초, 이 난국에 정치적인 해결책을 제시하는 것처럼 보이는 기회가 왔다. 1949년 이래로 연방 대통령은 존경받는 학자이자 세련된 자유주의자 테오도어 호이스Theodor Heuss였다. 그의 두 번째 임기가 끝나가고 있었고, 다수의 기민련 지도자들은 아데나워가 연방 대통령이 되어야 한다고 제안했다. 하지만 총리는 얼마간 숙고한 후 거의 명예직인 이 자리를 거절했다. 그는 대신 에르하르트에게 이 자리를 제안했는데, 에르하르트는 이를 모욕으로 여겼다.

1959년 '대통령직 위기'는 모두가 불편함을 느끼는 가운데 끝났고, 1961년 연방의회 선거 결과는 유권자들 역시 아데나워 시기에 대해 실망하고 있다는 증거를 제시했다. 캠페인은 일련의 정부 측 실수와 차질로 특징지어졌다. 자민당은 선거 전에 벌써 기민련/기사련과 연정을 재구성하는 전제 조건으로 아데나워의 총리직 은퇴 날짜를 정할 것을 요구하겠다고 공표했다. 베를린장벽에 대한 아데나워의 신통치 않은 지각 대응도 많은 유권자들의 반감을 샀다. 총리는 야당인 사민당에 맞섰던 것과 같은 정도로, 그의 잠재적 후계자인 루트비히 에르하르트에 맞서 캠페인을 전개했다. 기민련의 각축과는 반대로, 사민당은 바트 고데스베르크 강령에서 신선한 정견을 제시했고, 총리 후보―47세의 사진 잘 받고 카리스마 있는 베를린 시장 빌리 브란트―는 정치 지도자의 세대교체를 체현하고 있었다.

1961년 선거 결과는 총리와 기민련에 매우 실망스러운 것이었다. 기민련의 대중 지지는 45.3퍼센트로 감소한 데 반해 사민당은 35퍼센트 장벽을 넘어 36.2퍼센트의 지지를 획득했다. 마찬가지로 중요하게도 아데나워 없는 기민련-자민당 연정에 대한 자민당의 캠페인은 그들을 정치적 망각으로부터 구제한 것처럼 보였다. 이 시기 자민당 지지율은 12.8퍼센트였다. 연정에 다시 참여하는 조건으로, 자민당은 아데나워가 다음 연방 선거 이전에 총리직에서 물러나겠다는 약속을 받아냈다.

스캔들이 아데나워 임기 마지막 몇 달을 망쳤던 것은 불행한 일이었다. 그중 가장 큰 손상은 1962년 10월 슈피겔 사건이었다. 예나 지금이나 독일과 유럽의 주도적인 시사 잡지인 〈슈피겔Der Spiegel〉은 탈권위, 인습 파괴, 그리고 경우에 따라서는 선정주의 등으로 평판이 높았다. 1962년 가을 이 잡지는 서독의 방위 전략에 문제가 있음을 보여주는 문건을 실었다. 그러자 〈슈피겔〉이 국가 안위를 위태롭게 했다고 주장하면서, 국방부 장관 프란츠 요제프 슈트라우스Franz Josef Strauss는 총리의 승인하에 잡지 편집인 체포, 본과 함부르크에 있는 잡지사에 대한 압수 수색을 명령했다. 이 고압적인 태도에 대해, 언론과 여론은 이를 언론 자유에 대한 분명한 침해로 보고 격렬히 분노했다. 자민당은 슈트라우스가 사임하지 않으면 연정을 탈퇴하겠다고 위협했다(이는 정부를 붕괴시킬 수 있었다). 국방부 장관은 즉각 사임했고, 1963년 10월 아데나워 역시 자민당과의 약속을 지키며 사퇴했다. 그는 4년 후 91세로 사망했다.

⊙ 경제 회복

루트비히 에르하르트는 1963년 10월 서독의 총리가 되었다. 그는 독일에서 가장 인기 있는 인물 중 한 명이었다. 그는 서독사에서 가장 성공적인 이야기인 전후 '경제 기적'을 어느 누구보다도 체현하고 있는 인물이었다. 급속하고 지속적인 경제 회복에 대한 전망은 1949년에 분명별로 없었다. 이 나라의 경제적, 사회적 수요의 리스트는 엄청나게 길었다. 주택, 아파트, 공업 플랜트의 재건축, 수송 시설 개조, 산업 생산재개, 수출 시장 재개방, 수백만 명의 추방민과 무주택자를 사회구조 속으로 포함시키는 것 등이 그것이었다. 이들은 의사 결정자들 대부분을 겁먹게 하기에 충분할 정도로 엄청난 과제들이었다. 하지만 루트비히 에르하르트는 물리적 파괴와 사회적 처참함이라는 그림을 지배하는 것 뒤에 감추어지기는 했을망정 서독이 몇 가지 중요한 자산을 보유하고 있음을 알아차렸다.

인구 유입은 많은 지역에서 인구 과밀을 낳았지만 동시에 노동자 부족으로 경제 회복이 방해받지 않기에 충분한 정도의 노동력을 제공했고, 노사 관계 역시 새로운 발판 위에 올려놓았다. 독일 노동자들은 이제 단일 조직인 독일노동조합총연맹Deutscher Gewerkschaftsbund, DGB(독일노총)으로 조직되었다. 이 새로운 통솔 기구는 사회주의자, 자유주의자, 가톨릭 노조를 포함했고, 전국적 차원에서의 단체교섭을 용이하게 했다. 또한 노동계는 경제 결정 과정에서 더 큰 역할을 담당할 수 있게 되었다. 연방공동결정—1949년 미 군정청이 거부했던 바로 그 법—은 거대 기업의 피고용인들이 이사회 구성원 중 적어도 한 명을 선출할 권리를 갖도록 강제했다(이 법은 이후 수정되어 이제는 노동계 인사가 주요기업 이사회의 절반 정도를 구성한다). 그 결과 일반적으로 조화로운 노사관계의 장기 지속을 보장하는 민주적 조합주의Democratic Corporatism의 한 형태가 생겨났다. 서독은 어떤 주도적 산업국가보다도 파업이나 다른 형태의 노동불안을 훨씬 덜 겪게 되었다.

게다가 엄청난 규모의 재건 노력은 향후 수년간 민수품을 위한 사실상 무제한적인 시장이 있으며, 생산만 충분하다면 인플레이션의 압력 역시 거의 없다는 것을 의미했다. 다른 말로 하면, 아르놀트 지보테크가 지적했던 것처럼, 우편, 국적기인 루프트한자, 그리고 철도 등 1950년대와 1960년대에 여전히 공기업으로 남은 기업들을 근대화하기 위한 엄청난 투자로 경제 호황이 촉진된 면도 있지만, 이 시기는 동시에 혁신적이고 대담한 기업가들을 위한 황금기이기도 했다. 특히 중요했던 것은 연방 철도 체계의 지속적인 전기화로, 철도의 속도를 높이고 독일 공기의 질, 즉 환경문제에 긍정적인 효과를 낳았다.

국제 환경 역시 우호적이었다. 전쟁으로 인한 오랜 결핍의 시기가 지나고, 민수품을 위한 국제적 판매상들의 시장이 열렸다. 미국으로 하여금 엄청난 산업 생산력을 군수품 필요에 집중하도록 한 한국전쟁은 독일의 수출을 위한 추가 기회를 가져왔다. 한동안 서독은 엄청난 자본 문제를 안고 있었지만, 미국달러로 뒷받침된 도이치마르크의 상승세는 머지않아 서독을 외국과 국내 투자자들에게 매력적인 장소로 만들었다.

최근 들어 마셜플랜과 그 원조의 중요성이 과연 서유럽 부흥을 가능케 한 요소였는지 의문시되고 있다. 새로운 연구들은 미국의 원조가 인과적 요인으로보다는 촉매제로서 작동했다고 지적한다. 한 연구자는 재건에 필요한 자본과 물자의 7퍼센트 정도만 미국에서 왔고, 나머지는 유럽인들에 의해 제공되었다고 주장한다. 그러나 동시에 전쟁으로 할퀴어진 대륙에 끼친 미국 원조의 심리적인 효과도 과소평가될 일은 아닐 것이다. 1차대전 후의 상황과 달리 마셜플랜은 미국이 유럽으로부터 등을 돌리지 않을 것임을 의미했던 것이다.

이 모든 긍정적인 요인들로는 두 가지 근본적인 질문에 답할 수가 없다. 하나는 독일의 생산력을 자극하기에 가장 좋은 방법과 관련된 것이고, 다른 하나는 그것이 무엇이건 채택된 경제정책의 사회적 함의와 관련된 것이다. 1949년 서독의 사회고통지수Social Misery Index는 매우 높았으며, 그마저도 불균등하게 분배되어 있었다. 자유시장경제의 힘이 풀려났을 때, 번영이 대부분의 사람들을 궁핍하게 둔 채 소수에게만 가게 될 위험은 없는가? 그러한 시나리오—그리고 이미 자신들의 운명에 대해 비통해하던 1,320만 명의 추방민 역시 빈민이 될 가능성이 높아 보였다—는 정치 불안정과 더불어 바이마르의 조건으로 돌아가리라는 우려를 낳았다.

에르하르트와 사민주의자들은 서독의 경제 회복에 대해 근본적으로 다른 계획을 제시했다. 공동통치지구의 경제문제 담당 최고 행정관이자 후일 연방 내각에서 계속해서 경제부 장관을 지낸 에르하르트는 상대적으로 제어받지 않은 시장 세력들이 많은 서독인들에게 최대의 번영을 제공하게 될 것이라고 주장했다. 그는 자유시장체제가 빈부 격차를 늘리리라는 것을 인정하면서도, 자유로운 기회들로 가능케 된 국민총생산의 급격한 증가가 사회고통지수를 감소시키기에 충분한 재원들을 마련할 것이라고 확신했다. 이익은 상대적인 조건에서는 매우 차별적으로 분산되지만, 절대적인 측면에서는 모두가 잘살게 되리라는 것이었다.

사민당은 에르하르트의 부흥 계획이 서독에서 자본주의 지배를 영속화하고 빈부 격차를 증대시킬 것으로 보고 격렬히 저항했다. 1950년대 중반까지 사민주의자들은 민주적으로 통제되고, 중앙에서 계획되며, 기초산업과 천연자원에 대한 공적 소유를 동반하는 경제를 옹호했다. 가족 기업과 중소기업은 민간 소유로 남게 될 것이었다. 게다가 고소득에 중과세를 부과하여 공정한 소득분배를 가능케 하고자 했다.

앞서 언급했던 것처럼 1950년대의 선거 결과는 점점 더 많은 유권자들이 에르하르트를 지지했음을 보여준다. 이 경제부 장관이 예상했던 대로, 유럽 부흥 계획의 초기 경기 부양책 이후 경제는 자가발전했다. 에르하르트가 '사회적 시장경제'라고 부른 것은 독일사에서 전례 없는 수준의 부를 서독에 안겨주었다. 빈곤 지구는 여전히 남아 있었지만, 경제 대부분 분야에서 눈부신 확대로 사실상 전 서독인이 이익을 얻었다.

그 수치는 참으로 인상적이었다. 1951년부터 1963년 사이 서독 경제는 연간 7.1퍼센트 성장했다. 독일 가계의 평균 가처분소득은 1950년대부터 1970년대 사이에 400퍼센트 증가했다. 1950년 1,640만 가구가 1,010만 호의 주택과 아파트에서 살아야 했다. 8년 후 450만 호의 추가 건설로 주택 부족은 상당히 완화되었다. 실업은 1950년 8.1퍼센트에서 1965년 놀라운 수치인 0.5퍼센트로 하락했다. 경제와 정치적 조건상 에르하르트 프로그램은 대단히 성공적이어서 1959년 사민당은 국가가 주도하는 계획경제라는 자신들의 제안을 철회했고, 자유로우나 사회적 책임이 있는 시장경제 개념을 지지했다.

경제성장을 사회정책으로 변형하는 일은 정치적 결단과 타협을 필요로 했다. 부분적으로 사회적 책임이라는 목표는 사회복지 프로젝트를 위해 배정한 엄청난 규모의 공적 자원을 통해 실현되었다. 예컨대 대부

1945년 이후 가장 유명하고 논쟁적인 포스터 가운데 하나. 1953년 연방의회 선거에서 공식적으로는 여전히 마르크스주의를 표방하는 사민당에 맞서 기민련은 "모든 마르크스주의자의 길은 모스크바로 통한다. 따라서 기민련에 투표하라"고 주장했다(출처: akg-images).

분의 주택 건설은 정부 보조금으로 가능했다. 게다가 두 가지 주요 법안이 경제성장의 과실을 사회 모든 계층이 누릴 수 있도록 했다. 두 법안은 모두 1950년대 초반, 그러니까 서독 경제의 도약이 분명해졌을 때 마련되었다. 1952년 5월 연방의회는 피해보상법안Lastenausgleichgesetz을 통과시켰다. 이 법에 따라, 정부는 향후 수십 년에 걸쳐 전쟁과 관련된 부동산 혹은 유동자산 상실에 대한 부분적 보상금을 지불했다. 1986년 말까지 1,300억 도이치마르크(684억 달러)가 5,700만 신청자들에게 제공되었다.

동일한 배상 원칙이 나치 학살의 유대인 희생자들에게도 제시되었다. 서독 정부는 이스라엘과 협약을 맺고 독일계 유대인들과 그들의 후손들에 대한 배상금 지불 협정을 체결했다. 1952년부터 1966년 사이 35억 도이치마르크(8억 2,000만 달러)가 이 목적으로 책정되었다. 과거 독일의 의무에 대해 인정한 또 다른 중요한 사례로, 연방정부는 바이마르공화국의 대외 채무에 대한 법적 책임도 인정했다. 채권자들과 협의 하에, 서독은 결국 2/3의 채무를 탕감받았지만 남은 부분을 연부 지급 형식으로 상환했다. 최종 지불이 완료된 것은 2010년 10월이었다.

마찬가지로 중요했던 두 번째 법안은 1953년 2월에 통과된 추방민법Vertriebenengesetz이었다. 독일의 난민 인구는 매우 불균등하게 분산되었다. 엄청나게 많은 수가 소비에트 지역과 인접한 농촌 지역에 거주했고 ―슐레스비히홀슈타인, 니더작센, 헤센, 바이에른 등 ―이는 지방정부나 주정부에 엄청난 문제들을, 그리고 지역민들 사이에서는 분노를 야기했다. 추방민법은 비례와 형평성에 맞게 전체 서독 주에 추방민을 분산하기 위한 할당제를 결정했고, 새로운 주택과 직업훈련을 위한 연방 지원을 제공했다.

이 두 주요한 사회정책과 관련된 총액은 엄청난 규모였다. 1952년부터 1962년 사이, 470억 도이치마르크(112억 달러)가 두 법의 이름으로 분배되었고, 개인 지불은 1인당 6,000도이치마르크에 달했다. 그러나 그 노력은 그럴 만한 가치가 있는 것이었다. 소득재분배 정책은 의심할 나위 없이 정치적 급진주의의 주요한 근원이 되었을지도 모르는 문제를 제거했고―이는 확실히 추방민동맹 같은 그룹의 힘을 약화시키는 데 도움이 되었다―평균적인 생활수준의 향상은 과거의 부유층, 그리고 '경제 기적'의 명백한 부산물이 된 신흥 부유층에 대한 분노를 약화시켰다.

그러나 그 의심할 나위 없는 장점들에도 불구하고 에르하르트의 '사회적 시장경제'는 본질상 낙수trickle-down 경제를 의미했고, 이는 절대적인 측면에서 볼 때 빈부 격차를 증대하는 것이었다. 그럼에도 그것은 받아들일 만했고, 실제로 대부분의 서독인들이 열광적으로 지지했는데, 이는 하향 침투의 속도가 충분히 빠르고 충분한 정도로 이루어져 거의 모든 사람들의 생활수준을 크게 향상시켰기 때문이다. 그러나 이 결과들은 1970년대 후반 이후로는 불가능해진 경제성장률을 통해서만 달성될 수 있는 것이었다.

경이로운 성장률에 더해, 경제 기적은 독일의 경제적 지렛대가 북쪽에서 남과 남서쪽으로 옮겨가는 시작점이기도 했다. 탄광, 선박 건조, 강철 제조업이 중요성을 잃어감에 따라 북독일과 루르의 상당한 지역들이 '사양산업 지대'가 되었다. 반대로 독일의 일차적 수출산업―화학, 자동차 생산, 전자―의 고향인 바이에른, 바덴뷔르템베르크, 헤센 지역은 지속적인 번영의 시기를 경험했다.

⊙ 국제적 인정

루트비히 에르하르트가 경제 기적을 체현했지만, 아데나워가 서독의 외교정책을 진두지휘했다는 점에는 의심의 여지가 없다. 그러나 아데나워 시대 초기의 경우, 서독의 외교정책을 말하는 것은 사실 부절적한 일이었다. 1949년의 점령 법규에 따라, 연합국 최고위원회가 서독의 외교관계를 좌우할 권한을 보유했다. 1954년에 이르러서야 서독은 독자적으로 외교 업무를 담당할 권한을 다시 얻었다.

독일연방공화국이 거의 동등한 조건하에서 국제사회의 일원으로 합류하기를 바라는 가운데, 아데나워는 세 가지를 서독의 국제적 위상에서 중요한 쟁점이라고 보았다. 먼저, 미국과의 항구적 관계를 최우선으로 생각하는 가운데, 두 번째로 서구 3강과 지속적으로 우호적 관계를 가지는 데 우선순위를 두었다. 이와 밀접하게 관련된 것이 서유럽 국가들, 특히 프랑스와의 정치적, 군사적, 경제적 협력이었다. 마지막 세 번째는, 소비에트와 동유럽 국가들과의 관계였다(동독과의 관계는 당시 서독에서 외교적으로나 정치적으로 관심사가 아니었다. 동독은 여전히 관행상 소비에트 점령지역으로 언급되었고, 동독 문제는 외무부가 아니라 연방전독일문제부Bundesministerium für gesamtdeutsche Fragen에서 다루어졌다).

서구 3강과의 관계에 관한 한, 아데나워는 이 과거 적들에게 서독이 그들의 충실한 친구가 되었고, 앞으로도 그러리라는 것을 입증하는 데 골몰했다. 총리의 비판자들은 서구 열강의 신뢰를 얻어내려는 그의 노력이 과하게 아부하는 것이라고 비난했으나(쿠르트 슈마허는 1949년 연방의회에서 외교정책을 논하는 가운데 그를 두고 '연합국의 총리'라고 불렀다), 아데나워는 냉전 상황에서 서방 입장에 대해 서독이 변함없는 지지를 보내야 비로소 서방 점령국들이 독일에 대한 잔여 통제권을 점진적으로 포기할 것이라고 확신했다.

그 과정은 매우 느리고 비용도 높았지만 본질적으로 아데나워가 옳았다. 주요한 돌파구는 1952년 일반협약Generalvertrag과 더불어 왔다. 이 협정으로 서방 연합국은 독일에서 여전히 '최고 권력'을 보유하지만, 1949년 점령 법규의 주요한 부분을 포기하는 것에 대해 형식상으로 동의했다. 그들은 서독과 서베를린이 공격받을 경우 방어에 나설 것도 약속했다. 그러나 아데나워 정부는 서독이 서구 방어선에 포함된 것에 대한 보답으로 미국의 압력에 굴복했고, 서독에 군대를 재조직하는 데 동의했다. 사민당원들은 일반협약을 격렬히 비판했고, 서독의 재무장에 특히 반대했다.

아데나워 초기 서독의 외교정책을 둘러싸고 벌어진 정부와 야당의 격렬한 갈등은 바이마르 시기 국가적 합의의 부재를 떠올리게 했지만, 1950년대 중반경에 이르면 아데나워 전략의 명백한 승리는 야당의 힘을 상당 부분 빼버렸다. 물론 세부 사항에 대한 논란은 남았지만, 1954년경 이래로 서독은 주요한 외교정책 목표에 대해 양당 간에 상당한 합의를 이룰 수 있었다.

서방 강대국들 사이에서 대등한 파트너로서 인정받고자 한 서독의 노력에서 또 다른 이정표가 된 것은 1954년 **독일협약**Deutschland-vertrag이었다. 이 협약에 따라 서독은 형식상 주권국가로서 독자적인 외교정책을 수행할 수 있었다. 서방 연합국은 독일에는 하나의 합법 국가만 있을 뿐이라는 서독의 주장을 지지하면서, 서독을 독일 국민들의 유일한 대표체로 인정했다. 연합군 부대는 독일 땅에 주둔해 있었지만, 점령자로서가 아닌 동맹이자 친구로서였다.

아데나워와 그의 지지자들은 독일협약이 동독에 대한 국제적 지지를 얻고 서독으로 하여금 러시아 주도 아래 통일을 받아들이도록 유인하려고 했던 러시아의 노력에 심대한 타격을 가하는 일이라고 보았다. 아데나워 시기 내내, 러시아인들은 독일을 재통일하는 유일한 방법은 이 나라의 비무장과 두 독일 국가의 상호 인정을 통해서만이라고 계속해서 주장해왔다. 1950년대 미국 국무부 장관이었던 딘 애치슨Dean Acheson 과 존 포스터 덜레스John Foster Dulles뿐만 아니라 아데나워도 이러한 시나리오를 일언지하에 거절했다. 한동안 사민주의자들은 러시아의 제안을 고려해볼 의사가 있는 것처럼 보였다. 그들은 소비에트가 동독과 서독에서 자유선거에 동의한다면 독일의 영원한 비무장화를 수용하겠다고 제안했다. 그러나 러시아는 엇갈리는 메시지를 보냈다. 한편으로, 1951년과 1952년 그들은 모든 독일인을 대상으로 하는 자유선거를 지지하는 것처럼 보이는 일련의 외교적 계획에 착수했고, 1955년에는 오스트리아가 영원히 중립국이자 비무장 상태로 남는다는 조건하에 오스트리아로부터 모든 외국 군대를 철수하는 데 동의함으로써 이를 위한 선례를 남기기도 했다. 다른 한편으로, 러시아는 동독의 스탈린주의화 속도를 높임으로써 통일되고 민주적인 독일을 더 어렵게 만들었다.

서방 연합국과 아데나워가 러시아의 접근을 반복적으로 거절하고 독일협약도 체결된 후인 1955년, 소비에트는 그들의 '두 독일' 전략을 강행했다. 그들은 서독 정부에 소비에트와의 외교관계를 개시할 것을 강요했는데, 주로 여전히 러시아에 억류되어 있는 수천 명의 독일인 포로들을 석방하지 않겠다는 위협을 통해서였다. 소비에트는 동독과 본에 대사를 보낸 첫 번째 국가가 되었고, 이로써 두 개의 합법적인 독일 국가가 존재한다는 자신들의 주장을 부각시켰다.

서독인들은 소비에트와 서독의 대사 교환으로 만들어진 외교적 선례에 대해 명백히 우려했다. 아데나워 정부는 할슈타인 독트린Hallstein Doctrine을 통해 두 국가 이론의 확산을 막으려고 노력했다(발터 할슈타인 Walter Hallstein은 1951년부터 1958년까지 서독 외무부 장관이었고, 후일 유럽경제공동체European Economic Community, EEC의 의장이 되었다). 그리고 이 정책 아래, 서독은 소비에트를 제외하고 동서독을 동시에 인정하는 국가와는 외교관계를 개시하지 않거나 단절하겠다고 공표했다. 미국의 지원을 받고, 인상적인 경제력을 활용하여 개발도상국에 압력을 가함으로써, 서독은 몇 년간 할슈타인 독트린을 강요하는 데 성공했다. 동독의 외교적 관계는 동부 유럽과 아시아의 공산주의 국가들에 한정되었다.

아데나워 내각은 동부 유럽에 대한 외교적 장벽을 세우는 한편, 서둘러 서구 연합국 구조 속에 서독을 포함시키기 위해 가능한 모든 수단을 활용했다. 이러한 노력의 중요한 부분은 서독이 서유럽 방위를 위해 군사력을 제공할 의지를 갖고 있었던 점이었다. 그러한 계획들은 논란의 여지가 없지 않았다. 독일에서 재무장에 반대하는 시민운동은 수천 명을 집회로 이끌었다(운동은 '나 없이!Ohne Mich'라는 슬로건을 채택했다). 독일의 이웃 국가 가운데 특히 프랑스는, 이해할 만한 일이기도 하거니와, 2차대전 종전 불과 수년 만에 독일군이 재건되는 것에 의혹을 가졌다.

이러한 반대들에도 불구하고 유럽방위공동체European Defense Community, EDC는 독일 군대를 재건하면서도 독립적인 독일의 군사행동에 대한 프랑스의 우려를 잠재운다는 이중의 목표에 완벽하게 부합하는 것처럼 보였다. 1952년 일반협약과 거의 동시에 협의된 유럽방위공동체의 조건은 통합된 서유럽 군대를 제안했다. 6개 유럽국—프랑스, 이탈리아, 서독 그리고 베네룩스 3국—으로부터 차출한 군대는 그들 국가의 참모본부 통제를 벗어나서 6개국 장교들로 구성된 국제사령부의 지휘하에 배치되었다. 실제로 어떤 독일 군대이건 간에 국제적 통제하의 군사력이 될 터였다.

유럽방위공동체는 서독에서 정치적으로 논란거리였지만 연방의회는 결국 협약을 승인했다. 서독 군대 창설을 금지하는 헌법적인 장치들이 제거되면서, 이에 필요한 기본법 수정안이 통과되었다. 그러나 1954년 8월 프랑스 국민의회French National Assembly는 유럽방위공동체 개념을 거부하고, 통합된 유럽군 창설을 위한 노력을 종식시켰다. 유럽방위공동체가 폐기됨에 따라, 1955년 서독은 북대서양조약기구North Atlantic Treaty Organization, NATO의 완전한 회원이 되었고, 이는 미국이 언제나 선호해온 선택지였다. 2년 후 서독에 징병제가 재도입되었고, 1960년대 초에 이르면 12개 사단으로 구성된 50만 명의 서독군이 나토 지휘 아래 놓였다.

실패로 돌아간 유럽방위공동체 협약에 대한 회담을 진행하면서, 6개국은 결국 유럽경제공동체를 낳는 일련의 협정에 대해서도 협상했다. 프랑스 외무부 장관 로베르 슈망Robert Schuman의 주도 아래 6개국은 유럽석탄철강공동체European Coal and Steel Community, ECSC를 창설하는 데 동의했다(알자스 출신의 슈망은 개인적인 이유로도 독불 간의 적대적 관계를 줄이려고 노력했다. 그는 알자스가 독일제국의 일부이던 1차대전 시기에는 독일 측에서 싸웠고, 2차대전 때는 자유 프랑스 편에서 싸웠다). 유럽석탄철강공동체는 6개국 사이에 석탄과 철강 생산품에 대한 관세를 폐지하고 공동시장을 만들어냈다. 더 중요하게는 이 생산품들에 대한 교역과 제조 수준에 대한 통제를 국제 최고행정청에 넘겨, 이들의 결정이 국내 의사결정체들을 대신하도록 했다.

유럽석탄철강공동체는 1957년 유럽경제공동체를 만든 로마조약Treaty of Rome의 전신이었다. 이 시기 6개국은 관세 감축에서부터 핵에너지의 평화로운 활용을 위한 공동 연구 수행에 이르기까지 일련의 협력 협정에 동의했다. 로마조약에서 가장 중요했던 것은 6개국 사이에 모든 관세 부담금이 없어질 때까지 관세 감축을 위한 시간표에 동의하기로 한 것이었다. 게다가 파트너들은 유럽의 농민들에게 엄청난 보조금을 제공하는 공동농업정책Common Agricultural Policy, CAP을 만들어냈다. 유럽석탄철강공동체의 경우처럼, 공동시장 행정 부서는 벨기에 브뤼셀에 본부를 둔 다국적의 유럽위원회European Commission, EC에 두었다.

로마조약은 참된 타협안이었다. 서독은 유럽 국가 공동체에 동등한 구성원으로 다시 받아들여짐으로써 정치적으로 이득을 얻었고, 6개국 가운데 가장 강력하고 발전한 산업이 6개국 간 관세 철폐 협의의 일차적 수혜자였기 때문에 경제적으로도 이득을 얻었다. 그러나 공동농업정책은 대규모 소농 인구를 둔 프랑스에 가장 유익했다. 서독은 농장 보조금을 위한 유럽경제공동체 기금의 가장 큰 몫을 부담했다.

유럽에서 '좋은 시민 자격'을 얻었던 데 더해 공동농업정책에 받아들여진 것은 독불 관계를 새로운 토대 위에 올려놓는 데 중요한 역할을 했다. 우호적 관계라는 새로운 시대의 주요한 상징은 자르 지역이 독일의 통제권으로 복귀한 것이었다. 1945년 프랑스가 이 지역과 이 지역의 독일인, 그리고 이들의 문화를 독일에서 떼어낸 후 프랑스의 정치경제적 통제하에 두었던 것을 떠올려보자. 1차대전 후에 그랬던 것처럼 프랑스는 자르 지역을 1955년 유럽평의회Council of Europe 행정 감독하에 둠으로써 자르를 '유럽화'하려는 계획을 지지했다. 아데나워는 독일이 보다 나은 독불 관계를 위해 지불해야 했던 대가의 일부로서 이 계획을 받아들였지만, 자르 지역 사람들은 주민 투표를 통해 이 계획을 압도적으로 부결시켰다. 다시 프랑스는 품위 있는 패배자로 나섰다. 프랑스는 자르 지역에서 약간의 경제적 양보를 얻어냈지만, 정치적으로 이 영토는 다시 독일의 일부가 되었다.

자르 반환뿐 아니라 서유럽 통합을 유도한 협약들은 프랑스 4공화국 지도자들과 협의된 것이었다. 샤를 드골이 5공화국 대통령으로서 다시 권좌에 복귀했던 1958년 상황은 완전히 달라질 터였다. 하지만 드골은 더 이상 복수심에 가득 찬 자유 프랑스의 지도자가 아니었다. 그는 독불 간의 관계 회복으로의 길을 지속하고자 애쓰는 면모를 보임으로써 독일인들에게 신선한 충격을 주었다. 드골과 아데나워는 특히 잘 어울렸다. 프랑스 대통령은 성공적인 서독 순방을 했고, 프랑스의 랭스Reims 성당에서 두 지도자가 나란히 기도하는 장면은 독불 간 우호 관계의 새로운 시작을 상징했다. 이 관계는 1963년 상호 협약 체결을 낳기에 이르렀다. 그때부터 서독과 프랑스의 지도자들은 1년에 두 번씩 상호 관심사를 논하기 위한 정기적인 정상회담을 가졌다.

아데나워 시기 외교관계에 대한 대차대조표는 들쑥날쑥하다. 독불 우호 관계, 서유럽으로의 경제적, 정치적 통합, 존중받는 국제사회 일원으로의 복귀 등은 분명 흑자 쪽 항목이었다. 이는 바이마르 지도자들이 이루지 못했던 목표들이었다. 그러나 몇몇 주요한 지체들도 있었다. 가장 중요했던 것은 독일 재통일 전략의 실패였다. 소비에트 세력을 동독으로부터 몰아내려는 서구의 힘과 결정에만 의존했던 것은 분명 효과적이지 않았다. 이 시기에 러시아가 민주적이고, 통일되었으나 중립적이고, 비무장화한 독일을 허용했을지는 열린 과제로 남지만 서독도, 서방 연합국도 이러한 가능성을 진지하게 탐색하지 않았다.

1963년에 동독의 존재를 부정하려 했던 아데나워의 정책은 실패였던 것이 분명하다. 사실, 그 정책의 태생적인 위험성은 1958년 말 러시아 지도자 니키타 흐루쇼프Nikita Khrushchyov가 베를린장벽 건설을 낳게 한 베를린 위기를 시작했을 때 분명했다. 아데나워 시대가 끝날 무렵, 할슈타인 독트린은 케케묵은 반면 동독의 존재는 확고한 것처럼 보였다. 서유럽 국가들과 미국은 여전히 동독을 고립시키려는 서독의 노력을 지지했지만, 급속히 늘어나는 많은 개발도상국은 두 독일 간 다툼에 전혀 관심이 없었고, 두 독일 국가와 외교적 관계를 체결해서는 안 될 이유를 몰랐다. 1957년 유고슬라비아는 동독을 인정한 최초의 비동맹국이 되었다. 서독은 즉시 할슈타인 독트린을 들먹이며 유고와 외교관

1963년 프랑스 대통령 드골의 독일 방문 사진. 사진은 좌측에 선 드골과 우측에 선 아데나워를 보여주고 있다. 드골은 방문한 곳 어디에서건 군중으로부터 열광적인 환영을 받았다. 환영 표지판(왼쪽에서 오른쪽으로)에 "프랑스 만세, 통일 유럽 만세"(프랑스어), "우리는 유럽연방 국가를 원한다"(독일어), "드골 만세"(프랑스어)라고 씌어 있다(출처: De Agostini Editore Picture Library).

계를 단절했지만, 할슈타인 독트린이 앞으로 오랜 기간 다른 국가들로 하여금 유고의 예를 따르지 않게 하지 못하리라는 것은 당시에도 이미 분명했다.

프랑스와의 우호 관계도 부정적인 측면을 안고 있었다. 드골과의 우호 관계 대가는 매우 컸다. 확실히, 프랑스 지도자는 독불 관계 개선에 진지한 관심을 갖고 있었지만, 한편으로 미국과 영국의 과도한 통제라고 여기던 것으로부터 서유럽을 해방시키고자 하는 자신의 정책에 대해 독일의 지지를 구했다. 미국과의 우호 관계가 모든 외교관계의 기반이던 서독으로서는 독불 우호 관계와 앵글로색슨 세력과 특별한 관계를 유지하는 것 사이에서 두 목표를 조화시키는 데 상당한 어려움을 겪었다. 예컨대 서독은 1963년 1월 영국의 공동시장 입회 신청을 막으려는 프랑스의 일방적인 거부권 행사를 막을 수 없었다. 아데나워가 원치 않게 총리직에서 물러날 무렵, 그가 외교정책의 토대로 삼아온 서방 연합국과의 동맹은 상당한 균열을 보이고 있었다.

권력 교체(1963~1974년)

1963년 10월 루트비히 에르하르트가 총리가 되었을 때, 사실 아데나워가 그에게 난감한 유산을 물려주었음에도 불구하고, 그는 자기 앞에 뒤숭숭한 미래가 펼쳐질 것으로 기대하지 않았다. 연로한 총리의 퇴임은 향후에 모습을 드러낼 많은 문제점을 기민련/기사련에 남겨주었다. 기민련은 여러 분파와 세력으로 구성되어 있었다. 아데나워처럼 강력한 지도자는 분열과 분파주의가 감당할 수 없는 정도가 되는 것을 막을 수 있었지만, 에르하르트는 이러한 자질을 갖고 있지 않았다. 그는 일상의 정당정치에 별 관심이 없었고, 그에 대한 유권자들의 개인적인 인기가 그를 분파 정치로부터 초연할 수 있게 해주리라고 믿고 있었다.

강력한 전국적 지도자의 지도력이 없는 상태에서, 기민련은 영지의 토호들과 다양한 이익집단 지도자들이 이끄는 '봉건적 봉토'의 연합체가 되었다. 이러한 전개 양상은 기민련 내에서 바이에른 기사련의 위상을 특히 강화시켰다. 1960년을 경과하면서 기사련은 바이에른주에서 도전받지 않는 정치 세력이 되었고, 주 선거와 전국 선거에서 매번 바이에른 유권자의 50퍼센트 이상의 지지를 획득했다. 탈중앙집권화된 기민련과 달리, 바이에른의 기사련은 의장인 프란츠 요제프 슈트라우스의 굳건한 통제 아래 있었다. 이 바이에른 지도자는 매우 강력한 지지를 받았고, 이를 활용하여 기민련의 여러 분파 지도자를 후원함으로써 기민련의 권력투쟁 결과에 효과적으로 영향을 미쳤다.

에르하르트의 세력은 사민당이 점차 힘을 얻어감에 따라서도 약화되었다. 사민당은 1950년대 중반 이래 도입한 인적, 이데올로기적 변화의 정치적 결실을 거둬들이고 있었다. 이 당은 이제 고령화된 기민련의 지도자들과 명백한 차이를 보이는 일군의 젊고 역동적인 지도자에 의해 주도되고 있었다. 1963년 에리히 올렌하우어가 사망한 후 당 총재가 된 빌리 브란트, 1966년 이래 역동적인 원내 지도자이던 헬무트 슈미트Helmut Schmidt 같은 인물들은 전후 세대의 관심을 대변하는 매력적인 인물들이었다. 1세기에 걸친 당 역사에서 처음으로, 사민당도 진정한 국민정당으로 발전해갔다. 당원들의 사회적 프로필도 변화했다. 1960년 55.7퍼센트의 사민당원이 블루칼라였고 21.2퍼센트만이 회사원 내지 공무원이었지만, 1960년대 말에 이르면 블루칼라의 비율은 39.6퍼센트로 감소한 반면 화이트칼라의 비율은 33.6퍼센트로 증가했다.

더 젊고 더 교육받은 당원들과 유권자들이 사민당에 지지뿐 아니라 문제도 동시에 제공했다는 점은 분명하다. 다수의 새로운 세대가 새로운 '삶의 질'을 낳을 포괄적인 사회개혁을 요구했다. 특히, 대체로 1968~1969년의 학생운동 붕괴 이후 입당한 대졸 당원들 사이에서 마르크스주의에 대한 관심도 부활했다. 1973년까지 당 집행위원회의 25퍼센트 정도가 자신들을 '좌파'라고 언급했다.

자민당은 의심할 나위 없이 주요 정당 가운데 가장 급진적인 변화를 겪었다. 사실 자민당은 거의 새로운 정당이 되었다. 정치 스펙트럼의 우파 유권자들 사이에서 안정적인 지지층을 확보하는 데 실패함으로써 절망감이 만연한 가운데, 자민당은 좌파에 문을 열었다. 전환은 1966년 자민당과 사민당이 독일에서 가장 큰 주인 노르트라인베스트팔렌Nordrhein-Westfalen에서 연정을 구성하는 데 합의했을 때 나타났다. 2년 후 당 지도부에서 변화가 나타났다. 자민당 연례 전당대회에서 대표단은 발터 셸Walter Scheel을 중앙당 총재로 선출했다. 노르트라인베스트팔렌주에서 자민-사민 연합을 강력히 지지했던 셸은 강경한 우파 자유주의자이자 민족주의자이던 에리히 멘델Erich Mendel을 대신했다(멘델은 다른 사람들에게 2차대전 시기에 국방군의 최고 무공훈장인 기사십자 철십자장을 수상했다는 것을 주지시키기를 좋아했다).

자민당이 한 실험의 정치적 결과는 엇갈리는 것이었다. 당은 신중간계급, 특히 중간계급 관료들과 전문 직업인들 가운데서 일정한 지지를 얻었다. 그러나 이를 위해 치러야 할 대가가 있었다. 자민당은 전통적 지지층이던 구중간계급의 지지를 대부분 상실했고, 농민들한테서 얻었던 지지도 거의 사라졌다. 1953년 독일 농민의 15퍼센트가 자민당에 투표했지만, 1972년 그 수치는 2퍼센트로 급감했다. 일반적으로, 당 자체 여론조사에 따르면, (당이 여전히 기민련과 연정 상태이던) 1965년 자민당을 지지했던 유권자들 중 25퍼센트만이 1969년 선거에서 자민당에 표를 던졌다. 자민당의 정치적 변화는 본질적으로 새로운 유권자를 얻음으로써가 아니라 한 무리의 지지자를 다른 무리의 지지자로 교체함으로써 일어나고 있었다.

5퍼센트 미만으로 떨어질 것에 대한 우려는 매우 컸다. 전국 선거에서 자민당이 사민당의 파트너가 된 지 1년 후인 1970년 자민당의 지지율은 니더작센과 자르 지역의 주의회 선거에서 5퍼센트 미만으로 하락했다. 노르트라인베스트팔렌주에서는 새로운 동맹인 사민당으로부터 '빌려온' 유권자들의 도움으로 간신히 이 장벽을 제거할 수 있었다. 사실 일종의 분할 투표인 유권자 빌려오기와 빌려주기 관행은 1960년대와 1970년대 선거에서 점차 일반적이 되었다. 연방의회와 주의회에 보낼 대표들이 같은 지역구에서 같은 비례대표제의 토대에서 선출되기 때문에, 독일의 유권자들은 언제나 두 장의 표를 행사했다. 한 장은 소선거구하의 대표 선택을 의미하는 것이고, 두 번째는 의회 구성원들 중 나머지 절반이 선택될 정당 리스트를 선택하는 것이었다. 전국적 경쟁이 접전인 경우, 일부 유권자들은 그들의 첫 번째 표를 그들이 지지하는 당의 직선 후보에게 던지고, 두 번째 투표용지는 그들의 '가족'당과 연정을 구성하게 될 당을 위해 행사했다. '빌려오기'의 정치적 중요성은 1972년 연방 선거에서 잘 드러났다. 자민당의 지지는 5.8퍼센트에서 8.4퍼센트로 증가했고, 후일의 분석에 따르면 다수의 사민당 유권자들이 그들의 두 번째 표를 자유주의자들에게 '빌려주었다'.

1960년대는 주요 정당들의 변화만 가져왔던 것이 아니라 정치적 극단주의의 외견상 재생도 나타났다. 정부가 공산주의 조직에 대한 금지를 조용히 포기한 후, 1968년 9월 독일공산당Deutsche Kommunistische Partei, DKP이 창당되었다. 독일공산당은 기본법이 규정한 한계 안에 머물겠다며 의회민주주의에 비위를 맞췄지만, 실제로는 정치적 명령과 거의 모든 재정적 지원을 동독의 사통당으로부터 얻는 사통당의 서독 지부였다. 이러한 연계 탓에, 독일공산당은 그다지 성공적이지 않았다. 1969년 2만 명의 당원을 가졌던 이 당의 전국 지지율은 0.6퍼센트였다.

공산주의자들이 별반 중요치 않은 소수파로 남은 반면, 극단적 우파는 한동안 심각한 위협인 것처럼 보였다. 1961년까지 네오나치즘은 정치적 망각 속으로 빠져들었다. 그러나 1964년 한 지도자가 등장하면서 이 운동에 새 삶을 불어넣었다. 아돌프 폰 타덴Adolf von Thadden은 독일제국당의 구성원이었지만, 빈사 상태의 독일제국당을 되살리기 위해 노력하는 대신, 타덴과 그의 동맹은 그 그룹을 해산하고 새로운 정치조직인 독일민족민주당Nationaldemokratische Partei Deutschlands, NPD을 창당했다.

당은 서독의 헌정 체제를 전복시키는 것을 옹호하지 않기 위해 조심스러워했으나(현재도 그러하다), 민족민주당의 강령과 전략은 이 당이 독일 극우파의 전통을 지속시키고 있다는 점에 대해 의심할 여지를 남기지 않는다. 쇼비니즘('우리가 〔오데르나이세 국경 동쪽 지역을 포함하여〕 전 독일에 대한 권리를 가진다'), 외국인 혐오('모든 외국인을 버리자!'), 그리고 나치 범죄와 범죄자들에 대해 눈가림하려는 노력은 민족민주당을 '네오나치'로 이름 붙이는 것이 타당함을 보여준다.

독일의 정치적 극단주의는 언제나 어려운 경제적 조건에서 이득을 얻어왔고, 민족민주당은 서독이 전후 최초의 경기후퇴를 경험했던 바로 그때 운 좋게도 모습을 드러냈다. 민족민주당은 1966년 헤센과 바이에른주 선거에서 8퍼센트의 지지를 얻는 등 여러 주의회에 즉시 대표를 보낼 수 있었다. 2년 후, 바덴뷔르템베르크주 선거에서 이 수치는 10퍼센트에 달했다. 다수의 분석가들이 언짢아 하며 나치의 초기 성장을 연상시킨다고 보았는데, 민족민주당에 대한 지지가 일찍이 구나치 세력의 근원이었던 지역에서 가장 높았기 때문에 특히 그러했다. 그 인기의 정점에서, 200만 명 이상의 유권자들이 주와 지방 선거에서 민족민주당에 투표했다. 타덴은 1969년 연방의회 선거에서 50명의 민족민주당 의원이 의석을 확보할 것이라고 자신만만하게 예언했다.

다행히도 민족민주당의 지도자들은 어설픈 정치적 예언자로 판명되었다. 당은 1969년 5퍼센트 장벽을 넘지 못했다. 전국 유권자 중 4.3퍼센트의 지지만 얻었을 뿐이다. 급속한 경제 회복과 더불어 우익 극단주의의 분명한 위협이 꺾였다. 민족민주당은 분파적 내분에 빠져들었고, 삽시간에 분열되었다. 1983년 연방의회 선거에서는 0.2퍼센트의 지지를 얻었을 뿐이다.

의회민주주의에 대한 도전과 1966~1967년의 후퇴는 연방공화국 초당파 정부, 즉 기민련/기사련과 사민당으로 이루어진 '대연정' 구성을 위한 배경이 되었다. 총리가 기민련을 효과적으로 이끄는 데 무능력했기 때문에, 에르하르트 정부는 거의 초기부터 문제에 봉착했다. 그 운명은 '경제 기적의 아버지'가 경기 불황에 잘 대처할 수 없었을 때 확고해졌다. 에르하르트가 이 상황을 통제하고자 헛수고를 기울이고 있을 때, 무대 뒤에서 기민련/기사련과 사민당 지도자들은 초당파 정부 구성에 대해 논의했다. 새로운 내각은 1966년 11월 말에 들어섰다. 각 파트너들은 이 예외적인 연정을 구성할 각자의 이유를 갖고 있었다. 기민련/기사련은 사민당에 불황을 다룰 책임의 일부를 지우고자 열심이었다. 1930년 3월 이후 연방정부에 참여해보지 못한 사민당은 새로운 선거에서 유권자들과 직면하기 전에 자신들에게 통치력이 있음을 보여주고 싶어했다.

보다 우세한 정당으로서 기민련/기사련은 초당파 정부에 총리를 제공했다. 두 사람이 진지하게 고려되었다. 기민련 프로테스탄트 분파의 지도자이자 1961년 이래 외무부 장관이던 게하르트 슈뢰더Gerhard

Schröder와 바덴뷔르템베르크주 지사인 쿠르트게오르크 키징거^{Kurt-Georg} Kiesinger였다. 이 두 후보 가운데 선택은 대체로 프란츠 요제프 슈트라우스에 의해 결정되었고, 그는 키징거를 선호했다. 부총리와 외무부 장관은 사민당 지도자 빌리 브란트에게 돌아갔다. 사민당은 또한 젊은 경제학 교수인 카를 실러^{Karl Schiller}를 경제부 장관—적어도 단기적으로는 내각에서 가장 중요한 구성원인—으로 제안했다.

'대연정'은 많은 점에서 전후 서독 발전의 분기점이었다. 지도자들은 한때 분열되었으나 이제 다시금 통합된 나라를 체현했다. 젊고 야심 찬 직업 외교관이던 키징거는 1933년 나치당에 가담했다. 제3제국 시기 외무부의 선전 부서에서 일하는 동안 그는 명목상 당원 자격을 유지했다. 반대로 빌리 브란트는 10대에 나치 독일에서 도망쳤고, 2차대전 시기 노르웨이와 스웨덴에서 망명하는 동안 나치에 적극적으로 저항했다.

신정부는 서독을 경제 불황에서 끌어올리는 데 성공했으나, 대연정 과정은 결코 순탄한 항해가 아니었다. 키징거와 브란트는 서로 잘 협력하지 못했다. 그들은 매우 다른 개성을 가진 지도자였다. 브란트는 총리청에서 외무부를 통제하려는 키징거의 시도에 분노했다. 더 중요했던 것은 건설적이면서도 격렬한 야당과 정부 간의 주고받기에 근거한 의회민주주의의 정상적인 과정을 대연정 구조가 본질적으로 유예시켰다는 점이다. 사민당과 기민련/기사련이 내각을 뒷받침하면서 1965년 선거에서 10퍼센트 미만의 지지를 얻은 자민당은 연방의회에서 효과적인 야당의 역할을 해나갈 수가 없었다. 특히 불행했던 것은 이러한 양상이 전쟁 직후에 태어난 새로운 세대의 독일인들이 정치적 성년기에 도달한 때 일어났다는 사실이다. 그들 중 일부는 '의회외부저항운동 ^{APO}'을 조직했는데, 의회민주주의에서는 그 헌정적 근거를 찾을 수 없는 개념이었다.

1960년대가 전 세계적 혼란의 시기라는 점을 기억해야만 한다. 베트남전쟁에 대한 미국의 저항운동, 프랑스 학생 봉기, 서독 의회외부저항운동은 모두 새로운 삶의 양식과 의식의 근본적인 변화에 대한 흐릿하지만 열정적인 탐색의 징후였다. 젊은 유럽인과 미국인들이 보기에 1950년대의 10년을 특징지었던 물질만능주의 시기는 새로운 세대의 지도자들이 권력을 잡았을 때 끝이 났다. 한 작가는 독일에서 1968년은 근대에서 탈근대로의 전환을 나타낸다고 주장했다.

의회외부저항운동—수천 명의 대학생 활동가들—은 1967년 6월 2일 독일의 한 현장에서 폭발했다. 서베를린의 자유대학 학생들은 이란의 샤Shah인 모하마드 레자 팔라비Mohammad Reza Pahlavi의 베를린 방문에 대항하는 대규모 시위를 조직했다. 시위는 폭력으로 분출되었고, 시위대와 경찰의 충돌로 베노 오네조르크Benno Ohnesorg라는 학생이 사살되었다(이때 슈타지Stasi—동독의 정보기관—가 직접 오네조르크 사살에 개입했다는 증거는 없었지만, 오네조르크를 죽인 경찰 카를하인츠 쿠라스Karl-Heinz Kurras가 사통당의 비밀 당원이자 정보기관의 첩자라는 사실이 2009년 폭로되었다). 이 비극은 나라를 양극화했다. 향후 수주간, 거의 모든 대학도시들에서 국내적으로는 '경찰의 잔혹성', 국외적으로는 베트남의 '파시스트' 미국의 전쟁에 맞서는 시위가 일어났다. 그와 동시에, 기민련/기사련의 우파는 '청년 깡패'들을 다룰 효과적인 조치를 요구했다.

서독에서 가장 성공한 신문 발행인인 악셀 슈프링거가 소유한 신문들은 학생 시위를 효과적으로 진압하라는 요구를 사설로 지지하는 데 특히 목소리를 높였다. 슈프링거의 신문은 매일 수백만 명에게 읽혔다. 타블로이드 〈빌트Bild〉만도 600만 이상의 발행 부수를 자랑했다. 슈프링거의 신문들은 매일 학생운동가들을 모스크바의 지배를 서독으로 확대할 목표를 가진 국제 공산주의의 대리인으로 묘사했다. 비록 동독이 몇몇 반정부 간행물에 보조금을 지불하기는 했어도, 이는 의회외부저항운동 활동가들 대부분에게는 분명 들어맞지 않는 말이었다. 예컨대 소프트 포르노와 좌파 정치를 성공적으로 결합하여 고등학생과 대학생들 사이에 광범위하게 유포되던 월간지 〈콘크레트Konkret〉는 1965년에서 1968년 사이 동독으로부터 세탁된 자금 200만 도이치마르크를 받았다. 동독의 재정적 지원이 통제의 끈과 더불어 왔음은 물론이다. 공산주의자들은 동베를린에서 〈콘크레트〉 사설 내용을 통제했다.

독일의 양극화는 가속화되었다. 1968년 4월 가장 있기 있던 의회외부저항운동 지도자 루디 두치케Ludi Dutschke가 자칭 민족주의자이자 반공주의자이던 요제프 바흐만Josef Bachmann의 총격을 받아 중상을 입었다. 비록 2009년까지는 드러나지 않았지만, 바흐만은 네오나치와 분명한 유대를 갖고 있었다. 즉각적인 반응은 독일 전역을 뒤덮은 새로운 시위의 물결이었다. 시위에 가담한 사람들 중 일부는 슈프링거 소유 언론의 일부 인쇄소와 편집국을 공격하고 불을 질렀다. 의회외부저항운동 내 소수파는 한 걸음 더 나아갔다. 프랑크푸르트백화점의 방화는 1970년대 중반 서독을 괴롭힌 테러 활동의 서막이 되었다.

대연정 내각은 이 소요의 징후들을 다루는 데 놀랍도록 무기력했다. 키징거는 독일의 청년 세대들과 의사소통하는 데 적합한 단어들을 찾느라 애를 먹었고, 슈트라우스는 강경파 지도자들 가운데 한 명이었다. 1968년 5월 연방의회는 시위대를 다루는 경찰의 권한을 확대하고, 폭력 시위 지도자들이 재판을 받는 절차를 아주 간소화할 일련의 비상법을 통과시켰다.

10년 이상 고려되었으며 의회외부저항운동의 활동과 직접적으로 관련되지 않았던 이 비상법은 강경파를 만족시키기는 했으되 일차적으로 시위를 낳은 문제점들을 별반 완화시키지 못했다. 그러나 1969년 5월로 계획된 새로운 연방 대통령 선거는 의회외부저항운동에 기득권층이 변화한 시대를 염두에 두고 있음을 보여줄 기회를 제공했다. 서독 연방 대통령은 5년마다 선출되었다. 1949년 이래로 서독의 모든 대통령은 자민당 내지 기민련 당원이었다. 1969년 연방총회Bundesversammlung — 대통령을 선출하는 회의로 연방의회 구성원 전부와 동수의 주의회 대표들로 이루어진다 — 는 연방의회와 같은 정치적 구성을 이루고 있었다. 가장 큰 의원단은 기민련/기사련 소속이었지만 사민당원과 자민당이 함께 과반을 이루고 있었다.

1969년의 두 후보는 기민련의 게하르트 슈뢰더와 사민당의 구스타프 하이네만Gustav Heinemann이었다. 슈뢰더는 널리 알려지고 존경받았으며 보수주의자였던 반면, 하이네만은 정치적으로 자유로운 개척자였다. 그는 원래 기민련 당원이었고, 아데나워 초대 내각에서 내무부 장관을 지냈다. 그는 1950년 아데나워의 재무장 계획에 반대하여 사퇴했다. 결국 하이네만은 사민당에 입당했다. 대연정 내각에서 그는 법무부 장관으로서, 의회외부저항운동의 관심사에 대한 자신의 이해심을 반복해서 표현할 수 있는 위치에 있었다. 구스타프 하이네만의 당선은 당시 서독의 다소 얼어붙은 정치 상황에서 한 모금의 신선한 공기처럼 보일 터였다. 자민당의 새로운 지도자인 발터 셸은 좌파에 대한 자민당의 전향적 태도의 일환으로서 하이네만에 표를 던지도록 당을 설득했고, 사민당 후보는 당선되었다.

1969년 연방의회 선거는 대통령 선거 불과 몇 달 후인 9월로 예정되어 있었다. 기민련은 스스로를 국가 통일 및 법과 질서의 수호자로 묘사하면서 '우파의 민족민주당을 넘어서고자' 노력했다. 사민당은 독일을 경제 불황에서 구한 자당의 활기 넘치는 경제부 장관 실러를 내세워 유권자들에게 진보적이고, 개혁적인 정당임을 호소했다. 마지막으로 자민당은 정부에 참여하지 않은 점에서 이익을 얻고자 노력했다. 자민당은 대연정의 실패로부터 자유로운 새롭고 젊은 정당을 자처했다.

비록 실제로는 유권자의 정서에서 상대적으로 작은 변화들이 심대한 충격을 낳았지만, 그 결과는 '중도에서 보다 혼란스러운' 편이었다. 기민련/기사련의 유권자 지지는 47.6퍼센트에서 46.1퍼센트로 약간 감소했다. 사민당은 약간 나아서 39.3퍼센트에서 42.7퍼센트로 지지율을 끌어올렸다. 여론 조사자들은 사민당의 성공이 카를 실러의 카리스마 있는 이미지와 동지화 경향Genosse Trend*, 즉 유권자들이 사민당의 새로운 이미지에 지속적으로 반하는 눈덩이 효과 덕이라고 보았다. 자민당이 얻은 표는 이 당의 새로운 지도자들에게 매우 실망스러운 것이었다. 유권자들 가운데 자민당의 몫은 9.5퍼센트에서 5.8퍼센트로 감소했다.

기민련/기사련이 의회에서 가장 우세한 정당으로 남았기 때문에 키징거는 자신감을 갖고 자민당을 하위 파트너로 하여 새로운 정부를 이끌어갈 수 있을 것이라고 기대했다. 그러나 매우 근소한 차이지만 사민당과 자민당이 함께 의회에서 과반을 이룰 수 있으리라는 것이 분명해지자(529석 중 6석 차이였다), 브란트는 셸에게 연정을 제안했다. 자민당 지도자는 이 제안을 즉시 수락했다.

사민-자민 연정은 정치적 반대파 간 결혼이었지만 그 차이는 생각했던 것보다는 훨씬 덜했다. 두 당이 대개의 경제 이슈에서 아주 거리가 멀다는 것은 분명했다. 사민당이 노동자들의 정당이었음에 반해, 자민당은 전통적으로 자유기업을 선호하고 강한 노조에 반대하는 입장을 취해왔다. 그러나 새로운 파트너들은 새로운 외교정책 계획의 필요에

---

* 독일어 'Genosse'는 '동지'를 뜻하는 단어로, 1950년대 말부터 1970년대 중반까지 지속되던 사민당의 지지율 상승을 지칭하는 표현이다.

동의했고, 국내 정치에서 사법 및 교육 개혁을 지지했다.

1969년 10월 21일 빌리 브란트는 서독의 총리—1930년 3월 이래 최초로 선출된 사민당 총리—가 되었다. 이른바, 사민-자민 내각의 구성원들은 몇몇 매우 걸출한 인물을 포함하고 있었다. 발터 셸은 매우 유능한 외무부 장관임이 판명되었다. 카를 실러는 계속해서 경제부 장관이었다. 사민당의 또 다른 젊은 스타인 헬무트 슈미트는 사민당 원내 대표에서 1920년 이래 최초로 사민당 출신 국방부 장관이 되었다. 자민당의 부총재 한스디트리히 겐셔Hans-Dietrich Genscher는 내무부를 이끌었다.

사민-자민 연정이 서독의 정치와 경제 활동에 미친 영향은 심대했다. 빌리 브란트가 표현한 대로 "더 많은 민주주의를 시도하자"고 결심한 가운데, 내각은 더 개방적이고, 전통에 덜 얽매인 사회를 만드는 데 도움이 될 개혁 프로그램을 밀어붙였고, 외교정책 분야에서 동방정책Ostpolitik은 서독과 소비에트 및 동유럽 간의 관계를 새로운 발판 위에 놓는 데 성공했다.

1972년 선거에서 유권자들은 사민-자민 연합에 압도적인 승리를 안겨주었다. 1949년 이래 처음으로 사민당과 기민련/기사련은 거의 박빙의 승부를 벌였다. 기민련/기사련이 45.8퍼센트, 사민당은 44.8퍼센트의 지지를 얻었다. 자민당의 승부 역시 성공했다. 그들의 몫은 8.4퍼센트로 상승했다.

승리는 몰락 직전에 온 것이었다. 2년이 채 못 되어 빌리 브란트는 사임했다. 1974년 4월 서독의 방첩 부서는 브란트의 개인 비서인 귄터 기욤Günther Guillaume이 동독 스파이임을 폭로했다. 서독에서 동독 간첩은 오랫동안 심각한 문제였다. 동독의 국가안전부(슈타지)가 1949년 이래 동독에서 탈출한 300만 명의 피난민들 사이에 무수한 스파이와 공산주의 활동가들을 숨길 수 있었던 것은 피할 수 없는 일이었다. 기욤

은 이러한 유형의 '두더지'였다. 이 스파이와 그의 부인은 1956년 명목
상 난민으로 서독에 왔다. 기욤은 곧 사민당에서 활발하게 활동했고,
1970년 총리청에 합류했다. 장기간 비밀 요원으로 활동한 기욤의 역할
이 드러나자 브란트는 정부 수반으로서 임무를 지속하기에는 자신의
입장이 너무 위태롭다고 느꼈다. 1974년 5월 그는 총리에서 물러났고,
헬무트 슈미트가 그의 후계자가 되었다.

⊙ 약화되는 '경제 기적'

1960년대 하반기에 서독 경제는 도전과 문제들로 흔들렸다. 1964년
에르하르트의 첫 번째 임기 동안은 모든 징후들이 지속적인 성장과 번
영을 나타냈다. 산업 생산은 8퍼센트 증가했고, 임금은 8.5퍼센트 인상
되었다. 인플레이션과 실업은 사실상 존재하지 않았다. 하지만 1년 후,
서독은 심각한 불황에 빠져들었다.

1965년의 경기 하락에는 많은 이유들이 있었고, 모든 것을 독일인이
자초한 것은 아니었다. 1960년대 중반 세계적 규모의 인플레이션이 시
작되었고, 수출에 매우 의존적이던 독일 경제는 세계시장에서의 인플
레이션 압력에 특히 민감했다. 그러나 어려움 가운데 일부는 의심할 여
지 없이 독일인들의 책임이었다. 초기의 호황이 과잉투자를 촉진한 한
편, 탄광 노동자들의 실업, 인구 변화, 독일 농업의 만성적 비효율 같은
구조적인 문제들을 가리고 있었다. 지속적 성장률은 1950년대와 1960
년대 초에 대규모 재교육 프로그램과 보조금 프로그램을 제도화할 수
있도록 했지만, 그 비용은 엄청났다. 사실 점증하는 사회복지사업 비용
과 다양한 이익집단에 대한 정부 보조금은 1960년대 중반 경기후퇴의
일차적인 원인이었다.

경기가 둔화되기 시작했을 때 에르하르트 정부는 딜레마에 봉착했

다. 1920년대 급진적 인플레이션 이래로 독일인들은 통제되지 않는 정부 지출에 특히 민감했다. 이러한 심리학의 정치적이고 경제적인 결과들을 차단하기 위한 노력의 일환으로 정부는 즉각 연방 예산을 대폭 삭감하는 조치를 단행했지만, 그 단기적인 결과는 불황을 심화시켰다. 1955년 이래 처음으로 실업이 심각한 문제가 되었다.

경제부 장관 실러의 주도 아래 대연정은 일련의 신케인스주의 조치로 불황에 맞섰다. 독일연방은행이 1950년대 호황기에 비축해둔 국제수지 예비비^{Balance of payment, BOP}를 부분 활용하고 세금을 인상함으로써 1967년도 예산의 균형은 맞출 수 있었다. 이러한 세금들 중 일부는 고소득자에 대한 추가 세금의 형태로 왔지만, 개인 투자를 축소시키지 않기 위해 신설된 세금 대부분은 소비자에게 부과되었다. 특히 부가가치세, 즉 그 세수가 연방정부와 주정부로 나뉘는 판매세^{National sales tax}는 11퍼센트 인상되었다. '민주적 조합주의'의 관행을 지속하면서, 실러는 '조화된 행동^{Konzertierte Aktion}'을 조직했는데, 이는 노동계 지도자와 경영계 지도자들 간 일련의 대표 회담을 의미하는 것으로 실러 자신이 주관했다. 정부의 위기 관리는 성공적이었다. 1968년 가을까지 실업은 1퍼센트 이하로 떨어졌고, 경제는 다시 연평균 7.3퍼센트의 성장을 회복했다.

1966~1967년의 경기 둔화 시기를 제외하고, 서독 경제는 1974년까지 실제적 위협보다는 잠재적 위협에 더 직면했다. 그 위협들 가운데 일부는 1970년대 후반과 1980년대에 사민−자민 연정에 심각한 어려움을 야기했지만, 아직은 자금도 재원도 풍부했다. 특히 베를린장벽 건설로 인해 동독으로부터의 피난민 행렬이 중단된 이후로 만성적인 노동력 부족이 있었지만, 터키가 가장 큰 규모로 제공하던 수백만 명의 외국인 '초청노동자^{Gastarbeiter}'들이 문제를 완화시켰다. 외국인의 대규모 유입이 중요한 사회적 문제를 야기했지만, 이는 아직 미래의 일이었다.

서독의 성장하는 수출산업은 정부로 하여금 폭넓은 사회복지 프로그램을 한동안 지속할 수 있도록 했다. 1950년대 만들어진 '역동적 연금'은 경제활동인구의 평균 임금이 상승함에 따라 사회보장연금 지급액 역시 계속해서 인상될 것임을 암시했다. 부분적으로는 유럽경제공동체의 공동농업정책에 의해 의무화된 농장 보조금은 계속해서 연방 예산의 상당 부분을 차지했다.

브란트-셸 정부는 사회 인프라 개선에도 엄청난 비용을 투자했다. 이는 광대한 아우토반 네트워크, 노동력 재교육 프로그램(만성적 침체를 경험하고 있던 탄광업에 특히 많이 배정되었다), 그리고 일련의 새로운 대학과 여타 고등교육기관들의 설립을 위한 연방정부 보조금 등을 포함했다. 이 프로젝트들 중 다수는 후일 지나치게 비싸다는 비판을 받았지만, 지속적인 성장률이 뒷받침되고 서독 경제의 구조 변화를 준비할 명백한 필요가 있었던 점을 감안하면, 정부 결정에도 일정한 설득력은 있었다. 1963~1964년 경제적 결정을 내린 신케인스주의자들은 3차 산업 분야가 점차 중요해짐에 따라 독일의 물리적 인프라, 특히 교육 인프라가 이에 보조를 맞추어야만 한다고 확신했다.

⊙ 동방정책

에르하르트와 슈미트 사이의 10년은 외교관계의 측면에서도 몇 가지 극적인 전개 양상을 보여주었다. 그간 거의 전적으로 미국과 서유럽 관계에만 집중해왔던 것과 달리, 서독의 새 지도자들은 소비에트와 동독을 포함하는 소비에트 위성국가들과의 관계를 개선하려고 노력하는 가운데 동방정책에 나섰다.

냉전 대립의 윤곽은 시대와 지도자가 바뀜에 따라 완화되었다. 미국에서 존 F. 케네디 ^{John F. Kennedy}가 이끄는 새로운 세대의 지도자들은 유럽과 서독이 아니라 아시아, 특히 베트남을 동서 관계의 축으로 바라보았다. 철의 장막 저편에서는, 스탈린 이후 소비에트 지도자들이 미국과 서독이 유럽의 '전후 현실'을 인정하지 않는 한 이를 태평하게 바라보고만 있지 않을 것임을 분명히 했다. 니키타 흐루쇼프와 그의 후계자 레오니트 브레즈네프^{Leonid Brezhnev}는 오데르나이세강 동쪽 영토에 대해 서독은 권리가 없으며, 아울러 이제 독일 땅에는 두 개의 분리된 독립국가가 있다고 결정했다. 지렛대를 찾기는 어렵지 않았다. 1958년 이래로, 소비에트는 의지력 테스트에서 러시아가 으뜸패를 쥐고 있음을 서독에 주기적으로 상기시켰다. 소비에트는 언제든지 베를린 위기를 재연할 수 있었다.

요동치는 세계의 이러한 배경은 서독의 외교정책 기득권층의 분열을 낳았다. 서독 건국 이래 서독의 모든 책임 있는 지도자들은 서독이 동맹국과 독립적인 외교정책을 추구하는 강대국이 아니며, 그렇게 되기를 원하지도 않는다는 데 동의했다. 그러나 이 합의는 특히 1960년대에 우선순위를 정하는 문제와 관련하여 상당한 견해차가 나타나는 것을 막지 못했다. 먼저 아데나워처럼 독미 관계가 서독 안전의 기반이라고 느끼는 '대서양주의자'들이 있었다. 이들은 비록 독불 관계를 상당히 냉각시키더라도 미국의 입장을 긴밀하게 지원해야 한다고 주장했다. 프란츠 요제프 슈트라우스를 가장 유명한 대변인으로 하는 '독일 드골주의자'들의 의견은 매우 달랐다. 그들은 드골이 옳다고 주장했다. 유럽(따라서 독일)의 이해가 미국의 그것과 반드시 같지는 않으며, 유럽은 미국이 아니라 유럽의 통제하에 있는 핵무장 타격부대 창설을 포함하여 유럽의 우선순위에 따를 필요가 있다는 것이었다.

'대서양주의자'와 '독일 드골주의자'는 독일 외교정책 세력 가운데 소수파였다. 대부분의 정책 결정자들은 자신을 '새로운 현실주의자'라고 보았다. 확실히 브란트와 셸을 포함한 이 세 번째 그룹은 서독의 서방 지향을 거부하지 않았다. 그러기는커녕 오히려 서방 진영에 대한 서독의 의심할 여지 없는 충성이야말로 소비에트 및 동유럽 국가들과의 데탕트 가능성을 시험해볼 수 있게 한다고 느꼈다. 동서 관계의 개선을 꾀하고, 서베를린의 정치적, 종교적 안정을 이루며, 동독과 서독의 '인도주의적' 접촉을 증가시키는 것이 동방정책의 전반적인 목표였다. 이에 대한 대가로 서독은 할슈타인 독트린을 포기하고, 소비에트의 동의 없이는 1945년 이후 변경된 동유럽 국경이 다시금 변경될 수 없다는 러시아의 입장을 받아들일 용의가 있었다.

동방정책이 하룻밤 사이에 이루어진 것은 아니었다. 에르하르트 내각에서, 외무부 장관 게하르트 슈뢰더는 소비에트 블록과의 관계에 해빙기를 가져올 '작은 걸음 정책Politik der kleinen Schritte'을 따랐다. 그러나 슈뢰더의 계획은 기민련/기사련의 우파가 이 모든 노력을 깊은 의구심을 가지고 바라보고 있었기 때문에, 매우 제한적일 수밖에 없었다. 사민-자민 정부에서, 이러한 장애물은 존재하지 않았다. 빌리 브란트와 발터 셸은 동방정책의 이상을 발전시키기 위해 긴밀하게 공조했다. 게다가 이 장막의 배후는 총리가 서베를린 시장이던 시대 이래로 브란트의 비밀 조언가였던 (동독 지역) 튀링겐 출신의 에곤 바르Egon Bahr였다.

바르는 수년간 '생각할 수 없는 것을 생각'해왔다. 그는 재통일되고 재무장된 독일에 대한 소비에트의 깊은 두려움을 인정했다. 그는 동유럽과 동독에 대한 러시아의 통제를 인정하는 선에서 러시아의 정당한 안보 요구를 맞춰줄 수 있다고 느꼈다. 1963년 별반 주목받지 못했던 한 연설에서 그는 동독이나 소비에트가 서방 측 압력의 결과로 그들의 억압적인 성격을 변화시킬 것이라 기대하는 것은 무용한 일이라고 제안했다. '접근을 통한 변화Wandel durch Annäherung'가 훨씬 더 가능성이 높다는 것이었다.

사민−자민 연정이 시작되었을 때, 동유럽이 소비에트에서 벗어날 것 같지 않다는 징후는 더 분명해졌다. 1968년 8월 바르샤바조약기구 Warsaw Pact 군대가 공산주의자이나 독립적인 정신을 가진 둡체크Dubček 정부를 몰아내려고 체코를 침공했다. 베를린장벽 건설 당시 그랬던 것과 유사하게, 미국의 무대응은 서방의 지도자가 유럽에서 소비에트 제국의 확대를 막기 위해 무력을 사용할 준비가 되어 있지 않다는 것을 다시 한 번 보여주었다.

동방정책은 서독과 소비에트, 서독과 동유럽 공산주의 체제들, 그리고 궁극적으로 동서독 간에 체결된 일련의 양자 협약을 그 구체적인 결과로 상정한 하나의 과정이자 목표였다. 명목상의 이유와 실제적인 이유로 소비에트와의 협상이 시작되었다. 1970년 1월 에곤 바르는 러시아 외무부 장관 안드레이 그로미코Andrei Gromyko와 회담에 착수했다. 8개월 후 협약이 체결되었다. 실제 조건들은 그다지 극적이지 않았다. 서독은 '유럽의 지도'를 인정했고, 이는 소비에트가 병합한 동프로이센 지역을 포함해 2차대전 시기에 있었던 독일의 영토 상실을 인정함을 의미했다. 또한 서독은 동서독이 모두 참여하는 가운데 유럽의 현상태를 정당화하기 위한 국제회담을 개최하려는 러시아의 요구를 지지하는 데도 동의했다. 서독의 관점에서 볼 때 무엇보다 중요했던 것은 서독과의 협정을 위한 협상에 나서도록 동독에 압력을 넣는 데 소비에트가 동의한 사실이다.

1970년과 1971년 유사한 협약이 폴란드와 당시 체코슬로바키아였던 나라와도 체결되었다. 서독은 이 나라들의 1945년 국경의 정당성을 다시금 인정했다. 브란트는 특히 폴란드의 경우 새로운 관계의 중요성을 강조하는 데 극적이고 상징적인 제스처가 필요하다고 느꼈다. 그는 바르샤바로 가서 협정에 서명했고, 바르샤바 게토 기념비 앞에서 공개적으로 무릎을 꿇었다.

두 독일 간의 협정이 특별한 난관을 안고 있었기 때문에 **동독과의 기본조약**Grundlagenvertrag은 동방정책에서 가장 어려운 부분이었다. 동독은 완전하고 명백한 인정을 원했다. 서독은 동독을 인정된 국경을 가진 주권국가라고 인정했지만, 외국으로 간주할 의사는 없었다. 이 점을 강조하기 위해, 서독은 기본조약 비준 수단 가운데 일부는, 서독 정부가 제시한 것처럼, 모든 독일인이 자유선거를 통해 자결권을 가진다는 점을 반복해서 말하는 내용을 포함할 것을 고집했다.

서베를린 문제도 동방정책의 난제였다. 서독과 동유럽 국가들의 협정에서 나타나는 문제였지만, 서방 연합국은 과거 독일의 수도이던 베를린의 서방 측 영역에 대한 주권을 보유하고 있었기 때문에, 베를린 문제에 대한 어떠한 조정도 4강 회담을 필요로 했다. 1972년 격렬한 회담이 있은 지 몇 달 후 4강은 협약에 착수했다. 서구 3강은 동독을 인정했고, 그 대가로 러시아와 동독은 서베를린과 서독 간의 정치적, 경제적, 사회적 연대를 존중하는 데 동의했다. 베를린에서 서독의 정치적 존재감이 감소된 대신, 동독은 서베를린의 육해공상 접근에 개입하지 않는 데 동의했다.

동방정책은 성공적이었는가? 세계 여론은 확실히 그렇다고 생각했다. 1971년 빌리 브란트는 대체로 동서 데탕트의 이상을 진전시킨 것에 대한 공로로 노벨 평화상을 받았다. 브란트는 슈트레제만 이후 이상을 받은 첫 번째 독일 정치가였다. 그러나 이 정책은 논란의 여지도 안고 있었다. '독일 드골주의자'들이 주도한 반대파는 브란트와 셸이 동방정책이라는 망상을 좇는 가운데 서방과의 협조를 등한시하는 한편 독일의 권리와 영토를 "내주었다"고 공격했다. 기민련/기사련은 동독과의 협약의 위헌성을 가리고자 연방헌법재판소에 이 문제를 제소했다. 원고 측은 동독에 대한 인정이 하나의 독일 국가를 상정한 기본법에 위배된다고 주장했다. 매우 빈약한 법적 근거를 바탕으로 판결을 내리는 가운데, 법원은 서독과 동독 간 협약의 특정한 용어들이 헌법에 위배되지 않는다고 결정했다.

브란트와 셸은 오데르나이세 국경 동쪽 영토를 상실하고 독일 국가를 분단시킨 것은 사민-자민 연정이 아니라 히틀러라고 지적하며 비판에 맞섰다. 동방정책은 단지 히틀러의 침략으로 인한 결과를 부정하려고 해온 아무런 소득 없는 정책을 종식하는 일일 뿐이라는 것이었다. 서유럽과 서독의 관계를 등한시하고 있다는 비판에 대해, 자민당과 사민당은 연정이 유럽경제공동체에 새로운 구성원을 초청하는 데 중요한 역할을 했으며, 동방정책은 서독이 서방 연합에 굳건히 남은 바로 그 이유 때문에 성공적이었다고 언급했다.

동방정책 협약들이 체결된 지 거의 40년이 지난 오늘날에는 1960년대와 1970년대 초의 감정적 함의 없이 동구권으로의 개방이 낳은 결과를 평가하는 것이 가능할 것이다. 서독은 동방정책의 결과로 어떠한 영토도 포기하지 않았음이 분명하다. 서독이 이를 인정하건 하지 않건 2차대전은 유럽의 지도를 영구히 바꾸어놓았다. 할슈타인 독트린과 동독 고립 정책에 대해서라면, 1970년경 이 정책은 명백히 실패작이었다. 그에 반해 동유럽 및 소비에트와의 협정으로 교역이 증가하면서 서독 경제는 이익을 얻었다(사실, 경제는 처음부터 동방정책에서 한 역할을 담당했다. 소비에트와의 성공적인 협약의 길은 서독 은행 컨소시엄이 소비에트에 제시한 12억 도이치마르크 신용거래 패키지로 인해 평탄해졌다). 반복적인 베를린 위기의 소멸은 베를린에 도움을 주었고, 중부 유럽에서 강대국들 간의 긴장 완화에 기여했다.

그러나 티모시 가튼 애시Timothy Garton Ash가 제기한 문제는 남는다. 동독 체제의 정당성을 인정함으로써 동방정책은 동독 공산주의 붕괴를 지연시켰는가? 좀 더 명확하게, 애시는 서독 정치의 기득권층, 특히 사민주의자들이 공산주의 지도자들과 관계를 개선하는 대가로 동독과 동유럽에서 생성 중이던 반체제운동들을 무시했다고 비판한다. 나중에 알게 된 자의 이점을 차치하더라고, 애시의 분석이 전적으로 설득력이 있지는 않다. 체제가 증가된 국제적 인정의 불빛을 쬐고 있는 동안에조차, 다양한 협정들은 동서독 간 인적 교류를 심대하게 증가시켜 사통당의 국내적 정당성을 약화시켰기 때문이다.

문화와 사회

예상대로, 서독의 사회사와 경제사는 이 나라의 정치적, 경제적 생활에서 나타난 심대한 변화와 맞물려 전개되었다. 1980년 서독의 인구구성은 서독이 건국된 30년 전과는 현저히 다른 모습이었다. 인구가 급격히 증가했을 뿐 아니라(5,000만 명에서 6,150만 명), 점점 더 젊은 나라가 되어갔다. 그 이유 중 하나는 번영에 따른 베이비붐이었다. 또한 1949년부터 1961년 사이 동독을 탈출한 300만 명의 동독인이 25세 이하였다. 여기에 노동력 부족이 다시금 격화된 1960년대 말, 서독은 적극적으로 외국인 초청노동자를 유치했는데, 그들 역시 대부분(1974년까지 약 340만 명) 젊었다.

서독의 역사가 시작될 때, 이러한 전개 양상은 미래의 일일 뿐이었다. 아데나워 시기에 사회학자들은 독일 사회가 많은 측면에서 크게 변화하지 않았고 사회적, 문화적 연속성의 징후들이 넘친다는 증거에 더 매료되었다. 가톨릭과 프로테스탄트 교회의 지도자, 노동조합 관료, 기업체 간부, 대학교수 등을 포함해 많은 분야에서 엘리트의 연속성이 뚜렷했다. 비판자들은 후일 탈나치화가 급작스럽게 종료된 후 다수의 고위 나치 장교들이 소수는 정부에서, 대부분은 민간 산업 분야에서 삽시간에 편안한 지위를 찾아냈다고 지적했다. 교육제도가 상향 이동을 매우 협소한 층으로 국한시켰기 때문에, 사회적 유동성이 낮았다. 1950년대 10년간 18세 가운데 2퍼센트만이 고등교육기관에 다녔고, 그들 중 거의 대부분은 아버지가 대학을 졸업한 가족 출신이었다(그러나 어머니는 아니었다). 1957년까지 남편들은 여전히 부인들의 예금계좌에 대한 권리를 가졌다.

이것이 전부가 아님은 분명하다. 우리가 전에 봤던 대로, 연합국의 재교육 프로그램에서 기술을 배웠던 젊은 전문직들은 인쇄 미디어와 전자 매체 모두에서 일찌감치 요직으로 이동했다. 마찬가지로 서독 사회에서 일부 전통적인 사회정치적 엘리트들이 놀랍도록 부재했던 것도 중요한 점이었다. 현대 독일사에서 처음으로, 프로이센의 지주 귀족이 공무원이나 군부의 상층부를 장악하지 않았다.

아데나워 시기 사회경제적 발전은 사회학자 헬무트 셸스키Helmut Schelsky가 "평준화된 중간계급 사회"라고 불렀던 것을 창출해냈다. 전통적인 상층과 하층 계급의 일부가 숙련된 블루칼라와 화이트칼라, 기술자로 구성된 대규모 중간계급으로 병합되었다. 농촌 인구―특히 다수의 독립 농민들―는 급속히 감소했다. 도시화(그리고 '교외화')와 더불어 세속화와 여가시간이 증가했다. 평균 노동시간은 1950~1957년에 주당 48시간 주 6일 노동에서 1950년대 말 주당 40시간 주 5일 근무로 줄어들었다. 동시에 임금노동에 종사하는 점점 더 많은 여성들(이는 부분적으로는 전쟁과 연관된 남성 부재의 결과이기도 했다)이 전통적인 가족

관계 유형에 영향을 미쳤다.

아데나워 시기 초반의 문화적 생활은 여전히 전통적인 양식들—출판 매체, 라디오, 연극, 콘서트, 영화—에 지배되고 있었다. 특히 엔터테인먼트의 마지막 세 양식인 연극, 콘서트, 영화는 아방가르드적인 작품들보다는 전통적이고 확고히 자리한 클래식을 추구했다. 평균적인 독일인들은 대부분의 여가시간을 언제나 그래 왔던 것처럼 스포츠에서 주말 정원사들의 '모임'에 이르기까지 조직된 클럽 활동들에 투자했다. 부와 여가시간이 증대되자, 휴가와 여행이 서독 사람들의 강박관념이 되었다. 점점 더 많은 사람들이 '한 해의 가장 좋은 시간'을 외국 땅에서, 특히 태양이 내리쬐는 지중해 연안 국가들에서 보내길 원했다. 여기에 개인 소유의 차량이 급격히 증가함에 따라 더 멀리 여행을 가려는 마니아들이 늘어났다.

지중해 연안으로의 독일인 대중관광은 그 피상성과 더불어 외국 문화와의 참된 상호작용이 결여됐다는 이유로 무수한 학자들에게 비판받았다. 마요르카Mallorca 해변이나 로마 시스티나성당에서 천박한 행동을 하는 독일판 '피오리아Peoria의 시골뜨기'인 '반네아이켈Wanne-Eickel(루르 지역의 도시) 출신 리셴Lieschen'*의 이미지가 스탠드업 코미디 무대에서 자주 조롱거리의 대상이 되었다. 이러한 비판과 조롱은 상당 부분 일리가 있었다. 독일인 관광객들, 특히 2주간의 모든 비용을 선지불한 단체관광객들은 이러한 상황에서 관광객들이 할 법한 대로 행동했다. 그러나 관광 여행이 전후 독일 사회에 어떠한 영향력도 없었다는 것은 사실이 아니다. 이는 분명 영향을 미쳤고, 독일의 요리만큼 그 영향이 분명

---

* '피오리아'는 미국 일리노이주에 있는 작은 도시로, 이곳 주민의 여론이 미국 전체 여론의 전형으로 여겨진다. '리셴'은 독일에서 흔한 이름으로, 평범한 사람들을 지칭하는 말로 쓰인다.

한 부문도 없었다. 전통적으로 둔중하고 단조로운 독일 요리는 가벼워졌고, 지중해의 향료와 맛으로 풍미를 더하게 되었다. '건조한 파스타Pasta Asciutta'는 즉시 아이들이 좋아하는 음식이 되었고, 독일에서 자주 들리는 "그 모퉁이의 이탈리아로 가자"는 말은 글자 그대로 진실의 일부를 담았다. 도시는 이탈리아 식당으로 가득했다(지금도 그렇다). 독일 도시의 거의 모든 모퉁이에 이탈리아 식당이 있었다(지금도 그렇다).

텔레비전은 1950년대 말 대중매체가 되었다. 최초의 독일 TV 방송국은 1952년 전파를 보내기 시작했지만, 1958년 말까지도 200만 서독 가구만이 TV 수신기를 보유했을 뿐이었다. 텔레비전 프로그램과 그 관리는 기존의 라디오 방송 네트워크의 손에 있었다. 1957년 아데나워 정부는 공영방송인 '아에르데Arbeitsgemeinschaft der Rundfunkgesellschaften Deutschlands, ARD' 외에 제2의 상업 텔레비전 네트워크를 만들려고 했지만, 각 주의 주지사들은 이러한 노력을 좌절시켰다. 결국 1961년에야 개국한 제2방송 채널인 체데에프Zweites Deutsches Fernsehen, ZDF 역시 정치적으로 '균형 잡힌' 이사회가 운영하는 공적 지원을 받는 방송이었다. 1980년대에 들어서야 케이블 텔레비전의 활용과 더불어 다수의 상업 방송 채널이 작동하기 시작했다.

서독 대중문화 대부분은 물적 안위와 가치 안정성을 향한 욕망을 반영했다. 1950년대에 과거나 현재에 대한 문제들을 탐구하려는 관심은 별로 없었다. '과거사를 청산하는' 것에 대한 관심은 대개 지식인 무리로 한정되었다. 특히 주목할 만하고 성공적이었던 노력은 1953년 뮌헨 현대사연구소Institute für Zeitaeschichte의 설립이었다. 주로 바이에른주에서 공적 자금을 지원받았던 이 연구소는 현대 독일사, 특히 바이마르와 나치 시기의 원인과 결과들에 대한 연구를 위한 선도적인 정보센터였다.

그러나 아데나워 시기 대부분의 독일인은 손상되지 않은 세계Heile

Welt—그것은 조화로운 가족의 장면들과 복잡하지 않은 이야기를 의미했다—의 상징과 징후들을 원했다. 1950년대의 영화들은 한 분노한 비평가가 달콤한 키치라고 불렀던 것들로 넘쳐났다. 하인츠 뤼만^{Heinz Rühmann}과 한스 모저^{Hans Moser}처럼 1930년대와 1940년대의 기성 스타들에게 주연을 맡긴 코미디들이 매우 인기 있었다. 향토 영화^{Heimatfilm}들이 만원 관객 앞에서 상영되었다. 대개 궁정이나 알프스 혹은 슈바르츠발트^{Schwarawald}*의 전원주택을 배경으로 한 가운데, 아름다운 장면들과 단순한 플롯을 가진 이 영화들은 언제나 젊은 연인들의 위험에 집중했다. 그러나 서독에서 가장 많이 상영된 영화는 미국 영화였다. 사실, 아데나워 시기는 서독 사회가 피상적일망정 명백한 '미국화'를 목도했던 시기이기도 했다. 또한 미국 인기 음악(특히 재즈), 영화, 패스트푸드 식당이 급증한 시기이기도 했다.

대부분의 독일인이 안이하고도 물질적이었다는 점에 대해서는 의심할 나위가 없지만, 이미 세대 간 간극이 증가하고 있었다는 증거는 있다. 이 시기는 1930년대 이후 태어난 세대들 사이에 순진할망정 이상주의가 만개한 시기였다. 유럽 통합에 대한 열정이 솟구쳤고, 수천 명이 이러한 상황 전개를 공유한 동료들과 더불어 청년 캠프에서 적어도 얼마간의 시간을 보냈던 것은 문제 많은 과거를 다루려고 하는 진지한 노력을 상징했다. 청년들의 자발성은 기성 교육기관들로부터 가이드라인이 거의 없는 가운데 시작되었다는 점에서 더 주목할 만했다. 1960년대 들어서서야 나치 시기를 정직하게 다루려는 노력들이 정규학교 커리큘럼의 일부가 되었다. 그때까지는 '문제적인 과거'는 대체로 무시되었다. '68세대'는 부모들이 나치 범죄에 대해 '침묵의 음모'를 영속화

───────────

*'검은 숲'이라는 뜻으로, 독일 남서부의 아름다운 삼림지대다.

했고, 그 결과 저술가 랄프 지오다노Ralph Giordano가 표현한 대로 "2차 가해"에 이르게 되었다고 비판했다. 이 특별한 진술에 과장이 있더라도 상당한 진실을 담고 있었다.

1960년대와 1970년대는 전환과 갈등의 시기였다. 1960년대에 성년에 이른 '로큰롤 세대'는 손윗사람들의 물질만능주의와 자기만족을 경멸했다. 의회외부저항운동 안과 밖에서 젊은 서독인들은 사회적 유동성을 위한 기회를 늘리고, 생태에 관심을 기울이며, '삶의 질'에 더 주목할 것 등을 요구했다.

젠더 관계도 새로운 발판을 마련했다. 이 시기는 서독에서 성공한 페미니즘 운동의 시기였다. 여성들은 이 나라의 억압적인 낙태법 개선과 교육 및 직업의 질에서의 개선을 요구했다. 녹색당Die Grünen을 포함해 일부 중도좌파 정치단체들은 모든 집행부에서 남녀 동수를 제도화하는 원칙을 채택했다.

'청년 반란'이 일부 지도자들이 희망했던 대로 문화혁명을 가져오지는 못했지만, 특히 교육 분야에서 중요하고 영속적인 변화를 가져왔다. 보수주의 기득권층의 격렬한 반대에도 불구하고 12년간의 종합학교Gesamtschule가 상당수 개교하여 김나지움과 엘리트 대학이 지배하던 기존의 3분 학제*와 경쟁했다.

학생들의 저항과 대학 제도의 광대한 확대는 종신 교수들이 전통적으로 독일 고등교육에서 누려왔던 특권의 양식을 약화시켰다. 대신 더 민주적인—그리고 자주 과도하게 민주적인—대학 행정 구조가 제도화되었다. 장기적으로 교육 엘리트의 영속화가 깨졌다. 고등교육기관으

---

* 종합학교 도입 이전의 독일 학제는 하웁트슐레Hauptschule, 레알슐레Realschule, 김나지움으로 3분되어 있었다.

로 향하는 18세 이상의 비율이 1950년대 2퍼센트에서 1980년대 중반 20퍼센트로 급증했다. 1964년 26개의 대학과 기술전문학교가 있었다. 10년 후 그 수는 49개로 증가했다. 그러나 여기에도 대가 없이 진보가 이루어지지는 않았다. 직업 기회는 점점 늘어나는 대졸자들이 기대했던 사회적 유동성을 따라가지 못했고, 그 결과 불안한 대졸 프롤레타리아들이 양산되었다.

문학은 아마도 사회의 가치와 문제들을 비추는 가장 좋은 거울일 것이다. 소설, 희곡, 영화에서 독일의 지식인들은, 자아비판적으로, 그들 사회의 가치에 대해 논평하면서 동시에 가치들을 만들었다. 아데나워 시기 초반기에, 점령기 당시에 관찰된 경향들이 지속되었다. 외국 작가, 특히 미국, 프랑스, 영국의 작가들이 매우 인기가 있었다. 1950~1951년 서독 연극 시즌에 비독일인 작가들의 작품은 독일인 희곡작가들의 수에 거의 육박했다. 대부분의 당대 독일어 작가들이 독일이 아니라 막스 프리슈Max Frisch와 프리드리히 뒤렌마트Friedrich Dürrenmatt 등 스위스인이었다는 것 역시 상징적이다. 소설가와 시인 가운데, 나치 이전 시기로의 회귀가 나타나기도 했다. 1950년 뮌헨대학 학생들을 대상으로 한 조사는 헤르만 헤세, 게하르트 하웁트만, 라이너 마리아 릴케를 가장 인기 있는 독일인 작가로 선정했다. 1920년대 우파 작가로서 평판을 쌓았던 에른스트 윙거와 고트프리트 벤은 자신의 과거 관점을 자기비판적으로 다룬 산문과 더불어 컴백했다. 그러나 1950년대 전체로 볼 때, 어니스트 헤밍웨이가 단연 가장 잘 팔린 작가였고, 토마스 만은 9위에 머물렀다.

참된 전후문학은 1950년대 후반까지도 나타나지 않았다. 일군의 젊은 작가들(즉 1차대전 이후 세대)은 1959년 큰 성공을 거두었다. 이들은 거의 대부분 1947년 이후 가장 주목할 만한 지식인 집단 가운데 하나였던 47그룹^{Gruppe 47}이라는 문학 단체와 결부되어 있었다. 47그룹은 1947년 조직되었고, 이후 이 이름은 많은 청년 작가들에 의해 상호 비판과 격려를 위한 용도로 사용되었다. 1959년 47그룹이 매년 수여했던 상을 받은 바 있는 이 단체 소속 작가 세 명이 국제적인 베스트셀러가 된 작품들을 출간했다.

하인리히 뵐의 《9시 반의 당구^{Billiard um halbzehn}》는 아데나워 시기 전과 아데나워 시기 동안 기득권층의 약점을 간결하고 냉소적으로 보여주었다. 귄터 그라스^{Günter Grass}의 《양철북^{Die Blechtrommel}》은 자라기를 거부한 한 아이(그리고 나중에는 남성)의 눈을 통해 전후 초기의 공포와 초현실주의를 묘사했다. 마지막으로 우베 욘존^{Uwe Johnson}의 《야콥을 둘러싼 의혹들^{Mutmassungen über Jakob}》은 동독 철도 운행 관리원의 생사에 대한 절제된 소설이었다. 세 명의 작가는 새로운 독일문학의 주제와 스타일상 절충주의를 잘 표현했다. 주제는 아데나워 시기에 대한 뵐의 관심과 나치 시기에 대한 그라스의 집착, 동독에서의 삶의 딜레마를 묘사하려는 욘존에 이르기까지 다양했다. 스타일상으로 뵐의 신사실주의^{Neoverismo}는 그라스의 초현실주의와 욘존의 폰타나와 유사한 양식의 미니멀리즘과 대조를 이루었다.

1960년대와 1970년대에 이 작가들은 계속해서 중요한 문학적 재능으로 인정받았다. 1972년 하인리히 뵐이 노벨 문학상을 받았다. 귄터 그라스는 약간 더 기다려야 했는데, 그의 차례는 2000년에야 돌아왔다. 이 모든 신진 재능들의 작품들에서 공통적인 주제는 '과거를 청산하려는' 시도로서, 독일에서 이는 나치의 공포와 전체적인 경험에 대해 침묵하려는 아데나워 기득권층의 노력을 다루는 것을 의미했다.

그라스의 《양철북》이 그러했던 것처럼, 하인리히 뵐의 《여인과 군상^{Gruppenbild mit Dame}》(1978년)과 지그프리트 렌츠^{Siegfried Lenz}의 《독일어 수업Deutschstunde》(1968년)은 나치가 도덕적 균형 감각을 파괴해버린 탓에 '정상적' 삶을 영위할 수 없게 된 주인공들을 다루고 있다. 롤프 호흐후트Rolf Hochhuth의 《대리인Der Stellvertreter》(1963년)은 드라마 형태로 같은 내용을 짚었으며, 나치 범죄에 대한 인지에도 불구하고 도덕적으로 무관심했던 교황 피우스 12세를 고발했다.

아데나워 시기에 대한 지식인 비판의 주된 동기는 서독의 정치 지도자들이 새롭고도 나은 사회를 만들 기회를 저버리고, 대신 착취적 자본주의, 자기중심주의, 물질만능주의로의 길을 선택했다는 것이었다. 몇몇 급진적 의회외부저항운동 지도자들은 한걸음 더 나아갔다. 1967년 독일판이 출간된 허버트 마르쿠제Herbert Marcuse의 매우 영향력 있던 저서 《일차원적 인간Der eindimensionale Mensch》은 자본주의적 민주주의에서 참된 자유가 불가능하다는 것을 논했다. 당대 사회에 대한 이와 같은 류의 관점의 전형은 담배 한 보루를 사려는 과정에 대한 베른바르트 베스퍼Bernward Vesper의 묘사였다.

익명의 자동판매기가 우리의 종속을 분명하게 한다. 거기에 함정처럼 앉아서…… 내가 넣은 동전들은 나를 순환 체계와 연결시킨다. 알려지지 않은 한 회사가 그 이익을 증대시키고, 거대한 관료제가 내 구매를 통해 재원을 얻는다…… 자동 기기인 나 자신도 광고회사 간부에 의해 작성된 명령을 수행하면서 자동판매기 앞에 섰다.

소외에 대한 이러한 지각이 예술적 가치를 결여한 것은 아니었다. 비평가들은 1970년대와 1980년대에 라이너 베르너 파스빈더Rainer Werner Fassbinder에 의해 제작된 영화 시리즈들에 특히 매료되었다. 〈에피 브리스트Effi Briest〉와 〈마리아 브라운의 결혼The Marriage of Maria Braun〉에서

1982년 사망한 파스빈더는 기득권에 대해 공격했는데, 이 역시 완벽한 예술 작품의 반열에 올라 있었다. 그들의 과거와 서독을 맞닥뜨리게 하려는 지식인들의 노력은 일부 열매를 맺기도 했다. 미국 텔레비전 프로그램인 〈홀로코스트〉가 1979년 1월 서독 텔레비전에서 방영되었을 때 2,000만 명이 시청했다. 이는 거의 3명당 1명의 독일인이 한 편 혹은 그 이상의 드라마를 보았다는 의미였다.

2차대전 후 서독의 문화적 전개는 두 가지 다소 모순적인 특징에 의해 지배되었다. 한편으로 서독 문화는 보다 큰 서유럽이라는 장의 핵심적인 부분이었다. 이는 특히 시각예술, 음악, 건축 분야에서 그러했다. 전후 독일 예술은 최근까지도 대체로 추상적—미국, 프랑스, 혹은 네덜란드 동료들이 그러했던 것처럼—이었다. 그러나 최근 10년간 서구에서 구상미술로의 복귀가 일어났다. 이러한 전개는 어느 정도는 1970년대 후반 서독에서 등장한 신표현주의에 의해 주도되었다. 독일 도시들을 재건하면서, 건축가들은 독일 출신 망명 건축가들이 이미 미국에서 대중화시킨 일종의 신바우하우스 스타일에 의존했다. 그러나 문학 분야에서, 비평가 마르셀 라이히라니츠키Marcel Reich-Ranicki의 표현을 빌리면, "범독일주의 전통"의 일부가 지속되었다. 우리가 보게 되겠지만, 동독 작가들은 서독의 동료들과 동일한 많은 주제들에 관심을 가졌다.

불안한 1970년대와 1980년대

빌리 브란트가 총리에서 물러나면서 사민–자민 연정의 정치적 구성뿐만 아니라 인적 구성도 달라졌다. 브란트처럼 북부 독일 출신의 사민당원 헬무트 슈미트가 새로운 총리가 되었다(브란트는 정부를 떠난 후에도 사민당의 당 총재직을 계속 수행했다). 슈미트는 1960년대 초 고향인 함부르크에서 내무부 장관으로 재직할 때 깐깐한 행정가로서 명성을 얻었다. 이어서 그는 사민당의 유능한 원내 대표가 되었고, 1969년 이후 브란트–셸 내각에서 "두드러지게 성공적인"―한 영국인 논평가의 말을 인용하자면―국방부 장관이었다. 브란트가 사임한 지 몇 달 후, 셸은 하이네만을 계승하여 연방 대통령이 되었다. 내각에서 그의 자리는 자민당의 새로운 중앙당 총재가 된 한스디트리히 겐셔Hans-Dietrich Genscher 가 맡았다.

1970년대 중반 가장 심각한 국내적 도전은 독일을 뒤덮었던 정치 테러의 물결이었다. 브란트–셸 정부가 입안한 국내 개혁 프로그램(특히 대학의 확대와 구조적 변화)은 의회외부저항운동에서 활동하던 대부분의 사람들로 하여금 '혁명'에 대한 갈망을 포기하도록 설득했지만, 기득권의 그러한 '유화정책'은 소수이나 변덕스럽고 급진적인 분파의 노여움을 샀다.

일부 자칭 아나키스트 그룹은 특히나 위험했는데, 적군파Rote Armee Fraktion, RAF와 그 파생 분파들이 그랬다. 바더–마인호프Baader-Meinhof 갱이라는 이름으로도 알려졌던 적군파는 부적응자들로 이루어진 절충주의적 집단이 이끌고 있었다. 이들은 고등학교 중퇴자인 안드레아스 바더Andreas Baader, 잡지 〈콘크레트〉 발행인의 전 부인인 울리케 마인호프Ulrike Meinhof, 그리고 사회학도이던 구드룬 엔슬린Gudrun Ensslin을 포함했다. 1970년대 초 이들 급진주의자들은 개인적 테러 활동만이 독일 사회를 '혁명'에 적합한 정도로 불안정하게 만드는 데 성공할 수 있다고 보았다. 1974년부터 1977년 사이 적군파와 그 동맹 세력들은 일련의 살해, 유괴, 폭탄 테러를 시도했다. 이 공격의 희생자들 가운데에는 서독 베를린의 판사, 서독 경총 회장, 서독 법무부 차관도 있었다.

적군파 테러는 서독 사회의 정치적, 사회적 안정성을 깨뜨리는 데 성공하지 못했다. (동독 안보기관뿐 아니라) 중동과 서유럽의 다양한 테러리스트 집단과의 접촉에도 불구하고 바더, 마인호프, 엔슬린, 그리고 그들 동료 대부분은 결국 체포되고, 재판받고, 장기간 구금되었다(서독에는 사형제가 없었다). 울리케 마인호프는 1976년 수감 중 자살했다. 1년 후 몇몇 중동의 조력자들이 바더, 엔슬린 및 일부 다른 사람들을 석방시키기 위해 루프트한자 여객기를 납치하려고 했으나 서독 국경수비대의 반테러 특수부대가 이 비행기와 승객을 소말리아에서 성공적으로 구출했다. 납치 시도가 실패하자 바더와 엔슬린을 포함한 적군파의 주요 수감자들은 자살했다.

테러리즘은 민주적 헌법이 허용하지 않는 조치에 의거하지 않은 채로, 국내적 전복 시도를 무산시키려는 서독의 역량에 심대한 도전이 되었다. 서독은 이 시험을 대체로 잘 넘겼다. 정치에서 은퇴한 후 헬무트 슈미트는 정부의 위기관리팀을 헌법 전문가 없이 만난 적이 없으며, "이 조치가 기본법을 위배하는가?"가 반테러 조치 관련 제안에 대해 늘 첫 번째로 제기하는 질문이었다고 회상했다.

그럼에도 불구하고 반테러법 일부는 논쟁거리였다. 인권 활동가들은 특히 공무원을 대상으로 한 정치적 리트머스 시험을 지시한 1972년 법에 반대했다. 이 법은 의회민주주의의 적대자들이 공무원이 되는 것을 막고자 했다. 독일과 해외의 몇몇 비판자들은 이 법에 '공직 취임 금지Berufsverbot'라는 명칭을 붙였는데, 이 용어는 나치가 공무원 채용에서 유대인과 정적들을 배제할 때 사용했다. 이러한 종류의 정치적 양심 테스트는 민주주의 정신에 위배되었던 것이 사실이지만, 실제로 이 법이 매우 드물게 적용되었다는 점 역시 언급되어야 한다. 1977년부터 1979년 사이 공무원직에 응시한 74만 5,000명 가운데, 287명만이 정치적인 이유로 임용을 거부당했다. 공무원 임용 예정자들을 대상으로 하는 관행적 설문조사는 1979년 이후 폐지되었다.

1976년 선거는 슈미트-겐셔 연정의 집권을 확인해주었지만, 득표차는 상당히 감소했다. 슈미트 개인의 인기가 매우 높았음에도 사민당의 몫은 44.9퍼센트에서 42.6퍼센트로, 자민당은 8.4퍼센트에서 7.9퍼센트로 하락했다. 기민련/기사련 야당은 45.8퍼센트에서 48.6퍼센트로 늘어났지만, 기민련은 자체 문제를 안고 있었다. 야당에는 헬무트 슈미트의 점증하는 인기와 경쟁할 수 있는 유능한 지도자가 없었다. 1976년 기민련/기사련 제1야당 내각* 총리Shadow Chancellor는 라인란트팔츠주의 주지사이던 헬무트 콜이었다. 1976년 선거 직후, 바덴뷔르템베르크주 우파 기민련 주지사이던 한스 필빙어Hans Filbinger 주위에서 중요한 스캔들이 터져나왔다. 언론은 필빙어가 노르웨이 주둔 국방군 판사로서 2차대전 종전을 불과 며칠 앞두고 전혀 필요하지 않은 사형선고들을 내렸다고 폭로했다. 필빙어 스캔들과 나치 전쟁범죄 공소시효를 연장하려는 것에 대한 기민련/기사련의 어정쩡한 태도는 이 당이 나치 과거를 가리려 한다는 평판을 안겨주었다(결국 연방의회 표결로 공소시효가 연장되었다).

권력에서 물러난 후 10년간 좌절한 끝에 기민련/기사련은 프란츠 요제프 슈트라우스에게로 돌아섰고, 그를 1980년 선거 캠페인을 위한 야당 내각 총리로 지목했다. 이는 정치적으로 재난 수준의 결정이었다. 기민련/기사련의 지지도는 44.5퍼센트로 하락한 반면, 헬무트 슈미트 총리의 인기에 힘입어 사민당은 42.9퍼센트로 지지율을 약간 높였다. 신문에선 자민당이 승자였다. 그들의 지지율은 10.6퍼센트로 상승했

---

* 야당이 정권을 잡았을 경우를 대비하여 미리 구성해놓은 내각.

다. 그러나 이 수치는 다소 오해의 소지가 있었다. 좀 더 면밀히 분석을 할 경우 자민당 쪽 투표용지의 상당수가 사민당 유권자들로부터 '빌려온' 것이었다.

경제문제, 산성비 및 다른 환경문제에 대한 관심, 핵무기 경쟁에 대한 반대, 또한 거슬릴 정도이던 슈트라우스의 우파 캠페인은 새로운 정치적 현상, 즉 녹색당의 등장을 용이하게 했다. 1978년 탄생한 이 새 조직은 당이라기보다는 지역과 지구 조직들의 총합이었다. '녹색당'은 주류 정당들이 서독에서 가장 심각한 문제를 다루지 않고 있다고 확신했는데, 이 신참자들에 따르면 생태와 무기 경쟁이 그것이었다. 새로운 조직의 구성원들은 옛 공산주의자로부터 선불교식의 건강식 지지자, 극단적 평화주의 조직 등에 이르기까지 폭넓은 배경을 가지고 있었다. 녹색당은 이미 여러 시의회와 주의회에 상당수의 대표를 보내고 있었지만, 1980년에 전국 지지율은 1.5퍼센트에 불과했다.

선거에서 성적이 좋았음에도 사민-자민 연정의 시간은 얼마 남지 않았다. 고질적인 경제문제와 데탕트의 종식은 1969년 이래 연정을 지탱해온 협력의 토대를 무너뜨렸다. 1982년 겐셔와 자민당의 대다수는 사민당과의 협조 관계를 끝내고 대신 기민련/기사련과의 연정을 결심했다(아이러니하게도 슈미트의 개인적인 인기는 그가 퇴임한 후에 더 늘어났다. 그는 영향력 있는 자유주의 주간지 〈차이트Die Zeit〉의 공동 발행인이 되었다. 그는 여기에 자신의 후계자에게 은근히 충고하는 칼럼을 정기적으로 기고했다. 2010년 8월 〈슈피겔〉의 여론조사에 따르면, 92세의 전직 총리는 83퍼센트의 지지를 얻었다. 반면 현직 총리 앙겔라 메르켈Angela Merkel은 가까스로 59퍼센트, '독일인' 교황은 35퍼센트의 지지를 얻었을 뿐이다). 헬무트 콜은 새 총리가 되었다. 새로운 내각에서 겐셔는 외무부 장관으로서 그의 지위를 유지했다. 슐레스비히홀슈타인주의 전 주지사였던 재무부 장관 게르하르트 슈톨텐베르크Gerhard Stoltenberg, 경제부 장관 오토 람브스도르프Otto Lambsdorff 백작, 기사련 원내 대표이던 내무부 장관 프리드리히 치머만Friedrich Zimmerman 등이 또 다른 주요 인물이었다.

1983년 선거는 유권자들의 양극화가 증가하고 있음을 보여주었다. 기민련/기사련은 지지율을 48.8퍼센트로 끌어올렸지만, 자민당은 정치적 변절자로서의 평판으로 괴로워했다. 자민당의 지지율은 10.6퍼센트에서 7퍼센트로 하락했다. 그럼에도 불구하고 도합 55.8퍼센트의 지지로 기민련과 자민당은 새 연방의회에서 분명한 다수를 이루었다. 사민당은 정치적 번아웃 증후군을 앓고 있는 듯 보였다. 당내 갈등과 당내 좌파에 대한 고압적인 태도로 사민당의 지지율은 38.2퍼센트로 하락했다. 불만족스러워하던 다수의 젊은 사민당 유권자들은 녹색당에 표를 던졌는데, 이로써 녹색당은 5.6퍼센트의 지지를 얻어 1953년 이래 처음으로 5퍼센트 장애물을 넘은 신생당이 되었다.

1983년 선거는 1957년 선거와 마찬가지로 중요한 선거였다. 그러나 이 시기 쟁점은 지속적인 번영이 아니라 귀찮은 구조적 문제에 대한 해결책을 찾는 것이었다. 1980년대는 '경제 기적'에서 멀었다. 1950년대 이래 처음으로 서독 경제는 짧은 '성장률 둔화'가 아니라 장기적인 저공비행leveling off을 경험했다. 1973년과 1979년 두 차례의 '오일 쇼크'는 인플레이션을 부추겼고(1983년 한 해에만 6퍼센트), 독일의 수출 지향 경제가 의존하던 세계무역 양식을 방해했다. 독일 경제는 실제로 '마이너스 성장률'을 보여주기 시작했다. 이것은 경제가 수축되고 있다는 의미였다. 동시에 1960년대와 1970년대 초반의 고비용 개혁이 서독의 국가 부채를 증가시켰다. 1983년 이는 550억 도이치마르크에 육박했다. 다른 산업국가들과 비교했을 때 서독은 여전히 잘해나가고 있는 셈이었지만 안정된 가격, 고도성장, 흑자예산에 익숙한 나라에서, 이는 충격적인 상황이었다. 노사 간의 협력 분위기도 냉각되어, 파업이 늘었다.

슈미트–겐셔 내각도 이와 관련해서는 무대책과 기능 마비로 문제를 악화시켰다는 책임에서 자유롭지 못하다. 자민당과 사민당은 근본적인 정책 문제에서 의견을 달리했다. 경제부 장관 람브스도르프는 예산 벨트를 조여 매는 데 우선순위를 뒀고, 슈미트가 이러한 조치에 동조했음에도, 사민당의 다수는 완전고용이 훨씬 중요하다고 느꼈다. 정부는 어느 쪽도 만족시키지 못한 일련의 중도 조치들을 취했다.

콜–겐셔 정부는 적자 축소, 인플레이션 통제, 세제 개혁, 민간투자 활성화에 모든 노력을 집중했다. 연방 적자는 24억 도이치마르크로 절반 정도 감소했고, 인플레이션은 매년 2퍼센트 정도였다. 그러나 성장률은 1980년대 중반 부진한 수준이었고(1984년 2.5퍼센트), 1980년대 말에야 증가했다. 게다가 성장률 증가에도 실업은 고질적인 문제여서, 실업률이 항상 7.5~10퍼센트 선에 머물렀다. 결국 이 문제는 독일이 1960년대와 1970년대에 열심히 찾아나섰던 수백만 명의 초청노동자들의 미래를 포함해서 주요한 사회적 이슈들을 야기했다.

‘초청노동자 문제’의 시발은 1950년대 있었던 대단찮은 프로그램이었다. 1955년 12월 서독과 이탈리아는 독일에서 일할 이탈리아 시민들의 자격과 고용조건을 규정한 협정을 체결했다. 이탈리아 초청노동자들은 독일에 몇 달만 머무르고 귀국할 것으로 예상되었다. 일반적으로 프로그램은 계획대로 진행되었지만 이탈리아의 경제 상황이 개선되면서 초청노동자의 근원이 대부분 말라버렸다.

하지만 추가적인 노동력에 대한 독일의 필요는 줄어들지 않았고, 베를린장벽으로 인해 동독 피난민들의 흐름이 갑작스럽게 중단된 후에는 특히 그러했다: 1960년대 초 독일 산업은 다양한 나라에서 초청노동자들을 동원했다. 1966년경 130만 명의 초청노동자가 있었고, 이는 전체

노동력의 6.1퍼센트에 해당했다. 가장 큰 규모는 터키에서 왔다. 그러나 1950년대의 이탈리아와는 달리 대부분의 터키인들은 몇 달 후 귀국하지 않았다. 그들은 머물렀고, 결국 그들의 가족들을 불러들였다. 결과적으로 노동자들은 초청노동자이기보다는 이민자가 되었다. 그러나 초청노동자 프로그램을 디자인한 사람들은 이민자들이 낯선 환경에 적응하면서 부딪히게 될 어려움들에 대해서는 별반 생각하지 않았다. 머지않아 초청노동자들의 게토가 그에 수반하는 문제점들을 가진 채로 대부분의 독일 도시들에서 일상적인 풍경이 되었다. 예컨대 서베를린 크로이츠베르크Kreuzberg 구역은 수년간 터키 주민의 대다수가 머무는 곳이 되었다. 몇몇 도심 학교에서는 엄청난 비율의 학생들이 독일어를 모국어로 사용하지 않았다. 독일에서의 생활에 적응하는 데 따르는 어려움은 터키인 노동자의 경우 가장 심각했다. 그들의 언어적, 문화적 전통뿐 아니라 그들의 종교적인 전통 역시 독일의 그것과는 매우 달랐다.

1966~1967년의 경기후퇴와 1970년대의 구조적인 문제로 실업률이 증가하자, 우파 선동가들은 초청노동자들을 비난했다("그들이 독일인들의 직업을 빼앗고 있다"). 하지만 다행스럽게도 그것은 제한적인 성공만 거두었다. 지금껏 이 문제들은 해결책을 거부해왔다. 사민-자민 연정은 대부분의 외국인 노동자들이 궁극적으로 독일 사회로 통합되는 것을 용이하게 하고자 열심히 노력했지만, 실업이 서독 사회에서 주요한 문제가 되었을 때 그러한 조치들은 점차 지지를 받지 못하게 되었다. 에너지 넘치지만 논쟁적인 내무부 장관 프리드리히 치머만의 부추김을 받은 콜 정부는 이제 초청노동자들이 귀국하도록 다양한 보상 제도를 내놓았으나 상대적으로 극소수만이 이러한 제안을 받아들였다.

1983년 자유주의자들과 보수주의자들의 승리는 1984년 대통령 선거에서 기민련 출신의 리하르트 폰 바이츠제커Richard von Weizsäcker가 당선

베를린 크로이츠베르크 구역 터키인들의 활기를 보여주는 사진(출처: Corbis/Bettmann).

되는 것을 가능케 했다. 돌이켜보건대 바이츠제커의 당선은 서독사에
서 특이할 정도로 운이 좋은 경우였다. 그는 가장 인기 있는 대통령이
되었을 뿐만 아니라 국제적으로도 존경받는 정치가가 되었다. 이 대통
령은 대체로 의례적이던 대통령 자리를 민주적 정서와 합의 정치의 필
요성을 설명하는 데 매우 효과적으로 활용했다. 1989년 5월 바이츠제
커는 5년 임기인 이 자리에 재선되었고, 이때 누구의 반대도 없었다.

　1987년 선거는 연정 참여 정당들에 심대한 차질을 가져왔다. 일반
적으로 우호적인 경제 동향에도 불구하고, 기민련/기사련의 지지율은
44.3퍼센트로 하락함으로써 1949년 이래 최악의 성적표를 보여주었
다. 자민당은 일부 기민련 이탈표를 모았는데(그들은 1987년 선거에서
9.1퍼센트의 지지를 얻었는데, 1983년에는 7퍼센트였다), 대부분의 관찰자
들은 이를 서독 최장기 자유주의 외무부 장관이던 한스디트리히 겐셔

의 인기, 그리고 그에 반해 기민련 총리 헬무트 콜이 보여준 카리스마 부족 탓으로 돌렸다.

그러나 1987년 선거에서 가장 중요한 결과는 연정의 상대적으로 저조한 성적이라기보다는(도합 53.4퍼센트의 지지로 정부는 유지되었다), 서독의 전체적인 정치 지형에서 주요한 변화가 나타나고 있었다는 사실이다. 1987년의 승자는 거대 야당인 사민당이 아니라(사민당 지지율은 38.2퍼센트에서 37퍼센트로 하락했다), 정치판의 새로운 세력인 녹색당이었다. 녹색당의 지지율은 1983년 5.6퍼센트에서 1987년 8.3퍼센트로 상승했다.

정치적 윤곽이 느슨해지는 이러한 경향은 1987년 이후로 계속되어, 기성 정당들로 하여금 새로운 강령과 새로운 지도자들을 찾아나서도록 했다. 사민주의자들은 사민당보다 좌파인 세력을 공격하는 가운데, 사민당이 '탈근대' 시기에 생태문제와 노동문제에 대해 관심을 기울였음을 강조하면서 녹색당의 이슈들을 훔치려고 노력했다. 동시에 연방 차원의 '적록' 연정 회담의 기운이 감지되었다. 심지어 주정부 차원에서는 '실험 연정'들도 있었다. 1989년 이후 수차례에 걸쳐서 사민당과 녹색당은 서베를린, 니더작센, 헤센주에서 연정을 구성했다.

기민련은 우파로부터 이와 유사한 도전에 직면했다. 1988년 새로운 극단적 우파 그룹인 **공화당**Republikaner이 등장했다. 이 당은 나치 무장 친위대Waffen-SS의 병사이자 배우이며, 한때 저널리스트이기도 했던 프란츠 쇤후버Franz Schönhuber가 이끌었다. 그를 두고 한 전문가는 '미스터 평균 씨와 정치적 방화범'의 조합이라고 묘사하기도 했다. 다른 서유럽 국가의 유사한 집단들과 마찬가지로 공화당은 유권자들에게 실제 혹은 상상된 분노로 호소했다. 구조적 변화로 자리를 잃은 노동자, 유럽경제공동체의 농업정책에 불만을 가진 농민, '포스트모던'한 세계를 싫어하는 사람들이 그들이었다.

　수년간 온건한 독일 우파 사이에서 논란의 여지 없는 지도자이던 프란츠 요제프 슈트라우스가 1988년 사망했다. 그의 강력한 존재감이 정치적 무대에서 사라지자, 공화당은 1989년 2월 서베를린 선거에서 7.5퍼센트의 지지를 얻었다(비교를 위해 말하자면, 같은 선거에서 기민련은 37.8퍼센트, 자민당은 3.9퍼센트, 사민당은 37.3퍼센트, 녹색당은 11.8퍼센트의 지지를 얻었다). 몇 달 후 쇤후버의 공화당은 베를린에서의 승리를 유럽의회 선거에서 반복했다. 여기서 공화당은 대체로 기민련/기사련의 희생을 발판으로 7퍼센트의 지지율을 기록했다.

　당의 쇠락에 대한 기민련, 특히 총리의 일차적인 반응은 인적 쇄신이었다. 자신의 정책 자체는 옳다고 주장하는 가운데, 1989년 봄 총리는 내각을 뒤엎었다. 그는 인기 없던 국방부 장관 루퍼트 숄츠Rupert Scholz를 해임하고 대신 신뢰받는 다수의 '콜의 남자들'을 핵심적인 부서에 임명했다. 보다 극적이었던 것은 기민련의 오랜 사무총장 하이너 가이슬러Heiner Geissler의 해임이었다. 1983년 선거에서 기민련의 승리를 이끈 설계자로 널리 알려진 가이슬러는 콜이 점차 기민련의 골칫거리가 되고 있다는 자신의 신념을 공공연히 말해왔다.

　선거에서의 차질에도 불구하고 정부가 안주할 수 있었던 이유 중 하나는 동독의 극적인 변화뿐 아니라 경제 전선에서 들려오는 좋은 뉴스들이 다가오는 선거에서 유권자의 지지에 반영될 수 있으리라는 믿음 때문이었다. 1980년대 대부분의 시기 동안 서독 경제는 지지부진한 성적을 보여주었다. 콜-겐셔 내각은 공급 측에 선 경제정책이 인플레이션의 위험을 막았다는 점에 대해서는 자부심을 가질 만했지만(그리고 가졌지만), 다른 많은 영역에서는 별반 인상적인 기록을 보여주지 못했다. 서독판 '러스트 벨트'—자르와 루르의 철과 철강 생산 지대—는 구조 조정의 필요 속에서 신음하고 있었다. 국가 전체로 볼 때 1984년까지 독일 노동자의 평균 가처분소득은 1970년대의 고점으로부터 하락했다. 소득은 1984년 다시 오르기 시작했지만, 1986년까지 1977년 수준에 도달했을 뿐이었다. 무엇보다도 실업률—200만 명 이상으로 노동력의 9퍼센트에 달했다—이 높았다.

그러나 1987년 초부터 상황이 나아졌다. 공급 중시의 경제는 높은 기업이익을 발생시켜(인플레이션 적응 이후 1985년 임금은 2.5퍼센트 인상되었지만, 자본이득과 기업이윤은 7퍼센트 상승했다), 특히 수출 지향 산업 분야에 대한 투자가 증가했다. 그리고 수출은 언제나 독일 경제를 끌어가는 '견인차'였다. 서독의 가장 큰 무역 상대국들—유럽공동체 구성원과 미국—의 불황 없는 경제는 서독이 엄청난 무역수지 흑자를 쌓아가도록 도왔다. 가속화된 경제성장(1988년 거의 4퍼센트)은 결국 실업률을 줄였다. 실업은 1988년 8월 220만 명(노동인구의 8.4퍼센트)으로 감소했고, 1년 후 이는 1982년 이후 최저 수준인 190만 명(노동인구 중 7.5퍼센트)으로 감소했다.

외국과의 관계는 훨씬 더 복잡해졌다. 미국 및 유럽경제공동체와 긴밀한 협조를 지속하는 것, 동시에 소비에트 블록, 특히 동독과의 관계 개선을 위해 노력하는 것 등 서독의 외교정책 목표가 지속될 것이라고 슈미트-겐셔 내각과 그 후임자들이 모두 강조했더라도 말이다. 난관은 실행의 영역에 있었다. 본과 워싱턴의 관계는 특히 1981년 시작된 레이건 시기 초에 압박을 받았다. 가장 심각했던 것은 동서 데탕트를 둘러싼 균열이었다. 1970년대 후반 소비에트는 유럽에서 엄청난 규모로 핵 공격력을 증강했다. 이 위협에 대응하는 가운데, 1979년 나토 구성원들은 투트랙 형태의 대응책을 정했다. 한편으로, 나토는 핵 역량을 강화하고, 미국은 퍼싱 II^{Pershing II} 미사일과 크루즈 미사일을 서독과 다른 유럽 국가들에 배치할 터였다. 동시에 나토 구성원들은, 군축 협상을 통해 계획된 군사적 대응책이 불필요하게 되기를 희망하며 소비에트와 집중적인 군축 협상을 추구할 것을 의결했다.

슈미트−겐셔 정부와 레이건 정부는 나토의 '투트랙 결정'에 대해 서로 상이한 중요성을 부여했다. 서독 정책 결정자들은 독일 영토에 배치될 새로운 핵무기에 대한 대중적 반대 여론을 고려하면서 협상을 강조했던 반면, 레이건 행정부는 서방의 방어력이 강화되고 무기들이 배치되기 전까지는 러시아가 진지하게 협상에 임하지 않을 것이라고 느꼈다. 미국 미사일 배치를 둘러싼 이견은 슈미트의 입지를 약화시키기도 했다. 총리는 소비에트의 핵무기 증강에 맞서기 위해 신형 미사일 배치를 선호했지만, 사민당의 다수는 서독에 추가적인 무기 배치가 이루어질 경우 유럽에서 핵전쟁의 위험을 감소시키기보다 증가시킬 것이라고 확신했다.

유럽 내 중거리 탄도미사일 제거에 대한 1987년 협약을 가능케 했던 초강대국 간의 긴장 완화는 서독 외교관계에서 새로운 시대의 개시를 알렸다. 서독의 장기근속 외무부 장관이던 한스디트리히 겐셔는 근본적인 정치적, 경제적 개혁을 제도화하기 위한 소비에트의 새 지도자 고르바초프의 노력을 서방이 적극적으로 지원해야 한다고 주장했던 지도자들 가운데 선두에 있었다.

그 결과 독소 관계는 급속히 개선되었다. 1989년 6월 고르바초프는 서독을 방문했다. 그는 방문하는 곳마다 군중의 열광적인 환영을 받았고, 독일 지도자들과의 회담은 말할 수 없이 잘 풀렸다. 이러한 움직임에 대한 반응이 긍정적이지만은 않았다. 미국의 몇몇 논평자는 서독의 지속적인 데탕트 시도가 서독의 '핀란드화'를 낳을 것이라고 우려했다. 이는 중립주의를 택하면서 서방 진영에서 탈퇴하는 것을 의미했다.

서독과 동독의 불신과 악감정은 점차 협력으로 대체되었다. 1978년 두 독일 정부는 베를린과 함부르크 사이의 아우토반을 건설하는 데 서명했고, 5년 후 콜 정부는 동독인들에 대한 '인도주의적'인 양보를 더 얻어내는 조건으로 동독에 10억 도이치마르크의 상업신용Commercial Credit을 보장했다. 1987년 동독이 붕괴하기 불과 2년 전, 서기장인 에리히 호네커Erich Honecker가 서독을 국빈 방문했을 때, 그는 국빈 방문에 걸맞은 모든 의전상의 특전이 가미된 환대를 받았다. 방문은 원래 1984년에 계획되어 있었지만, 당시 소비에트 지도부가 호네커에게 압력을 가해 방문을 취소시켰다. 3년 후 고르바초프와 모스크바의 새로운 지도자들은 호네커의 길을 전혀 방해하지 않았다.

1989년 양 독일의 관계는 잠깐 동안 다시 악화되었다. 여름과 가을에 젊은 동독인 수만 명이 일부 동유럽 국가들이 보다 자유주의적인 정책을 펴는 틈을 타서 서독으로 탈출했다. 그해 말까지 20만 명이 동독을 떠나 서독에 정착했다. 동독 정부는 자신들이 동독 시민을 서독으로 '꾀어내기' 위한 서독인들의 일치된 미디어 활동이라고 불렀던 것에 분노하며, "동독의 내정에 대한 받아들일 수 없는 간섭"이라고 항의했다. 그러나 1989년 가을 동독 공산주의 체제가 사실상 하룻밤 사이에 붕괴함으로써 두 독일의 관계는 극적으로 변화했다.

결론

불확실성이 통일 전야 서독의 상황을 특징지었다. 1989년 서독은 자화자찬의 기사와 책들을 쏟아내며 건국 40주년을 기념했다. 한 정부 간행물이 표현한 것처럼, 지난 40년은 "민주주의를 위한 통치"였다. 합의는 높았고, 정치적 극단주의는 심각한 문제가 아니었다. 서독인의 압도적 다수가 미국, 그리고 서유럽 국가들과의 긴밀한 협력을 지지했다. 특히 서독의 서유럽 무역 상대국 중 일부가 보인 지지부진한 성과와 비교할 때, 경제는 안정적이었다.

그러나 성공을 축하하는 와중에도 서서히 다가오는 불안의 분위기를 간과하기는 어려웠다. 서독을 40돌 맞은 "임시 정치체"라고 한 주요 서독 일간지의 묘사는 이러한 분위기를 잘 파악한 셈이었다. 이 나라의 수도인 본은 서독의 삶을 특징짓는 과거와 현재 사이를 떠도는 이러한 느낌의 도시적 체현이었다. 국제적 세련됨을 치장한 몇 가지 현대적인 허세에도 불구하고, 본은 라인강 근처의 지루한 대학도시의 정취를 많이 간직하고 있었다.

게다가 비관주의 분위기 혹은 적어도 미래에 대한 불안정성이 만연해 있었다. 1980년대 초 여론조사 결과 800만 명의 서독인들이 미래에 대해 불안을 느끼고 있었고, 25세 이하 인구 중 약 1/3이 미래가 과거보다 낫지 않으리라고 확신했다. 청년층 소외라는 이러한 현상은 의심할 나위 없이 즉각적인 경제문제와 결부되어 있었지만, 생태학적 재앙의 위협처럼 덜 실체적인 이슈들에 대한 우려 역시 만연해 있었다. 서독은 서유럽 대부분의 국가들과 마찬가지로 교차로에 서 있었지만, 서독인은 그들 자신의 문제가 가지는 몇 가지 특수성에 직면했다. 미래가 가려져 있기는 했지만, 1950년대와 1960년대의 단순한 대답이 1990년대와 그 이후의 시기에 대한 이정표로서 부적합하다는 것은 명백했다.

귄터 그라스Guenter Grass
(1927~2015년)

귄터 그라스는 독일 예술가들과 소설가들의 두 가지 전통인 정치 참여와 교양 소설Bildungsromane 집필—그라스의 교양소설은 자주 초현실적 뒤틀림을 보였다—을 지속한 인물이었다.

그라스는 (현재 폴란드의 그단스크Gdansk인) 단치히 자유시에서 태어났다. 그라스가 태어날 무렵 단치히에는 소수이긴 해도 상당수의 폴란드인이 살고 있었지만, 다수를 차지한 것은 독일계 주민이었다. 그라스는 이러한 혼합에 세번째 인종적 소수인 카슈벤Kaschuben을 직접 덧붙였는데, 이들은 독특한 문화적 전통을 가진 발트해 해안의 농민과 어부 집단이었다. 그라스는 자신이 성장 과정에서 경험한 인종적, 문화적 혼종을 자신의 소설에서 효과적으로 활용했다.

2차대전 이후 그라스는 서독에 자리 잡았고, 소설을 쓰기 시작했다. 토마스 만의《부덴브로크가의 사람들》처럼 그라스의 첫 소설인《양철북》은 그의 가장 인기 있고 영향력 있는 작품이 될 운명이었다. 그라스는 초현실주의적 이미지를 활용하여 소설에서 1920년대와 1930년대 단치히에 존재하던 독일인과 폴란드인의 긴장뿐만 아니라 편안한 친숙함도 묘사했다. 이 시기는 나치가 이 도시에서 점차 중요해져가고 있을 때였다. 이 책의 두 번째 부분에서 장면은 서독으로 옮겨가고, 전후 서독 사회의 탄생과 (대체로 성공적이지 못한) 독일 나치 잔재에 대처하려는 서독의 노력이 중심적인 주제가 되었다. 두 부분을 연결하는 것은 소설의 중심 인물인 오스카이다. 단치히에 사는 소년인 그는 육체적으로 성장이 멈춘 채 남아 있으려고 애썼고, 2차대전 후 약간 커졌지만 여전히 저신장이자 말썽꾸러기로 남았다. 소설은 후일 폴커 슐뢴도르프Volker Schlöndorff가 감독한 영화로 만들어졌고, 영화는 상을 받았다.

뒤이은 다수의 작품들에서처럼《양철북》에서 그라스는 2차대전 후 독일 작가 전체 세대가 직면한 거대한 주제들을 다룬다. 또 나치즘에 대한 도덕적 혐오와 악의 평범성의 공존, 2차대전 후 독일인들이 이 현상에 대처하기 위해 기울인 다양한 노력들을 다룬다. 보다 최근에 발표했던 그라스의 소설들은 환경 문제와 독일 문제 등 현재적 쟁점들을 다루었다.

권터 그라스는 언제나 현 정치에 관여하고자 애쓰고 노력한 당대 작가였다. 빌리 브란트와 절친한 친구였던 그는 1960년대 사민당의 의석을 늘리고 브란트를 사민당의 총리 후보로 만들기 위해 선거전에 뛰어들었다. 그러한 노력들은 그라스가 독일의 정치 스펙트럼에서 정확히 온건 중도좌파라는 것을 보여주었지만, 나중에 그는 주요 정당 바깥에 머문다. 그의 사민당 친구들에게는 실망스럽게도(기민련은 말할 나위도 없고), 그라스는 독일 통일에 분명하게 반대했다. 그는 아우슈비츠 이후 독일인들은 재통일된 국가에 대한 권리가 없다고 주장했다. 이런 입장 때문에 그가 독일의 정치적 기득권 세력들 사이에서 별로 인기가 없었고, 말년의 대부분을 포르투갈에 있는 자신의 별장에서 보냈다는 것은 그다지 놀라운 일이 아니다.

그라스의 정치적 선언들을 둘러싼 논쟁에도 불구하고, 그는 전후 독일 작가들 중 가장 인기 있는 작가였다. 그는 주요 작품들의 거의 대부분이 영어로 번역된 유일한 독일 작가이며, 노벨 문학상을 받은 세 명의 현대 독일 작가 가운데 한 명이기도 하다(다른 두 명은 하인리히 뵐과 헤르타 뮐러이다). 그라스는 《양철북》이 출판된 지 한참 후인 2000년 노벨상을 수상하는 영예를 누리는데, 그는 수상 자격이 충분했다.

노벨 문학상을 수상한 이후 그라스는 기억의 정치를 다루는 데 자신의 문학적 재능을 바쳤다. 특히 논란을 불러일으킨 것은 2002년에 출간된 소설 《게걸음으로 가다Im Krebsgang》이다. 이 작품은 1945년 1월 빌헬름 구스틀로프Wilhelm Gustloff호가 러시아 잠수함의 공격을 받고 발트해에 가라앉은 사건을 다루고 있다. 이 배는 '기쁨을 통한 힘'이라는 나치 조직을 위해 만들어진 호화 유람선으로, 1936년 2월에 암살된 스위스의 소규모 나치 운동 지도자의 이름을 따서 만들어졌다. 2차대전 때 이 배는 독일 해군에 징발되었고, 적군의 진군을 피해 피신하려는 독일 민간인들과 부상당한 병사들을 발트해 서안의 상대적으로 안전한 곳으로 수송하기 위해 마지막 항해를 하다 어뢰 공격을 받고 8,000~9,000명의 목숨과 함께 삽시간에 침몰했다.

그라스의 책을 둘러싼 논쟁은 그가 초점을 두는 주제에서 비롯되었다. 그라스는 그의 작품에서 자주 볼 수 있는 초현실주의적이고 다층적 서사 양식을 활용하여 승객들의 고통에 독자의 주의를 집중시키고 했다. 그들은 공공연히 희생자로 묘사되었고, 이 책은 2차대전 후 독일인들을 가해자가 아니라 피해자로 다룬 첫 번째 책들 가운데 하나가 되었다. 그라스에게 이것은 아이러니한 진전이었다. 그가 독일의 운명은 홀로코스트에 대한 정당한 대가이기 때문에 통일을 누릴 자격이 없다는 이유로 독일 통일에 반대한 지 불과 10여 년이 흘렀을 뿐이기 때문이다.

말년에 그라스는 자신의 개인적인 기억의 정치를 다루었다. 2006년에 출간된 자서전 《양파 껍질을 벗기며$^{Beim\ Häuten\ der\ Zwiebel}$》에서 그라스는 초기 삶의 층들을 벗겨내어 자신이 1945년 이후 감춰온 비밀을 드러냈다. 그는 나치 친위대에 징집되어 2차대전의 마지막 수주간을 나치에 복무했다. 그라스가 자신의 과거에 대해 오랫동안 침묵했으면서 동료 독일인들에게는 나치와의 관계를 낱낱이 밝히도록 끝없이 경고했던 사실 사이의 모순을 비평가들이 발견하는 데는 긴 시간이 걸리지 않았다. 위선자라는 비판은 이 베스트셀러 작가에게 퍼부어진 비판 가운데 온건한 축에 속했다. 그라스 역시 자신의 생의 이 부분이 "나를 영원히 더럽힐 것"이라고 인정했다.

10장

독일민주공화국(동독)
1949~1990년

동독은 콩가루 집안이었다. 기억의 정치에서 동독인들은 대개 자신들을 영원한 희생자라고 여겼다. 나치에 의해 오도되고, 적군의 학대를 받았으며, 자신들의 공산주의 지도자들에게 억압을 받아, 서독인들이 누린 자유도 번영도 누리지 못했다는 것이다. 그러나 동독 지도자들은 자신들을 역사의 승리자라고 보았다. 나치에 대한 저항의 신념을 간직한 채, 그들은 적군에 의해 해방되었고, 이제 소비에트의 지원을 받아 독일에 사회주의를 건설하리라는 것이었다. 제3제국의 악몽 동안 그들을 지탱하게 만든 "히틀러 이후는 우리 차례"라는 슬로건은 글자 그대로 실현되었다.

1950년대 말까지 동독 공산주의 지도자들은 사회주의가 독일인 모두를 아우르게 될 거라고 주장했다. 이 시기 동안 동독 체제는 서독 정부와 그 미국 후원자들이 동독의 재통일과 사회주의로의 진화를 막고 있다고 주장했다. 서독인들이 공산주의 지배를 받아들일 의사가 없음이 분명해졌을 때, 독일의 과거와 미래에 대한 동독의 공식적인 해석은 변화했다. 1959년 새로운 국기의 채택은(그때까지 동서독 모두 같은 흑, 적, 황 깃발이었다. 동독은 이제 그 깃발에 망치와 컴퍼스를 덧붙였다) 새로운 시대의 시작을 상징했다. 1961년 8월 베를린장벽 건설 이후, 정권은 점차 동독과 서독 간의 **구분 짓기**^{Abgrenzung}를 강조했다. 1972년 동독 여당인 공산당의 중요 선전가이던 알베르트 노르덴^{Albert Norden}은 독일은 언제나 두 개의 나라—하나는 부르주아지, 다른 하나는 프롤레타리아의 나라—였으며, 둘 사이에 공통된 토대는 없었다고 주장했다. 이러한 관점은 1974년 새로운 동독 헌법에 의해 공식적으로 승인되었고, 동독의 초기 헌법에 포함되어 있던 "하나의 독일 국가"라는 표현은 빠지게 되었다. 동시에, 정권은 '내 조국은 동독'이라는 슬로건으로 시민들 사이에 애국적 자부심을 강조하는 대규모 선전 캠페인을 벌였다.

이 공식 노선이 동독 주민들 사이에서 크게 지지를 얻은 적은 없었다. 1989년 이후 사건들이 입증한 것처럼, 대부분의 동독인은 서독을 '외국'으로 보거나 독일 공통의 역사가 그들에게 무의미하다고 느끼지 않았다. 동독 최후의 몇 년 동안 지도자들이 언뜻 보기에 마르크스-레닌주의적 관점에서 보면 하등 '진보적'일 리가 없는 비스마르크, 프리드리히 대제, 루터 같은 '범독일적'인 역사 인물을 활용하려고 노력했던 것도 부분적으로나마 그러한 정서를 수용하고자 함이었다. 1981년 동독 최후의 공산주의 지도자 에리히 호네커는 사회주의가 독일인 모두를 아우를 거라는 동독의 원래 노선으로 거의 회귀했다. 그는 "어느 날" "서독의 노동자들이 서독의 사회주의적 재건을 시작할 것"이고, 재통일을 위한 토대를 마련할 것이라고 주장했다. 한편 호네커는 두 개의 독일 국가가 있지만, 하나의 독일 국민만 있음을 인정했다.

동독은 결국 독일 사회주의의 미래를 대표한다는 허세에도 불구하고 언제나 '새로운' 연방공화국보다는 '오래된' 독일과 유사했다는 아이러니가 있다. 동독의 칙칙한 외양과 권위적인 정치체제는 1945년 이전 독일의 삶을 생생하게 떠올리게 하는 요소들을 간직하고 있었다.

생존을 위한 모색

비록 동독의 공적인 어법에서 활용된 개념 및 용어들의 다수—선거, 민주주의, 진보, 번영, 인민, 그리고 의회—가 서독의 그것과 비슷하게 들렸지만, 실제로 동독은 40년 동안 공산당과 그와 결부된 단체들에 의해 통제되는 독재 체제였다. 장기근속한 동독 집권당의 당서기인 발터 울브리히트는 일찌감치 원칙을 천명했다. 1945년 7월, 소비에트 망명에서 돌아온 직후 그는 공산당 간부 그룹에게 "모든 것이 민주적으로 보여야 하지만, 우리가 모든 것에 대한 통제권을 쥐고 있어야 한다"고 말했다.

　1949년 10월 통일과 평화를 위한 제3차 인민의회Dritte Deutsche Volkskongress가 동독 최초의 헌법을 채택하면서, 프로파간다적 표어와 실제 정치활동 간의 모순이 명백해졌다. 헌법은 표면적으로 연방주의와 의회민주주의의 원칙을 담고 있는 것처럼 보였다. 이 나라는 5개의 주—브란덴부르크, 메클렌부르크포어포메른Mecklenburg-Vorpommern, 작센, 작센안할트, 튀링겐—로 되어 있었고, 바이마르 시기에는 모두 별개의 주이거나 프로이센 영토였다. 헌법의 전체 구절은 특히 시민적 자유를 다루는 장에서 과거 바이마르헌법을 그대로 가져왔다. 헌법은 다당제와 자유선거를 허용했다. 또한 노동자에게 노조를 조직하고 파업할 권리를 부여했다.

그러나 동독의 정치 현실은 헌법의 문구가 아니라 동독 공산주의자들과 모스크바에 있는 그들 동맹이 해석한 대로의 마르크스−레닌주의 이데올로기에 의해 결정되었다. 이처럼 실제로는 헌법에 의거하지 않았기 때문에 마땅히 동독 정치와 사회 시스템의 토대가 되어야 할 영속성 역시 부재했다. 당 노선이 변경되면 헌법도 함께 개정되었다. 1949년부터 1990년까지 동독에는 각각 구분되는 4개의 헌법이 있었다.

1949년 헌법을 이해하는 데 핵심적인 것은 소비에트와 동독 공산주의자들이 밝힌 인민민주주의^{Volksdemokrate} 개념이었다. 소비에트 이론가들에 따르면 1949년까지 동독을 포함한 동유럽 국가들은 사회발전단계에서 '인민민주주의'에 도달하여 이미 사회주의를 달성한 유일한 국가인 소비에트보다 한 단계 뒤진 역사 단계에 있었다. 인민민주주의하에서 사회에 부르주아−자본주의적 구조의 요소는 존재했지만, 실제 권력은 정치적 전위 세력인 공산당의 지도를 받는 노동자와 농민에게 있었다.

사통당이라 불린 동독 공산당은 소비에트 공산당과의 협조하에, '독일 땅에 사회주의를 건설할' 역사적 권리와 의무를 주장했다. 이러한 이유로 사통당은 1968년까지 이 나라의 헌법에서 언급조차 되지 않았음에도 동독의 역사를 이해하는 데 중추적인 역할을 한다.

사통당의 사회적 지도력의 원칙은 동독의 선거에서 잘 드러난다. 동독 의회인 인민의회^{Volkskammer} 구성원은 4년마다 정기적으로 선출되었지만, 유권자들은 그들의 대표자를 선출하는 선택권을 갖지 못했다. 유권자들은 '예' 혹은 '아니오'라고 표기된 투표용지를 투표함에 던짐으로써 투표용지에 제시된 후보자들 전체를 '선출'하거나 거부했다. 하지만 '아니오' 혹은 투표 불참은 비사회적 행동의 징후로 간주되었다. 동독의 통계는 언제나 공식 후보들에 대한 99퍼센트 이상의 '예'를 변함없이 기록했다. 사통당은 공식 후보들 가운데 절반 이상이 사통당원이거나 그 동조자였기 때문에 의회를 통제했다.

우리가 이미 보았던 것처럼 사통당은 소비에트 점령지역에서 사민당과 독일공산당의 강요된 통합의 결과로 만들어졌다. 1949년까지 표면상으로나마 정치적으로 대등한 당들 간의 결합으로 시작되었던 이 당은 소비에트 스타일의 공산당, 즉 '새로운 유형의 당'으로 변모한다. 그 후 동독이 거의 몰락할 때까지 사통당은 그 구조와 이데올로기 측면에서 소비에트 공산당을 비굴하게 추종했다. 이론적으로는 4년마다 모이는 사통당 전당대회Parteitag에서 정책과 강령상의 결정이 내려졌다. 대표단은 표면적으로 전체 구성원들에 의해 선출되었다. 다음으로 전당대회는 150~200명의 위원과 '후보위원'들로 구성된 중앙위원회Zentrallcomitee를 선출했다(과거 소비에트에서처럼 후보위원들은 위원회에 의결권은 없었으나 영향력은 있었다). 중앙위원회는 전당대회 회기 중이 아닐 때 위원회의 이름으로 활동했다. 중앙위원회는 정치국Politbüro을 선출했는데, 15~25인의 위원과 후보위원들로 구성되었다. 정치국원들은 주요 정부 부처들에 해당하는 다양한 위원회의 구성원이 되었다.

이 모든 것은 서구적 의미에서 꽤 민주적인 듯하게 들리지만, 그 외양은 기만적인 것일 뿐이었다. 실제로, 민주집중제의 원칙은 정책과 인적 구성을 상향식으로 결정하는 듯한 외양을 하향식 통제라는 실제로 변모시켰다. 정보가 구성원들 전체를 거쳐 윗선으로 퍼지는 것으로 알려졌지만, 모든 중요한 결정은 정치국에 의해 결정되고 중앙위원회와 주기적 전당대회가 이에 대해 거수기 노릇을 함으로써 승인되었다. 당, 정부 그리고 재계의 주요 직책들의 리스트인 **노멘클라투라**Nomenklatura(동독인들은 러시아 용어를 차용했다)의 모든 임명에 대한 최종 결정권을 정치국 위원들이 쥐고 있었다.

사통당의 전당대회는 정책, 이데올로기, 인적 구성에서 주요 변동 지표로서 중요했지만 자유로운 토론도, 민주적인 의사 결정도 허용되지 않았다. 1950년 7월 전당대회는 사통당과 소비에트 공산당 간에 긴밀한 연계가 있으며, 나치 시기 독일에 머물렀던 공산당과 사민당원들보다 '망명' 공산주의자들이 우세하다는 것을 보여주었다. 이 전당대회 직후, 새롭게 선출된 정치국은 사통당원에 대한 대규모 숙청을 단행했다. 15만 명의 당원이 '티토 패거리'의 동조자라는 이유로 축출당했다(1948년 모스크바는 유고슬라비아의 공산주의 지도자 요시프 브로즈 티토^{Josip Broz Tito}와의 관계를 단절했다. 따라서 '티토주의'는 '반소비에트 이탈자'의 한 형태를 의미했다).

물론 동독 사회에서 사통당은 결정이나 강령 공표 등으로 그 역할을 한정하지 않았다. 무수한 간부들이 당직과 정부직을 동시에 보유하면서, 행정의 모든 층위에서 당과 정부 간의 긴밀한 연계를 가능케 했다. 정치국원 대부분이 동독 내각에서 장관이기도 했다. 1949년 헌법에서 제시된 동독의 연방 구조는 1952년 폐지되었고, 5개 주는 14개 지구^{Bezirk}로 대체되었다. 지구 대표자는 모두 사통당 간부였다. 정치국은 동독의 정치적 억압 체제와도 직접적으로 결부되어 있었다. 1950년 슈타지로 알려진 국가안전부^{Ministerium für Staatssicherheit}가 창설되었다. 소비에트 모델을 따라, 동독의 비밀경찰은 군대식으로 조직되었다. 모든 전임 직원이 군대식 계급을 가졌다. 초대 장관인 빌헬름 차이서^{Wilhelm Zaisser}는 정치국 위원이었다. 이 전통은 동독의 마지막 슈타지 수장 에리히 밀케^{Erich Mielke}까지 이어졌다. 1957년부터 1989년 사통당 체제 붕괴 시까지 슈타지를 장악했던 밀케는 1971년 정치국 후보위원이 되었고, 1976년 정식 위원이 되었다.

주요 대중조직에 대한 사통당의 통제 역시 체제의 정치적, 사회적 조작에서 중요한 측면을 이루었다. 인민민주주의 개념은 아직 '프롤레타리아 의식'을 획득하지 못한 사회 구성원들 사이에서 '사회주의적 정신'을 창출하고 유지하는 데 필요한 '연결 벨트'로서의 특수한 역할을 대중조직에 부여했다. 가장 중요했던 대중조직으로는 자유독일노동조합연맹Freier Deutscher Gewerkschaftsbund, FDGB, 자유독일청년단Freie Deutsche Jugend, FDJ, 독일여성연맹Deutscher Frauenbund, DFB, 독소우호협회Gesellschaft für Deutsch-Sowietische Freundschaft, DSF 등이 있었다. 이 조직들의 이론상 기능은 동독이 인민민주주의에서 '발달사회주의'로 진일보했다고 주장할 때 약간 변화했지만, 동독 사회의 모든 부문에 '사회주의 정신'을 주입하는 것이 주요 임무였다.

대중조직에 대한 '적극적' 통제와 병행했던 것이 정치적 억압 시스템이었다. 서구적 의미에서 표현의 자유는 동독에 존재하지 않았다. 언론과 라디오, 기타 모든 매체들은 국민의 이익에 위배되는 관점들이 전달되지 않도록 엄격하게 검열되었다. 슈타지의 전임과 파트타임 직원들—1988년까지 27만 1,000명—은 사회 활동의 모든 영역을 예의주시했다. 1950년 초부터 서구 국가, 특히 서독과 미국은 '전쟁 도발' 국가로 분류되었는데, 이 '전쟁 도발자들'에 우호적인 견해를 표하는 것은 형사 범죄가 되었다.

동독 지도자들은 동독에서 수준 높고 산업화된 경제발전을 이루는 것이 동독, 그리고 후일 독일 전체에 사회주의를 건설하는 데 핵심이라고 보았다. 이는 만만찮은 과업이었다. 역청탄과 칼리가 약간 매장된 것을 제외하면 동독에는 천연자원이 거의 없었다. 게다가 대체로 엘베강 서쪽보다 동쪽의 농지가 언제나 더 척박했다. 자연적 어려움에 인간적 의사 결정들이 더해졌다. 1952년까지 포기하지 않았던 배상의 '첫 번째 수혜자'는 자신들이어야 한다는 소비에트의 정책은 동독 생산력의 상당 부분이 동독이 아닌 소비에트를 이롭게 했음을 의미했다. 1952년까지 동독의 가장 큰 산업 기업을 비롯해 약 200여 개의 소비에트주식회사가 전적으로 소비에트 수출만을 위해 생산했다.

그러나 무엇보다 동독의 공산주의 체제는 개인적 동기와 책임을 최소화하는 반면 정치화와 중앙집권적 통제를 극대화하는 경제계획과 생산 체제를 동독에 안겨주었다. 1930년대 소비에트를 위해 스탈린이 만든 길을 따라서, 1950년대 10년간 경제 주요 부문에 대한 집단적—말하자면, 국가와 당에 의한—통제의 체계적인 진전이 이루어졌다. 동독 경제의 국유화에서 핵심적인 단계는 1952년 소비에트주식회사들을 동독의 통제로 복귀시킨 것이었다. 이러한 생산 시설들은 과거 소유주들에게 반환된 것이 아니라 '인민소유기업Volkseigene Betriebe, VEB'으로 즉시 전환되었고, 국가의 직접적인 통제 아래 놓였다. 1950년대 말에 이르면 민간기업들은 동독 경제에서 미미한 부분만 담당할 뿐이었다(1949년에는 거의 40퍼센트의 동독 생산력이 민간의 손에 있었다. 1960년에 이르면 그 숫자는 3.8퍼센트로 감소했다). 경제 장악에서 또 다른 정점은, 체제가 농민의 반대를 무시하면서 동독 농업을 집단화하고자 했던 1959~1960년에 왔다. 1963년까지 90퍼센트 이상의 동독 농민들이 농업생산조합Landwirtschaftliche Produktionsgenossenschaften, LPG이나 집단농장에서 일했다.

동독 지도자들은 가속화된 산업화 속도와 국가가 통제하는 경제 부문의 급속한 확대를 사회주의 건설의 두 토대로 생각했다. 사통당이 1950년 전당대회에서 채택한 첫 번째 5개년계획은 GDP 100퍼센트 증가를 통한 1936년 이상의 수준 달성, 그리고 생산성 72퍼센트 증가를 목표로 했다. 또한 당은 중공업 부문(철강, 전기, 기계)에 절대적인 우선순위를 두었다. 소비재 제조는 상대적으로 중요하지 않은 것으로 간주했다.

국유화는 민간기업의 제거뿐 아니라 경제적 의사 결정권에 대한 광범위한 중앙집권화를 의미했다. 개개 인민소유기업은 8개 부서(중공업, 경공업, 기타 등등) 중 하나로부터 명령을 하달받았다. 이어지는 정부 지시사항들은 국가계획위원회가 만들어낸 수개년 계획의 이행을 위한 것이었다. 소비에트의 예를 따라, 이러한 명령들은 극단적으로 세세하고, 무엇이 얼마나 생산되어야 하는지뿐만 아니라 임금, 시간, 가격도 결정했다. 1958년 체제가 변화할 때까지, 인민소유기업의 개개 매니저들은 경영상 결정을 내리는 데 거의 자율성이 없었다. 그러나 사통당의 지도부는 만족해했다. 한 선전선동가는 다음과 같이 말했다. "내가 길을 걸으며 새롭고 아름다운 것을 볼 때, 나는 누가 이것을 가능케 했는지 안다. 그것은 내 친구인 '계획'이다."

서독이 1950년대 장기 호황을 시작했을 때, 중앙집중화된 경제체제는 동독 경제에서 불경기를 야기했다. 정치적으로 결정된 생산 목표와 경제 관리자들에게 의사 결정의 자유를 부여하기를 꺼린 것 등과 맞물려 자원 부족은 만성적 결핍과 광범위한 대중적 불만족을 낳았다. 경제 계획은 우선순위가 주어지지 않은 소비재 산업 분야에서 목표를 달성하는 데 특히 미흡했다. 농업 생산은 경제에서 의붓자식 비슷하게 다루어졌다. 정권은 1930년대 스탈린주의 스타하노프^{Stakhanov} 캠페인 같은 방식으로 '사회주의적 경쟁'을 부추기고 노동 규범을 강화함으로써 투자자본의 심각한 결핍을 보상하고자 노력했지만, 이데올로기적인 인센티브가 비참하게 낮은 생활수준과 정치적 자유의 결여에 대한 보상이 되지는 못했다(스타하노프라는 용어는 알렉세이 스타하노프^{Aleksei Stakhanov}로부터 유래했는데, 이 소비에트 노동자는 1930년대에 할당된 생산 몫을 훨씬 능가함으로써 프롤레타리아의 상징으로 추앙받았다).

동독의 잘못된 경제경책에서 가장 눈에 띄는 결과는 동독의 상황을 더욱 악화시킨 새로운 국면이었다. 동독 시민들은 "발로 투표했다". 1949년에서 1961년 사이 베를린시의 열린 국경을 통해, 250만 명의 동독인이 영구적으로 서독으로 이주했다(1953년경에 이르면 동독은 기본적으로 동서독 간의 나머지 국경은 닫아 걸었다). 게다가 체제 지도자들에게는 실망스럽게도 난민 중 거의 절반은 25세 미만으로, 이로 인해 동독은 경제적으로 가장 생산적인 인구의 주된 부분을 계속해서 잃었다.

　　광범위한 불만족의 징후(1950~1952년에만 50만 명의 난민이 있었다)에 대한 사통당의 반응은 경제적 방향을 재고하는 것이 아니라 발전 속도를 높이고 더 나사를 조이는 것이었다. 1952년 7월 당중앙위원회는 '사회주의 건설의 가속화'를 결의했다. 소비재 산업을 희생하고 중공업 분야를 더욱더 강조했다. 신계획의 목표를 달성하기 위해 생산 규율과 노동시간을 더 늘렸다. 그러나 식량 배급은 낮은 수준에서 변화하지 않았다.

　　스탈린은 동독의 첫 5개년계획과 1952년 중반에 있었던 그에 대한 수정까지 승인했지만, 1953년 3월 이 러시아 독재자는 사망했다. 혼란스럽고 불안정했던 새로운 소비에트 지도자들은 동베를린에 다른 메시지를 보냈다. 1953년 4월경 러시아인들은 동독 당국으로 하여금 경제적 압력을 줄이고 국민의 불만족을 다독일 것을 촉구했다. 이에 대한 반응으로, 6월 9일 사통당 정치국은 새로운 노선인 '신항로'를 채택했다. 이 정책은 소비재 생산 증가, 향후 국유화 중단, 서독을 떠나 동독으로 돌아오고자 하는 사람들에 대한 약간의 인센티브 제공 등을 제시했다. 그러나 소비에트 내 스탈린의 후계자들과 마찬가지로 사통당 지도부도 분열되어 있었다. 1950년 7월 이후 당 총서기이던 발터 울브리히트와 그의 지지자들은 새로운 소비에트 노선을 매우 꺼려하며 따

동독 선거에 대한 서독의 논평. 동독의 독재자 발터 울브리히트가 개표를 명령한다. 그 수는 공산주의자들이 장악한 후보자 공식 리스트에 대해 "예"라고 답한 유권자들의 수와 같을 것이다(출처: akg-images./ullstein bild).

랐다. 반면, 사통당 기관지 〈노이에스 도이칠란트Neues Deutschland〉의 편집인 루돌프 헤른슈타트Rudolf Hernstadt, 슈타지 수장 빌헬름 차이서 같은 사람들은 체제의 참된 문제는 울브리히트라고 주장했다. 그들은 사통당의 총서기가 면직되어야 한다고 주장했다.

　신항로는 동독에서 긴장을 완화하는 데 실패했는데, 이는 대부분의 동독 노동자들이 가장 분노하던 구계획의 한 특징, 즉 1953년 5월 말 결정된 추가적이고 자의적인 노동 규범의 강화 문제를 다루지 않았기 때문이다. 1953년 6월 16일, 동독 건설 노동자들 사이에서 즉흥적으로 시위와 파업이 분출했다. 아이러니하게도, 가장 먼저 연장을 내려놓은 노동자들은 동독에서 가장 명망 높던 프로젝트인 스탈린거리Stalinallee를 건설하던 사람들이었다. 당시 그들은 조지아 건축양식에 따라 대규모 건물군을 짓고 있었다. 정권이 조지아 출신의 스탈린을 기리기 위해 벌인 프로젝트였다.

머지않아 동독 모든 부문의 노동자들이 베를린의 노동자들에 합류했다. 최근 연구에 따르면, 시위 가담자들은 처음부터 경제적, 정치적 목표를 내세웠다. 그들은 강화된 규범의 즉각적인 취소를 요구했고, 울브리히트 사퇴, 자유선거, 의회민주주의, 서독과의 재통일을 주장했다. 6월 17일 시위는 폭력적으로 변했다. 분노한 시위 가담자들은 사통당 사무실에 방화했고, 붉은 깃발을 끌어내렸다. 6월 18일 오후까지, 정권은 상황에 대한 통제력을 잃었다. 인민경찰Volkspolizei 부대는 시위대와 자주 뒤섞이곤 하던 일반 군중을 봉쇄하는 데 착수했다. 소비에트가 전차와 군대로 개입하고 나서야 질서가 회복되었다.

6월 봉기에 대한 동독 지도부의 반응은 선전전, 숙청, 그리고 전술적 양보를 일관성 없게 뒤섞은 것이었다. 파업과 시위는 동독 정부를 전복하고자 하는 신파시스트들의 노력이라는 것이 공식 입장이었다. 미국과 서독 정보부에 의해 조직된 파업과 시위는 서베를린의 외부 선동자들(사통당의 용어로 '텍사스 카우보이들')에 의해 촉발되었으며, 서베를린 라디오 방송국 RIAS로부터(RIAS는 미국 점령지역의 라디오Radio in the American Sector를 나타내는 말이었다) 명령을 받았다는 것이었다. 또한 소비에트 군대의 개입이 독일에서 파시즘이 다시 권좌로 복귀하는 것을 막았다고 했다. 동독에서, 울브리히트와 그의 지지자들은 정치국 개혁가들로부터 재빠르게 등을 돌렸다. 차이서와 헤른슈타트는 해당 행위로 고발당했고, 사통당에서 축출되었다. 숙청은 상층부에만 한정되지 않았다. 많은 하급 당국자들이 봉기를 막지 못했다는 이유로 처형되었다. 절반 이상의 사통당 지구 비서들과 거의 2/3에 달하던 지방 비서들이 해고되었다. 평당원들 가운데서도 대규모 숙청이 있었다.

1953년 6월 봉기의 실패는 동독 역사상 첫 번째 국면의 끝을 나타낸다. 소요는 체제가 인기를 잃었다는 사실뿐만 아니라 동독에 대한 공산당 통제를 유지하겠다는 소비에트의 결심도 보여주었다. 1953년 여름부터 동독 지도자들은 그들의 뒤흔들린 권력을 보수하는 데 착수했다. 잠시 동안 동독인들은 '사회주의 건설의 가속화'의 압박으로부터 구원을 경험했다. 1953년 6월 5개년계획의 우선순위가 영구적으로 재조정되었다. 중공업 분야의 연간 성장률 예상치는 13퍼센트에서 5.6퍼센트로 낮아진 반면 소비재 분야 생산은 30퍼센트 증가했다. 정권은 자의적인 체포의 종식을 선언했고, 지식인들은 보다 큰 예술적 자유를 약속받았다. 이러한 변화는 약간 효과가 있었다. 1961년까지 동독에 대한 여론의 좋은 척도였던 난민의 흐름이 1953년 33만 1,330명에서 1년 후 18만 4,198명으로 감소했다.

돌이켜보건대 울브리히트와 그의 동맹 세력은 '신항로' 혹은 1953년 6월 봉기에 뒤따르는 개혁을 전술적이고 일시적인 책략 이상의 것으로 보지 않았다. 그러나 사통당 지도자들 가운데 다른 사람들은 근본적인 정책 변화를 지지했다. 1956년 20차 소비에트 공산당 전당대회에서 니키타 흐루쇼프가 스탈린의 오류와 범죄를 비난한 것에 고무되어, 그들은 동독이 보다 탈중앙집권화되고 개방적인 사회가 될 필요가 있다고 주장했다. 사통당이 지식인들에게는 보다 큰 자유를, 재계 지도자들에게는 보다 큰 자율성을 허용해야만 한다는 것이었다. 또한 개혁가들은 동서독 간의 관계 개선을 지지했다. 이 그룹에는 동독의 선두적인 마르크스주의 철학자 볼프강 하리히Wolfgang Harich, 당 중앙위원회 선전 담당 비서 프레트 욀스너Fred Oelssner, 산업및수송위원회 위원장 프리츠 젤브만^{Fritz Selbmann} 등이 포함되어 있었다.

울브리히트와 구세력이 한동안 수세에 몰렸지만, 1956년 봄과 가을의 헝가리 혁명과 폴란드의 광범위한 소요가 의도치 않게 울브리히트와 사통당 보수주의자들의 위상을 강화시켰다. 러시아인들은 위성국가 체제의 응집력에 대해 두려움을 느꼈고 더 나은 자유화에 대한 그들의 지지를 신속하게 철회했다. 이로써 동독 개혁가들은 고립되고 취약해졌다. 1956년 11월 하리히는 음모와 '수정주의' 혐의로 체포되었다. 이후 그는 10년형을 선고받았다. 젤브만과 윌스너는 직위를 잃었고, 당에서 숙청되었다. 1958년 7월 사통당 전당대회는 세력을 회복한 강경 노선을 공식적으로 재가했다. 전당대회는 동독이 이제 '사회주의의 토대'를 달성했다고 선언했다.

얼핏 보기에 1950년대 동독과 서독의 외교관계에서 몇 가지 놀라운 유사점이 드러난다. 두 나라는 국제적 명성과, 그들을 후원하는 초강대국과 동맹국들로부터의 인정을 원했다. 서독은 미국의 지원이 가장 중요했고, 동독은 소비에트의 승인을 필요로 했다. 그러나 이러한 표면적 유사성이 서독과 그 동맹국들의 관계, 동독과 소비에트 및 동유럽 국가들 간의 관계에서 나타나는 몇 가지 근본적인 차이점을 덮어서는 안 된다. 새로운 서독 공화국은 열린사회로서, 그 정치체제는 국민의 압도적 다수로부터 지지를 받고 있었다. 이와는 극명히 대조적으로, 동독 지도자들은 자신들의 권력을 유지하기 위해 러시아 군대의 물리적 주둔에 의존했다. 그 결과 적어도 1960년대까지, 동독과 소비에트의 관계는 파트너 간의 동맹이 아니었다. 동독은 러시아의 위성국이었다.

그러나 동유럽 블록으로 동독의 통합을 낳은 형식상 조치들은 대체로 서독이 서구 열강에 합류하는 과정과 나란히 나타났다. 서독에서 그랬던 것처럼 경제적 유대가 정치적 유대에 선행했다. 동독은 1950년 동유럽경제상호원조회의Council for Mutual Economic Assistance, COMECON(이하 코메콘)에 참여했다. 그해 체결된 동독과 소비에트의 우호조약으로 소비에트 부대가 동독에 주둔했지만, 이제는 공식적으로 동독 정권의 초청을 받은 신분이었다. 같은 해, 동독은 나토의 소비에트 블록판인 바르샤바조약기구에 가입했다.

동독의 주권과 더불어 소비에트 블록 모든 국가에 의한 외교적 승인이 이루어졌다. 서독과 달리 동독은 오데르나이세 국경 동쪽의 옛 독일 영토의 운명이 미래의 협상을 통해 결정되어야 할 열린 문제라고 주장하지 않았다. 오히려 다른 소비에트 위성국들 간의 협정의 일부로서, 폴란드와 소비에트가 오데르나이세 국경 동쪽 영토를 사실상 병합한 것을 법적으로 정당하다고 인정했다.

1961년 이전에 동독은 할슈타인 독트린의 장벽을 무너뜨리는 데 성공적이지 못했다. 서독과 서독의 서구 동맹국, 그리고 대부분의 개도국이 동독을 인정하지 않았다. 이러한 고립을 종식시키기 위해 소비에트와 동독 정권은 동서독 간 연합의 전주곡으로서 양독 정부의 공식 회담을 반복해서 제안했다. 가장 진지한 제안은 1952년 3월의 것이었다. 소비에트와 동독은 동서독 간의 연합 시기 이후, 범독일 정부를 위한 자유선거를 제안했다. 학자들은 현재까지도 스탈린 제안의 참된 목표를 두고 엇갈린 입장이다. 일부는 서독의 재무장을 막기 위한 명백한 선전 음모였다고 본다(이때 서독에서 유럽방위공동체에 대한 논의가 있었다). 다른 사람들은 그 동기를 부인하지 않은 채로, 러시아도 독일 통일과 전 독일의 영구적인 비무장화를 결부시킬 가능성을 탐색하는 데 진심으로 관심을 가졌다고 주장했다. 하지만 아데나워와 미국이 러시아의 제안을 일언지하에 거절했기 때문에, 결국 그 제안은 하등 중요하지 않게 되었다.

1950년대 말경, 동독 지도자들이 공산주의 통제하의 통일독일이라는 꿈을 버리고 있다는 징후가 나타났다. 대신 동독은 점차 서독으로부터 스스로 고립되고자 했다. 1957년 12월의 새로운 법은 '공화국 이탈Republikflucht'을 형사 범죄로 만들었다. 1년 후인 1956년, 헝가리와 폴란드의 봉기로 입지가 약해진 흐루쇼프는 서베를린을 통한 난민 행렬을 종식할 조치를 취해달라는 동독 지도자들의 청에 관심을 기울였다. 1958년 11월 러시아인들은 일방적으로 베를린에 대한 4강 협의를 폐지하고 서구 세 열강에 최후통첩을 제시했다. 소비에트는 서베를린을 '자유롭고 독립적인 정치체'로 인정할 협정을 목표로 하는 협상의 데드라인을 6개월로 못 박았다. 서방 측 부대는 베를린에서 떠나야 했다. 서방 연합국이 이 제안에 동의하지 않는다면 러시아는 서베를린의 운명을 동독에 넘길 것이라고 협박했다.

소비에트의 최후통첩에 대한 답에서, 서방 국가들은 베를린 정책의 세 가지 '핵심 사항'을 밝혔다. 서독에서 서베를린으로의 접근 보장, 공중회랑의 자유로운 활용과 서방 군대의 지속적인 베를린 주둔, 서베를린의 자력갱생 보장이 그것이었다. 이 '핵심 사항'은 동베를린을 포함하지 않았고, 동서 베를린 간의 지속적이고 무제한적인 여행에 대한 요구를 포함하지 않았다. 이 마지막 부분이 러시아와 동독의 주요 관심사였기 때문에, 서방 측의 답은 그들의 관점에서 보자면 한 걸음 나아간 제안이었다.

1961년 8월 13일 자정 직후, 동독은 베를린장벽 건설에 착수했다. 장벽은 글자 그대로 동서 베를린에 대한 통제받지 않은 여행을 막기 위한 실질적인 장벽이었다. 시의 양쪽 절반에 대한 여행은 동독 국경수비대가 경비를 서는 4개의 검문소 가운데 하나를 통해서만 가능해졌다. 몇 달 후 동서 베를린 간 닫힌 국경은 더욱 강화되었다. 물리적 장벽은

베를린장벽이 건설된 지 거의 2년 후인 1963년 6월, 서베를린의 안전에 대한 미국의 관심을 과시하고자 케네디가 베를린을 방문했다. 이때 서베를린을 방문하는 유명한 외국인들에게는 특히나 장벽을 방문하여 사진을 찍는 것이 하나의 관행이 되었다. 가시철조망이 동베를린을 향하고 있는 것으로 보아, 장벽이 소위 서독 파시스트들이 동독을 침략하는 것을 막기 위해서라기보다는 동독인이 서독으로 빠져나가는 것을 막으려는 의도로 만들어졌음을 분명히 알 수 있다(출처: National Archives and Records Administration).

보다 발전된 전기 탐지기와 중무장한 보초병들로 강화되었다.

서방 열강은 베를린장벽을 베를린에 대한 4강 통제를 가능케 한 포츠담협정 위반이라고 격렬하게 반응했고, 미군 전차가 동쪽 영역에 가까이 다가간 몇몇 긴장이 고조된 장면들도 있었다. 그러나 러시아인들이 예상했던 대로, 서방 측은 동서독 간 장벽을 강제로 해체하기 위한 구체적인 조치를 취하지는 않았다.

장벽은 동독의 가장 큰 승리이자 동시에 가장 절망적인 패배였다. 한편으로 장벽은 동독 체제가 동독인들의 동의를 얻어낼 수 없었음을 명백히 보여줬다. 동시에 동독의 존재가 더 이상 무시될 수 없다는 것 역시 증명했다. 서독인, 서구 열강, 그리고 무엇보다도 동독인은 사통당 정권이 적어도 가까운 미래에 사라지기를 바랄 수 없게 되었다. 난민의 흐름은 급작스럽게 중단되었다. 1962년 2만 1,356명이 서베를린과 서독에 도달하는 데 성공했다. 이는 1961년 8월의 첫 12일간, 즉 장벽 건설 개시일인 8월 13일 이전의 12일 동안(4만 7,433명)의 절반에도 미치지 못하는 수치였다.

1960년대의 동독

베를린장벽 건설은 사통당 총서기 발터 울브리히트가 논란의 여지 없는 권력을 장악하기까지 과정의 정점을 이루었다. 그는 이미 1958년 전당대회에서 개혁가들에 승리를 거둔 바 있었지만, 도전받지 않는 통치와 야심찬 계획을 위한 참된 토대는 장벽이었다. 울브리히트는 점차 조직화된 공적 과찬의 대상이 되었지만, 이 강력하지만 동시에 미움받던 동독의 지도자는 개인으로서는 매력 없는 인물이었다. 발터 울브리히트는 당 관료의 전형이었다. 1893년 라이프치히에서 재단사의 아들로 태어난 그는 목수의 직무를 익혔지만 머지않아 전업 당 관료가 되었다. 1919년 울브리히트는 새로 창당된 독일공산당에 가입했고, 1921년 튀링겐에서 당의 지구 지도자가 되었다. 2년 후, 그는 당 중앙위원회에 선출되었고, 바이마르공화국 말에는 베를린의 당 조직을 이끌었다. 나치가 권력을 장악한 후, 울브리히트는 망명길에 올라 소비에트에서 제3제국 시기를 보냈다. 스탈린주의자들이 숙청을 진행하는 동안 그는 소비에트 독재자의 정책에 대한 지지를 보내는 데 흔들림이 없었다(가령 울브리히트는 1939~1941년의 독소불가침조약에 대해 과도한 칭찬을 해댔다). 우리가 보았던 것처럼 1945년 4월 적군은 그를 독일로 돌려보냈다.

사통당 내 마르크스-레닌주의자들에게 동독에서 사회주의를 달성하는 것은 의미론적 중요성 이상의 것이었다. 그 과정은 동독 사회에서 공산당의 역할에 대한 중요한 함의를 갖고 있었다. 사통당은 더 이상 동독에서 지배계급의 이익을 위해 말하는 조직에 머무르지 않았다. 당은 '사회의 과학적 경영'의 임무를 맡았다. 달리 말하자면, 동독이 사회주의를 향한 도약을 이루었을 때, 당은 사회의 모든 측면에 영향을 미치는 데 훨씬 더 직접적인 역할을 담당할 터였다. 1968년에 채택된 새로운 헌법은 사통당의 역할에 법적인 승인을 주었다. 새 헌법 1조는 동독을 "마르크스주의 당의 지도하에 사회주의를 건설하고 있는 사회주의 국가"라고 묘사했다. 1960년대 말, 울브리히트는 동독이 '발달사회주의' 단계에 도달했다고 선언했다.

사통당이 동독 사회에서 권력을 강화함에 따라 울브리히트 개인의 위상도 높아졌다. 1960년 9월 사통당의 공동 의장이자 동독의 쾌활한 대통령 빌헬름 피크Wilhelm Pieck가 사망했다. 체제는 후계자를 지명하는 대신, 대통령직을 28명의 국가평의회Staatsrat로 대체했다. 울브리히트는 의장이 되었다. 4년 후 1949년 이래 동독 총리이자 동독에서 가장 지명도가 높았던 옛 사민주의자 오토 그로테볼Otto Grotewohl 또한 사망했다. 또 다른 보수적 공산주의자로, 1956년 이래 국방부 장관이던 빌리 슈토프Willy Stoph가 그의 후계자가 되었다.

1950년대에 사통당은 바이마르와 나치 시기의 베테랑 공산주의자들이 주도했으며, 잦은 분파 갈등으로 특징지어졌다. 반대로 1960년대는 질서 정연한 이행기이자 원기 회복기였다. 1963년 정치국은 14인의 위원과 9명의 후보위원으로 구성되었다. 위원들은 1958년 이래로(그 가운데 10명은 1954년 이래로) 당 최고기구에서 일해왔지만, 후보위원들은 모두 1963년 새롭게 선출되었다. 이러한 경향은 그 수가 더 많았던 중앙위원회에서 더욱 두드러졌다. 1963년에 이르면 구성원 다수가 2차 대전 이후 들어서야 정치적으로 활동을 시작한 관료들이었다. 기층 당원들의 사회적 구성 역시 급격하게 변화하고 있었다. 사통당은 다수의 블루칼라를 당으로 끌어들이는 데 성공했다. 1961년부터 1971년 사이 자신들의 직업을 '노동자'라고 기록한 사람들의 비율은 33.8퍼센트에서 56.6퍼센트로 증가했다. 그러나 가장 중요했던 것은 당이 점차 노동계급 바깥의 그룹들에게 권력과 성공의 수단으로 보이기 시작했다는 점이었다. '인텔리겐치아' 출신 당원들의 비율은 같은 시기 8.7퍼센트에서 17.1퍼센트로 거의 두 배 가까이 증가했다.

울브리히트의 개인적 위상이 높아지고 있었던 것은 아이러니하게도 스탈린 개인숭배를 흐루쇼프가 반복적으로 맹비난했던 것과 동시에 일어났다. 1956년, 그리고 1961년에 다시 한 번, 러시아 지도자는 스탈린의 과도한 허영심을 공격했고, 집단지도의 원칙에 대한 레닌의 집착을 칭찬했다. 울브리히트는 새로운 시대에 대해 립서비스를 바쳤지만, 그 과정에서 자신의 인지도를 섬세하게 높였다. 1960년대 그는 러시아를 찬양하느라 독일 사회주의 전통의 중요성을 부정할 필요가 없다고 느꼈다. 울브리히트와 그의 아첨꾼들은 마르크스, 레닌, 텔만을 포함한 일련의 지도자들의 정점으로 울브리히트를 묘사했다. 1960년대 말, 울브리히트는 대담하게도 발달사회주의 국가로서 동독의 지위를 소비에트와 같은 수준으로 올려놓았다. 또한 미래에 두 사회가 평등하게 될 것이라고 시사함으로써, 참된 공산주의에 도달하는 데 러시아인들이 더 이상 앞서지 못할 것임을 암시했다.

1960년대 권력의 정점에 선 니키타 흐루쇼프(좌)와 우측의 발터 울브리히트(출처: Interfoto/Alamy).

동독 사회에서 사통당의 강화된 역할은 인민의회 의석 재배분에서도 분명해졌다. 1963년 동독 입법부 구성은 공산당에 훨씬 더 많은 의석 수를 주는 것으로 바뀌었다. 그때까지 인민의회 100석이 사통당에 할 애되어 있었고, 비공산주의 정당들(자유민주당, 기독민주주의연합, 민주농 민당)에 각각 45석씩 할당되어 있었다. 남은 110석은 대중조직의 대표 자들에게 갔는데, 실제로 그들은 모두 사통당 멤버였다. 이제 사통당과 대중조직의 구성원들은 각각 110석과 144석으로 늘어난 반면, 다른 정 당들은 45석에 머물렀다. 물론 실제로 이러한 변화는 대개 상징적일 뿐 이었다. 구성이 어떻게 바뀌건 인민의회는 사통당 지도부가 먼저 결정 한 것을 만장일치로 지지했다.

동시에 동독의 비공산주의 정당들의 '공식적' 역할이 재정의되었다. 유권자들과 당원들의 이익을 위한 목소리로서 행동하는 대신, 이제 사 통당 정책의 이유를 그들 지지자에게 설명하는 '연결 벨트'일 뿐이었다. 다른 말로 하자면, 그들의 역할은 대중조직의 그것과 본질적으로 다르 지 않았다.

사회주의 달성과, 그와 더불어 권력을 유지하는 체제의 능력은 결국 동독의 경제 성과에 달린 것이었다. 우리는 국민의 최소한의 필요를 만 족시키지 못한 체제의 실패가 1953년 6월 봉기를 낳았다는 것을 이미 목도한 바 있다. 그때 이후로, 동독 지도자들이 계획의 우선순위를 주 로 소비재 공급 증가에 두기로 재조정한 덕분에 상황이 현저하게 개선 되었다. 1950년대 말경 경제의 성장 수치는 인상적이었다. 가령 1957 년 경제는 7.9퍼센트 성장했다. 그러한 수치에 고무되어, 1958년 사통 당 전당대회에서 울브리히트는 3년 이내에 동독이 서독의 생활수준에 도달하고 또 이를 능가하게 될 것이라고 발표했다. 1960년 울브리히트 는 10년 이내에 동독이 서구로부터 수입을 전혀 하지 않을 것이라고 예언했다.

당시 동독의 노동생산성은 서독보다 25퍼센트 낮았고, 생활수준은 40퍼센트 낮았다. 그렇다면 당 총서기와 그의 지지자들이 가졌던 동독 경제의 미래 성취에 대한 완전히 부풀려진 기대치는 어디에 근거하고 있었을까? 부분적으로는 1950년대 말까지 완수된 구조 조정에 대한 잘못된 믿음 탓이었다. 몇몇 소기업(대체로 수선업을 하던 장인들)을 제외하고 경제의 모든 분야는 이제 국영화되었다. 전체적으로 거의 90퍼센트에 달하는 산업 생산품이 인민소유기업에서 생산되었고, 동독 식료품 생산의 90퍼센트가 집단농장에서 왔으며, 모든 소매업의 80퍼센트는 국영상점Handelsorganisation에서 거래되었다. 게다가 동독은 유럽경제공동체로부터 간접적으로 이익을 얻었다. 유일한 독일 국가로서의 지위를 강조하기 위해 서독은 동독이 서독 관세 지역의 일부로 다루어져야 한다고 주장했다. 이는 본질적으로 동독이 서유럽에서 확대되고 있는 자유시장의 일부였다는 것을 의미했다.

그러나 가장 중요했던 것은 동독 지도자들이 성가신 경제적 의사결정기구들이 만들어내는 문제들에 대한 해결책을 찾았다고 느꼈다는 점이었다. 신경제체제Neues Ökonomisches System, NÖS라는 기억하기 쉬운 명칭과 함께, 1963년 국가계획위원회 위원장이 된 에리히 아펠Erich Apel은 소비에트 경제학자 옙세이 리베르만Evsei Liberman의 몇몇 아이디어를 동독 상황에 적용하고자 했다. 흐루쇼프의 총애를 받던 리베르만은 실질 생산성의 토대하에 계산된 실질 비용, 수익성, 계획들은 사회주의 경제에서 정당한 위상을 갖는다고 주장했다.

이러한 아이디어들을 이용해, 동독은 실질적인 정치적 통제를 포기하지 않은 채 개개 공장 관리자들에게 더 큰 경제 결정의 자유를 주고자 했다. 의결 당국의 중층적 구조를 축소하려는 노력의 일환으로 8개의 경제 관련 별도 부서가 폐지되었다. 국가계획위원회가 그들 기능의 대부분을 접수했다. 개개 인민소유기업 관리자들의 의사 결정 영역이 늘어났고, 이제 그들은 국가계획위원회를 직접 상대했다. 생산 라인의 노동자들에게 '사회주의적 경쟁'은 생산성을 증가시킬 물적, 이데올로기적 인센티브를 제공했다. 동시에 공립학교 커리큘럼을 대폭 개혁하여 학교에서 공장으로의 이행을 용이하게 할 수 있도록 종합기술교육과 직업훈련을 강조했다.

1963년 도입된 이후 몇 년간, 신경제체제는 성공적인 것처럼 보였다. 동독인의 평균적 생활수준은 크게 개선되었다. 정권이 주택과 기초 식료품 비용에 거액의 보조금을 지불하는 전통적인 정책을 지속하는 가운데, 신경제체제는 처음으로 정교한 소비재 상품들—세탁기, 차, 텔레비전 수신기—이 대규모로 이용될 수 있게 했다. 마찬가지로 중요하게, 당 관료들은 '정치 우위'에 대한 강조를 줄였고, 경우에 따라서는 생산 과정을 방해하기보다는 촉진했다.

그러나 문제점도 있었다. 동독 경제를 서독 경제 수준으로 올리기 위해서는 엄청난 수준의 자본투자가 필요했다. 동독은 국제 투자시장과 교류하지 않았기 때문에, 자금은 동독 국민들로부터 와야 했다. 그러나 엄청난 수준의 투자(1961~1964년 66억 동독마르크 정도로 추산된다)는 경제가 지속적이고도 놀라운 성장률을 유지할 경우에만 지속될 수 있었다. 그러나 그러한 경제적 급등은 동독 경제의 주요 분야들을 지속적으로 괴롭혀온 구조적 문제들로 인해 제한될 수밖에 없었다.

집단화된 농장의 농업 생산은 지속적으로 계획량에 미치지 못했고, 동독은 대규모로 식료품을 수입해야 했다. 게다가 탈중앙집권화하려는 노력에도 불구하고, 경제적 의결 체계는 복잡하고 느렸다. 미래 계획을 위한 목표는 과거의 계획이 목적을 달성하지 못했다는 것이 분명했을 때조차, 판에 박힌 듯 기존 계획들의 예상 성취량에 기반하곤 했다. 의사 결정자들은 생산비와 생산품의 질을 계속해서 무시했고, 양만 중요시했다. '기본' 상품과 서비스―식료품, 주거, 교통―를 위한 엄청난 보조금은 '고급품'이 불균형적으로 비싼 상태가 된다는 것을 의미했다. 이러한 상황은 대부분의 동독인이 서독의 텔레비전과 광고를 접했기 때문에 아주 분명했다(당시 서독 텔레비전은 공영이었지만, 매일 약간씩의 광고를 허용했다). 이러한 상황을 상징하는 것이 1966년 사통당의 교화 모임에서 한 '일반 노동자'가 한 질문이었다. 그는 왜 나일론 셔츠가 서독에서는 12마르크인데 동독에서는 78동독마르크인지 물었다. 사통당 선전 담당자는 답을 하지 못했지만, 이 사건을 상부에 보고하겠다고 말했다. 그들의 대답이 무엇이었는지 우리는 알지 못한다. 마지막으로 1960년대 중반에 경제 자유화가 예술적이고 정치적인 자유에 대한 요구를 유발했다는 것이 분명해졌을 때, 몇몇 당 관료들은 경제개혁의 이익에 대해 재고했다.

동독은 사회주의적 국제주의의 부정적인 결과에 대해서도 처음으로 경험했다. 소비에트 경제가 엄청난 문제점들을 낳기 시작했을 때(1964년 흐루쇼프의 실각을 낳은 요인들 중 하나였다), 소비에트는 위성국들로부터 원조를 구했다. 1965년 12월 동독은 소비에트에 엄청나게 유리한 조건들을 담은 새로운 무역 협약을 체결할 것을 강요받았다. 그해 말에 있었던 에리히 아펠의 자살이 동독 경제에 대한 러시아의 착취에 맞서는 일종의 저항이었다는 루머조차 있었다.

1967년 4월 사통당 7차 전당대회는 신경제체제의 심대한 수정과 '사회주의경제체제Ökonomisches System des Sozialismus, ÖSS'로의 대체를 의결했다. 흐루쇼프 실각 이후 소비에트처럼 동독 역시 중앙집권화된 생산 체제를 재도입했다. 기술적으로 발전된 사회가 궁극적인 목표로 남긴 했지만, 동독의 지도자들은 개인의 물적인 동기와 탈중앙집권화된 의사결정을 강조하는 대신 발달사회주의 개념과 인공두뇌학cybernetics 이론을 결합하여 동독에 새로운 형태의 자기 조절적 경제구조를 만들고자 노력했다.

체계적 통제와 정보에 대한 이론으로서 인공두뇌학은 철의 장막 양측에 엄청난 관심을 불러왔지만, 동독에서는 흐루쇼프가 이를 "다가오는 시대의 토대 과학"으로 묘사한 1961년 전까지는 별반 존중받지 못했다. 동독의 이론가들, 특히 철학자 게오르크 클라우스Georg Klaus에게 인공두뇌학은 그들이 사회주의의 본질이라 보았던 '인간−기계 공생' 창출을 약속하는 것처럼 보였다. 동독의 인공두뇌학 지지자들은 완전히 통제 가능한 노동과정에 인공두뇌학의 이론적 가르침들을 적용함으로써 발달사회주의 시기에 노동자와 기계 간의 소외가 제거될 수 있으리라고 주장했다. 그런 다음 인공두뇌학과 변증법적 유물론의 지식을 결합하면 어떠한 내재적 모순도 겪지 않을 것이기 때문에 동독 지도자들이 역동적이면서도 매우 안정적인 경제를 창출하는 것이 가능하리라는 논리가 뒤를 이었다.

이 모든 것들은 신경제체제의 성취에 실망한 동독 경제계획가들에게 매우 호소력이 있었지만, 사회주의경제체제의 전망들도 실현되지 못하기는 마찬가지였다. 경제의 모든 측면을 근대화하려는 시도의 무용함을 인정하면서, 사회주의경제체제는 국제적 시장에서 경쟁력이 있을 것으로 예상되던 분야들, 특히 화학, 정밀기계, 그리고 궁극적으로는 첨단 기술 생산품들에 우선순위를 두었다. 동독 지도자들은 이 분야의 수출로 충분한 경화들을 들여와서 식료품 수입(농업 생산성은 1967년부터 1971년 사이에 연간 1.7퍼센트만 증가했다)과 특히나 서구로부터의 디지털 기계류를 수입할 수 있으리라 기대했다. 이러한 희망은 착각이었던 것으로 판명되었다. 특정한 경제 분야에 집중하는 것은 우선순위가 아닌 항목들이 되어버린 동독 경제의 일부 인프라 부분들에 대한 일반적인 무관심을 의미했고, 그 결과 동독 생산품의 보이지 않는 비용들이 매우 인상되는 결과를 가져왔다.

1960년대 말경에도 여전히 동독은 일부 인상적인 성장률을 경험했고, 생활수준도 현저하게 향상되었다. 1960년대에 동독의 '경제 기적'이라 할 내용도 실제로 존재했다. 생산성과 생활수준에서 동독은 소비에트를 포함하여 동유럽 공산주의 동맹국을 훨씬 능가했다. 그러나 생산성과 생활수준에서 서독과 다른 서구 국가들에 훨씬 못 미쳤고, 동독인들에게 중요했던 것은 바로 이러한 비교였다. 동독이 '발달사회주의' 단계에 도달했다는 과장에도 불구하고, 동독은 완전한 정치적 통제를 유지하면서 서구의 생산성과 번영에 맞설 경제를 창출하는 것을 가능케 할 길을 찾아내지 못했다.

동독 경제의 추가적인 부채는 군대를 위해 할당된 비정상적으로 엄청난 규모의 재원이었다. 1980년대 (국가인민군Nationale Volksarmee, NVA, 슈타지, 동독에 주둔한 소비에트 부대를 포함한) 동독의 군사 예산은 동독 국내 총생산의 11퍼센트를 차지했다. 동독군 창설은 1950년대 초로 거슬러 올라가지만, 국가인민군은 1956년까지 공식적으로 창설되지 않았다. 동독은 1962년 징병제를 도입했고, 국가인민군은 17만 명의 인상적인 군대로 성장했다. 서독의 연방군보다 훨씬 더 강한 정도로 모든 국가인민군 부대는 동구의 다국적 연맹으로 통합되었고, 언제나 소비에트 장군이 담당하던 바르샤바조약기구 사령관의 통제하에 남았다. 동독의 군대는 정교한 전통 무기를 보유했지만, 서독의 연방군처럼 핵무기에 대한 통제력은 없었다. 그렇다고 해서 국가인민군이 서독을 정복하겠다는 야심찬 계획을 세우지 않았던 것은 아니다. 1960년대 이래로 국가 인민군은 동독이 점령지(서베를린과 서독)를 통제할 때 체포할 사람들의 명단과 성명서 초안을 비롯해, 서베를린과 서독에 대한 공산주의 통치를 위한 상세한 시나리오들을 만들어냈다.

1961년 베를린장벽 건설은 이 나라 외교관계에 새로운 시대를 열었다. 1950년대의 고립으로부터 빠져나와, 동독은 외교적 공세에 착수했다. 1960년대에 동독은 아프리카와 아시아에 있는 대부분의 신생국과 외교관계를 맺었다. 아프리카와 아시아의 신생 독립국들은 동독처럼 국제적 인정을 갈망했고, '독일 문제'에 선입견도 없었다. 동시에 그들의 과거 서구 식민제국 및 미국과의 관계는 종종 경색되었다. 게다가 변변한 자연자원 없는 나라에서 '사회주의' 경제를 건설한 동독의 표면적 능력은 유사한 문제들에 직면한 많은 개발도상국들에게는 인상적이었다. 동독은 국제적 명성과 소비에트의 호의를 얻었다. 개발도상국에서 동독은 종종 소비에트의 대리인으로 활동했다.

비록 국제적인 인정이 동독 체제에 주어졌지만, 성공은 문제점도 동반했다. 1960년대에는 양극 블록 체제의 엄격한 윤곽이 점점 더 흐릿해졌다. 중소 분열은 공산주의 단일체의 신화를 파괴했고, 동서 간 데탕트는 더 많은 불확실성을 가져왔다. 중소 분쟁에서 동독은, 울브리히트가 동독의 소비에트 의존을 줄이기 위한 방안으로 중화인민공화국과 더 나은 관계를 구축하려는 아이디어를 만지작거렸다는 것이 지금에 와서는 분명하지만, 어쨌든 공식적으로는 흔들림 없이 소비에트를 지지했다.

사통당 지도자들은 동서 데탕트에 대해 매우 회의적이었다. 그들은 덜 강한 색조로 자본주의의 적을 그리는 것은 소비에트 블록의 응집력에 매우 위험스러운 일이라고 주장했다. 당시 여전히 체코슬로바키아이던 지역에서 1968년 있었던 위기가 부지불식간에 그러한 두려움에 신빙성을 더했다. 그해 봄에 슬로바키아 공산당 의장이던 알렉산더 두브첵Alexander Dubček은 스탈린 시기부터의 권력자이던 안토닌 노보트니Antonín Novotný를 승계했다. 그는 체코 경제체제에 상당한 개혁을 허용할 의사가 있었고, '인간의 얼굴을 한 사회주의'라는 그의 약속은 체코슬로바키아인들로부터 열광적인 환영을 받았다. 그러나 봄에서 여름으로 넘어갈 무렵, 정치권력에 대한 공산당 독점이 위협을 받기 시작했다. 8월 중순 체코 서부 도시인 카를로비바리Karlovy Vary에서의 회담에서, 바르샤바조약기구 지도자들은 공산당 통제를 회복하기 위해 확고한 조치를 취할 필요가 있다고 두브첵을 설득했다. 그가 그렇게 하기를 거부한다면, 러시아와 그 동맹국들이 체코슬로바키아를 침공해서 질서를 되돌리게 되리라는 것이었다.

체코슬로바키아의 상황이 더 악화되는 것처럼 보였을 때, 다른 바르샤바조약기구 국가들의 군사적 지원을 받은 소비에트 군대가 1968년 8월 21일 체코슬로바키아를 침공했다(동독 군대도 동원되었지만, 실제로 체코슬로바키아에 들어가지는 않았다. 공산당 지도자들은 체코슬로바키아 땅에 동독군이 존재하는 것은 1939년 3월 이 나라를 나치가 접수했던 사실을 괴롭게 상기시킬 거라고 우려했다). 두브첵은 모스크바로 넘겨졌고, 강제로 해임되었으며, 강경파인 구스타우 후사크Gustáv Husák가 그 자리를 대신했다. 체코슬로바키아 침공은 브레즈네프 독트린으로 정당화되었다(레오니트 브레즈네프가 당시 흐루쇼프를 대신한 소비에트 지도자였다). 이 정책은 사회주의가 위협받는 것처럼 보이는 어떤 나라건 돕는 것이 모든 사회주의 국가들의 의무임을 명시했다. 비록 이전의 설명들에서는 울브리히트가 브레즈네프 독트린의 열광적인 지지자였다고 묘사했지만, 최근의 연구들은 이 동독 지도자가 모호한 태도였음을 보여준다. 울브리히트는 확실히 두브첵의 개혁주의를 인정하지 않았고, 동독인들이 다시금 공산당 독재에 맞서 봉기할 경우 동독 체제에 대한 러시아의 원조를 보장한다는 점에서 브레즈네프 독트린을 환영했다. 그러나 소비에트가 위성국들의 행동의 자유에 부과한 엄격한 통제에 대해 울브리히트가 속 쓰려 했다는 증거도 있다.

서독 사민−자민 정부의 서막에 대한 소비에트의 초기 대응은 완전히 부정적이었다. 러시아의 프로파간다는 빌리 브란트가 자본주의의 종이고, 동방정책은 사회주의 진영의 연대를 훼손하려는 노력이라고 묘사했다. 사통당의 지도자들은 그러한 감정에 공감했다. 동독의 외무부 장관 오스카어 피셔Oskar Fischer는 동서 간의 협력으로부터 유래한 변화라는 에곤 바르의 개념을 "고양이 발톱 공격"*이라고 불렀다. 동방정책이 동독에 특별한 문제들을 안겨주었던 것은 사실이다. 러시아인들에게 유럽 국가들 간의 데탕트 정책은 오랫동안 추구해왔던 동유럽 내 소비에트의 우세한 지위에 대한 인정을 약속했지만, 서독, 소비에트, 동유럽 공산국가들이 서로 직접 접촉함에 따라, 데탕트는 동독에 고립의 위험을 제기했다.

공산주의 진영에서 고립될 위험에 맞서는 노력의 일환으로, 동독은 서독이 할슈타인 독트린을 버리고 있던 바로 그 시기에 '울브리히트 독트린'을 창안했다. 그 목표는 서독이 동독을 대등한 상대로 인정하지 않는 한, 공산주의 국가가 서독을 인정하지 못하도록 강제하려는 것이었다. 사통당 정치국이 서독의 사민−자민 내각에 대한 최선의 접근이 무엇일지를 두고 분열되어 있었다는 것은 이제 알려진 바다. 비록 대다수의 정치국원이 서독으로부터의 접근을 거부하길 원했지만 지금껏 본질적으로 모스크바맨이었던 울브리히트는 서독에 대한 주도권을 스스

---

* '소리 없는 공격'이라는 뜻이다.

로 쥘 계획이었다. 이를 위해 그는 강온 노선을 병행했다.

동독 정권은 두 독일의 '평등'을 강조하면서, 두 정부 지도자의 개인적 회담을 주장했지만, 빌리 브란트와 그의 동독 파트너인 빌리 슈토프의 두 번에 걸친 회담은 재난에 가까웠다. 우리가 보았던 것처럼, 에르푸르트에서 있었던 첫 번째 회담에서 동독 정부 관료들이 보인 냉담한 태도는 빌리 브란트에 대한 에르푸르트 사람들의 당황스러워하면서도 즉자적인 환호와 대조되었다. 슈토프가 1970년 5월 카셀^{Kassel}을 재방문했던 것도 상황을 개선하지는 못했다. 동독 총리는 서독이 1949년부터 1970년 사이에 '자국민을 유인한 것'에 대한 대가로 동독에 1,000억 도이치마르크를 지불해야 한다고 주장하면서 토론을 개시했다. 또한 울브리히트는 서베를린이 '독립적인 정치체'가 되어 베를린시의 서방 측 영토를 동독의 용인하에 존재하는 것으로 만들어야 한다는 입장을 강경하게 고수했다.

동시에 총서기는 브란트-셸 정부와의 관계 개선에 관심을 피력했다. 울브리히트는 더 긴밀한 경제 협력과 정치적 데탕트에 대한 희망을 드러내 보였다. 그는 궁극적으로 연합을, 심지어 두 독일의 재통일을 구상하고 있었던 것처럼 보인다. 울브리히트는 사민-자민 정부가 권력을 유지해야 한다는 희망을 반복해서 표현했고, 동독은 사민당이 서독 선거에서 이길 수 있도록 도와야 한다고까지 주장했다. '계급의 적'을 향한 이와 같은 정도의 잠재적인 선의는 울브리히트의 정치국 동지들에게는 과한 것이었다. 울브리히트의 오랜 잠재적 후계자이던 에리히 호네커의 주도 아래, 사통당 정책 결정체의 다수는 울브리히트가 사통당 총서기직에서 사임하도록 압력을 가할 것을 소비에트 공산당 지도자 브레즈네프에게 청원했다. 브레즈네프도 동의했다. 하지만 그는 호네커에게 "기억하게 에리히, 우리 없이 자네는 아무것도 아니야"라고 주지시키는 것을 잊지 않았다.

1971년 5월 발터 울브리히트가 강제로 권좌에서 물러나고, 에리히 호네커가 그를 계승했다. 명예로운 퇴진은 아니었다. 호네커가 동독의 미디어에 명령을 내려 그의 전임자의 이름과 얼굴이 공중의 눈앞에서 사라지도록 한 것에 대해 울브리히트는 몹시 분개했다. 동독의 전임 독재자는 1973년 8월 사망할 때까지 국가평의회 의장직을 유지했지만, 국가평의회는 모든 실질적 권력을 박탈당한 상태였다.

문화와 사회

동독에서 예술, 문학, 교육에 대해 논의할 때, 마르크스-레닌주의가 모든 문화적 시도에 부과했던 특별한 위상을 기억하는 것이 중요하다. 예술가, 교육자, 작가들은 '영혼의 엔지니어'로서 활동할 의무를 졌다. 동독인들에게 '사회주의적 정신'을 창출하도록 돕는 것이 그들의 의무였다. 또한 사통당에 봉사해야 했다. 한 유명한 동독사가는 "진실은 당을 정치적으로 이롭게 하는 무언가이다"라고 선언한 바 있다. 수년간 정권은 이렇게 자체 정의된 목표를 매우 진지하게 받아들였다. 대민 관계에서 새로운 시기를 위한 무대를 마련하고자 사통당의 1958년 전당대회는 '사회주의 도덕의 십계명'을 표결했는데, 이는 성경의 훈계보다도 노동자계급의 이익이 모든 개인들의 행동을 이끌어야 한다고 강조했다.

동독의 공산주의자들에게 문화정책은 문학에서 신문과 영화에 이르는 모든 것에 대한 통제를 포함했다. 동독의 교육제도는 동독 문화정책의 핵심적인 부분이었다. 우리가 보았던 것처럼 소비에트 점령지의 교육 구조는 이미 점령기 동안 근본적으로 바뀌었던 바 있다. 1950년대의 학교 커리큘럼 개혁은 이데올로기적 세뇌를 한층 더 강조했다. 마르크스-레닌주의와 러시아어는 필수과목이 되었다. 독일 학교들에서 전통적으로 정규 교과이던 종교 수업은 없어졌다. 또한 체제는 블루칼라의 사회적 유동성을 강화하기 위해 교육을 활용하고자 했다. 노동자와 노동자의 자녀들에게 고등교육기관 입학의 우선권이 주어졌다. 1954년 동독 대학생들 중 13퍼센트의 가족 배경이 블루칼라였다. 서독에서는 같은 기간 2퍼센트에 불과했다.

1960년대 커리큘럼은 인문학 대신 과학과 기술에 강조점을 두는 '종합기술교육'으로 옮겨졌다. 초등교육 이후 커리큘럼의 1/3이 과학 과목과 실습이었다. 학생들은 생산과정에서의 역할을 준비하기 위해 상당한 시간을 학교 밖에서 보냈다. 일주일에 적어도 하루는 공장 혹은 집단농장에서 보냈다. 초등학교와 중등학교는 '노동 영웅'들을 행동의 모델로 '채택했다'(러시아에서처럼 이 호칭은 생산 몫을 현저하게 능가한 노동자나 당 관료들에게 주어졌다). 교내와 교외 활동에서 스포츠와 교련에 훨씬 더 많은 시간이 주어졌다. 각 학급들 역시 선발된 국가인민군 부대와 '특별한 관계'를 발전시켰다. 재능 있는 체육인을 발굴하려는 동독의 전국적 탐색은, 적어도 국제 경쟁에서 동독 출신 체육인들이 거둔 성공의 관점에서 보자면 놀라운 성과를 거두었다(동독의 몰락 이후 이 체육인들 성공의 대부분이 체계적이고 불법적인 도핑 관행이 광범위하게 활용된 결과였다는 사실이 밝혀졌다).

종합기술교육에 대한 강조가 많은 문제점들을 야기했음에도, 이러한 경향은 호네커하에서도 지속되었다. 정권은 예상 가능하게도 과학 교사들은 정치적 세뇌에 별반 관심이 없었다는 사실을 발견해냈다. 당 관료들은 몇몇 학교에 사통당 기관지를 구독하는 교사가 한 명도 없다고 불평했다. 보다 중요하게는, 경제의 변환이 교육상 변화와 보조를 맞추지 못했다. 특히 증가하는 대학생과 기술학교 졸업생 모두를 흡수하기에 충분한 정도로 정교한 기술을 요하는 직업의 수가 많지 않았다. 그 결과 많은 졸업생이 그들의 기술 수준보다 현저하게 낮은 생산라인 업무를 담당해야만 했다.

예술가들과 작가들에 대한 동독의 태도는 수년간 변화했다. 비록 그 변화가 1951년 당이 결정한 기본 원칙의 변형이었을지라도 말이다. 1945년부터 1949년 사이 점령 기간의 문화적 활동은 상대적으로 자유로웠지만, 1951년 3월 상황은 급변했다. 사통당 중앙위원회는 '예술과 문학에서 형식주의에 맞서서: 진보적인 독일 문화를 위하여'라는 결의안을 통과시켰다. 이 결의안은 1934년 이래 러시아에서 활용되던 문화 정책인 사회주의 리얼리즘을 동독의 '문화 생산자들'을 위한 공식 지침으로 삼았다. 러시아와 소비에트의 모든 것의 우월성을 강조한 사회주의 리얼리즘의 순수한 스탈린주의 형태는 스탈린 사후에 약화되었지만, 예술과 문학이 '당성, 전형성, 낙관주의'를 보여야만 한다는 도그마는 남았다.

사통당은 동독의 예술 활동을 통제하고 예술을 프로파간다로 만들기 위해 사회주의 리얼리즘 개념을 활용했다. 작가들은 동독에서의 삶을 "그것이 미래를 향해 진보하고 있는 듯 사실적으로" 그릴 것을 요구받았다. 이는 예술가들로 하여금 현재가 설령 이러한 이상화된 그림에 미치지 못한다 할지라도, 미래에는 당이 선언한 것이 '실재'하는 삶이 된다는 걸 그려내야 함을 의미했다. '전형성' 역시 특별한 정치적 의미를 갖고 있었다. 예컨대 예술가들은 노동자들을 묘사하면서 동독에서 자본주의 철폐가 '인간의 자기실현'을 낳았다는 것을 표현했다. 그림에서 노동자의 얼굴, 소설에서 남녀 노동자들의 활동은 노동자가 동독에서

'생산자이자 소유자이며, 정치권력 보유자'라는 것을 반영해야만 했다.

사회주의 리얼리즘의 '긍정적' 관념은 형식주의라는 '부정적'인 용어와 대조되었다. 형식주의는 개인적 자기만족과 자기성찰을 가리키는 것으로, 동독 체제는 이를 두고 서독 문화 및 미 제국주의와 동의어라고 보았다. 사회주의 리얼리즘을 제외한 예술과 문학의 모든 유파는 반동적이고 퇴폐적인 것으로 간주되었다. 이는 표현주의, 추상주의, 자연주의를 포함했다. 일생에 걸쳐 공산주의의 동조자이던 베르톨트 브레히트마저 〈루쿨루스 판결Die Verurteilung des Lukullus〉이라는 1951년 오페라를 위한 그의 대본으로 인해 공격을 받았다. 사통당 기관지인 〈노이에스 도이칠란트〉의 비평에 따르면 브레히트의 텍스트는 너무 추상적이고, 연극의 중심에 노동자계급을 놓는 데 실패했다.

사회주의 리얼리즘의 철권하에 1950년대 초 동독의 문화 활동은 삽시간에 엉터리 글쟁이들의 황무지가 되었다. 끝없는 '생산 지향'의 서사("당신을 사랑하지만, 내 트랙터가 더 중요하오")가 시장을 가득 채웠다. 화가와 조각가는 이상화된 혁명과 공장 장면을 조립라인의 단조로움으로 제시했다. 기성작가였던 아르놀트 츠바이크와 안나 제거스Anna Seghers—두 사람 모두 브레히트처럼 서구 망명에서 돌아와 동독에서 살았다—를 비롯해 몇몇 탁월한 작가들은 역사적 주제들에 대해 저술하는 방식으로 당의 검열을 피하고자 했다. 다른 사람들은 모호한 내용 덕분에 당의 검열에 의한 통제를 덜 받던 시작詩作 활동에 나섰다.

1954년 신항로 정책과 문화부 신설은 문화적 해빙기에 대한 희망을 드높였다. 국제적으로 알려진 공산주의자 안나 제거스 같은 사람들이 선봉에 섰는데, 1956년 1월 제4차 작가회의Writers' Congress에 참석한 대표들은 스탈린이 사회주의적 리얼리즘을 소비에트에 부과하기 이전인 초기 볼셰비키 시기의 자유와 실험 정신으로 회귀할 것을 요구했다.

사통당의 문화적 차르들은 한동안 아무런 언급도 하지 않았지만, 1956년 헝가리 혁명이 그들이 자유화의 결과로 인식했던 것을 드러냈을 때 강경 노선으로 회귀했다. 1959년 비터펠트^{Bitterfeld} 운동이라고 불리던 사회주의 리얼리즘의 수정판이 공식 문예정책이 되었다. 작가, 당 관료, 산업노동자들의 모임이 비터펠트 화학공장에서 열렸고, 동독 작가들과 동독 산업노동자들의 긴밀한 접촉의 필요성이 강조되었다. 작가들은 노동자들이 '낙관적 전형성'의 삶을 어떻게 살아가는지 배우기 위해 공장들을 방문할 것을 요청받았다. 동시에 "펜을 잡게, 동지"라는 슬로건의 영향을 받아, 산업노동자들은 문학적 모델이 되는 것을 넘어 작가가 될 것을 권유받았다. 비터펠트 운동의 이러한 측면은 1920년대에도 유사한 활동을 활발히 전개했던 공산주의 작가 알프레트 쿠렐라^{Alfred Kurella}가 주도했다.

'생산 지향'의 문학과 예술에 생기를 불어넣으려던 비터펠트 운동과 다른 노력들은 별반 성공을 거두지 못했다. 노동자−작가 중 극소수만이 숨겨진 문재를 보였다. 프롤레타리아의 삶을 사는 것이 위대한 프롤레타리아 문학을 생산해낼 수 있음을 의미하지는 않는 것으로 보였다. 공장으로 갔던 지식인들은 그들의 경험으로부터 심대한 영향을 받았지만, 언제나 당이 희망했던 방식으로 그랬던 것은 아니었다. 많은 사람들이 공장에서 나올 때, 노동자들의 새로운 '사회주의 정신'이 아니라 삶의 공허함, 개인의 자기실현과 인위적 집단성의 강제적 이상 간의 갈등에 깊은 인상을 받았다. '발달사회주의'는 소외를 제거하지 못했다.

베를린장벽을 건설하면서 사통당은 서구, 특히 서독으로부터의 문화적 영향력과 접촉에 맞서 동독을 봉쇄하려는 노력도 강화했다. 1961년 12월 동독의 문화부 장관 알렉산더 아부시^{Alexander Abusch}는 '두 문화' 독트린을 선언했다. 동독과 서독은 두 가지 별개의 문화적 영역으로, 하나는 진보적이고 인도주의적이며, 다른 하나는 반동적이고 제국주의적이라는 것이었다. 동독 작가들과 예술가들에게, 동독과 다른 사회주의 국가들에서의 삶의 경험들만이 문화적 생산을 위한 유효한 발판이 되었다. 1962년까지도 빈번히 서독 작가들의 기고문을 싣던 주도적인 문학 포럼 〈진 운트 포름Sinn und Form〉 같은 동독 잡지들은 갑작스럽게 이 관행을 중단했다. 확실히 문화적 고립을 지향한 이러한 노력들은 실패했다. 공통의 언어와 동독 대부분의 지역들에서 이미 서독 라디오와 텔레비전을 활용할 수 있었던 조건은 서독으로부터의 뉴스가 계속해서 동독에 닿는 것을 보장했다.

서구로부터의 '간섭' 없이도, 동독은 진영 자체 내에서 문제를 안고 있었다. 로베르트 하페만Robert Havemann 같은 마르크스주의 철학자들은 인공두뇌학과 마르크스주의 변증법적 유물론으로부터 얻은 과학적 통찰력으로 무장한 경제계획자와 예술가들은 당 관료들과 이론가들로부터의 지속적인 해석적 지침을 필요로 하지 않는다고 주장했다. 당은 이러한 이단적 관점들에 맞서 신속한 조치를 취했다. 1964년 하페만은 오랜 공산주의자이자 반파시스트 활동가였음에도 당에서 축출되었다(제3제국 동안 나치는 하페만을 호네커와 같은 감옥에 가두었다). 1976년부터 그가 사망한 1982년까지 하페만은 가택 연금 상태였다. 그는 1989년 사후에 명예를 회복했다.

하페만의 저술들(그리고 그에 대한 체제의 비판)은 동독 지식인들과 마르크스주의 이론가들 사이에 엄청난 동요를 유발했지만, 사통당은 동독의 베스트셀러 저자들이 표현한 비판적인 관점들이 대중에게 미칠 영향에 대해서 더 염려했다. 1960년대의 동독 문학이 선호했던 주제는 자기실현을 위한 개인적인 욕망과 순응에 대한 사회적 압력 사이의 갈등이었다. 볼프 비어만Wolf Biermann은 매우 인기 있던 그의 시에서 당 관료들이 "인간의 영혼을 파괴하면서 공산주의를 설교하고 있다"고 고발했다. 국제적으로 존경받던 작가이자 사통당 중앙위원회 구성원이던 크리스타 볼프Christa Wolf는 《크리스타 T에 대한 회상Nachdenken über Christa T.》이라는 소설에서 개인성을 유지하는 것과 집단성의 압박에 굴복하는 것 사이에서 갈등을 해결할 수 없어 자살에 이른 한 젊은 여성에 대해 서술했다.

1960년대 가장 인기 있던 소설은 1963년 출간된 에르빈 슈트리트마터Erwin Strittmatter의 《올레 빈코프Ole Bienkopp》였다. 자기 소유의 소규모 협동농장을 가진 약삭빠른 농부 올레 빈코프는 그를 큰 농업 공동체에 가담시키려는 당 관료들에 의해 자신의 농장이 파괴되는 것을 본다. 이것은 검열을 통과한 작품 중 하나였다. 1953년 6월의 봉기에 대한 소설인 슈테판 하임Stefan Heym의 《디데이Der Tag X》는 "분명한 오류를 갖고 있기 때문에" 동독에서 출판될 수 없었다(결국 서독에서 출판되었다). 2001년 사망 시까지 하임은 괴팍한 사람으로 남았다. 독일 통일 이후 그는 그가 보기에 동독에 대한 부당한 처우였던 것과 관련하여 정기적으로 본 정부를 비난했다.

이 모든 작가들의 중심적인 관심사는 동독에서의 소외 문제였다. 당 간부들은 소외 자체를 다루는 것에 반대하는 것이 아니라, 당을 문제 해결책이 아니라 문제의 일부로 묘사한 서사를 묵인할 수 없다고 주장했다. 당 관료들은 특히 당 간부들이 개인과 사회의 갈등을 해결해줄 친구가 아니라 무자비한 관료로 묘사되는 것에 반대했다. 게다가 당은 많은 이야기의 비극적 결말을 비판했다. 결국 비관주의는 사회적 리얼리즘과 조화를 이룰 수 없었다.

동독에서의 삶에 대한 청년들의 불만은 동독 정치 지도자들에게 또 다른 지속적인 문제였다. 1960년대 초반, 당은 젊은 우상 파괴자들을 끌어안으려는 노력을 기울였다. 자유독일청년단의 의장이던 호르스트 슈만Horst Schumann은 1963년 당이 '소공자' 세대를 키우려 노력하지 않는 다고 발표했다. 자유독일청년단의 공식 기구는 비어만의 몇몇 초기 시를 인쇄하기도 했다. 그러나 1960년대 중반, 브레즈네프가 소비에트의 적대자들에게 등을 돌렸을 때, 사통당 역시 다시금 동독 청년들의 자유를 짓밟았다. 특히 몇몇 동독 작가의 성에 대한 자유분방한 묘사는 동독의 청교도적 검열관들의 분노를 샀다.

자유독일청년단의 전직 수장이자 이미 울브리히트의 명백한 계승자이던 에리히 호네커 주도하에 1965년 말 중앙위원회는 문화적 수정주의에 대한 광범위한 공격에 나섰다. 풍기 문란의 초기 징후, 즉 서구의 옷과 매너리즘 흉내 내기, '미학적이지 못한 비트 음악'을 듣는 것 등은 서구 텔레비전과 라디오의 영향을 받았다는 증거로 비난을 받았다. '동독 록Ostrock'이라 불린 자생적인 팝 뮤직에 대한 체제의 태도는 언제나 모호했다. 음악가들은 한동안 묵인될 수도 있지만 단 하나의 '공격적인' 가사로도 커리어를 망칠 수 있었다. 당이 진정 원했던 것은 크리스타 볼프를 다루는 태도에서 분명하게 나타났다. 이 작가의 《크리스타 T에 대한 회상》은 지나치게 비관적이라고 비난을 받았지만, 1963년 작 《나누어진 하늘》은 찬사를 받았다. 《나누어진 하늘》은 베를린의 서쪽 지역에서 얼마간 산 후 동독으로 돌아오기로 한 한 젊은 동독 여성의 결심을 다루었다. 서독의 물질적 우세에도 불구하고 그녀는 서독에서의 삶이 공허하다고 느꼈던 것이다. 슈트리트마터의 《올레 빈코프》도 당의 비평가들과 충돌했다. 당 관료들은 자신의 작은 농장을 위한 소송에서 올레 빈코프가 승리하도록 당이 돕는 것으로 묘사되었어야 한다고 불평하면서 행복한 결말을 선호했을 것이다(소설에서 당 관료들은 빈코프가 사망한 후에야 그의 노력의 가치를 인정했다).

지식인, 예술가, 그리고 당은 1960년대 말의 몇 년간 불편하게 공존했다. 당은 계속해서 예술가들과 작가들이 당의 정치적 명령에 순응해야 한다고 주장했다. 그러한 목적으로 슈타지는 동료들의 뒷조사를 하고 슈타지에 보고하는 소규모의 '비공식적 협력자Informelle Mirarbeiter, IM'들로 연극이나 발레 단체 같은 예술가 단체들을 뒤덮었다.

특히 문학 분야에서 나타난 몇몇 탁월한 작품들에도 불구하고, 동독 문화정책의 예술적 성취는 실망스러운 것이었다. 예컨대 화가들과 건축가들은 진정 탁월한 작품들을 거의 생산해내지 못했다. 동독의 잡지인 〈도이체 아키텍투어Deutsche Architektur〉는 1964년 사설에서 1945년 이래로 동독의 건축은 주목할 만한 건축을 전혀 만들지 못했다고 썼다. 이 글의 저자는 "당 규율을 벗어나는" 시도를 했다고 비판받았다.

호네커 체제의 동독(1971~1989년)

1971~1989년 동독의 지도자이던 에리히 호네커는 1912년 8월 25일 서독 자르 지방의 작은 산업도시인 노인키르헨Neunkirchen에서 태어났다. 그는 광부와 좌파 정치활동가 집안에서 태어났다. 호네커의 부친은 1920년대 지역 공산당의 지도자였고, 호네커 자신은 10세 때 이미 독일공산당의 유소년 조직에 자발적으로 가담했다. 공산주의 유소년 운동의 지휘부로서 호네커는 나치의 위험스러운 정적 리스트에 있었다. 그 결과 그는 1935년부터 2차대전 말까지 나치 감옥에서 보냈다.

전후 1946년 3월부터 1955년 5월까지 호네커는 동독의 공식 청년 조직인 자유독일청년단의 의장으로서 활동했다. 1950년, 38세의 상대적으로 젊은 나이에 호네커는 사통당 중앙위원회 위원이자 정치국 후보위원이 되었다. 중앙위원회에서 그는 청년과 안보 문제 담당이었다. 1956년부터 1957년 사이 그는 명백히 승진을 위해 소비에트에 있었고, 사통당의 5차 전당대회에서 정치국 위원으로 선출되었다.

호네커는 정치권력에 대한 공산당의 독점권을 유지하는 것이 주요 목표인 실용적 기관원 유형을 체현한 인물이었다. 동시에 그는 그의 전임자보다는 좀 더 '동독 지향적'이었다. 말년에 울브리히트는 분명 독일 전체에서 '발달사회주의'의 승리를 볼 수 있기를 계속 바랐다. 호네커는 동독에서 공산주의 통제를 지킨 것에 만족했다. 1974년의 신헌법('호네커 헌법')은 '독일 국가'를 언급하지 않은 최초의 헌법이다. 호네커는 야심 차고 완결된 것으로 들리는 '발달사회주의'보다 '현존 사회주의' 같은 용어를 활용하기를 좋아했다.

울브리히트가 그랬던 것처럼 호네커는 자신이 선택한 사람들에 둘러싸여 있었다. 이러한 과정은 동독 지도자들 상층부 사이에서 세대교체와 직능 교체가 이루어짐을 의미했다. 1976년 선출된 29명의 정치국 위원과 후보위원 중 9명이 자유독일청년단 출신이었다. 이들 남성―주요한 지위를 점한 유일한 여성은 호네커의 부인인 마르고트^{Margot}로, 교육부 장관이었다―은 전반적으로 통일된 독일과 옛 공산주의 운동이 사라진 무렵 정치적 활동을 시작했던 세대의 공산주의 지도자들에 속했다.

동시에 군, 시, 그리고 지구 비서급 중간층의 당 관료들 사이에서 전문화가 증가했다는 증거가 있다. 호네커 체제하에서 관료들은 점차 노동자계급보다는 인텔리겐치아와 전문직 계층에서 왔다. 즉 경영자로서의 커리어를 위해 의도적으로 당을 선택한 사람들이었다. 전문적인 정치적 관료의 우세는 동독 말기에 울브리히트 때보다 훨씬 더 실용적이고 이데올로기에 덜 천착하는 이미지를 동독에 안겨주었다. 동독인들과 자칭 지도자들은 점차 서로에게 익숙해진 것으로 보였다. 사통당은 여전히 조직된 반대파와 반체제 인사들을 가차 없이 억압했지만, 개인적 삶으로의 후퇴나 뚜렷한 대상이 없는 불평에 대해서는 관용적인 모습을 보였다.

1970년대 초는 사통당 간부단의 급격한 회춘의 시기이기도 했다. 그 이후 문이 닫혔다. 공산주의자 체제는 노멘클라투라 상층부의 질서 잡힌 은퇴를 위한 조항이 없었다. 사통당 중앙위원회와 정치국 위원들은 건강상 이유로 떠나거나 숙청될 때까지 그들의 직위에 머물렀다. 그 결과 당의 의사 결정권자들은 1980년대의 새로운 변화들을 보거나 다루기를 거부한 고령의 전문가 그룹이 되었다. 그로 인해 유행하던 농담은 다음과 같았다. "모든 정치국 모임에서 첫 세 가지 안건 목록은 무엇인가? 첫째, 구성원들이 모임 장소로 실려가야 한다. 둘째, 그들의 심장 박동조율기가 켜져야 한다. 셋째, 구성원들이 〈우리는 프롤레타리아트의 젊은 엘리트다〉라는 노래를 부른다."

새로운 지도자들은 1960년대 말의 경제적 어려움이 울브리히트의 몰락을 가져온 요소들 중 하나라는 것을 물론 인식하고 있었다. 그 때문에 호네커와 그의 부하들은, 비록 공산주의 경제계획이나 공산주의적 사고의 기존 원칙에서 벗어나지는 않았지만, 동독의 생활수준을 높이고자 열심히 노력했다. 구조적으로 호네커는 국유화 노력을 강화했다. 개인이 소유한 비즈니스 비율이 상당하던 경제 분야, 특히 독립적인 수공업자들과 소규모 건설업자들은 인민소유기업 네트워크의 일부가 되었다. 1972년경까지 동독의 전체 산업노동자들의 99.4퍼센트가 국영기업에서 일했다. 1980년 이후 산업 생산은 관련된 인민소유기업 그룹들을 **콤비나트**Kombinat*로 몰아넣음으로써 더욱더 중앙집권화되었다. 새로운 조직 형태들은, 비록 그 용어가 서독에서 의미하는 것과 같은 정도의 경제력을 가지지는 않았지만, 실제로 수직적, 수평적 카르텔이 되었다. 각각의 콤비나트는 2만에서 4만 명의 노동자를 고용했다.

호네커 체제는 그들이 상속받은 경제적 의사결정기구들 중 일부를 변경했다. 울브리히트의 후임자는 인공두뇌학에 대한 전임자의 열광을 공유하지 않았고, 경제적 의사 결정에 일부 중앙집중화를 재도입했다(1963년 해체된 경제 부처들을 부활시켰다). 그러나 1971년 이후 동독의 계획상 우선순위는 소비재 생산을 강조하는 동시에 특정 경제 분야들—주로 화학, 정밀기계, 전기 등—에서 동독 생산품이 세계시장에서 경쟁할 수 있는 수준으로 높이려는 지속적인 노력에 있었다.

이 같은 수출 지향 분야에서의 몇 가지 주목할 만한 성취에도 불구하고 동독은 1970년대 식량을 수입하고 높아지는 생활수준을 감당하기에 충분한 경화를 벌어들인 적이 없다. 모두 동독 계획가들의 책임은 아니었다. 사실상 거의 모든 원자재를 수입해야 했던 나라로서, 동독은 특히 원자재와 에너지 비용의 급증으로 1970년대와 1980년대 내내 매우 부정적인 영향을 받았다. 1980년까지 소비에트는 그들 위성국가들의 석유파동 충격을 완화시켜주었다. 러시아 유가—동독은 거의 모든 석유를 소비에트에서 얻었다—는 22퍼센트 인상되었지만, 이는 자유시장에서의 충격적인 유가 인상과 비교할 때 비교적 괜찮은 편이었다. 그러나 1980년 이후 자체적으로 경제적 어려움을 겪던 소비에트는 동맹국들에 대한 보조금을 중단했고, 러시아산 유가를 세계 수준으로 인상했다.

그럼에도 불구하고 몇 가지 문제는 분명 동독 경제계획가들의 책임

---

* 생산과정에서 상호 보완적인 공장이나 기업을 한 지역에 모아놓은 기업 집단을 의미하는 러시아어로. 가령 석유화학 콤비나트가 그 예이다.

이었다. 정치적 자유의 지속적인 부재와 전반적으로 중앙집권화된 경제적 의사결정기구는 경제를 마비시켰다. 동독의 노동생산성은 서독보다 약 60퍼센트 정도 낮은 상태에 머물렀다. 동독의 생산성 문제는 급격히 노령화되는 인구로 인해 더욱 악화되었다. 노령화 문제는 동독에서 서독으로의 수십만 명에 달하는 난민으로 인해 1980년대 말 더욱 심화되었다(대부분 25세 미만이었다).

1970년대 동독은 감춰지기는 했을망정 처음으로 상당한 인플레이션의 결과들을 경험했다. 서독에서는 인상된 비용이 대체로 소비자에게 전가되었지만, 동독에서는 정치적, 사회적 고려들이 이러한 진행 경로를 막았다. 기본적인 식료품, 주택, 지역 수송이 매우 많은 보조금에 의존했다. 비용과 가격의 간극을 좁히고자 동독은 다양한 전략을 썼다. 부분적으로 동독은 기본적이지 않은 소비재 생산을 줄였다(그 결과 신차를 위해서는 2~3년간 기다려야 했기 때문에 중고 개인 자동차가 새 차보다 두 배나 비싸게 되었다). 두 번째 전략은 부채로 뛰어드는 것이었다. 스스로의 재원으로는 기술 진보를 재정적으로 뒷받침할 수 없었기 때문에, 동독은 다른 동유럽 국가들처럼 서독 은행에 엄청난 규모의 누적 채무를 졌다. 울브리히트 시기 동안 무시할 만한 수준이었던 동독의 외채(1970년 10억 달러)는 1981년 말 114억 달러, 1989년 266억 달러 정도였던 것으로 평가되었다. 게다가 외채의 절반 정도는 문자 그대로 먹어치운 상태였다. 서구 국가들로부터의 필수적인 식량 수입 비용이었던 것이다. 동독이 1989년 몰락했을 때 서구 수출로 얻은 경화 소득은 동독이 서구 은행에 빚진 이자의 2/3 정도만 감당하고 있었다.

그럼에도 불구하고 정치 지도자들은 정산을 미루는 방법을 찾아냈다. 동독과 서독의 복잡한 재정적 얽힘은 경제문제를 다루는 동독의 전략에서 중요한 역할을 했다. 동독은 서독과의 무역 관계에서 상당한 정도의 무이자 신용대출 제도에 기댈 수 있었다. 게다가 서독인들이 서베를린으로 왕복하는 여행과 결부되어 매년 수백만 도이치마르크를 우편, 철도, 도로 서비스 이용료의 형태로 지불받았다. 또한 동독 정치범들을 서독으로 석방하는 것에 대해서도 '보상'받았다(1964년부터 1989년 사이 서독은 3만 3,755명의 정치범을 34억 4,000만도이치마르크를 지불하고 동독에서 '샀다'). 동독은 서독 개인들의 동독 여행이 자유화된 1972년 이후 추가적으로 수백만 마르크를 벌어들였다. 1985년 670만 명의 서독인과 서베를린인들이 동독으로 여행 왔다. 방문자들은 동독에서 머무르는 동안 하루 평균 25도이치마르크—공식적 환율은 1:1이었다—를 교환해야 했기 때문에, 동독은 이러한 방문들로부터 직접 이익을 얻었다. 게다가 개별 동독인은 서독 친구와 친척의 방문을 받을 때마다 500마르크까지 받을 수 있도록 허용되었다.

이러한 경화 흐름의 결과로 동독의 소비재 시장에는 이중 체계가 형성되었다. 개인 손에 들어간 경화가 암시장을 만드는 것을 금지하기 위해 국가는 인터숍Intershop이라고 불린 특별 경화 통용 상점을 차렸다. 국가소매업조합이 운영했는데, 다른 보통 상점들에서는 얻을 수 없는 다양한 상품들을 제공했다. 또한 다른 류의 상점 체인, 즉 희소한 소비재 상품을 공식적으로 정해진 것보다 훨씬 더 비싼 동독마르크 가격에 판매하는 엑스퀴지트 상점Exquisit-Laden도 열었다. 이러한 전략은 공식적으로 설정된 가격으로 구할 수 있는 소비재 부족에 대한 대중적인 불만을 봉쇄하는 데는 효과적이었지만, 잘 작동하는 사회주의 경제의 상징일 수는 없었다.

그러나 동독의 국내총생산이 다른 소비에트 블록 국가들보다 1/3 이상 높았다는 것은 사실이다. 기술적으로 볼 때 동독 경제는 코메콘 국가들 가운데 가장 발전했고, 한동안 소규모 컴퓨터 같은 하이테크 산물들을 서구에 수출하기도 했다. 그러나 수출이 경제를 영원히 발전시킬 거라는 호네커의 희망은 착각이었다. 동독 경제는 점점 더 서독으로부터의 수입과 재정적 보조금에 의존하게 되었다. 동독 몰락 이후, 파산이 늘고 있다는 진실이 사람들에게 가려져 있었고 경제를 담당하는 정치국 위원인 귄터 미타크Günter Mittag의 사무실이 정기적으로 발간하던 경제성장과 망상적 수준의 생산성에 대한 잘못된 보고들로 인해 심지어 대부분의 정치국 위원조차 이에 대해 모르고 있었다는 것이 밝혀졌다. 호네커는 진실을 알았던 것처럼 보이지만, 미타크처럼 그는 경제가 언젠가 자체적 문제에서 '스스로 벗어날 것'이라고 확신했다.

호네커 체제하에서 동독은 경제가 약화되었던 반면, 외교정책에서는 놀라운 성공을 거두었다. 할슈타인 독트린은 과거의 기억이고, 동독은 세계에서 인정받는 구성원이 되었다. 동독은 미국과 나토 국가들을 포함하여 전 세계 대부분의 국가들과 완전한 외교적 관계를 유지했다. 동독과 서독 모두에게, 국제적 인정을 획득하는 데 외교적 이정표가 된 것은 1973년 유엔 동시 가입, 그리고 1975년 헬싱키에서 열린 유럽안보협력회의Conference on Security and Cooperation in Europe, CSCE에 주권국가로 참여한 일이었다. 에리히 호네커 이상으로 동독의 국제적 인정을 즐긴 사람은 없었다. 1980년대에 동독의 총서기는 38회에 걸쳐 국빈 방문을 했다. 체면에 대한 갈망의 정점은 물론 1987년의 서독 국빈 방문이었다.

동독의 국제적 위상이 제고되었음에도 불구하고 호네커는 그의 권력의 실제적 근거가 무엇인지 결코 잊지 않았다. 1980년대 중반 서독에 미제 미사일을 배치하는 데 약간 온건한 태도를 취한 것을 제외하고, 동독 지도자는 소비에트 외교 노선의 충실하고도 일관된 지지자였다. 동유럽 위성국들 가운데 소비에트에 더 긴밀하게 연결된 국가는 불가리아와 체코슬로바키아뿐이었다. 동독과 소비에트는 1981년 '연대'

소비에트와 동독의 우애를 축하하기 위한 한 상점의 다소 따분하고 독창성 없는 진열창(출처: SZ Photo/Lehnartz, Klaus/The Image Works).

라는 자유노조운동의 형성과 더불어 시작된 폴란드의 상황을 바라보는 데 특히 긴밀했다. 소비에트처럼 동독도 폴란드 정부 안팎의 개혁가들의 목표에 대해 전혀 공감하지 않았다. 개발도상국가들에서 동독은 소비에트의 대리인으로서의 역할을 계속했다. 동독은 상당한 정도의 경제적, 군사적 원조 프로그램에 착수했고, 아프리카, 아시아, 라틴아메리카 국가들, 특히 앙골라, 에티오피아, 쿠바, 베트남에 수백 명의 군사 고문을 파견했다.

1980년대 동독과 소비에트의 관계는 조화롭지 못했다. 당시 양대 초강대국이었던 미국과 소비에트는 데탕트를 포기하고 정치적 대립으로 회귀했으며, 동독과 서독은 한동안 양국 관계에서 '작은 동맹'과 유사한 것을 지속하고자 노력했으나, 이 노력은 소비에트의 분노를 샀다. 소비에트는 서독이 미국 주도의 제국주의 캠프에서 주요한 전쟁광이라고 묘사했고, 서독에 대한 호네커의 협조적인 태도는 소비에트 노선과 부딪혔다. 1984년 가을 호네커는 모스크바행을 명령받았고, 오래전부터 계획하고 (그가) 열렬히 기다려온 서독 방문에 대해 러시아 조언자들로부터 반대한다는, 예외적으로 비외교적이고 무례한 용어로 표현된 '조언'을 들었다. 하지만 총서기는 '충고'를 받아들였고, 1984년 11월 언론에 말한 것처럼 "작은 나라는 강대국 승인 없이 많은 일을 할 수 없다"는 사실을 깨달았다.

지속적인 경제문제와 몇 가지 외교정책상의 제약에도 불구하고, 호네커 체제의 동독은 거의 끝까지 '정상'이며, 안정된 사회로 보였다. 다가오는 위기의 징후를 완전히 잘못 읽은 채, 정권은 국민의 열광적인 지지를 받고 있다고 주장했다. 1986년 5월 호네커는 동독을 방문 중이던 한 서독 고위 관리에게 최근의 (조심스럽게 치러진) 노동절 행사들은 동독에서 체제의 인기를 보여주는 분명한 증거라고 말했다. 사통당은 그 시민들에게 주요한 정치적 개혁을 약속하지 않았지만, 미래 사회주의 유토피아의 이름으로 물적 이익을 포기하도록 강요하는 노력 역시 포기했다. 사실, 오히려 그 반대가 진실에 가깝다. 동독은 다소 생기 없고 재미는 없으나, 사통당의 선전 기구가 애호하던 형용사를 활용하면, '진짜, 현존하는' 복지국가가 되었다.

일찍부터 동독은 분명하고 이데올로기적으로 결정된 사회정책 우선순위를 가진 요람에서 무덤까지의 복지국가로 발전했다. 이 체제는 특히 산업노동자들에게 이익을 주고자 기획되었다. 기본적인 식료품— 특히 빵과 감자—과 주택, 지역 수송망 같은 생활 필수 품목들은 엄청난 국가 보조금을 받았다. 예를 들어 동베를린을 포함해 어느 동독 시에서건 대중교통 수단은 공식 환율로 미국의 7센트보다 적은 20동독페니히였다. 주거 역시 동독에서 매우 저렴했지만, 강요된 낮은 임대료는 주택 개조를 위해 지불하거나 새로운 건설을 위해 지불할 돈이 거의 없음을 의미하기도 했다. 게다가 울브리히트 시기 동안 주거는 계획상 우선순위에서 낮은 자리를 차지했다. 그 결과는 만성적 주택 부족과 열악한 주거 조건에 대한 지속적인 불만이었다. 호네커는 주택 건설을 위한 대규모 프로그램에 착수함으로써 즉각적인 인기를 얻었다. 1971년에서 1980년 사이 아파트 130만 호가 새롭게 건설되거나 보수되면서, 주택 건설은 1976~1980년 5개년계획 중 그 목표가 실질적으로 초과 달성된 매우 희소한 분야 중 하나가 되었다.

그러나 건설 프로그램은 동독의 국내 부채에 엄청나게 부정적인 영향도 미쳤다. 로타어 메르텐스Lothar Mertens는 새로운 아파트 가격이 평균적으로 12만 마르크라고 계산했다. 한 가구당 연간 임대료는 600마르크였다(동독에서 임대료는 엄청난 보조금 지급 대상이었다). 이는 유지나 보수 비용을 제외한다면 아파트 가격이 200년에 걸쳐 지불됨을 의미했다. 물론, 실제 유지 및 보수 비용으로 연평균 4,173마르크가 들었다. 결과적으로, 당시 연간 임대료는 유지 및 보수 비용의 약 1/7 정도일 뿐, 원래 건설 비용은 결코 회수될 수 없었다.

기초 생필품과는 달리 호네커 체제가 중간계급 혹은 '자본주의적' 생활양식과 동일시한 품목들은 매우 비싸고 공급 부족 상태였다. 자동차, 컬러텔레비전, 냉장고, 세탁기는 소비자 수요에 맞추기에 턱없이 모자랐다. 평균적인 동독인은 그처럼 돈이 많이 드는 아이템을 사기 위해서는 수개월에서 자주 수년을 기다려야 했으며, 그때조차 서독보다 질 낮은 상품을 서독보다 5~6배 가격으로 구매해야 했다. 호네커 체제는 동독 시민들이 머리 위에 지붕을 가지고, 배가 부르고 보장된 일자리를 가진다면, 계속적인 정치적 자유의 부재에 대해서는 신경 쓰지 않으리라고 가정했다. 하지만 동독 정부가 바이마르 시기보다 얼마나 상황이 나아졌는지를 가리킬 때, 동독인들은 자신들이 서독의 동포들보다 얼마나 못사는지를 보았다. 또 다른 흥미 있는 농담이 말해주듯, "동독에서는 모든 것이 점점 나아지지만, 좋은 것은 한 번도 없었다".

1970년대가 끝나갈 무렵 동독은 경제적, 정치적으로 위험한 행동은 점점 더 지속하기 어려워졌다. 과두제의 철의 장막은 점차 모든 차원의 행정에서 당 기구를 장악했다. 과도하게 중앙집권화되고, 연로한 관료들이 포진한 가운데(1989년 사통당 정치국원의 평균 연령은 67세였다), 동독은 글라스노스트^{Glasnost}(개방)와 페레스트로이카^{Perestroika}(개혁)가 당연시되던 동유럽 국가들 가운데 점점 더 빙퉁그러진 존재로 남았다.

1977년과 1984년 출간된 사통당 내부자에 의한 두 권의 책은 문제들에 대한 탁월한 분석을 제공한다. 《대안들: 현존 사회주의에 대한 비판 $^{Alternative: Zur Kritik der real existierenden Sozialismus}$》에서, 저술 당시 사통당의 청년 관료이던 루돌프 바로$^{Rudolf Bahro}$는 동독의 당과 국가 관료제를 신랄하게 비판했다(동독 검열관들은 이 책의 동독 출판을 금지했고, 결국 서독에서 출간되었다). 바로는 동독의 '정치 관료제'가 사회의 필요를 충족시키기보다 스스로의 권력을 영속화하기 위해 존재한다고 고발했다. 1984년 서독에서 출간된 또 다른 저작인 《사회주의자 신들의 위원회》^{Der Rat der sozialistischen Götter}는 좀 더 유리한 입장에서 같은 논평을 했다. 서독으로 망명하기 전, 저자인 프란츠 뢰저^{Franz Löser}는 동독의 유서 깊은 대학인 훔볼트대학에서 당 비서를 지냈고, 사통당 중앙위원회 및 정치국의 고위직들과 자주 회동했다.

동독의 지도자들은 국민들의 '가슴과 머리를 얻는 데' 실패했다. 매년 수만 명의 동독인이 동독을 떠나 서독에 정착할 수 있도록 출국 허가를 신청했다(1985년 추정치는 40만 명에 달했다). 실제로 거의 모든 신청서가 별다른 설명 없이 기각되었다. 사실, 1989년까지 이민국에 신청서를 제출하는 것은 공식적으로 '형사 범죄'에 해당했다. 국민과 지도자 간 상호 불신의 또 다른 징후는 슈타지가 사회 전 영역에서 점차 더 많이 편재했다는 사실이다. 동독 몰락 이후 슈타지가 그들의 이웃, 동료, 가족들에 대해 보고할 '비공식적 협력자'라는 진정한 군대를 활용했다는 것이 밝혀졌다.

수만 명이 떠나는 것을 금지당한 반면, 어떤 사람들은 동독을 떠날 것을 강요당했다. 바로와 뢰저 같은 내부자들의 공격에 대한 체제의 반응은, 비록 어느 정도는 자제했지만, 즉각적인 억압이었다. 울브리히트와 달리 호네커는 대규모 당내 숙청이나 국민들 전체를 상대로 하는 전면적인 테러에 의존하지 않았다. 오히려 그들 중 가장 유명한 비판자들을 추방함으로써 비판을 잠재우고자 했다. 사통당의 주도적인 적대자들은 간단히 동독 시민권을 빼앗겼고 서독으로 강제 추방되었다. 1999년 사망할 때까지 바로는 서독에서 녹색당의 급진적인 반산업 분파의 저명한 대변인으로서 인생 이모작에 나섰다. 뢰저는 킬대학에서 철학을 가르쳤다. 로베르트 하페만 같은 몇몇 경우들에서 체제는 내부적 억압에 나섰다. 우리가 보았던 것처럼 이 유명한 마르크스주의 철학자는 추방되지 않고 여생을 가택 연금 상태에 놓였다. 그는 공적으로 저술하거나 발언하는 것을 금지당했다.

비록 체제가 사통당 내부로부터의 비판에는 강력하게 대응했지만, 훨씬 더 염려하고 있었던 것은 당이 동독 청년들 사이에서 점차 소외되고 있다는 징후였다. 인기 가수이자 작곡가이던 볼프 비어만을 그토록 유명하게 만들었던 것도 바로 이 현상이었다. 비어만은 당 기득권 측에서 볼 때 눈엣가시였다. 일찍이 1965년 초 호네커는 체제의 비인간성을 신랄하게 비판한 비어만의 시를 서구 퇴폐주의의 영향을 보여주는 사례로 지적했다. 1976년 11월 비어만 역시 동독에서 추방되었다.

비어만은 아이러니하게도 사통당이 사회주의적 사실주의에 대한 규정을 완화하려는 징후가 있던 시기에 강제 추방되었다. 비록 호네커가 1960년대에 문화적 강경파라는 합당한 평판을 얻었지만, 1971년 당 검열관들은 덜 혹독하게 일하는 것처럼 보였다. 자유화를 보여주는 흥미 있는 사례는 하이너 뮐러Heiner Müller의 희곡 〈건설Der Bau〉의 초판이었다. 1965년에 씌어진 이 희곡은 책임 맡은 건설 현장의 생산성을 높이는 데 성공했으나 그 과정에서 인성이 손상된 한 당서기의 운명에 관한 것이었다. 처음 출간되었을 때, 이 희곡은 당 관료들(호네커도 포함된다)로부터 심한 비판을 받았고, 무대에서 상연될 수 없었다.

하지만 그러한 자유화의 징후로도 동독 지식인들이 체제의 문화정책을 점점 더 비난하는 것을 막을 수는 없었다. 지식인들은 나치가 유대인들과 정적들의 시민권을 박탈했던 것을 떠올리게 하는 관행이라며, 일부 독일인들의 시민권을 박탈하는 과정에 대해 특히 강력하게 반응했다. 볼프 비어만이 동독에서 추방되었을 때, 100명 이상의 저명한 동독 예술가와 작가들이 체제의 조치에 대한 항의 서한에 서명했다. 그 리스트는 알려진 거의 모든 동독 작가들을 포함하고 있었다. 결국 30여 명이 '반사회적' 활동을 이유로 작가동맹에서 추방되었는데, 이는 작가 동맹의 구성원이 아닌 작가들은 동독에서 출판에 매우 어려움을 겪어 야 했기 때문에 블랙리스트에 오른 것이나 다름없는 형벌이었다. 슈테 판 하임과 크리스타 볼프 같은 세계적으로 유명한 작가들이 자신들의 조국에서 대체로 침묵을 강요당했다.

지식인들에 대한 엄중 단속은 사통당의 직접 통제를 피하는 데 성공 했던 유일한 대중적 제도―교회―의 중요성을 높여주었다. 교회에 속 한 2/3의 개인이 프로테스탄트였기 때문에, 동독에서 교회는 주로 프 로테스탄트 교회를 의미했다. 동독 건설 초기, 체제는 교회와 국가의 완전한 분리를 추진했고, 스탈린주의자들과 울브리히트 시기 동안 교 회는 적극적으로 박해를 받았다. 공산주의자들은 젊은 동독인들이 교 회 구성원으로 남는 것을 막고자 노력했다(교회 구성원이 되는 것은 대학 이나 다른 고등교육기관들에서 배제되는 데 충분한 사유였다). 또한 체제는 세속적인 성년식Jugendweihe을 도입하여 기독교의 견진성사堅振聖事를 대 신하고자 했다. 게다가, 교회는 서독 교회와의 모든 제도적 연계를 단 절할 것을 강요받았다. 그럼에도 불구하고 호네커 체제는 교회의 조직 상 자율성을 존중했을 뿐만 아니라 이들이 점증하는 생태운동과 평화 운동의 비공식적인 '후원자'가 되는 것을 허용했다. 사실 사통당은 교회 가 반체제 인사들 그룹을 통제하고, 그들이 조직된 정치적 야권이 되는 것을 막을 수 있기를 희망했다.

동독 지도자들과 국민들의 불편한 동거는 1989년 여름과 가을에 산 산조각이 났다. 긴장은 한동안 쌓여가고 있었다. 동독 체제는 소비에트에서 있었던 고르바초프의 개혁정책들에 대해 명백히 불편해했고, 동독에서 가능한 한 그 낙진을 줄이려고 했다. 동독 검열관들은 급작스럽게 덜 통제를 받게 된 소비에트 간행물들의 유포를 금지했다. 1987년 동독 체신 당국은 소비에트 잡지 〈스푸트니크Sputnik〉의 수입과 배포를 금지했다. 1967년부터 간행된 이 잡지는 〈내셔널 인콰이어러National Enquirer〉와 〈리더스 다이제스트Reader's Digest〉의 혼종이었다. 내용은 요리 비법에서 히말라야 설인 관광에 대한 여행기에 이르기까지 다양했다. 1988년 말부터 〈스푸트니크〉는 공산주의 과거사를 신랄하게 비판하는 다수의 기사를 실었다. 저자들은 스탈린을 히틀러에 빗댔고, 동독 공산주의자들이 나치 등장에 부분적으로 책임이 있음을 지적했다. 〈스푸트니크〉는 동독에서 13만 독자를 보유했다. 이는 동독이 처음으로 소비에트 출판물을 검열한 사례였다. 대변인들은 계속해서 소비에트에서는 변화가 필요했을지라도 동독의 개혁은 불필요하다는 것을 강조했다. 매우 주목받고 (인용되는) 비유적 표현에서 선전선동 담당이던 정치국 위원 쿠르트 하거Kurt Hager는 서독 잡지에 대고 "당신의 이웃이 새로 도배를 했다고 해서, 당신도 그래야 한다는 의미는 아니"라고 말했다.

1989년 여름, 동독과 다른 소비에트 블록 국가들은 점점 더 다른 길에 들어서는 것처럼 보였다. 표현의 자유는 소비에트의 좌우명이었고, 비공산주의 정부가 폴란드에 들어섰으며, 헝가리는 비공산주의 정당들이 조직되는 것을 허용했지만, 동독에서는 더 큰 자유와 다원주의로 향하는 움직임이 없었다. 반대로 동독 체제는 6월 들어 보다 많은 민주주의를 위한 학생운동을 잔혹하게 억압한 중국을 칭송하기 위해 비상한 노력을 기울였다. 헝가리에서의 상황과는 대조적으로 동독 당국은 특히 독자적인 정치적 그룹들의 조직화를 금지했다. 하지만 조직들은 계속해서 등장했는데, 프로테스탄트 교회의 보호 아래 활동하는 경우가 많았다. 이들의 의제는 환경에 대한 관심에서 정치 개혁에 이르기까지 다양했지만, 흥미롭게도 1989년 봄과 여름에 이들 중 누구도 동서독의 재통일을 의제로 삼지는 않았다.

동독은 이웃들의 상황과 거리를 두고 국민에게 인기 없는 행동 경로를 지속하기 위해, 강력하고 확고한 지도력을 필요로 했다. 그러나 바로 그것이 모자랐다. 1989년 봄 에리히 호네커는 와병 중이었다. 공식적인 설명에 따르면 사소한 담낭 문제였다. 하지만 사실 그는 간암으로 고통받고 있었고, 호네커의 동료들이 지도자 부재 시에 나서기를 원하지 않았기 때문에―호네커는 수주간 공식 석상에 나타나지 않았다―그의 병은 정권의 의사결정기구들을 마비시켰다.

정권은 비축되어 있던 선전선동 전략 무기에 의존했다. 1989년 5월 동독에서 지방선거가 있었다. 그 결과가 언제나 예상된 결론, 즉 유권자 99퍼센트가 항상 공식 후보에 표를 던지는 결과를 보여왔기 때문에 이런 이벤트는 보통 별다른 관심을 불러일으키지 못했다. 그러나 이번에는 상황이 달랐다. 다수의 지역구에서 체제의 인기를 입증할 수 있을지 염려하는 가운데 사통당 비서들은 등록된 유권자 수를 훨씬 상회하는 '예' 표를 준비했다. 그리고 마찬가지로 중요하게도 새롭게 등장한 야권 그룹들은 감시인들을 기표소에 보냈다. 이들 감시 요원들은 선거 부정을 보고 즉시 이를 공표했다.

조직 윗선에서 보인 마비와 무능력, 그리고 기층의 불만족의 결합은 동독의 극적인 변화 과정을 이끌었다. 오스트리아와의 국경 요새를 해체하기로 한 헝가리의 결정을 이용하여, 7월과 8월 헝가리에서 휴가를 보내던 수만 명의 동독인이 동독으로 돌아가는 대신 오스트리아로, 그리고 거기서 서독으로 도주하기로 결정했다. 수천 명 이상이 프라하와 바르샤바에 있는 서독 대사관에 난민 신청을 했다. 동독 당국자들은 결국 이들이 서구로 여행할 수 있도록 허용했다. 1989년 말 40만 명 정도의 동독인―대부분은 젊은 가족과 숙련 노동자―이 동독을 떠났고, 이는 베를린장벽 건설 이래 가장 큰 규모의 탈출이었다.

동독의 마지막 몇 달간 체제가 직면한 다른 문제들에 더해 난민 문제를 다루면서, 사통당의 지도자들은 급격한 시대의 변화를 이해할 능력이 완전히 결여되어 있음을 보여주었다. 동독을 떠나려고 아우성인 수만 명이 대민 관계에서 골칫거리이며, 그들을 가능한 한 빨리 서독에 정착시키는 것이 동독에 이롭다는 것을 정치국이 분명 알았어야 했다. 가령 일단 난민들로 하여금 프라하의 서독 대사관을 떠나 서독으로 여행하게 하는 결정이 이루어졌을 때, 논리적으로나 정치적으로 서독 연방철도가 제공한 특별 기차가 체코슬로바키아에서 서독까지 직접 나르도록 했어야 했다.

그러나 호네커와 밀케는 기차가 최종 목적지에 도착하기 전에 동독을 관통하는 긴 길을 고집했다. 이러한 결정에는 두 가지 이유가 있었다. 하나는 힘을 보여주기 위한 것이었다. 기차가 동독을 관통해서 여행할 때, 정권은 이들이 난민이 아니라 추방자라는 허구를 유지하고자 동독 국경수비대를 통해 '독일민주공화국에서 추방'된 난민들이라는 서류에 도장을 찍었다. 다른 하나는 동독의 향후 소요를 미연에 방지하고자 하는 노력이었다. 슈타지는 프라하의 서독 대사관에 난민 신청을 한 사람들이 누구인지 몰랐다. 기차에서 개인 데이터를 수집한 것은 비밀경찰로 하여금 이들 난민의 가까운 친척들을 확인하고, 그들 역시 망명하게 하거나 주의 깊게 감시하는 것을 가능케 했다. 하지만 말할 나위 없이, 기술적인 이유로 기차가 섰던 모든 곳에서 기차에 올라타려는 사람들과 경찰들 간에 충돌이 있었다. 대민 관계의 파국이 이어졌다.

난민 탈출은 동독 당국에 당황스러운 정도였지만, 10월에 시작된 대규모 반정부 시위는 체제의 존재 자체를 위협했다. 라이프치히에서 10만 명 이상이 거리를 점거했고, 이는 매주 '월요일 밤' 시위가 되었다. 집회들은 즉흥적인 모임이거나 과거 생태주의와 평화주의 단체에서 생겨난 다수의 정치적 개혁 운동에 의해 조직되었다. 그리고 그 이름들 —신포럼Neues Forum, 민주적 각성Demokratischer Aufbruch, 민주주의 지금 Demokratie jetzt—은 동독에 개방과 민주주의의 시기가 도래했음을 나타내고자 하는 의도를 내보이고 있었다. 이 시기에 어떤 단체들도 동독 사회주의 체제 철폐를 주장하지는 않았다. 그들은 개혁을 요구했고, 그들의 영웅은 고르바초프였다.

사통당의 관점에서 볼 때 상황은 1953년 6월을 연상시켰지만, 이번에는 근본적인 차이가 있었다. 러시아는 동독이 자력갱생해야 함을 분명히 했다. 동독에 주둔한 소비에트 부대는 체제와 국민의 갈등에 개입하지 않았다. 스스로의 장치에만 의존했을 때, 사통당이 증폭되는 위기를 다루는 데 매우 무능력하다는 것이 드러났다. 슈타지는 '믿을 만하고 계급의식이 있는' 노동자들을 시위에 잠입시키려고 노력했으나, 그러한 시도는 별반 효과가 없었다. 당 지도자들은 당원 숙청의 은어인 유서 깊은 '당 문서들의 교환' 역시 고려했지만, 매일 수만 명의 사통당 동지들이 자신들의 당원 수첩을 반납하고 있었기 때문에, 이 역시도 뭉툭한 몽둥이에 불과한 것으로 판명되었다.

정치국은 자신들의 세계에서 살고 있었다. 위원들은 후일 매주 첫 모임에서 맨 먼저 다루어지던 문제는 증가하는 거리 소요가 아니라 10월 초 동독 건국 40주년 기념일 축하 행사를 조직하는 문제였다고 회고했다. 시위를 진압하기 위해 군대를 부르자는 고려도 있었고, 어느 시점에서 국가인민군 부대가 무력을 과시하고자 동원되었지만, 정권은 종래 이처럼 폭력적인 조치에 대해 주춤했는데, 이는 의심할 여지 없이 병사들이 시위대에 발포하라는 자신들의 명령에 순종할 것인지에 대해 정치국 위원들이 확신하지 못했던 탓이기도 했다. 호네커의 후임 에곤 크렌츠Egon Krenz는 국가인민군의 실탄 활용을 금지하는 명령의 초안을 자신이 직접 작성했으며, 호네커가 1989년 10월 13일 이 명령에 서명했다고 주장한다.

실제로, 일코자샤 코발추크Ilko-Sascha Kowalczuk가 보여준 대로, 무력을 활용하지 않기로 한 결정은 시위대의 임시 선출 지도자들과 사통당 및 슈타지 대표단 간의 협상 결과로 지역 차원에서 만들어졌다. 대규모 시위가 일어나던 라이프치히에서는 라이프치히 게반트하우스 오케스트라의 음악감독 쿠르트 마주어Kurt Masur(후일 그는 뉴욕필에서 같은 역할을 맡았다)가 당 및 슈타지 당국과의 회담에서 중요한 역할을 했다. 이러한 지역 협정은 당과 정부 기관의 고위급에서만 재가했다.

호네커와 그의 동료들이 동독을 안정화하는 데 기여하리라 희망을 품었던 이벤트는 대민 관계에서 또 다른 재앙으로 판명되었다. 동독 40주년 공식 기념행사는 군사 퍼레이드와 깃발을 흔드는 청년과 노동자 집단으로 가득 차서 계획대로 진행되었지만, 명사들의 단상에서 들릴 수 있는 거리에서 "고르비, 고르비"를 외치는 수만 명의 시위대에 가려 빛을 보지 못했다. 행사에서 귀빈이던 고르바초프는 사통당 지도자들을 만났지만, 양측은 서로 제대로 대화하지 못했다. 소비에트 지도자는 개혁에 대한 그의 청을 반복했고, 호네커는 동독은 개혁할 필요가 없다고 차갑게 답했다. 누구도 사통당 총서기를 반박하지 못했다. 동베를린의 당 지도자 귄터 샤보프스키Günther Schabowski는 후일 "우리는 거기에……그냥 앉아 있었을 뿐이다"라고 회고했다.

이제 동독의 구질서는 빠르게 무너졌다. 대규모의 국민 시위, 대체로 복종적이던 비공산주의 정당 지도자들로부터의 늘어가는 비판, 빠르게

재앙적이었던 것으로 드러난 동독 40주년 기념행사를 위해 동독 지도자들이 사열대에 선 모습. 고르바초프는 첫째 줄 가운데에 있고, 첫째 줄 우측에서 두 번째 다소 쓸쓸해 보이는 남자가 호네커다(출처: Corbis/Sygma).

성장하는 새로운 정치적 집단들(이제 부활한 사민당도 이에 속했다)에 직면한 사통당은 옛 지도자들과 옛 정책을 서둘러 버렸다. 1989년 10월 중순 정치국은 호네커와 그의 최측근들을 사퇴시켰다.

호네커로부터 당 수장과 국가수반직을 계승한 사람은 에곤 크렌츠였다. 동독 지도자로서 짧은 활동을 시작했을 때, 그는 새로운 시작을 체현하는 인물은 전혀 아니었다. 그는 정치국 기준으로 볼 때 상대적으로 젊었다. 선택되었을 때 그는 52세였다. 그러나 그 역시 커리어 전체를 사통당의 다양한 직무를 수행하는 데 보낸 오래된 기관원이었다. 그는 전문적인 청년 활동 조직가였고, 오랫동안 자유독일청년단의 수장이었다. 중앙위원회에서 크렌츠는 안보를 담당했고, 그 때문에 베이징 천안문 광장에 모인 '반혁명 분자들'을 중국 공산주의자들이 무력으로 진압한 것을 축하하기 위해 1989년 6월 중국으로 간 대표단을 이끌었다. 마지막으로 5월의 사기에 가까운 지방선거들을 감독한 전국선거관리위원회 수장으로서 크렌츠는 "참된 선거 조작자"라는 대중적 칭호를 얻었다.

'젊은' 크렌츠는 동독인들에게 그가 진정한 '전환Wende'을 대변한다는 사실을 납득시키기 위해 서구 정치인 스타일로 열정적으로 움직였다(그는 'Wende'라는 독일어를 사용했는데, 이는 콜이 1982년 그의 '신항로'를 특징짓고자 사용한 것과 같은 개념이었다). 그러나 한 명의 새로운 지도자 선택으로는 충분치가 않았고, 더 근본적인 변화들이 뒤를 이었다. 1989년 11월 첫 주에 정치국과 동독 내각 전체가 사퇴했다. 새로운 총리는 사통당의 드레스덴 지방 수장이던 한스 모드로프Hans Modrow였다. 그는 오랫동안 경제적, 정치적 개혁을 옹호해왔고, 바로 그 때문에 호네커는 정치국과 국가 권력의 회랑에서 그를 배제시켜왔다.

정권은 경제를 탈중앙집권화할 계획들을 발표했고, 더 중요하게는 여행 제한을 완화했다. 그러나 다시금 이는 너무 늦고, 너무 제한적인 변화일 뿐이었다. 정치국은 동독 시민들이 국가 밖으로 여행을 신청할 수 있도록 하는 계획을 고려했다. 그러나 여행은 1년에 30일로 제한되었고, 동독인들은 신청서가 슈타지 파일 캐비닛에 수년간 머무른 경험을 오랫동안 해온 바 있다. 정치국은 어중간한 조치들에 대한 불만의 징후들이 늘어간다고 보고, 실제로 언제 그럴지는 불분명했지만 국경을 개방하기로 결정했다. 그 결정은 1989년 11월 9일, 역사상 유명해진 15분을 확보할 수 있었던 귄터 샤보프스키에 의해 예상치 못한 방식으로 내려졌다. 동베를린 사통당 수장이자 중앙위원회의 신임 정보및홍보담당 비서이던 샤보프스키는 정치국의 결정을 언론에 설명할 것을 요청받았다. 언제 국경이 개방될 것이냐는 기자의 질문에 대해, 그는 사전에 주어진 자료에서 아무런 특별한 관련 내용을 발견하지 못했음에도, "지연 없이, 즉각"이라고 중얼거렸다.

그 결과 정권은 베를린장벽을 열어젖혔다. 수만 명이 동서 베를린의 국경 교차 지점으로 달려갔다. 급증하는 군중을 어떻게 다루어야 하는지에 대해 아무런 지침도 없이 남겨진 수비대는 결국 문을 열어젖혔다. 베를린장벽은 여전히 흉물스럽기는 하지만 구멍이 많은 콘크리트 구조물이 되었다(다시 한 번 역사의 아이러니를 느끼게 한다. 1918년 베를린에서의 혁명도 11월 9일 시작되었다. 정확히 5년 후인 1923년 11월 9일 히틀러는 실패로 돌아간 맥주홀 폭동에 착수했으며, 반유대적 포그롬인 수정의 밤도 1938년 같은 날에 발생했다).

이러한 변화가 동독의 흥분한 국민들을 달래기에 충분한 것이라고 사통당이 기대했다면, 그 희망은 머지않아 산산조각이 났다. 새롭게 자유로워진 동독 언론에 실린 엘리트들의 라이프스타일에 대한 폭로가 인적 변화와 정책 변화를 한층 더 끌고 나갔다. 에리히 호네커와 그의 동료들은 수년간 평등주의적 공산주의의 이름으로 근검함을 설교했지만, 근검은 당 지도부가 아니라 국민들만을 대상으로 하고 있었다는 점이 분명해졌다. 정치국 위원들은 서독의 기준에 따르는 사치스러운 생활을 하고 있었던 것은 아니지만, 평균적인 동독인들이 꿈만 꾸는 정도의 특권은 누리고 있었다. 사통당의 상층부는 별개의 주택단지를 갖고 있었고, 그들만의 수렵장을 소유했으며, 서구의 상품들이 가득 찬 특별한 상점에서 쇼핑을 했고, 몇몇은 스위스 은행에 비밀 계좌를 갖고 있었다.

이러한 폭로들로 인한 분노가 보수파의 지배적인 인사들에 대한 체포를 낳았고(호네커는 질병 때문에 가택 연금에만 처해졌다), 이로 인해 에곤 크렌츠는 취임한 지 불과 46일 만에 권력에서 미끄러졌다. 그가 개인적으로 상층의 부패로부터 이익을 얻었다는 증거는 없었지만, 수년간 충성스러운 당 관료로 살아왔던 것은 이제 그에게 정치적 책임을 안겨주었다. 그는 당 지도자와 국가수반직에서 사임했다. 국가수반은 군소 정당인 자유민주당의 당수 만프레트 게를라흐Manfred Gerlach가 승계했다. 동독 자유주의자들은 오랫동안 사통당의 부록에 불과했지만, 1989년 가을 당과 그 지도자는 갑작스럽게 더 많은 개혁과 민주화의 강력한 옹호자가 되었다.

에곤 크렌츠를 대중이라는 늑대에게 던졌던 것은 동독 국민들에게 인기를 얻기 위한 사통당의 처절한 노력 가운데 첫 번째 조치에 불과했다. 12월 중순 급작스럽게 소집된 특별 당위원회에서 의원들은 사통당에 민주사회당Partei des Demokratischen Sozialismus, PDS이라는 새 이름을 붙이기로 의결했다. 또한 마르크스-레닌주의 정당의 모든 것을 지우는 데도 합의했다. 총서기직이 철폐되고, 민주적으로 선출된 집행부가 독재적인 중앙위원회와 정치국을 대체했다. 또한 전당대회를 통해 새로운 지도자 그레고어 기지Gregor Gysi를 선출했는데, 그는 실제로 과거의 죄로 얼룩지지 않은 인물이었다.

민주사회당의 새로운 의장은 권력의 본산은 말할 나위 없고, 권력의 회랑에도 근접한 적이 없는 41세의 젊은 변호사였다. 그러나 그는 연령과 경험에서 모자랐던 것을 도덕 수준과 개인적 인품에서 만회하는 듯 보였다. 정치적 신념과 유대계 혈통으로 인해 나치에 의해 박해받은 공산주의 레지스탕스 투사의 아들인 그는 19세에 사통당에 입당했지만, 당 관료였던 적은 없었다. 대신 그는 민간 법률 분야에 남았고, 그의 고객들 다수는 반체제 인사와 체제 저항자였다(기지의 아버지 클라우스 기지Klaus Gysi는 동독 정부에서 높은 지위를 차지했다. 그는 교회 담당 서기였다).

기지가 자신을 선출한 민주사회당 당위원회 취임 연설에서 스탈린주의와 자본주의 사이의 '제3의 길'이라고 선언한 '사회주의적 민주주의'로의 길을 따라 동독을 이끌기에 사통당은 과연 적합한 것인가? 1989

년 말 당의 전망은 별로 밝지 않았다. 거의 50만 명의 당원(전체 230만 명 중)이 그해가 경과하는 동안 당을 떠났고, 한 서독 잡지와의 인터뷰에서 동독의 새로운 총리이자 사통당 출신 마지막 총리인 한스 모드로프는 "새롭게 활동하게 된 우리 사회학자들"은 사통당이 자유선거에서 20퍼센트 미만의 지지를 얻을 것이라고 예언했다는 사실을 인정했다.

그는 지나치게 낙관적이었던 셈이다. 동독인들은 들끓고 있었다. 정부는 소위 원탁회의에 참여하여 주요 야권 그룹들과 더불어 동독의 민주적 미래를 그리고자 논의했지만, 성난 군중에게 개혁의 속도는 너무 느렸다. 1990년 1월 15일, 성난 군중은 증오의 대상이던 슈타지의 동베를린 본부를 습격했다(정부는 약간 망설인 후 결국 슈타지 해체를 결정했다). 이제 명백히 수세에 몰린 가운데, 모드로프는 2월 초 원탁회의 그룹 대표들을 내각에 받아들이고, 3월 18일 자유선거를 실시하는 데 동의했다.

58년 만에 동독에서 처음으로 열린 참된 자유선거 결과는 놀랍기도 하고 결정적이기도 했다. 성난 기층 정치 그룹들에 의해 사통당 체제가 붕괴되었음에도 불구하고, 3월의 선거는 주요 서독 정당들의 자매조직인 정당들에 의해 지배되었다. 독일을 위한 연합Allianz für Deutschland은 서독의 기민련/기사련과 긴밀히 연계되어 있었고, 사회민주당Sozial-demokratische Partei은 사민당과, 자유민주연맹Bund freie Demokraten은 자민당과 연계되어 있었다. 유명한 서독 정치가들 역시 동독을 두루 다니며 선거 캠페인에 참여했다. 명백한 승자는 '독일을 위한 연합'이었다. 유권자 93.3퍼센트가 투표한 가운데, 헬무트 콜의 강력한 지지를 받았으며 서독과의 가능한 한 빠른 통일의 플랫폼이 되겠다고 선거운동을 한 '독일을 위한 연합'은 유권자 48퍼센트의 지지를 얻었다. 사민주의자들은 21.9퍼센트의 지지로 2위였고, 옛 사통당인 민주사회당은 16퍼센트의 지지로 3위에 머물렀다. 정치적 배은망덕의 경우로 간주될지도 모르는 선거에서, 유권자들은 사통당 체제를 붕괴시킨 평화혁명을 이끄는 데 그토록 중요했던 풀뿌리 야권 그룹을 철저히 거부했다. 누구도 3퍼센트 이상의 지지를 얻지 못했다.

총리로서 한스 모드로프의 나날은 분명 얼마 남아 있지 않았다. 동독을 서독과의 통합으로 이끌어가는 과제를 가진 그의 후계자는 동독 공산당을 이끈 로타르 드 메지에르Lothar de Maizière로, 그는 별 매력 없는 변호사이자 아마추어 음악가였다. 동독의 종말은 대부분의 관찰자들(그리고 정치가들)이 예상했던 것보다 훨씬 빠르게 왔다. 동독의 개혁가들뿐 아니라 서독의 정치 지도자들도 동독이 진정한 민주주의 국가가 될 때 서독과의 관계가 점차 우호적이 되겠지만, 두 국가는 별개의 정치체로 남을 것이라고 구상하고 있었다. 동독에서 점차 격화되는 상황 전개를 중개하는 데 열심이던 서독 총리 헬무트 콜은 1989년 11월 말 동서독 연방, 그리고 궁극적으로는 통일을 위한 다단계 계획을 제안했다. 콜은 시간표를 고집하지 않으면서 주의를 기울였지만 그의 조심스러운 계획에 대해서조차 파리와 런던뿐 아니라 모스크바에서도 경고의 깃발을 들었다.

특히 영국 총리 마거릿 대처가 독일의 통일에 단호히 반대했다. 그녀는 미국 대통령 부시와 프랑스 대통령 미테랑을 설득하여 서구 연합이 두 독일의 정치적 통합을 막을 조치를 취하도록 활발한 캠페인을 전개했다. 프랑스 대통령은 대처만큼 요란했던 것은 아니지만 대처의 입장에 동조적이었고, 독일 통일을 막기 위해 노력했다. 1989년 12월 말 그는 동베를린으로 가서 사통당의 신임 대표인 그레고어 기지를 비롯한 몇몇 동독 지도자를 만났다. 미테랑은 독립적이고 주권적인 동독에 대한 프랑스의 계속적인 지원을 기지에게 보장했다. 반대로 부시 대통령은 독일 통일의 가장 중요한 지지자로서 재통일이 되었을 때 통일된 독일이 나토 회원으로 남을 필요가 있다는 점만 강조했다. 헬무트 콜과 그의 내각은 여전히 통일된 독일에 대해 두려워하는 사람들이 대처와 미테랑만은 아니라는 점을 확실히 인지했다. 1989년 10월, 통일이 가능한 사건으로 보이기 몇 달 전, 유명한 영국계 아일랜드 저술가 코너 오브라이언Conor Cruise O'Brien은 "주의하라, 제국이 일어나고 있다"(〈타임스The Times〉에 실린 그의 논설 제목이다)고 경고하며, 모든 독일 도시에 아돌프 히틀러의 조각상이 생겨날 것이라고 예언했다.

유럽공동체 내 서독의 파트너들 역시 처음에는 회의적이었다. 1989년 12월 중순에 슈트라스부르크에서 열린 급조된 정상회담에서 (콜을 포함한) 유럽공동체 지도자들은 "독일 국민들은 자유로운 자결권을 통해서 통일을 다시 얻는 것"을 선호한다는 성명서를 발표했지만, 통일 과정이 유럽 및 초강대국과의 보다 진전된 관계 속에서 진행되어야 한다고 경고했다. 소비에트와 동독의 새로운 지도자들은 재통일이 "의제에 있지 않다"고 주장했다. 미래에 그런 날이 온다 하더라도 통일된 독일은 1945년에 설정된 영토적 경계 안에서 수립되어야 했다.

동구로부터의 저항과 서구로부터의 조심스러운 성명에 직면해서, 서독은 후퇴했다. 바이츠제커 대통령을 비롯한 정부 지도자들은 "통일을 서둘러 진행하려는 노력이 있어서는 안 된다"고 강조했다. 그러나 지도자들의 조심스러운 청사진보다 사건들이 빨랐다. 결정적인 촉매제는 동독 경제의 급속한 붕괴였다. 검열과 '낙관적 전형성'을 보도해야 한다는 강제에서 풀려나면서, 동독 언론은 자신들이 엄청난 빚더미에 앉아 있으며, 시대에 뒤처지고 비효율적인 경제체제를 갖고 있음을 폭로했다. 또한 공산주의 체제는 무슨 수를 써서라도 생산을 늘리려는 추진력의 여파로 충격적인 환경문제를 남겼다. 1989년 동독의 하천과 강의 3

퍼센트, 호수의 1퍼센트만이 '생태적으로 살아 있었다'. 동독 정부는 서독으로부터의 원조를 필사적으로 갈구했다.

한스 모드로프하에서, 동독 정부는 경제를 탈중앙집중화하고 '시장의 힘'에 반응할 수 있도록 만들기 시작했다. 총리는 서구의 투자자들을 환영했고, 서구 회사들과의 합작을 장려했다. 그러나 그러한 변화들이 어떻게 '사회주의'를 요구하는 체제 안에서 수용될 수 있는지는 불분명했다. 로타르 드 메지에르 내각은 본질적으로 동독의 재정적, 경제적 독립을 포기했다. 동독과 서독의 중앙은행들 간에 있었던 두 독일의 통화동맹 관련 회담은 1990년 7월 1일부터 도이치마르크를 동독 화폐로 만드는 협정을 낳았다.

동서독의 정치동맹이 몇 달 후 뒤를 따랐다. 콜 총리가 개인 외교의 승리로 나토 구성원으로 남을 통일독일에 대한 고르바초프의 동의를 얻어낸 후, 동독과 서독은 8월 31일 체결된 '두 번째 국가 협약'(첫 번째는 경제와 사회적 통합에 대한 협정이었다)을 위해 협상했다. (1,000쪽 이상의) 긴 문서가 기술적으로는 두 주권국가 간의 협정을 나타냈지만, 실제로는 동독이 서독에 흡수되리라는 것에 대해 의심의 여지가 없었다. 동시에 소위 2+4회담에서 동독과 서독, 4강은 2차대전 후 45년이 지난 시점에서 결국 독일의 평화협약에 이르게 된 것을 만들어냈다. 2+4회담은 원래 통일 이후 연합국의 권리와 관련된 것이었다. 그것의 한 결과가 서방 연합국이 나토 의무의 일부로 독일에 부대를 계속해서 주둔시키기로 명시한 조항이었다. 그러나 러시아인들은 그들의 군대를 독일 땅에서 철수하는 데 동의했다. 재배치 비용은 독일 정부가 담당하도록 되었다.

독일 통일은 기본법 제23조 규정에 의거해 이루어졌다. 5개의 (재형성된) 동독 주는 자르주가 1957년 서독에 포함된 것과 같은 방식으로 연방주가 되었다. 완전한 정치적 통합의 날은 1990년 10월 3일로 정해졌다. 그 직전인 9월 12일, 과거 점령국들은 독일 통일에 형식적인 동의를 보냈다.

결론

서독과 마찬가지로, 그러나 완전히 다른 이유에서, 동독은 1980년대 말에 교차로에 서 있었다. 몇 가지 측면에서 동독은 성공적인 사회였다. 자연자원이 부족하고, 전쟁과 배상으로 피폐한 상태로 출발했지만, 동독은 다른 어떤 소비에트 블록 국가들보다 높은 생활수준을 국민들에게 제공했다.

울브리히트 시기 동안, 체제는 비록 유토피아적이고 비현실적일지라도 사회에 제공할 미래에 대한 비전을 갖고 있었고, 특히 지도자들의 경우 동독을 '다른' 독일로부터 구분 짓는 목표가 있었다. 호네커 체제는 실용주의와 단기적인 경제적 목표를 위해 이데올로기적 유토피아주의를 포기했지만, 이것이 정치적 독재를 완화하지는 않았다.

그러나 스탈린과 그 독일 파트너, 후계자들에 의해 동독에 부과된 공산주의 독재는 동독인들에게 결코 받아들여지지 않았다. 울브리히트판 '사회주의'도, 호네커판 사회주의도 정치적, 경제적 자유를 원했던 동독 시민들을 만족시키지는 못했다. 대안이 부재한 가운데 동독 시민들이 한동안 그들의 지도자와 체제를 사랑하지는 않더라도 받아들이는 것처럼 보였던 것도 사실이다.

동독의 모든 성취는 고르바초프 시기에 의문시되기 시작했다. 정치적, 경제적 자유화 과정들이 다른 동유럽 국가들에서 일어났던 반면, 동독은 네오스탈린주의 공산주의 독재로 남았다. 그러나 호네커와 그의 동조자들이 개혁의 흐름을 막아낼 수는 없었다. 자유에 대한 요구와 동독 경제의 붕괴가 호네커와 사통당의 독재 체제를 휩쓸어버렸다.

그러한 일들이 일어나기 전 '개혁가' 집단은 1989~1990년 가을과 겨울, 상황을 안정화하기 위해 필사적으로 노력했다. 그들은 옛 지도자들 사이의 만연한 부패를 폭로하고 처벌했으며, 여행 제한을 없애고, 언론 검열을 철폐했고, 헌법상 규정된 사통당의 '주도적 역할'을 포기했다. 그러나 이러한 노력들은 너무 늦게 이루어졌다. 체제는 이후 지나치게 순진했던 것으로 드러났던, 즉 서독과의 연합이 동독의 모든 문제를 해결해줄 것이라고 기대했던 국민들로부터 신뢰를 잃었다.

에리히 밀케^{Erich Mielke}

(1907~2000년)

오랫동안 슈타지의 수장이었던 에리히 밀케보다 동독의 정치적 억압 체제를 잘 체현하는 인물은 없다. 그가 슈타지의 모델로 삼은 것이 볼셰비키의 원조 비밀경찰인 체카^{Cheka}였기 때문에 그는 자신을 동독 최초의 체키스트^{Chekhist}라고 부르기를 좋아했다. 전 소비에트 수장도 그랬듯, 밀케는 "신뢰는 좋고, 통제는 더 좋다"는 격언의 신봉자였다.

밀케는 1907년 베를린에서 목수의 아들로 태어났다. 그는 열차 운행 관리원 업무를 익혔지만, 1925년 공산당에 가입한 지 얼마 안 되어 공산당 상근 간부가 되었다. 당이 그에게 부여한 과제들 가운데에는 공산당 신문인 〈로터 파네 Rote Fahne〉 기자로서의 임무도 있었다. 또한 밀케는 바이마르공화국의 마지막 해들을 한층 더 특징지었던 정치적 폭력에 활발히 참여했고, 1931년 두 명의 베를린 경찰을 죽이는 데 가담했다. 이 범죄에 대한 처벌을 피하기 위해 그는 베를린으로 도망쳤다.

1933년 나치가 권력을 잡자, 밀케는 당연하게도 독일로 돌아오지 않고 모스크바로 망명했다. 1934~1936년 그는 코민테른의 체제 전복 학교에서 훈련을 받았고, 코민테른은 그를 다양한 비밀경찰 활동 임무에 배치했다. 다수의 독일 공산주의자들처럼 밀케는 스페인 내란 당시 공화파 측에서 활약했다.

러시아어에 완전히 능통해진 밀케는 2차대전 동안 소비에트 비밀경찰을 위해 활동하는 전문 요원이 되었다. 종전 후 그는 발터 울브리히트가 이끄는 공산주의 망명 그룹과 함께 독일로 돌아왔고, 곧 소비에트 군정청을 위해 일하기 시작했다. 1946년 그는 소비에트 점령지역의 내무부 부국장이 되어 경찰 훈련을 담당했다.

동독이 공식적으로 건국되었을 때, 동독 정권은 그 두문자인 슈타지로 널리 알려진 국가안전부를 창설했다. 원래 빌헬름 차이서를 수장으로, 밀케를 2인자로 삼았으나, 차이서가 1953년 폭동 때의 처신 때문에 숙청되자 1957년 밀케가 차이서를 승계했다. 밀케는 1989년 동독이 붕괴할 때까지 국가안전부 장관으로 남았다. 재임 기간 동안 그의 당내 지위 역시 높아졌고, 특히 에리히 호네커 시기에 그랬다. 1971년 그는 정치국 후보위원이 되었고, 1976년 정치국 위원이 되었다.

슈타지의 수장 밀케는 동독 시민들에 대한 많은 정보를 축적하는 데 열정적이었다. 슈타지는 실력이 매우 뛰어난 해외 첩보 부서도 운영했는데, 이 조직은 오랫동안 공산당 관료를 지낸 마쿠스 볼프Markus Wolf가 이끌었다. 슈타지의 이 조직은 서독 정부 관료들과 정당 당직자들 사이에 다수의 스파이를 심는 데 큰 성공을 거두었다. 슈타지가 해산되기 전까지 밀케의 조직은 8만 5,000명의 전임 직원과 11만 명의 파트타임 '비공식적 협력자'를 고용했다. 이 정보원들은 문자 그대로 수마일에 달하는 길이의 서류를 생산해냈고, 그들이 모은 정보를 효과적으로 사용하지 못한 슈타지가 결국 그 무게를 견디지 못하고 붕괴했다는 말은 사실일지도 모른다.

비밀경찰 업무에 대한 열정 때문에 밀케에게는 개인 생활을 위한 시간이 별로 없었지만, 그는 매우 잘 알려진 두 가지 취미를 갖고 있었다. 하나는 군복을 입는 것이었다. 슈타지 수장으로서 밀케는 동독에서 가장 높은 군사 계급(육군 장군)을 갖고 있었고, 자신의 아주 왜소한 가슴 대부분을 가릴 한 상자 분량의 메달로 가득 찬 제복 입기를 좋아했다. 또한 밀케는 베를린 축구팀 디나모 베를린의 광팬으로, 이 팀이 가장 좋은 선수들을 확보할 수 있도록 자신의 공적인 직위를 활용했다. 디나모 베를린이 동독 축구 리그에서 계속 챔피언에 올랐던 것은 놀라운 일이 아니다. 그러나 밀케가 최선을 다했지만 디나모 베를린 혹은 다른 어떤 동독 축구팀도 국제경기에서는 잘하지 못했다.

1989년 말 밀케는 체포되었지만, 건강상의 이유로 석방되었다. 1991년 그는 다시 체포되었고, 2년 후 재판을 받았다. 슈타지 수장으로서의 역할 때문이 아니라 1931년 두 경찰관에 대한 살해 사건 때문이었다(독일법에서는 살인의 경우 공소시효가 없다). 밀케는 6년형을 선고받았지만, 1995년 건강이 악화되면서 풀려났다. 2000년 5월 그는 끝까지 반성하지 않은 공산주의자인 채로 사망했다.

볼프 비어만Wolf Biermann
(1936년~)

볼프 비어만은 동독과 서독이라는 두 세계 사이의 여행자이다. 그는 1936년 11월 북서독일의 항구도시인 함부르크에서 태어났다. 그의 아버지는 부두 노동자이자 공산당 활동가였다(함부르크의 부두 노동자들은 전통적으로 강력한 독일 공산당 지지자였다. 바이마르 시기 당의 전국적 지도자이던 에른스트 텔만 역시 함부르크의 부두 노동자였다). 비어만은 함부르크에서 아비투어(고등학교 졸업 자격)를 취득했지만, 가족의 정치적 신념에 충실했던 그는(이미 공산당 청년 조직의 구성원이었다) 급속히 등장하는 서독의 자유기업 경제체제와 의회민주주의에 만족하지 못했다.

1953년 17세의 그는 공산주의적 이상이 실현된 것으로 간주된 동독으로 이주했다. 여기서 그는 다소간 기괴한 길을 걷는다. 그는 동베를린의 훔볼트대학에서 정치경제학, 철학, 수학을 공부했지만, 연극과 연예계에도 끌렸다. 1957~1959년 그는 베르톨트 브레히트 앙상블 시어터에서 조감독으로 지내다가 1961년에 독립했다. 당시 동독 라디오 방송국의 수장이던 한스 아이슬러Hanns Eisler의 후원으로 노동자와 학생들의 연극단을 창단했지만, 이 그룹의 예술 작품은 곧 공산당 당국자들과 충돌했다. 그들은 비어만의 공연이 아주 부적절하고 형식적─예술적 개인주의와 자유에 대한 사통당의 은어─이라고 보았다.

1960년대에 비어만은 싱어송라이터로서 솔로 활동을 시작했다. 포크송의 부활이라는 세계적 추세에 따라 그는 곧 동독에서 가장 인기 있는 공연예술가 중 한 명이 되었는데, 특히 고등학생과 대학생 사이에서 인기가 높았다. 또한 그는 사통당의 예술적 자유 억압에 대해 점차 비판적이 되어갔다(1965년 사통당 중앙위원회는 공식적으로 인정된 '사회주의 리얼리즘'으로부터의 이탈을 금지하기 위해 저술가 및 예술가들에게 새로운 가이드라인을 제시했다). 비어만의 음악은 쉽게 이해할 수 있었지만 그의 노래 가사는 인습에 저항하는 매우 신랄한 내용을 담고 있었다.

그리 오래지 않아 정권의 복수가 뒤따랐다. 1965년이라는 중요한 해에 비어만은 '계급의 적'으로 선포되었고, 대중 앞에서 노래하는 것을 금지당했다. 또한 그는 슈타지 감시하에 놓이게 되었다. 10년 후 비어만이 서독에서 공식적으로 승인된 콘서트를 하는 동안, 동독 정부는 비어만이 공산주의 체제에 비판적인 노래를 했다며 그의 동독 시민권을 박탈하고 그가 동독으로 돌아오는 것을 금지했다.

유대인의 시민권을 박탈한 나치의 정책을 연상시키는 이 결정은 동독 안팎에서 엄청난 비판의 폭풍을 불러왔다. 크리스타 볼프와 록스타 니나 하겐Nina Hagen을 비롯한 100명 이상의 동독 작가와 예술가들이 비어만을 추방한 사통당의 결정에 항의하는 서한에 서명했다. 당시 사통당은 물러서지 않았지만, 많은 역사가들은 비어만 사건이 이로부터 15년 후에 발생하는 동독 체제 붕괴의 시발이 되었다고 본다.

비어만은 서독에서 성공적인 두 번째 이력을 시작했다. 그의 좌파 친구들에게는 실망스럽게도, 그는 정치 면에서 공산주의적 견해를 버렸고 좀 더 중도적인 노선을 지향했다. 그는 에리히 호네커가 1989년 말에 실각하기 전까지는 동독에서 공식적으로 공연을 하지 못했다. 호네커의 후계자인 에곤 크렌츠 집권하에서 사통당은 자신들이 문화 말살 정책을 포기했다는 것을 보여주고 싶어 안달했고, 비어만은 초청을 받아 동독에서 다시 활동할 수 있었다. 그의 공연은 다시 한 번 엄청난 대중적 환호를 받았다. 그는 독일 전역에서 가장 성공적인 스타 중 한 명이다.

11장

통일 이후의 독일
1990년~현재

1990년 10월 2일 밤, 동서독의 정치 지도자들은 복원된 베를린의 독일 의회 건물에 모여 중대한 사건을 축하했다. 0시 1분, 독일은 다시금 통일된 나라가 되었다. 열광하는 대규모 군중 앞에서 연설하는 정치가들은 몇 가지 공통된 주제를 강조했다. 분리가 아니라 통일이 역사의 이치였다. 그 밤의 주된 주제는 사민당 지도자 빌리 브란트가 1년 전 베를린에서 행한 다른 연설에서 제시된 바 있었다. "한데 속한 것은 함께 모인다." 모든 정치 지도자들이 통일은 새로운 독일적 쇼비니즘의 표현이 아니라 자유와 자결에 대한 열망의 결과임을 강조했다. 동시에 연설자들은 1989년 가을 이후 벌어진 사건 경로에 대한 공식적 해석이라 불릴 만한 것을 제시했다. 동독의 붕괴는 시민들의 작품이고, 재통일은 특히 러시아와 미국 등 4대 열강의 원조와 격려를 받아 동서독이 함께 노력한 결과라는 것이었다.

　최근 과거의 전개에 대한 어떤 방어적 언급이 있었다면, 그것은 통일이 일어난 방식과 속도에 관한 것이었다. 완전한 연합은 준비를 위한 오랜 과정을 필요로 한다는 비판에 대해, 집권 연합의 대변인들은 반복해서 1990년 7월 경제적, 사회적 통합이 이루어지지 않았다면 100만 명의 동독인이 서독으로 이동했으리라는 점을 지적했다. 재통일의 정치적 차원에 대해, 정치 지도자들은 옛 동독이 본질적으로 서독에 병합되었다는 사실을 축소하고자 최선을 다했다. 히틀러의 오스트리아 병합 이래 병합이라는 단어는 독일의 정치 용어에서 불쾌한 함의를 갖고 있었지만, 독일의 통일은 실제로 구동독에 대한 서독의 평화롭고도 인기 있는 병합의 일종이었다. 새로운 국가는 동서로 나뉘었던 베를린을 포함하여 16개 연방주로 구성되었다.

연방의회는 베를린을 다시 중앙정부의 수도로 정할지를 두고 표결했다. 독일의 수도를 본에서 베를린으로 옮기는 일은 엄청난 상징적 함의에도 불구하고 오히려 별로 이목을 끌지 못했다. 1999년 9월 연방의회는 새롭게 디자인하여 복구된 독일 의회 건물에서 첫 번째 공식 회기를 시작했다. 민주적인 투명성의 상징으로서, 연방의회 의사당 프로젝트를 맡은 영국 건축가 노먼 포스터Norman Foster 경은 건물에 엄청난 규모의 유리로 된 둥근 지붕을 덧붙였다. 이곳은 관광객들의 방문을 허용하여, 연설회장을 바로 내려다볼 수 있도록 했다. 이 새로운 형상은 베를린의 가장 가시적이고 알아보기 쉬운 상징 가운데 하나가 되었다.

외국의 관찰자들이 새로운 (그리고 오래된) 수도와 연방의회 건물의 파란만장한 과거를 강조했던 반면—결국 비스마르크와 히틀러는 모두 그 홀에서 연설했다—연방의회 첫 회기 동안 독일 정치 지도자들의 연설은 의도적으로 차분하게 진행되었다. 모든 정당의 의원들이 지난 50년간 정착된 민주적 전통을 강조했고, 새로운 수도를 프로이센과 나치의 과거로부터 분리하려 노력했다. 여기서 또 다른 상징이 수사를 강조하는 데 기여했다. 홀에서 대표자들과 마주한 날개를 펼친 독수리는 전통적으로 독일을 상징하는 동물이었다. 복구된 건물을 위한 새로운 독수리를 디자인하기 위해 열띤 토의를 한 끝에 결국 본의 연방의회를 장식했던 독수리를 베를린으로 옮기기로 결정한 것이다. 이 독수리는 땅딸막하고 명백히 공격적이지 않은 외양 때문에, 오랫동안 독일인들은 애정을 담아 '뚱뚱한 암탉'이라고 불러왔다.

1990년 10월, 통일에 대한 비판자들은 매우 적었다. 독일의 지도자들과 국민 모두 압도적으로 통일을 선호했다. 그들은 통일독일의 미래에 대해 완전히 비현실적인 기대를 갖고 있었다. 이러한 순진성의 전형이 10월 2일 밤 텔레비전으로 중계된 헬무트 콜의 연설이었다. 총리는 독일의 경제적 미래를 매우 낙관적인 언어로 묘사했다. 독일 전역에 갖춰진 자유주의 기업 체제와 더불어, 동독 노동자들의 기술과 일하고자 하는 열망 및 이제 완전히 열린 동유럽 시장들이 더해져서, 독일의 재정적, 경제적 힘은 모든 독일인에게 엄청난 번영을 안겨주리라는 것이었다. 동독에 엄청난 환경문제가 있는 것도 사실이었지만, 이 역시도 서독의 정화 기술을 통해 삽시간에 해결되리라고 보았다.

구동독과 서독의 통일 협정에서는, 특별위원회가 기본법을 재점검하고 필요한 헌법 수정을 제안하도록 합의했다. 이 조항은 사문에 불과했던 것으로 드러났다. 1994년 7월 특별위원회는 40년 동안 민주국가인 서독에 성공적인 헌법 틀을 제시해온 헌법에 큰 변화가 필요하지 않다는 내용의 보고서를 발표했다. 연방주에서는 상황이 조금 달랐다. 5개의 새 연방주 모두 새롭고 민주적인 주 헌법을 작성하기 위한 헌법위원회를 선출했다(튀링겐에서 마지막 헌법위원회 회의가 1993년 10월에 끝났다). 흥미롭게도 가장 격렬하게 논의된 쟁점 중 일부는 1949년 기본법을 기초한 서독 제헌의회도 분열시켰던 내용들이었다. 다시 한 번 몇몇 의원은 노동의 권리, 주택에 대한 권리 등 소위 사회적 권리를 헌법의 일부로 만들기를 원했다. 다시금, 이를 포함하는 것에 대한 상당한 지지가 있었다. 그러나 본의 제헌의회에서 그랬던 것처럼 결국 동독 주들의 다수 의원도 그러한 '사회적 권리'를 주 헌법에 포함시키기를 거부했다.

21세기 초에 새 헌법적 이슈들은 두 전선에서 등장했다. 독일 내부에서는 주와 연방정부 간의 권력 분할이 재검토될 필요가 있었다. 동시에 유럽연합European Union, EU은 유럽연합 내 각국들에 영향을 미칠 초국가적 기구를 위한 새로운 헌법을 제안했다.

새로운 독일 주들을 흡수하는 것과 결부된 엄청난 문제들의 와중에, 각 주들은 충분한 재원 없이 늘어가는 연방법을 실행하도록 요구받고 있다고 불평했다. 게다가 2001년 세계무역센터에 가해진 테러 이후, 비판자들은 독일 경찰이 공공 안전에 대한 새로운 위협을 다루기에 불충분하게 구성되어 있다고 불평했다. 독일에 연방범죄수사국Bundeskriminalamt, BKA이 있기는 했지만, 미 연방수사국Federal Bureau of Investigation, FBI과는 달리, 수사권이 제한되어 있었다. 연방주의 경찰 당국만이 혐의자를 체포할 수 있었다.

2004년 새로운 연방 계약이라 불리게 된 것을 기획하고자 연방정부와 주정부의 대표자들이 만났다. 모든 참가자에게서 호의의 표현이 있었지만, 언제나 그러하듯 악마는 디테일에 있었다. 예상되었던 것처럼 부유한 주들은 보다 빈곤한 주로 기금을 이전하도록 하는 모든 계획을 거부했다. 마찬가지로 자신들의 헌정적 기득권이라고 간주했던 것을 포기하는 문제와 관련된 경우, 각 주들은 바이에른의 주도하에 조금도 움직이려 하지 않았다. 새로운 연방 계약은 없었다.

마찬가지로 무산되었던 헌정적 혁신을 위한 다른 시도는 유럽 차원에서 있었다. 2004년 초, 5개의 새로운 구성원—폴란드, 헝가리, 체코,

슬로바키아, 몰타―이 유럽연합에 가담했고, 더 많은 국가들이 회원이 될 예정이었다. 2007년까지 유럽연합은 27개국으로 구성되었다. 구성원이 늘어감에 따라 유럽연합의 구조도 점차 문제가 되었다. 이러한 이유로, 유럽연합 집행위원회는 유럽연합이 다양한 구성 요소의 기능을 간소화하고 더 정확하게 권리와 의무들을 정의하기 위해 공식적인 헌법이 필요하다고 결정했다.

2002년 2월 유럽연합 집행위원회는 전 프랑스 대통령 발레리 지스카르 데스탱Valéry Giscard d'Estaing이 이끄는 30명의 전문가 집단에게 유럽연합을 위한 헌법 초안을 제안할 것을 요청했다. 2년 후, 모든 구성원 정부들은 문서에 서명했다. 각 회원국 의회가 비준하거나 국민투표로 승인하면 효력이 발휘될 예정이었다. 비준 과정이 시작되자 헌법 초안은 정치적 문제에 봉착했다. 400여 쪽에 달하는 문서는 너무 길었고, 지나치게 상세했으며, 선출된 직위를 갖지 못한 전문가 그룹들은 국민적 공감을 얻지 못했다. 반대파들은 이 헌법 초안이 알지 못하는 브뤼셀의 관료들에게 권한을 주면서 국민의 자유를 파괴하려는 노력이라고 묘사했다.

독일을 비롯한 대부분의 회원국이 이 헌법 초안을 의회 표결에 부쳤으나(독일 연방의회는 이를 비준했다), 프랑스와 네덜란드는 이 이슈를 국민투표에 부치기로 결심했다. 반대파가 이 나라들에서 세력을 모으기 위해 노력했다는 것은 놀랍지 않으며, 캠페인은 성공했다. 2005년 6월 프랑스와 네덜란드에서 유권자 다수는 유럽 헌법을 거부했다.

이러한 지체 이후 유럽은 헌법 초안을 수정하고 되살리는 일을 장막 뒤에서 했고, 2009년 당시 순환직인 유럽연합이사회 의장국을 맡았던 스웨덴을 중심으로 협상파들은 리스본조약Treaty of Lisbon을 제시했다. 이 역시 논란이 많았으나, 종래 모든 회원국에서 비준되었다(아일랜드는 두 번 투표를 했다). 리스본조약은 유럽의회의 힘을 강화했고, 집행위원회에서 만장일치를 요하는 이슈의 수를 줄였으며, 처음으로 유럽 행정부의 상임 대통령직도 제안했다. 이 직위의 첫 번째 인물은 벨기에 총리헤르만 반 롬푀이^{Herman van Rompuy}였다. 유럽연합은 상임 외교 및 안보장관도 선출해서, 업홀랜드^{Upholland}의 남작인 영국 정치가 캐서린 애슈턴^{Catherine Ashton}이 임명되었다. 그녀의 첫 번째 과제 중 하나는 유럽 외교부를 만드는 일이었다.

정치적 국면

앞서 언급했듯이, 독일 대통령은 명목상 국가 지도자지만, 별반 중요한 권력을 갖지 못한다. 그 결과 당리당략적 파벌정치로부터 거리를 두는 원로 정치가가 대통령이 되는 경향이 있었다. 헬무트 콜은 이러한 전통을 무너뜨리려고 했다. 총리는 리하르트 폰 바이츠제커의 뒤를 이을 인물로 동독인, 즉 작센주 기민련 소속 법무부 장관이던 슈테펜 하이트만^{Steffen Heitmann}을 선택했다. 정치적 관점에서 그는 기민련의 극우 분파에 속했기 때문에, 콜의 계획은 자신의 당에서도 격렬한 반대에 부딪혔다. 원내 대변인 리타 쥐스무트^{Rita Süssmuth}를 비롯해 기민련의 많은 지도자들은 그가 바이츠제커를 계승하기에는 약한 후보라고 불평했다. 광범위한 비판에 봉착한 하이트만은 1993년 11월 말 후보를 사퇴했고, 총리는 1994년 5월 선거 때까지 적합한 후보자를 찾지 못했다. 약간의 주저 후에 기민련/기사련은 연방헌법재판소장 로만 헤어초크^{Roman Herzog}를 지명했다. 1994년 5월 23일 그는 대통령으로 선출되었다.

　많은 관찰자들을 놀라게 했던 것은 그가 놀라울 정도로 성공적인 대통령으로서의 행보를 이어갔다는 점이다. 분주히 독일 각지를 순회하던 이 쾌활한 바이에른 사람은 특히 동부 주들에서 가장 인기 있는 공인 중 한 명이 되었다. 그는 현재와 미래의 문제들에 대한 자신의 관심을 널리 알리기 위한 수단으로 대통령직을 활용했고, 대부분의 독일인은 그가 5년만 재임하기로 한 결정을 안타까워했다(나중에 드러난 바에 따르면 헤어초크의 부인이 암을 앓고 있었다).

1999년 연방의회는 로만 헤어초크의 후임을 선출했다. 전직 노르트라인베스트팔렌주 총리 요하네스 라우Johannes Rau였다. 그는 사민당과 녹색당에 의해 지명되었다. 그의 경쟁자는 두 명의 여성—기민련이 지명한 튀링겐 일메나우Ilmenau대학의 교수 다그마어 시판스키Dagmar Schipanski와 전직 대통령 구스타프 하이네만의 딸이자 신학 교수이던 우타 랑케-하이네만Uta Ranke-Heinemann 민주사회당 후보—이었다. 사민당과 녹색당 연합이 연방의회 다수파였기 때문에 라우는 쉽게 선출되었다. 라우는 1974년 이래 대통령직에 오른 최초의 사민당원이었고, 자신의 권한을 사용해 국민들을 나무라고, 훈계하고, 격려하는 전통을 지속했다. 이는 프로테스탄트 교회에서 오랫동안 속인 지도자로서 잘 훈련된 그에게 용이한 임무였다.

헤어초크처럼 라우는 5년 임기 동안만 재임하는 편을 택했다. 임기 말인 2003년 그는 72세였고, 사적인 삶으로 돌아가기를 원했다. 이는 2004년에 선거가 있으리라는 것을 의미했다. 이번에는 두 명의 후보가 있었다. 기민련의 호르스트 쾰러Horst Köhler는 기민련 당수 앙겔라 메르켈의 지지를 받고 있었다. 쾰러는 국내적으로나 국제적으로나 공무원으로서 탁월한 경력을 지녔다. 콜 내각에서 재무부 차관보였고, 지명 시기에는 국제통화기금IMF의 총재로서 워싱턴에 거주하고 있었다. 그의 경쟁 상대이자 게하르트 슈뢰더의 지지를 받고 있던 우파 사민당원 게

지네 슈반Gesine Schwan은 전혀 다른 커리어를 가졌다. 그는 학자였고, 지명 당시 폴란드−독일 국경의 프랑크푸르트 오데르에 있던 비아드리나Viadrina대학의 총장으로 재직 중이었다. 이러한 그의 직위는 폴란드와 독일의 협력을 상징하고 있었다. 이 대학의 학생 가운데 적어도 1/3이 폴란드 출신이었다. 연방의회에서 기민련과 자민당은 쾰러를 선출했다. 새로운 대통령은 주로 독일인들의 비관주의를 뒤흔들어 이들을 고무하고, 필요한 경제적, 사회적 개혁을 받아들이도록 하는 데 자신의 권한을 사용했다.

뜻밖에도 2010년 6월 쾰러의 연임 임기가 급작스럽게 끝났다. 그는 한 불행한 연설 이후 사임했는데, 이 연설에서 그는 아프가니스탄 주둔 독일군은 그 나라에 민주주의를 가져다주고 국제적 테러리즘에 맞서 싸우기 위해서만이 아니라 독일의 잘 구축된 세계 경제적 이익을 지켜내기 위해서도 주둔하고 있다고 언급했다. 대통령의 논평은 엄청난 저항의 움직임을 가져왔고, 그는 결국 사퇴했다. 메르켈은 당시 연방 노동부 장관이던 우르줄라 폰 데어 라이엔Ursula von der Leyen을 쾰러의 후임으로 지명했지만, 연방의회는 대신 니더작센의 기민련 주지사이던 크리스티안 불프Christian Wulff를 선택했다.

1990년 12월 2일, 1,700만 독일인 유권자들은 새로운 연방정부를 선출하기 위해 기표소로 향했다. 2차대전 이후 최초로 전체 독일인이 참여하는 선거였고, 새 연방의회는 새로운 5개 주 대표들이 포함된 최초의 의회가 될 터였다(연방의회 전체 의원 수는 144명이 늘어 과거 동독 영토가 추가된 것을 반영했다).

표면상으로 보면, 콜 정부가 그 결과에 대해 만족스러워할 이유는 정말 많았다. 지배 연정인 기민련/기사련과 자민당은 54.8퍼센트의 지지를 얻어 충분한 차이로 승리했다. 기민련은 36.7퍼센트의 지지를 얻어 가장 강력한 정당으로 남았고, 동독 지역의 경우 더 큰 지지를 얻었다(44.3퍼센트). 동독 지역에서 특히 선전할 것으로 기대되었던 사민당은 재통일에 대한 모호한 태도의 대가를 치러야 했다. 그들의 지지율은 33.5퍼센트로 떨어졌고, 동독 지역에서는 매우 실망스러운 수준인 24.5퍼센트였다. 자민당은 전체적으로 11퍼센트의 지지를 얻었고, 동독 지역에서는 더 나은 결과를 얻었다(12퍼센트). 독일 외무부 장관이자 당의 지도자인 한스디트리히 겐셔(그의 고향은 작센의 할레^{Halle}였다)의 인기가 주요한 이유였다.

반대로 극단적인 우익 정당인 **공화당**의 성적은 극히 저조했다. 전국적으로 2.1퍼센트의 지지를, 그리고 동독 지역에서는 0.1퍼센트의 지지를 얻었다. 이는 공화당이 5퍼센트의 장벽을 넘지 못했고, 1990년 연방의회에서 극우 정당 대표가 없게 되리라는 의미였다. 좌파 정치 스펙트럼에서, 사통당의 계승 조직인 민주사회당은 약간 더 나아진 상태였다. 동독 지역에서 9.9퍼센트의 지지를 얻었다. 하지만 전국적으로는 2.4퍼센트에 불과했다(민주사회당은 이 최초의 선거에만 국한해서 동독과 서독 지역을 분리해서 5퍼센트 장벽을 적용하기로 한 선거법 조항에 따라 새로운 의회에 대표를 보낼 수 있었다). 크게 놀라운 점은 전국적으로 3.9퍼센트에 불과했던 녹색당의 지지율이었다. 사민당과 마찬가지로 녹색당도 통일에 대한 그들의 입장으로 인해 곤란을 겪었던 셈이다. 이 생태주의 정당은 동서독의 급속한 합병에 강하게 반대했다. 그러나 녹색당은 새로운 연방의회에 여전히 대표를 보낼 수 있었다. 이들은 동독 개혁가 그룹인 동맹 90$^{Bündnis\ 90}$과 단일한 원내 정당을 구성하기로 합의했고, 그 결과 동독 지역에서 6.6퍼센트의 지지를 얻어 5퍼센트 장벽을 넘어섰다.

표면적으로 보기에 미래의 문제를 암시해주는 유일한 내용은 상대적으로 낮은 투표율이었다. 유권자 77.8퍼센트의 참여는 독일인이 정치혐오Politikverdrossenheit라고 부르는 것의 시작을 보여주고 있었다. 1987년 서독 연방의회 선거에서 유권자 참여율은 84.3퍼센트였다. 그러나 낮은 유권자 참여율은 빙산의 일각이었을 뿐임이 금세 분명해졌다. 머지 않아 고질병, 즉 스캔들, 정치적 극단주의의 등장이 모든 주요 정당의 이미지에 먹칠을 했다. 아마도 가장 놀라웠던 것은 정치 부패 사례가 점증하고 있었던 점이다.

전통적으로 독일은 부패 정치인이 드문 나라였다. 하지만 1990년 이후 몇몇 유명한 지도자가 공사 이익을 뒤섞거나 비윤리적 행위에 연루된 것이 폭로되어 곤란을 겪었다. 1993년 1월 자민당의 경제부 장관 위르겐 묄레만Jürgen Möllemann이 내각에서 사퇴했다. 그는 사촌이 개인 사업상의 이익을 얻도록 재무부의 공식 서신 양식을 이용했다. 몇 개월 후인 5월에는 독일에서 가장 큰 노동조합 지도자인 프란츠 슈타인퀼러Franz Steinkühler가 사퇴했는데, 이는 그가 내부자 주식거래를 통해 이익을 얻은 것이 알려졌기 때문이다. 같은 달, 바이에른의 주지사 막스 슈트라이블Max Streibl도 사임했는데, 언론 보도에 따르면 사업가 친구가 비용을 댄 휴가를 다녀왔기 때문이다.

야당인 사민당은 연정의 정치적 혼란에 기뻐해야 했을 터이지만, 역시 문제를 안고 있었다. 먼저 지도력 문제가 있었다. 1990년 사민당의 총리 후보이던 오스카어 라퐁텐Oskar Lafontaine은 그해 연방의회 선거에서 사민당의 저조한 성적으로 인해 비판을 받고 있었다. 유권자들은 다른 사민당 지도자들의 간청에도 불구하고 라퐁텐이 독일의 통일을 환영한다고 말하기를 거부했다는 사실을 잊지 않았다. 1992년 10월에는 당의 위대한 지도자이자 종신 명예총재이던 빌리 브란트가 사망했다. 라퐁텐의 퇴조(일시적이었던 것이 드러났다)와 브란트의 죽음은 채우기 어려운 이중의 공백을 당에 남겼다. 먼저 계승 문제는 순조롭게 이루어진 것으로 보였다. 새로운 당 총재는 슐레스비히홀슈타인의 사민당 주지사이던 뵈른 엥홀름Björn Engholm이었다. 현실적이고 카리스마 넘치는 정치가로서 전통적인 보수당 영토에서 사민당에 승리를 안겨준 그는 통일 시대에 이상적인 지도자인 것처럼 보였다. 하지만 불행하게도 1993년 5월 그 운명의 달에 그 역시 사임했다. 엥홀름은 기민련 출신 주지사로 그의 전임자였던 우베 바르셸Uwe Barschel이 그에게 가한 부정한 선거 전략에 대해 얼마나 알고 있었는지를 밝히고자 했던 의회 조사위원회에서 위증을 했다는 것을 인정해야 했다.

사민당의 미래 방향성에 대한 당내 불화를 반영하면서, 당은 새로운 지도자를 찾느라 분열되었다. 두 명의 중요한 후보가 있었다. 한 명은 루돌프 샤르핑Rudolf Scharping으로, 그는 주민 구성이 압도적으로 가톨릭적이고 보수적이며, 당이 서독 건국 이래 선거에서 한 번도 이겨본 적이 없는 지역이던 라인란트팔츠주에서 사민당에 성공을 안겨준 인물이었다. 다른 한 명은 니더작센주의 주지사인 게하르트 슈뢰더로, 그 지역에서 사민당과 녹색당의 연정을 이끌었다. 당의 일반 당원 투표를 통해, 1993년 여름 샤르핑이 사민당의 새로운 총재가 되었다.

당의 지도부를 둘러싼 논쟁은 사민당의 미래 방향을 둘러싼 더 큰 논의의 일부였다(샤르핑은 당의 우파 대변인으로 보였다). 1980년대 말, 다양한 당의 위원회와 전당대회들은 독일과 유럽 사회에서 점차 어려워져가는 구조적 문제들에 대처하고자 다양한 아이디어를 제시하려고 노력했다. 주요한 네오마르크스주의 분파는 없었지만—당의 모든 파벌은 바트 고데스베르크 강령의 본질적 요소를 계속해서 지지했다—환경정책의 우선순위, 경제정책을 만들고 시행하는 데 있어 정부의 간섭 정도, 국제관계에서 독일의 역할과 같은 문제에 대해서는 견해차가 컸

■ 주민 100만 명 이상
• 주민 10만 명 이상
베를린 수도/행정 수도
마인츠 주도
--- 연방 경계선
— 국경선

0   100 Miles
0   100 Kilometers

1990년 이후의 독일(출처: Scala. Deutschland Magazine).

다. 사민당과 완전히 단절할 때까지 당내 좌파의 주도적인 목소리는 오스카어 라퐁텐이었다. 그는 미국과 영국의 공급자 중시 경제모델을 따르는 대신, 독일은 수요자 측 정책에 우선순위를 두고 관대한 사회보장 제도를 유지해야 한다고 주장했다. 그는 부유층에 대한 초과적 소득세 같은 조치를 통해, 그리고 외국 회사에 노동을 아웃소싱하는 데 참여한 기업에 대한 세제 혜택을 줄이는 방식으로 노동계에 대한 전통적인 이익을 재정적으로 뒷받침할 것을 제안했다.

루돌프 샤르핑은 1994년 선거에서 사민당의 저조한 성적에 대한 비판을 접하고 총재직에서 사임했다. 사실 그 선거 결과는 라퐁텐의 중도좌파적 견해가 대부분의 유권자에게 호소력이 없음을 보여준 것이었다. 그러한 상황에서 다소간 이해할 수 없게도, 당은 다시 한 번 오스카어 라퐁텐을 총재로 선출했다. 그러나 라퐁텐이 1998년 선거에서 사민당의 총리 후보가 되고 싶다고 발표했을 때, 당 지도자들 대부분은 이를 꺼렸다.

1998년 사민당의 총리 후보 선거에서 라퐁텐의 경쟁자는 게하르트 슈뢰더였다. 그는 라퐁텐과는 완전히 다른 정치적 윤곽을 제시했다. 니더작센 주지사인 그는 사민당 우파로서 영국 총리 토니 블레어Tony Blair 와 프랑스 총리 리오넬 조스팽Lionel Jospin의 모델을 따르고 있었다. 그는 공급자 중시 경제학에 대한 지지를 주저하지 않았고, 몇몇 대표적인 산업가들과 긴밀한 관계를 가진 것으로 알려져 있었다(니더작센 주지사라는 공식 직책상 그는 실제로 중요 경영자였다. 니더작센주는 폭스바겐 주식의 20퍼센트를 갖고 있었고, 주지사로서 슈뢰더는 이사회의 당연직 구성원이었다). 라퐁텐과 달리 슈뢰더는 사민당을 전통적인 핵심 유권자층인 산업 노동자들뿐만 아니라 중간계급 유권자들에게도 매력적인 중도정당으로 만들기를 원했다.

선거 결과를 예의 주시하면서, 당 활동가들은 슈뢰더를 총리 후보로 선출했다. 주지사는 연방의회 선출 몇 달 전에 니더작센주에서 쉽사리 재선되면서 자신의 득표력을 보여주었고, 1998년 연방의회 선거에서 사민당에 승리를 안겨주었다. 라퐁텐은 표면적으로 자신의 후퇴를 받아들였고, 슈뢰더의 사민-녹색 연정에 재무부 장관으로 참여했다. 그러나 1999년 3월 그는 급작스럽게 사퇴했고, 정치에서 완전히 은퇴했다. 1999년 12월 특별 전당대회에서 슈뢰더는 사민당의 새 총재로 선출되었다. 그러나 슈뢰더는 당과 정부를 이끄는 부담을 동시에 지는 것이 너무 과하다는 것을 알게 되었다. 게다가, 비록 당내에서 엄청난 선동가로서 존경을 받았지만, 사민당 기층 당원들에게 인기가 있었던 적은 없었으며, 그가 이끄는 정부의 신자유주의 정책에 대한 비판은 독일의 사회적, 경제적 문제가 증대함에 따라 함께 증가했다.

2002년 슈뢰더는 당 총재직을 사임했다. 그의 후임은 프란츠 뮌터페링Franz Münterfering으로, 그때까지 사민당 원내 대표였다. 오랜 당 관료로서 뮌터페링은 사민당의 기층 당원들 사이에서 인기가 있었다. 포퓰리스트적인 요소를 가졌던 그는 2005년 헤지펀드를 경제를 파괴하는 메뚜기에 비유하는 연설로 큰 논란을 유발했다. 그는 전통적인 유럽 좌파의 색깔에 대한 자신의 애착을 상징하기 위해 길고 붉은 스카프를 걸치고 대중 앞에 나타나기를 즐겼다.

뮌터페링이 수년 동안 총재직을 유지하면서 여러 지역에서 매우 약해진 당 조직을 재건하리라는 기대가 많았지만 당 총재로서 그의 역할은 3년간만 지속되었다. 2005년 대연정이 들어섰을 때, 뮌터페링은 부총리 겸 노동부 장관이 되었다. 그는 전임인 슈뢰더처럼 내각 각료이면서 동시에 당 총재가 되어서는 안 된다고 느꼈다. 게다가 그의 부인은 암 말기였다. 2007년 11월 뮌터페링은 총재직에서 사임했다. 브란덴부르크 주지사이자 독일 통일 이후 사민당을 이끈 첫 번째 동독인이 된 마티아스 플라체크Matthias Platzeck가 그 자리를 승계했다. 플라체크는 2005년 11월 총재로 선출되었다. 당원들이 자신들의 새로운 총재가 오랫동안 자리를 유지해주기를 희망했음에도 불구하고, 그 희망은 몇 개월 만에 깨졌다. 플라체크는 심각한 병에 걸렸고, 줄어드는 에너지를 브란덴부르크 주지사직에만 쓰기로 결심했다. 당은 플라체크를 대신해, 서독 출신의 라인란트팔츠 주지사 쿠르트 베크Kurt Beck에게 관심을 돌렸다.

쾌활하고 기분파이면서 풍채 좋은 라인란트 출신의 베크는 확실히 처음에는 자신감이 모자라지 않았다. 그는 "나는 충분히 강인해서" 당 총재직과 2009년 연방의회 선거에서 총리 후보직을 감당할 수 있으리라고 선언했다. 그러나 베크의 정치 전략은 처음부터 논쟁거리였다. 이 신임 총재는 좌파당이 사민당의 핵심 유권자에게 침투한 것을 알아차리고, 좌파 이슈에서 좌파당을 능가할 것을 제안했다. 그는 사민당이 포퓰리스트적 근원으로 돌아가 정치 스펙트럼 좌측에 있는 모든 유권자에게 호소하기를 원했다. 또한 연방정부 차원의 파트너십은 거절했지만, 주정부 차원에서 좌파당과의 연계를 기꺼이 고려했다.

베크의 시나리오는 개인적으로도 정치적으로도 실패했다. 이어진 주정부 선거들에서의 패배는 헤센주에서 좌파당과의 연정을 구성하려는 위험성 높고 실패한 도박을 낳았다. 베크의 정치적 관棺에 마지막 못질이 된 것은 2009년 연방 선거에서의 참패였다. 사민당은 1945년 이래 최악의 성적을 보여주었다. 베크는 비난받았고, 총재직에서 사임했다. 전례 없는 선거에서의 파국에 직면해서, 사민당원들은 하나의 혁신적인 실험에 나섰다. 그것은 한 명이 아니라 팀이 권력의 정상에 서는 일이었다. 당은 니더작센의 전직 우파 주지사(그는 게하르트 슈뢰더의 정치적 손자로 간주되었다)이자 연방 환경부 장관인 지그마어 가브리엘^{Sigmar} Gabriel을 총재로 선출했다. 동시에 페미니스트이자 좀 더 좌파로 경도된 안드레아 날레스^{Andrea Nahles}가 중앙당 사무총장이 되었다(그녀는 자신의 자서전에 '여성, 신앙, 좌파: 나에게 중요한 것'이라는 제목을 붙였다). 이 듀오 는 당의 엄청난 문제, 즉 독일의 거대 중도좌파 정당으로서 사민당을 어 떻게 지켜낼지라는 문제를 다루는 가운데 잘 협력하겠다고 다짐했다.

녹색당 역시 문제에 직면했다. 1992년 가을, 당은 두 명의 가장 유명 한 당원의 사망으로 심각한 충격을 받았다. 동거 중이던 페트라 켈리 ^{Petra Kelly}와 게르트 바스티안^{Gert Bastian}은 살해-자살 계약을 체결했던 것 처럼 보였다. 그러나 그보다 훨씬 심각했던 것은 당의 이데올로기적, 프로그램적 분열이었다. 당은 세 노선으로 분리되었다. 한 집단은 민주 사회당과 보다 긴밀하게 동맹해서 '사회주의적 좌파'의 핵을 이루기를 원했다. 두 번째 분파인 '근본주의자^{Fundi}'들은 정부의 안과 밖에서 다른 정치 정당과의 어떠한 협력도 계속해서 거부했다. 세 번째 그룹인 '실 용주의자^{Realo}'들은 적녹동맹 중에서 사민당과 협력하는 것을 옹호했다.

1990년부터 2005년까지 녹색당의 이야기는 실용주의자 분파의 상승 과 이에 상응하는 근본주의자의 쇠퇴였다. 에너지가 넘치는 요슈카 피 셔의 지도하에(그는 1998년부터 2005년까지 독일의 외무부 장관이었다), 녹 색당은 점차 정치적 스펙트럼에서 중도 쪽으로 이동했다. 1998년 녹색 당은 사민당과 더불어 연방 차원의 연정에 참여했고, 4년 후 유권자들 은 이 정치적 조합에 새로운 임기를 안겨주었다. 요슈카 피셔는 국내와 국제정치 무대에서 널리 알려지고 존중받은 인물이었다. 몇 개월간 그 는 독일에서 가장 인기 있는 정치가이기도 했다.

정부의 책임을 맡는 일은 동시에 새로운 도전을 가져왔다. 녹색당은 본질적으로 저항 당으로 시작했고, 지지자 중 일부는 이 길을 지속하기를 원했다. 이 그룹에게 당 지도자들이 정치적 협상을 위해 당의 이상을 희생시키는 것은 거슬리는 일이었다. 어떤 점에서 그런 당원들에게 2005년은 소원을 성취한 해였다. 사민—녹색 연정은 2005년 선거에서 패배했고, 대연정 구성과 더불어 녹색당은 다시금 야당이 되었다. 게다가 당은 오랜 기간 당 총재이자 가장 인기 있던 대변인을 잃었다. 2005년 패배 이후, 요슈카 피셔는 공직에서 물러나 프린스턴대학 초빙교수가 되었다.

피셔의 사퇴는 채우기 어려운 공백을 남겼다. 당 총재직은 불같은 열정을 가졌으나 그리 카리스마 있지는 않았던 녹색당 의원 클라우디아 로트Claudia Roth가 승계했다. 녹색당은 그들의 공통의 뿌리로 복귀하여, 연방의회에서 그들의 (훨씬 작아진) 원내 그룹을 이끌 두 명의 원내 대표를 선출했다. 슈뢰더 내각에서 농업부 장관이던 레나테 퀴나스트Renate Künast와 녹색당의 전 중앙당 총재이자 2002년 선거 캠페인을 주도했던 프리츠 쿤Fritz Kuhn이었다. 2008년 11월 그들은 터키 출신 소수파이던 셈 외즈데미어Cem Özdemir를 당의 공동 총재로 선출했다. 사회학도이던 외즈데미어는 1960년대 초청노동자로 독일에 왔던 터키인 부모 사이에서 출생했다.

피셔의 굳건한 손길이 없는 가운데, 정책 이슈에 대한 불협화음이 다시금 터져나왔던 것은 놀라운 일이 아니다. 피셔는 평화 유지의 목적으로 독일 군대를 나토 바깥 지역에 보내고, 신자유주의적 개혁을 위한 슈뢰더의 의제를 지지할지 등의 논란의 여지가 있는 결정을 녹색당이 받아들이도록 설득했다. 2005년과 2009년 당이 선거에서 초라한 성적을 거둔 이후 녹색당은 다소간 분열적인 이미지를 보여주었다. 한편으로는 일부 근본주의자들이 귀환하여 당이 핵에너지와 군사 개입에 대해 어떠한 타협도 없이 반대해야 한다고 주장했다. 언젠가 클라우디아

로트는 가치 지향의 정당으로서 녹색당을, 그녀의 주장대로라면 어떤 대가를 치르고서라도 통치하는 데만 관심을 갖는 다른 주류 조직들과 비교했다. 동시에 실용주의자들도 건재했다. 2008년 2월 녹색당은 함부르크시에서 기민련과의 연정에 참여했다. 본질적으로 녹색당은 많은 단일 이슈 정당들이 겪었던 딜레마에 직면해 있었다. 이들은 환경문제에 대한 관심을 표명하기 위해 조직되었지만, 창당 30년 후에 그들 프로그램의 대부분은 이미 국법이 된 상태였다.

사통당의 후계 조직인 민주사회당은 처음에는 지도자인 그레고어 기지의 개인적인 카리스마에도 불구하고, 믿을 만한 유권자층을 찾아낼 수 없었다. 매우 표현력이 좋은 정치가였던 기지는 토크쇼의 진행자로서 매우 인기가 높았지만, 그의 개인적인 인기를 당을 위한 중대한 정치적 영향력으로 변환시킬 수가 없었다. 대부분의 독일인들, 특히 서독 지역 주들의 독일인들에게 민주사회당은 당내 인적 연속성이 특징인 조직, 즉 개명한 옛 사통당일 뿐이었다(가령 사통당 출신의 마지막 동독 총리인 한스 모드로프는 민주사회당의 연방의회 의원이 되었다). 1993년 2월, 당 총재로서의 일상적 업무를 즐거워한 적이 없는 기지는 총재직에서 사임했다. 그의 후임은 브란덴부르크의 민주사회당 지도자이던 로타어 비스키Lothar Bisky였다. 이 새로운 지도자는 미래의 민주사회당이 '사민당 좌측의 사회주의 정당'이 될 것이라고 보았다.

1990년대의 나머지 기간 동안, 민주사회당은 동독 지역에서 하나의 저항 정당으로 머물렀다(연방 선거에서 당은 1998년 5퍼센트 장벽을 넘었지만 2002년에는 실패했다). 옛 동독 지역에서 당은 불만족스럽고 실망에 가득 찬 사람들의 대변인이 되었다. 하나의 집단으로서, 당원들과 유권자들은 상대적으로 연로했고(대체로 60세 이상) 잘 교육받은 계층이었다. 다른 말로 하자면, 그들은 옛 동독의 커리어 사다리에서 좋은 자리를 차지했지만 이제는 실직 상태이거나 자신들의 기술과 사회적 명망에 상응하다고 느끼지 못하는 직업을 가지고 있는 사람들이었다. 20세기 말까지 민주사회당은 동독 지역에서 잘 자리 잡은 정당이었지만(이 당은 옛 동독의 모든 주의회에 대표를 보내고 있었고, 사민당과 더불어 브란덴부르크와 베를린에서 정부 연정에 참여하고 있었다), 전국적 차원에서 역할을 담당할 전망은 별로 없어 보였다. 2000년 10월 민주사회당의 전당대회는 튀링겐의 당 지도자인 가브리엘레 치머Gabriele Zimmer를 당 총재로 선출했다. 또한 오스탈기Ostalgie*의 명백한 징후로서 자라 바겐크네히트Sahra Wagenknecht를 부총재로 선출했는데, 그는 '공산주의자 플랫폼 Kommunistische Plattform, KPF'이라는 도발적인 명칭을 가진 당내 분파의 카리스마 넘치는 지도자였다.

민주사회당이 자초한 고립은 2002년 연방의회 선거에서 참패한 후 바뀌었다. 치머는 투표 결과로 물러났고, 중도파 로타어 비스키가 복귀했다. 서독 지역에서 민주사회당의 전망은 오스카어 라퐁텐이 이 옛 공산주의자들 세력에 합류했을 때 예기치 않게 유리한 쪽으로 전환되었다. 2004년 사민당의 소규모 불만 세력들은 '선거대안: 노동과 사회정의Wahlalternative: Arbeit und soziale Gerechtigkeit'(이하 선거대안)라는 새로운 당을 결성했다. 라퐁텐은 창당 발기인은 아니었지만, 머지않아 '선거대안'이 정계 복귀를 위한 잠재적 통로일 수 있음을 인지했다. 이 사민당 전직 총재는 이제 사민당이 좌파 포퓰리즘으로 되돌아가기를 바라는 희망을 포기했고, 중앙 정치 무대로 복귀할 새로운 장을 필요로 하고 있었다. 가장 유명하고 미디어를 아는 대변인으로 라퐁텐을 영입한 가운데, 선거대안은 민주사회당의 주목도 끌었다. 2005년 7월, 민주사회당과 선

---

* 옛 동독에 대한 향수를 의미한다.

거대안은 합당을 통해 간단하게 '좌파당'이라 불리는 새로운 단일 정당을 창당했다. 비스키가 총재이고, 기지와 라퐁텐이 스타 대변인인 가운데 좌파당은 2005년 9월 연방의회 선거에서 8.7퍼센트의 득표를 달성했다.

좌파당은 미래를 위한 야심 찬 계획을 갖고 있었을 뿐만 아니라 많은 조직상의 문제, 정치적인 문제를 갖고 있었다. 이 집단은 여전히 서독 지역에서 조직적 기반이 취약했고, 동독과 서독 지역에서 당원 구성 패턴도 매우 달랐다. 서독 지역 선거대안의 젊은 당원들은 민주사회당을 지배하고 있는 동독 지역의 옛 기관원들을 불신했다. 당의 유권자층도 동독과 서독 지역에서 현저히 달랐다. 서독 지역에서 좌파당 유권자들은 대체로 젊고 상대적으로 미숙련 노동자이며 교육 수준이 낮았던 반면, 동독 지역에서 당은 동독의 몰락을 아쉬워하는 연로한 유권자들의 지지를 얻었다.

좌파당은 2009년 연방의회 선거에서 매우 좋은 성적을 거두었지만, 이는 너무 많은 희생을 치르고 얻은 승리였다. 세계적인 재정 위기를 배경으로, 일부 유권자들은 부자들의 돈을 우려내고 은행가들을 후려치라는 당의 포퓰리스트적 메시지에 긍정적으로 반응했지만, 좌파당이 스스로 제시할 긍정적인 프로그램은 별로 없었다. 좌파당은 의도적으로 선거 이후까지 정강을 채택하지 않기로 결정했고, 이는 타당한 일이었다. 좌파당은 정치적 미래를 둘러싸고 매우 심각하게 분열되어 있었다. 서독 지역에서 당은 점차 자본주의의 완전한 철폐를 위해 좌파당이 나서야 한다고 주장하는 극좌 분파에 의해 주도되었다(스탈린의 사진들로 가득 찬 창당 행사 사진이 인터넷을 떠돌았다). 그에 비해 동독 지역에서 활동가들은 공산주의자들의 정치적 독재라는 의미를 축소한 채 사회적이고 정치적으로 정의로운 사회로서 동독의 이미지를 만들어내느라 바빴다. 이러한 문제들로 충분하지 않았던지, 2009년 선거 직후 라퐁텐이 총재직에서 사퇴했다. 그 역시 암을 앓고 있었다.

통일 이후 극우 그룹들이(그들은 대체로, 부적절한 명칭인 측면도 있었지만, 네오나치라는 통칭으로 묶였다) 계속 존재하는 것은 독일 안팎 다수의 관찰자들 사이에서 관심을 불러일으켰다. 극우는 옛 동독 지역이 그들의 정치적 프로파간다를 위해 특별히 좋은 토양을 제공한다는 것을 알았다. 옛 동독의 많은 지역들이 경제적으로 황폐해졌고, 저항과 외국인 혐오라는 극우 메시지는 특히 농촌과 소도시 지역에 거주하는 다수의 젊은 동독인 사이에서 긍정적인 반응을 얻었다.

수십 개에 달하는 극우 조직이 있었지만 세 개 정도만 의미 있는 추종자들을 갖고 있었다. 공화당, 독일인민연합Deutsche Volksunion, DVU, 그리고 부활하여 재조직된 독일민족민주당NPD이었다. 독일인민연합은 극우 정치의 붙박이 같은 인물이던 게르하르트 프라이Gerhard Frey의 발명품이었다. 〈도이체 나치오날차이퉁Deutsche Nationalzeitung〉의 발행인이던 그는 수년간 외국인 혐오와 쇼비니즘 분출을 전문으로 하고 있었다. 그와 독일인민연합은 공화당과 그 지도자인 프란츠 쇤후버의 숙적이기도 했다.

최근 독일인민연합과 공화당은 배경으로 사라진 반면, 민족민주당은 독일에서 가장 강한 극우 조직이 되었다. 전직 나치 돌격대원의 아들이자 은퇴한 연방군 대위인 우도 포이크트Udo Voigt의 지휘 아래, 민족민주당은 공화당을 흡수했다. 프란츠 쇤후버는 민족민주당의 '조언자'가 되었다. 포이크트하에서, 민족민주당은 스킨헤드의 폭력성을 지지하지 않는다고 주장하면서 품위를 얻었다. 그러한 주장들은 주로 홍보 전략이었다. 민족민주당과 우파 준군사 조직 간에 지속적인 비밀 접촉이 있다는 상당한 증거가 있다.

정치적으로 민족민주당은 '서민', 즉 주류 정치에서 잊히고 소외된 '평균적 독일인'의 대변인을 자처하고자 노력했다. 민족민주당의 지지자들은 확실히 자신들이 부당하게 불이익을 받고 있다고 느꼈다. 2004년 9월 작센의 민족민주당 지지자들을 대상으로 한 여론조사에서 54퍼센트가 '나는 내가 얻을 권리가 있는 것보다 덜 얻고 있다'는 질문에 '예'라고 답했다. 민족민주당은 이러한 상황을 바로잡고자 더 나은 학교, 환경을 위한 조치, 소상인을 위한 감세 등을 위해 나설 것이라고 주장했다. 독일에 거주하는 수백만 명의 외국인을 위한 사회복지 서비스와 복지 급여 삭감을 통해 그러한 개혁들을 재정적으로 뒷받침할 것이라고 약속했다.

민족민주당은 잠재적 지지자들을 조직하기 위한 효과적인 방법을 찾아냈다. 과거로부터 익숙한 행진과 시위에 더해, 정치적으로 영감을 받은 가사와 쿵쿵거리는 음악을 특징으로 하는 록 콘서트와 바비큐 파티를 조직했다. 무명 그룹들이 인기 있는 록 음악의 서정적인 가사를 정치적 폭력과 인종주의를 찬양하는 내용으로 대체한 CD를 양산했다. 민족민주당은 비록 연방의회 진출에 실패했지만(2009년 선거에서 1.5퍼센트의 지지를 얻었다), 동독 지역에서 연방주, 특히 지역 차원에서 매우 성공적이었다. 2005년 작센과 메클렌부르크포어포메른 주의회에 민족민주당 대표들이 있었다. 2009년 극우 대표들은 작센주 의회에만 있었다. 그러나 민족민주당의 참된 성공 스토리는 지방 차원에 있었다. 수십 개의 동독 마을에서 극우 지방의원들이 주류 정당 대표들과 나란히 활동했다.

민족민주당의 정치적 운은 주요 정당들이 이 위협에 어떻게 맞설지를 놓고 매우 큰 견해차를 보인 덕을 간접적으로 보았다. 주요 정당들은 민족민주당 및 다른 극우 집단들과 어떠한 정치적 협상도 하지 않겠다는 데는 동의했지만, 추방 이외의 것에 대해서는 별반 합의가 없었다. 2003년 3월 슈뢰더 정부는 민족민주당을 반헌법 단체로서 금지할 것을 요청하면서 이 사건을 연방헌법재판소에 제소했다. 하지만 연방헌법수호청Bundesamt für Verfassungsschutz, BfV이 민족민주당에 다수의 첩보원을 침투시켰다는 사실을 인정할 수밖에 없었을 때, 헌법재판소는 헌법소원을 기각했다. 결과적으로 헌법재판소는 어떤 행동이 민족민주당 성원들의 책임이고, 어떤 행동이 정부의 첩보원들에 의해 시작된 활동인지 구분하는 것이 불가능하다고 결정했다.

다른 분석가들은 금지가 아니라 교육이 답이라고 주장했다. 특히 옛 동독에 대한 오도된 기억의 정치가 특별히 엄청난 유산을 남긴 집단인 동독 젊은이들이 홍보 캠페인의 주요 대상이었다. 그러한 노력이 민족민주당의 단순한 메시지로부터 면역력을 가지게 할 수 있으리라는 희망에서였다. 1960년대 말까지 서독은 중학생과 고등학생을 대상으로 나치즘과 그 결과에 대한 광범위한 교육 프로그램을 실행했지만, 동독의 공산주의 체제는 이것이 동독에 필요하다고 생각하지 않았다. 동독 학생들은 나치즘이 자본주의의 또 다른 표현일 뿐이고, 따라서 동독에서는 문제가 아니라고 배웠다.

소급 교육이 극우를 해체하는 데 성공적일지는 아직 분명치 않다. 몇몇 분석가는 극우를 지지하는 소규모 강경파 그룹이 있는 듯하다고 결론지었다. 적어도 지방 차원에서 극우는 4~6퍼센트의 지지를 얻고 있다. 장기적으로 볼 때, 이에 대한 실행 가능한 유일한 해결책은 동독 지역의 경제적 도약일 것이다.

좌파 테러리스트 집단은 완전히 사라지지는 않았어도 상대적으로 잠잠했다. 남아 있던 적군파의 가장 두드러진 활동은 1989년 말, 동독 국유재산 담당 부서의 수장 데틀레프 로베더Detlev Rohwedder의 암살이었다.

1993년 여름, 적군파 성원들과 특별경찰 사이의 총격전은 경찰관 한 명과 테러리스트 지도자 중 한 명의 사망으로 귀결되었다. 그러나 그 이후로 적군파 지도자들은 정치적 수단으로서 테러리즘을 완전히 포기했다.

1990년대 이후 분명해진 새로운 정치적 현상은 '비당파 정당들'의 등장이었다. 단명했지만, 가장 주목할 만한 성공 스토리는 대안당Statt Partei(문자 그대로 대안 정당이라는 의미로, 독일어 대안Statt은 시Stadt와 같은 발음이었다)이라는 이름으로 활동하던 그룹이었다. 1993년 10월 함부르크시 선거에서 기성 정당에 대한 반대 이외에 어떤 프로그램도 없던 대안당은 5.6퍼센트의 지지를 얻었다. 당은 함부르크 지방법원 판사이던 롤란트 실Roland Schill이 이끌었는데, 그는 범죄에 대해 특히 강경하기로 유명했다. 시의회 의원으로서 그는 "가차 없는 판사"라는 별명을 얻은 바 있었다.

실의 그룹은 2001년 9월 함부르크 선거에서 한층 더 나은 결과를 얻었다. 이 저항 정당은 19.4퍼센트의 지지를 얻었다. 선거 캠페인 동안 실은 만일 선출된다면 시의 범죄율을 절반으로 낮추고 외국인 '문제'를 해결하겠다고 약속했다. 집권당 기민련은 실 당과 연정을 제안하고 뒤늦게 후회를 하기도 했다. 실은 시의 부시장이 되었다. 그러나 실이 이 거대 도시를 통치하는 데 조금도 관심이 없다는 것이 머지않아 드러났다. 그는 당 순회 행사에 빈번하게 나타났고, 코카인을 흡입했다는 의혹도 있었다. 2003년 8월, 극적인 반전 가운데, 함부르크 시장 올레 폰 보이스트Ole von Beust는 정치적 공갈 시도 혐의로 부시장을 해임했다. 실이 보이스트의 동성애 성향을 폭로하겠다고 위협했다는 것이다(이어서 보이스트는 자신이 게이라는 사실을 인정했다). 그것은 롤란트 실의 정치적 종말이었다. 그는 망각 속으로 사라졌다. 반면 올레 폰 보이스트는 다음 선거에서 엄청난 승리를 거두었다.

기민련 역사에서 헬무트 콜의 등장과 몰락, 앙겔라 메르켈의 등장은 가장 극적인 스토리였다. 1994년 선거는 콜의 개인적 승리였다. 총리는 정치적 커리어의 정점에 섰다. 2년 후, 그는 전당대회 대표단 95.5퍼센트의 지지를 얻으며 기민련 총재로 재선출되었다. 독일 근현대사에서 가장 장수한 총리로서, 콜은 오토 폰 비스마르크와 콘라트 아데나워와 비교가 될 정도였다(녹색당 지도자 요슈카 피셔는 콜에게 '영원한 폐하'라는 새로운 타이틀을 제안했다). 자신만이 독일 통일과 유럽 통합이라는 과업을 끝낼 것이라 확신한 콜은 1998년 연방의회 선거에서 기민련 비례대표 1번이 되겠다고 선언하기도 했다.

그러나 복수의 여신 네메시스가 길을 나섰다. 헬무트 콜은 1998년 선거에서 패배했지만, 그다음에 올 것은 더 나빴다. 그 패배의 여파로 콜은 당 지도자 자리에서 사퇴했다. 기민련 원내 대표이던 볼프강 쇼이블레Wolfgang Schäuble가 그의 뒤를 이었다. 자연스러운 이행으로 기대되었지만, 2000년 봄 삐걱거리기 시작했다. 바이에른주 아우크스부르크Augsburg 검찰총장은 선거 비용과 관련된 법을 어긴 혐의로 기민련의 중앙당 회계 책임자 발터 라이슬러 키프Walther Leisler Kiep를 조사 중이라고 발표했다. 독일법에 따르면 얼마가 됐건 정당에 대한 기부는 불법이 아니었지만, 그 액수와 기부자의 이름은 공개되어야만 했다.

키프는 보고서에 기록되지 않은 기부금을 받았다는 사실을 강경하게 부인했고, 어쩌면 그가 옳았을 것이다. 1991년부터 2000년 사이 900만 마르크(약 450만 달러)에 달하는 금액이었다. 별도의 회계장부를 가지고 신고 없이 대규모 기부를 받았던 것은 헬무트 콜이었다. 총리는 점차 권위주의적인 방식이 되어가는 자신에 대한 비판을 완화하고자 이 불법 자금을 활용했던 것처럼 보인다. 증거와 직면하자(슈피겔은 탐

명망이나 영향력이 정점에 있던 시기의 독일 최장수 총리 헬무트 콜(출처: German Information Center).

사보도 방식의 정점에 있었다), 콜은 연방의회 청문회에서 기부를 받았다는 점은 인정했지만, 법이 요구한 대로 기부자의 이름들을 밝히기를 거부했다. 그는 그들의 이름을 폭로하지 않겠다고 기부자들에게 '명예를 건 약속'을 했다고 주장했다. 스캔들이 점점 더 관련 범위를 넓혀감에 따라, 전직 총리는 치욕 속에 빠졌다. 헬무트 콜은 부끄러워하지 않았다. 그는 14만 달러에 달하는 벌금을 내면서 범죄 수사를 마쳤지만, 여전히 이 전직 총리는 기부자들의 이름을 밝히기를 거부했다. 사태는 여기서 끝나지 않았다. 신고 없는 기부 관행은 기민련의 몇몇 주 조직에서도 일반적이었고, 기민련의 새 총재 볼프강 쇼이블레 역시 신고 없이

기부를 받았다는 것이 드러났다. 쇼이블레 역시 사퇴했다.

2000년 이래로 기민련 진영의 가장 극적인 이야기는 앙겔라 메르켈의 등장이었다. 비록 정상으로의 진입이 순조로운 과정은 아니었다 하더라도 말이다. 메르켈은 과거와의 급격한 단절을 나타냈다. 그녀는 수차례에 걸쳐 최초라는 수식어를 붙였다. 기민련 최초 여성 총재였고, 당 최초의 프로테스탄트 지도자였으며, 동독에서 성장기를 보낸 첫 번째 최고 지도자였다. 1954년 출생한 메르켈은 물리학 학위 소지자였고, 동독 과학아카데미 연구원이었다. 1994년 그녀는 콜 내각에 환경부 장관으로 참여했고, 1998년 기민련 사무총장이 되었다.

기민련/기사련은 항상 다수의 강력한 지방 지도자, 소위 주 영주들을 보유했다. 종종 각자의 주에서 당 지도자와 주지사 자리를 겸임하는 이들 지역 보스들은 강력한 중앙당 총재를 싫어하는 경향이 있었다. 지역에서 성장하지 않고, 지구당 사무소 직위를 갖지 않은 채로 연방 내각에서 지위를 얻었던 메르켈 같은 사람들에 대해 특히 그러했다. 니더작센 주지사이자 연방 대통령 크리스티안 불프, 헤센주 기민련 지도자 롤란트 코흐Roland Koch, 바이에른 기사련의 의심할 여지 없는 지도자 에드문트 슈토이버Edmund Stoiber 같은 지방 지도자들은 메르켈이 그녀에게 부여된 많은 정치적 역할을 잘 감당해낼 능력이 있을지에 대해 회의한다는 말을 공공연히 했다.

2002년 연방 선거가 가까워지자, 메르켈의 라이벌들이 승리하는 것처럼 보였다. 그다지 섬세하지 않은 몇 달간의 힘겨루기 끝에, 메르켈은 슈토이버가 기민련/기사련 측 총리 후보가 되어야 한다는 데 동의했다. 바이에른 자매당 지도자가 기민련 총리 후보가 된 것은 1980년에 이어 두 번째였다. 몇몇 분석가는 이를 두고 슈토이버가 그 전임이던 프란츠 요제프 슈트라우스처럼 바이에른 바깥에서 유권자들의 지지를 얻지 못하리라 전망한 앙겔라 메르켈의 의도적이고 다소 교활한 책략이었다고 의심했다.

그것이 만일 메르켈의 의도였다면, 메르켈은 도박에서 승리했다. 슈토이버는 2002년 아주 근소한 차이로 패배했고, 이는 슈토이버 자신에게도 매우 놀라운 일이었다. 메르켈은 기민련 캠프에서 자신의 지위를 강화하고자 즉시 움직였다. 당의 지구당 조직들 사이에서의 정신없는 선거 캠페인 이후, 메르켈은 2007년 4월 기민련 연례 전당대회에서 압도적 지지로 총재로 선출되었다. 메르켈은 콜의 스캔들로 오명을 얻지도 지방 영주들의 측근이지도 않은 젊은 조언가들로 구성된 팀을 자신의 주위에 배치했다.

메르켈이 그녀가 쌓아올리고 있는 권력을 가지고 무엇을 하고자 의도하는지는 별로 분명해 보이지 않았다. 나중에 보게 될 것처럼, 메르켈은 때로 독일의 경제와 사회 구조를 자유화하는 급진적 개혁을 지지하는 것처럼 보였지만, 다른 경우에는 스스로 공식적으로 언급한 입장으로부터 후퇴할 용의가 있는 것처럼도 보였다. 요슈카 피셔는 메르켈을 오븐 속에서는 좋아 보이지만, 밖으로 나오자마자 망가지는 수플레 Soufflé라고 묘사했다.

그녀는 수수께끼일지는 모르지만, 매우 성공적인 정치가이다. 2005년 기민련/기사련은 메르켈을 당의 총리 후보로 선출했다. 그녀는 몇몇이 물과 불의 조화라고 설명한 바 있던 기민련/기사련과 사민당의 대연정을 이끌었다. 행정가로서 메르켈의 가장 큰 힘은 차이가 뚜렷하고 심지어 대립적인 관점들을 조정하는 능력에 있었다. 그녀의 지도력 아래 대연정은 놀랍도록 순조롭게 기능했다. 비록 비판가들이 화합의 결과로 활동 부족이 나타났다고 불평하기는 했지만 말이다. 이러한 관점에 따르면 독일은 거의 모든 공적 활동의 영역에서 개혁을 필요로 했지만, 메르켈의 연방 내각은 현상을 관리할 뿐 아무것도 하지 않았다.

5년 후 메르켈은 다시금 승리했다. 2009년 9월 메르켈은 기민련/기사련의 연방의회 승리를 이끌었다. 그녀는 총리직을 유지했지만, 이번에는 새로운 정치적 파트너 자민당과 함께였다. 자민당은 전통적으로 공급자 중시의 경제정책, 낮은 세율을 지지했고, '지나친' 사회보장제도에 반대했다. 조정자로서 메르켈의 능력은 새로운 내각에서도 필요했다. 의미 있는 개혁, 특히 조세 분야에서의 개혁에 대한 자민당의 요구는 이미 독일의 사회복지망 대부분을 유지하고자 하는 기민련의 경향과 충돌하고 있었다.

자민당도 리더십 문제를 경험하고 있었다. 1998년 콜 정부의 실패 이후, 자민당의 인기 있는 총재이던 클라우스 킨켈Klaus Kinkel(콜의 마지막 내각에서 외무부 장관이기도 했다)은 사적인 삶으로 돌아갔다. 그의 후임은 카리스마는 없으나 존중할 만한 당의 베테랑 볼프강 게하르트Wolfgang Gerhardt였다. 2000년 말, 두 명의 새로운 후보자가 당의 지도자가 되려고 나섰다. 한 명은 독일에서 가장 큰 주인 노르트라인베스트팔렌의 자민당 지도자 위르겐 묄레만이었다. 그는 자민당이 2000년 5월 주 선거에서 매우 좋은 성적을 거두도록 했다. 그의 라이벌은 자민당 사무총장 기도 베스터벨레Guido Westerwelle였다. 2001년 5월 게하르트는 사퇴했고, 베스터벨레가 그 후계자로 선출되었다.

당 총재직을 위한 경쟁에서는 패배했지만, 묄레만은 일선에서 조용히 후퇴하지 않았다. 독일 통일 이래 자민당의 조직적, 정치적 문제점이 점차 증가했다. 자민당은 동독에서 가장 기초적인 조직적 틀만을 갖추고 있었을 뿐이고, 몇몇 주 선거에서 5퍼센트 장벽을 넘어서는 데 실패했다. 자민당은 서독 지역에서 잘 자리 잡은 상태였지만 여기서도 5퍼센트 장벽을 넘는 데 어려움을 겪을 때가 많았다. 위르겐 묄레만은 그의 당이 정치적으로 소외되는 것을 막을 계획을 갖고 있다고 생각했다. 그는 자민당의 지도자들에게 '프로젝트 18Project 18'에 착수하도록 설득했다(18이라는 숫자는 지지율 18퍼센트를 얻으려는 목표를 나타내는 것이었다). 이는 대기권 밖 성층권에 있는 비현실적인 숫자였지만, 묄레만은 18퍼센트에 도달하는 데 필요한 표가 어디에서 나올지 안다고 생각했다. 다른 유럽 국가들의 극우주의자들—오스트리아의 외르크 하이더Jörg Haider, 프랑스의 장마리 르 펜Jean-Marie Le Pen—을 모델로 삼은 채, 묄레만은 자민당이 정치 스펙트럼 우측에 있는 좌절한 유권자들의 잠재력을 이용해야 한다고 제안했다. 묄레만의 지휘하에, 노르트라인베스트팔렌의 자민당은 '외국인'들을 공격하고, 충분히 섬세하지 않은 반유대주의적 함의가 가미된 캠페인을 전개했다.

캠페인 시기 묄레만은 독일 주재 유대인중앙협회Zentralrat der Juden의 총재이던 미헬 프리트만Michel Friedmann의 사치스러운 생활이 반유대주의의 부활에 기여하고 있다고 주장했다. 캠페인 마지막 날들에 묄레만의 조직은 노르트라인베스트팔렌주의 모든 가구에 화려한 전단지를 돌려서, 프리트만과 당시 이스라엘 총리이자 일부에게는 중동 지역에서 이스라엘의 오만함을 상징하던 아리엘 샤론Ariel Scharon을 결부시켰다. 유인물은 자민당 중앙당 사무처의 승인을 받지 않았고, 당이 비용을 낸 것도 아니었다. 누가 이 비싼 유인물의 비용을 댔는지의 문제가 즉각 제기되었고, 이 의문은 묄레만의 몰락의 시작이었다.

'프로젝트 18'은 정치적 실패였다. 자민당은 2001년 5월 노르트라인베스트팔렌주 선거에서 9.8퍼센트의 지지를 얻었을 뿐이다. 그러나 묄레만의 문제들은 선거에서 당이 거둔 초라한 성적으로만 국한되지 않았다. 뒤셀도르프주 검사는 묄레만의 재정 문제에 대한 조사에 착수했고, 유령회사, 세금 탈루, 중동 지역의 수상한 각종 이권과 연계의 미로를 폭로했다. 2003년 중반 묄레만은 곧 형사 고발에 직면하게 될 것이 분명했다. 묄레만은 의심할 여지 없는 개인적, 정치적 파국에 직면하기보다 자살을 선택했고, 그것도 매우 눈에 띄는 방식으로 했다. 수년 동안 그는 열렬한 아마추어 스카이다이버였는데, 2003년 6월 5일 마지막 점프를 했다. 비행기에서 뛰어내린 후 그는 의도적으로 보조낙하산을 펼치지 않았고, 추락사했다.

2002년 연방 캠페인을 위해 당 총재인 기도 베스터벨레는 특별한 선거 캠페인 곡예에 손을 댔다. '기도 버스Guidomobil'라고 이름 붙은 형형색색의 캠페인 차량을 타고 독일 전역을 순회하면서, 베스터벨레는 재미를 추구하면서 낙관적인 정당으로서 자민당의 미래를 만들어내고자 했다. 이 작전은 성공적이지 않았다. 7.4퍼센트의 지지는 분명 뛰어난 결과는 아니었다.

자민당은 여전히 독일 정치 스펙트럼에서 안정적인 자리를 찾을 필요가 있었다. 당의 전 사무총장 중 한 명은 자민당이 "많은 돈을 벌고, 더 많은 돈을 벌고자 하는 사람들의 정당"이라고 주장했지만, 이는 당의 이상을 순수한 물질만능주의로 축소시키는 것일 뿐이었다. 베스터벨레는 그의 당이 "생산적이고자 하고, 글로벌 경쟁에 열려 있으며, 관용적"이라는 짧은 답을 제시했고, 2005년과 2009년 선거에서 자민당의 총재는 재미를 추구하는 당의 이미지와 '기도 버스' 모두를 포기했다. 자민당은 '전문 지식의 정당'으로서 자신들을 재포장했다. 그러는 사이 대연정의 도래는 자민당을 야당에 위치시켰지만, 베스터벨레는 자신의 역할을 대연정의 성의 없는 정책들에 대한 책임 있는 비판을 하는 신뢰할 수 있는 목소리로 자리매김했다.

대연정은 거의 동등한 파트너십으로 출발했지만, 정치적으로는 기민련이 사민당과의 결합으로 훨씬 더 많은 이익을 얻었다. 앙겔라 메르켈은 매우 높은 지지율을 얻었지만, 슈뢰더의 계승자들은 흐리멍덩한 당 관료들로 여겨졌다. 2005년부터 2009년 사이에 계획된 연방주 선거에서 기민련/기사련도, 사민당도 특별히 좋은 성적을 거두지 못했지만(승자는 자민당과 좌파당이었다), 기민련보다는 사민당이 훨씬 더 극적인 손실을 경험했다. 예컨대 슐레스비히홀슈타인에서 기민련은 2005년 40.2퍼센트에서 2009년 31.5퍼센트로 감소했지만, 사민당은 같은 시기 38.7퍼센트에서 25.4퍼센트로 급감했다.

2009년 연방의회 선거가 독일 현대사에서 가장 지루한 선거 캠페인을 보여주었다는 데 모든 관찰자가 동의한다. 기민련/기사련과 사민당이 모두 지난 4년간 정부 정책에 대해 책임이 있었기 때문에, 이들은 같은 결과에 부딪혔다. 누구도 상대를 합당하게 공격할 수가 없었다. 가장 극적인 장면은 소규모 스캔들로 야기되었다. 보건부 장관 울라 슈미트 Ulla Schmidt가 스페인에서 휴가를 보내는 데 관용차를 사용한 것이다.

가장 카리스마 넘치는 존재는 후보자도 정치가도 아니었다. 그는 가상의 인물인 호르스트 슐레머Horst Schlämmer로, 가장 잘 나가던 코미디언 하페 케르켈링Hape Kerkeling에 의해 만들어진 인물이었다. 슐레머는 독일의 상징 동물을 독수리에서 토끼로 바꾸고, 언제든지 공짜 성형수술을 제공하겠다고 약속하며 선거전에 뛰어들었다. 그는 "나는 아무것도 약속하지 않지만, 내 말을 지킨다"고 선언했고, 자신의 정치적 입장은 "보수적이고, 자유시장을 지향하며, 좌파"라고 설명했다. 〈슈테른Stern〉지가 실시한 설문조사에서, 슐레머는 어느 시점에서 투표용지에 있다면 18퍼센트의 지지를 얻을 수 있을 정도였다.

물론 그의 이름은 투표용지에 없었지만, 그와의 경쟁이 없었어도 대규모 정당들은 그다지 잘해내지 못했다. 기민련/기사련은 현상 유지를 했다(2009년에는 33.8퍼센트, 2005년에는 34.2퍼센트였다). 가장 큰 패자는 사민당(2009년에는 23퍼센트의 지지를 얻었지만, 2005년에는 34.2퍼센트의 지지를 얻었다), 승자는 자민당(2009년에는 14.6퍼센트, 2005년에는 9.8퍼센트)과 좌파당(2009년에는 11.9퍼센트, 2005년에는 8.7퍼센트)이었다. 녹색당 역시 정권에 참여하지 않아 이익을 보았다(2009년에는 10.7퍼센트, 2005년에는 8.1퍼센트였다). 우리가 보았던 것처럼 새 정부는 기민련/기사련과 자민당의 연정이었다. 사민당은 그들의 상처를 치유하도록 남겨졌다.

선거

1998년 연방 선거 전까지 야당들—사민당과 녹색당—은 주 선거에서 특별히 잘해내지 못했다. 따라서 기민련/기사련과 자민당 연정이 선거에서 완패했던 것은 콜 총리와 전문가들에게 상당히 충격적인 일로 다가왔다. 사민당은 40.9퍼센트의 지지를 얻었던 반면(1994년 36.4퍼센트), 기민련/기사련은 35.1퍼센트를 모을 수 있었다(1994년 41.5퍼센트). 자민당은 패배라는 점에서 기민련 측에 합류했다. 자민당은 1994년 6.9퍼센트에서 4년 후 6.2퍼센트로 감소했다. 사민당과 달리 녹색당은 1994년과 마찬가지로 1998년에도 그다지 좋지 않았다. 그들은 1994년 7.3퍼센트, 1998년 6.2퍼센트의 지지를 얻었다.

　사민당과 녹색당의 7년에 걸친 임기를 시작한 1998년 연방 선거는 사민당의 정치적 승리였고, 게하르트 슈뢰더의 개인적 승리이기도 했다. 새 정부는 슈뢰더 총리와 요슈카 피셔 외무부 장관이 주도하고 있었다. 한때 총리직과 사민당 총재직에서 슈뢰더의 라이벌이던 오스카어 라퐁텐은 연방 재무부 장관이 되었다. 원래 사민당과 녹색당은 하나의 실수에서 다음의 실수로 굴러 떨어지는 것처럼 보였던 어색한 동맹을 이루고 있었다. 하지만 한편으로는 나아진 자체 성적으로 인해, 다른 한편으로는 콜 스캔들의 여파로 인한 기민련의 문제들로 인해 구조되었다. 많은 기민련 지도자의 불법적인 활동이 알려졌을 때, 기민련은 점차 수세에 몰렸고, 자체 정치적 프로그램을 발전시키는 것보다 수습책 마련에 더 많은 시간을 보냈다.

독일은 16개 주가 있었고, 국가가 정하는 선거일이 없었기 때문에(유일한 원칙은 선거가 언제나 일요일에 열린다는 것이었다) 주 선거는 거의 매년 있었다. 그때 유권자들은 주정부와 연방 차원의 연정의 성취에 대한 즉각적인 평가를 할 기회를 가졌다. 2001년과 2002년 주 선거들은 연방 차원의 연정에 유리하기도, 불리하기도 했다. 가령 함부르크에서 기민련은 사민당의 발판을 빼앗았지만, 베를린에서는 사민당과 공산당의 연정이 우세했다. 또한 수도의 선거는 베를린의 사민당 출신 시장 쿠르트 보베라이트Kurt Wowereit의 개인적인 승리이기도 했다.

2002년 연방 선거는 근소한 차로 사민당과 녹색당의 승리였다. 슈뢰더의 연정은 47.1퍼센트의 지지를 얻었던 반면, 기민련/기사련은 45.9퍼센트의 지지를 얻었다. 대부분의 분석가들에게 그 결과는 놀라웠다. 그들은 연정의 패배를 예상하고 있었다. 전문가들은 사민당과 녹색당이 권력을 유지하도록 한 세 가지 주요 요소를 찾아냈다. 특히 미국의 논평자들은 슈뢰더의 미국 비판이 선거에서 결정적이었다고 주장했다. 미국이 이끄는 이라크전쟁에 독일 군대를 참여시키지 않겠다고 한 총리의 약속이 유권자들에게 매우 인기가 있었다는 것은 분명하다. 그러나 좀 더 면밀히 검토할 경우, 이라크 이슈는 부차적이었던 것으로 보인다. 무엇보다 기민련 역시 독일 군대를 중동에 보낼 의사가 전혀 없었다.

이라크보다는 두 가지 다른 요소가 선거 결과에 영향을 미쳤던 것으로 보인다. 엄청난 홍수를 맞은 동독 지역에서 보여준 정부의 성공적인 구호 노력과 슈뢰더의 반대파인 에드문트 슈토이버의 효과적이지 못한 캠페인이 그것이다. 2002년 여름, 홍수가 많은 동독 지역을 휩쓸었을 때, 정부는 신속하고도 효과적으로 구호를 제공했다. 공권력으로 가능한 모든 자원을 활용하여 가장 필요한 곳에 즉시 도움을 주었다. 복구를 위해 모래 자루를 들어올리는 총리의 그림은 그의 이미지에 결코 해가 되지 않았다. 그에 비해 슈토이버 바이에른 주지사는 바이에른주 선거에서 이기기 위해 반드시 필요한 확고한 보수주의자로서의 타당한 평판을 얻었다. 그러나 그는 독일의 나머지 지역이 덜 보수적이라는 것을 알게 되었고, 2002년 연방 선거 캠페인 동안 온건파로서 재포장하기 위해 노력했다. 그러한 노력은 신뢰도를 떨어뜨렸고, 다수의 부동층은 슈토이버의 새로운 중도파 이미지를 받아들이기를 거부했다.

비록 사민-녹색 연정이 2002년 선거에서 승리했지만, 뒤이은 주 선거들은 그들의 통치가 급속히 침식되고 있다는 것을 보여주었다. 2003년 2월 기민련은 헤센주에서 압도적 다수를 획득했다. 그에 반해 사민당은 독일의 최북단 주인 슐레스비히홀슈타인에서 먼저 당 지도자와 주지사이던 하이데 지모니스Heide Simonis를 잃고, 다음으로 선거에서 패배했다. 슈뢰더의 당은 브레멘에서 승리했지만, 당시 브레멘은 언제나 사민당 지역이었다. 2003년 9월 바이에른 유권자들은 다시 한 번 슈토이버에 대한 신임투표를 가결했다. 기사련은 62퍼센트의 지지를 얻었다.

2004년과 2005년의 주 선거들은 연방 차원 연정에는 일련의 재난을 의미했다. 그것은 2004년 함부르크에서 있었던 올레 폰 보이스트 및 기민련의 승리와 더불어 시작되었다. 기민련은 47.2퍼센트를 얻었다. 브란덴부르크에서 사민당은 자기 위치를 고수했지만, 승자는 27.8퍼센트의 지지를 얻은 민주사회당이었다. 최후의 일격은 노르트라인베스트 팔렌주 선거에서 왔다. 독일에서 가장 크고 가장 산업화된 이곳에서 사민당은 1950년대 초부터 중단 없이 집권당이었지만, 2005년 5월 기민련에 패배했다.

게하르트 슈뢰더는 공세에 나서기로 결심했다. 그는 "이제 충분하다. 우리는 새로운 연방 선거를 할 것이다"라고 외쳤던 것으로 보도되었다. 이는 대담한 도박이었다. 정치적 운의 바닥에서 총리는 주사위의 마지막 회전에 그의 미래를 걸기를 원했다. 새로운 선거들에서 이기기 위해 그는 헌법상 모호한 작전을 제안했다. 정부는 연방의회에 자신들에 대한 불신임투표를 제안했고, 사민당과 녹색당에 이 결정을 지지할 것을 요청했다. 이로써 정부는 붕괴되겠지만, 앙겔라 메르켈과 그 팀에게 우아하게 길을 내주는 대신, 총리는 대통령 쾰러에게 연방의회를 해산하고 2005년 9월 18일 새로운 선거를 치르자고 요청할 수 있었다. 대통령은 슈뢰더의 요구를 받아들이기를 꺼렸지만, 약간 망설인 후에 동의했다. 그는 이 경우에 정치적 이유가 헌법적 의구심을 능가한다고 느꼈다. 쾰러는 효과적으로 통치하기 위해서 정부가 새로운 회기를 필요로 한다는 점을 인정했다. 동시에 기민련/기사련 역시 부전승으로 권력을 얻기보다 분명한 선거상의 결정을 선호했다.

독일 현대사에서 가장 이상했지만 가장 흥미로웠던 선거전 중 하나가 펼쳐졌다. 짧은 선거 기간이 시작될 때(법률상 독일 연방의회 선거 기간은 60일로 제한되었다), 그 결과는 기정사실처럼 보였다. 7월 19일 여론조사는 기민련/기사련이 42~47퍼센트로 사민당을 앞서고 있음을 보여주었다. 분명 작별 인터뷰로 구상된 인터뷰에서 〈슈피겔〉은 요슈카 피셔에게 반복해서 선거 패배 이후 무엇을 할 계획인지를 물었다. 피셔는 〈슈피겔〉 편집인들과 달리 자신이 예언 능력을 가지지 않았다고 투지 있게 대답했다.

사실 사민-녹색 연정의 사망은 얼핏 보기처럼 그렇게 분명하지 않았다. 슈뢰더는 야단법석의 캠페인을 즐겼고, 이에 매우 능하기도 했다. 회고록에서 총리는 이를 피겨스케이팅에 비교했다. 통치는 의무인 쇼트프로그램이었고, 캠페인은 프리스케이팅과 같다는 것이었다. 반대로 메르켈은 대규모 군중을 항상 불편해하는 것처럼 보이는 평범한 연설가였다. 대부분의 분석가들은 슈뢰더가 두 후보자 간의 텔레비전 토론에서 '이겼다'는 데 동의했다. 총리는 자신의 개혁 목표는 언제나 모두를 위한 사회 정의였다고 진지하게 강조했던 반면, 메르켈은 딱딱하게 행동했고, 너무나 많은 디테일과 너무나 많은 뉘앙스를 제시하고자 노력했다. 9월 18일이 다가올 때까지 슈뢰더는 빠르게 따라잡고 있었다.

그러나 충분히 빠르지는 않았다. 최종적인 결과는 기민련/기사련이 35.2퍼센트, 사민당 34.3퍼센트, 자민당 9.8퍼센트, 녹색당 8.1퍼센트였다. 수적인 측면에서 완전한 승자는 옛 민주사회당의 지지율을 거의 두 배로 끌어올린 새 좌파당이었다. 후일의 분석에 따르면 서독 지역에서 사민당은 1.6퍼센트를 좌파당에 내주었고, 동독 지역 주들에서는 거의 5퍼센트를 내주었다. 마지막까지 대담하게, 슈뢰더는 자신이 선거에서 거의 이겼기 때문에 총리로 남을 자격이 있으며, 선거가 한 주 연기되었더라면 승리했을 것이라고 신속하게 주장했다. 그가 표현한 대로, "사민당이 이기기는 했지만, 승리를 거둔 것은 아니었다". 이러한 정도의 정치적 궤변은 기민련뿐 아니라 총리 자신의 정당에도 너무 과한 것이었다. 아무리 근소한 차이일지라도 메르켈이 승자였다.

그러나 새 연방정부의 구성을 둘러싼 문제가 남았다. 수주간 독일의 전문가들과 분석가들은 다양한 색깔의 조합을 추측하며 즐거워했다(독일 정당들은 전통적으로 특별한 색깔과 결부되었다. 따라서 기민련/기사련은

2005년 이래 독일 총리인 앙겔라 메르켈이 독일 의회 의원들과 담소하고 있다. 좌측에서 두 번째가 녹색당 지도자 위르겐 트리틴이고, 오른쪽에서 두 번째가 좌파당 지도자 중 한 명인 그레고어 기지이다(출처: Wolfgann Kumm/EFE/Newscom).

흑색, 사민당과 민주사회당은 적색, 녹색당은 녹색, 자민당은 황색이었다. 새로운 정부가 적─적─녹으로 구성되거나 흑─황, 심지어 흑─황─녹의 '자메이카 해법'으로 구성되어야 한다는 제안들이 있었다).

　7월 메르켈은 "대연정은 없을 것"이라고 선언했지만, 10월에는 "나는 대연정을 기대하고 있다"고 선언했다. 실제로 이 두 거대 정당은 앙겔라 메르켈을 총리로, 프란츠 뮌터페링을 부총리로 하는 신정부를 구성하는 데 합의했다. 자신이 총리로 남아야 한다는 제안이 기각당하자, 슈뢰더는 어떤 조건에서도 연정에 참여하지 않기로 결정했다. 대신 그는 정치에서 완전히 물러났다. 선거 수주 후, 여러 사람의 눈살을 찌푸리게 하는 가운데, 그는 거대한 러시아 천연가스 생산자이자 공급자이던 가스프롬Gazprom의 서유럽 경영진 직위를 받아들였다. 그리고 총리직을 떠나기 수주 전에 슈뢰더 정부가 독일 민간은행들을 통해 가스프롬에 대규모 대출을 보장했다는 뉴스가 나왔을 때 눈살은 더욱 찌푸려졌다.

경제적, 사회적 전개

미래에 대한 전망과 현재 실제 사이의 대조는 특히 경제와 사회적 발전 영역에서 분명했다. 앞서 언급한 것처럼 1990년대의 의기양양하던 시절, 콜 정부뿐만 아니라 민간사업 관계자들의 대변인들도 일단 자유기업 체제가 동독에 정착되면 새로운 5개 주의 경제는 즉시 번성할 거라고 자신 있게 전망했다. 메르세데스-벤츠Mercedes-Benz의 대표이사였던 에드차르트 로이터Edzard Reuter는 5년 후 이 지역이 "유럽에서 가장 현대적인 지역"이 될 것이라 주장했고, 정부 전문가들은 10년 이내에 5개의 새로운 주들로부터 세수가 2,500억 마르크에 이를 것이라고 전망했다. 이 모든 것은 동독에서건 서독에서건 심각한 구조적 혼란이나 개인적인 어려움 없이 발생할 터였다. 말한 직후에 바로 후회했다고 알려진 성명서에서 콜 총리는 1990년 여름, 전문가들의 합의를 다음과 같이 요약했다. "누구도 고통을 겪지 않고 모두가 이익을 얻을 것이다."

　회고컨대 이러한 전망들은 모두 믿기 어려울 정도로 순진했지만, 1990년 정치가들과 기업가들은 대규모 노동 재교육 프로그램과 결부된 민간 및 공공 투자의 조합이 동독의 경제를 호전시킬 것이라고 자신했다(전체 패키지에는 '동독번영공동사업Gemeinschaftswerk Aufschwung Ost'이라는 기억하기 쉬운 제목이 붙여졌다). 민간투자는 구식이 되어버리고 닳아빠진 산업 장비들을 근대화하기 위한 일차적인 수단이 될 것이라고 기대되었다. 과거 동독에서 국영화된 기업들을 민영화하는 과정을 조정하기 위해, 정부는 새로운 대행사인 독일신탁청Treuhandanstalt을 창설했다. 이 대행사는 동독의 모든 국영기업과 재산에 대한 통제를 맡았는데, 이는 실질적으로 동독의 경제적 자산의 전부를 의미했다. 먼저 은행가 데틀레프 로베더가 이를 맡았다가 암살된 후, 경제부의 기민련 관료이던 비르기트 브로이엘Birgit Breuel이 주도했던 신탁청의 과제는 그 통제하에 민간투자자들에게 기업을 판매하는 것이었다. 독일과 외국의 벤처 자본가들은 신탁청이 인터넷으로 전 세계에 판매하는 긴 '판매용' 리스트의 아이템들을 위한 구매 제안서를 제출하도록 권고받았다.

동시에 독일 정부는 자신의 역할을 하고 있었다. 정부는 수십 억 마르크를 동독의 인프라 개선에 투자하는 데 동의했는데, 이는 이러한 시설 없이 개인 투자가 이 지역에 유치될 리가 없었기 때문이다. 그 과제는 엄청난 것이었다. 전화, 도로, 철도 연결망 상태가 매우 좋지 못해 수리가 필요하거나 완전히 구형이었다. 마지막으로 정부는 동독 노동력을 재교육하는 데 착수했다. 고용 창출 조치Arbeitsbeschaffungsmassnahmen, ABM라는 이름으로, 수천 명의 동독 노동자들이 새로 민영화된 동독 회사들에서 보수가 좋은 직업을 구하는 데 필요한 서구의 생산기술을 배우기 위해 다시 학교로 보내졌다.

이러한 시나리오가 현실에 걸맞지 않다는 것이 금세 분명해졌다. 먼저, 동독 경제는 기대했던 것보다 훨씬 나쁜 상태였음이 드러났다. 1989년 모드로프 정부는 신탁청이 관리하게 될 재산의 가치를 1조 3,650억 마르크로 계산했다. 1년 후, 독립적인 평가사는 그 수치를 2,090억 마르크로 축소했고, 1992년 가을 독일 재무부 장관 테오도어 바이겔Theodor Waigel은 통제하에 있는 모든 자산을 판매한 후, 신탁청이 2,500억 마르크의 적자와 더불어 회계장부를 덮게 될 것임을 인정했다.

이러한 실망스러운 결과의 이유를 찾기란 어렵지 않다. 실제로 동독에 있는 국영기업 모두가 비효율적으로 운영되었을 뿐만 아니라, 경쟁적인 자유시장 체제에서 작동하는 것이 완전히 불가능했다. 결과적으로 신탁청은 보통의 의미에서 자산을 판매하는 데 엄청난 어려움을 겪었다. 보통 투자자는 신탁청이 공장 근대화 비용을 담당하는 데 동의한 후에야 자산을 인수하곤 했다. 게다가 거의 모든 경우 민영화 과정은 엄청난 수의 노동자 해고와 결부되었다. 신탁청이 수익 사업체가 아님은 분명했지만, 상황은 훨씬 더 열악했다. 동독 지역 산업은 주로 동독과 과거 소비에트 지역 시장들에 집중하고 있었고, 콜 정부는 공산주의 몰락 이후 동유럽의 활황이 동독 지역 상품에 대한 수요를 증대할 것으로 기대했다. 그러나 동유럽 시장들은 정치적 불안정의 무게와 경화 부족으로 붕괴했다.

1992년 말경에 이르면 경제 통일은 완전한 참사인 것처럼 보였다. 동독번영공동사업 프로젝트는 예상보다 훨씬 더 큰 규모의 공공투자를 요구했다. 다른 예산 압박은 사회보장 지출의 조정이었다. 동독의 연금은 낮았지만, 통일 이후 관대한 서독 정도의 규모와 거의 동등하게 상향 조정되었다. 이 모든 것은 국가 부채의 엄청난 증가와 심각한 인플레이션 압박을 의미했다. 한때 인플레이션은 5퍼센트를 넘어섰는데, 이는 독일에서 광범위한 우려가 나타나기 시작하는 전통적인 지점이었다. 연방은행은 신용거래 브레이크Credit brake를 적용했다. 1991년부터 1993년 여름까지 독일의 이자율은 다른 서구 국가들보다 계속해서 높았지만, 높은 이자율은 민간 대출과 투자를 단념시키기도 했다. 그리고 이 모든 문제가 충분치 않았던 듯, 1993년 봄 동독인들은 일련의 노동 소요를 경험했는데, 노동자들은 직업을 유지하는 것뿐만 아니라(5개 동독 주에서 실업률은 지속적으로 15퍼센트 이상이었다), 콜 정부가 그들에게 약속했다고 여겨온 서구 수준의 생활수준을 달성하게 해줄 수 있는 정도의 임금 인상도 요구했다.

5개 주에서 환경 조치들의 비용 역시 예상치를 훨씬 웃돌았다. 동독은 환경을 정화하거나 깨끗하게 유지하는 것에 대해 관심이 없었다. 통일 이후 엄격한 서독의 환경법이 동독에도 적용되었다. 신탁청은 많은 경우 민간투자자들이 그에 대한 대행, 즉 정부가 모든 환경 정화 비용을 담당하는 데 동의할 경우에만 자산들 가운데 하나를 '사겠다'고 나선다는 것을 머지않아 알았다.

어려움들의 실재를 부정하던(혹은 각자 상대를 탓하던) 처음 단계를 지나, 1992년 봄 노사 지도자들뿐만 아니라 정치가들도 문제를 다루기 시작했다. 그 결과는 연대협정Solidarpakt이라 불리는 합의였다. 이 합의는 국가 부채를 증가시키지 않고 동독 재건Aufbau Ost 프로젝트에 1,000억 마르크를 추가로 더 제공하도록 기획되었다. 이 목표를 달성하기 위해 이해 당사자들은 신설 세금과 경비 삭감 패키지에 동의했다. 연대협정의 핵심에는 현저하게 증가한 소비세(특히 우송료와 가솔린세)와 1995년부터 실시된 소득세에 대한 7.5퍼센트의 가중과세가 있었다(콜 정부는 소득세에 대한 지속적인 인상을 거부했는데, 이는 민간투자를 더 약화시키게 될 것을 우려했기 때문이다).

비록 연대협정이 성공적인 민주적 조합주의의 또 다른 예로서 널리 환영받았지만, 실제 결과는 오히려 제한적이었다. 일차적인 이유는 그 합의가 악화되는 경제 상황을 예상하지 못했기 때문이다. 통일 직후, 서구 소비재에 대한 수요는 서독에서 경제 호황을 야기했지만, 이러한 호황은 짧았다. 1992년까지 서독에서 불황이 시작될 조짐이 있었다. 서독의 불황과 동독에서 점점 증가하는 투자수요는 연대협정이 근거한 데이터베이스가 즉시 재계산되어야 할 필요가 있음을 의미했다.

새로운 협약에 대한 소식 자체가 인플레이션을 통제하는 데 긍정적인 효과—이 문서의 실제 조건보다는—를 가져왔다. 공공 부채의 증가를 제한하려고 하는 경제적 이해 당사자들의 태도는 1992년 여름 연방은행으로 하여금 독일의 이자율을 낮추도록 했다. 그러나 그러한 결정은 유럽통화제도European Monetary System, EMS를 구하기에는 너무 늦게 왔다. 유럽통화제도는 각국 화폐 간의 환율 동요를 매우 근소한 수준으로 줄이고자 했던 유럽공동체 회원국 대부분의 합의로 이루어졌다. 1990년 이후 독일의 높은 이자율은 통화 투기자들로 하여금 도이치마르크를 사고 영국 파운드나 이탈리아 리라처럼 '취약한' 화폐들을 팔도록 했다. 결국 유럽통화제도는 붕괴했다. 영국과 이탈리아는 협약에서 탈퇴했다. 스페인과 포르투갈은 그들의 통화를 평가절하했다. 유럽통화제도에 남은 화폐를 구조하기 위해, 나머지 파트너들은 허용 가능한 환율 격차를 2.25퍼센트에서 15퍼센트로 높이는 데 동의했다(아이러니하게도, 초기의 혼란 이후 남은 유럽통화제도 국가들의 환율은 매우 근소한 범위인 3퍼센트대에서 움직였다).

통화시장의 투기열은 독일을 1993~1994년의 심각한 불황으로 몰아가는 데 기여한 요인이면서 징후였다. 이미 동독에서 정체된 산업 생산은 서독에서도 감소했다. 특히 전후 독일의 '경제 기적'을 이끈 '기관차'이던 자동차와 정밀기계 수출이 심각한 어려움을 겪고 있었다. 실업은 전례 없는 수준으로 올랐다. 1993년 2월 거의 350만 명의 실업이 있었고—전후 가장 높은 수준—그 수치는 1994년 봄 400만 명에 달했다.

1990년대 후반기 독일 경제에 대한 뉴스도 별로 나아지질 않았다. 모든 지표들이 경제가 구조적 문제에 처해 있음을 나타냈다. 가장 가시적인 어려움은 부진한 성장, 늘어나는 파산, 그리고 무엇보다도 높은 실업률이었다. 평균 실업률이 10퍼센트를 웃돌아 1997년에는 11.7퍼센트까지 올랐지만, 이 수치는 통일된 두 지역의 현저한 차이를 가리고 있었다. 동독 주들의 실업은 서독 지역의 그것보다 두 배 이상 높았다. 2001년 1월 서독의 실업률은 8퍼센트였지만, 동독에서 이 수치는 18.7 퍼센트였다.

같은 시기 미국 경제의 성공 스토리와 매우 대조되는 불만족스러운 성과에 대한 설명이 불충분하지는 않았다. 1998년 7월에 시행된 전국적 조사에서, 응답자들은 동독에 인프라를 재건하는 데 따르는 고비용에서부터 게으른 대학생들에 이르는 모든 것을 이유로 들었다. 동독인과 서독인의 반응을 따로 기록한 조사가 독일의 경제적 문제들에 대한 동독인과 서독인의 견해차가 매우 컸음을 보여주었던 것은 별로 놀랄 일이 아닐 것이다. 78퍼센트의 서독인이 동독 지역에서 투자되고 있는 자금이 독일의 별 볼일 없는 성취의 일차적 원인이라고 느낀 반면, 89 퍼센트의 동독인은 주요한 문제가 통일 후 동독 지역으로 보내진 (서독) 공무원들의 높은 연봉 탓이라고 느꼈으며, 79퍼센트는 (아마도 공산주의 세뇌의 유산일) '은행가와 주요 자본가들'이 너무 많은 권력을 쥐고 있다고 확신했다. 놀랍게 유사했던 것은 독일 경제가 너무 많은 규제와 통제로 인해 지장을 받고 있다고 믿는 응답자들의 수치(서독 지역에서 76 퍼센트, 동독 지역에서 79퍼센트)였다.

정부 안팎의 전문가들에 의한 분석은 '거리의 사람'들이 외친 결론의 일부와 동일했다. 그들 역시 동독 지역 인프라 재건 비용이 예상했던 것보다 훨씬 높았던 점을 지적했다. 그 비용은 1990년대부터 2000년까지 2,300억(1,150억 달러) 마르크 정도였다. 대부분의 동독 재건 프로젝트는 국채 판매로 뒷받침되었다. 1997년 독일의 전체 공공 부채는 놀랍게도 8,330억 마르크(4,165억 달러)였다. 게다가 높은 실업률은 정부로 하여금 일반 세입에서 실업보장기금을 보조할 수밖에 없도록 했고,

이는 예산 적자를 더 증가시켰다. 마지막으로 전문가들은 독일의 높은 세금과 과도한 통제가 '신경제'에 부합하지 않는다는 데 동의했다.

독일이 경제의 불길을 재점화하기 위해 무엇을 필요로 하는가에 대한 논의는 전문가들로 한정되지 않았다. 콜 정부는 공급 측의 경제학이 제시한 이유들을 언급했다. 다시 경쟁력을 얻기 위해서 독일은 생산성을 높이고, 노동비용을 낮추며, 민간투자를 유치할 필요가 있다는 것이었다. 독일의 높은 임금, 넉넉한 휴가, 사회복지 패키지, 상대적으로 낮은 평균 주당 노동시간 등을 언급하며, 총리는 독일이 열심히 일하는 노동자의 나라가 아니라 거대한 '유원지'가 되어갈 위험에 처해 있다는 우려를 표명했다. 정부는 또한 환경에 대한 우려는 걷잡을 수 없게 되었고, 너무 많은 규제가 신규 건설과 투자를 막는다고 주장했다. 당시 대통령이던 로만 헤어초크는 시장경제의 위험과 기회를 껴안도록 동포들을 반복해서 설득하는 데 대통령 연단을 활용했다.

말할 것 없이 공급 측의 경제학에 대한 비판자들은 이러한 제안을 거부했다. 전통적으로 경제의 강력한 부문인 독일 노동조합은 단체협약의 유대를 완화하는 데 당연히 반대했고, 다른 대변인들 역시 거의 50년간 독일을 파업이 거의 없는 나라이자 전반적으로 조화로운 노사 관계의 나라로 만들어온 신조합주의 모델을 버리는 데 대해 제재를 가할 것을 촉구했다. 그러나 노조와 사민당도 '여느 때와 다를 바 없이'는 답이 아니라는 데 동의했다. 경제의 단기적인 조정과 장기적인 재구조화가 필요했다. 단기간 동안, 폭스바겐 대표가 제시한 아이디어였던 주 4일 노동(그에 상응하는 임금 삭감을 동반하는) 같은 극단적인 제안도 일거에 기각되지는 않았다. 사실, 1993년 11월 말, 노조는 그 계획이 폭스바겐 작업장에서 실험되어야 한다는 데 동의했다.

정부의 경제적 계산을 복잡하게 만든 특수한 요소는 2002년 1월 1

일 새로운 유럽 통화인 유로Euro 도입에 합의한 결과였다(유로가 유럽연합 회원국들의 단일 통화로 도입되었을 때, 그 가치는 옛 도이치마르크의 200 퍼센트에 고정되었다). 유로 클럽 회원국 자격을 얻기 위해 참가국들은 1997년 중반에 물가상승률은 1.2퍼센트를 넘지 않고, 연간 예산 적자는 3퍼센트보다 작으며, 총 국가 부채는 연간 GDP의 66퍼센트를 넘지 않는다는 것을 입증해야만 했다. 기준이 충족되기로 한 날, (거의 모든 다른 유로 클럽의 잠재적 구성원들뿐만 아니라) 독일도 비록 물가상승률은 낮았지만, 적자와 부채 기준을 충족시키는 데 어려움을 겪었다. 재무부 장관 테오도어 바이겔은 유럽연합 내 그의 파트너들과 더불어 매우 상상력이 풍부한 장부 작성에 참여했다(1997년 봄, 바이겔은 연방은행의 금 보유고에 더 높은 시장가치를 부여하여 정부 부채를 줄이고자 했지만, 연방은행은 그 계획을 거부했다). 주요한 어려움은 실업수당 비용이 국가 예산에서 차지하는 비율이 점점 커져가는 상황에서 경기 조정형 조치를 재정 지원할 정부 역량이 유로 클럽의 기준으로 인해 심각하게 제한되었다는 것이다.

콜 정부는 몇 가지 주요한 개혁을 밀어붙였다. 다소 뒤늦게 거대한 공공기업의 시대가 끝났음을 깨닫고, 독일 정부는 우편과 전화 서비스, 연방철도를 민영화했고, 국적기인 루프트한자의 정부 몫을 민간투자자에게 팔았다. 불행하게도 정부의 재정적 이익은 처음에 보였던 것보다 훨씬 적었다. 비록 정부가 자산 매각으로부터 수익을 얻었을지라도, 민영화된 회사들이 민간투자자들에게 매력적일 수 있도록 하기 위해서는 이 공기업들의 부채도 떠맡아야 했기 때문이다.

그리고 또 다른 대규모 실패들이 있었다. 새롭고 널리 알려진 신조합주의적 '노동을 위한 동맹Bündnis für Arbeit'은 대체로 홍보 전략으로 남았다. 게하르트 슈뢰더는 노사 양측이 독일 경제의 문제들을 위한 새로운 해결책을 찾기 위해 함께 노력하기보다, 단순하게 그들의 기존 입장을 반복하고 있다고 논평했다. 독일 노동비용이 국가 생산력의 상대적인 후퇴의 주요한 요소라는 증거가 쌓였다. 1996년 5월까지 독일은 시간당 45.52마르크(22.76달러)로 모든 산업화된 국가들 가운데 가장 높은 노동비용을 가졌다는, 꼭 좋다고 할 수 없는 명예를 얻었다(비교 가능한 미국 측 수치는 25.18마르크(12.59달러)였다). 이러한 비용을 줄이고 민간 투자를 자극하고자 콜 정부는 개인세와 법인세를 상당히 인하할 것을 제안했다. 콜 내각의 경제 부처와 재무 부처는 공급 중시 경제학자들이 장악했기 때문에, 기민련의 세제 개혁은 고소득자에게 매우 유리하게 편중되었다. 사민당과 노조가 이러한 계획에 반대했던 것은 놀랍지 않지만, 재정적 입법이 자신들에게 영향을 미칠 경우 반드시 자문을 구해야 한다는 헌법상의 권리를 가진 연방 주들 역시 반대 의사를 표명했다. 초기에 세제 개혁으로 인해 발생할 수 있는 추가적인 연방 예산 적자에 대한 두려움으로, 콜의 계획은 다양한 사회정책을 재정적으로 뒷받침할 의무의 매우 큰 부분을 주정부로 이관할 것을 제안하고 있었기 때문이다. 주정부들이 이에 반대했던 것은 놀라운 일이 아니었다.

의미 있는 세제 개혁을 입안하는 데 콜 정부가 실패했던 것은 1998년 9월 선거에서의 패배에 기여했고, 새로운 슈뢰더 내각은 그들 전임자의 실수로부터 배우려는 의지가 확고했다. 얼핏 보기에 연정 파트너인 녹색당의 요구들이 상황을 복잡하게 만드는 것처럼 보였다. 녹색당은 오랫동안 대중교통 이용을 격려하고 에너지 소비를 줄이도록 하기 위해 가솔린과 다른 재생 가능하지 않은 에너지 소비에 대한 추가적인 세금, 즉 소위 환경세를 도입할 것을 주장해왔다. 오스카어 라퐁텐 재무부 장관이 도입한 원래의 개혁 패키지는 환경세를 포함했지만, 납세자는 사회보장기금에 대한 노사 간 기여 몫의 축소를 통해 이 새로운 부담에 대한 보상을 받았다. 소득세와 관련해서 라퐁텐은 최저 소득자들의 세금 부담을 25.9퍼센트에서 19.8퍼센트로 낮추고, 가장 높은 소득자는 53퍼센트에서 48퍼센트로 감축할 것을 제안했다. 자본이득세는 35퍼센트로 인하되었다.

라퐁텐의 패키지는 이 장관이 1999년 3월 내각에서 갑작스레 사퇴하면서 보류되었다. 자신의 내각 동료에게 아무런 우정도 느끼지 못하던 슈뢰더는 총리가 재무부 장관에게 종속적이지 않은 것을 알고 라퐁텐이 수건을 던졌다고 주장했다. 라퐁텐의 후임인 헤센 주지사 출신이자 총리 슈뢰더의 가까운 동맹이던 한스 아이헬Hans Eichel은 그의 전임자보다 훨씬 더 나아갔다. 아이헬의 제안은 개인소득세의 단계적 감면으로 2005년까지 가장 낮은 소득세율은 15퍼센트, 가장 높은 소득세율은 42퍼센트라야 한다는 것을 포함했다. 동시에 자본이득세는 25퍼센트로 인하되었다. 우연히 1999~2000년 경제에서 상승세가 나타났고, 아이헬은 연방주들로 하여금 추가 부담을 질 것을 요구할 필요가 없게 되었다. 2000년 독일은 해외에서 1조 2,000억 마르크에 달하는 상품을 판매했고, 이는 전년 대비 17퍼센트 성장한 것이었다. 기민련/기사련의 중앙당 지도자들이 개혁을 좌초시키기 위해 단호히 노력했지만("너무 작고, 너무 늦다"), 연방의회와 참의원에서 쉽사리 과반수를 얻어 통과되었다. 기민련이 지배하는 몇몇 주조차 이 패키지에 찬성표를 던졌다.

불행하게도, 1999~2000년의 고무적인 수치는 장기적 개선의 전조가 되지 못했다. 대신 21세기 첫해 동안, 경제학자들이 경제의 강건함을 재는 데 활용하는 모든 지표들이 심각하고도 만성적인 문제들을 보여주었다. 독일의 성장률은 0퍼센트를 약간 웃돌았고, 독일은 엄청난 공공 부채를 안고 있었다. 2005년 7월 이는 1조 5,000억 유로(1조 9,500억 달러)에 달했다. 국내 투자의 지체와 자본 유출이 결합되었다. 그러

1998년부터 2005년까지 독일의 총리이던 게하르트 슈뢰더. 슈뢰더는 1982년 이후 총리로 재직한 최초의 사민당원이었다(출처: vario images GmbH & Co.KG/Alamy).

나 경제적 난관의 가장 두드러진 징후는 지속적인 고실업이었다. 2005년 3월 전반적인 실업률은 9.8퍼센트에 달했지만, 동독 노동자들과 55세 이상 피고용인들의 실업률은 18퍼센트에 달했다. 절대적인 측면에서 볼 때, 슈뢰더 정부가 1998년 취임했을 때 380만 명의 실업자가 있었다. 7년 후 이 수치는 500만 명으로 늘어났다. 무수한 분석가들이 "독일 모델"이라고 불려온 것이 이제는 "유럽의 환자"가 되었다고 결론지었다.

무엇이 이러한 상태를 낳았고, 이를 치료하기 위해 어떤 조치가 취해져야 하는지에 대한 논의의 윤곽은 지난 10년간 달라지지 않았다. 정치적 좌파는 서둘러서 빠른 투자 이윤을 강조하는 미국 스타일의 '주주 자본주의'를 비판했다. 프란츠 뮌터페링이 헤지펀드를 두고 미래에 대한 고려 없이 자산을 먹어치우는 메뚜기로 묘사한 것은 이러한 태도의 한 극단적인 형태일 뿐이다. 이 주제에 대한 한 변형은 높은 실업률에서 탈출하는 방법은 임금을 삭감하기보다 올리는 것이라는 표면적으로 모순적인 제안이었다. 이 주장은 독일의 수출을 지속시키기 위한 일방적인 추구 때문에 경영자들이 국내시장을 외면하고 있다고 상정했다. 그로 인해 직장과 수당을 잃을 것을 우려하는 피고용인들은 소비자로서 지출을 줄이고, 국내시장을 침체시킨다는 것이었다(이러한 주장은 대부분의 경제학자들에게 받아들여지지 않았지만, 불확실성의 시대에 독일인들이 소비하기보다 절약하는 경향이 있다는 것도 사실이었다). 다른 사람들은 정반대의 주장을 폈다. 세계화 시기에 독일은 좀 더 미국 스타일의 자본주의를 필요로 한다는 것이었다. 필요 이상의 경력을 가진 고령의 노동력과 과도한 사회적 비용 및 관료적 통제로 방해를 받는 경제를 가진 독일은 경쟁자들에게 밀리고 있었다. 동독 지역에 대한 보조금이라는 재정적 블랙홀은, 복잡하고 번거로운 독일 세제와 마찬가지로, 특히 서독에서 인기 있는 희생양으로 남았다.

해결을 위한 제안은 주로 세 영역에서 왔다. 노동시장 개혁을 위한 계획, 제도적이고 개인적인 보조금에 대한 국가 시스템을 간소화하는 방식을 포함한 세제 개혁, 자발적 비즈니스를 방해하는 전 정부 차원의 미로 같은 규제를 줄이기 위한 제안. 특히 자민당은 고용과 해고를 지배하는 무수한 법과 규제에 집중했다. 그들은 이들 대부분을 철폐하고, 미국에 좀 더 근접한 시스템으로 바꾸기를 희망했다.

슈뢰더는 그의 첫 임기 내에 실업을 절반으로 줄이기로 약속했기 때문에, 사민−녹색 정부는 노동시장 개혁을 우선시했다. 내각은 폭스바겐 상무이던 페터 하르츠Peter Hartz가 진두지휘하는 전문가들의 위원회로 하여금 포괄적인 개혁안을 제안할 것을 요청했다. 위원회의 숙고 결과는, 의도는 좋았으나 매우 복잡한 당근과 채찍의 패키지였다. 실업자들로 하여금 새로운 직업을 찾도록 격려하기 위해, 하르츠위원회는 실업수당을 현저하게 삭감할 것을 권했다(당시 규정상, 독일에서 실직자는 기간 제한 없이 최종 급료의 70퍼센트를 수령했다). 동시에 실업자들이 가능한 직업은 무엇이건 받아들이도록 요구할 것을 제안했다. 또 기업가 측에 대해서는, 실업자를 고용하고 훈련시키는(혹은 재훈련시키는) 사업체에 일련의 보조금을 제안했다.

하르츠위원회의 제안이 공표되었을 때, 특히 실업률이 가장 높던 동독 지역에서 폭풍 같은 항의가 있었다. 비판자들은 동독 노동자들이 40년간 공산주의 치하에서 고통받은 후 다시금 처벌받을 위기에 처했다고 주장했다. 시위대는 동독 공산주의 체제를 붕괴시킨 시위를 연상하게 하는 월요일 밤의 행진을 조직했다. 실업수당을 축소함으로써 하르츠위원회가 실업자들을 복지 수혜자와 같은 수준으로 만들려고 한다는 불만도 있었다. 실업자들이 가능한 직업을 받아들이도록 요구받을 수 있다는 것과 관련해서는, 급작스럽게 공원의 쓰레기를 줍도록 강요받는 숙련 엔지니어의 그림이 떠돌았다. 하르츠의 간소화 약속도 실현되지 않았다. 오히려 사회법원Sozialgerichte(독일 사법부의 한 특수 분야)은 그들이 받았던 것보다 하르츠 규정상 훨씬 더 많이 받아야 한다고 주장하는 하르츠 수령자들의 사건들로 넘쳐났다. 정반대로 연방고용보호국 Bundesanstalt für Arbeitsschutz und Arbeitsmedizin, BAuA은 부처 담당관들이 적합하다고 생각한 것보다 더 많은 금액을 수령하는 일부 수령자들을 고발했다. 정부는 하르츠 개혁이 결과를 보여주기 위해서는 시간이 필요하다고 주장했지만('어젠다 2010'이라는 눈에 띄는 슬로건은 이를 암시하는 의도를 담고 있었다), 슈뢰더 내각은 그 시간을 갖지 못했다.

기민련 혹은 보다 정확히 앙겔라 메르켈은 독일의 경제문제가 포괄적인 세제 개혁으로 가장 잘 해결될 수 있다고 주장했다. 2004년 메르켈은 연방헌법재판소의 전 판사이면서 널리 알려진 재정 전문가이던 파울 키르히호프Paul Kirchhof에게 독일의 복잡한 세제를 철저히 재조정해줄 것을 제안했다. 또한 키르히호프에게 장차 자신의 정부 구성원이 되어줄 것을 요청했다. 키르히호프는 새로운 기민련 정부에서 재무부 장관이 될 것을 기대했다. 그는 본질적으로 3분된 정률 소득세에 해당하는 급진적인 계획안을 제시했다. 그는 모든 납세자에게 매년 개인당 8,000유로의 감면을 제안했고, 2,000유로 표준공제와 아이 한 명당 8,000유로의 세금 면제를 제안했다. 무수한 감면, 면제, 보조금으로 된 현행 체제는 제거될 터였다. 표준 감면과 면제 이후에 남은 순소득이 연간 8,000유로 미만일 경우에는 비과세 대상이 되었다. 8,000~2만 유로는 15퍼센트 과세를, 2만 유로 이상의 소득에 대해서는 25퍼센트 세율이 부과될 것이었다.

키르히호프가 그의 계획대로 하면 저소득자와 중소득자들은 실제로 더 적은 소득세를 지불한다는 것을 보여주고자 했지만, 대중은 납득하지 못했다. 대부분의 사람들이 단순화된 세금 구조의 불확정성이라는 위험을 무릅쓰기보다는 그들에게 익숙한 감면, 면제, 보조금의 확실성을 유지하길 원한다는 점이 드러났다(키르히호프는 자신의 제안이 채택된다면, 누구건 10분 이내로 환급 서류를 작성할 수 있다고 주장했다).

대연정의 도래와 더불어 키르히호프의 단순화된 세제안은 고려할 가치가 없게 되었다. 그는 원했던 바와 달리 재무부 장관이 되지 못했다. 그 자리는 사민당원이자 노르트라인베스트팔렌 주지사이던 페터 슈타인브뤼크Peter Steinbrück에게 돌아갔다. 2006년 말까지 대연정이 완수한 유일한 세제 개혁은 실업보험제도에 대한 고용주들의 부담 일부를 경감해준 것이다. 연방의회는 소매세, 소위 부가가치세를 2퍼센트 인상했고, 실업보험제도에 대한 고용주 측 지불 몫을 같은 정도로 축소했다.

비록 이러한 상황이 전문가들과 권위자들이 요구했던 것과 같은 정도의 포괄적인 개혁 패키지는 결코 아니었을지라도, 모순되게도 경제 상황은 대연정의 도래와 더불어 상당히 개선되었다. 여기에는 순수한 경제적 요소보다는 심리적 희망이 작동했다. 정당들이 더 이상 멍텅구리가 아니라는 안도와 앙겔라 메르켈의 엄청난 개인적 인기(임기 초반 지지율이 77퍼센트에 달했다)는 비관주의를 낙관주의로 바꾸는 데 적어도 단기적으로는 효과가 있었다. 상품과 서비스에 대한 주문 증가라는 보다 큰 소비자의 자신감을 보여주는 의심할 나위 없는 징후들이 있었고, 수년 내 처음으로 실업자 수가 상당한 폭으로 감소했다. 2007년 경제는 2.6퍼센트 성장했고, 2008년 2.4퍼센트의 또 다른 급성장이 있었다. 2008년 7월 실업자 수는 1992년 이래로 가장 낮은 수치인 316만 명을 기록했다.

물론 좋은 시절이 지속되지는 않았다. 독일은 2008년 가을에 본격화된 세계적 재정 위기의 결과를 피해갈 수 없었다. 그에 앞서 독일은 국내의 재정 스캔들, 세금 탈루 문제를 다루어야 했다. 수년간 많은 부유한 독일인이 스위스와 리히텐슈타인 등 해외은행 비밀 계좌로 자산을 이전함으로써 납세 의무의 일부를 회피하고 있다는 것은 공공연한 비밀이었다. 그러한 관행에 대한 대중의 분노는 슈퍼리치와 중간계급의 격차가 점점 분명해짐에 따라 증폭되었다. 2008년 2월 이제는 민영화된 독일 우편 업무의 수장인 클라우스 춤빙켈Klaus Zumwinkel이 세금 탈루로 체포되었다. 그에 대한 조사가 지속되는 가운데, 검사들은 수백 명의 다른 세금 탈루자를 포함할 수 있도록 그물을 넓게 던졌다. 사소한 외교적 분쟁도 있었다. 독일은 스위스와 리히텐슈타인에 압력을 가해 독일인들이 가진 은행 비밀 계좌의 수와 이름을 공개하라고 했으나, 스위스 법에 따르면 해외 탈세는 범죄가 아니라는 말만 들었다. 그러나 종국에 스위스와 리히텐슈타인 당국은 독일의 조사에 협력하는 데 동의했다.

세금 스캔들은 세계 재정 위기의 여파에 곧 가려졌다. 미국 은행가들과 마찬가지로, 독일의 은행들은 이국적 금융상품에 대한 열풍에 참여한 결과로 장부에 많은 '불량 자산toxic asset'을 가졌다. 이 위기에서 고유하게 독일적인 측면은 소위 연방주 은행들이 담당한 역할이었다. 이들은 본질적으로 주의 정부 은행이었다. 그들의 자산은 주의 세금 수입이었고, 일차적인 기능은 공무원 임금에서부터 도로 건설과 다른 인프라 개선 같은 프로젝트에 이르기까지 주정부가 담당한 현재 과제들의 비용을 지불하는 것이었다. 이 위기가 지속되는 가운데 몇몇 주 은행의 매니저들이 파생상품시장의 유혹을 견디지 못했음이 금세 분명해졌다. 그 결과는 이들과 같은 공공 은행 일부가 지불 불능의 위험을 안고 있다는 점이었다. 위기는 또한 독일에서 가장 큰 소매상인 카슈타트Karstadt와 당시 제너럴 모터스General Motors의 일부이던 자동차회사 오펠Opel을 비롯해, 세간의 이목을 끄는 파산들도 포함하고 있었다. 당시 제너럴 모터스는 독일 자회사를 팔려고 노력하고 있었다. 마지막으로, 예상된 바대로 실업이 증가하고 성장률이 저조했다. 2008년을 위한 낙관적인 예언들은 쓰레기통 속에 처박혔다.

위기에 대한 대연정의 반응은, 정부가 주장한 바에 따르면 긴급 구제, 정부 자산 보증, 소비자 장려책, 은행 합병, 사회복지 축소 등의 적절한 조합이었다. 소비자들을 위해서, 미국의 '노후 차량 보상 프로그램Cash-for-clunkers'의 독일판이 있었다. 2대 거대 상업은행인 도이체방크와 코메르츠방크가 정부의 긴급 구제 기금을 수령했다. 세 번째인 드레스드너방크는 코메르츠방크에 합병되었다. 몇몇 문제 많은 주 은행들은 보다 '건전한' 이웃들에 인수되었다. 이목을 끄는 파산들과 관련하여, 정부는 비판자들이 주장하기에 기괴하고 비합리적인 경로였던 길을 선택했다. 카슈타트는 파산 신청을 하도록 강요받았지만, 연방 내각은 오펠의 구매자에게는 정부 보증을 제공했던 것이다.

특히 미국으로부터의 상당한 압력에도 불구하고, 독일은 대규모 부양책에 나서지 않았다. 대연정은 이것이 불필요하다고 주장했다. 경제 위기의 충격이 미국보다 독일에서 다양한 방식으로 더 잘 억제되었던 것은 사실이다. 먼저, 독일은 주택 시장 하락의 재난적인 결과를 다룰 필요가 없었다. 대부분의 독일인들은 주택을 소유하지 않고, 임대한 아파트에서 살았다. 또한 사회 안전망이 훨씬 촘촘하게 짜여 있었다. 독일은 보편적인 건강보험을 갖고 있었다. 노동자들은 실직 상태라고 해도 건강보험 혜택을 받았다. 실직자에 대한 지불 역시 무제한 지속된다. 연방법이 정기적으로 그 수혜 범위를 확대할 필요가 없었다.

실업을 다루는 대연정의 일차적인 수단은 '노동시간 단축Kurzarbeit'을 후원하고 그에 대해 비용을 지불하는 것이었다. 정부는 이 프로그램으로 고용주들에게 불필요한 노동력을 해고하기보다는 단축된 노동시간을 주도록 장려했다. 이 기간 동안 노동자는 정규 업무를 수행할 필요가 없고 숙련도를 높이기 위한 교육 프로그램에 참여했다. 정부는 노동자들이 훈련 프로그램을 이수하는 동안 그들의 임금 가운데 일부를 지불했다. 이론적으로 이는 윈윈전략이었다. 고용주들은 그들의 급여 대상자를 축소한 반면, 노동자들은 그들의 급료를 유지하면서도 경제가 회복되는 동안 새로운 기술을 익혔다.

2009년 3월, 메르켈은 정부가 국가의 경제문제들을 돌보고 있다는 신호를 보내고자, 새로운 경제부 장관으로 카를테오도어 추 구텐베르크Karl-Theodor zu Guttenberg를 임명했다. 기사련의 전직 사무총장이자 바이에른 구귀족 가문의 후예인 구텐베르크는 젊고(그는 지명 당시 37세였다), 역동적이고, 야심만만하며, 매우 인기가 있었다. 새로운 장관은 베를린에서 브뤼셀로, 프랑크푸르트로 달려가 노동계 지도자, 사업가, 유럽연합 관료들을 만났다. 그는 제시되는 모든 아이디어를 듣고 있으며, 자신의 아이디어를 곧 제시할 것 같은 인상을 주었다. 뒤에 보겠지만, 구텐베르크는 경제부 장관으로서 그의 실제 능력을 보여주기에 충분한 정도로 긴 기간 동안 장관직을 유지하지는 못했다.

2009년 가을에 취임한 기민련/기사련-자민당 정부는 회복 중인 경제를 이어받았을 뿐만 아니라(특히 독일의 수출이 놀라운 정도로 잘 유지되었다), 증가하는 국가 부채와 연방 예산의 엄청난 적자 역시 승계했다. 이러한 재정적 제약들은 세금을 감면하고 연방 세제 전반에 대한 점검을 하자는 자민당의 요구에 심각한 한계를 제시했다. 게다가 내각 내 개인적인 경쟁도 있었다. 새로운 경제부 장관은 자유주의자인 라이너 브뤼덜레Rainer Brüderle로(구텐베르크는 이제 국방부 장관이었다) 연장자였지만 강력한 정치가는 아니었다. 재무부 장관은 기민련의 볼프강 쇼이블레였는데(그는 대연정에서 내무부 장관이었다), 연방 적자의 규모로 인해 상당한 세금 감면은 불가능하다고 주장했다. 그 결과 신정부의 세금 프로그램은 명백히 하찮은 일에 머물렀다. 내각은 호텔 숙박에 대한 부가가치세율 삭감을 표결했고, 어떠한 긴급 구제건 이를 위한 기금을 제공하는 은행들에 대한 세금을 신설해서 향후 납세자들이 이 비용들로 인해 부담을 지지 않도록 했다. 개개 은행들에 대한 세율은 기관의 리스크 프로파일에 따라 결정되었다.

기민련/기사련-자민당 내각이 직면해야 했던 첫 번째 주요 위기는 국내 경제가 아니라 국제금융과 관련되었다. 모든 유럽연합 국가들이 세계 재정 위기에 심대하게 영향을 받았지만, 문제는 PIGS 국가—포르투갈P, 아일랜드I, 그리스G, 스페인S을 나타내는 그다지 행복하지 않은 두문자어다—에서 가장 심각했다. 이들 나라들 가운데 그리스가 가장 심각한 어려움에 직면했다. 2010년 봄, 유로존 회원국인 그리스는 파산을 인정해야만 했다. 이 나라는 유로화의 안정성을 위한 기준을 심각하게 어겼다.

　아테네 거리에서 폭동이 일어났음에도 불구하고 그리스는 국가 재정을 바로잡겠다고 약속했을 뿐만 아니라, 유로 클럽의 다른 회원국들에게 원조를 요청했다. 원조 요청은 일차적으로 유럽연합의 최강 경제이던 독일을 향했다. 독일 정부의 첫 번째 반응은 일언지하에 '노'였고, 전문가들은 유로화의 도입이 언제나 실수였다고 주장하며 논쟁에 뛰어들었다. 결국 좀 더 냉철한 머리가 승리했다. 유럽연합 재무부 장관들은 일부는 유럽연합이, 일부는 IMF가 비용을 대는 그리스를 위한 원조 패키지를 준비했다. 메르켈 총리는 패키지의 일부로 그리스가 직면한 것과 같은 문제들을 조기에 발견할 수 있도록 하기 위해, 유럽의 공공 재정에 대한 규정집을 다시 쓰는 것에 대한 유럽연합 동료 지도자들의 동의를 얻어냈다. 2010년 9월 유럽연합 지도자들은 새로운 규정에 동의했음을 공표했다.

　이러한 조치들은 독일 경제를 제 궤도로 되돌리는 데 성공했다. 수출이 증가했고, 실업은 감소했으며, 정부 적자는 예상보다 나은 수익으로 인해 감소했다. 아이러니하게도, 이처럼 긍정적인 지표들에도 불구하고 정부의 인기는 감소했다. 2010년 7월 메르켈 내각은 34퍼센트의 지지율을 얻었는데, 이는 2009년 9월 취임 당시의 48퍼센트에서 현저히 감소한 수치였다. 국민건강보험제도를 위한 보험료 증액 같은 인기 없는 조치에도 부분적인 원인이 있었지만, 분석가들은 대체로 연정 파트너들이 통치를 하기보다는 다투는 데 더 많은 시간을 보낸다는 인식 때문이라고 보았다.

외교정책

통일은 예상치 못한 경제문제들을 야기했지만, 독일 외교관계에서도 심대한 결과들을 낳았다. 통일된 국가는 세계적 차원의 세력 관계에서 새로운 자리를 찾을 필요가 있었다. 이는 매우 어려운 균형 잡기였다(그리고 앞으로도 그럴 것이다). 전직 미 국무부 장관 헨리 키신저^{Henry} ^{Kissinger}가 말했듯, 통일된 독일은 "세계 강국이 되기에는 너무 작고, 유럽 강국이 되기에는 너무 컸다".

통일 이후 독일은 새로운 독일에 대한 해외의 염려를 가라앉히고자 집중적인 캠페인에 착수했다. 이러한 노력들은 세 가지 우선순위를 갖고 있었다. 하나는 모든 남아 있는 국경분쟁을 종식시키는 것이었다. 통일독일은 오데르나이세 라인을 독일의 영원한 동쪽 국경으로 인정했다. 두 번째 강조점은 독일이 국제관계에서 새롭게 특수한 길에 나서지 않을 것에 대한 보장으로서 본–파리 동맹을 유지하고 강화하는 것이었다. 마지막으로 통일독일을 통합된 유럽에 포함시키는 것은 콜 정부가 절대적으로 우선시했던 일로서, 콜 총리는 이로 인해 '최후의 위대한 유럽인'이라는 별명을 얻었다.

프랑스와의 협력과 유럽 통합을 가속화하려는 노력은 1991년 12월 마스트리히트조약^{Treaty of Maastricht}을 낳았다. 일차적으로 프랑스와 독일이 주도했던 이 협약은 네덜란드 도시 마스트리히트에서 열린 유럽연합 회원국 지도자들의 정상회담에서 체결되었다. 지지자들은 이 협약이 유럽의 경제 협력과 정치 통합을 가속화하는 중요한 진전이라고 보았다. 이 두꺼운 문서는(1,000쪽 이상이었다) 유럽 통화 설정, 유럽공동체 내 마지막 무역 장벽 철폐, 회원국의 직업훈련 증명서와 대학 졸업장에 대한 상호 인정, 공동의 유럽 시민권과 유럽공동체에서 유럽연합으로의 개칭 등을 담고 있었다.

'마스트리히트 전략'은 그 지지자들의 높은 기대를 충족시키지 못했다. 콜과 미테랑이 마스트리히트조약에서 그리는 엄청난 분량의 '유럽화' 조치를 위한 기초 작업 준비를 소홀히 했다는 점은 곧 분명해졌다. 이론상으로 이 협약이 '보충성 원칙subsidiarity principle'에 토대를 두고 있었다 하더라도(이는 언제나 결정들이 가능한 가장 낮은 정부 수준에서 이루어져야만 한다는 원칙이었다) 협정의 반대자들은 강력한 유럽의회의 부재로, 마스트리히트 문서가 브뤼셀의 유럽위원회에 새롭고도 통제받지 않는 권력을 줄 것이라고 논평했다. 공동의 유럽 통화인 유로가 강한 독일 마르크를 약화시킬지 모른다는 우려도 독일에서 제기되었다. 군소국들은 강대국들에 의한 주변화에 대해 우려했다. 덴마크 유권자들은 국민투표에서 협약을 내쳤고(결국에는 받아들였다), 프랑스 유권자들은 매우 근소한 차이를 이를 승인했다. 독일에서는 연방의회의 신임투표를 통과했고, 헌법재판소의 도전을 넘어섰다.

마스트리히트 전략의 또 다른, 그리고 어떤 점에서는 똑같이 중요한 문제는, 향후 유럽공동체의 정치적 역할, 특히 군사적 역할에 대한 어떠한 실제적 개념도 부재하다는 점이었다. 유럽연합 공동의 외교 및 안보 전략의 필요에 대한 몇몇 진부한 이야기들에도 불구하고, 그러한 정책들을 완수하기 위한 제도들은 취약했거나 존재하지 않았다. 유럽 안보 정책을 행하는 데 유럽연합 혹은 유럽안보협력기구Conference on Security and Cooperation in Europe, CSCE는 지금껏 효과적이지 않았던 것으로 판명되었다. 유럽군은 초기 단계에 머물러 있었다. 프랑스—독일 부대가 창설되었고(슈트라스부르크에 본부를 두었다), 프랑스와 독일 정부는 이 조직이 유럽 긴급배치군의 핵이 되기를 희망했다. 그러나 벨기에 부대를 추가적으로 배치하려는 계획조차 지휘 언어에 대한 말다툼으로 지체되었다.

미래에 대한 방대한 종이 문서는 어느 정도 독일 외교정책에서 지도력 공백을 반영하고 있었다. 장기 집권하던 외무부 장관 한스디트리히 겐셔가 1992년 사임했다. 겐셔는 국제적으로 상당히 유명한 인물이었을 뿐만 아니라 어떤 서구 국가의 기준으로건 최장수 외무부 장관이었다. 그러나 심근경색을 몇 번 겪으면서, 세간의 이목을 끄는 직업으로부터 은퇴할 필요를 분명히 느꼈다(자민당의 명예의장과 국회의원은 유지했다). 그의 후임자는 겐셔와 마찬가지로 자민당원이던 클라우스 킨켈이었다. 하지만 그는 당과 내각 모두에서 영향력도 카리스마도 없는 인물이었다.

유럽 밖에서 독일의 군사적 역할은 좀 더 근본적인 의문을 제기했다. 1992년과 1993년 독일 군대가 유엔 평화 유지 활동에 참여할지를 둘러싸고 격렬한 논쟁이 일었다. 서독이 1955년 나토에 가입했을 당시 서독은 '바깥 지역', 즉 나토 회원국 영역 바깥을 의미하는 지역에 어떠한 군사력도 배치하지 않겠다는 데 동의했다. 냉전 시기에 이는 군사적이고 정치적인 의미를 가졌다. 하지만 1990년대에 심각한 안보 문제 지역들은 아프리카와 남동유럽을 포함하여 나토 지역 밖에 있었다(이는 영국 외무부 장관 더글러스 허드Douglas Hurd가 1989년에 냉전은 "우리가 지난 40년간 편안하게 살아온 시스템"이었다고 한탄한 또 다른 이유였다).

콜 정부는 독일이 강대국이자 책임 있는 세력으로서 활동해야만 한다고 강하게 주장했다. 이는 연방군을 유엔 평화 유지 임무에 활용될 수 있도록 만드는 것을 포함했다. 내각은 또한 유엔안보리의 상임이사국 자리에 대한 아이디어를 제시했다(독일 국내의 반대에 더해, '유럽'은 이미 영구적인 안보리 회원국인 영국과 프랑스가 있다고 주장하는 유럽의 일부 파트너들도 이러한 제안에 반대했다). 사민당은 '영역 밖'의 활동에 대한 문제로 분열되었고, 녹색당은 처음부터 독일 군대를 외국에서의 군사활동에 투입하는 것에 대해 거부했다. 확고한 의회 결정이 없는 상황에서, 콜 정부는 유엔 작전의 독일군 참여를 '평화 유지' 임무로 제한했다. 1993년과 1994년 연방군은 캄보디아와 보스니아에서 의학적이고 인도주의적인 원조를 제공했다. 독일의 지상군 역시 소말리아에 투입되었지만, 교전이 실제로 벌어질 것 같지 않은 지역으로 한정되었다. 그러나 1996년 12월 연방의회는 유엔과 나토가 승인한다면, 연방군이 '영역 밖' 작전에 참여할 수 있다는 데 동의했다. 그 직후인 1997년 초, 3,000명의 독일 병사는 보스니아 헤르체고비나에서 평화를 유지하는 국제 부대의 일원이 되었다.

동유럽 국가들과 관계를 개선하려는 독일의 노력들은 유럽연합의 정치적, 경제적 성공을 가능케 하려는 노력과의 관련성 속에서 보아야만 한다. 1990년대 이래로 독일은 구소비에트 국가들의 시장경제로의 전환 과정을 돕고자 엄청난 규모의 정부투자와 민간투자를 제공했다(예컨대 폭스바겐은 체코의 스코다^{Skoda} 자동차 공장을 인수하고 근대화했다). 통일된 독일이 서구에 맞서 러시아와 동맹을 맺어 '라팔로 정책'에 새로이 착수할 거라는 우려는 근거 없는 것으로 드러났다.

독일인들은 인접한 두 이웃 나라인 폴란드와 체코에 남은 분노를 없애는 데 특히 관심이 많았다. 폴란드의 경우, 다양한 경제적, 문화적 협력을 낳았을 뿐만 아니라, 몇 가지 되풀이되는 대체로 상징적인 골칫거리들도 낳았다. 대연정 기간에 폴란드의 보수 정부는 폴란드에 대한 독일 미디어의 모욕적인 논평으로 그들이 느꼈던 불쾌함을 토로하며 독일 정부의 사과를 요구했다. 메르켈 정부는 언론 자유의 원칙이 독일에 지배적임을 폴란드에 분명하게 상기시켰다.

다소 더 진지했던 것은 '피난, 추방, 화해 재단^{Bundesstiftung Flucht, Vertrei-bung, Versöhnung}'의 지도력과 임무에 대한 지속적인 논쟁이었다. 이 논쟁은 기억의 정치와 관련되었다. 독일은 이 같은 준정부조직을 설립하여 폴란드에서 나치 범죄를 강조하고, 2차대전 말 폴란드에서 쫓겨난 독일계의 고통도 기억하고자 했다. 문제가 된 특수한 이슈는 이 재단 이사회 구성원의 자격이었다. 독일의 추방민 단체는(실제로는 추방민들의 후손) 그들의 의장인 에리카 슈타인바흐^{Erika Steinbach}가 재단 이사회에 참여해야 한다고 고집했다. 폴란드 측과 자민당은 이로 인해 재단의 초점이 독일인 희생자로 방향 선회할 것을 우려하여 강경하게 거부했다. 이사회 구성원을 임명할 권리가 있던 메르켈 총리는 중도에 서 있었다. 그녀는 폴란드 및 연정 파트너와 우호적인 관계를 유지하고 싶어했다. 하지만 에리카 슈타인바흐는 기민련 소속 연방의회 의원이었고, 그녀가 이끌던 추방민협회는 전통적으로 기민련과 긴밀한 관계를 유지했다. 결국 슈타인바흐는 이사회에 참여하지 않는 데 동의했다.

길고 오랜 토의 후에 독일과 체코는 1996년 12월 양자 협정에 서명했다. 이 협정은 많은 중요한 문제점을 해결했을 뿐만 아니라 과거의 잘못된 행위에 대한 상호 인정도 포함했다. 독일은 1930년대 체코슬로바키아에 대한 나치 파괴 행위의 부도덕성을 인정했고, 체코는 1945년 주데텐 독일인들에 대한 추방이 정당화될 수 없는 폭력을 동반했다는 것을 인정했다. 하지만 양측은 사유재산 주장에 대한 포괄적인 해결에는 동의할 수 없었다. 이 문제에 그들은 '동의하지 않는 데 동의했다'.

독일의 서유럽에 대한 관심과 동유럽에 대한 관심을 결부시키면서, 콜 정부는 나토 회원국, 특히 유럽연합의 구성원이 되고자 하는 동유럽 국가들에 대한 후원자로 활약했다. 독일은 나토 회원권을 폴란드, 헝가리, 체코로 확대하는 것을 지원했다. 프랑스와 마찬가지로 독일도 슬로베니아와 루마니아가 새로운 회원 리스트에 포함되기를 기대했지만, 클린턴 행정부는 이를 거부했다(슬로베니아와 루마니아는 결국 나토 회원국이 되었다). 독일은 나토 확대보다는 유럽연합의 미래에 더 관심을 가졌다. 독일은 세 신규 나토 회원국에 더해 슬로베니아, 사이프러스, 에스토니아를 포함한 6개의 신규 신청국과 유럽연합 회원 자격을 위한 협상을 개시하기로 한 1997년 7월 유럽위원회의 결정을 환영했다. 이 국가들은 2004년 1월 1일 유럽연합에 가입했다.

1998년 9월 취임한 슈뢰더 정부는 독일의 외교정책을 심대하게 변화시키지 않았다. 미국과의 안정적인 동맹관계, 강화된 유럽연합, 동유럽 국가들과의 개선된 관계는 모두 독일의 외교관계에서 핵심적인 목표로 남았다. 몇몇 관찰자들에게는 놀랍게도 새로운 외무부 장관 요슈카 피셔는 삽시간에 그의 동료들 사이를 쉽게 오가는 숙달된 외교관이 되었다. 그의 임기 동안 미국 외무부 장관이었던 매들린 올브라이트Madeleine Albright와 후임 콜린 파월Colin Powell과의 관계는 특별히 다정했다.

예상한 대로, 더 커진 독일은 국제 무대에서 더 큰 존재감을 가졌다. 코소보전쟁 동안, 독일군은 2차대전 후 처음으로 군사작전에 참여했고, 이후 나토군이 발칸 지역에 대한 행정을 담당할 때 연방군 구성원들은 코소보부대Kosovo force, KFOR에 완전히 통합되었다. 독일 군대를 잠재적으로 위험한 곳에 보내는 것에 대해 논란이 없을 수는 없었다. 사민당과 녹색당에는 강력한 평화주의 분파가 있었고, 1999년 4월 사민당 전당대회에서는 연방군 부대를 발칸과 아프가니스탄에 보내려는 정부 안이 기각될 가능성도 실제로 높았다. 하지만 게하르트 슈뢰더는 사민당의 지도적인 원로 정치가이자 과거 평화주의자이던 80세의 에르하르트 에플러Erhard Eppler가 전당대회에서 정부의 입장을 지지하도록 설득할 것이라고 믿었다(실제로 그랬다).

세간의 이목을 끌지는 못했지만, 독일은 이스라엘 및 아랍 국가들과의 관계를 개선하려는 노력도 지속했다. 1999년에 선출된 연방 대통령

요하네스 라우는 이스라엘 의회인 크네세트^{Knesset}에서 연설한 최초의 독일 정치가가 되었다. 또 다른 의미의 최초는 그가 독일어로 연설했다는 점이다. 대연정 기간이었던 2008년 3월 앙겔라 메르켈 역시 크네세트에서 연설했다. 또한 이스라엘을 방문하는 동안 총리와 동행한 8명의 장관들도 이스라엘 내각과 합동 회의를 가졌다.

강화된 유럽연합은 독일 외교정책의 주요 초점이었다. 사실 유럽 통합을 앞당기려는 열망은 요슈카 피셔의 드문 실수 중 하나를 낳았다. 한때 이 외무부 장관은 유럽이 완전한 중앙정부를 필요로 한다고 제안하는 것처럼 보였다. 반대파, 특히 영국으로부터의 반발에 직면하여 피셔는 즉시 후퇴했고, 유럽 초강대국을 선호하지 않는다고 유럽 회의론자들을 안심시켰다. 그러나 피셔 장관은 브뤼셀의 다양한 위원회를 통제하기 위해서는 강화된 유럽의회가 필요하다고 계속해서 주장했다. 독일은 유럽긴급배치군^{European Rapid Deployment Force, ERDF}을 창설하기로 한 2000년 3월의 협정을 이끈 노력들도 지지했다. 이러한 결정은 군사적 긴급사태에 대한 유럽의 준비가 결정적으로 결여되어 있음을 보여주었던 코소보 분쟁의 와중에 이루어졌다. 2003년 투입 준비를 마친 유럽긴급배치군은 유럽연합 국가들로부터 차출된 6만 명의 병사들로 구성되었다(그중 1만 3,500명이 독일 연방군이었다).

유럽연합의 동진을 지지하면서도 러시아와의 우호적 관계를 유지하기 위해서는 일정한 균형 잡기가 필요했다. 러시아는 스스로를 강대국으로 여기고 있고, 유럽연합에 가입하기를 원하지 않는다. 그러나 이 나라의 지도자들은 유럽연합이 러시아의 서부 국경으로 확대되는 것에 대해서는 다소 의혹을 품고 있다. 그런 이유로 특히 게하르트 슈뢰더는 콜 시대 마지막에 러시아와 독일 관계를 특징지었던 러시아 지도자들과의 개인적인 우호 관계를 지속하기 위해 매우 노력했다.

이라크전쟁 시기까지 미국과의 관계는 대체로 갈등이 없는 상태였다. 양측은 장기적이고 안정적인 동맹관계를 유지해왔음을 강조했다. 정부 대 정부 관계가 아닌 하나의 갈등 요소는 나치의 외국인 징용 노동자 프로그램 생존자들에 대한 보상금 지급을 둘러싼 갈등이었다. 당시 미국에 거주 중이던 다수의 나치 희생자를 대표해 미국 변호사들이 앞장서서 독일 기업과 독일 정부에 대한 몇몇 집단 소송을 벌였다. 협상 후, 전 독일 경제부 장관 오토 람스도르프 백작Otto Count Lambsdorff(2009년 사망)과 전 미국 통상교섭본부 대표 스튜어트 아이젠스탯Stuart Eizenstat이 이끄는 팀은 2000년 3월 합의에 이르는 데 성공했다. 이 협정은 노동해야만 했던 조건의 가혹성 정도에 따라 5,000마르크에서 1만 5,000마르크를 옛 징용 노동자들에게 지불할 수 있도록 배상 기금을 마련했다. 기금은 독일 정부의 예산과 독일 산업계의 기부로부터 왔다. 대신 독일 정부와 민간 회사는 향후 소송으로부터 면제될 수 있었다. 연방의회는 필요한 기금에 예산을 책정하는 데 필요한 법을 통과시켰지만, 민간 재원에서 이에 상응하는 기부금을 얻는 데는 상당한 어려움이 있었다. 슈뢰더 총리와 연방 대통령 라우를 비롯한 독일 정부 지도자들은 반복해서 산업계에 그들의 몫을 다할 것을 요구했지만 민간 부문은 나서기를 꺼려 했다. 부분적으로 이는 몇몇 미국 판사들이 협정의 조건이 미래의 원고에게 법률적으로 구속력이 있지 않다고 판결했고, 따라서 독일 회사들은 여전히 미래의 소송에 직면할 수 있었기 때문이다. 물론 이 모든 법적 다툼의 실제 피해자들은 급속하게 늙어가던 나치 착취의 생존자들이었다.

2002년 재선 이후 사민-녹색 연정은 독일의 외교관계에서 몇 가지 주목할 만한 승리와 좌절을 경험했다. 새 내각에서도 계속해서 외무부 장관이던 요슈카 피셔는 독일 외교정책의 목표를 가능한 한 국제적 제도들을 통해 달성하고자 노력했던 확고한 다자주의자multilateralist였다. 이 제도들은 유럽연합(피셔는 좌초된 유럽연합 헌법의 열렬한 지지자였다) 과 피셔가 효과적인 평화 유지 사명의 필요성을 강조했던 유엔을 포함 했다. 실제로 2005년까지 미국을 제외하고 독일보다 더 많은 해외 주둔군을 가진 나라는 없었다. 피셔의 노력의 결실에는 과거 동구 공산권 국가들 대부분이 유럽연합의 회원권을 갖고, 이란의 핵무장 야망으로 인한 위기를 해소하는 데 열심이었던 4개국(미국, 영국, 프랑스, 독일)에 독일이 참여하게 된 것도 포함되었다.

　새로운 세기 초에, 독일과 미국의 관계에서 긴장이 나타났다. 슈뢰더 와 피셔, 그리고 거의 모든 독일인은 2001년 9월 11일에 대한 격분 이후 미국에 대한 참된 공감과 연대를 강조했을 뿐만 아니라 오사마 빈 라덴Osama bin Laden과 세계무역센터에 대한 공격의 가해자들을 원조하고 편의시설을 제공했던 탈레반 체제를 아프가니스탄에서 제거하고자 했던 미국의 군사적 개입 역시 지원했다. 그러나 사민—녹색 내각은 (대부분의 독일인 및 유럽인과 더불어) 이라크를 침략하려는 미국의 일방적인 결정에 대해서는 반대했다. 회고록에서 슈뢰더는 고상한 수사에도 불구하고 부시 정부가 실제로는 국제관계에서 대등한 파트너로서 유럽을 원하지 않았다고 불평했다. 총리는 독일의 반대를 2002년 선거 이슈로 만들었고, 그는 금세 백악관에서 환영받지 못하는 사람이 되었다. 이라크전쟁에 대한 총리와 피셔 장관의 공공연한 반대는 미국에서 부정적인 신문 머리기사들을 만들어냈지만, 무대 뒤에서 두 나라의 정보기관들이 전통적인 협력관계를 지속했다는 것은 기억되어야 한다.

　미국과의 긴장된 관계와 달리, 사민—녹색 연정은 러시아와 매우 우호적인 관계를 발전시켰다. 이는 부분적으로 이라크전쟁에 대한 공통된 반대의 결과였지만, 경제적, 개인적 이유도 있었다. 대부분의 서유럽 국가들에 그러했던 것처럼, 러시아는 독일의 천연가스 수요 대부분을 제공했고, 독일은 그런 러시아의 가장 큰 무역 상대국이었다. 이 둘의 경제적 관계는 양측 모두에게 중요했다. 게다가 푸틴 대통령과 게하르트 슈뢰더는 국가 정상 간의 관계를 넘어서는 개인적 관계를 발전시켰다. 실제로, 분석가들은 두 사람이 참된 '남성동맹'을 공유했다고 평가했다.

2005년 10월 취임한 대연정의 새로운 외무부 장관은 사민당의 프랑크발터 슈타인마이어Frank-Walter Steinmeier였다. 이는 다소 놀라운 선택이었다. 그의 이전 직위는 슈뢰더 총리청의 수석보좌관으로, 이는 슈타인마이어의 외교 경험이 어느 정도 제한적이었다는 것을 의미한다. 일부는 메르켈이 외교 무대에 대한 전문성이 결여되어 있다는 바로 그 이유 때문에 슈타인마이어를 받아들였다고 결론지었다. 메르켈 자신이 외무부 장관이기를 원했다는 것이다. 취임 후 총리가 외무부 장관보다 더 세간의 조명을 받았다는 것은 확실히 사실이었다.

대연정이 전임자의 외교관계상 우선순위 대부분을 유지했다는 것은 놀라운 일이 아니다. 취임 직후 메르켈은 독일과 프랑스의 특별한 관계를 유지하기를 원한다고 강조했다. 총리로서 최초의 해외순방 역시 자크 시라크Jacques Chirac 대통령을 만나기 위한 파리행이었다. 한 가지 주목할 만한 기류 변화는 미국에 대한 새 정부의 태도였다. 사민-녹색 내각처럼 대연정은 이라크에 독일 군대를 파병하기를 거부했지만, 메르켈은 부시 정부에 맞선 슈뢰더의 공공연한 적대적 태도를 없애기 위해 많은 노력을 기울였다. 메르켈은 미국 대통령과 긴밀한 관계를 쌓기 위해 비상한 노력을 기울였고, 백악관에서 환대를 받았다. 실제로 미국 대통령 부시는 동독 지역의 메르켈 고향을 방문하는 예외적인 행보를 보였다.

러시아와 독일의 관계는 다소 덜 우호적인 기반 위에 놓이게 되었다. 양국 간에 긴장을 유발할 두드러진 이슈는 없었지만, 분명한 이유들로 인해 메르켈은 전임자가 가졌던 것과 같은 '남성 연대적 관계'를 향유하지는 않았다.

미국과의 우호적인 관계는 기민련/기사련-자민당 정부 출범 이후 지속되었다. 2009년 11월 메르켈은 상하 양원 합동연설을 하는 영예를 누렸다. 자신의 일반적인 수사 스타일과는 다르게, 메르켈은 감정적이고 매우 개인적인 연설을 했다. 메르켈 총리는 부시 시니어가 독일 통일에 대해 흔들림 없는 지지를 보내준 것에 대한 자신과 독일의 감사를 표현했다.

새로운 기민련/기사련-자민당 연정은 외교관계에서 별로 상서로운 출발을 하지는 못했다. 독일 정부는 2009년 12월 코펜하겐 기후회의에서 실질적인 결과가 도출되지 않은 것에 몹시 실망스러워했다. 독일 환경부 장관 노르베르트 뢰트겐Norbert Röttgen(기민련)은 탄소 배출에 대해 분명하고 구속력 있는 전 지구적 차원의 제한을 가하려는 독일과 다른 유럽 국가들의 시도를 미국과 중국이 만든 별도의 협정이 효과적으로 약화시켰다고 몹시 불평했다.

다른 외교적 참사는 아프가니스탄에서 발생했는데, 국내적으로 큰 반향을 불러일으켰다. 독일은 탈레반과 싸우는 국제 부대에 거의 5,000명을 보냈고, 이들은 미국과 영국 다음으로 큰 규모의 부대였다. 2009년 9월 독일 부대 사령관은 미국의 공군 지원을 요청했고, 그 결과로 다수의 무고한 아프간 민간인이 사망했다. 이는 그 자체로 충분히 나빴다. 그러나 이후의 정치적 반향은 이를 덮기 위한 은폐 시도의 결과로 나타났다. 먼저 공군 폭격을 요청했던 전장의 대령으로부터 국방부 장관에 이르기까지 관련자 모두가 민간인 사상을 부정했다. 그러나 거짓은 빠르게 드러났다. 이 사건에 대한 독립적인 나토 리포트와 탐사보도는 사실을 폭로했다. 소동이 가라앉자, 육군 참모총장 볼프강 슈나이더한^{Wolfgang Schneiderhan} 장군과 새로 임명된 국방부 장관 프란츠 요제프 융^{Franz Josef Jung}이 사임했다. 융은 경제부 장관 카를테오도어 추 구텐베르크로 대체되었다.

새로운 외무부 장관 기도 베스터벨레는, 확실히 바빴다. 그는 외국을 소요하는 여행가가 되었는데, 비판자들은 그의 유람이 독일의 외교정책을 진전시키기보다는 동행한 사업가 친구들의 재산을 불려주기 위해 계획된 것으로 보인다고 불평했다. 베스터벨레는 자극적인 언행을 선호하는 경향도 잃지 않았다. 그는 외무부 장관보다는 부총리로 말하면서, 하르츠 수령자들 중 일부는 로마제국 마지막 날에 퇴폐적인 삶을 살던 로마인들처럼 살 수 있고, 또 살았다고 불평하여 엄청난 저항을 불러일으켰다.

통일 이후 독일 사회

2009년과 2010년 독일은 두 가지 중대한 사건의 20주년을 기념했다. 2009년에는 베를린장벽 붕괴 기념, 다음 해에는 통일 기념 행사였다. 모든 유형의 정치가들이 예상 가능하고 다소간 자화자찬 격인 연설들을 행했을 뿐만 아니라 '베를린 공화국과 본 공화국은 어떻게 다른가?'라는 질문에 답하기 위한 여러 시도가 있었다.

인구는 계속해서 동에서 서로, 북에서 남으로 이동하고 있었다. 과거 동독 지역에 거주하는 인구수는 지속적으로 감소했다. 1990년 새로운 연방주들은 도합 1,643만 명의 인구를 갖고 있었다. 10년 후 그 수는 1,529만 명으로 감소했다. 동독인이 선호하는 목적지는 모두 서독 지역에 있었다. 바이에른, 서베를린, 니더작센, 노르트라인베스트팔렌 지역이었다. 흥미롭게도 인구 이동에 성차도 있었다. 남성보다 더 많은 수의 여성이 동독 지역을 떠났다. 특히 통일 이후 성년에 이른 세대에서, 많은 여성들이 서독과 서유럽의 전문적인 가능성에 이끌린 반면, 다수의 동년배 남성들은 고향의 안정성과 친숙함을 선호했다.

21세기 초의 문제들은 통일 과정에서의 환호와 극명한 대비를 이루었다. 세기 전환기 독일에는 비관주의가 지배적이었다. 1950년대와 1960년대의 '평등한 중간계급' 사회 대신 빈부 격차가 점차 늘어났다. 2005년 10퍼센트의 인구가 자산의 77퍼센트를 보유했고, 9.2퍼센트는 영구적으로 빈곤하다고 간주되었는데, 이는 그들이 중간 소득의 60퍼센트보다 적게 번다는 것을 의미했다. 유로화 도입은 실제로 모든 것의 가격을 인상시킨 주범으로 비난받았다(완전히 부당한 것은 아니었다). 그리고 앞서 보았던 것처럼 사민−녹색 임기 내내 연정을 괴롭혔던 거침없이 지속된 실업률 증가가 있었다.

통일은 부유한 지역과 빈곤한 지역의 격차도 증대시켰다. 메클렌부르크포어포메른의 거대한 지역이 언제나 그랬던 것처럼 빈곤하고 소외된 농촌 지역으로 남았던 반면, 함부르크는 독일에서 가장 부유할 뿐만 아니라 유럽연합에서 가장 부유한 지역이었다(하지만 2009년 메클렌부르크포어포메른은 비스마르Wismar대학 주위에 모여든 하이테크 회사들의 매우 성공적인 거점을 만들어냈다).

인구밀도가 낮은 동독 지역에서 관광 명소를 개발하려는 노력은 지금까지 매우 제한적인 성공을 거두었을 뿐이다. 독일의 소비 패턴은 매우 동일한 상태였다. 동독은 이제 다른 유럽 지역의 국민들보다 여행과 휴가에 더 많은 지출을 한다는 점에서 서독의 사촌들에 합류했다. 또한 대부분의 독일인은 대립과 걷잡을 수 없는 개인주의보다는 사회적 조화와 신조합주의적 관계를 지속적으로 추구했다. 독일은 유럽에서 가장 공들인 재활용 프로그램을 갖고 있었고, 초기의 일부 불만에도 불구하고 소위 환경세가 광범위하게 받아들여졌다.

두 독일의 지속적인 차이와 긴장의 경우에도 마찬가지였다. 전문가들은 통일이 정치의 실재 속에서 일어나기보다는 사람들의 마음과 심장에서 일어났다고 말하기를 좋아했다. 서독인들이 일상적으로 말하는 서독 출신 '베시Wessi'와 동독 출신 '오시Ossi' 간의 차이와 상호 분노는 통일된 독일에서 '통일'을 비웃음거리로 만들었다. 동독과 서독의 분리에는 많은 이유가 있었다. 옛 동독 지역에서 통일에 대한 환호는 느린 경제 회복 속도와 서독인들의 거만함에 대한 불평에 자리를 내어주었다. 구동독에서 공무에 종사하던 거의 모든 사람이 도처에 편재하던 슈타지와 접촉했다는 지속적인 폭로들로 인해 무수한 동독 '태생' 정치가들이 강제로 내쫓겼다. 그들의 자리가 서독 출신의 '뜨내기Carpetbagger'로 대체되기 일쑤여서, 베시들에 대한 분노를 더욱더 강화했다.

그 결과 '우리의' 잃어버린 문화에 대한 일련의 노스탤지어가 동독 여러 분야에 스며들었다. 동독 지역에서 일부 기획력 있는 기업가들은 동독의 공예품들로 장식되고, 옛 동독에서 매우 폄훼된 레스토랑과 소매상 독점체인 국영 상점을 떠올리게 하는 무례한 종무원들을 고용한 식당들을 세웠다. 그러나 그러한 현상들이 과장되어서는 안 된다. 이러한 사실들은 잘 알려지지 않은 공산주의 그룹이 2000년 10월 동베를린에서 동독의 몰락에 반대하는 시위를 주장했을 때, 7명이 집회에 나타났다는 다른 뉴스와 결부될 필요가 있다.

동독 사람들이 원했던 것은 공산주의적 과거로의 회귀가 아니라 더 나은 민주적 미래였다. 그들은 확실히 모든 경제적 지표들이 서독에서 보다 동독에서 더 낮다는 것에 염려했고, 다수의 서독인이 동독인들을 후진한 사촌처럼 대하는 것에 분노했다. 일부 동독인들은 서독의 '경쟁 사회Ellbogengesellschaft'와 다르게 구동독을 특징지어온 것으로 간주된 공동체적 감각의 상실을 안타까워했다. 또한 '오시'들은 생활의 모든 측면에서 서독 기준에 적응해야만 하는 것처럼 보이는 것에 대해 분노했다. 양측에서 많은 사람들이 통일독일의 새로운 낙태법이 되기를 희망했던 보다 자유로운 동독의 낙태법조차도 연방헌법재판소는 위헌으로 판시했다. 그러나 '베시'들 역시 정당한 불만을 갖고 있었다. 그들은 점차 동독이 점점 더 많은 재원을 삼키고 서독의 생활수준을 낮출 위험을 제공하는 밑 빠진 독이라고 보았다.

서독인들의 욕망은 오시와 베시의 분위기를 한층 더 틀어지게 했다. 통일 이후 일부 서독인은 소비에트와 동독 당국이 지난 50년간 몰수했던 재산에 대한 반환을 요구하는 부산스러운 소송을 제기했다. 결국 연방헌법재판소는 동독인들을 돕기 위해 개입했다. 한 획기적인 판결에서 법원은 공산주의자들에 의해 빼앗긴 재산의 소유자들이 자동적으로 반환이나 보상을 요구할 권리를 가지는 것은 아니라고 판시했다. 이 결정이 특히 중요했던 것은 동독 시기에 이 재산들 중 다수가 유치원과 양로원 등 사회복지 제도들로 전환되었기 때문이다.

독일인들의 과거사 청산에 대한 두 번째 노력은 1945년 이후 탈나치화의 어려움을 연상시키는 문제에 직면했다. 한 가지 익숙한 상황은 하급 공산당 관료는 처벌하면서도 구동독 체제의 실질적인 지도자들은 내버려두는 경향이었다. '전환' 이전 사통당 최후의 지도자이던 에리히 호네커는 원래 러시아로 망명할 수 있었다. 그는 모스크바에 있는 칠레 대사관에 숨은 바 있다. 그는 1990년 1월 독일로 돌아와 재판을 받았지만, 재판 절차가 끝나기 전 병보석으로 풀려났고, 딸과 함께 살 수 있도록 칠레 여행이 허가되었다. 그는 칠레에서 1994년 말 사망했다.

증오의 대상이던 슈타지의 전직 수장 에리히 밀케도 유죄 판결을 받았지만(평결은 밀케의 건강 문제로 집행유예되었다), 이는 공산주의 적색전선전사동맹Roter Frontkämpferbund의 구성원으로 그가 1931년 저지른 경찰관 살해에 대한 것이었다(그는 2000년 5월 베를린의 한 양로원에서 사망했다). 1993년 가을이 되어서야 전직 총리 빌리 슈토프Willi Stoph, 전 국방부 장관 하인츠 케슬러Heinz Kessler 등 몇몇 저명한 공산 체제의 대표자들이 상대적으로 가벼운 징역형을 선고받았다.

검사들은 동독의 군부 기득권층을 재판하는 데서 보다 성공을 거두었다. 1997년 중반까지, 동독 '국가방어위원회Nationaler Verteidigungsrat der DDR, NVR'의 몇몇 구성원과 50명 이상의 장교와 국경 수비대가 동독을 떠나고자 했던 사람들을 '사살하는' 정부 명령과 관련해 많게는 7년 6월의 징역형을 선고받았다.

일련의 새로운 재판이 1996년 봄과 여름에 있었다. 에곤 크렌츠와 동베를린의 사통당 지도자인 귄터 샤보프스키를 비롯한 동독의 고위 관료들이 동독의 쇠퇴기 동안 '사살' 명령을 승인한 범죄자로 재판을 받았다. 샤보프스키만이 장벽과 그 결과에 대해 유감을 표명했다. 다른 피고인들은 동독 장교로서 자신들은 냉전의 희생자였을 뿐이며, 모스크바에서 만들어진 명령들을 단순히 집행했을 뿐이기 때문에 유죄가 아니라고 주장했다. 법원은 이들의 주장을 기각했다. 그들은 수년의 징역형에 처해졌다. 2003년 한 독일 법정은 에곤 크렌츠의 보호관찰 요구를 기각했다. 동독의 마지막 지도자는 6년 반의 형기를 채웠다.

동독의 다른 문제는 통일 이후 저명한 정치가 반열에 오른 다수의 정치가를 비롯해 많은 동독 시민들의 슈타지 전력과 관련되었다. 엄청난 규모의 슈타지 정보원에는 체제 비판자들마저 포함되어 있었다(동독의 마지막 총리이자 재능 있는 아마추어 음악가이던 기민련의 로타 드 메지에르도 '체르니Czerny'라는 암호명의 '비공식적 협력자'로 슈타지에 복무한 혐의로 고소당했다). 보다 엄격한 관련 규정이 공표되기 전까지, 슈타지와 그러한 비공식적 협력자들에 대한 정보가 빈번히 정적들에 의해 선택적으로 유포되었다. 그 결과 다수의 동독 '태생' 지도자들이 새로 얻은 정치적 지위에서 사퇴해야 했다. 사회는 정치적 공백을 남겼을 뿐만 아니라, 그들을 관직에서 몰아낸 관료들이 옛 동독의 실생활을 이해하지 못했다는 많은 사퇴자들의 격렬한 비판도 남겼다. 일부 새로운 숙청의 제물들은 체제에 보다 잘 맞서기 위해 가림막 차원에서 슈타지와 협력했다고 주장했다.

나치 시기에 대해 그러했던 것처럼, '과거를 청산하는' 문제는 역사적 실체로서 동독을 어떻게 다룰지에 대한 논쟁을 낳았다. 하나의 관점은 브란덴부르크 주지사인 마티아스 플라체크(전 사민당 지도자)에 의해 표현되었다. 2009년 5월 그는 "동독은 동면쥐류처럼 죽었다"고 선언한 후, 동독의 과거를 파헤치는 것보다 현재에 집중해야 할 때라고 주장했다. 다른 사람들은 반대로 '불의의 체제Unrechtsregime'에 대한 사회적 파장이 용서와 망각의 망토로 덮이기보다는 철저히 조사될 필요가 있다고 강력히 주장했다.

논쟁은 이론적 차원뿐만 아니라 실용적이기도 했다. 예컨대 플라체크의 입장은 적어도 부분적으로는 자신의 정치적 미래에 대한 우려로 인한 것이었다. 그는 브란덴부르크주의 사민-좌파 연정을 이끌고 있었고, 주의회에서 좌파당 분파의 수장이던 케르스틴 카이저Kerstin Kaiser가 슈타지의 밀고자였음을 인정해야만 했다. 대학 시절 그녀는 동료 학생들을 정탐했다. 용서와 화해의 원칙하에서라면 그녀의 과거는 더 이상 상관이 없었지만, '불의의 체제'가 완전히 전모를 드러내야 한다면 독재에 적극 가담했던 그녀의 역할은 정치적 스캔들을 야기할 터였다. 결국 그 행동에 대한 카이저의 '정당화'는 "모두 그렇게 했고", 당시 "우리는 더 잘 알지 못했다"는 것이었다.

동유럽에서 소비에트 체제의 해체는 엄청난 경제적, 정치적 혼란을 낳았을 뿐만 아니라, 동유럽 국가들의 시민들에게 해외여행을 가능케 했다. 다수가 독일에서 정치적 망명을 신청했다. 1990년부터 1992년 사이 독일에 정치적 망명을 신청한 총 인원은 10만 8,000명에서 43만 명으로 증가했다. 독일은 최근까지 매우 자유로운 망명법을 갖고 있었기 때문에 특히나 바람직한 목적지였다. 실제로 어떤 외국인이건 독일에 정치적 망명을 요청할 수 있었고, 일단 신청서가 제출되면 개인은 자신의 사건이 결정될 때까지 자유롭게 독일에 머물 수 있었다. 결국 신청서 대부분은 기각되었지만, 법적 절차는 대체로 수년이 걸렸고, 그러는 동안 망명 신청자들은 독일 사회복지 제도의 혜택을 누릴 권리가 있었다.

망명 신청자의 흐름을 막고자(그리고 우파 극단주의보다 선수를 치고자 하는 의도로), 1993년 5월 연방의회는 망명 규정을 강화하는 논쟁적인 법안을 가결했다. '제3국'을 통해 독일에 들어온 사람들뿐만 아니라 민주주의 체제를 가진 국가 출신의 신청자들도 사법부의 청문 없이 송환될 수 있었다. 법은 공산주의가 종식된 동유럽 국가도 민주국가로 범주화했다. 이 법안은 긍정적인 결과를 가져왔다. 망명 신청자의 수가 급감했다.

1990년대 후반기에, 독일에서 외국인의 존재에 대한 논의는 강조점을 이동해 지속되었다. 슈뢰더 정부는 독일에 살고 있는 외국인들이 독일 시민권을 얻기가 용이해지도록 하는 법안을 도입했다. 이는 콜의 스캔들에서 관심을 돌릴 이슈를 찾느라 혈안이던 기민련으로 하여금 시민이 되기 이전에 외국인들은 독일의 '주류문화^{Leitkultur}'를 받아들였음을 보여줄 필요가 있다고 주장하도록 만들었다. '주류문화'의 개념에 대한 논쟁은 '전형적으로 독일적'인 것이 독일 전역에 퍼져 있는 수백 개의 이탈리아와 스페인 레스토랑도 포함하는지, 혹은 미국 아동들뿐 아니라 젊은 독일인들 사이에서도 강력한 문화적 아이콘인 월트 디즈니의 미키 마우스를 포함하는지를 조롱조로 묻는 전문가들과 정치가들로 인해 삽시간에 웃음거리가 되었다.

정치가들이 문화의 심원함을 논했던 반면, 비즈니스계에서는 다른 걱정거리가 있었다. 높은 실업률은 만성적인 문제였지만, 모순적이게도 독일은 특히 하이테크 산업 분야를 비롯해 경제의 특정한 부문에서 숙련 노동자의 부족을 경험하고 있었다. 이 때문에 슈뢰더 내각은 미국의 그린카드에 상응하는 것을 만들어 중요한 기술을 가진 외국인들이 제한된 기간 동안 독일에 취업하는 것을 가능케 할 것을 제안했다. 이들 외국인들 중 다수가 인도에서 왔기 때문에, 기민련 반대파는 "인도인 대신 아이들"(독일어 슬로건 "Kinder statt Inder"는 각운을 이룬다)이라는 슬로건과 더불어 이 프로그램에 반대했다. 야당은 독일 노동문제에 대한 해결책은 더 많은 외국인을 수입하는 것이 아니라 지속적으로 하락하고 있는 출산율을 높이는 것이 되어야 한다고 주장했다. 1965년 가임기의 모든 독일 여성은 (통계상) 2.5명의 자녀를 가졌지만, 2003년 그 수는 0.7명으로 떨어졌다.* 출산율을 높이는 것은 단기에 도달 가능한 해결책일 수 없다는 사실을 차치하고라도, 전체적인 논의는 완전히 부풀려졌다. 단지 400명의 외국인 숙련 노동자만이 그린카드 프로그램

---

* 이는 저자의 명백한 실수로 보인다. 독일연방통계청 자료에 따르면 2011년에도 가임기 여성의 출산율은 1.39명이다.

대상자였던 것이다.

　망명 신청자와 독일 내 거주하는 대규모 터키계 소수자의 존재에 대한 논쟁뿐만 아니라, 이러한 출산율 논쟁도 우파 극단주의자들에게 좋은 먹잇감이었다. 우파의 정치적 극단주의가 통일독일에서 가장 공론화된 문제라는 점은 말할 나위가 없다. 일부 관찰자들은 '바이마르 상태'로의 회귀를 우려했다. 유사 나치 깃발과 상징들을 든 젊은 유랑 폭력배들은 다시금 1932년의 공포를 분명히 환기시켰다(아이러니하게도 이 상징들 대부분은 제국 시대에서 유래했다. 한편 실제 나치 상징을 공공연히 이용하는 것은 독일에서 불법이다). 통계는 인상적이고 정신이 번쩍 들게 했다. 1991년 초부터 1993년 말 사이에 정치적 동기를 가진 폭력 중 4,700여 건이 독일 전역에서 저질러졌다. 이들 대부분은 다양한 종류의 반달리즘과 관련되지만, 더 심각한 사건들도 있었다. 같은 기간에 26명이 우파 극단주의자들의 공격으로 사망했다. 가장 눈에 띄는 사건은 1993년 봄 북독일의 한적한 묄른^{Mölln}시와 루르 지역 산업도시 졸링엔^{Solingen}에서 발생했다. 묄른과 졸링엔에서 네오나치는 외국인들이 거주하는 집에 방화했다. 터키계 가족들이 사망했다. 졸링엔에서는 그에 따른 충격으로 터키계 청년들의 대항 폭력도 야기되었다. 문제가 사라지지 않은 것은 분명했다. 2008년 연방헌법수호청은 정치적 동기를 가진 증오 범죄가 전년 대비 16퍼센트 증가했다고 보고했다. 거의 2만 건에 달하는 사건 대부분이 소규모 반달리즘, 인종주의 그라피티와 관련되었지만, 1,042건은 방화, 살해, 공격의 경우였다.

　이런 우파 폭력 행위들의 가해자는 거의 변함없이 소위 스킨헤드였다. 젊고(연방 내무부에 따르면, 가해자 가운데 2퍼센트만이 30세 이상이었다), 교육이나 직업훈련을 별로 받지 못했으며, 압도적으로 남성인 그들은 자신들이 받아야 한다고 느끼는 신분과 소득을 주지 않는 사회에 분노하고 있었다. 스킨헤드들은 급속히 변화하는 구성원들을 가진 느슨한 그룹으로 '조직화—이 말이 그에 상응하는 말이라면—되어 있었'는데, 그 일차적인 활동은 음주, 도발적 행진, 이유 없는 폭력 행동 등이었다. 이러한 집단들이 표현하는 이데올로기는 외국인과 유대인에 대한 분노와 증오였다.

한동안 이러한 분노에 대한 정치적 기득권 세력의 반응은 균질하지 않았다. 독일의 대외 이미지에 대해 염려하면서도 정치적 스펙트럼의 오른쪽에 있는 기민련 유권자들을 소외시키지 않으려 애쓰는 가운데, 콜 정부는 우파 정치 폭력의 수준과 심각성을 평가절하했다. 하지만 정부 정책들 중 일부는 극우의 손에 놀아나는 것처럼 보였다. 예컨대 새로운 망명법은 극우가 옳다고 암시하는 것처럼 보였다. 즉 독일은 실제로 '외국인 문제'를 안고 있다는 것이었다.

물론 독일은 연방 경찰력을 가지지 않지만, 한때 일부 주는 스킨헤드의 활동을 강제적으로 진압하는 것을 망설이는 것처럼 보였다. 그러나 1993년 이후부터 경찰의 반응은 점차 한 내무부 장관이 우파 폭력배에 대한 '불관용' 정책이라 부른 것에 의해 지배되는 것처럼 보였다. 경찰은 정치적 폭력범들을 체포할 수 있었고, 법원은 유죄인 개인들을 처벌하면서 자신들의 몫을 다했다. 작센 경찰청의 특수부대는 우파계에 침투하여, 신속한 체포와 더불어 어떤 경우에는 계획된 사건을 막는 데 상당한 성공을 거두었다.

1993년 연방 대통령 리하르트 폰 바이츠제커는 우파 극단주의에 대한 싸움에 개인적으로 관여하던 사람들의 선두에 섰다. 졸링엔 폭력의 희생자들을 위한 장례식에서 추도 연설을 하는 가운데, 대통령은 독일 사회의 민주적 기본 구조에 대한 우파 극단주의의 도전에 직면해서 연대와 굳건함을 가질 것을 열정적으로 호소했다. 향후 사건 전개는 바이츠제커의 호소가 응답이 없지 않았으며, 독일의 사회문제들의 징후가 과장되어서는 안 된다는 것을 보여주었다. 전반적으로 우파 극단주의의 규모에 대해 살펴볼 필요가 있다. 비록 정치적 난민들의 집에 화염병을 던지는 스킨헤드들의 사진들이 되살아난 나치즘에 대한 두려움을 야기한 것은 사실일지라도, 우파 극단주의에 대한 대중적 저항을 보여주는 인상적인 표현들도 있었다. 1992년 이후 수천 명이 '광명의 사슬'과 외국인 혐오 및 정치적 극단주의에 맞서는 다른 형태의 시위들에 참여했다. 촛불을 들고, 시위 참여자들(독일 전역에서 10만 명 이상)은 독일 전역과 대도시들에서 때로 수마일에 달하는 인간 띠를 만들었다. 2차 대전 말의 드레스덴 '폭격 홀로코스트'에 항의하는 2009년 민족민주당 후원의 시위 참여자들은 그들의 계획에 반대하는 대항 시위에 압도되었다.

우파 극단주의의 다른 지속적 특징은 동서독 지역에서 있었던 사건들의 수가 현저한 차이를 보였다는 것이다. 조직화된 혹은 조직화되지 않은 우파 극단주의는 서독 지역보다 옛 동독의 새로운 주들에서 훨씬 더 만연했다(현재도 그러하다). 그 이유들을 찾기란 어렵지 않다. 특히 젊은 동독인들 사이에서 높은 실업률, 독일의 파시즘 과거를 다룰 필요를 완강히 거부했던 권위주의 체제의 유산, 외국인들과의 접촉 결여는 동독 지역의 외국인 혐오 증가에 기여했다.

서독 지역에서 우파로 인한 정치적 폭력 사건의 수가 상대적으로 적은 것은 반대로 이 문제가 자신들과는 무관한 동독의 문제라는 감정을 서독 지역에 만연하게 했다. 하지만 묄른과 졸링엔의 폭력이 보여주었듯이, 그것은 사실이 아니며, 최근 들어 경찰, 법원, 정치 지도자들은 동서독 모든 지역에서 공조 노력을 하여 이 문제를 보다 체계적으로 다루려고 노력하고 있다.

사회의 지속적인 문제에 대한 해결책이 모자란 것은 아니다. 새로운 '사회계약'에서 나타나야 할 연대감을 고무하고, 조합주의의 감각을 새롭게 해야 한다는 요구들이 있었다. 우리가 보았던 대로, 사민-녹색 정부는 사회복지 체계를 개혁하여 보다 유연하게 만들고자 노력했다. 기민련은 세제 개혁을 전폭적으로 믿고 있고, 출산율을 늘리기 위한 조치에 대해 새롭게 강조했다. 그러한 목표를 위해 부모들이 직업 활동과 가정 활동을 병행하는 것이 보다 용이해질 수 있도록 고안된 일련의 제안을 제시했다. 대연정에서 가족/노인/여성/청소년부Bundesministerium für Familie, Senioren, Frauen und Jugend 장관이었던 우르줄라 폰 데어 라이엔은 특히 그러한 정책에 지칠 줄 모르는 지지자였다. 그리고 만연한 비관주의는 경제적 이유라기보다는 심리적 이유 탓이라고 주장하는 사람들도 있었다. 결국 대부분의 독일인은 좋은 편에 속하는 소득, 긴밀히 엮인 사회적 안전망, 다른 나라 대부분을 능가하는 혜택과 더불어 부러워할 만한 생활양식을 지속하고 있는 것이다.

2005년 말 함부르크의 광고회사는 독일에 낙관주의를 고무할 무료 캠페인에 나섰다. 거대한 옥외광고판과 다수의 TV 장면들에서, 평균적인 독일인과 명사들이 독일 사회의 다양성과 이 나라의 성취를 선언했다. 그 결과는 엇갈리는 것이었다. 처음에 응답자 대부분은 캠페인이 그들을 순간적으로 기쁘게 했지만, 현실이 다시 시작된다고 말했다. 그러나 장기적으로는 결국 긍정적인 효과를 낳은 것처럼 보인다. 2009년 5월 슈피겔은 '점점 더 많은 독일인'이 자신들의 나라와 세계에서의 평판을 자랑스러워한다고 보도했다. 그들은 '느긋한 자아의식gelassenes Selbstbewusstsein'을 발전시켜갔다.

기억의 정치에 대한 논쟁도 지속되었다. 21세기 첫해 동안 동독 체제의 여파 및 제3제국과 그와 연관된 장기적 이슈들을 다루는 데 몇 가지 주요한 발전이 있었다. 비록 '탈공산주의화'가 초기 탈나치화가 그랬던 것처럼 별반 효과가 없었고, 동독 지도자들의 범죄를 다루려는 사법적인 노력들이 실제로 2006년경에 종식되었음에도 불구하고, 동독의 지속적인 문제들은 동독에 대한 다양한 형태의 향수인 오스탈기를 부채질했다. 민주사회당/좌파당은 그들이 보기에 구동독에 대한 폄훼라고 보이던 것에 대한 저항의 선봉에 섰다. 민주사회당 구성원들 가운데 43퍼센트는 동독을 정치 독재로서보다는 일차적으로 모두를 위한 사회적 정의를 추구한 국가로 보았다. 좀 더 균형 잡힌 방식으로 오스탈기 테마를 탐구한 것은 2006년 7월 동베를린에서 개관한 쌍방향의 동독박물관GDR Museum이었다. 이곳에서 방문자들은 슈타지가 몰래 설치한 마이크들로 가득 찬 전형적인 동독 아파트에 있는 경험을 할 수 있었다. 박물관의 다른 곳에서, 다른 방문자들은 1989년 이전 비밀경찰이 그랬던 것과 마찬가지로 대화를 엿들을 수 있었다.

독일의 또 다른 과거인 제3제국을 다루는 일환으로, 많은 논의가 이루어진 홀로코스트 기념관이 베를린에 문을 열었다. 이 기념관은 자주 막다른 골목이 되는 좁은 길들로 연결된 일련의 콘크리트 기둥들로 이루어졌다. 많은 비판자들은 디자인이 개성적이지 못하다고 조롱했지만, 기념관은 지속적으로 방문객들의 눈길을 끌었고, 그들의 반응은 일반적으로 긍정적이었다. 2006년 5월 개관한 베를린의 유대인 박물관에 대해서는 거의 전폭적으로 찬사가 이어졌다. 개관 행사에는 연방 대통령 호르스트 쾰러의 감동적인 연설이 있었다. 다니엘 리베스킨트Daniel Libeskind가 구상한 이 건물은 그 용감한 디자인과 상징주의로 인해 건축 비평가들로부터 찬사를 받았다. 독일 유대인 역사의 맥박과 홀로코스트의 비극 모두를 강조한 박물관의 전시품들도 역시 찬사를 받았다.

그러나 독일에서 유대인들의 삶은 과거로 국한되지 않았다. 사실 21

세기 첫 10년간 독일의 유대인 공동체는 지속적으로 성장했다. 동유럽 공산주의 국가들, 특히 러시아로부터의 지속적인 이민자 유입에 힘입어, 독일에 거주하는 유대인의 수는 25만 명 정도가 되었는데, 이로써 전 세계에서 가장 빠르게 성장하는 유대인 공동체가 되었다. 가장 많은 수의 유대인이 거주하는 도시는 베를린으로, 2007년 1만 2,000명에 달했다. 그러나 수도 밖에도 활발한 유대인 공동체가 있었다. 2006년 새로운 시너고그가 로스톡과 뮌헨에 세워졌고, 2007년 9월 베를린의 가장 큰 시너고그가 685만 달러를 들인 개조 이후 다시 문을 열었다. 이러한 노력은 가치가 있었다. 〈뉴욕 타임스〉는 "금으로 된 모자이크 타일과 별 모양 장식을 한 푸른 돔"의 경배의 집이 전쟁 이전의 광휘를 회복했다고 논평했다.

전문가와 논설위원들이 재빠르게 독일 교육의 위기라고 이름 붙인 것이 독일의 사회적 문제들 가운데 높은 순위를 차지했다. 2000년 경제협력개발기구OECD는 서구 세계 국가들의 공교육 효율성을 측정하기 위한 소위 '피사PISA(국제 학업 성취도 평가) 연구'를 의뢰했다. 독일은 조사 대상 국가 중 중간에 위치했는데, 예컨대 읽기 능력에서 19위였다. 역사적으로 공교육 체계에 대해 큰 자부심을 가져온 나라로서는 실망스러운 결과였다. 문제 해결을 위한 즉각적인 요구들이 나타났다. 피사 연구가 여러 연방주 간에 상당한 격차가 있음을 보여주었기 때문에, 교육 전문가들은 주들 간의 교육비 지출을 평준화할 방식들을 제안했다. 부유한 주들이 의구심을 피력했던 것은 놀라운 일이 아니다. 일종의 국정화, 즉 전국적 커리큘럼 기준을 주장하는 다른 제안도 있었지만, 바이에른 주도하에 몇몇 주들은 헌법상 보장된 연방주의 공교육 통제권을 침해할 것이라며 반대했다. 여기서도 처음에 표현된 절망감은 근거 없는 것이었다. 2010년 자연과학 분야에 집중한 새로운 연구에서 독일은 조사 대상 57개국 중 13위였다(미국은 같은 조사 결과에서 27위였다).

 그러나 독일의 고등교육 시스템이 그렇게 좋은 상태가 아니었던 것은 분명하다. 비판자들은 한때 세계의 부러움을 샀던 독일 대학들이 이제는 과밀하고 자금난에 시달린다고 불만을 토로했다. 그 결과, 예를 들어, 독일 과학자들에게 수여되는 노벨상의 개수가 감소하고 있었다. 아이러니하게도 2001년 독일인인 볼프강 케텔레Wolffang Ketterle가 노벨 물리학상을 받기는 했어도 그는 1990년 이래로 MIT에서 연구하고 있었던 탓에 가장 총명한 독일 과학자들이 독일을 떠나고 있다는 주장에 신빙성을 더해주었다. 여기에서도 개혁을 위한 무수한 제안이 있었다. 대학들에 공공 재원을 균등하게 분배하는 제안은 다시금 부유한 주들로부터 예상 가능한 비판에 직면했다. 독일의 대학들은 전통적으로 수업료를 내지 않았고, 수업료 지불이 대학의 만성적인 재정 문제를 완화하리라는 제안들이 있었다. 말할 나위 없이 이 제안은 요란하면서도 평화스러운 무수한 학생 시위를 유발했다. 모든 독일 고등교육기관이 동등하게 우수하다는 신화에 집착하기보다는 미국 모델을 따르고 소수의 엘리트 대학을 육성할 필요가 있다는 제안도 있었다. 이 제안은 매우 미약한 방식이지만, 실제로 실행되었다. 2006년 연방 교육부는 뮌헨대학, 칼스루에기술대학과 뮌헨기술대학을 엘리트 대학으로 선택했다. 이로써 그들은 향후 5년 동안 1억 달러에 달하는 연방 보조금을 받을 자격을 가졌다.

 환경 측면의 그림은 엇갈린다. 2001년 사민–녹색 연정은 2020년까지 과학 연구에 이용되는 것을 제외한 독일의 모든 원자로를 닫기로 결정했다. 이는 녹색당의 오랜 주장이었고, 에너지 수요 증가의 측면에서 이 결정에 대한 반대도 있었지만, 대부분의 독일인은 핵에너지 종식을 지지했다. 2009년 가을 취임한 기민련/기사련–자민당 정부는 이 문제에 대해 분열되어 있었다. 자민당은 일반적으로 핵에너지를 선호했지만 기민련/기사련은 훨씬 덜 열정적이었다. 어떤 경우이건 대중적인 감성은 독일의 에너지 수요를 위해 핵에너지에 의존하는 것을 지지하지 않았다.

2002년 홍수는 동독의 환경문제에 대한 장기간의 외면이 낳은 비참한 결과를 보여주었다. 연방정부와 각 주들은 도랑과 습지의 재건이라는 엄청난 임무에 직면했다. 아이러니하게도 동유럽 국가들과의 교류를 늘리기 위해 엘베강을 대규모 선박들이 운항할 수 있게 만들자는 제안도 있었으나, 이는 다수의 남은 (혹은 재건된) 습지들을 파괴할지도 모르는 건설 프로젝트였다. 그러나 주목할 만한 성공 스토리들도 있었다. 한때 유럽에서 가장 오염된 강이었던 라인강은 공격적인 국제적 복원 프로그램의 결과로 정화되었다. 2006년 정부 당국은 상당수의 연어가 이 강으로 돌아왔다고 공표했다.

국제적 테러리즘은 독일에 중요하고도 직접적인 영향을 미쳤다. 세계무역센터 공격에 참여한 가해자들 중 여럿이 함부르크 바로 외곽에 있는 하르부르크Harburg기술대학 학생으로 독일에 거주하고 있었다. 게다가 300만 명에 달하는 독일 무슬림 인구 가운데 추가로 잠복 조직이 생길 수 있다는 잠재적인 위협도 있었다. 독일 무슬림 대다수는 테러리스트에 동조하지 않았고, 급진적인 이슬람과 어떠한 연계도 없었다. 사실 세계무역센터 공격 이후 독일 무슬림 지도자들은 열정적인 어조로 폭력을 비난했다. 그러나 대체로 근본주의 성직자들 주위에 모이는 일부 극단적 이슬람주의자 집단들도 있었다. 2001년 9월 11일까지는 독일법에서 연방과 주 차원의 헌법수호청 권한이 종교 제도들에 대한 정보 수집을 포함하지 않았기 때문에, 그들은 상대적으로 자유로이 활보할 수 있었다.

이러한 상황은 9·11 테러의 여파로 변화했다. 내무부 장관이던 사민당의 오토 실리^{Otto Schily}는 미국의 유사한 프로그램을 차용한 반테러 조치들—의심스러운 은행 계좌 조사, 여객기 보안 요원, 증가된 국경과 이민 통제—에 더해, 증오와 폭력을 설교하는 급진적 종교 집단을 감독할 권한을 포함한 일련의 법안을 통과시켰다. 새로운 법의 효과를 경험한 사람들 가운데 한 명이 무슬림 종교 공동체의 지도자인 이맘^{imām} 메틀린 카플란^{Metlin Kaplan}이었다. 카플란은 기구한 종교적, 정치적 역사를 갖고 있었다. 터키 태생인 그는 1998년 터키 정부를 전복하려는 음모에 가담했다는 죄목으로 터키에서 기소되었다. 그는 곧 독일로 도망해서 터키에서는 공정한 재판을 기대할 수 없다고 주장하며 정치적 망명을 요청했다. 이 망명 신청이 유예되는 동안 그는 쾰른의 소규모 종교 공동체의 이맘으로 자리 잡았다. 그의 소위 종교적 메시지는 서구 문화와 제도들에 대한 증오에 불과했다. 2004년 10월 연방재판소는 카플란이 망명법이 규정한 의무들을 어겼다고 판시했고, 터키로 강제 추방했다.

독일에 거주하는 추가적인 테러리스트 그룹의 지속적인 위험은 2009년 봄에 분명해졌다. 뒤셀도르프에서 소위 '자우어란트 그룹^{Sauerland-Gruppe}'이 테러를 자행하려는 음모로 재판에 회부되었다. 피고는 노르트라인베스트팔렌주 작은 마을에 거주하는 네 명의 남자—두 명은 터키 무슬림, 두 명은 이슬람으로 개종한 독일인—로, 조직의 이름은 지역 이름인 자우어란트에서 유래했다. 검찰에 따르면 이 그룹은 프랑크푸르트공항과 바이에른 람슈타인^{Ramstein}에 있는 미 공군기지를 비롯해 세간의 이목을 끄는 다수의 목표들에 대한 폭탄 공격을 계획했다. 이들은 독일과 미국 반테러 활동가들의 6개월에 걸친 조사 끝에 2009년 가을 체포되었다.

테러리즘의 위협은 적어도 하나의 간접적이기는 하나 운이 좋은 결과를 가져왔다. 즉 독일로 하여금 700만 명에 달하는 외국인의 '문제'를 인정하고 다루도록 강제했다. 2006년 말까지 독일에 거주하는 5명당 1명은 독일인이 아니었다. 수년간 정치가들은 이 문제를 무시해왔다. 기민련은 "독일은 이민 국가가 아니다"라고 선언했는데, 이는 수백만 명의 초청노동자와 그들의 후손이 적당한 때에 자신들의 조국으로 돌아갈 일시적인 독일 거주자일 뿐임을 암시하려는 의도가 담긴 슬로건이었다. 이 시나리오가 수년간 현실화되지 못했음에도 불구하고, 정치적 기득권층으로 하여금 독일 내 '외국인'과 연관되는 문제들을 어떻게 다룰지를 두고 진지하게 논의에 착수하도록 강제했던 것은 테러리즘과 무슬림 거주자들 간의 잠재적 연관성 때문이었다.

문제는 독일에 살고 있는 가장 큰 규모의 '외국인' 집단인 터키인들 사이에서 특히 심각했다. 모든 통계적인 척도들에 따르면 독일의 터키계 소수자들은 사회 하층에 위치했다. 하나의 집단으로서 이들은 덜 교육받고, 보다 높은 실업률을 보였으며, 다른 '태생적' 독일인 혹은 다른 이민자 집단들보다 사회적 이동성도 적었다. 물론 문제를 인식한다고 해서 그 원인이나 해결책에 대한 질문에 답할 수 있는 것은 아니다.

2009년, 베를린주 정부의 전직 재무 담당 장관 틸로 자라친[Thilo Sarrazin]이 이 '문제'의 원인은 단순하다고 선언하면서(그는 답을 제시하지 않았다) 미디어에서 일대 소란이 일었다. 대부분의 터키인이 독일 사회에 통합될 의지도, 능력도 없다는 것이었다. 게다가 그들은 채소가게를 운영하는 것을 제외하고는 다른 일에 능하지도 않다고 했다. 자라친의 극단적인 견해에 동의하는 독일인은 극소수였지만, 다른 관점들도 광범위한 동의를 얻지는 못했다. 1년 후 이제는 독일연방은행 이사회 구성원이 된 자라친은 다시금 대서특필되었다. 이번에는《독일이 망해가고 있다Deutschalnd schafft sich ab》는 책과 더불어서였다. 매우 선택적인 (그리고 자주 잘못된) 통계에 의거해서, 자라친은 무슬림들이 독일의 관대한 복지 제도를 악용하기 위해 독일에 왔다고 주장했다. 일단 독일에 도착한 후 그룹으로서 무슬림은 인종적으로 '태생적' 독일인들보다 열등하기 때문에 독일의 '수준 하락'에 기여한다고도 했다. 이 출간물은 또 다른 소동을 야기했다. 모든 주요 정당의 정치가들이 이 책이 선동적이고, 근본적으로 잘못되었다고 비난했다. 자라친은 연방은행에서 사퇴하도록 압력을 받았고, 그의 정당인 사민당은 그를 추방했다. 그러나 이 책은 즉각 베스트셀러가 되어 1개월 만에 10만 부 이상이 팔렸다.

온건한 우파는 이민자들이 독일 사회의 구조에 완전하게 통합될 필요가 있다고 주장했다. 독일의 주류문화를 받아들여야 하고, 추가적으로 적정한 태도 평가Gesinnungstest를 받아 '독일성'을 받아들였음을 보여야 한다는 것이었다. 그러나 대부분의 분석가들은 독일이 인종의 용광로melting pot가 되는 것이 불가능하다는 것을 인정했다. 대신 좌파는 다양한 독일 거주 '외국' 공동체들에 포괄적인 문화적 자율성을 주고, 최소한의 통합을 요청하자고 제안했다. 반대자들에게 다문화multikulti라는 조롱을 받았던 이 관념에 따르면, 이민자들은 독일어를 배우고, 독일의 충실한 시민으로서 그들의 의무를 받아들일 것을 요구받았지만, 그들의 종교적, 문화적 전통을 유지할 수 있었다.

그러나 그 문화적 자율성은 얼마나 멀리까지 확대될 수 있는가? '명예살인' 같은 현상은 전적으로 받아들여질 수 없었다. 독일에서 이 범죄의 몇 가지 사례가 있었다. 가족이 선택한 남성과 결혼하기를 거부한다는 이유로 남성 친척들이 한 여성을 살해했다. 독일법은 그와 같은 범죄를 살인으로 다루고, 가족의 명예를 회복하기 위한 정당한 살인으로 간주하지 않았다. 마찬가지로, 대연정의 내무부 장관 볼프강 쇼이블레는 몇몇 무슬림 성직자가 무슬림 소녀들은 공립학교의 체육 교육에서 면제되어야 한다고 요구했을 때 이를 받아들이지 않았다. 반대로 2006년 연방행정법원은 공립학교 교사로서 히잡을 착용하는 것은 허용될 수 있다고 판시했다. 바덴뷔르템베르크주는 무슬림 교사가 교실에서 히잡을 착용했다는 이유로 파면하면서, 이는 종교 상징이고, 따라서 그것을 착용하는 것은 학급에서 개종시키려는 것이라고 주장했다 (아프가니스탄 태생인 피고는 개종시킬 생각이 없었으며, 히잡을 착용한 것은 "좀 더 편안하게" 느끼고 싶어서였다고 주장했다).

다문화주의 비판자들은 이와 같은 논쟁들이 다문화가 모순어법임을 보여준다고 주장했다. 문화적 자율성과 국가적 통합은 상호 양립 불가능한 개념이라는 것이었다. 그러나 다문화주의 옹호자들도 자신들의 증거들을 쏟아냈다. 2006년 여름 월드컵 축구가 독일에서 개최되었고, 전통적인 옷을 입었지만 열정적으로 독일 깃발을 흔들며 국가대표팀을 격려하는 무슬림 여성들의 사진은 문화적 자율성과 국가적 통합이 결코 양립 불가능하지 않음을 보여주었다. 2010년 월드컵 독일 국가대표팀의 스타 가운데 한 명인 메수트 외질Mesut Özil도 터키계 독일인이었다.

2006년 늦여름 내무부 장관은 무슬림−독일 관계를 위한 고위급 회담을 개최했다. 30명은 정부가, 30명은 무슬림 공동체들이 선택한 60명의 전문가들이 베를린에 모여 독일 무슬림 삶의 다양한 면모에 대해 논의했다. 이 회의는 새로운 법안을 제안하려고 의도된 것이 아니었고, 쟁점들에 대한 많은 이견도 있었지만, 모든 참석자가 대화의 정중함과 모든 면에서의 선의의 표현에 감동을 받았다고 보고했다.

완전히 다른 성격의 종교적 논쟁은 가톨릭교회와 관련된 것이었다. 2009년과 2010년 몇몇 가톨릭 성직자에 의한 성추행 스캔들이 점점 더 큰 반향을 불러일으켰다. 물론 이 스캔들이 독일에 국한된 것은 아니었지만, 당시 교황인 베네딕트 16세^{Benedict XVI}가 독일인이었고, 그가 뮌헨 추기경 취임 초기에 매우 심각한 성적 학대 문제를 다루는 임무와 직접 관련이 있었기 때문에 독일에서 특히 중요했다. 교회가 이 문제에 대해 부인하려고 노력한 것뿐만 아니라 학대 사건에 대한 뉴스가 지속적으로 이어진 것 자체가 고국에서 교황의 인기를 가파르게 하락시켰다. 2005년 4월 베네딕트 16세가 선출되었을 때, 독일 최대 일간지 〈빌트〉는 거만한 국가적 자부심으로 "우리가 교황"이라는 머리기사를 사용해 이 소식을 반겼다. 5년 후인 2009년 3월 〈슈피겔〉이 의뢰한 여론조사에 따르면, 73퍼센트의 응답자가 교황이 성 스캔들을 부적절하게 다루었다고 느낀다는 것을 보여준다. 95퍼센트의 응답자는 '교회가 현대화되어야 하는가'라는 질문에 '네'라고 답했다.

다수의 중요한 문화적 사건들이 최근에 일어났다. 2002년 독일 전후 저널리즘의 두 상징이 사망했다. 3월 옛 동프로이센 귀족 가문의 후손이자 장기간 존중받는 자유주의적 주간지 〈차이트〉의 편집인이던 마리온 된호프^{Marion Dönhoff} 백작부인이 사망했다. 그녀는 독일에서 시민적 정치 문화를 고양시키는 데 특히 열심이었고, 독일-폴란드 협력 관계를 증진하는 데 중요한 역할을 담당했다. 같은 해 9월 된호프의 가까운 친구이자 유럽에서 가장 판매 부수가 높은 뉴스 잡지인 〈슈피겔〉의 편집자 겸 발행인인 루돌프 아우크슈타인^{Rudolf Augstein}이 사망했다. 아우크슈타인은 1946년 이 잡지를 창간한 이래 줄곧 편집장을 맡고 있었다.

독일의 풍경에서 몇 가지 중요한 건축학적 발전이 있었다. 2005년 10월 재건축된 드레스덴의 프라우엔키르헤^{Frauenkirche}*에서 처음으로 예배가 거행되었다. 교회는 2차대전 말 몇 달간 연합국의 폭격으로 파

---

* 성모교회.

괴되었고, 이후 45년간 폐허로 남아 있었다. 동독의 무신론적 체제는 이 중요한 교회 건물을 복원하기 위해 재원을 투자하는 데 전혀 관심이 없었지만, 독일 통일 이후 교회를 재건하고자 하는 시민운동이 시작되었다. 1억 유로의 비용은 주로 민간 기부로 충당되었다. 2차대전 당시 독일의 적들이었던 나라들을 포함해 거의 모든 유럽 국가로부터 기부자가 있었다(기부자들 가운데 한 명은 볼프강 케텔레로, 그는 노벨상 상금 중 상당 몫을 재건 비용으로 기부했다).

독일의 수도를 재건하는 과정에서 1990년 이래 시의 건설 감독관이던 한스 슈팀만Hans Stimmann이 은퇴한 2006년은 분수령이 되었다. 그는 특히 신규 건설 대부분이 일어난 옛 동베를린 지역에서 그가 "유럽적 도시"라고 불렀던 것을 재건하는 책임을 담당해왔다. '유럽적 도시'라는 표현은 그가 대부분의 거대 유럽 도시들을 특징지어온 전통적인 광장, 궁전, 거대한 도로들의 느낌이 유지되기를 원한다는 것을 의미했다. 그는 어떤 건물도 도시에서 가장 높은 교회 첨탑보다 높아서는 안 된다고 고집함으로써 대규모 고층건물 건설을 막았다. 슈팀만 비판자가 없었던 것은 아니었다. 일부 건축가들은 그의 감독하에서, 과감한 혁신보다는 평범함이 재건 노력을 특징짓는다고 불평했다. "그는 우리를 최악으로부터 구제했다"는 재담이 유행했다. 이에 대해 다른 논평자들은 "그렇지, 그리고 최상으로부터도"라는 말로 응수했다.

동베를린의 박물관섬 재건은 슈팀만의 비전에 대한 매우 적절한 표현이었다. 슈프레Spree강에 있는 이 박물관섬은 고대 이집트부터 19세기에 이르는 조각상, 회화, 장식예술들을 전시하는 5개의 네오바로크양식 건물군으로서 20세기 초에 건설되었다. 건물들 중 일부는 연합국의 폭격으로 심하게 손상되었고, 이후 동독 당국에 의해 대체로 외면당해왔다. 통일 이후 재건 과정이 본격적으로 시작되었다. 2001년 구국

립미술관Alte Nationalgalerie이 재개장되었고, 2006년 11월 보데Bode박물관 재건이 마무리되었다. 1904년 개관 때는 (당시 독일 황제의 아버지를 기리고자) 프리드리히 황제 박물관이라고 불렸으나, 이제는 기부자 빌헬름 폰 보데Wilhelm von Bode의 이름을 땄다. 그는 베를린의 오랜 박물관들의 관장으로 장기간 재직했고, 소장품들을 기획했을 뿐만 아니라 유대인 은행가 친구인 제임스 지몬James Simon의 도움으로 현재 보데박물관에 전시 중인 상당수 작품들을 구매했다. 보데는 1929년, 지몬은 1932년 사망했다.

2009년 박물관섬에서 복원된 건물들 가운데 마지막 건물이 대중에게 공개되었다. 소위 노이에스 무제움Neues Museum, 즉 신박물관으로, 이집트 미술품과 선사 시대 작품들을 소장할 예정이었다. 이 새 박물관은 원래 프로이센 왕 프리드리히 빌헬름 4세 통치기 동안인 1855년 '국민들의 가장 수준 높은 흥미를 기를' 요량으로 개관되었다. 이 건물 역시 2차대전 동안 심각하게 손상되었다. 복원과 재건은 영국 건축가 데이비드 치퍼필드David Chipperfield의 작품이었다. 그는 원래 건물의 남은 부분과 오래된 건물의 미학을 보존하는 근대적 요소를 혼합하고자 노력했다. 〈뉴욕 타임스〉의 논평에 따르면 그 결과는 "그토록 아름답고, 그토록 우아해서 의혹과 비판을 간단히 잠재우는" 박물관이었다. 박물관섬의 건물들이 재건되었을 때, 시의 명품 미술품들을 그곳으로 재집결시키려는 노력도 있었다. 많은 작품들이 냉전 기간 베를린이 분단되었을 때 동서 베를린에 나뉘어 소장되어 있었다.

21세기 첫해에 독일의 문학계는 두 가지 매우 난처한 스캔들로 특징지어졌다. 수년간 독일에서 가장 성공적이고 존중받은 작가들 중 한 명인 마르틴 발저Martin Walser는 독일의 저명한 비평가인 마르셀 라이히라니츠키와 지속적인 다툼을 벌이고 있었다. 발저는 라이히라니츠키가 그의 권력과 영향력을 활용하여 자신의 작품을 부당하게 공격한다고 불평했다. 그는 아우슈비츠의 상징이 계속해서 독일인들 머리 위에 '도덕적 곤봉Moralkeule'으로 휘둘리고 독일인들을 영원히 죄인으로 느끼게 만드는 쪽으로 부당하게 사용되어왔다고 암시했을 때인 1988년 이미 한 차례 논쟁을 일으킨 바 있다. 당시 라이히라니츠키를 비롯한 많은 이들이 발저를 두고 반유대주의적 감정을 되살리고 있다고 비판했다.

2002년 발저는 반격에 나섰다. 그는 《어느 비평가의 죽음Tod eines Kritikers》이라는 책을 저술했는데, 그 중심인물인 안드레 에를쾨니히Andre Ehrl-König는 마르셀 라이히라니츠키를 얄팍하게 위장한 인물이었다(괴테의 시에서 에를쾨니히라는 가공의 인물은 아이를 유혹해서 죽음에 이르도록 한다). 발저는 그의 표제에 해당하는 인물에게 비평가들이 반유대적 고정관념이라고 보았던 몇 가지를 포함하여 매우 다양한 불쾌한 개성을 부여했다. 라이히라니츠키는 즉시 싸움에 가담해, 발저를 뒤틀린 성격의 좌절한 사람으로 묘사했다.

다른 문학적 소동은 2006년에 있었는데, 독일에서 가장 유명하고 존경받는 생존 노벨상 수상자 귄터 그라스와 관련되었다. 《양철북》의 작가이자 2000년 노벨 문학상 수상자인 그라스는 오랫동안 자칭 독일의 도덕적 양심의 체현으로서 행동해왔다. 그는 정치가들에게 나치 과거에 대해 자백하라고 반복해서 요구했고, 1990년에는 아우슈비츠 이후 독일의 영원한 민족 분열은 적절한 처벌이라고 주장했다. 그라스는 발저가 아우슈비츠를 도덕적 곤봉으로 사용한다고 고발한 사람들 중 한 명이었다.

2006년 그라스는 그의 생애의 첫 30년을 다룬 자서전을 저술했다. '양파 껍질을 벗기며'라는 제목이었다. 책 출판 이전에 관행적으로 그러듯이, 그라스는 다수의 인터뷰에 응했고 많은 토크쇼에 출현했다. 여기서 그는 처음으로 1945년 초 18세에 자신이 히틀러의 엘리트 부대이던 무장 친위대의 구성원이었음을 고백했다. 그는 이전에 자신이 주장했던 것처럼 단순히 공군 공격에 맞서는 부대에 복무한 것이 아니었다. 그는 자신이 무장 친위대에 징집되었다고 했고, 이는 분명 사실이었다. 2차대전 말 무장 친위대는 아직 나치 통치하에 있는 외국의 거주자들, 즉 나치의 정의에 따르면 인종적으로 독일인인 사람들로 하여금 자신들의 대열에 가담할 것을 강요했다. 그라스의 고백은 노벨상을 반납하라는 요구를 포함하여(그는 그렇게 하지 않았다) 엄청난 비판을 야기했다. 비평가들은 그가 짧은 기간 무장 친위대에 가담했다는 것이 문제가 아니라, 다른 모든 사람들로 하여금 나치 시기 활동에 대해 정직할 것을 강요했으면서도 자신의 일에 대해서는 오랫동안 침묵했다는 것을 비판했다. 오랜 침묵에 대한 그라스 자신의 설명은 지금에서야 스스로 그 문제에 직면할 수 있게 되었다는 것이었다. 냉소가들은 그라스가 자서전 판매를 늘리기 위해 그 모든 일을 꾀했다고 주장했으나, 그라스는 그에 대해 강력히 부인했다.

문제와 전망

독일 사회의 지속적인 분열은 통일 10주년 공식 행사를 둘러싼 논쟁에서 극적으로 적나라하게 드러났다. 슈뢰더 정부가 1990년 이후 얼마나 많은 것이 성취되었는지를 상세히 보고하는 낙관적인 리포트를 발간했던 것은 이해할 만한 일이었지만, 실제 축하 행사는 콜 스캔들과 그 여파의 그늘에 가리게 되었다. 공식적인 축하 장소는 드레스덴(작센주)이었고, 작센의 주지사인 쿠르트 비덴코프Kurt Biedenkopf가 주최 측이었다.

비덴코프는 서독 출신이고 기민련 소속이었지만, 오랫동안 헬무트 콜의 라이벌이자 비판자였다. 결과적으로, 전직 총리가 관심을 독차지하지 않도록 할 요량으로 비덴코프는 행사 연단에 콜을 초청하지 않았다.

헬무트 콜은 격노하며 비난했고, 사민당, 녹색당, 기민련 내 그의 정적들, 심지어 독일 교회들이 국가 통일에 이르는 극적인 몇 개월 동안 일부러 꾸물거렸다고 주장했다. 이 전직 총리가 반복해서 주장한 바에 따르면, 그의 비전과 결정 없이는 통일의 기회가 사라졌을지도 몰랐다. 콜의 정치적 친구들은 드레스덴에서의 부재를 보상하기 위해, 이제는 논쟁에 휩싸인 인물인 콜을 주요 연사로 하여 베를린에서 축하 행사를 마련했다. 그들은 통일 과정에서 콜의 중요한 역할을 강조하고자, 동독에 있던 건물인 소위 눈물의 궁전^{Tränenpalast}에 자신들의 기념비를 준비했다. 공산주의 시기 동안 이 매우 기괴한 건물은 동베를린 시민들이 서베를린과 서독에서 그들을 방문한 친척들에게 이별을 고하는 눈물 어린 작별의 장소였다.

두 독일 사이의 지속적인 격차에 대한 논의는 독일 내부와 (특히) 해외에서 미디어 토론 대부분을 지배했지만, 시야를 넓힐 필요가 있다. 독일의 두 절반이 급속하고 완벽하게 통합되리라는 희망은 너무 순진했다는 것은 분명한 사실이다. 그러나 고든 크레이그^{Gordon Craig}가 논평했던 것처럼 오시와 베시의 차이는 줄어들고 있고, 진정한 문제는 사회 전체가 직면하고 있다. 이 문제들은 지역이나 사회정치적 배경에 따라 차이를 보이지 않는다.

그러나 문제는 남았다. 재통일된 국가는 질적으로 완전히 다른 국가인가, 단순히 확장된 서독인가? 정치학자 한스외르크 헨네케^{Hans-Jörg Hennecke}는 2003년 이 문제에 답하고자 《세 번째 공화국: 새로운 시작과 실망^{Die Dritte Republik: Aufbruch und Ernüchterung}》이라는 책을 출간했다(첫 두

공화국은 바이마르공화국과 1990년 이전 서독이다). 저자는 그가 '4가지 큰 변화'라고 보았던 것을 확인했다. 통일의 국내적 결과, 변화된 국내 정치 상황, 유럽화와 세계화의 상호 연계 효과, 국제 무대에서 독일의 새로운 역할 등이다.

이러한 결론들은 상당한 진실을 담고 있다. 통일이 독일 사회 전반에 몇 가지 예기치 못한 문제점을 가져왔다는 것은 분명한 사실이다. 새 독일은 동독이 오랫동안 외면해온 동독의 문제점을 승계했다. 정치적으로 후기마르크스주의 좌파의 부활과 특히 동독 지역에서 극우의 폭발적인 존재감은 대체로 통일의 약속과 현실 사이의 간극에서 비롯된 것이다. 유럽화와 특히 세계화의 부정적인 영향은 통일 이후 대부분의 시기 동안 독일 사회에 만연했던 비관적 분위기를 설명하는 데 크게 도움이 된다.

낙관적인 측면에서 볼 때 세 번째 공화국은 국제 무대에서 훨씬 더 중요한 행위자가 되었다. 8,000만 명의 인구를 가진 독일은 유럽연합에서 가장 큰 나라이다. 점점 더 많은 평화 유지 임무들에 대한 독일의 참여가 증명하듯이, 통일된 독일의 국제적 역할은 1990년 이전 동독이나 서독보다 훨씬 크다. 그러나 무엇보다도 통일된 독일은 안정적인 민주주의국가이면서, 유럽연합과 북대서양조약기구에서 믿을 만한 파트너로 남았다.

앙겔라 메르켈^{Angela Merkel}
(1954년~)

앙겔라 메르켈은 수많은 '최초' 타이틀을 보유한 여성이다. 그는 기민련의 첫 번째 여성 총리이고, 총리가 된 첫 번째 프로테스탄트 동독인이며, 성性에 상관없이 기민련의 최연소 지도자였다. 아이러니하지만 사실 메르켈은 서독의 함부르크에서 태어났다. 그러나 그녀가 아직 어릴 때, 그의 아버지가 프로테스탄트 목사직 임명을 수락하면서 가족이 동독으로 이주했다. 메르켈은 과학자로서의 이력을 추구하여 결국 물리학 박사 학위를 취득했다. 그리고 학위를 취득한 후 동독의 과학아카데미에서 연구원으로 일했다.

그녀는 1989년 이전에는 정치적으로 활발하게 활동하지 않았지만, 동독이 붕괴하면서 정치에 입문했고 삽시간에 주목을 끌었다. 사통당 체제가 붕괴했을 때, 메르켈은 동독에서 새로운 비공산주의 그룹들 가운데 하나인 민주적혁신Demokratischer Umbruch, DU에 참여했다. 민주적혁신은 서독 기민련의 비밀 활동 조직이었고, 메르켈은 얼마 후 조직의 모체인 기민련에 입당했다. 그녀는 홍보 분야에서 활동한 이력이 없었음에도, 기민련의 로타 드 메지에르가 이끄는 마지막 동독 정부에서 언론 담당 부비서가 되었다. 1990년 12월, 통일 후 치러진 첫 번째 선거에서 메르켈은 메클렌부르크포어포메른을 대표하는 기민련 후보로 연방의회에 입성했다.

독일 통일 이후, 메르켈은 일약 성공을 거두었다. 그것은 대부분 그녀가 적합한 장소에 있었던 적합한 여성이었기 때문이다. 몇몇 동독인들을 자신의 내각에 끌어들이려고 열심이던 헬무트 콜은 그녀를 가족청소년부 장관으로 임명했다. 이 자리는 전통적으로 내각에서 비중이 작은 자리 가운데 하나였지만, 1994년에는 더 명망 있는 환경부 장관 자리로 옮겼다. 독일에서 환경문제가 심각한 지역들이 구동독에 위치하고 있었기 때문에, 그녀의 동독 배경은 그 직위를 맡기에 더할 나위 없이 적합했다. 4년 후인 1998년 선거에서 기민련이 패배해 기민련의 현직 사무총장이 사임하자 메르켈은 그의 후임에 올랐고, 이 직위에 오른 최초의 여성이 되었다.

콜과 오랫동안 콜의 후계자로 여겨져온 볼프강 쇼이블레를 사퇴시킨 비자금 스캔들이 없었다면, 이 자리가 그녀의 정치적 이력의 정점이 되었을지도 모른다. 국방부 장관 폴커 뤼에Volker Rühe, 콜의 오랜 비판자인 쿠르트 비덴코프와 베른하르트 포겔 등 콜의 후임이 되기를 열망하는 다수의 저명한 기민련 정치가들이 있었지만, 당무회의는 이 낡은 인사들 중 한 명을 전면에 세우지 않기로 결정했다(아이러니하게도 비덴코프와 포겔은 이제 '동독인들'이었다. 비덴코프는 작센의 주지사였고, 포겔은 튀링겐의 주지사였다).

앙겔라 메르켈은 기민련의 지도자 경쟁에서 엄청난 이점들을 갖고 있었다. 그는 유능한 사무총장이었고, 신인이었으며, 가장 중요한 것은 기민련이 콜 및 그의 스캔들과 공식적으로 관계를 끊어야 한다고 주장한 첫 번째 기민련 지도자 가운데 한 명이었다는 것이다. 1999년 12월 메르켈은 독일에서 가장 중요한 보수주의 신문 〈프랑크푸르터 알게마이네 차이퉁〉에 실은 기고문에서, 과거의 지도자들에 대한 향수에 찬 오도된 충성 경쟁에 당의 미래를 걸어서는 안 된다고 기민련 동료 당원들에게 호소했다.

2000년 봄, 기민련의 당무회의는 메르켈에게 기민련의 지구당 조직들을 둘러볼 특사가 되어달라고 요청했다. 당의 손실을 수습하고 당 기층 활동가들로부터 염려와 불만을 청취해달라는 것이었지만, 그녀의 눈부신 활약에 많은 지구당 조직들이 즉시 그녀를 당의 차기 지도자로 지목했다. 기민련에서 가장 큰 지방 조직인 노르트라인베스트팔렌주가 이러한 환호에 합류하자 메르켈의 잠재적인 경쟁자들은 후보직을 사퇴했고, 2000년 4월 기민련은 중앙당 전당대회에서 메르켈을 총재로 선출했다.

선거 이후, 메르켈은 성공과 실패를 모두 맛보았다. 슈뢰더의 세제 개혁을 좌초시키려 했지만 기민련이 이끄는 다수의 주정부들이 그녀의 방침을 거부함으로써 실패로 돌아갔다. 그럼에도 그녀는 지금까지도 당의 강력한 지역 맹주들의 충성을 확보하고 있다.

메르켈에게 가장 실망스러웠던 것은 기민련/기사련 지도자들이 2002년 당의 총리 후보로 그녀를 지지하려고 하지 않았다는 것이다. 대신 그들은 메르켈의 라이벌인 바이에른 주지사 에드문트 슈토이버를 지지했다. 되돌아보면

2002년 메르켈의 실패는 사실상 축복이었던 것으로 판명되었지만, 당시에는 전혀 그렇게 보이지 않았다. 캠페인 초기에 슈토이버를 포함하여 대부분의 전문가들은 기민련의 손쉬운 승리를 점쳤다. 그러나 현실은 달랐다. 게하르트 슈뢰더는 패배의 문턱에서 승리를 낚아챘고, 사민–녹색 연정은 향후 3년의 시간을 벌었다.

2002년의 패배로 정치적으로 치명적인 '패배자'라는 꼬리표가 이제는 슈토이버에게 붙었고, 2005년 선거에서 기민련/기사련 총리 후보의 길은 메르켈에게 열렸다. 2005년 가을 메르켈은 총리가 되었다. 하지만 그녀가 희망했던 방식으로는 아니었다. 아주 근소한 차이로 당선된 그녀는 사민당과의 대연정을 받아들여야만 했다. 그러한 정치적 조합이 독일을 마지막으로 지배했던 것은 1965~1969년이었다.

2005년 선거의 예상치 못한 결과는 메르켈의 또 다른 정치성을 드러냈다. 메르켈은 어려운 상황에서도 유능한 리더라는 것이 판명되었다. 대연정은 역동적 자발성과 포괄적인 개혁을 결여해 비판받았지만, 총리는 내각 내에서의 악담이나 험담을 피하는 등 높은 점수를 얻었다. 그녀는 특히 정부 내 사민당 지도자인 부총리 프란츠 뮌터페링과 매우 효과적인 협업 관계를 구축할 수 있었다. 전체적으로 보아 메르켈의 정치적 활동과 성공들은 그의 한 동료가 논평한 대로 "무에서 정치적 커리어"를 창출해낸 한 여성의 놀라운 성공이라고 이야기할 수 있다.

우르줄라 폰 데어 라이엔Ursula von der Leyen
(1958년~)

2005년 11월 취임한 가족/노인/여성/청소년부(보통 줄여 가족부) 장관 우르줄라 폰 데어 라이엔은 커리어, 결혼, 그리고 육아를 효과적으로 양립함으로써 많은 사람들에게 전후의 이상적인 독일 여성상으로 여겨지는 인물이다.

그녀는 하노버의 부유하고 사회정치적으로 유명한 가문 출신으로, 1958년 10월 8일 당시 세계적으로 유명한 발젠 쿠키 회사Bahlsen Cookie Corporation의 CFO이던 에른스트 알브레히트Ernst Albrecht의 딸로 태어났다. 후일 알브레히트는 정치에 입문하여 기민련 소속으로 니더작센주의 주지사를 지냈다.

1977년 아비투어를 취득한 폰 데어 라이엔은 괴팅겐과 뮌스터 대학에서 경영학 전공으로 학업을 시작했지만, 후일 의학으로 전과하여 1991년 학위를 받았다. 1992~1996년에 스탠퍼드대학 경영대학원을 다녔다. 1986년 그녀와 결혼한 생화학자이자 기업가이던 하이코 폰 데어 라이엔Heiko von der Leyen은 이 시기에 스탠퍼드대학에서 방문 학자로 있었다. 독일로 돌아온 후 그녀는 하노버 대학 의학부에서 연구원을 지냈고, 2002년 하노버대학에서 공공의료 분야 석사 학위를 취득했다.

폰 데어 라이엔은 독일어로 표현하자면 '옆문으로Seiteneinsteiger' 정치에 입문했다. 1990년 기민련의 당원이 되었지만 '정문을 통해서', 즉 선출직에 나서는 방식으로 정치적 커리어를 시작하지 않은 것이다. 대신 기민련 지도자들이 자신들에게 정책 제안을 해달라고 임명했던 다양한 자문위원회의 구성원으로서 큰 영향력을 발휘했다. 기민련의 보건정책 자문위원회 구성원으로 활동하던 그녀는 앙겔라 메르켈의 주목을 끌었고, 메르켈은 2005년 8월 야당 내각, 메르켈이 선호하는 이름으로는 '실력팀Compentency Team'의 구성원이 되어달라고 요청했다. 2005년 가을 대연정이 구성되면서, 폰 데어 라이엔은 연방 가족부 장관이 되었다.

장관이 된 폰 데어 라이엔은 그녀의 활동적인 역할을 강조하기 위해 기획된 폭풍 같은 공개석상 순회에 나섰다. 미소 짓는 얼굴과 끊이지 않는 인터뷰는 삽시간에 그녀를 새로운 내각에서 가장 주목받는 인사 가운데 한 명으로 만들었다. 그러나 그녀의 정책 제안들은 엄청난 논쟁의 소용돌이를 야기했다.

비용 절감을 위해 보건의료 서비스를 제공하는 데 더 많은 경쟁을 도입하자는 그녀의 주장은 새로운 것이 아니었음에도 정치적 좌파의 격분을 낳았고, 사회정책 개혁에 대한 그녀의 제안은 좌우 양측으로부터 비판받았다. 기민련 캠프의 다수가 그랬듯이 그녀도 극단적으로 낮은 독일의 출산율에 대해 오랫동안 염려해왔다(그녀와 남편은 일곱 자녀를 두었고, 이로써 낮은 출산율에 대한 어떠한 불만도 개인적으로는 그녀에게 해당되지 않았다). 특히 그녀는 중간계급과 상층계급의 가족 규모가 작은 것에 대해 우려했는데, 전형적으로 그들은 한 명 혹은 무자녀 가정이었다. 그녀가 표현한 대로 문제는 부인이 커리어를 가지느냐 아니냐가 아니라—그것은 문젯거리가 아니다—자녀를 가지느냐 마느냐의 문제였다. 남편과 부인이 전문직 혹은 경영직을 추구하는 가족에서 다자녀를 갖도록 하기 위해 폰 데어 라이엔은 커리어와 자녀 양육을 보다 용이하게 양립할 수 있도록 하는 일련의 조치를 제안했다. 여기에는 보모와 아동 돌봄 서비스 등 양육과 관련되는 비용에 대한 세금 감면이 포함되어 있었다. 부인의 커리어가 보통 출산 이후 지체된다는 것을 인지한 그녀는 부성휴가를 의무화해서 어머니가 경력을 지속할 수 있게 하기를 바랐다(그녀는 자신의 정책 제안들과 관련한 개인적 경험의 예로, 남편과 상호 협의하에, 자신이 장관이 되기 전까지는 남편의 경력 추구에 자리를 양보했지만 장관이 된 후에는 남편이 자녀 양육에서 더 큰 책임을 맡았음을 언급했다).

폰 데어 라이엔의 아이디어가 폭풍 같은 저항을 불러일으켰던 것은 놀랍지 않다. 정치적 좌파는 그녀의 세금 감면 제안이 이미 많은 것들을 가진 사람들에게 더 많은 이익을 안겨주기 위해 기획된 것이라고 불평했다. 정치적 우파는 의무적 부성휴가는 개인의 가족계획에 대한 원치 않는 국가의 개입이라며 반대했다. 결국 폰 데어 라이엔은 한 발 물러나서 몇 가지 타협을 받아들였지만, 그녀는 독일 여성들이 가족과 커리어를 양립하고자 노력할 때 가족부 장관의 개인적 생활이 그들의 가장 좋은 성공 모델이 될 수 있다는 확신을 고수했다. 메르켈의 2기 내각에서 폰 데어 라이엔은 가족부에서 노동부로 옮겨 보다 큰 정치적 활동 무대에 올랐다.

기도 베스터벨레Guido Westerwelle
(1961년~2016년)

앙겔라 메르켈 2기 내각의 부총리이자 외무부 장관은 독일에서 가장 논쟁적이고 야심만만하며 성공적인 정치가 중 한 명이었다. 또한 그는 동성애자임을 커밍아웃한 독일 최초의 장관이지만, 놀랍게도 그의 성적인 취향이 논란을 불러일으키지는 않았다(베스터벨레와 그의 오랜 파트너인 미하엘 므론츠Michael Mronz는 2004년 앙겔라 메르켈의 50번째 생일에 그들의 관계를 공식화했다).

베스터벨레는 1961년 12월 본에서 그리 멀지 않은 작은 도시 바트호네프Bad Honnef에서 태어났다. 그는 본대학에서 법학 학위를 받고 1991년 본에서 개인 법률사무소를 열었다. 얼마 후 그는 정치에 투신했다. 그는 바트호네프에서 김나지움을 졸업하자마자 자민당의 청년 조직인 청년자유주의자Junge Liberale에 가담했다. 베스터벨레는 1983~1988년에 청년자유주의자의 중앙 의장으로 활동했다.

그의 세대 다수와 달리, 베스터벨레는 젊은 '질풍노도'의 시기를 통과하지 않았다. 성적 지향 외에 그는 매우 전통적인 부르주아의 삶을 살았다. 그는 정치적 성향이 흔들린 적이 없었다. 그는 19세에 자민당에 가입했고, 그 이후 당의 충실한 일꾼으로 남았다. 베스터벨레는 금세 자민당의 유명인사로 떠올랐지만, 자유주의자로서 그의 행로는 작은 연못에 있는 큰 물고기처럼 총리가 되고자 하는 그의 야심을 실현시킬 수가 없다는 것을 의미했다. 독일자민당은 군소 정당으로, 전국 선거에서 10퍼센트 이상 득표하는 경우가 거의 없었다(유럽 정치 용어에서 자유주의자들은 이데올로기적으로 중도우파이지, 미국의 경우처럼 정치적 스펙트럼의 좌파가 아니라는 점을 기억해야 한다). 당은 2009년 선거에서 최고의 성적을 거두었다. 베스터벨레의 에너지 넘치는 지도하에 당은 14.6퍼센트의 지지를 얻었다. 이는 전혀 부끄럽지 않은 결과였지만, 정치적 우위의 기반이 되기에는 크게 부족했다. 그 결과 자민당은 새로운 연정에서 하위 파트너로서의 지위밖에 가질 수 없었고, 그 당의 지도자는 결코 총리가 될 수 없었다.

베스터벨레가 이러한 불리한 조건 때문에 상심했다는 것은 의심의 여지가 없다. 중앙정부를 이끌고자 하는 그의 꿈은 공공연한 비밀이었다. 그럼에도 그는 자민당에 헌신했고, 당의 정치적 위상을 높이기 위해 최선을 다했다. 베스터벨레는 1994년 당의 사무총장이 되었고, 1996년 연방의회 의원으로 선출되었다. 2001년 그는 당 총재로 선출되었다. 자민당 역사상 최연소 총재였다.

베스터벨레는 다른 자유주의자들과 협력하여, 다소 우스운 방법부터 진지한 방법에 이르기까지 다양한 수단을 동원해 자민당이 좀 더 정치적으로 이목을 끌게 하려고 노력했다. 2005년 선거전 동안 베스터벨레는 요란하게 색칠된 기도 버스를 타고 독일 각지를 방문했고, 자민당은 '재미있는 정당'이라고 선언했다. 그러면서도 진지한 태도로, 사민당과 기민련은 기득권과 경화증이라는 현 상태를 유지하려는 정당이지만 자민당은 자유기업과 개인의 성취 동기를 선호한다고 호소했다. 또한 베스터벨레는 자민당의 미래 선택을 열린 것으로 놓아두기로 결심했다. 자민당은 그들의 역사 대부분의 기간 동안 기민련/기사련의 보조적인 연정 파트너였지만, 2005년 베스터벨레는 '연정 선호'를 공표하기를 거부했다. 결과적으로 기민련/기사련과 사민당이 대연정을 구성할 때 베스터벨레가 정부에 대한 강력한 비판자로서 자신의 위치를 잘 활용했음에도 불구하고, 자민당은 야당의 위치에 놓이고 말았다.

2009년 선거에서 베스터벨레는 자신의 이전 전략을 포기했다. 그는 기민련/기사련과의 연정에 동의했고, 다른 형태의 정치적 협력을 일축했다. 그의 작전은 성공적이었다. 2009년 10월 기민련/기사련과 자민당은 베스터벨레를 부총리이자 외무부 장관으로 삼는 연정을 구성했다. 베스터벨레는 독일의 외무부 장관으로서 주목할 만한 성공을 거두지는 못했다. 그가 자신이 야기하지 않은 몇 가지 장애하에 업무를 수행해야 했던 것은 분명하다. 같은 자민당 출신의 마지막 외무부 장관이었던 한스디트리히 겐셔는 장관직을 사퇴할 때 서구 세계에서 가장 장기근속한 외무부 장관이었을 뿐만 아니라, 가장 주목할 만한 성과로서 독일 통일에 기여한 점을 꼽을 수 있을 만큼 중요한 성취를 이룬 인물이었다. 그러나 베스터벨레가 직접 몇 가지 문제를 야기하기도 했다. 그의 언어 습관은 그다지 좋지 않았고, 그는 외무부 장관직에 큰 관심을 가지지 않은 것처럼 보였다. 오히려 그는 국내 이슈들에 대한 논평으로 논란을 야기하는 편을 선호했다. 그의 비판자들은 그가 정부의 국제적 어젠다를 진전시키기 위해서가 아니라 사업가 친구들의 이익을 증진시키기 위해 그의 해외 순방을 활용한다고 비난했다. 마지막으로 총리인 앙겔라 메르켈의 엄청난 존재감이 있었다. 메르켈은 외교 문제에 관심이 많았고, 거의 6년 동안 직무를 수행한 뒤에는 국제관계에서 상당한 경험을 축적했고, 전 세계 대부분의 지도자들과 친숙해졌다.

12장

결론

미국의 독일사가 가운데 대표적인 학자라 할 고든 크레이그는 1990년
대 초 대부분의 미국인이 자신들의 역사를 순진하고도 열광적으로 찬
양하며 역사에서 나타나는 모순을 분별없이 외면하고 사실을 왜곡하
는 반면, 독일인들은 지속적으로 자신들의 역사에 대해 매우 양가적이
라는 점을 지적했다. 독일인이 그들의 역사에 대해 자랑스러워해야 하
느냐는 질문에 대해, 게하르트 슈뢰더는 독일인은 1945년 이후 그들의
민주적 성취에 대해 자랑스러워해야만 한다고 답했다. 그의 대답은 역
사적으로 옳고 정치적으로 빈틈없지만, 독일 역사의 다른 부분들에 대
한 질문에 대해서는 대답하지 않은 채로 남긴 셈이다.

　확실히 근현대 독일사는 유럽과 세계의 역사에 불균형적으로 큰 영
향을 미쳤다. 우리가 출발점에서 보았듯이, 근대 독일사 대부분은 '독
일 문제'에 대한 이야기였다. 비록 최근의 연구가 19세기 독일사의 경
로가 많은 점에서 서구 이웃 국가들의 그것과 그렇게 크게 다르지 않았

음을 밝혀냈다 할지라도, 독일의 비대칭적 근대화라는 중심적인 사실은 남는다. 독일에서 근대화는 사회 전반에 걸친 동시적인 전환과 결부되지 못했다. 대신 독일은 어떤 영역에서는 재빠르게 앞서갔던 반면, 다른 영역에서는 후진적인 경향성을 가지고 있었다.

비대칭의 예는 매우 많다. 1871년 통일 이후 급속한 경제적 발전은 동시에 본질적으로 전근대적인 정치체제를 유지하고 있는 현실과 대조를 이루었다. 통일이 제국−연방 구성국 간의 문제를 해결하지는 못했다. 연방 구성국의 권리는 강하게 남았고, 이는 실제로 프로이센이 독일제국의 문제에서 주도적인 역할을 유지한다는 것을 의미했다. 노동인구에 대한 선거권 유예는 유럽에서 가장 앞선 산업국이 되어가는 나라에서 통증이 심한 종기가 되었다. 나치 등장 이전에 유럽에서 가장 번성하고 동화된 유대인 공동체가 자리 잡은 현실에서 반유대주의 전통도 지속되었다. 근대화라는 포장의 전반적인 결과는 사회 내부의 긴장이었고, 이는 합의적인 다원주의가 굳건하게 자리 잡는 것을 막았다.

독일의 지도자들은 비대칭적인 근대화가 야기한 문제점들을 모르지 않았지만, 1945년 이전에 그들은 이 문제점들을 직접적으로 다루기보다 국내의 현 상태에 대한 불만족을 잠재우기 위해 외국에서의 성공을 반복적으로 이용했다. 승리한 전쟁에 뒤이은 통일의 대가이자 필연적인 결과로서 비스마르크 타협을 광범위하고도 열광적으로 받아들였던 것은 독일의 뒤이은 지도자들로 하여금 위험이 점차 커져감에도 반복해서 도박을 하라고 설득했다. 국내 정치의 우위는 1차대전에서 독일의 참여가 국제적인 세력균형을 영구히 변화시키기 위한 절박한 도박이었을 뿐만 아니라, 국내의 세력균형을 지속하기 위한 필사적인 시도였음을 의미했다. 비스마르크와 달리 빌헬름 제국 통치자들은 그들의 시도에서 실패했다. 1918년 비스마르크와 그의 후계자들이 점차 커져가던 반대 세력에 맞서 지켜왔던 권위적인 사회정치 체제는 독일 군대와 더불어 패망했다.

짧은 기간 동안 바이마르공화국이 불신받아온 권위주의 대신 이식하고자 했던 정치적, 사회적, 문화적 다원주의는 독일 땅에서 그 뿌리를 내리는 데 어려움을 겪었다. 구엘리트층을 포함한 많은 독일인이 자신들의 축소된 지위와 영향력, 전쟁에서의 패배, 강대국으로서 독일의 지위 상실, 그리고 아마도 가장 중요하게는 만성적인 경제적, 재정적 문제를 정치적 근대화 탓으로 돌렸다. 게다가 바이마르공화국의 아버지들은 자신들의 신념에 대한 용기가 부족했다. 공적 활동의 많은 영역에서 그들은 구세력이 실제 권력을 잡도록 내버려두었다. 일부 지도자들의 진지한 노력과 실제로 이룬 경제적, 사회적 진보, 문화생활의 의심할 나위 없는 광휘에도 불구하고, 결과적으로 바이마르공화국 역시 모순의 희생자가 되었다. 결국 공화국은 새로운 형태의 니힐리즘 세력의 공격에 맞서기에는 너무 적은 것을 너무 짧게 제시했을 뿐이다.

나치즘은 반유대주의와 원민족적 통합에 대한 갈망을 위시하여 몇몇 오래 지속된 독일 전통에 그 뿌리를 두고 있었지만, 궁극적으로는 대공황이 이미 마모된 사회의 가치 합의 구조를 붕괴시켰기 때문에 성공했다. 하지만 아돌프 히틀러와 그의 심복들이 수백만 독일인들에게 구제를 약속했기 때문에 권좌에 오른 것은 아니었다. 결국, 히틀러가 총리가 된 것은 신보수주의자들이 그릇되게도 자신들과 협력하에 나치가 비스마르크와 빌헬름 시기의 과거 영광을 회복시킬 것이며, 당연하게도 구엘리트층을 그들에게 익숙한 권력과 명망의 자리로 되돌려주리라고 확신했기 때문이다.

제3제국은 근대화에 이르는 독일의 비대칭적 경로의 정점이면서 가장 나쁜 결과를 나타냈다. 히틀러는 비스마르크 시기의 권위주의 체제로 복귀할 의사가 없었다. 독재자의 목표는 전면적인 전체주의 사회의 건설이었다. 나치 반유대주의는 19세기에 전형적이었던 상대적으로 과장된 편견이 아니라, 필연적이고 비극적으로 600만 명 이상의 유대인 살해를 낳았던 적의에 찬 인종주의의 일종이었다. 이와 마찬가지로, 비스마르크와 빌헬름 제국 독일의 지도자들은 '제국의 적들'로 정의했던 그룹들을 권력에서 배제하고자 노력했을 뿐이지만, 나치들은 법치국가의 모든 흔적을 없애고, 수천 명의 나치 적대자에 대한 수년간의 감금, 육체적 학대, 처형을 의미하는 테러와 강제수용소의 네트워크를 만들어냈다.

외교관계에서 히틀러의 관심은 1914년의 독일 국경을 되찾거나 1차대전에서 군부가 표현한 전쟁 목표를 달성하는 것을 훨씬 넘어서 있었다. 나치 독재자의 목표가 전 유럽의 정복과 나중에는 전 세계의 나머지 부분들에 대한 정복이었음을 보여주는 증거는 설득력이 있다. 이 새롭고 훨씬 더 야심 찬 정책의 결과는 2차대전과 그 후유증이었다. 판돈은 1차대전과 비교도 할 수 없을 정도로 컸고, 패배의 결과 역시 그러했다. 2차대전 말에 독일의 통일은 파괴되었고, 독일은 30년 전쟁 이후 전례 없는 규모의 물리적 파괴를 경험했다. 600만 명 정도의 독일인이 사망했고, 1,200만 명이 난민이 되었다. 1918년 독일은 영토의 13퍼센트를 잃었다. 1945년에는 1871년 독일 영토였던 것의 무려 1/3을 완전히 잃었다. 홀로코스트는 역사상 정부가 뒷받침한 가장 나쁜 잔혹 행위들에 독일이라는 이름을 연관시켰다.

1945년 제3제국의 완전한 패배는 최종적으로 사실상 모든 독일인으로 하여금─비단 승리한 연합국이 이를 주장했기 때문만이 아니라─그들의 최근 과거와 직면하고, 그로부터 적합한 교훈들을 얻어내도록 했다. 그 결과는 향후 독일의 정치와 가치가 철저한 궤도 수정을 해야 한다는 데 대한 때로는 암묵적이고, 때로는 공개적인 인정이었다. 그것은 근현대사 대부분의 시기에 독일이 너무나 '내부 지향적'이었다는 인식이었다. 국내문제에서, 독일 사회의 다양한 그룹들은―옛 프로이센 독일 기득권층뿐만 아니라 급진적 좌파와 우파 역시―사회의 다른 그룹에 미칠 결과들과 무관하게 자신들의 협소한 세계관이 독일 전체에 부여되지 않는다면 역사는 그 의미를 잃을 것이라고 고집했다. 외교관계에서 '내부 지향성'은 독일 지도자들로 하여금 국가의 권력과 위상이 국제적 세력균형을 유지하도록 돕는 수단이기보다는 그 자체가 목적인 것처럼 보게 만들었다.

1945년 이후, 이 실패한 '내부 지향성'을 마찬가지로 전면적인 '타자 지향성'으로 바꾸어온 이해할 만한 경향이 보인다. 엘베강의 동쪽과 서쪽 모두에서 독일인들은 1945년 이전 독일사의 굴레를 벗어던지기를 원했고, '0시'에서 다시 새로 시작하고자 했다. 실패한 독일사의 과거가 아니라 '타자', 즉 승리한 연합국, 특히 두 새 강대국인 미국과 소비에트의 가치들에 근거하여 새롭게 출발하기 위한 가치 토대를 만들어내고자 하는 유혹이 있었다.

운 좋게도 적어도 독일의 서쪽 절반에서는 지도자들과 국민들이 타자 지향성의 무용성과 비역사적 속성을 재빨리 알아차렸다. 동독의 공산주의자들이 마르크스-레닌주의의 역사적 결정론이라는 구속을 동독에 부과하려고 고집했던 반면, 서독의 개방적 다원주의 사회는, 지속적인 국가적 정체성을 만들어내기 위해서는 모든 독일인이 과거의 총체를 받아들일 필요가 있다는 점을 인식했다. 서독에서 '다른' 독일의 요소들―자유주의, 다원주의, 민주적 마르크스주의 전통―은 해방되었고, 마침내 독일 사회에서 지배적인 세력이 되었다. 이러한 전통들 역시 독일을 재조정하려는 서방 연합국의 프로그램을 반영한 것은 사실이지만, 그것들이 단지 외부에서 독일에 부과되기만 했던 것은 아니었다. 이 전통들은 프로이센 군국주의 및 나치 전체주의와 근현대 독일사를 손쉽게 동일시하는 경향으로 인해 너무나 빈번히 감춰져버린 토착적인 독일의 힘을 대표했다. 동시에 독일의 외교관계는 심대한 변화를 경험했다. 더 이상 강대국이 아니었기 때문에, 두 분단 국가는 국제관계에서 특수한 패권적 길에 대한 갈망을 버렸고, 초국가적 권력 블록에 완전히 통합되었다. 서독은 나토와 유럽연합에, 동독은 바르샤바조약기구와 코메콘에 가입했다.

2차대전 후 거의 40년간 독일의 두 절반은 매우 다른 방식의 독자적인 사회인 것처럼 보였다. 물론 서독은 국민의 압도적 다수가 지지하는 정치체제를 갖고 있었던 반면 동독은 일당독재 국가로 남았지만, 두 나라는 내적으로 안정적이고, 경제적으로 번성한 것처럼 보였다. 그러나 1989년 말 소비에트 블록의 해체와 더불어 동독에서의 극적인 사건들이 동독 사통당 체제의 내적인 불안정성과 취약성을 갑작스레 드러냈다. 소비에트가 공산주의 체제를 영속화하기 위해 무력을 동원할 의사가 없음을 알게 되고, 또한 그들의 통제 범위를 넘어서는 경제적 난관에 직면했을 때, 연로한 사통당 지도자들은 정치적, 경제적 개혁을 약속하느라 바빴다. 그러나 너무 늦은 상태였다. 말 그대로 평화로운 혁명 속에서 동독인들은 체제를 권좌에서 쓸어버렸다.

갑작스럽게 독일 통일에 대한 논의가 있었다. 두 국가 간 물리적 장벽이 붕괴했을 때 두 독일인이 한데 모이는 눈물겨운 장면들은 결국 하나의 독일인이 있음을 나타내는 것처럼 보였다. 1990년 3월 선거에서 승자는 신속한 통일을 가져올 것을 약속한 정당들이었다. 사회주의와 자본주의 사이의 '제3의 길'을 따라 여행하고자 했던 동독 부흥파들은 거의 지지를 얻지 못했다.

3월 선거는 여전히 주권국이던 동독에서 정치적 민주주의의 건설에 대한 의지만을 확인했을 뿐이지만, 뒤이은 사건들은 정치가들의 계획과 이론을 재빠르게 앞질렀다. 프랑스, 러시아, 특히 영국이 통일 과정을 늦추기를 원했던 것은 사실이지만, 1990년 여름 동안 하나의 극적인 사건이 다른 사건을 뒤쫓는 형국이었다. 7월 초 동서독은 경제동맹과 통화동맹에 동의했다. 같은 달 헬무트 콜 총리는 뛰어난 개인적 외교력을 보여주며 당시 소비에트의 지도자이던 미하일 고르바초프를 설득해서 나토와 유럽연합의 구성원으로 남을 정치적으로 통일된 독일이 소비에트에 하등 위협이 아님을 받아들이게 했다.

이러한 극적인 몇 달 동안 콜 정부는 부시 행정부와 긴밀히 협력해서 일했다. 프랑스, 영국과 달리 미국은 통일독일이 나토와 유럽연합의 구성원으로 남는다는 전제하에 독일의 재통일을 확고하게 지지했다. 이는 서독 정부의 희망이기도 했기 때문에, 미국과 서독은 그들의 정책을 공조하는 데 어려움을 겪지 않았다. 수개월 안에 표면적으로 불가능해 보이던 일이 현실이 되었다. 독일은 다시금 통일된 국가가 되었다.

1990년 10월의 사건들 이후 역사는 원점으로 돌아간 것처럼 보였다. 사실은 그렇지 않았다. 1990년대 통일의 국제적, 국내적 맥락은 1870년대를 지배하던 상황과 완전히 달랐다. 1871년 독일은 무력으로 통일되었고, 새로운 국가는 세계적 초강대국이 되었으며, 유럽 대륙의 심장을 지배할 수 있었다. 1990년 통일은 평화로운 과정이었고, 새로운 국가는 나머지 서유럽 국가들과 마찬가지로, 완전한 주권국이 아니었을 뿐만 아니라, 초강대국은 더구나 아니었다. 유럽연합에 통합된 가운데, 독일과 그 파트너들은 다수의 중요한 권리를 브뤼셀의 유럽위원회와 슈트라스부르크의 유럽의회에 이미 넘긴 상태였다. 영토적 차원과 군사적 기량의 측면에서, 2001년의 독일은 1871년의 독일보다 훨씬 작다. 통일독일의 연방군은 서독과 동독이 통일 전에 가졌던 병사 수의 절반을 유지하고 있을 뿐이다.

그러나 마찬가지로 중요한 것은 독일 정치 생활에서의 변화이다. 새로운 독일은 소수의 프로이센 봉건 지주와 군대 장교층이 지배하는 국가가 아니다. 권위적인 정치체제가 아니라 국가 엘리트와 국민 모두의 압도적 지지를 받는 의회민주주의를 갖고 있다. 비스마르크 타협과 더불어 시작되었으며 오랫동안 독일을 괴롭혀온 문제점들은, 최종적으로, 해소되었다.

그러나 한 가지 측면에서 1990년은 1871년을 상기시키는 요소를 갖고 있다. 19세기 말 대부분의 독일인은 통일이 그들 사회의 모든 문제를 해결해줄 것이라고 확신했기 때문에 통일에 대해 환호했다. 그와 같은 감정이 1990년 짧은 기간 지배적이었다가, 매우 과대평가된 것이라는 깨달음으로 삽시간에 바뀌었다. 그러나―중요한 것은 '그러나'이다―1990년 통일의 여파 속에서 책임 있는 지도자도, 압도적 다수의 독일 국민도 비대칭적 근대화 패턴으로 회귀하는 방식으로 국가의 문제점에 대한 해결을 추구하지 않았다. 대신 그들은 현재의 문제들을 해결하는 수단으로 정치적 민주주의, 자유기업의 경제체제, 국제적인 협조에 전념했다. 이것은 확실히 우리가 독일의 미래를 낙관적으로 바라볼 이유가 된다.

결론의 앞부분에서 제기된 문제로 잠시 되돌아가면, 21세기 첫 10년간 독일은 이 나라의 정치 지도자들이 반복해서 주장한 대로 마침내 하나의 '정상' 국가가 된 것인가? 그렇기도 하고 아니기도 하다. 매우 최근까지 대부분의 독일인은 자신들의 나라를 찬양하기를 꺼렸고, 민족주의 일반에 두려움을 품었다. 2005년 요슈카 피셔는 유명한 역사가인 하인리히아우구스트 빙클러^{Heinrich-August Winkler}와의 논쟁에서 "민족주의, 그것은 역병이다!"라고 외쳤다. 그러나 이 역시도 변화할지 모른다. 독일에서 국가관의 변화를 보여주는 몇 가지 계획되지 않고, 과학적이지도 않은 증거들이 2006년 6월과 7월 월드컵 축구 기간에 발견됐다. 우리가 보았던 대로 독일은 개최국이었고, 이 행사의 슬로건은 "친구가 될 때Die Welt zu Gast bei Freunden"였다. 경기는 매우 잘 조직되었고, 홀리건의 폭력은 거의 없다시피 했으며, 독일인은 외국인 선수와 팬들을 환영하기 위해 비상한 노력을 기울였다. 그러나 방문객들이 매우 주목했던 것은 독일인이 자신들의 나라와 자국 축구팀을 좀 더 쉽게 받아들였다는 점이다. 독일은 국기들의 파도로 넘쳤지만, 깃발들은 쇼비니즘과 국가적 거만함의 상징이라기보다는 느긋한 즐거움의 정신을 담아 흔들리고 있었다. 영국 언론인 스티브 크로쇼Steve Crawshaw가 표현한 대로, 독일은 "느긋하게 정상이 되어가고 있다".

《독일 현대사: 1871년 독일제국 수립부터 현재까지》는 초판이 1987년 프렌티스홀에서, 7판과 7판의 재판은 각각 피어슨 에듀케이션과 러틀리지에서 출판되었고, 2018년 테일러앤드프랜시스에서 8판이 나왔다. 한국어판은 2012년에 출판된 피어슨의 7판을 저본으로 삼았다.

이 책을 쓴 디트릭 올로는 1937년 독일 함부르크에서 태어났지만 학문적 훈련은 미국에서 이루어져 미시건대학에서 박사 학위를 받았고, 1971년부터 2002년까지 30년간 보스턴대학의 교수로 재직했다.

그는 《발칸반도의 나치들The Nazis in the Balkans》(1968년), 《나치당의 역사 IThe History of the Nazi party:1919~1933》(1969년), 《나치당의 역사 IIThe History of the Nazi party: 1933~1945》(1973년), 《바이마르 시기의 프로이센 I: 민주주의의 불가능한 암초Weimar Prussia, 1918~1925: The Unlikely Rock of Democracy》(1986년), 《바이마르 시기의 프로이센 II: 힘의 망상Weimar Prussia, 1925~1933: The Illusion of Strength》(1991년), 《공통의 운명: 네덜란드, 프랑스, 독일 사민당

의 비교사Common Destiny: A Comparative History of the Dutch, French, and German Social Democratic Parties, 1945~1969》(2000년), 《서유럽에서 파시즘의 유혹The Lure of Fascism in Western Europe. German Nazis, Dutch and French Fascists, 1933~1939》(2009년), 《사회주의 개혁가들과 독일민주공화국(동독)의 붕괴Socialist Reformers and the Collapse of the German Democratic Republic》(2015년) 등 10여 권의 단행본과 20여 편의 논문을 작성했다. 마지막 두 권의 단행본은 저자가 70대에 접어든 이후인 2009년과 2015년에 각각 출간되었는데, 노학자의 학문에 대한 열정을 짐작케 한다.

1937년 나치 치하의 독일에서 태어나 1958년 미국 시민권을 얻은 저자의 삶의 궤적은 나치 체제의 명멸과 2차대전이 그의 생애에서 중요한 변곡점으로 작용했음을 보여주며, 따라서 그의 저술 활동의 상당 부분이 나치의 등장과 쇠퇴에 집중되어 있다는 점은 놀라운 일이 아니다.

이 책에서도 1871년 독일 통일부터 2차대전까지의 역사 가운데 상당 부분이 주로 나치를 설명하는 데 할애되어 있다 해도 과언이 아니다. 저자는 기본적으로 독일사의 "특수한 길Sonderweg" 테제에 근거하여 근현대 독일사를 설명하고 있다. 이 테제의 핵심은 시민혁명을 통해 정치적인 근대화를 달성해나간 영국, 프랑스 등의 서유럽 강대국들과 달리 독일은 제대로 된 시민혁명을 경험하지 못했고, 그 결과 엄청난 속도와 규모의 경제적인 발전에 비해 후진적인 정치 구조가 유지됨으로써 나치 체제가 등장하게 되었다는 것으로, 저자의 핵심 논지이기도 하다.

프로이센은 납세액에 따라 선거권의 비중을 차별적으로 설정한 삼계급 선거권 제도가 1918년까지 유지될 정도로 매우 전근대적인 정치 구조를 가지고 있었다. 그런 프로이센이 독일제국에서 주도적인 지위를 차지하고 있던 것이 독일제국 전반의 정치적 발달 지체를 낳았는데, 그 기저에는 의회민주주의에 대한 보수 세력의 시대착오적이고 뿌리 깊은 불신이 놓여 있었다. 이러한 전근대적인 세력의 반대편에는 로자 룩셈부르크, 아우구스트 베벨, 카를 카우츠키 등 유럽 사회주의를 주도한 인물들과 그들의 동조자들이 존재했고, 이들과 보수 세력이 독일제국이라는 하나의 사회를 공유하며 살아가고 있었을 때 나타난 불협화음을 정치적으로 조정하고 다루기란 불가능에 가까운 일이었을 법하다.

올로가 나치 체제의 등장과 관련하여 특히 주목하고 있는 것은 신보수주의 세력과 나치의 결탁이었다. "공무원 조직과 군대, 그리고 약간 덜한 정도로 주요 산업과 농업 집단들"(336쪽)을 지배하던 이들은 특히 나치 체제가 등장하기 직전의 3년 동안 의회민주주의가 작동하지 않고 있던 바이마르공화국의 정치권력을 장악한 상태였으며, "독일에 권위주의 체제를 복원하려는"(338쪽) 목표를 가지고 있었다. 저자는 의회민주주의에 대한 이들의 불신과 경제적 무능력이 결국 나치 집권으로의 길을 터주었고, 이들이 나치 초기까지 권력을 유지함으로써 체제가 안정적으로 자리 잡는 데 기여했음을 강조한다.

올로에 따르면, 전후 서독에 이르러 정당 민주주의가 확고히 자리 잡음으로써 근대적인 경제·사회 구조와 전근대적인 정치 구조 사이의 간극이라는 독일 근현대사의 중심적인 모순이 사라졌다. 저자는 이러한 변화가 가능했던 또 다른 이유로 바이마르헌법 전통의 부활, 즉 독일 사회에 내재해 있던 자유주의적인 얼굴을 가진 또 다른 독일적 요소들이 사회에서 자리할 기회를 갖게 된 것을 든다.

이 책은 국내 정치, 외교관계, 사회경제적 상황, 문화를 네 축으로 하여 각 시대의 독일사를 풀어내는 매우 전통적인 방식을 취하고 있다. 각각 두 번에 걸친 독일 통일과 세계대전을 위시한 독일사의 주요한 사건들과 토마스 만, 마를레네 디트리히, 루트비히 에르하르트, 발터 울브리히트 등 다양한 인물들에 대한 매우 세밀하고 상세한 설명들이 교과서적으로 제시되고 있다. 국내외 정치, 경제, 문화라는 3분 구도에 근거한 서술 방식이 낡은 접근 방식이 된 지 오래지만, 차곡차곡 잘 정리된 서가를 떠올리게 하는 서술을 읽어 내려가다보면 이 책이 미국의 많은 대학들에서 독일사 분야 교재로 쓰이고 있는 이유를 쉽게 이해할 수 있다.

물론 이 책은 외교관계, 경제적 상황, 문화적인 발전 등에 대해서도 충분한 정보를 제공하고 있지만, 정치사의 비중은 단연 압도적이다. 민족자유당/진보당과 그 후신인 독일국민당/독일민주당을 포함하는 자유주의 세력, 독일보수당/자유보수당과 그 후신인 바이마르 시기 독일민족국민당을 망라하는 보수주의 세력, 가톨릭중앙당, 그리고 사민당과 공산당으로 분열된 사회주의 세력 등 네 정치 세력들 간의 복잡한 관계가 독일제국과 바이마르 시기의 국내 정치에서 어떻게 변주되고 있었는지를 정밀하게 그려내고 있다. 이와 마찬가지로 기민련/기사련, 사민당, 자민당, 녹색당 등 다양한 정당들이 서독의 의회민주주의를 공고히 만들어가는 과정과 사통당이 동독 사회 전반을 장악해가는 동시에 사회 내부의 지지를 잃어가는 과정에 집중하여 전후 독일사를 설명하고 있다.

이처럼 복잡다단한 정당 정치 구조를 중심으로 하는 매우 전통적인 설명들이 이어지는데도 지루하지 않게 읽히는 것은 등장인물들이 충분히 부각되고 있는 덕분인 듯하다. 비스마르크부터 앙겔라 메르켈에 이르기까지 1871년 독일 통일 이후 재임한 거의 모든 총리들과 그들의 정책들이 언급되고 있을 정도로 정교하게 정치사가 서술되는 가운데, 특히 비스마르크, 빌헬름 황제, 히틀러, 힌덴부르크, 콘라트 아데나워, 헬무트 콜 등 남성 주인공들을 중심으로 한 역사 드라마가 그려진다. 그리하여 매우 복잡한 사회적 갈등 구도와 다양한 사회 세력들이 등장하는 독일 근현대사가 응집력 있는 하나의 파노라마로 다가온다. 역사적인 디테일에 대한 해박한 지식들은 때로 유머와 위트를, 때로 역사의 아이러니를 보여줌으로써 읽는 재미를 더한다.

동독의 상황과 동서독의 화해 및 통일, 그리고 통일 이후의 변화를 설명하고 있는 10장과 11장은 서술의 깊이에서 다른 장들과 차이를 보이지만 분단으로 인한 고통을 공유하는 우리에게 매우 흥미로운 내용임에 틀림없다. 올로는 학문적인 검토가 끝나지 않은 2000년대 초반의 상황까지 서술에 포함시킴으로써 자신의 주관성이 지나치게 개입될 위험을 무릅쓰고 강국으로 부상하고 있는 현재 독일의 상황에 대한 독자들의 호기심을 충족시켜주는 편을 택했다. 울브리히트와 호네커라는 단 두 명의 지도자가 수십 년에 걸쳐 동독을 통치하면서 동독 체제가 "국민들의 가슴과 머리를 얻는 데 실패"(657쪽)하는 과정은 그 자체로도 매우 흥미롭다. 남북 간 대화가 이어지는 가운데 다시금 부각되고 있는 '퍼주기' 논란을 서독 사회는 어떻게 해소했는지, 공산 독재 체제하의 인권 문제 등의 쟁점들을 통일독일은 어떻게 넘어섰는지, 독일 통일에 우호적이지 않은 이웃 강대국들과의 관계를 어떻게 풀어갔는지, 통일된 독일 사회가 통일 비용, 과거 청산, 극우 정당, 이민자 통합 등 다양한 문제들에 어떻게 대응하고 있는지 등을 살펴보는 것은 한국 사회의 미래를 그리는 데 매우 유용할 것이다.

이처럼 흥미로운 거대한 정치적 서사 중심의 서술에 대해 아쉬움이 없는 것은 아니다. 무엇보다도 이 책은 강대국 중심, 남성 중심, 백인 중심의 세계관을 벗어나지 못하고 있다. 가령 식민지와 관련해서 "독일 식민지들은 전략적인 중요성이 별로 없었고, 독일인 정착자들에게도 그다지 매력적이지 않았다. 경제적 자산이기는커녕, 이들 지역의 식민 행정 당국은 독일 재무부에 지속적으로 보조금을 요구했다"(148쪽)

라고, 간단히, 아주 간단히 쓰고 있을 뿐이다. 이러한 서술은 여성과 관련한 부분에서도 뚜렷하게 나타난다. 1차대전 전후 "가정 바깥에 많은 여성들이 존재한다는 익숙하지 않은 현실은 성 도덕을 변모시켰고, 성병 발생을 증가시켰다"(207쪽)거나, 독일과 러시아의 최근 관계가 "다소 덜 우호적인 기반 위에 놓이게" 된 이유를 메르켈이 "전임자가 가졌던 것과 같은 '남성 연대적 관계'를 향유하지는 않았다"(748쪽)고 설명하는 대목은 실소를 자아낸다.

지난 수십 년간 강대국 중심, 남성 중심, 백인 중심의 서사와 관련하여 누적된 무수한 비판과 성찰에도 불구하고 여전히 건재한 전통적 세계관에 대한 아쉬움이 있긴 해도, 이 책이 독일 근현대사와 관련한 정보의 보고로서 제 몫을 해내고 있다는 점은 부인할 수 없을 듯하다. 특히 현재의 독일 사회와 독일 문화를 삶의 일부로 삼고 살아가는 독자들에게 도움이 되기를 바라는 마음이다.

이 책을 번역하는 과정에서 러시아사, 군사사, 경제사 분야와 관련하여 류한수, 정세은, 조인숙 선생님의 도움을 많이 받았다. 적절한 번역어를 찾는 과정에서 김학이, 안병직 두 분의 번역서에 의지할 수 있어 다행이었다. 《독일 현대사》의 번역을 기꺼이 수락해주신 미지북스 이지열 사장님과 꼼꼼한 교정으로 여러 오류를 바로잡아주신 서재왕 편집장님, 우연하게도 옮긴이의 원고 교정 과정을 두 번째 함께 해주신 서지우 선생님께, 그리고 '도대체 언제 다 하는지'를 끝없이 물어봐준 박지후와 박영후에게 감사 인사를 전하고 싶다.

2019년 10월
문수현

참고한 모든 자료를 싣지는 못했으나 영어로 출판된 저술을 기본으로, 가장 최신 연구와 역사 기술상 중요한 문헌을 포함했다. 몇몇 문헌에 대한 간략한 설명을 달았다.

Berghahn, Volker R., ed. *Militarism: The History of an International Debate, 1861-1979*. New York: St. Martin, 1980.

Blackbourn, David. *Water, Landscape, and the Making of Modern Germany*. New York: Norton, 2006(정치, 인구, 환경의 상호작용에 대한 훌륭한 연구).

Blackbourn, David, and Richard Evans. *The German Bourgeoisie: Essays on the Social History of the German Middle Class from the Late Eighteenth to the Early Twentieth Century*. New York: Routledge, 1991.

Borchardt, Knut. *Perspectives on Modern German Economic History and Policy*. New York: Cambridge University Press, 1991(독일의 대표적 '수정주의' 경제사가의 에세이 시리즈).

Clark, Christopher. *Iron Kingdom: The Rise and Downfall of Prussia, 1600-*

1947. Cambridge, MA: Harvard University Press, 2006.

Craig, Gordon A. *The End of Prussia*. Madison, WI: University of Wisconsin Press, 2003(짧지만 처음부터 끝까지 프로이센 역사에 대한 재치 있고 분명한 개요).

_____. *The Germans*. New York: Meridian, 1982.

Dehio, Ludwig. *Germany and World Politics in the Twentieth Century*. New York: Norton, 1959(국제관계 내 헤게모니 문제에 관한 훌륭한 연구).

Deist, Wilhelm, ed. *The German Military in the Age of Total War*. Dover, NH: Berg, 1985.

Eley, Geoff. *From Unification to Nazism*. London: Allen & Unwin, 1986.

Evans, Richard J., and W. Robert Lee, eds. *The German Peasantry*. New York: St. Martin, 1986.

Frevert, Ute. *Women in German History: From Bourgeois Emancipation to Sexual Liberation*. Providence, RI: Berg, 1989.

Green, Abigail. *Fatherlands: State-Building and Nationhood in Nineteenth Century Germany*. New York: Cambridge University Press, 2001.

Hoerder, Dirk, and Jorg Nagler, eds. *People in Transit: German Migrations in Comparative Perspective, 1820-1930*. New York: Cambridge University Press, 1995.

Iggerss, Georg G. *The German Conception of History: The National Tradition of Historical Thought from Herder to the Present*. Rev. ed. Middletown, CT: Wesleyan University Press, 1983.

Joerer, Ruth-Ellen B., and Mary Jo Maynes, eds. *German Women in the Eighteenth and Nineteenth Centuries: A Social and Literary History*. Bloomington, IN: Indiana University Press, 1986(페미니즘 관점의 독일 여성사).

Kohn, Hans. *The Mind of the Germans: The Education of a Nation*. New York: Harper & Row, 1960(독일 민족주의 사상의 문제와 특징에 대한 선구적 연구).

Langewiesche, Dieter. *Liberalism in Germany*. Trans. by Christian Benerji. Princeton, NJ: Princeton University Press, 2000(19세기에서 현재까지 해당 주제에 관한 탁월한 조망).

Lepenies, Wolf. *The Seduction of Culture in German History*. Princeton, NJ:

Princeton University Press, 2006.

Mosse, Werner E. *The European Powers and the German Question, 1848-1871*. Cambridge: Cambridge University Press, 1958.

Roseman, Mark, ed. *Generations in Conflict: Youth Revolt and Generation Formation in Germany, 1770-1968*. New York: Cambridge University Press, 1995(1871년과 1990년 독일 통일을 비교하는 일련의 논문).

Speirs, Ronald and Breuilly, John, eds. *Germany's Two Unifications: Anticipations, Experiences, Responses*. Basingstoke, UK: Palgrave Macmillan, 2005, eds.

Stern, Fritz. *Dreams and Delusions: National Socialism and the Drama of the German Past*. New York: Vintage, 1989(근대 독일에 대한 가장 탁월한 역사가들 중 한 명이 쓴 회고적 에세이 모음).

Volkov, Shulamit. *Germans, Jews, and Antisemites: Trials in Emancipation*. New York: Cambridge University Press, 2006.

1장 | 건국세대 1871~1890년

Anderson, Margaret Lavinia. *Windhorst: A Political Biography*. New York: Oxford University Press, 1981.

Berlin, Isaiah. *Karl Marx*. 3rd ed . New York: Oxford University Press, 1963.

Bismarck, Otto Von. *Reflections and Reminiscences*. Trans. by A. J. Butler. New York: Howard Fertig, 1966(비스마르크의 회고. 신뢰성은 떨어지지만 꼭 필요함).

Blackbourn, David. *Germany in the Nineteenth Century*. New York: Oxford University Press, 1993.

Blackbourn, David, and Geoffrey Eley. *The Peculiarities of German History: Bourgeois Society and Politics in Nineteenth-Century Germany*. Oxford: Oxford University Press, 1984.

Bramsted, Ernest K. *Aristocracy and the Middle Classes in Germany: Social Types in German Literature, 1830-1900*. Chicago, IL: University of Chicago Press, 1964(18세기 독일문학 속 사회 계급들의 이미지에 대한

고전적 연구).

Brechtefeld, Jörg. *Mitteleuropa and German Politics: 1848 to the Present*. New York: St. Martin, 1996.

Bruford, Walter H. *The German Tradition of Self-Cultivation: Bildung from Humboldt to Thomas Mann*. Cambridge: Cambridge University Press, 1975.

Carsten, Francis L. *A History of the Prussian Junkers*. Brookfield, VT: Scolar Press, 1989.

Cecil, Lamar. *The German Diplomatic Service, 1871-1914*. Princeton, NJ: Princeton University Press, 1977(중요한 제도사).

Craig, Gordon A. *The Prussian Army in Politics*. Oxford: Oxford University Press, 1975(프로이센의 사회정치적 발전을 형성하는 데 프로이센 군대의 결정적 역할에 대한 여전히 탁월한 분석).

_____. *Theodor Fontane: Literature and History in the Bismarck Reich*. New York: Oxford University Press, 1999(위대한 소설가에 대한 박식하고도 매우 공감 어린 묘사).

Cranks Haw, Edward. *Bismarck*. New York: Viking, 1981(비스마르크에 대한 최고의 전기).

Domick, Raymond H., III. *Wilhelm Liebknecht and the Founding of the German Social Democratic Party*. Chapel Hill, NC: University of North Carolina Press, 1982.

Dorpalen, Andreas. *Heinrich von Treitschke*. New Haven, CT: Yale University Press, 1957.

Ederer, Rupert J. *The Social Teachings of Wilhelm Emmanuel von Ketteler: Bishop of Mainz, 1811-1877*. Washington, DC: University Press of America, 1982(독일 산업화에 대한 가톨릭 관점을 파악하는 데 중요).

Fohlin, Caroline. *Finance Capitalism and Germany's Rise to Industrial Power*. New York: Cambridge University Press, 2007(건국세대 동안 은행업의 역사에 대한 훌륭한 개요).

Gall, Lothar. *Bismarck: The White Revolutionary*. 2 vols. Trans. by J. A. Underwood. London: Allen & Unwin, 1986.

Gay, Ruth. *The Jews of Germany*. New Haven, CT: Yale University Press, 1992.

Geiss, Imanuel. *German Foreign Policy, 1871-1914*. London: Routledge & Kegan Paul, 1976.

Gerschenkron, Alexander. *Bread and Democracy in Germany*. Berkeley, CA: University of California Press, 1943(독일의 정치적 근대화를 지연시킨 융커들의 역할에 대한, 다소 한쪽으로 치우쳤을 수 있지만, 고전적인 연구). Reprint, 1966. New Edition: Charles S. Maier, ed. Ithaca, NY: Cornell University Press, 1989.

Gross, Michael B. *The War against Catholicism: Liberalism and the Anti-Catholic Imagination in Nineteenth Century Germany*. Ann Arbor, MI: University of Michigan Press, 2004(문화투쟁을 보다 큰 사회정치적 맥락에 두려는 시도).

Hagen, William H. *Germans, Poles and Jews: The Nationality Conflict in the Prussian East, 1722-1914*. Chicago, IL: University of Chicago Press, 1980.

Hamerow, Theodore S. *The Social Foundations of German Unification, 1858-1871*. Princeton, NJ: Princeton University Press, 1972(1848년 혁명의 원인과 실패에 대한 분석. 여전히 최고다).

Henderson, William O. *The Zollverein*. Cambridge: Cambridge University Press, 1939(상세한 분석을 위한 하나의 모델).

Jones, Larry Eugene, and James Retallack, eds. *Elections, Mass Politics, and Social Change in Modern Germany: New Perspectives*. New York: Cambridge University Press, 1992.

Kocka, Jürgen, and Allan Mitchell, eds. *Bourgeois Society in the 19th Century: Germany in a European Perspective*. Providence, RI: Berg, 1991.

Koshar, Rudy. *From Monuments to Traces: Artifacts of German Memory, 1870-1990*. Berkeley, CA: University of California Press, 2000.

Kraehe, Enno E. *Metternich's German Policy: The Congress of Vienna, 1814-1815*. Princeton, NJ: Princeton University Press, 1983(나폴레옹 이후의 합의에 대한 최고의 연구).

Lowe, John. *The Great Powers, Imperialism, and the German Problem, 1865-1925*. London: Routledge, 1994.

Mitchell, Alan. *The German Influence in France after 1870*. Chapel Hill, NC:

University of North Carolina Press, 1979.

_____. *The Great Train Race: Railways and the Franco-German Rivalry, 1815-1914*. New York: Berghahn Books, 2000.

Moses, John A. *Trade Unionism in Germany from Bismarck to Hitler, 1869-1933*. Totowa, NJ: Barnes & Noble, 1982.

Mosse, George L. *The Nationalization of the Masses: Political Symbolism and Mass Movements in Germany from the Napoleonic Wars through the Third Reich*. New York: Meridian, 1975(논란 많은 역작).

Nichols, J. Alden. *The Year of the Three Kaisers: Bismarck and the German Succession, 1887-1888*. Urbana, IL: University of Illinois Press, 1987.

Paret, Peter. *German Encounters with Modernism, 1840-1945*. New York: Cambridge University Press, 2001.

Pflanze, Otto. *Bismarck*. 3 vols. Princeton, NJ: Princeton University Press, 1963‒1990.

Pulzer, Peter. *The Rise of Political Anti-Semitism in Germany and Austria*. New York: Wiley, 1964.

Rinehart, Yehuda, ed. *The Jewish Response to German Culture*. Hanover, NH: University Press of New England, 1985.

Ross, Ronald J. *The Failure of Bismarck's Kulturkampf: Catholicism and State Power in Imperial Germany*. Washington, DC: Catholic University Press of America, 1998.

Sheehan, James J. *German Liberalism in the Nineteenth Century*. Chicago, IL: University of Chicago Press, 1978(명확하고 탁월함).

Smith, Helmut Walser. *German Nationalism and Religious Conflict: Culture, Ideology, Politics, 1870-1914*. Princeton, NJ: Princeton University Press, 1995.

Steenso N, Gary P. *"Not One Man! Not One Penny!" German Social Democracy, 1863-1914*. Pittsburgh, PA: University of Pittsburgh Press, 1981.

Stern, fritz. *Dreams and Delusions: The Drama of German History*. New Haven, CT: Yale University Press, 1987(기억과 분석의 흥미로운 혼합).

_____. *Gold and Iron: Bismarck, Bleichröder, and the Building of the German Empire*. New York: Knopf, 1977.

Stolper, Gustav, et al. *The Economic Development of Germany, 1870 to the Present*. Trans. by Toni Stolper. New York: Harcourt Brace Jovanovich, 1967.

Tal, Uriel. *Christians and Jews in Germany: Religion, Politics, and Ideology in the Second Reich, 1870-1914*. Ithaca, NY: Cornell University Press, 1975.

Taylor, Alan John Percivale. *Bismarck: The Man and the Statesman*. New York: Knopf, 1955(잔소리꾼 영국 역사가에 의한 논란 많은 해석).

Valentin, Veit. *1848: Chapter of German History*. Trans. by E. T. Scheffauer. London: Allen & Unwin, 1940(저자의 고전적인 두 권 분량의 연구를 단 권짜리로 압축한 영어판. 원래 독일에서 1930년에 출판됨).

Vick, Brian E. *Defining Germany: The 1848 Frankfurt Parliamentarians and National Identity*. Cambridge, MA: Harvard University Press, 2002.

Walker, Mack. *German Home Towns: Community, State, and General Estate, 1648-1871*. Ithaca, NY: Cornell University Press, 1971.

Wawro, Geoffrey. *The Franco-Prussian War: The German Conquest of France in 1870-1871*. New York: Cambridge University Press, 2003(해 당 전투에 대한 가장 최근의 군사사).

Wehler, Hans-Ulrich. *The German Empire, 1871-1918*. Trans. by Kim Traynor. Dover, NH: Berg, 1985(특수한 길 이론의 주요 지지자들 가운 데 한 명이 쓴 최고의 '구조적' 연구).

Wetzel, David. *A Duel of Giants: Bismarck, Napoleon III, and the Franco-Prussian War*. Madison, WI: University of Wisconsin Press, 2001(군사 사를 덜 강조한 개성적 연구).

2장 | 빌헬름 제국 1890~1914년

Abelshauser, Werner, et al. *German History and Global Enterprise: BASF, the History of a Company*. New York: Cambridge University Press, 2004.

Abrams, Lynn. *Workers' Culture in Imperial Germany*. New York: Routledge, 1991.

Allen, Ann Taylor. *Satire and Society in Wilhelmine Germany: Kladdera-datsch and Simplicissimus, 1890-1914*. Louisville, KY: University Press of Kentucky, 1984(독특한 문학적, 정치적 연구).

Anderson, Margaret Lavinia. *Practi cing Democracy: Elections and Political Culture in Imperial Germany*. Princeton, NJ: Prince ton University Press, 2000(이것과 다음에 나오는 Sperber의 저술은 빌헬름 시기 선거에 대한 최고의 상세한 연구임).

Balfour, Michael. *The Kaiser and His Times*. London: Cresset Press, 1964(빌헬름 2세 전기 중 가장 만족스러운 단행본).

Barkin, Kenneth D. *The Controversy over German Industrialization*. Chicago, IL: University of Chicago Press, 1970.

Berghahn, Volker Rolf. *Germany and the Approach of War in 1914*. New York: St. Martin, 1973.

Cecil, Lamar. *Albert Ballin: Business and Politics in Imperial Germany, 1888-1918*. Princeton, NJ: Princeton University Press, 1967(독일 선박계 거물에 대한 공감 어린 전기).

_____. *William II*. 2 vols. Chapel Hill, NC: University of North Carolina Press, 1989, 1996.

Chickering, Roger. *We Men Who Feel Most German: A Cultural Study of the Pan-German League, 1886-1914*. London: Allen & Unwin, 1984.

Eley, Geoff. *Reshaping the German Right: Radical Nationalism and Political Change after Bismarck*. 2nd ed. New Haven, CT.: Yale University Press, 1991.

Eley, Geoff, and James Retallack, e ds. *Wilhelminism and Its Legacies: German Modernities, Imperialism and the Meaning of Reform, 1890-1930*. New York: Berghahn Books, 2004.

Evans, Richard, ed. *Society and Politics in Wilhelmine Germany*. London: Croom Helm, 1978.

Fletcher, Roger, ed. *Bernstein to Brandt: A Short History of German Social Democracy*. New York: Edward Arnold, 1987.

Gay, Peter. *Freud, Jews, and Other Germans: Master and Victims in Modernist Culture*. New York: Oxford University Press, 1978(문화사가들의 대표들이 쓴 논문집).

Hau, Michael. *The Cult of Health and Beauty in Germany: A Social History, 1890-1930*. Chicago, IL: University of Chicago Press, 2003.

Herwig, Holger H. *The German Naval Officer Corps: A Social and Political History, 1890-1918*. Oxford: Clarendon, 1973(황제가 총애한 병과의 리더십에 대한 탁월한 연구).

Hewitson, Mark. *Germany and the Causes of the First World War*. Oxford, UK: Berg Publishers, 2004.

Hull, Isabel V. *Absolute Destruction: Military Culture and the Practices of War in Imperial Germany*. Ithaca, NY: Cornell University Press, 2005.

Kehr, Eckart. *Economic Interest, Militarism, and Foreign Policy: Essays on German History*. Ed. by Gordon A. Craig; trans. by Grete Heinz. Berkeley, CA: University of California Press, 1977(20세기 초 주요 수정주의 독일 역사가들이 쓴 영향력 있는 에세이집).

Kelly, Alfred, ed. and trans. *The German Worker: Working-Class Autobiographies from the Age of Industrialization*. Berkeley, CA: University of California Press, 1987.

Kennan, George. *The Decline of Bismarck's European Order*. Princeton, NJ: Princeton University Press, 1984(외교 이론과 실천의 대가가 쓴 독창적인 이론).

Kennedy, Paul. *The Rise of Anglo-German Antagonism, 1860-1914*. London: Allen & Unwin, 1980.

Kitchen, Martin. *The German Officer Corps, 1890-1914*. Oxford: Oxford University Press, 1968.

Laqueur, Walter. *Young Germany*. New York: Basic Books, 1962(빌헬름 사회의 긴장에 관한 맥락 안에서 1914년 이전 청년운동을 파악).

Lidtke, Vernon L. *The Alternative Culture: Socialist Labour in Imperial Germany*. New York: Oxford University Press, 1985.

Mombauer, Annika and Deist, Wilhelm, eds. *The Kaiser: New Research on Wilhelm II's Role in Imperial Germany*. New York: Cambridge University Press, 2003.

Massie, Robert, K, eds. *Dreadnought: Britain, Germany, and the Coming of the Great War*. New York: Random House, 1991(관련자들에게 초점을 맞춘 독영 해군 경쟁에 관한 매우 두꺼운 책).

Mommsen, Wolfgang J., ed. *Theories of Imperialism*. Trans. by P. S. Falla. New York: Random House, 1980. Mosse, George L. The Crisis of German Ideology. New York: Grosset & Dunlap, 1964(나치즘의 19세기 지적 근원에 대한 논란 많은 해석).

Muncy, Lysbeth. *The Junkers in the Prussian Administration under William II, 1888-1914*. Providence, RI: Brown University, 1944(여전히 최고의 단권짜리 영어 책).

Nettle, John P. *Rosa Luxemburg*. 2 vols. London: Oxford University Press, 1966(SPD 좌익 지식인 리더에 대한 권위 있는 전기).

Nicholls, J. Alden. *Germany after Bismarck: The Caprivi Era, 1890-1894*. Cambridge, MA: Harvard University Press, 1958.

Ringer, Fritz K. *The German Mandarins*. Cambridge, MA: Harvard University Press, 1969(독일 학계 기득권층에 대한 훌륭한 분석).

Röhl, John C. G. *Young Wilhelm: The Kaiser's Early Life, 1859-1988*. Trans. by Jeremy Gaines and Rebecca Wallach. New York: Cambridge University Press, 1998(이것과 다음 항은 빌헬름 2세를 연구해온 학자가 쓴 상세한 전기 가운데 첫 두 권이다).

____. *William II: The Kaiser's Personal Monarchy, 1888-1900*. 3rd ed Trans. by Sheila de Bellaigue. New York: Cambridge University Press, 2004.

Rosenberg, Arthur. *Imperial Germany: The Birth of the German Republic*. Trans. by Ian F. D. Marner. Boston, MA: Beacon Press, 1964(USPD의 설립자 중 한 명이 쓴 중요한 분석).

Rüger, Jan. *The Great Naval Game: Britain and Germany in the Age of Empire*. New York: Cambridge University Press, 2007.

Sackett, Robert E. *Popular Entertainment, Class, and Politics in Munich, 1900-1923*. Cambridge, MA: Harvard University Press, 1982.

Schorske, Carl E. *German Social Democracy, 1905-1917: The Development of the Great Schism*. Cambridge, MA: Harvard University Press, 1955(SPD 내 수정주의-반수정주의 논란에 대한 고전적 분석).

Sperber, Jonathan. *The Kaiser's Voters: Electors and Elections in Imperial Germany*. New York: Cambridge University Press, 1997.

Stachura, Peter D. *The German Youth Movement, 1900-1945*. New York: St. Martin, 1981.

Stern, Fritz R. *The Politics of Cultural Despair: A Study in the Rise of the German Ideology*. Berkeley, CA: University of California Press, 1961(빌헬름 시기의 지적, 정치적 생활에 나타난 반근대주의 경향에 대한 고전적 분석).

Zuber, Terence. *Inventing the Schlieffen Plan: German War Planning, 1871-1914*. New York: Oxford University Press, 2002(슐리펜 계획은 1차대전 후 독일 참모본부의 발명품이었다고 주장하는 논란 많은 책).

3장 | 1차대전 1914~1918년

Berghahn, Volker, R., and Martin Kitchen, eds. *Germany in the Age of Total War*. Totowa, NJ: Barnes & Noble, 1981.

Brose, Eric Darn. *The Kaiser's Army: The Politics of Military Technology in Germany during the Machine Age, 1870-1918*. New York: Oxford University Press, 2001.

Chickering, Roger. *Imperial Germany and the Great War, 1914-1918*. 2nd ed. New York: Cambridge University Press, 2004.

Daniel, Ute. *The War from Within: German Working Class Women in the First World War*. Trans. by Margaret Ries. New York: Berg, 1997.

Davis, Bellinda J. *Home Fires Burning: Food, Politics, and Everyday Life in World War I Berlin*. Chapel Hill, NC: University of North Carolina Press, 2000.

Feldman, Gerald D. *Army, Industry, and Labor in Germany, 1914-1918*. Princeton, NJ: Prin ceton University Press, 1966(전쟁 기간 중 국가의 주요 이익집단 간의 갈등과 공생적인 협력에 대한 분석. 저자의 새로운 서론이 포함된 페이퍼백 판본은 1991년 베르그출판사에서 출판됨).

Fischer, Fritz. *Germany's Aims in the First World War*. New York: Norton, 1967(1960년대에 논란을 일으킨 수정주의 해석).

Fromkin, David. *Europe's Last Summer: Who Started the Great War in 1914?*. New York: Knopf, 2004(나날이 위기가 고조되다 1차대전 발발로 이어진 상황에 대한 매우 상세한 해석).

Hagemann, Karen, and Stefanie Schülerspringorum, eds. *Home Front: The*

Military, War, and Gender in 20th Century Germany. New York: Berg, 2002.

Hamilton, Richard F., and Holger H. Herwig, eds. *The Origins of World War I*. New York: Cambridge University Press, 2003(독일뿐 아니라 주요 강대국을 모두 다룸).

Horn, Daniel. *The German Naval Mutinies of World War I*. Rutgers, NJ: Rutgers University Press, 1969.

Hull, Isabel V. *Absolute Destruction: Military Culture and the Practices of War in Imperial Germany*. Ithaca, NY: Cornell University Press, 2005.

Jarausch, Konrad H. *The Enigmatic Chancellor: Bethmann Hollweg and the Hubris of Imperial Germany*. New Haven, CT: Yale University Press, 1973.

Kitchen, Martin. *The Silent Dictatorship: The Politics of the German High Command under Hindenburg and Ludendorff, 1916-1918*. New York: Holmes & Meier, 1976.

Kocka, Jürgen. *Facing Total War: German Society, 1914-1918*. Trans. by Barbara Weinberger. Cambridge, MA: Harvard University Press, 1985.

Morgan, David. *German Left-Wing Socialism: A History of the German Independent Social Democratic Party*. Ithaca, NY: Cornell University Press, 1975(USPD의 사상적, 조직적 구성에 대한 권위 있는 해석).

Verhey, Jeffrey. *The Spirit of 1914: Militarism, Myth, and Mobilization in Germany*. New York: Cambridge University Press, 2000.

Vincent, C. Paul. *The Politics of Hunger: The Allied Blockade of Germany, 1915-1919*. Athens, OH: Ohio University Press, 1985.

Welch, David. *Germany, Propaganda and Total War, 1914-1918*. New Brunswick, NY: Rutgers University Press, 2000(1차대전기 프로파간다를 자세하게 다룬 상세하고 전문적인 연구).

Wheeler-Bennet, John. *Brest-Litovsk: The Forgotten Peace*. New York: 1939. Reprint, 1971(이 중요한 사건에 대한 고전적이지만 여전히 탁월한 연구).

Winter, Jay, and Antoine Frost. *The Great War in History: Debates and Controversies*. New York: Cambridge University Press, 2005.

Angress, Wernert. *Stillborn Revolution*. Princeton, NJ: Princeton University Press, 1963(바이마르공화국 초기에 KPD가 다시금 혁명을 일으키고자 반복해서 시도했지만 실패로 끝난 사건들).

Boemeke, Manfred F., Gerald D. Feldman, and Elisabeth Glaser, eds. *The Treaty of Versailles: A Reassessment after 75 Years*. New York: Cambridge University Press, 1998(1차대전을 종식시킨 조약의 효과를 성찰한 불, 독, 미 학자들의 논문집).

Burdick, Charles B., and Ralph H. Lutz, eds. *Political Institutions of the German Revolution, 1918-1919*. Stanford, CA: Hoover Institution, 1966(제목은 오해의 소지가 있다. 이 책에는 노동자-병사평의회가 이끈 집행위원회의 논의를 사실적으로 담고 있다).

Calkins, Kenneth R. *Hugo Haase: Democrat and Revolutionary*. Durham, NC: Duke University Press, 1979.

Carsten, Francis L. *Fascist Movements in Austria: From Schönerer to Hitler*. Beverly Hills, CA: Sage, 1977(나치 운동의 배후가 된 오스트리아의 중요성).

_____. *The Reichswehr and Politics. 1918-1933*. Oxford: Oxford University Press, 1966.

_____. *Revolution in Central Europe. 1918-1919*. Berkeley, CA: University of California Press, 1972(독일의 사건들을 1차대전 이후의 전 유럽적 격변의 맥락에서 파악).

De Michelis, Cesare G. *The Non-Existent Manuscript: A Study of "The Protocols of the Sages of Zion"*. Lincoln, NE: University of Nebraska Press, 2004.

Diehl, James M. *Paramilitary Politics in Weimar Germany*. Bloomington, IN: Indiana University Press, 1977(이 주제에 대한 가장 포괄적인 책).

Epstein, Klaus. *Matthias Erzberger and the Dilemma of German Democracy*. Princeton, NJ: Princeton University Press, 1959(중요한 인물이자 많은 논란을 불러일으킨 이 중앙당 지도자를 다룬 탁월한 전기).

Eyck, Erich. *History of the Weimar Republic*. 2 vols. New York: Atheneum, 1970(동시대인이 집필한 잘 쓰인 매력적인 정치사. 저자는 독일민주당 소

속 베를린 시의회 의원이었음).

Feldman, Gerald D. *The Great Disorder: Politics, Economics, and Society in the German Inflation, 1919-1924*. New York: Oxford University Press, 1993.

Fischer, Conan. *The Ruhr Crisis, 1923-1924*. New York: Oxford University Press, 2003.

Fischer, Fritz. *From Kaiserreich to Third Reich*. Trans. by Roger Fletcher. London: Allen & Unwin, 1986(피셔의 《1차대전에서의 독일의 목표》 〔1967년〕가 나온 지 24년 만에 출간된 책으로, 저자가 자신의 '피셔 이론'을 재평가함).

Gordon, Harold J., Jr. *Hitler and the Beer Hall Putsch*. Princeton, NJ: Princeton University Press, 1972(맥주홀 폭동에 대한 가장 자세하고 만족스러운 책).

Grathwol, Robert P. *Stresemann and the DNVP: Reconciliation or Revenge in German Foreign Policy, 1924-1928*. Lawrence: University of Kansas Press, 1980.

Haman N, Brigitte, and Thomas Thornton. *Hitler's Vienna: A Dictator's Apprenticeship*. New York: Oxford University Press, 1999. Paperback, 2000(히틀러가 빈에서 보낸 시간들에 대한 탁월한 연구).

Hastings, Derek. *Catholicism and the roots of Nazism: Religious Identity and National Socialism*. New York: Oxford University Press, 2010(초기 나치당이 보수적인 가톨릭 견해에 깊게 영향을 받았다는 주장).

Hertzman, Lewis J. *DNVP*. Lincoln: University of Nebraska Press, 1963(1차대전 이후 보수주의자에 대해 영어로 쓰인, 여전히 최고인 짧은 역사책).

Hughes, Michael L. *Paying for the German Inflation*. Chapel Hill, NC: University of North Carolina Press, 1988.

Hunt, Richard N. *German Social Democracy, 1918-1933*. New Haven, CT: Yale University Press, 1964(짧은 분량으로 바이마르 시기 사민당을 전체적으로 다룸. 당 지도부에 대한 비판적인 시각이 드러나 있음).

Kent, Bruce. *Spoils of War: The Politics, Economics, and Diplomacy of Reparations, 1918-1932*. Oxford, UK: Clarendon Press, 1989.

Kessler, Count Harry. *In the Twenties*. Trans. by Charles Kessler. New York: Holt, Rinehart & Winston, 1971(사회정치적 조직을 넓게 섭렵했

던 어느 탐미주의자의 다소 가십적인 일기).

Kolb, Eberhard. *The Weimar Republic*. 2nd. ed. Tr. P.S. Falla and RJ. Park. New York: Routledge, 2005(바이마르 시기에 대한 탁월한 개요서. 특히 방법론적이고 역사학적인 문제들에서 뛰어남).

Maier, Charles S. *Reconstructing Bourgeois Europe*. Princeton, NJ: Princeton University Press, 1975(1920년대 독, 이, 불 사회를 잘 비교하고 있는 분석).

Mayer, Arno. *Politics and Diplomacy of Peacemaking: Containment and Counter-Revolution at Versailles*. New York: Knopf, 1967(베르사유조약은 연합국 측의 좌익 혁명에 대한 공포가 주요 원인이었다는 논란 많은 해석).

Nicholls, Anthony J. *Freedom with Responsibility: The Social Market Economy in Germany, 1918-1963*. New York: Oxford University Press, 1994.

Orlow, Dietrich. *Weimar Prussia, 1919-1925: The Unlikely Rock of Democracy*. Pittsburgh, PA: University of Pittsburgh Press, 1986.

Sharp, Alan. *The Versailles Settlement: Peacemaking After the First World War*. New York: Palgrave Macmillan, 2008.

Smith, Bradley F. *Adolf Hitler: His Family, Childhood, and Youth*. Stanford, CA: Hoover Institution, 1967. Reprint, 1979(이 항과 다음 항은 미시 분석의 대가가 쓴 짧지만 훌륭한 연구이다).

_____. *Heinrich Himmler: A Nazi in the Making, 1900-1926*. Stanford, CA: Hoover Institution, 1971.

Trachtenberg, Marc. *Reparations and World Politics*. New York: Columbia University Press, 1980(6장에 포함된 Schuker 항과 마찬가지로 베르사유조약이 독일에 특별히 가혹하진 않았다는, 대부분의 독일인과 많은 역사가들의 생각과는 반대되는 주장을 펼치는 여러 저서 가운데 하나).

Waite, Robert G. L. *Vanguard of Nazism: The Free Corps Movement in Post-War Germany, 1918-1923*. Cambridge, MA: Harvard University Press, 1952. Reprint, 1970(의용군의 원파시스트적 본성을 강조한 고전적 연구. 지금은 Jameo M. Diehl의 연구로 인해 다소 가려짐).

Waldmann, Eric. *The Spartacist Uprising of 1919*. Milwaukee, WI: Marquette University Press, 1958.

Weitz, Eric D. *Creating German Communism, 1890-1990*. Princeton, NJ: Princeton University Press, 1997.

5장 | 빛 좋은 개살구 바이마르공화국 1924~1930년

Balderston, Theo. *Economics and Politics in the Weimar Republic*. New York: Cambridge University Press, 2002.

Bessel, Richard, and E. J. Feuchtwanger, eds. *Social Change and Political Development in the Weimar Republic*. London: Croom Helm, 1981.

Brady, Robert A. *The Rationalization Movement in German Industry: A Study in the Evolution of Economic Planning*. Berkeley, CA: University of California Press, 1933(바이마르 후기 독일 자본주의의 변화에 관한 고전적 연구).

Braunthal, Gerard. *Socialist Labor and Politics in Weimar Germany: The General Federation of German Trade Unions*. Hamden, CT: Archon Books, 1978.

Breitman, Richard. *German Socialism and Weimar Democracy*. Chapel Hill, NC: University of North Carolina Press, 1981(사민당과 부상하던 나치의 대립에 관한 분석이 특히 가치 있음).

Bullock, Alan. *Hitler: A Study in Tyranny*. London: Odhams Press, 1952(2차대전 이후에 등장한 최초의 학문적 히틀러 전기).

Carr, Edward Hallett. *German-Soviet Relations between the Two World Wars, 1919-1939*. Baltimore, MD: Johns Hopkins University Press, 1951. Reprint, 1983.

Childers, Thomas. *The Nazi Voter: The Social Foundations of Fascism in Germany, 1919-1933*. Chapel Hill, NC: University of North Carolina Press, 1983(나치에 대한 지지를 분석하기 위해 정교한 양적 방법을 사용한 여러 연구 중 하나).

Easton, Laird M. *The Red Count: The Life and Times of Harry Kessler*. Berkeley, CA: University of California Press, 2002(바이마르 시기의 가장 유명한 탐미주의자에 대한 최신의 통찰력 있는 전기).

Evans, Richard J., And Dick Geary, eds. *The German Unemployed, 1918-*

1936. New York: St. Martin, 1987.

Fest, Joachim C. *Hitler*. New York: Harcourt Brace Jovanovich, 1973(아마도 최고의 히틀러 전기).

Fowkes, Ben. *Communism in Germany under the Weimar Republic*. New York: St. Martin, 1984.

Gay, Peter. *Weimar Culture: The Outsider as Insider*. New York: Harper & Row, 1968(바이마르 지식인들의 삶에 대한 통념 파괴적 해석).

Hamilton, Nigel. *The Brothers Mann: The Lives of Heinrich and Thomas Mann, 1871-1950, 1875-1955*. New Haven, CT: Yale University Press, 1978.

Heberle, Rudolf. *From Democracy to Nazism*. Baton Rouge, LA: Louisiana State University Press, 1945(슐레스비히홀슈타인의 시골 지역 선거에서 드러난 나치 지지를 분석한 선구적 연구).

Herf, Jeffrey. *Reactionary Modernism: Technology, Culture, and Politics in Weimar and the Third Reich*. New York: Cambridge University Press, 1984.

Hess, Hans. *George Grosz*. New Haven, CT: Yale University Press, 1974(바이마르공화국의 중요한 캐리커처 작가에 대한 얼마 안 되는 영어권 연구 중 하나).

Jäckel, Eberhard. *Hitler's World View: A Blueprint for Power*. Middletown, CT: Wesleyan University Press, 1972(히틀러의 기본 사상과 동기에 대한 짧지만 탁월한 분석).

Jacobson, Jon. *Locarno Diplomacy: Germany and the West, 1925-1929*. Princeton, NJ: Princeton University Press, 1972.

James, Harold. *The German Slump: Politics and Economics, 1924-1936*. Oxford: Clarendon Press, 1986.

Jelavich, John. *Berlin Cabaret*. Cambridge, MA: Harvard University Press, 1993.

Jones, Larry Eugene. *German Liberalism and the Dissolution of the Weimar Party System, 1918-1933*. Chapel Hill, NC: University of North Carolina Press, 1988.

Kater, Michael H. *The Nazi Party: A Social Profile of Members and Leaders, 1919-1945*. Cambridge, MA: Harvard University Press, 1983(Childers의

서지처럼 정교한 양적 조사 방법을 사용함).

Kracauer, Siegfried. *From Caligari to Hitler: A Psychological Study of the German Film*. Princeton, NJ: Princeton University Press, 1947(영화의 사회학에 관한 선구적 연구).

Kreimeier, Klaus. *The Ufa Story: A History of Germany's Greatest Film Company, 1918-1945*. Trans. by Robert and Rita Kimber. New York: Hill and Wang, 1996.

Krued Ener, Jürgen Von. *Economic Crisis and Political Collapse: The Weimar Republic, 1924-1933*. Providence, RI: Berg, 1989.

Laqueur, Walter. *Weimar: A Cultural History*. New York: Putnam, 1974.

Lebovics, Herman E. *Social Conservatism and the Middle Classes in Germany*. Princeton, NJ: Princeton University Press, 1969(많은 중간계급 독일인들의 반공화주의적이고 반민주주의적인 태도에 깔린 동기에 대한 탁월한 분석).

Merkl, Peter H. *The Making of a Stormtrooper*. Princeton, NJ: Princeton University Press, 1980(나치 무장 조직에 대한 탁월한 사회정치적 보고).

Mierzejewski, Alfred C. *The Most Valuable Asset of the Reich: A History of the German National Railway, 1920-1945*. 2 vols. Chapel Hill, NC: University of North Carolina Press, 1999(매우 상세한 제도사).

Mommsen, Hans. *The Rise and Fall of Weimar Democracy*. Trans. by Elborg Forster and Larry Eugene Jones. Chapel Hill, NC: University of North Carolina Press, 1996.

Noakes, Jeremy, ed. *Documents on Nazism, 1919-1945*. Atlantic Highlands, NJ: Humanities Press, 1974(영어로 된 최고의 1차 자료집).

Nolan, Mary. *Visions of Modernity: American Business and the Modernization of Germany*. New York: Cambridge University Press, 1994(앞서 열거된 Robert A. Brady 저서에 대한 매우 세련되고 논쟁적인 업데이트).

Orlow, Dietrich. *The History of the Nazi Party, 1919-1933*. Pittsburgh, PA: University of Pittsburgh Press, 1969.

Peukert, Detlev J. K. *The Weimar Republic: The Crisis of Classical Modernity*. Trans. by Richard Deveson. New York: Hill and Wang, 1991.

Pridham, Geoffrey. *The Nazi Movement in Bavaria, 1923-1933*. New York: Harper & Row, 1973(지역 차원의 나치 발흥에 대한 많은 탁월한 분석들 중 대표적인 것).

Rauschning, Hermann. *Hitler Speaks*. London: Butterworth, 1939(나중에 그 운동과 단절한 초기 나치 지지자의 회고).

Reuveni, Gideon. *Reading Germany: Literature and Consumer Culture in Germany Before 1933*. Trans. by Ruth Morris. New York: Berghahn Books, 2006.

Schuker, Stephen A. *The Financial Crisis of 1924 and the Adoption of the Dawes Plan*. Chapel Hill, NC: University of North Carolina Press, 1976(4장에 언급된 Trachtenberg의 저서처럼 이 책도 베르사유조약에 대한 수정주의적 관점을 보여준다).

Smaldone, William. *Rudolf Hilferding: The Tragedy of a German Social Democrat*. Dekalb, IL: Northern Illinois University Press, 1998(미국의 공공연한 사회민주주의자가 쓴 Hilferding 사상에 대한 매우 호의적인 설명).

Stachura, Peter D. *Nazi Youth in the Weimar Republic*. Santa Barbara, CA: ABC-Clio, 1975.

Turner, Henry A. *Stresemann and the Politics of the Weimar Republic*. Princeton, NJ: Princeton University Press, 1963(슈트레제만 기록을 광범위하게 이용한 중요한 연구서).

Weitz, Eric D. *Weimar Germany: Promise and Tragedy*. Princeton, NJ: Princeton University Press, 2007(탁월한 바이마르 역사서. 문화와 일상사가 특히 좋음).

Willett, John. *Art and Politics in the Weimar Period: The New Sobriety, 1917-1933*. New York: Pantheon Books, 1978.

Wright, Jonathan. *Gustav Stresemann: Weimar's Greatest Statesman*. New York: Oxford University Press, 2002.

6장 | 권위주의에서 전체주의로 1930~1938년

Allen, William S. *The Nazi Seizure of Power: The Experience of a Single*

German Town, 1922-1945. New York: Franklin Watts, 1984(지역사 분야 고전의 개정판).

Ayçoberry, Pierre. *The Social History of the Third Reich, 1933-1945*. Trans. by Janet Lloyd. New York: The New Press, 1999(통념을 파괴하지만 통찰력 있는 제3제국에서의 생애사).

Bach, Steven. *Leni: The Life and Work of Leni Riefenstahl*. New York: Alfred A. Knopf, 2007(히틀러가 사랑한 영화제작자를 다룬 탁월한 전기).

Baird, Jay W. *Hitler's War Poets: Literature and Politics in the Third Reich*. New York: Cambridge University Press, 2008.

Baranowski, Shelley. *Strength through Joy: Consumerism and Mass Tourism in the Third Reich*. New York: Cambridge University Press, 2004(탁월한 사회사).

Beck, Hermann. *The Fateful Alliance: German Conservatives and Nazis in 1933, the Machtergreifung in a New Light*. New York: Berghahn Books, 2008.

Bentley, James. *Martin Niemöller*. New York: Free Press, 1984(고백교회 설립자들 중 한 명의 전기).

Benz, Wolfgang. *A Concise History of the Third Reich*. Trans. by Thomas Dunlap. Berkeley, CA: University of California Press, 2006.

Binion, Rudolph. *Hitler among the Germans*. New York: Elsevier, 1976(이 책과 이후의 Waite와 Stern 저서는 역사 심리학적인 방법으로 히틀러와 나치 현상들을 분석하려는 대표적인 노력).

Broszat, Martin. *The Hitler State: The Foundation and Development of the Internal Structure of the Third Reich*. London: Longmans, 1981.

Browder, George C. *Hitler's Enforcers: The Gestapo and the SS Security Service in the Nazi Revolution*. New York: Oxford University Press, 1996(탁월한 행정사).

Campbell, Bruce. *The SA Generals and the Rise of Nazism*. Louisville, KY: University of Kentucky Press, 2004(178명의 돌격대 리더들에 대한 상세한 연구).

Caplan, Jane, and Wachsmann, Nikolaus, eds. *Concentration Camps in Nazi Germany*. New York: Routledge, 2008(집단수용소에 대한 논문집으로 이 주제에 대한 최신의 역사 연구).

Conway, John S. *The Nazi Persecution of the Churches, 1933-1945*. New York: Basic Books, 1968.

Corni, Gustavo. *Hitler and the Peasants: Agrarian Policy of the Third Reich, 1930-1939*. Providence, RI: Berg, 1990.

Deschner, Günther. *Reinhold Heydrich*. New York: Stein & Day, 1981.

Engelmann, Bernt. *In Hitler's Germany: Everyday Life in the Third Reich*. Trans. by Krishna Winston. New York: Pantheon, 1986.

Evans, Richard J. *The Coming of the Third Reich*. New York: Penguin Press, 2004(이 서지와 다음 서지는 제3제국에 대한 탁월한 역사 서술 3부작 중 첫 번째와 두 번째 권이다).

_____. *The Third Reich in Power, 1933-1939*. New York: Penguin Press, 2005.

Feldman, Gerald D. *Allianz and the German Insurance Business, 1933-1945*. New York: Cambridge University Press, 2001(이 책과 Rothar Gall의 서지들은 대표적인 전문 역사가들이 기업의 후원을 받아 쓰는 역사라는 성장하는 분야를 보여주는 사례들이다).

Fischer, Conan. *Stormtroopers: A Social, Economic, and Ideological Analysis, 1929-1935*. London: Allen & Unwin, 1983.

Fraenkel, Ernst. *The Dual State: A Contribution to the Theory of Dictatorship*. New York: Octagon, 1969(나치 체제 내 당과 정부의 불편한 관계를 강조한 고전적인 연구).

Fritzsche, Peter. *Life and Death in the Third Reich*. Cambridge, MA: Harvard University Press, 2008(아래 두 번째 Koonz 책에 덧붙여, 나치의 도덕 관념의 기초가 된 왜곡된 논리를 설명하려는 시도).

Gall, Lothar, et al. *The Deutsche Bank, 1870-1995*. London: Weidenfeld and Nicolson, 1995.

Gellately, Robert. *Backing Hitler: Consent and Coercion in Nazi Germany*. New York: Oxford University Press, 2001.

Giles, Geoffrey J. *Students and National Socialism in Germany*. Princeton, NJ: Princeton University Press, 1985.

Guenther, Irene. *Nazi Chic? Fashioning Women in the Third Reich*. New York: Berg, 2004.

Haffner, Sebastian. *The Meaning of Hitler*. Trans. by Ewald Osers.

Cambridge, MA: Harvard University Press, 1983(히틀러와 나치의 역사적 중요성을 가늠하려는 시사하는 바가 많은 시도).

Hamilton, Richard F. *Who Voted for Hitler?*. Princeton, NJ: Princeton University Press, 1982(많은 학자들의 생각과 대비되는 주장을 하는 수정주의적 분석. 선거에서의 나치 지지는 하층 중간계급보다 상류층과 중상계층 독일인들 사이에서 가장 강했다고 주장).

Hayes, Peter. *Industry and Ideology: I. G. Farben in the Nazi Era*. New York: Cambridge University Press, 1987(탁월한 화학 기업사).

Hildebrand, Klaus. *The Foreign Policy of the Third Reich*. Trans. by Anthony Fothergill. London: Batsford, 1973(이 주제에 관한 탁월한 짧은 논의).

Hoffmann, Hilmar. *The Triumph of Propaganda: Film and National Socialism, 1933-1945*. Trans. by John Broadwin and Volker R. Berghahn. Providence, RI: Berghahn Books, 1996.

Hohne, Heinz. *The Order of the Death's Head*. New York: Coward McCann, 1969.

Kater, Michael H. *Hitler Youth*. Cambridge, MA: Harvard University Press, 2004.

_____. *Never Sang for Hitler: The Life and Times of Lotte Lehmann, 1888-1976*. New York: Cambridge University Press, 2008(쿠르트 바일의 아내이자 〈서푼짜리 오페라〉 초연에서 제니 역을 맡은 배우의 전기).

Kershaw, Ian. *Hitler, 1889-1945*. 2 vols. New York: Norton, 1999, 2000(히틀러 전기 가운데 최신작이자 최고의 작품).

_____. *The Nazi Dictatorship: Problems and Perspectives in Interpretation*. London: Edward Arnold, 1985(나치 역사학 논의에서 특히 중요함).

_____. *Popular opinion and Political Dissent in the Third Reich: Bavaria, 1933-1945*. New York: Oxford University Press, 1985(평균적 독일인의 삶과 관련하여 나치 전체주의의 한계를 증명하는 많은 최근 연구 중 하나).

Klndleberger, Charles P. *The World in Depression, 1929-1939*. Berkeley, CA: University of California Press, 1973.

Klemperer, Klemens Von. *Germany's New Conservatism*. Princeton, NJ: Princeton University Press, 1957(신우파에 대한 선구적 연구).

Klemperer, Victor. *I Will Bear Witness: A Diary of the Nazi Years, 1933-*

1945. 2 vols. New York: Random House, 1998-1999(독일 유대인 지식인의 감동적인 일기. '아리안' 부인과 결혼했기 때문에 나치 시기 동안 독일에서 살았다).

_____. *The Language of the Third Reich: LTI Lingua Tertii Imperii: A Philogist's Notebook*. Trans. by Martin Brady. New Brunswick, NJ: Athlone Press, 2000(나치가 독일어를 어떻게 왜곡시켰는지에 대한 Klemperer의 흥미로운 분석).

Koonz, Claudia. *Mothers in the Fatherland*. New York: St Martin, 1987(나치 여성 단체에 대한 중요한 연구).

_____. *The Nazi Conscience*. Cambridge, MA, Harvard University Press, 2003(인종 결정론을 기반으로 하는 나치의 도덕 개념에 대한 흥미로운 분석).

Leopold, John A. *Alfred Hugenberg. The Radical Nationalist Campaign against the Weimar Republic*. New Haven, CT: Yale University Press, 1977.

Lewy, Günter. *The Catholic Church and Nazi Germany*. New York: McGraw-Hill, 1964.

Mason, Tim. *Social Policy in the Third Reich*. New York: Berg, 1990(한 영국 역사가의 영어로 된 중요한 저작 이전에는 그의 저작 대부분이 독일어로만 출간됨).

Mommsen, Hans. *From Weimar to Auschwitz: Essays in German History*. Trans. by Philip O'Connor. Princeton, NJ: Princeton University Press, 1991.

_____, ed. *The Third Reich between Vision and Reality: New Perspectives on German History, 1918-1945*. New York: Berg, 2001(독일 학자들이 쓴 논문 모음).

Mosse, George L. *Nazi Culture. Intellectual, Cultural, and Social Life in the Third Reich*. 2nd ed. Madison, WI: University of Wisconsin Press, 2003.

Müller, Ingo. *Hitler's Justice: The Courts of the Third Reich*. Trans. by Deborah Lucas Schneider. Cambridge, MA: Harvard University Press, 1991.

Müller, Klaus-Jürgen. *The Army, Politics, and Society in Germany, 1933-*

1946. New York: St. Martin, 1987.

Neufeld, Michael J. *The Rocket and the Reich: Peenemunde and the Coming of the Ballistic Missile Era*. New York: Free Press, 1995.

Post, Gaines. *Dilemmas of Appeasement: British Deterrence and Defense, 1934-1937*. Ithaca, NY, and London, 1993(유화정책론자들이 무슨 수를 써서라도 전쟁을 피하려 했던 것이 아니라, 영국 재무장을 위한 시간을 벌려고 했다고 주장).

Read, Anthony. *The Devil's Disciples: The Life and Times of Hitler's Inner Circle*. New York: Norton, 2004(히틀러의 측근들에 대한 가볍고 흥미로운 스케치. 모든 일화가 증명 가능한 것은 아니다).

Schmolders, Claudia. *Hitler's Face: the Biography of an Image*. Trans. by Adrian Daub. Philadelphia, PA: University of Pennsylvania Press, 2006 (나치 프로파간다와 반나치 그룹 양쪽에서 히틀러의 얼굴을 사용한 방식에 대한 분석).

Seabury, Paul. *The Wilhelmstrasse*. Berkeley, CA: University of California Press, 1954(독일 외무부에 대한 획일적 분석).

Semmens, Kri ston. *Seeing Hitler's Germany: Tourism in the Third Reich*. New York: Palgrave Macmillan, 2005.

Smelser, Ronald. *Robert Ley*. New York: Berg, 1988(나치 독일노동전선 수장에 대한 유일한 영어 전기).

Stachura, Peter D. *Gregor Strasser and the Rise of Nazism*. London: Allen & Unwin, 1983(1932년 NSPD에서 사임할 때까지 많은 사람들에게 나치당에서 가장 영향력 있었던 사람으로 인식된 슈트라서에 대한 영어권 유일의 전면적인 연구).

Steinweis, Alan E. *Kristallnacht 1938*. Cambridge, MA: Harvard University Press, 2009(1938년 유대인 집단 학살에 대한 가장 최신의 연구).

Stephenson, Jill. *Women in Nazi Society*. New York: Harper & Row, 1981.

Stern, J. P. *Hitler: Fuhrer and People*. Berkeley, CA: University of California Press, 1974.

Swett, Pamela E. *Neighbors and Enemies: The Culture of Radicalism in Berlin, 1929-1933*. New York: Cambridge University Press, 2004.

Tooze, Adam. *The Wages of Destruction: The Making and Breaking of the Nazi Economy*. New York: Penguin Press, 2006.

Turner, Henry Ashby, Jr., ed. *General Motors and the Nazis: The Struggle for the Control of Opel, Europe's Biggest Carmaker*. New Haven, CT: Yale University Press, 2005.

_____. *German Big Business and the Rise of Hitler*. New York: Oxford University Press, 1984(나치에 대한 재계의 경제적 지원이 일반적인 주장과 달리 엄청난 수준이 아니었다는 설득력 있는 논증들).

Waite, Robert G. L. *The Psychopathic God: Adolf Hitler*. New York: Basic Books, 1977.

Wegner, Bernd. *The Waffen-SS: Ideology, Organization, and Function*. Trans. by Ronald Webster. Oxford: Basil Blackwell, 1989.

Weinberg, Gerhard L. *The Foreign Policy of Hitler's Germany: The Diplomatic Revolution in Europe, 1933-1936*. Chicago, IL: University of Chicago Press, 1970(말년에 같은 작가가 쓴 책과 마찬가지로—7장에서 인용—이 책은 제3제국의 외교정책에 대한 탁월한 논의를 담고 있다).

Welch, David. *The Third Reich: Politics and Propaganda*. 3rd ed. New York: Routledge, 2002.

Wette, Wolfram. *The Wehrmacht: History, Myth, Reality*. Trans. by Deborah Lucas Schneider.Cambridge, MA: Harvard University Press.

Ziegler, Herbert F. *Nazi Germany's New Aristocracy: The SS Leadership, 1925-1939*. Princeton, NJ: Princeton University Press, 1990.

7장 | 정복, 죽음 그리고 패배 1938~1945년

Aly, Götz. *Hitler's Beneficiaries: Plunder, Racial War, and the Nazi Welfare State*. Trans. by Jefferson Chase. New York: Metropolitan Books, 2006(홀로코스트는 희생자의 경제자산을 통제하려는 나치의 욕망이 주된 동기라고 주장한 논란 많은 책).

_____. *Final Solution: Nazi Population Policy and the Murder of the European Jews*. Trans. by Belinda Cooper and Allison Brown. New York: Arnold, 1999(Aly는 홀로코스터 역사가들 중 기능주의학파의 가장 중요한 제창자다).

Arendt, Hannah. *Eichmann in Jerusalem: The Banality of Evil*. Rev. ed. New

York: Penguin, 1964. New ed., 1977(홀로코스트와 아돌프 아이히만의 역할에 대한 논란 많은 해석).

Beck, Earl R. *Under the Bombs: The German Home Front, 1942-1945*. Lexington, KY: University Press of Kentucky, 1986.

Bellon, Bernard P. *Mercedes in Peace and War: German Automobile Workers, 1903-1945*. New York: Columbia University Press, 1990.

Black, Peter R. *Ernst Kaltenbrunner*. Princeton, NJ: Princeton University Press, 1984(Heydrich의 후계자에 관한 전기. Kaltenbrunner는 홀로코스트가 시행되는 데 큰 책임이 있는 인물이다).

Bloch, Michael. *Ribbentrop*. New York: Crown, 1993.

Boog, Horst, et al. *Germany and the Second World War*. New York: Oxford University Press, 1999(2차대전 동안 독일군의 군사작전에 관한 가장 포괄적인 역사서. 9권까지 발행됨).

Browning, Christopher R. *Ordinary Men: Reserve Battalion 101 and the Final Solution in Poland*. New York: HarperCollins, 1992(이 장의 뒷부분에서 다루어질 Browning 및 Goldhagen의 저서와 동일한 사료적 증거를 많이 사용하면서도 크게 다른 결론을 내리고 있다).

Browning, Christopher R., and Jürgen Matthäus. *The Origins of the Final Solution: The Evolution of Nazi Jewish Policy, September 1939-March 1942*. Lincoln, NE: University of Nebraska Press, 2004(나치의 유대인 말살 정책에 대한 매우 자세하고 통찰력 있는 분석).

Chickering, Roger, et al., eds. *A World at Total War: Global Conflict and the Politics of Destruction, 1937-1945*. New York: Cambridge University Press, 2005.

Dallin, Alexander. *German Rule in. Russia, 1941-1945*. 2nd ed. Boulder, CO: Westview, 1981(초판은 1957년에 출판됨. 나치의 그릇되고도 잔인한 소비에트 점령 정책을 다룬 여전히 탁월한 설명).

Eley, Geoff, ed. *The "Goldhagen Effect": History, Memory, Nazism–Facing the German Past*. Ann Arbor, MI: University of Michigan Press, 2000.

Evans, Richard J., ed. *The Third Reich at War, 1939-1945*. New York: Penguin Press, 2010(제3제국의 역사를 다룬 에반스의 거장다운 결정판).

Feldman, Gerald D., ed. *Networks of Nazi Persecution: Bureaucracy, Business, and the Organization of the Holocaust*. New York: Berghahn

Books, 2005.

Fest, Joachim. *Speer: The Final Verdict*. Trans. by Ewald Osers and Alexandra Dring. London: Weidenfeld and Nicolson, 2001(히틀러의 건축가에 대한 가장 최신의, 통찰력 있는 전기).

Fleming, Gerald. *Hitler and the Final Solution*. Berkeley, CA: University of California Press, 1984(히틀러가 개인적으로 홀로코스트를 지시하지 않았다는 주장들을 설득력 있게 잠재우는 중요한 작업).

Friedlander, Henry. *The Origins of Nazi Genocide: From Euthanasia to the Final Solution*. Chapel Hill, NC: University of North Carolina Press, 1995.

Friedlander, Saul. *Nazi Germany and the Jews: The Years of Persecution, 1933-1939*. New York: HarperCollins, 1997(유대인에게 가해진 나치 정책에 대해 설명하려는 책의 첫 번째 권).

Friedrich, Jörg. *The Fire: The Bombing of Germany, 1940-1945*. New York: Columbia University Press, 2006('희생자로서의 독일인'에 대한 논의에 중요한 공헌을 했다).

Goldhagen, Daniel. *Hitler's Willing Executioners: Ordinary Germans and the Holocaust*. New York: Knopf, 1996(홀로코스트에 관한 야심 차고 매우 논란이 많은 새로운 해석).

Hastings, Max. *Armageddon: The Battle for Germany, 1944-1945*. New York: Knopf, 2004(전쟁의 마지막 해를 다룬 상세한 군사사로, 갈등의 인간적 측면을 강조했다).

Heiber, Helmut, ed. *Hitler and His Generals: Military Conferences, 1942-1945—The First Complete Stenographic Record of the Military Situation Conferences*. Trans. by Roland Winter et al. New York: Enigma Books, 2003.

Heineman, John L. *Hitler's First Foreign Minister: Constantin Freiherr von Neurath, Diplomat and Statesman*. Berkeley, CA: University of California Press, 1979(나치 종말에 기여했던 한 전통적 보수주의자에 대한 탁월한 전기로 그를 다소 옹호하는 입장을 취한다).

Helmreich, Ernst Christian. *The German Churches under Hitler: Background, Struggle, and Epilogue*. Detroit, MI: Wayne State University Press, 1979.

Herbert, Ulrich. *Hitler's Foreign Workers: Enforced Foreign Labor in Germany Under the Third Reich*. Trans. by William Templer. New York: Cambridge University Press, 1997.

Hilberg, Raul. *The Destruction of the European Jews*. Rev. ed. New York: Holmes & Meier, 1985(홀로코스트에 관한 탁월하고 가장 신뢰할 수 있으며 가장 자세한 설명).

Kershaw, Ian. *Hitler, the Germans, and the Final Solution*. New Haven, CT: Yale University Press, 2008.

Koehl, Robert L. *The Black Corps: The Structure and Power Struggles of the Nazi SS*. Madison, WI: University of Wisconsin Press, 1983.

Longerich, Peter. *Holocaust: The Nazi Persecution and Murder of the Jews*. New York: Oxford University Press, 2010(가장 최신의 사료 조사를 기반으로 한 탁월한 설명. Hildeberg의 저서와 함께 논의되어야 함).

Lukacz, John. *June, 1941: Hitler and Stalin*. New Haven, CT: Yale University Press, 2006.

Macksey, Kenneth J. *The Partisans of World War II*. New York: Stein & Day, 1975.

Mayer, Arno J. *Why Did the Heavens Not Darken? The "Final Solution" in History*. New York: Pantheon, 1989(홀로코스트를 종적인 역사 환경에 위치시키려고 시도한, 홀로코스트에 대한 도발적인 해석).

Mazower, Mark. *How the Nazis Ruled Europe*. New York: Penguin Press, 2008.

Meinecke, Friedrich. *The German Catastrophe*. Cambridge, MA: Harvard University Press, 1950(히틀러와 나치의 의의를 평가하기 위해 독일 역사가가 쓴 역사학적으로 중요한 초기 시도).

Michel, Henri. *The Shadow War: European Resistance, 1939-1945*. New York: Harper & Row, 1972.

Milward, Alan S. *The German Economy at War*. London: Athlone Press, 1965(전시경제에 대한 탁월한 설명).

Müller, Rolf-Dieter, and Gerd R. Ueberschar, eds. *Hitler's War in the East, 1941-1945: A Critical Assessment*. New York: Berhahn Books, 2008.

Neufeld, Michael J. *Von Braun: Dreamer of Space, Engineer of War*. New York: Knopf, 2007(V-2 로켓 프로그램과 미국 우주 프로그램 모두에 중요

했던 인물에 대한 훌륭한 전기).

Orlow, Dietrich. *The History of the Nazi Party, 1933-1945*. Pittsburgh, PA: University of Pittsburgh Press, 1973.

Schramm, Percy Ernst. *Hitler: The Man and the Military Leader*. Trans. by Donald S. Detwiler. New York: Franklin Watts, 1971(독일의 중요한 역사가인 Schramm은 2차대전 때 전쟁사 기록 작가로 군 고위 지휘부에 파견되었다).

Shepherd, Gordon. *The Anschluss*. Philadelphia: Lippincott, 1963(제3제국의 오스트리아 합병에 대한 고전적 설명).

Speer, Albert. *Inside the Third Reich*. New York: Macmillan, 1970(슈페어는 히틀러가 우정을 품을 줄 알았다면 그의 친구가 되었을 인물로 묘사되어 왔다. 또한 그는 뉘른베르크 전범재판소에서 나치 체제의 사악한 본성과 그 안에서 자신이 한 역할을 인정한 유일한 피고인이었다).

Stein, George. *The Waffen SS*. Ithaca, NY: Cornell University Press, 1966(나치 엘리트 전투 부대에 대한 최고의 분석).

Steinweis, Alan E. *Studying the Jew: Scholarly Antisemites in Nazi Germany*. Cambridge, MA: Harvard University Press, 2006.

Taylor, A. J. P. *The Origins of the Second World War*. 2nd ed. New York: Atheneum, 1961(2차대전은 정복 전쟁을 일으키려는 예견된 계획이 아니라 히틀러의 오류로 인한 결과였다는 주장을 펼치나, 그다지 설득력 있게 논증하지는 않는다).

Trevor-Roper, Hugh R. *The Last Days of Hitler*. 3rd ed. New York: Collier Books, 1962(히틀러 벙커 내 전쟁의 마지막 날들을 상세하게 묘사한 뛰어난 추리적 작품).

Weinberg, Gerhard L. *Starting World War II, 1937-1939*. Chicago, IL: University of Chicago Press, 1993(히틀러 치하 독일의 외교정책을 다룬 2권짜리 저서. 나치 외교정책에 대한 권위 있는 역사서이다).

_____. *A World at Arms: A Global History of World War II*. New York: Oxford University Press, 1994(2차대전에 관한 탁월한 역사서).

Ahonen, Pertti. *After the Expulsion: West Germany and Eastern Europe, 1945-1990*. New York: Oxford University Press, 2003(다소 오해의 여지가 있는 제목. 이 책은 서독과 동독의 추방자 통합 정책에 대한 것이다).

Annan, Noel. *Changing Enemies: The Defeat and Regeneration of Germany*. New York: HarperCollins, 1995.

Backer, John H. *Winds of History: The German Years of Lucius Dubignon Clay*. New York: Van Nostrand Reinhold, 1983.

Balfour, Michael. *Four Power Control in Germany and Austria, 1945-1946*. London: Oxford University Press, 1956.

Balfour, Michael, and Julian Frisby. *Helmuth von Moltke: A Leader Against Hitler*. New York: St. Martin, 1972(독일 레지스탕스의 중요한 지도자에 대한 호의적인 전기).

Bessel, Richard. *Germany, 1945: From War to Peace*. New York: HarperCollins, 2009(전쟁의 마지막 5개월과 점령 직후 7개월을 다룸).

Biess, Frank. *Homecomings: Returning POWs and the Legacies of Defeat in Postwar Germany*. Princeton, NJ: Princeton University Press, 2006.

Blessing, Benita. *The Antifascist Classroom: Denazification in Soviet-Occupied Germany*. New York: Palgrave Macmillan, 2006.

Childs, David. *The SPD from Schumacher to Brandt: The Story of German Socialism, 1945-1965*. New York: Pergamon, 1966(전후 SPD를 다룬 영어권의 여전히 탁월한 짧은 역사서).

Clay, Lucius D. *Decision in Germany*. Garden City, NY: Doubleday, 1950(서독의 향후 운명을 결정하는 데 결정적 역할을 했던 미군 최고책임자의 회고록).

Clemens, Diane Shaver. *Yalta*. New York: Oxford University Press, 1971(논란 많은 전시 연합국 정상회의에 대한 탁월한 설명).

Davidson, Eugene. *The Trial of the Germans*. New York: Macmillan, 1966(뉘른베르크 군사재판소의 주요 나치 전범들의 재판에 대한 상세하고 공정한 논의).

Eisenberg, Carolyn. *Drawing the Line: The American Decision to Divide Germany, 1944-1949*. New York: Cambridge University Press, 1996(냉

전 체제와 독일 분단을 강대국들 간의 국제적 갈등이 증가한 결과로 설명하려는 최근의 시도).

Feis, Herbert. *Between War and Peace: The Potsdam Conference*. Princeton, NJ: Princeton University Press, 1960(많은 역사가들이 독일의 분열을 확정 지었다고 믿는 포츠담회담에 대한 다소 구식이지만 여전히 유용한 설명).

Galante, Pierre, with Eugène Silianoff. *Operation Valkyrie: The German Generals' Plot against Hitler*. Trans. by Mark Howson and Cary Ryan. New York: First Cooper Square Press, 2002.

Gimbel, John. *The American Occupation of Germany: Politics and the Military, 1945-1949*. Stanford, CA: Stanford University Press, 1968.

Glaser, Hermann. *The Rubble Years*. New York: Paragon House, 1987.

Hearnden, Arthur, ed. *The British in Germany*. London: Hamilton, 1978(영국의 '재교육' 노력에 특히 유용한 논문집).

Hébert, Valerie, ed. *Hitler's Generals on Trial: The Last War Crimes Tribunal at Nuremberg*. Lawrence, KS: University of Kansas Press, 2010(미국의 전범 재판을 냉전의 맥락 안에 두려는 시도).

Hoffmann, Peter. *The History of the German Resistance, 1933-1945*. Cambridge, MA: MIT Press, 1977.

Jarausch, Konrad H. *After Hitler: Recivilizing Germans, 1945-1995*. New York: Oxford University Press, 2006.

Klemperer, Klemens Von. *German Resistance against Hitler: The Search for Allies Abroad, 1938-1945*. New York: Oxford University Press, 1992.

Macdonogh, Giles. *After the Reich: The Brutal History of the Allied Occupation*. New York: Basic Books, 2007.

Maier, Charles S., et al., eds. *The Marshall Plan and Germany: West German Development within the Framework of the European Recovery Program*. New York: Berg, 1991.

Mierzejewski, Alfred C. *Ludwig Erhard: A Biography*. Chapel Hill, NC: University of North Carolina Press, 2004.

Milward, Alan S. *The Reconstruction of Western Europe, 1945-1951*. Berkeley, CA: University of California Press, 1984(서독과 서유럽의 경제 부활 요인으로 마셜플랜의 중요성을 폄하하는 수정주의 해석).

Moltke, Freya Von. *Memories of Kreisau and the German Resistance*. Trans. by Julie M. Winter. Lincoln: University of Nebraska Press, 2003.

Mommsen, Hans. *Alternatives to Hitler: German Resistance under the Third Reich*. New York: Tauris, 2003.

Naimark, Normanm. *The Russians in Germany: A History of the Soviet Zone of Occupation, 1945-1949*. Cambridge, MA: Harvard University Press, 1995.

Overy, Richard, ed. *Interrogations: The Nazi Elite in Allied Hands, 1945*. New York: Viking, 2001(뉘른베르크 군사재판에 회부된 주요 전범의 심문에 대한 사료적 기록들).

Peterson, Edward N. *The Many Faces of Defeat: The German People's Experience in 1945*. New York: Peter Lang, 1990.

Pike, David. *The Politics of Culture in Soviet-Occupied Germany, 1945-1949*. Stanford, CA: Stanford University Press, 1992.

Pronay, Nicholas, And Keith Wilson, eds. *The Political Re-Education of Germany and Her Allies after World War II*. Totowa, NJ: Barnes & Noble, 1985.

Puaca, Brian M. *Learning Democracy: Education Reform in West Germany, 1945-1965*. New York: Berghahn Books, 2009.

Rückerl, Adalbert, ed. *The Investigation of Nazi Crimes, 1945-1978: A Documentation*. Trans. by Derek Rutter. Heidelberg: C. F. Müller, 1979(영어권에선 잘 다뤄지지 않는 주제에 대한 중요한 입문서. 저자는 전쟁범죄를 다룬 독일 연방 검사였다).

Scholl, Inge. *Students against Tyranny: The Resistance of the White Rose, Munich, 1942-1943*. Trans. by Arthur R. Schultz. Middletown, CT: Wesleyan University Press, 1970(저자는 백장미 레지스탕스 조직의 리더 중 한 명이었던 조피 숄의 동생이다).

Smith, Bradley F. *The Road to Nuremberg*. New York: Basic Books, 1981(국제 군사재판을 다룬 짧은 분량의 탁월한 입문서).

Smyser, William R. *From Yalta to Berlin: The Cold War Struggle over Germany*. New York: Palgrave/St. Martin, 1999(탁월하고 포괄적인 대중 역사서).

Ther, Philipp, and Ana Siljak, eds. *Redrawing Nations: Ethnic Cleansing in*

East-Central Europe, 1944-1948. Lanham, MD: Rowman and Littlefield, 2001(여전히 격렬한 감정을 불러일으키는 주제에 대한 통찰력 있는 논문집).

Turner, Henry A., Jr. *Germany from Partition to Reunification*. 2nd ed. New Haven, CT: Yale University Press, 1992.

Van Hook, James C. *Rebuilding Germany: The Creation of the Social Market Economy, 1945-1957*. New York: Cambridge University Press, 2004.

Vogt, Timothy R. *Denazification in Soviet-Occupied Germany: Brandenburg, 1945-1948*. Cambridge, MA: Harvard University Press, 2000(소비에트 점령지의 탈나치화를 상당히 자세히 다룬 얼마 안 되는 연구 중 하나).

Wettig, Gerhard. *Stalin and the Cold War in Europe: The Emergence and Development of the East-West Conflict, 1939-1953*. Lanham, MD: Rowman and Littlefield, 2008.

Wiesen, S. Jonathan. *West German Industry and the Challenge of the Nazi Past, 1945-1955*. Chapel Hill, NC: University of North Carolina Press, 2001.

Willis, F. Roy. *The French in Germany, 1945-1949*. Stanford, CA: Stanford University Press, 1962(프랑스 점령정책에 대한 영어로 된 유일한 전면적 연구서).

9장 | 독일연방공화국(서독) 1949~1990년

Adenauer, Konrad. *Memoirs*. Trans. by Beate Ruhm von Oppen. Chicago: Henry Regnery, 1966.

Aust, Stefan. *Baader-Meinhof: The Inside Story of the R.A.F.* Trans. by Anthea Bell. New York: Oxford University Press, 2009.

Baldwin, Peter, ed. *Reworking the Past: Hitler, the Holocaust, and the Historians' Debate*. Boston: Beacon Press, 1990(독일사 안에서 나치즘을 '역사화하는 것'의 어려움에 대한 보고).

Berghahn, Volker R. *The Americanization of West German Industry, 1945-1973*. New York: Cambridge University Press, 1986.

Betts, Paul. *The Authority of Everyday Objects: A Cultural History of West*

German Industrial Design. Berkeley, CA: University of California
    Press, 2004.

Braunthal, Gerald. The West German Social Democrats, 1969-1982. Boulder,
    CO: Westview Press, 1983.

Chin, Rita. The Guest Worker Question in Postwar Germany. New York:
    Cambridge University Press, 2007.

Demetz, Peter. Postwar German Literature. New York: Pegasus, 1970.

Diefendorf, Jeffry M. In the Wake of War: The Reconstruction of German
    Cities after World War II. New York: Oxford University Press, 1993.

Erhard, Ludwig. Germany's Comeback in the World Market. New York:
    Macmillan, 1954(서독의 사회적 시장경제의 '아버지'가 쓴 다소 자기만족
    적인 설명).

Feinstein, Margarete Myers. State Symbols: The Quest for Legitimacy in the
    Federal Republic of Germany and the German Democratic Republic,
    1949-1959. Boston, MA: Brill Academic, 2001.

Feldman, Lily G. The Special Relationship between West Germany and
    Israel. London: Allen & Unwin, 1984(다소 금기시된 주제에 대한 중요
    한 공헌).

Fink, Carole, and Schaefer, Bernd, eds. Ostpolitik, 1969-1974: European
    and Global Responses. New York: Cambridge University Press, 2008.

Frei, Norbert. Adenauer's Germany and the Nazi Past: The Politics of
    Amnesty and Integration. Trans. by Joel Golb. New York: Columbia
    University Press, 2002.

Fulbrook, Mary. Interpretations of the Two Germanies, 1945-1990. 2nd ed.
    New York: Palgrave/ St. Martin, 2000.

Giersch, Herbert, et al. The Fading Miracle: Four Decades of Market
    Economy in Germany. New York: Cambridge University Press, 1992.

Göktürk, Deniz, David Gramling, And Anton Kaes, eds. Germany in
    Transit: Nation and Migration, 1955-2005. Berkeley, CA: University of
    California Press, 2007.

Granieri, Ronald J. The Ambivalent Alliance: Konrad Adenauer, the CDU/
    CSU, and the West, 1949-1966. New York: Berghahn Books, 2003.

Gray, William Glenn. Germany's Cold War: The Global Campaign to Isolate

East Germany, 1949-1969. Chapel Hill, NC: University of North Carolina Press, 2003.

Grosser, Alfred. *Germany in Our Time*. Trans. by Paul Stephenson. New York: Praeger, 1971(대표적인 프랑스 정치사회학자가 쓴 통찰력 있고 공감을 자아내는 역사).

Haftendorn, Helga. *Coming of Age: German Foreign Policy Since 1945*. Lanham, MD: Rowman and Littlefield, 2006

Hanrieder, Wolfram, ed. *Helmut Schmidt: Perspectives on Politics*. Boulder, CO: Westview Press, 1982.

Herf, Jeffrey. *Divided Memory: The Nazi Past in the two Germanys*. Cambridge, MA: Harvard University Press, 1997.

Hughes, Michael L. *Shouldering the Burdens of Defeat: West Germany and the Reconstruction of Social Justice*. Chapel Hill, NC: University of North Carolina Press, 1999(서독의 사회적 시장경제가 성공적으로 정립될 수 있었던 열쇠가 된 피해보상법에 대한 자세한 연구).

Large, David Clay. *Germans to the Front: West German Rearmament in the Adenauer Era*. Chapel Hill, NC: University of North Carolina Press, 1995.

Maier, Charles S. *The Unmasterable Past: History, Holocaust and German National Identity*. Cambridge, MA: Harvard University Press, 1988('역사가 논쟁'에 대한 영어권의 탁월한 논의).

Markovits, Andrei S., ed. *The Political Economy of West Germany: Modell Deutschland*. New York: Praeger, 1982.

Milosch, Mark. *Modernizing Bavaria: The Politics of Franz Josef Strauss and the CSU, 1949-1969*. New York: Berghahn Books, 2006.

Moeller, Robert G., ed. *West Germany Under Construction: Politics, Society, and Culture in the Adenauer Era*. Ann Arbor, MI: University of Michigan Press, 1997.

Papadakis, Elim. *The Green Movement in West Germany*. New York: St. Martin, 1984.

Poiger, Uta G. *Jazz, Rock, and Rebels: Cold War Politics and American Culture in a Divided Germany*. Berkeley, CA: University of California Press, 2000.

Pollock, James K., et al. *German Democracy at Work*. Ann Arbor, MI: University of Michigan Press, 1955(Pollock은 Clay 장군의 민간인 정치 자문 중 한 명이다).

Pridham, Geoffrey. *Christian Democracy in Western Germany: The CDU/CSU in Government and Opposition, 1945-1976*. New York: St. Martin, 1977.

Prittie, Terence. *The Velvet Chancellors: A History of Postwar Germany*. New York: Holmes & Meier, 1979.

_____. *Willy Brandt: Portrait of a Statesman*. New York: Schocken Books, 1974.

Reich-Ranicki, Marcel. *The Author of Himself: The Life of Marcel Reich-Ranicki*. Trans. by Ewald Osers. Princeton, NJ: Princeton University Press, 2001(독일 문학비평의 최고의 권위자가 쓴 뛰어난 회고록).

Schick, Jack M. *The Berlin Crisis, 1958-1962*. Philadelphia, PA: University of Pennsylvania Press, 1971.

Schissler, Hanna, ed. *The Miracle Years: A Cultural History of West Germany, 1949-1968*. Princeton, NJ: Princeton University Press, 2001.

Schwarz, Hans-Peter. *Konrad Adenauer: A German Politician and Statesman in a Period of War, Revolution, and Reconstruction*. Trans. by Louise Willmot and Geoffrey Penny. New York: Berghahn Books, 1995-1997(오랜 기간 총리를 지낸 인물에 대한 세부적이고 매우 호의적인 전기).

Spicka, Mark E. *Selling the Economic Miracle: Economic Reconstruction and Politics in West Germany, 1949-1957*. New York: Berghahn Books, 2007(1950년대의 전국 선거 운동에서 사회적 시장경제를 어떻게 다루었는지에 대한 흥미로운 분석).

Trachtenberg, Marc. *A Constructed Peace: The Making of the European Settlement, 1945-1963*. Princeton, NJ: Princeton University Press, 1999(냉전의 핵심적인 논쟁은 서독을 위한 핵무기 문제였다고 주장한, 논란이 많은 해석).

Turner, Henry Ashby, Jr. *Germany from Partition to Reunification*. 2nd ed. New Haven, CT: Yale University Press, 1992.

Von Weizsäcker, Richard. *From Weimar to the Wall: My Life in German*

Politics. Trans. by Ruth Hein. New York: Bantam/ Dell/ Doubleday, 1999(가장 존경받고 인기 있는 전후 서독 대통령들에 대한 회고).

10장 | 독일민주공화국(동독) 1949~1990년

Baring, Arnulf M. *Uprising in East Germany: June 17, 1953*. Trans. by Gerald Onn. Ithaca, NY: Cornell University Press, 1972.

Bozo, Frederic. *Mitterand, The End of the Cold War and German Unification*. Trans. by Susan Emanuel. New York: Berghahn Books, 2009(독일 통일 과정에서 프랑스 대통령이 담당한 역할에 대한 자세하고 적절한 설명).

Burgess, John P. *The East German Church and the End of Communism*. New York: Oxford University Press, 1997.

Feinstein, Joshua. *The Triumph of the Ordinary: Depictions of Daily Life in the East German Cinema, 1949-1989*. Chapel Hill, NC: University of North Carolina Press, 2002.

Fenemore, Mark. *Sex, Thugs, and Rock "N" Roll: Teenage Rebels in Cold-War East Germany*. New York: Berghahn Books, 2007. Harlow, UK: Longman, 2000.

Fulbrook, Mary. *The People's State: East German Society from Hitler to Honecker*. New Haven, CT: Yale University Press, 2005.

Glaessner, Gert-Joachim, and Ian Wallace. *The German Revolution of 1989: Causes and Consequences*. Providence, RI: Berg, 1992.

Grieder, Peter. *The East German Leadership, 1946-1973: Conflict and Crisis*. Manchester, UK: Manchester University Press, 2000.

Harrison, Hope M. *Driving the Soviets up the Wall: Soviet-East German Relations, 1953-1961*. Princeton, NJ: Princeton University Press, 2003.

Honecker, Erich. *From My Life*. New York: Pergamon, 1981.

Jarausch, Konrad H. *Dictatorship as Experience: Towards a Socio-Cultural History of the CDR*. New York: Berghahn Books, 1999.

Maier, Charles S. *Dissolution: The Crisis of Communism and the End of East Germany*. Princeton, NJ: Princeton University Press, 1997.

Major, Patrick, and Jonathan Osmond, eds. *The Workers' and Peasants'*

State: Communism and Society in East Germany under Ulbricht, 1945-
1971. Manchester, UK: Manchester University Press, 2002.

McAdams, A. James. East Germany and Detente: Building Authority After
the Wall. New York: Cambridge University Press, 1985.

Palmowski, Jan, et al. Inventing a Socialist Nation: Heimat and the Politics of
Everyday Life in the CDR, 1945-1990. New York: Cambridge University
Press, 2009.

Richthofen, Esther Von. Bringing Culture to the Masses: Control,
Compromise, and Participation in the CDR. New York: Berghahn
Books, 2008(동독에서의 문화생활에 대한 통제는 정권이나 초기 학자들
의 생각들보다 덜 복잡했다고 주장한 여러 연구들 중 하나).

Slusser, Robert M. The Berlin Crisis of 1961. Baltimore, MD: Johns Hopkins
University Press, 1973.

Spilker, Dirk. The East German Leadership and the Division of Germany:
Patriotism and Propaganda, 1945-1953. New York: Oxford University
Press, 2006.

Zatlin, Jonathan R. The Currency of Socialism: Money and Political Culture
in East Germany. New York: Cambridge University Press, 2007(약간
오해의 소지가 있는 제목. 동독 경제 운용의 개념적 실패에 대한 정교한
분석).

11장 | 통일 이후의 독일 1990년~현재

Brady, John S., and Beverly Crawford, eds. The Postwar Transformation
of Germany: Democracy, Prosperity, and Nationhood. Ann Arbor, MI:
University of Michigan Press, 1999(베를린 공화국을 1945년 이후의 맥락
안에 두려고 시도한 논문집).

Cohen-Pfister, Laurel, ed. Victims and Perpetrators, 1933-1945: (Re)
presenting the Past in Post-Unification Culture. Berlin: De Gruyter
Verlag, 2006(통일 이후 문학에 나타난 희생자와 가해자에 대한 표현을 분
석한 논문집).

Dalton, Russell J., ed. Germany Divided: The 1994 Bundestagswahl and the

    Evolution of the German Party System. Washington, DC: Berg, 1996.

Fischer, Wolfram, et al., eds. *Treuhandanstalt: The Impossible Challenge*. Berlin: Akademie Verlag, 1996.

Grosser, Dieter, ed. *Uniting Germany: The Unexpected Challenge*. Providence, RI: Berg, 1992.

Hampton, Mary N., and Christian Søe, eds. *Between Bonn and Berlin: German Politics Adrift?*. Lanham, MD: Rowman & Littlefield, 1999.

James, Harold, and Marla Stone, eds. *When the Wall Came Down: Reactions to German Unification*. New York: Routledge, 1992.

Jarausch, Konrad H. *The Rush to German Unity*. NewYork: Oxford University Press, 1994.

Keane, John, ed. *Civil Society: Berlin Perspectives*. New York: Berghahn Books, 2006.

Kolinski, Eva. *Women in Contemporary Germany: Life, Work and Politics*. Providence, RI: Berg, 1993.

Leaman, Jeremy. *The Political Economy of Germany Under Chancellors Kohl and Schröder: Decline of the German Model?*. New York: Berghahn Books, 2009.

Longhurst, Kerry. *Germany and the Use of Force: The Evolution of German Security Policy, 1990-2003*. Manchester, UK: Manchester University Press, 2004.

Munske, Barbara. *The Two Plus Four Negotiations from a German-German Perspective*. Boulder, CO: Westview Press, 1995.

Niven, William John. *Facing the Nazi Past: United Germany and the Legacy of the Third Reich*. New York: Routledge, 2002.

Oswald, Franz. *The Party That Came out of the Cold War: The Party of Democratic Socialism in United Germany*. Westport, CT: Praeger, 2002.

Peck, Jeffrey M. *Being Jewish in the New Germany*. Brunswick, NJ: Rutgers University Press, 2006.

Sarotte, Mary Elise. *1989: The Struggle to Create Post-Cold War Europe*. Princeton, NJ: Princeton University Press, 2009.

Schönbohm, Jörg. *Two Armies and One Fatherland: The End of the*

Nationale Volksarmee. Trans. by Peter Johnson. Providence, RI: Berghahn Books, 1995(동독군을 연방군으로 병합하려 한 혐의로 기소된 서독 장군의 매우 흥미로운 일기).

Woods, Roger, ed. *Germany's New Right as Culture and Politics*. New York: Palgrave Macmillan, 2007(독일 극우를 다른 유럽 국가들의 유사한 운동들의 맥락 안에 두려는 시도).

Zelikow, Philip, and Condoleezza Rice. *Germany Unified and Europe Transformed*. Cambridge, MA: Harvard University Press, 1997(미국 관점에서 본 독일 재통일에 대한 설명. 이 책을 쓸 당시 저자들은 미국 국가안전보장회의의 구성원들이었다).